2010年度教育部人文社会科学重点研究基地
清华大学高校德育研究中心重大项目成果
项目批准号：10JJD710009
本书由北京市社会科学理论著作出版基金资助出版

林泰　主编

问道

改革开放以来的社会思潮与青年思想政治教育研究

第三版

中国社会科学出版社

图书在版编目(CIP)数据

问道：改革开放以来的社会思潮与青年思想政治教育研究／林泰主编.
—北京：中国社会科学出版社，2013.6（2020.11 重印）
ISBN 978 - 7 - 5161 - 2525 - 0

Ⅰ.①问…　Ⅱ.①林…　Ⅲ.①社会思潮—研究—中国—现代
②青年—思想政治教育—研究—中国　Ⅳ.①D092.7②D432.62

中国版本图书馆 CIP 数据核字(2013)第 080692 号

出 版 人　赵剑英
责任编辑　冯　斌　张　林
责任校对　周晓东
责任印制　戴　宽

出　　　版　中国社会科学出版社
社　　　址　北京鼓楼西大街甲 158 号
邮　　　编　100720
网　　　址　http://www.csspw.cn
发 行 部　010 - 84083685
门 市 部　010 - 84029450
经　　　销　新华书店及其他书店

印刷装订　北京君升印刷有限公司
版　　　次　2020 年 11 月第 3 版
印　　　次　2020 年 11 月第 3 次印刷

开　　　本　710×1000　1/16
印　　　张　44.75
字　　　数　720 千字
定　　　价　108.00 元

"道路关乎党的命脉，关乎国家前途、民族命运、人民幸福"，"在改革开放三十多年一以贯之的接力探索中，我们坚定不移高举中国特色社会主义伟大旗帜，既不走封闭僵化的老路，也不走改旗易帜的邪路。"①

　　"改革开放以来，我们总结历史经验，不断艰辛探索，终于找到了实现中华民族伟大复兴的正确道路，取得举世瞩目的成果。这条道路就是中国特色社会主义。""全党同志必须牢记，道路决定命运，找到一条正确的道路多么不容易，我们必须坚定不移走下去。"②

　　"道路问题是关系党的事业兴衰成败第一位的问题，道路就是党的生命。中国特色社会主义，是科学社会主义理论逻辑和中国社会发展历史逻辑的辩证统一，是根植于中国大地、反映中国人民意愿、适应中国和时代发展进步要求的科学社会主义，是全面建成小康社会、加快推进社会主义现代化、实现中华民族伟大复兴的必由之路。"

　　"中国特色社会主义是社会主义而不是其他什么主义。科学社会主义基本原则不能丢，丢了就不是社会主义。"

---

　　① 胡锦涛：《坚定不移沿着中国特色社会主义道路前进，为全面建成小康社会而奋斗》，第10、12页，人民出版社 2012 年版。

　　② 《习近平在参观〈复兴之路〉展览时强调：承前启后　继往开来　继续朝着中华民族伟大复兴目标奋勇前进》，载《人民日报》2012 年 11 月 30 日。

"党的十八大精神，说一千道一万，归结为一点就是坚持和发展中国特色社会主义。"①

"坚持不忘初心、继续前进，就要坚持中国特色社会主义道路自信、理论自信、制度自信、文化自信，坚持党的基本路线不动摇，不断把中国特色社会主义伟大事业推向前进。"②

"我坚信，到中国共产党成立100年时全面建成小康社会的目标一定能实现，到新中国成立100年时建成富强民主文明和谐的社会主义现代化国家的目标一定能实现，中华民族伟大复兴的梦想一定能实现。"③

---

① 《习近平在新进中央委员会的委员、候补委员学习贯彻党的十八大精神研讨班开班式上发表重要讲话强调：毫不动摇坚持和发展中国特色社会主义　在实践中不断有所发现有所创造有所前进》，载《人民日报》2013年1月6日。

② 习近平：《在庆祝中国共产党成立95周年大会上的讲话》，新华社，北京，2016年7月1日。

③ 《习近平在参观〈复兴之路〉展览时强调：承前启后　继往开来　继续朝着中华民族伟大复兴目标奋勇前进》，载《人民日报》2012年11月30日。

编委与部分专家合影

前排左起：冯虞章、梁柱、林泰、张再兴、冯斌

后排左起：丁丽、蒋耘中、刘书林、土传利、朱安东、左鹏

评审专家与部分编写人员合影

前排由左至右：田心铭、杨瑞森、梁柱，周新城（左五）

后排左四张再兴，左五工雯姝，左七吴潜涛

编委会名单

主　　编　林　泰

副　主　编　冯虞章

编　　委　刘书林　蒋耘中　王传利　左　鹏

学术秘书　于　丽

目　　录

第一编　总论

第二编　若干重大社会思潮评析

第三编 引领社会思潮与思想政治教育

卷 首 语

改革开放以来，社会大变革在意识形态领域集中表现为各种社会思潮的交锋，这极大地影响了人们的思想和社会的进程。20 世纪 80 年代初，清华大学马克思主义理论与思想政治教育学科建设就把"当代社会思潮和青年教育"作为重点研究方向之一，有一批教师长期从事这方面的研究和教学工作，并取得了一些有价值的成果。新世纪以来，改革进入攻坚阶段，一方面改革开放的伟大成就世人瞩目，另一方面国内一些深层次的社会矛盾日益凸显，国际环境更加复杂多变，社会思潮更加纷纭激荡。在这种历史条件下，党的十六届六中全会和党的十七大提出"以（用）社会主义核心价值体系引领社会思潮"的历史任务。我们一些教师就想系统地梳理、总结多年社会思潮与青年教育研究的经验，升华为理论专著，为以社会主义核心价值体系引领社会思潮作点贡献。教育部人文社会科学重点研究基地清华大学高校德育研究中心对此给予了极大的支持，并把"改革开放以来的社会思潮和青年思想政治教育"列为中心的重大项目，希望我们拿出高质量的研究成果。

改革开放以来，广大理论工作者在分析、批判错误思潮方面做了大量的工作，但是，全面系统深入地研究改革开放以来的社会思潮，并把引领社会思潮的理论研究与思想政治教育工作的研究相结合的成果仍然不多。本书希望在这方面有所贡献，有所创新。为此，我们对本书的结构做了如下的设计，共分三编：

第一编，"总论"。第一章，"社会思潮形成发展的一般规律和特点"。对社会思潮的定义，社会思潮形成和发展的历史条件、经济社会基础、本质特征、表现形式、演化的轨迹、传播的方式、社会思潮的斗争以及研究社会思潮的主要原则等做了系统、全面的探讨。就我们所知，已有的社会思潮研究著作缺乏这方面系统阐述的内容，即使涉及某个个别方面，如社会思潮的定义，也是众说纷纭，各抒己见。希望我们在这方面的研究能起到抛砖引玉的作用，引起对社会思潮形成、发展一般规律和特点更深入的探讨。

第一编第二章，"改革开放以来社会思潮的走向"。对改革开放三十多年来社会思潮斗争的历史脉络，分四个时期进行梳理。对每个时期社会思潮斗争的历史背景、主要内容和表现形式作了简要介绍，使人们对改革开放以来社会思潮斗争的轮廓和表现形式有一个历史的、简明的了解和把握。这对于认识改革开放新时期社会思潮斗争的长期性、艰巨性、复杂性，探讨社会思潮斗争的规律和未来的走向都具有重要的意义。

第二编，"改革开放以来若干重大社会思潮评析"。我们从纷纭复杂的社会思潮中选择若干在改革开放过程中反复出现、事关改革开放方向道路、对青年大学生影响较大的社会思潮，集中在这一编中，共设十章从理论上进行专章分析，把从总体上把握社会思潮的斗争与对个别社会思潮的分析相结合。每一章的作者都是对该章所涉及内容长期研究、颇有建树的学者，这对保证本书的科学性和理论深度有重要作用。

本书研究的这些社会思潮，大都是在20世纪80年代改革开放初期就已经出现，后来又在新的历史条件下以新的形式反复出现，产生过重大影响，事关改革开放方向道路的社会思潮。如新自由主义思潮、民主社会主义思潮、鼓吹西方宪政思想的思潮、从"左"的方面否定改革开放和中国特色社会主义的思潮、历史虚无主义思潮、文化保守主义思潮、"普世价值"论和抽象人性论思潮、鼓吹个人主义反对集体主义的思潮以及我国和平、迅速发展面临的国际思潮等。这些社会思潮的反复出现说明，改革开放以来各种错误思潮，在反对马克思主义中国化的指导思想，反对中国特色社会主义的理想、道路，反对社会主义的人生观、价值观等方面是和社会主义核心价值体系完全对立的。中国特色社会主义道路、理论体系和制度以及与之相适应的社会主义核心价值体系正是在与上述思潮的比较、鉴别和斗争中不断发展并且日益成为引领社会思潮的主流的。党的十七届四中全会指出："加强党的意识形态工作和思想政治工作，引导党员、干部增强政治敏感性和政治鉴别力，筑牢思想防线，自觉划清马克思主义同反马克思主义的界限，社会主义公有制为主体、多种所有制经济共同发展的基本经济制度同私有化和单一公有制的界限，中国特色社会主义民主同西方资本主义民主的界限，社会主义思想文化同封建主义资本主义腐朽思想文化的界限，坚决抵制各种错误思想影响，始终保持立场坚定，头脑清醒。"就是要求我们高举中国特色社会主义伟大旗帜，用社会主义核心价值体系引领思潮，有力抵制错误思潮的思想影响，本书对此作了有益的尝试。

第二编各章的设置都是从青年思想政治教育角度出发，选择对青年大学生影响较大的社会思潮进行专章分析，这也是本书的一个特色。邓小平关于反"左"反右有系统的论述，他引领中国改革开放是从反对"左"的、对马克思主义采取僵化的教条主义开始的，而且强调"几十年'左'的思想纠正过来不容易，我们主要是反'左'，'左'已经形成了一种习惯势力。"①但当全盘西化的右的思想泛滥时，他又旗帜鲜明地强调："在整个改革开放的过程中，必须始终注意坚持四项基本原则……资产阶级自由化泛滥，后果极其严重"。"当前思想战线首先要看重解决的问题，是纠正右的，软弱涣散的倾向"。②当谈到对青年的教育时，邓小平特别强调要克服右的倾向的。他强调："开放也会带来一些坏的东西，影响人们的思想，特别是青年的思想，所以我们同时必须反对资产阶级自由化。"③"对青年人来说，右的东西值得警惕，特别是他们不知道什么是资本主义，什么是社会主义，因此要对他们进行教育。"④本书总论及有关章节中，力求全面贯彻邓小平这方面的论述。我们都是多年在高校从事马克思主义理论教育和思想政治教育的，对邓小平这方面的论述感同身受，所以我们选择专章分

---

① 《邓小平文选》第3卷，人民出版社1993年版，第228页。
② 同上书，第379、47页。
③ 同上书，第211页。
④ 同上书，第229页。

析的社会思潮主要是对青年影响比较大的资产阶级自由化思潮，并力求针对青年大学生的思想困惑给以科学的、有说服力的分析。同时注意，"批评或自我批评都要站在马克思主义的立场上，不能站在'左'的立场上。""都要进行充分的说理和实事求是的科学分析。"①

如果说第二编的重点是从内容上展开用社会主义核心价值体系引领社会思潮的理论研究，那么，第三编"引领社会思潮与思想政治教育"的重点则是从加强和改进思想政治教育工作的角度探索用社会主义核心价值体系引领社会思潮的有效途径。把引领社会思潮的理论研究与思想政治教育，特别是高校对青年大学生的思想政治教育的研究相结合，这也是本书的一个特色。

第三编第一章，全面、简要介绍了"以社会主义核心价值体系引领社会思潮"的科学内涵及其相关的思想阵地和队伍建设。

第三编的第二章是"引领社会思潮与高校思想政治教育"。从高校在引领社会思潮中的历史地位，到高校党委正确引领社会思潮的作用，在引领社会思潮中增强高校思想政治理论课的实效性，组建思想政治教育合力的有效机制，培养青年马克思主义者等多方面，全面系统地进行探讨。这是我们高校思想理论工作者最熟悉的领域，希望能为探索引领社会思潮的有效途径作出有益的贡献。

第三编的第三章"引领社会思潮相关的理论是非辨析"，对影响人们正确开展引领社会思潮的模糊认识，如"'不争论'的内涵与'百家争鸣'的方针"，"引领社会思潮与反对'左'和右的错误倾向"，"尊重知识分子与知识分子思想改造"等六个问题，集中起来分析，这对于克服思想战线的软弱涣散现象有重要的价值，对引领社会思潮的学术研究也是一种有益的探索。

我们一向主张把引领社会思潮的研究作为马克思主义理论建设工程和马克思主义理论一级学科建设的重要研究方向之一，希望一代又一代年轻的理论工作者从事这方面的研究，也希望本书能为推动和深化这方面的研究起一点积极的作用。

① 《邓小平文选》第3卷，人民出版社1993年版，第47页。

再版的话

　　《问道——改革开放以来的社会思潮与青年思想政治教育研究》一书2013年7月出版，受到了与马克思主义理论学科相关的学术界、思想政治教育界的广泛好评。到2015年，第一版3000册基本售罄。作为一本意识形态问题研究的学术专著，有这样的销量，说明了它的学术价值与社会价值。出版社提出稍作修改再版的要求，我们慨然允诺。

　　《问道》的原稿是2012年10月交出版社的，当时党的十八大尚未召开。十八大召开后，我们感到欣慰的是：这本书和党的十八大及习近平总书记系列讲话精神高度一致，以至于被中国社会科学出版社推荐为党的十八大精神学习的辅导读物。《问道》再版修改的重点，就是要直接用党的十八大报告和习近平有关讲话的精神充实原稿：譬如在第一编第二章讲改革开放以来社会思潮的走向，引用"道路决定命运"，"道路问题是关系党的事业衰成败第一位的问题"，"在改革开放三十多年一以贯之的接力探索中，我们坚定不移高举中国特色社会主义伟大旗帜，既不走封闭僵化的老路，也不走改旗易帜的邪路"等论述进行总结，画龙点睛，脉络清晰；在第二编各章中，引用习近平对有关错误思潮的批评分析，论述更为有力；全书有关章节中引用习近平和党中央关于意识形态工作的论述和其它重要论述。这种修改和充实必将大大提高这本书的科学性和社会影响力。

　　随着形势的发展和认识的深化，我们还对某些章节的内容进行了修改、补充或删减。如在第一编第一章,对社会思潮定义有争议的观点进行了更深入的分析;在"研究社会思潮的意义及基本原则"一节中增加了"坚持'百花齐放、百家争鸣'的'双百'方针"的专门论述;在第二编第十章中增加了在复杂多变的国际形势下"中国威胁论"的最新表现形式,以及习近平为核心的党中央高举和平、发展、合作、共赢的旗帜从容应对的有关内容;在第三编第一章中增加了社会主义核心价值观的内容;第三章中增加了对"公共知识分子"思潮的分析;对第三编的结构进行了微调,删减了一些有重复的论述,等等。

我们对全书的文字表述也进行了推敲,修正了个别文字,力图使之更加准确和精炼。

以上修改主要由林泰、冯虞章分工合作在各章作者配合下完成;梁柱、杨瑞森、张再兴、吴潜涛、王雯姝几位教授对修改稿进行了审阅,提出了宝贵意见,左鹏教授对引文注释进行了认真审校。资深编辑张林主任对再版做了精心的安排。

《问道》第一版3000册印的都是精装本,这次再版增加了平装本,以适应大学生和青年学子购买的需求。

随着国际形势的发展和国内全面深化改革的推进,意识形态领域的斗争将更加复杂和深化。社会思潮的斗争是改革开放时期意识形态领域斗争的集中表现,以社会主义核心价值体系引领社会思潮任重而道远。希望《问道》的再版能为这方面的研究和实际工作,继续作出有益的贡献。更希望《问道》在意识形态领域长期的斗争中,能够经得起历史的检验,为坚持和发展中国特色社会主义增添科学的力量。

2016 年 12 月初

第三版序言

清华大学林炎志校友决定在 2020 年清华颁发林枫奖学金时向学校捐赠 800 本《问道——改革开放以来的社会思潮和青年思想政治教育研究》。这促成了《问道》这本书的第三版。

林枫辅导员奖是以原人大常委会副委员长、中央党校校长林枫的名字命名的。林枫和夫人郭明秋在"文化大革命"中受到"四人帮"严重迫害，并经历了牢狱之灾，"文革"后他们将补发工资捐赠给清华大学，设立林枫辅导员奖，用于鼓励一代又一代青年马克思者主义者的成长。现在已经到了第 26 届了。每年在向获奖者颁奖的同时，都向清华大学全体政治辅导员赠送几本能帮助青年深入学习马克思主义的著作。2020 年林炎志校友（林枫、郭明秋之子）选了《问道》作为赠书之一，认为这本书可以帮助青年更好地识别马克思主义及其时代化、中国化的理论——中国特色社会主义和"左"的僵化的教条主义与右的资产阶级自由化思潮的界限，在纷繁复杂的意识形态斗争中锻炼坚持和发展中国特色社会主义的思维能力。

《问道》2013 年 7 月第一版，2015 年基本售罄。之后，充实了习近平有关意识形态导向，以中国特色社会主义理论引领社会思潮的论述，大大提高了这本书的科学性和影响力，于 2017 年 3 月再版。

三年多来，国际国内的社会矛盾和社会思潮又有了很多新的变化。国际上"世界百年未有之大变局"的画卷进一步展开，社会矛盾错综复杂，社会思潮风云激荡。特朗普的当选及其"美国优先"的施政、英国"脱欧"的振荡、某些民粹主义右翼政党在多国选举中扩张得势……民粹主义、单边主义、贸易保护主义等逆全球化思潮兴起。另外，美国霸权主义势力掀起新的"中国威胁论"，把中国特色社会主义歪曲成"权贵资本主义"；攻击中国共产党领导是"反民主的威权体制"，是"一党专政"；攻击"一带一路"倡议及其实践是"债务陷阱"的"新殖民主义"；污蔑华为、中兴等高科技产业是"国家窃取情报的工具"；利用关税等手段打响全面的贸易战；多方面支持"台独""港独""藏独""疆独"势力等，采取一切可用的手段，企图全面遏制中国的发展。在不断扩张的风险挑战面前，以习近平同志为核心的党中央站在历史的潮头，深化改革，扩大开放，以构建人类命运共同体的思想引领全球化的正确发展方向，进行多方面的有理有利有节的斗争。

在国内，全面深化改革，中国特色社会主义事业不断取得新的胜利，中国共产党人的"道路""理论""制度""文化"自信不断增强，并努力坚持和完善中国特色社会主义制度，推进国家治理体系和治理能力的现代化。原来曾喧嚣一时的一些错误思潮的影响不断衰退，甚至不能称其为"思潮"了。这是中国共产党一以贯之地高举中国特色社会主义伟大旗帜，对"左"和右的错误思潮进行斗争的结果。另外，也是在实践中错误思潮自身不断暴露其错误本质的结果。2008年以来新自由主义造成的金融、经济危机，西方多党制思潮在世界各国结出的动乱之果，历史虚无主义在苏联东欧剧变中提示给人们的反面教材……也使人们逐渐认清这些错误思潮的本质而逐渐地抛弃了它们。当然，我们要看到，这些错误思潮的代表人物并没有放弃他们的观点，他们也还有一些潜在的市场，有的还妄想等待时机卷土重来，我们应当更好地利用中国特色社会主义"道路""理论""制度""文化"的优势，把引领社会思潮的斗争深入地进行下去。

经本书主编、副主编和林炎志校友以及中国社会科学出版社张林编审商量，认为：《问道》一书总体上和习近平同志为核心的党中央的精神高度一致，但个别论述有历史局限性，需要完善。这次再版，对《问道》第二版原有的结构及论述不作修改，对习近平新时代中国特色社会主义思想要有进一步的体现：（1）对习近平坚持和加强党的全面领导的思想作专题论述，加深对新时代中国特色社会主义核心思想的理解。（2）全面深入论述习近平有关意识形态工作方面的思想，增强《问道》这本书的理论引导作用。新增两篇文章以"附录"的形式放在全书的最后。

社会思潮是社会变革时期社会道路向何处去在意识形态领域的集中反映。习近平反复强调，行百里者半九十，越接近实现我们的目标，风险挑战会越多，甚至会出现难以想像的惊涛骇浪。中国梦的实现绝不是一帆风顺的，我们要以清醒的头脑，正确观察世界"百年未有之大变局"的社会矛盾如何展开，不断坚持和发展中国特色社会主义，正确引领社会思潮的前进方向。

2020 年 6 月

第一编

总　论

第一章 社会思潮形成发展的
一般规律和特点

第一节 什么是社会思潮

在国内外社会科学研究中，社会思潮是一个相对比较新的、逐渐趋向成熟的概念。

社会思潮在英文中一般表述为 social thoughts 或者 social trend，意在表明社会思潮是带有某种趋向性的思想体系。但是对于究竟什么是社会思潮，国外理论界并没有给出明确定义，无论是《不列颠百科全书》、《美国百科全书》，还是 17 卷本的《国际社会科学百科全书》，都没有社会思潮的条目。

当代我国学术界关于社会思潮的研究众说纷纭，并没有形成人们公认的定义。如《辞海》对社会思潮的定义是"（1）某一历史时期内反映一定阶级或阶层利益和要求的思想倾向；（2）涌现出来的思想感情。"[①]《中国大百科全书》（哲学卷）认为社会思潮"反映特定环境中，人们的某种利益或要求并对社会生活有广泛影响的思想趋势或倾向。"[②] 它们都认为社会思潮是一种思想倾向，但是对社会思潮的本质特征并没有明确的界定。经过近三十年社会思潮研究的实践和对这方面研究成果的考查分析，我们形成了对这一问题的基本观点，即：社会思潮是在社会变革时代（在社会

---

① 《辞海》，上海辞书出版社 1979 年版，第 3324 页。

② 《中国大百科全书》（哲学卷），中国大百科全书出版社 1993 年版，第 7651 页。

心理演化的基础上），由一定思想理论引领的，反映社会变革发展道路诉求的，影响面很广的思想观念或倾向。下面，笔者对这一定义作一简要分析：

（1）关于"社会思潮是……影响面很广的思想观念或倾向"。我国最早对社会思潮概念进行界定的是梁启超，他在 1902 年《论时代思潮》一文中指出："今日恒言，曰'时代思潮'。此语最妙于形容。凡文化发展之国，其国民于一时期中，因环境之变迁，与夫心理之感召，不期而思想之进路，同趋于一方向，于是相与呼应汹涌，如潮然。"[1] 把社会思潮描绘为"思而成潮"，反映卷入相关思想运动之众，而且指出产生社会思潮的必要条件——"环境之变迁"和"心理之感召"。《中国大百科全书》也指明社会思潮是"对社会生活有广泛影响的思想趋势或倾向。"但是这只是对社会思潮表象特征的界定，而没有深入到社会思潮的本质特征。

（2）"在社会变革时代"、"反映社会变革发展诉求"，这是对社会思潮本质特征的概括，也是绝大多数社会思潮定义中忽略、缺失的一点。梁启超在论时代思潮时，曾正确地指出，"凡'思'非皆能成'潮'，能成潮者，则其'思'必有相当之价值，而又适合于时代之要求者也。凡'时代'非皆有'思潮'，有思潮之时代，必文化昂进之时代也。"[2] 意在表明并非所有时代的所有意识都能形成社会思潮，社会思潮只能是特定时代的产物。梁启超把它概括为"必文化昂进之时代也"，梁启超先生等提出君主立宪思想，孙中山先生提出民主共和的思想是什么时代，是中华民族救亡图存、要求社会大变革的时代，这才是对社会思潮时代特征的本质概括。

中国青年政治学院陈立思教授对此作出了明确的概括。她说："从客观方面来看，思潮产生的年代，必定是风云变幻、大动荡、大变革的历史时期，太平岁月是不可能有流行的思潮的，只有当社会酝酿着或者实际地经历着深刻的变动时期，人心动荡，思想界才会积极而活跃，各种思潮应运而生。思潮的产生，必定是为了回答和解决时代的重大问题，如社会的

---

① 梁启超：《清代学术概论》，中华书局 1954 年版，第 1 页。
② 同上。

出路，国家民族的前途，兴邦救国的方略等等。"① 我们基本同意陈立思教授的概括，但是她并没有将这一概括纳入其关于社会思潮的定义。笔者认为，应当把"在社会变革时期"、"反映社会变革发展道路诉求"写进社会思潮的定义，这样才能更好地表述社会思潮的本质特征。

从历史上看，在春秋战国时代，从奴隶社会向封建社会、从诸侯割据向中国统一变革，思想上儒、道、墨、法、玄、杂、孙子兵法、合纵连横政治学说等，形成了社会思潮汹涌澎湃、百家争鸣的历史时代。

近代，从鸦片战争到甲午战争到八国联军入侵中国，中国逐步沦为半封建半殖民地社会。面对"数千年未有之大变局"，"中国向何处去？"从而有"师夷之长技以制夷"、"洋务运动"、"戊戌变法"、"辛亥革命"、"五四及新文化运动"、"马克思主义在中国的传播"等社会思潮风起云涌。后来又有国共两党不同的"中国之命运"的论争，反映中国从封建主义到旧民主主义、再到新民主主义的转变过程中不同阶级、阶层、利益群体对社会变革发展道路不同的诉求，社会思潮的斗争始终围绕中华民族的救亡、独立与现代化走什么道路而进行。

当代中国，社会主义在十分复杂的国内外背景中前进。改革开放是中国共产党领导的"第二次革命"。围绕什么是改革开放的正确道路，什么是社会主义，怎样建设社会主义，如何振兴中华，反映人们不同历史诉求的各种社会思潮纷纭激荡。我们研究"改革开放以来的社会思潮与青年思想政治教育"，目的就是要科学地引领社会思潮，帮助人们特别是青年正确地把握这一社会大变革时代的社会变革发展应当走什么道路，从而真正理解中国特色社会主义道路、理论体系、社会制度的科学内涵。

所以，在社会思潮的定义中必须突出"在社会变革时代"、"反映社会变革发展道路诉求"这个本质特征。但在现行社会思潮的研究中，大多忽略了这一点，这势必模糊和降低社会思潮研究的意义，甚至可能使这一研究走向偏颇的方向。

（3）关于"（在社会心理演化的基础上），由一定思想理论引导的思想观念或倾向"表现的是社会思潮表现形式的特点和在社会意识形态体系

---

① 陈立思：《社会思潮与青年教育》，北京大学出版社 2011 年版，第 8 页。

中的定位。在这方面已有的思潮研究存在"综合说"和"中介说"的争论。"综合说"认为社会思潮是社会意识的综合表现形式,如《中国大百科全书》(哲学卷)认为,"社会思潮有时表现为由一定理论形态的思想作主导,有时又表现为特定环境中人们的社会心理,是社会意识的综合形式。""中介说"则认为社会意识从低到高可以分为社会心理、社会思潮和思想体系三个层次,社会思潮在其中处于中介地位。"不能把社会思潮简单地归结为社会心理和思想体系,它本身具有相对独立性,有着比社会心理较多的理论意识而比思想体系较多的日常意识,因而社会思潮是社会意识发展链条中的一个环节。是社会意识系统中的一个认识层次"。① 我们认为,"综合说"和"中介说"的争论对我们认识社会思潮多层次的表现形式是有积极意义的。但是"中介说"把社会思潮与社会心理、思想体系截然割裂开来是不恰当的,社会思潮既可以通过社会心理反映出来,也可以形成一定的思想理论,在这一点上,"综合说"是正确的。但是"综合说"把社会思潮的心理层次与思想理论层次并列,没有明确思想理论在社会思潮中的核心地位和指导作用,在这一点上,这两种说法都存在着共同的缺陷。实际考查一下就可以清楚地看到这一点,譬如"文化大革命"后,人们普遍存在一种"怀疑一切"的逆反心理和要求社会变革的心理,这种普遍存在的社会心理,它本身就是"影响面很广的"社会思潮的组成部分。当然,它只是社会思潮一种低层次的表现形式,这种心理到底走向何处,则要看由什么理论引导,是党的十一届三中全会以来的理论和路线引导,还是方励之的"全盘西化"思想引导,将决定中国改革开放走向何处。所以,在肯定社会思潮可以表现为社会心理,但又不代表社会思潮本质的基础上,明确一定思想理论才是决定思潮走向何处的核心和指导性因素,是社会思潮定义的应有之义。

当然,按照普列汉诺夫的观点,任何思想理论学说,都是在社会存在变化的基础上,经过社会心理的中介作用,最后形成一定的思想体系,这是任何社会意识形态共有的,而不是社会思潮独有的特性;而且"思想观念或倾向"的表述已经包含了心理、情感层次的内涵。因而有人主张在社

---

① 肖锦全:《论社会思潮作为社会意识一个层次的构想》,载《现代哲学》1997 年第 1 期。

会思潮定义中只写"由一定思想理论指引的……思想观念和倾向"，而不写"在社会心理演化的基础上"，我们认为这也是可以的，可以更好地突出社会思潮的本质特征。但为了体现社会思潮演化的过程和表现形式的多层次特征，写上"在社会心理演化的基础上"，也是可以的。正是因此，我们对"在社会心理演化的基础上"加了括号，表明写与不写上它都是可以的。

（4）在社会变革时代，经济基础的变化带来人们利益关系的重大变化，不同阶级、阶层和利益群体出自自身利益的选择，对社会变革的走向产生不同的思想感情、倾向和价值追求，最后形成为不同社会思潮对社会变革发展道路不同的诉求和斗争。研究社会思潮就是要在思潮的斗争中进行比较研究。笔者建议在定义社会思潮时应专门写关于社会思潮斗争的条款，即"社会思潮的斗争反映不同阶级、阶层、利益群体对社会变革发展道路走向不同诉求的对立与冲突。革命的、积极的、进步的社会思潮与反动的、消极的、落后的社会思潮之间的斗争是社会变革的重要动力。"

有些学者认为社会思潮只能是非主流的、而且是错误的思潮，如有一本教材就定义社会思潮"是作为一个社会的非主流的社会意识而存在"，"各种非主流的社会意识形态又往往以各种社会思潮的形式出现"，"除了反马克思主义的思潮，还有大量的非马克思主义思潮"，从而把马克思主义中国化的中国特色社会主义这个主流意识形态排除在社会思潮之外。

另一些学者认为：社会思潮可以以主流意识形态形式出现，也可以以非主流意识形态形式出现；既包括科学、进步、积极的社会思潮，也包括错误、落后、消极的社会思潮。朱士群在《当代中国社会思潮：回应与引领》①一文中认为："当代中国社会思潮的主流是爱国主义、集体主义和社会主义思想……当代中国社会思潮的总体态势是健康、积极、向上的。"方克立认为：在五四以来的中国思想史上，马克思主义、自由主义西化派和文化保守主义是三个最主要的社会思潮，当前，自由主义西化派和文化保守主义作为非主流的社会思潮与马克思主义形成对立互动的格局。程恩

①　参见《安徽师范大学学报》2008 年第 4 期，《新华文摘》2008 年第 20 期转载。

富在研究当代社会思潮时也把他认为完全正确的"创新马克思主义"列入七大思潮之中。在这一点上,我们同意这些学者的看法。习近平指出:"面对社会思想观念和价值取向日趋活跃,主流和非主流并存、社会思潮纷纭激荡的新形势、如何巩固马克思主义意识形态领域的指导地位……"①"思想舆论领域大致有红色、黑色、灰色三个地带"。红色地带是我们的主阵地,一定要守住;黑色地带主要是负面的东西,要敢于亮剑,大大压缩其地盘;灰色地带要大张旗鼓争取,使其转化为红色地带。"② 我们理解上述论述明确地肯定了社会思潮包括主流和非主流,红色、黑色、灰色等多种形式。

有的学者认为马克思主义、中国特色社会主义是指导思想而不是社会思潮。实际上马克思主义中国化、时代化、大众化就是中国特色社会主义形成发展逐步转化为亿万群众理想信念形成为社会思潮的过程。

至于认为非主流的社会思潮都是反马克思主义、或非马克思主义思潮的观点,也是片面的。从思想史上看,一些积极、进步的社会思潮在开始时往往是作为当时主流意识形态的对立面而出现的。欧洲文艺复兴时期,反对神学禁锢和禁欲主义、要求个性解放和自由平等的人文主义思潮,从非主流的意识形态向主流的意识形态的转化,大约经历了近两个世纪的历史过程。马克思主义在世界和中国的传播也是从非主流的意识形态开始的。当《共产党宣言》发表,"一个幽灵在欧洲游荡"的时候,"马克思主义学说决不是占统治地位的。它不过是无数社会主义派别或思潮中的一个而已"③。在中国,毛泽东青年时期,在创办的《湘江评论》中提出,要特别关心和重视新思潮,马克思主义、社会主义是新思潮,陈独秀是"新思潮的明星",希望青年们在研究马克思主义新思潮方面,在创立新学科、新学派方面,做出新贡献。显然,马克思主义在当时的中国也是非主流的社会思潮。

由上可见,一、非主流的社会思潮并非都是反马克思主义、非马克思

①　习近平:《在哲学社会科学工作座谈会上的讲话》,《人民日报》2016 年 5 月 19 日。
②　习近平:《在全国党校工作会议上的讲话》,《求是》2016 年第 9 期。
③　《列宁选集》第 2 卷,人民出版社 1995 年版,第 305 页。

主义的错误思潮，世界上一些积极、进步的思想，包括马克思主义一开始都曾经以非主流的社会思潮存在过。二、当经过艰苦斗争，马克思主义成为主流意识形态后，它的影响面更广了，更"思而成潮"了。这时，把主流意识形态（在中国改革开放之后，就是中国特色社会主义）排除在社会思潮之外，就更是难以理解了。实际上正确的思潮和错误的思潮永远是共生的对立统一体，它们之间的斗争推动了社会变革的进步。中国特色社会主义道路、理论体系，社会制度正是在同各种错误思潮斗争的过程中不断发展和完善的，以社会主义核心价值体系引领社会思潮就是和各种消极、落后乃至反动的社会思潮斗争，从而推进马克思主义理论大众化，使社会主义的核心价值观念成为社会思潮主流的过程。

第二节　社会思潮形成发展的轨迹

从上述社会思潮的定义中，我们可以看出社会思潮形成发展的轨迹：社会经济基础、上层建筑的变革；社会心理的演化和社会思潮的孕育；一定的思想家提出引领社会走向的思想理论；首先在知识群体中传播、发酵、论辩；以多样化形式在大众中传播、扩散，形成社会思潮的交锋；形成群体性的政治斗争；反复多次后最终影响历史走向。

马克思主义唯物史观认为社会存在决定社会意识，"意识在任何时候都只能是被意识到了的存在，而人们的存在就是他们的现实生活过程。"①社会思潮的形成发展也是如此。在社会变革时代，生产力和生产关系的矛盾状况及由此而引发经济基础和上层建筑的变革，这是社会思潮得以形成发展的物质条件和社会前提，离开这种经济社会生活变革，社会思潮就会成为无源之水、无本之木。

改革开放时代，我国社会主义初级阶段生产力的状况与原有经济体制的矛盾是社会变革的根本动因。由原有计划经济体制向社会主义市场经济体制转变是社会思潮产生的客观物质条件。我国实行对外开放，全方位地介入经济全球化进程，这一方面带来生产力的巨大发展，另一方面也使国

---

① 《马克思恩格斯选集》第 1 卷，人民出版社 1995 年版，第 72 页。

与国之间的利益博弈关系复杂化，西方文化思想鱼龙混杂地传入我国，对人们的价值观产生强烈的冲击，这是各种社会思潮产生的外部原因。改革开放 30 多年来，各种社会思潮无论多么纷纭复杂，都能从上述社会变革找到它的根源。

社会生活的变革，深刻地改变了人们利益关系，在改革开放中，有人得大利，有人得小利，有人不得利，甚至失去原有利益，这就直接影响到各阶级、阶层、利益群体对改革开放产生不同的感情、态度，这是各种思潮得以产生的心理基础。在利益关系和社会心理变化的基础上，社会思潮逐渐孕育、萌发。

社会存在决定社会意识，但是代表各种思潮的思想理论并不是由社会存在中自发地产生，而总是由一些站在时代前沿的思想家，从已有的思想资料中提炼出来。马克思主义根源于社会化大生产时代的工人运动，但却不是由工人运动中自发地产生，而是由马克思、恩格斯在革命实践中对德国古典哲学、英国古典政治经济学、法国空想社会主义学说批判地继承而提出，并在与种种错误思潮的斗争中形成发展的。正如恩格斯所说，现代社会主义同任何新的学说一样，"它必须首先从已有的思想材料出发，虽然它的根子深深扎在物质的经济的事实中。"[①] 所以，各种社会思潮并不是从经济社会变革中自发产生，而是在社会变革和社会心理变化基础上，由一些思想家提出较为系统的学说，引领社会变革和社会心理，这体现了社会意识相对独立的发展规律。

但是，个别思想家的思想理论怎样才能形成社会思潮呢？这首先取决于这些思想理论能否引起该时代一定阶级、阶层人们的共鸣；但在此基础上，还需要有一定的传播路线和方式。主要地说，社会思潮是分三级扩散的。

第一级是各种社会思潮的核心层。提出引领社会思潮的理论家从来不是孤立的个人，他们周围总有一些学界、政界有影响的人士，组成社会思潮的"思想库"和"加工厂"，各种社会思潮的核心观点都是由这里"制造"、"加工"出来的，他们是社会思潮的直接源头。

―――――――――――

① 《马克思恩格斯选集》第 3 卷，人民出版社 1995 年版，第 719 页。

第二级是该社会知识分子群体，即恩格斯说的"有教养的阶层"，包括各类知识分子。第一级制造的思想理论经过他们消化、吸收，可以进一步发酵和扩散，把一些抽象的理论观点，以多样化、世俗化的形式，如通俗性的文章、讲座、文艺作品等，向广大群众传播。没有这一级的消化、吸收和扩散，个别思想家的思想理论至多只能成为一个学派，而不可能成为社会思潮。从一定意义上讲，"知识阶层是社会思潮的寒暑表和集散地"，社会思潮的主要载体是知识分子，引领社会思潮首先是引领知识分子。高校是知识分子最集中的地方，既有有影响的专家学者，又有知识层次较高、思想活跃的年轻大学生，高校历来是社会思潮最活跃的地区，是意识形态斗争的前沿阵地，如何以社会主义核心价值体系引领社会思潮是高校义不容辞的历史任务。

第三级是广大群众，这一级主要是社会思潮的追随者和接受者，但这不是说他们不重要，没有这一级的传播，社会思潮就不可能成为影响广泛的思潮，更不可能成为影响历史发展的群众运动。

由于社会思潮提出的是社会变革时代关系到历史走向的重大问题，所以不管社会思潮以什么形式出现，它的核心都是政治思想。所以社会思潮的斗争，往往会形成决定国家、民族前途历史命运的政治斗争，苏东剧变如此，许多国家的"颜色革命"如此，中国的"八九风波"也是如此。正确的思潮战胜错误的思潮，国家就能够长足发展并不断走向新胜利，反之，国家就要陷入曲折动荡，出现历史倒退的悲剧。所以，在我国改革开放的年代，能否以社会核心价值体系引领社会思潮是关系国家历史命运的问题，是能否实现社会主义现代化的历史任务，走向中华民族伟大复兴的重大问题。围绕这一问题而展开的社会思潮的斗争，也会伴随这一历史过程的始终，要经过反复多次的斗争，而不可能毕其功于一役。所以，邓小平讲，"十一届三中全会确立的这条中国的发展路线，是否能够坚持得住，要靠大家努力，特别是要靠教育后代。"①

---

① 《邓小平文选》第3卷，人民出版社1993年版，第381页。

第三节　社会思潮传播的形式

前面讲到，一定的思想理论要经过多样化、世俗化形式的传播才能形成影响广泛的社会思潮，其传播形式大致包括：

（1）学术形态

一定的思想理论是社会思潮的本质、核心，所以它往往是以学术研究和理论阐述的形式表现出来。戊戌维新前后，康有为曾经写了《孔子改制考》等文章，借孔子之口宣传维新的主张。新文化运动时期，李大钊写了《我的马克思主义观》等文章。这些文章都是以学术研究的名义出现的，但是，他们写这些文章，并不是单纯的学术研究，而是为了宣扬一种关系社会变革发展道路的思想观点。改革开放以后，新自由主义思潮、民主社会主义思潮、西方宪政民主思潮、历史虚无主义思潮、文化保守主义思潮、抽象人道主义思潮、"普世价值论"思潮等也往往是以学术研究的形式出现的。

以社会主义核心价值体系引领社会思潮，也就是以马克思主义及其中国化的理论成果为指导思想，以中国特色社会主义共同理想、爱国主义为核心的民族精神和改革创新为核心的时代精神以及富强、民主、文明、和谐，自由、平等、公正、法治，爱国、敬业、诚信、友善等社会主义核心价值观这种思想体系鉴别和批判各种错误思潮，这种斗争的核心是思想理论的斗争，所以它往往以学术争鸣的形式表现出来，首先在知识分子群体传播，然后再逐渐蔓延渗透到社会大众中。

（2）文艺形态

以文学艺术形态表现出来的思潮，不是用说理的方法，而是用艺术表现的方法将作者的世界观、价值观传达给受众，具有生动、直观、通俗易懂、易于为群众接受等特点，其感染力、渗透性强，是传播社会思潮最生动、最有效的载体和形式。在社会变革时代，文学艺术在制造、引导舆论方面一般都起到了先锋的作用，例如文艺复兴，以人的个性解放为主要内容的绘画、雕塑、文学作品等，实际上是资产阶级革命的先导；又如当年出现在天安门广场的悼念周恩来总理的诗、话剧《于无声处》等是彻底否定"文化大革命"的先声。它们为思想家们提出新时代社会变革的理论奠定了思想和心理基础。而在一定思想理论形成之后，文艺形式又是传播这些思想，使之成为社会思潮的最有力的工具之一。20世纪80年代后期，以《河殇》为代表的文化虚无主义作品盲目推崇西方文明（蓝色文明），根本否定中国传统文化（黄色文明），在人们思想上引起了混乱。电视剧《走向共和》，没有讲任何理论，却颠覆了人们多年来形成的孙中山、李鸿章、慈禧太后的形象，实际上宣扬了"告别革命"的"历史虚无主义"。一段时间，以帝王将相为主人公的"新编"历史剧泛滥；对红色经典的篡改，对英雄人物的"恶搞"颇为时尚，在某种程度上严重侵蚀了中华民族的传统美德和中国革命的优秀传统，不利于青少年的健康成长。

在美国对社会主义国家进行和平演变的过程中，曾任美国中央情报局局长的艾伦·杜勒斯在其《战后国际关系原则》中说过："我们应消除文学和艺术的社会本质，使艺术家疏远它，使他们不想去描写和了解群众内部发生的事情。让文学、戏剧和电影都来表现和颂扬人的最卑劣的情感，我们要千方百计地支持和鼓励那些人的意识里灌输崇拜暴力、色情和叛卖行为的思想，简言之，灌输崇拜各种不道德行为的思想的所谓艺术家。"[①]在苏联解体过程中，文学的确起了推波助澜的重要作用。在美国的支持和戈尔巴乔夫的纵容鼓励下，苏联批判主义文学日益发展，影响越来越大，使社会主义文学的主体地位严重削弱，各种否定革命和社会主义制度、宣传资产阶级价值观念的作品大肆传播，冲毁了人们社会主义思想的堤防，为苏联解体奠定了思想基础。苏联解体的历史教训应引起我们的高度鉴戒。

（3）舆论形态

社会舆论也是社会思潮传播的一个重要渠道。在这种渠道中，社会思潮把自己装扮成社会公认的道德标准和价值标准，以此来传播自己的主张，影响群众的思想。

在社会思潮的舆论形态中，新闻传播是一种重要的传播方式。新闻虽

---

① 转引自曹长盛、张捷、樊建新《苏联演变进程中的意识形态研究》，人民出版社2004年版，第422页。

然是实际发生的能够吸引读者眼球的事情，但是对于这些事情的报道和分析却受到记者和编辑的主观意识的左右。同样一件新闻，站在不同的立场上，就会有不同的观察和报导，往往成为左右读者思想情感向不同的方向发展的重要因素。汶川地震时，党和政府及时有效地领导抗震救灾，新闻媒体对此进行了24小时不间断的滚动报道，大力弘扬先进事迹，对于调动全国的力量投入抗震救灾起到了积极作用。但个别媒体却把抗震救灾的胜利歪曲到兑现"普世价值"的方向。又比如，同样是关于"藏独"、"疆独"分子制造社会动乱的报道，大多能促进民族和谐、社会稳定，而有的标榜新闻"自由"的西方媒体，却不惜采用偷换、篡改照片内容等手法歪曲事实，造成完全相反的效果。值得注意的是国内个别有影响力的刊物已成为传播错误思潮的核心阵地。

信息时代新媒体对社会思潮的传播引起了革命性的变化。新媒体是一个相对的不断发展的概念，广播对于报刊是新媒体，电视对于广播又是新媒体，现在我们讲的新媒体，主要是指信息时代互联网及相关数字信息技术手段的兴起和普及，它已成为社会思潮舆论形态传播的一个主要渠道和阵地。这种新媒体使各种形态社会思潮的传播更加迅速，世界上任何一个地方发生的热点事件，几个小时就可以传遍全世界，任何的"舆论封锁"工具已经不再有效。它的传播面是非常广的，中国的网民、手机用户均居世界首位，往往一个短信刚刚出现，立即就会引来无数跟帖，其观点随之迅速地为网民们所知晓。传统媒体对社会思潮的传播往往是单向灌输式的，而网络所形成的舆论则是互动式的，普通大众不再仅仅是被动的接受者，而是平等参与思想交流的主体。这些变化使社会思潮的传播在迅速、广泛、热烈的程度上超越了任何传统传播方式。21世纪以来关于国有企业改革的讨论所形成的"郎咸平旋风"、关于"新自由主义思潮"的讨论所形成的"刘国光旋风"等都说明了这一点。

网络是一把双刃剑，它可以散播淫秽信息、政治谣言、侵犯公民隐私；也可以弘扬正气，揭露和震慑消极腐败社会势力，使其无处藏身。所以，如何引导网络信息是以社会主义核心价值体系引领社会思潮的又一重要课题。现在，我们已经注意了对淫秽信息、政治谣言的监管和公民个人信息的保护，这是完全正确的；但是这还不够，如何建设体现社会主义核心价值体系的网络阵地，形成主流社会思潮的意见领袖（编辑、作家），建设代表社会主义主旋律的"网军"，是引领社会思潮亟待解决的问题。

（4）宗教形态

作为一种特殊的文化现象，宗教也是社会思潮传播的一个重要渠道。从历史上看，宗教不仅支配了相当一部分人的日常生活和精神信仰，而且一直与一定社会的经济、政治、文化问题交织在一起，对社会发展和稳定具有重大影响。当今世界存在的各主要宗教，在漫长的历史进程中，都曾充当过人们精神生活的主宰，对世界各国人民发挥了重要的心理调适和社会整合作用。正因为宗教问题具有这样的群众性，统治阶级往往借助宗教来加强其政治统治，而被压迫群众为摆脱苦难也往往以宗教为掩护或号召进行反抗。长期以来，国际敌对势力一直把民族、宗教问题作为遏制或颠覆社会主义国家和它们所不喜欢的国家的得心应手的工具，并在苏东剧变和一些国家的"颜色革命"中大显其效。在冷战结束后世界格局的演化中，宗教更是为各派政治和社会力量所利用。一些国家和地区矛盾激烈、冲突不断，民族与宗教问题总是如影随形。

进入 21 世纪以来，国际敌对势力也加紧利用宗教对我国实施西化、分化战略。一方面，它们利用宗教问题干涉中国内政，诬蔑中国"迫害宗教"，鼓动中国的"政治异见人士"以"宗教自由"为幌子，掩护它们从事的反对中国政府的活动。另一方面，它们把中国看作一个巨大的尚未开垦的基督教市场，支持一些基督教团体"向 13 亿中国人传播福音"，试图用"基督的羔羊"来驯服"中国这条东方的巨龙"。它们还支持达赖集团与我们争夺藏传佛教的领导权，散布分裂主义思想，企图搞"西藏独立"；支持新疆"三股势力"打着"圣战"的旗号，煽动宗教极端情绪，从事恐怖暴力活动，企图把新疆从祖国大家庭中分离出去。所以，如何以社会主义核心价值体系引领各种宗教形态社会思潮的传播，既依法保障公民宗教信仰自由，又坚决抵御境外敌对利用宗教进行渗透，也是社会思潮研究不可或缺的重要课题。

（5）政治形态

社会思潮是围绕变革时代对社会变革发展道路的诉求而展开的，所以它的本质是一种政治思想。不管社会思潮的演化处于什么阶段，也不管它是以文艺的、舆论的或学术等什么形式展现，它的核心都是政治思想。当社会思潮以理论形态表现出来时，不管它形式上是哲学思潮、经济思潮或文化思潮，它的核心内容都是政治思潮。社会思潮斗争本质上都是涉及社会变革发展走什么道路的政治斗争。

因此，社会思潮发展到一定阶段，必然要直接以政治思想的形态表现出来。改革开放以来多次出现的"万言书"、"献言书"及其签名活动就是直接以政治纲领、宣言的形式出现，企图影响党中央的决策向它们所代表的阶级、阶层利益的方向发展。1989 年政治风波中资产阶级自由化思潮的核心内容就是"取消宪法中的四项基本原则"，"为批判方励之自由化思想平反"等政治纲领式的诉求。刘晓波的"零八宪章"及其签名活动则是配合西方敌对势力"分化"、"西化"中国的图谋，公开煽动颠覆我国经济政治制度的政治纲领。当这些'纲领'、"宣言"裹挟一部分群众之后，社会思潮斗争就会变成以群众运动形式出现的政治斗争。如我国 20 世纪 80 年代末的政治风波；格鲁吉亚的"玫瑰革命"，乌克兰的"橙色革命"、吉尔吉斯斯坦的"郁金香革命"、北非和中东的"茉莉花革命"等。这些政治斗争无一例外地都引发了社会动乱，而社会动乱的谁胜谁负则决定于经济基础中阶级、阶层及其政治力量的对比，决定于哪些政治力量掌握了社会思潮的引领和控制权，其结果也就决定了社会变革发展走什么道路。中国"八九风波"的结果是社会主义力量战胜了资产阶级自由化势力，从而保证了中国特色社会主义全面、持续、快速的发展；而苏东剧变则是资产阶级自由化势力战胜社会主义力量，从而导致俄罗斯等国家长期的经济衰退和社会动荡。

社会思潮的五种形态是相互联系和转化的。当社会处于变革的孕育阶段，在社会心理变化的基础上，文艺、舆论、宗教的形式最先开始发挥作用，并为学术形态社会思潮的诞生创造社会基础；学术形态社会思潮的诞生及展开标志着社会思潮的斗争从自发进入自觉的阶段；开始时它的传播范围有限，主要在知识分子群体内传播、发酵，而后再通过文艺、舆论、宗教等形式走向大众，形成社会思潮；当有关思潮在大众中引起广泛的共鸣，社会思潮的斗争就会逐渐形成为政治斗争，并影响该国一定历史阶段的社会走向。

第四节　研究社会思潮的意义及基本原则

对社会思潮的定义及其形成发展的轨迹和形式讨论清楚了，社会思潮研究的意义也就明白了。社会思潮是围绕社会变革发展道路而展开的，社会思潮的斗争必将决定社会变革走向何处。正如胡锦涛所指出的："意识形态领域历来是敌对势力同我国激烈争夺的重要阵地，如果这个阵地出了问题，就可能导致社会动乱甚至丧失政权，敌对势力要搞乱一个社会、颠覆一个政权，往往总是先从意识形态领域打开突破口，先从搞乱人们的思想下手。"①而社会思潮的斗争就是这种敌对势力和我们进行意识形态领域斗争的集中表现。苏东剧变就是从反对社会主义的错误思潮搞乱人们的思想打开突破口，最后导致社会制度和政权被颠覆的。"八九风波"就是资产阶级自由化思潮搞乱人们的思想导致社会动乱的。"我们必须清醒地看到，国际敌对势力正在加紧对我国实施西化、分化战略图谋，思想文化领域是它们进行长期渗透的重点领域，我们要深刻认识意识形态领域斗争的严重性和复杂性，警钟长鸣，警惕长存，采取有力措施加以防范和应对。"② 另外，"在社会主义市场经济日益发展和对外开放不断扩大的形势下，我国社会思想更加多样，社会价值更加多元，社会思潮更加多变，坚持以马克思主义为指导，以社会主义先进文化引领的重要性和紧迫性更凸显。"③ 在这种历史背景下，中央提出社会主义核心价值体系是"兴国之魂"，要"以社会主义核心价值体系引领社会思潮"，就是要通过党对思想理论、社会舆论的领导和思想政治教育工作，以中国特色社会主义的理想信仰凝聚全国人民思想，有力抵制各种错误思潮的影响。这件事做得好，可以保证改革开放沿着正确的道路前进，从而实现社会主义现代化和中华民族的伟大复兴。做得不好，改革开放就可能出现曲折、动荡或倒退，甚至有可能错过中华民族伟大复兴的历史机遇。苏联亡党亡国的历史教训值得人们深思，我们从事社会思潮研究的出发点和落脚

---

① 《十六大以来重要文献选编》（中），中央文献出版社 2006 年版，第 318 页。
② 《十七大以来重要文献选编》（下），中央文献出版社 2013 年版，第 585、587 页。
③ 同上。

点也都是基于这种对历史的深刻反思。因此，笔者认为引领社会思潮研究，应坚持以下基本原则：

（1）研究社会思潮的斗争与研究社会经济、社会生活中的矛盾和政策导向相结合

前面已经讲到，社会思潮的产生是源于社会变革时代经济基础及其引起的整个社会的变革，恩格斯说："每一既定社会的经济关系首先表现为利益。"① 列宁说："必须到生产关系中间去探求社会现象的根源，必须把这些现象归结为一定阶级的利益。"② 改革开放经济基础的变化引起人们物质利益关系的根本变化，必须到这些利益的变革中探寻各种社会思潮形成发展的根本动因。所以，要围绕经济和社会变革的主脉考查社会思潮的主脉，研究社会思潮的斗争与研究经济社会生活中的矛盾相结合，才能对社会思潮的形成或发展、现实表现及未来走向有比较透彻的了解，从而把握社会思潮及其斗争的发展规律。

因此，引领社会思潮必须同引领物质利益变革的政策导向相结合。马克思说："'思想'一旦离开'利益'，就一定会使自己出丑。"③ 如果我们在思想上倡导公有制为主体、多种所有制经济成分共同发展的基本经济制度，而实际上有些地方却在实行对国有企业"一卖了之"的政策；如果我们强调允许一部分人先富起来，最终是为了实现人们的共同富裕，而在一些地方却不关心劳动群众合法收入的保障，那么社会思潮的引领就会遇到难以克服的困难。同样，如果"我们的一些同志埋头于具体事务，对政治动态不关心，对思想工作不重视，对腐败现象警惕不足，纠正的措施也不得力"④。改革开放和人们的思想也会被搞乱。

所以，邓小平强调"两手都要抓，两手都要硬"，"我们党的十一届三中全会决定实行开放政策，同时也要求刹住自由化的风，这是互相关联的问题。不刹住这股风，就不能实行开放政策。要搞四个现代化，要实行开放政策，就不能搞资产阶级自由化……自由化思潮一发展，我们的事业就

---

① 《马克思恩格斯选集》第 3 卷，人民出版社 1995 年版，第 209 页。
② 《列宁全集》第 1 卷，人民出版社 1984 年版，第 464 页。
③ 《马克思恩格斯全集》第 2 卷，人民出版社 1980 年版，第 103 页。
④ 《邓小平文选》第 3 卷，人民出版社 1993 年版，第 325 页。

会被冲乱。"① 所以，我们在研究社会思潮时要和研究社会现实矛盾的状况相结合，在研究引领社会思潮时要和引领改革开放的政策相结合，把这两方面配合好。要力求改革政策的利益导向与思想导向同向而行，近年来习近平总书记一手抓意识形态领域的斗争，一手抓沿着正确方向推进全面深化改革，两方面配合，使人们对坚持和发展中国特色社会主义道路、实现中华民族伟大复兴有了更深刻的认识。

（2）在同错误思潮的斗争中研究社会思潮

毛泽东说过："马克思主义必须在斗争中才能发展，不但过去是这样，现在是这样，将来也必然还是这样。正确的东西总是在同错误的东西作斗争的过程中发展起来的。真的、善的、美的东西总是在同假的、恶的、丑的东西相比较而存在，相斗争而发展的……这样的斗争永远不会完结。这是真理发展的规律，当然也是马克思主义发展的规律。"② 一部马克思主义发展史，就是一部同各种非马克思主义、反马克思主义社会思潮斗争的历史。同样地，中国特色社会主义理论体系和道路发展的历史，也是同各种错误思潮斗争的历史。只有在社会思潮的比较和斗争中研究，才能真正理解马克思主义中国化的历史脉络和中国特色社会主义理论体系和道路的实质，并为坚持和发展这一理论作出新的贡献。

有人把邓小平推进改革，"不搞争论"，"争取时间干"的方针政策，歪曲为不能对错误思潮进行批评，对这种错误思想，在本书第三编中要进行专门分析。在这里，只想直接引用邓小平的话来批驳这种错误的思想。早在1979年邓小平就讲："我们必须一方面继续坚定地肃清'四人帮'的流毒……并且对极少数人所散布的诽谤党中央的反动言论给予痛击，另一方面用巨大的努力同怀疑……四项基本原则的思潮作坚决的斗争。"③ "通过实践是检验真理的唯一标准和'两个凡是'的争论，已经比较明确地解决了我们的思想路线问题"，"不要小看实践是检验真理的唯一标准的争论，这场争论的意义太大了，它的实质就在于是不是坚持马列主义、毛泽

---

① 《邓小平文选》第3卷，人民出版社1993年版，第124页。
② 《毛泽东文集》第7卷，人民出版社1999年版，第230页。
③ 《邓小平文选》第2卷，人民出版社1994年版，第166页。

东思想。"① 1983 年邓小平又讲："现在有些错误观点自称是马克思主义的，有的则公开向马克思主义挑战。对此，马克思主义者应当站出来讲话。思想战线上的共产党员，特别是这方面担负领导责任的和有影响的共产党员，必须站在斗争的前列。""有人把'双百'方针理解为鸣放绝对自由，甚至只让错误的东西放，不让马克思主义争，这还叫什么百家争鸣？这就把'双百'方针这个无产阶级的马克思主义的方针歪曲为资产阶级自由主义的方针了。""应当明确指出，当前思想战线首先要着重解决的问题，是纠正右的、软弱涣散的倾向。"② 1987 年邓小平又讲："有些人脑子里的四化同我们脑子里的四化不同。我们脑子里的四化是社会主义的四化。他们只讲四化，不讲社会主义。这就忘记了事物的本质，也就离开了中国的发展道路……在这个问题上我们不能让步。这个斗争将贯穿在实现四化的整个过程中，不仅本世纪内要进行，下世纪还要继续进行。"③ 他还说："在实现四个现代化的整个过程中，至少在本世纪剩下的十几年，再加上下个世纪的头五十年，都存在反对资产阶级自由化的问题。"④ "八九风波"之后他又讲"反对资产阶级自由化，坚持四基本原则，这不能动摇。这一点我任何时候都没有让过步。"⑤ "你闹资产阶级自由化，用资产阶级人权、民主那一套来搞动乱，我就坚决制止。"⑥ "现在，有右的东西影响我们，也有'左'的东西影响我们，但根深蒂固的还是'左'的东西，有些理论家、政治家，拿大帽子吓唬人的，不是右，而是'左'……右可以葬送社会主义，'左'也可以葬送社会主义。中国要警惕右，但主要是防止'左'。""在整个改革开放过程中，必须始终注意坚持四项基本原则……资产阶级自由化泛滥，后果极其严重。""巩固和发展社会主义制度，还需要一个很长的历史阶段，需要我们几代人、十几代人，甚至几十代人坚持不懈地努力奋斗，决不能掉以轻心。"⑦ 这些论述说明，邓小平对"左"

① 《邓小平文选》第 2 卷，人民出版社 1994 年版，第 190—191 页。
② 《邓小平文选》第 3 卷，人民出版社 1993 年版，第 46—47 页。
③ 同上书，第 204 页。
④ 同上书，第 211 页。
⑤ 同上书，第 299 页。
⑥ 同上书，第 364 页。
⑦ 同上书，第 375、379、380 页。

的僵化思想和右的资产阶级自由化思想从来都是旗帜鲜明地进行斗争，绝不在原则上让步，从来没有过不争论的事。习近平总书记也强调，经济建设是党的中心工作，意识形态工作是党的一项极端重要的工作。要旗帜鲜明地宣传中国特色社会主义道路，敢于同错误思潮斗争。并批评有的干部过分爱惜自己的羽毛，想当开明绅士，对错误思潮不敢"亮剑"，或者是"千呼万唤始出来，犹抱琵琶半遮面"。所以，研究社会思潮就必须研究社会思潮斗争，并在社会思潮的斗争中引领社会思潮。这应当成为研究社会思潮的一个指导思想。

（3）党性与科学性、意识形态性与真理性相统一

社会思潮的斗争是社会变革时代不同阶级、阶层、利益群体及其思想理论代表在意识形态领域斗争的集中反映。所以，以社会主义核心价值体系引领社会思潮是对党性和科学性要求都是很高的工作。既要坚持无产阶级立场，把是否符合广大人民群众的根本利益作为出发点和落脚点，又要坚持科学分析，使其观点符合国情、民情、世情的实际，经得起历史的检验，从而帮助人们提高科学分析的能力。这两者的统一能否做到？从理论上讲，无产阶级政党的理想、追求和历史发展规律相一致，是可以做到的。但是现实生活远比这复杂，建国以后意识形态领域就出现了不少违反科学的失误。现在历史条件根本不同了，经过改革开放30多年的探索，我们已经实现了马克思主义中国化的第二次飞跃——中国特色社会主义理论体系，以党的基本路线为核心的中国特色社会主义道路也已取得丰富、全面的历史经验，这为党性与科学性、意识形态性与真理性相统一创造了前所未有的条件。但是，中国特色社会主义理论是"比较完备的科学体系"，"又是需要从各方面进一步丰富发展的科学体系"①，江泽民强调，"我们对发展社会主义市场经济条件下执政的规律还知之不多、知之不深，还需要全党同志在实践中继续探索。"② 胡锦涛2003年也讲，"我国社会主义的自我完善和发展还有许多重大课题需要进一步探索和回答，还有大量

---

① 《江泽民文选》第2卷，人民出版社2006年版，第11页。
② 江泽民：《论党的建设》，中央文献出版社2001年版，第547页。

工作需要去做。"① 所以，党性与科学性、意识形态性与真理性相统一地回答改革开放和社会主义现代化建设中的许多问题，仍然需要进行艰苦的实践和理论探索。

现在，哲学社会科学研究中存在着一种"淡化"意识形态，"远离"现实性、意识形态性，只愿做"纯学术"研究的倾向。这种现象有深刻社会历史原因：建国以后意识形态领域某些"泛政治化"的"大批判"使一些人至今心有余悸；改革开放以来成就巨大，但主要失误仍在意识形态领域，而且有时问题出在领导层，这使一些人把意识形态领域看做难以把握的风险是非之地。另外，这种学术倾向也受到了西方学术研究思想的影响，它们把价值性、意识形态性和科学性截然对立，鼓吹"非意识形态化"和"意识形态多元化"。邓小平1984年讲："有相当一部分理论工作者，对于社会主义现代化建设实践中提出的种种重大的理论问题缺乏兴趣，不愿意对现实问题进行调查和研究，表示要同现实保持距离，免得犯错误，或者认为没有学术价值。在对现实问题的研究中，也确实产生一些离开马克思主义方向的情况。"② 就是对这种倾向的批评。30年过去了，这种现象仍然不能说得到了根本的克服。

所以，在引领社会思潮的研究中，必须坚持党性与科学性、意识形态性与真理性相统一。但要做到这一点，仅凭朴素的无产阶级思想感情是不能自发实现的，需要排除对马克思主义的教条主义态度和西方资产阶级意识形态理论的干扰，经过反复实践和艰苦的科学探索才能实现。因此，在研究工作中，我们既要敢于正视、正确剖析社会主义原有体制中的弊端，坚持改革开放，又要旗帜鲜明地坚持四项基本原则，反对资产阶级的自由化。既要坚定不移地推进对外开放，发展社会主义市场经济，又要正视改革开放的二重性，科学分析、不断克服改革开放中各种消极因素。既要大胆吸收和借鉴人类社会创造的一切文明成果，包括西方文化思想中一切科学的成分或对我国有益的经验，又要抵制其错误的核心价值理念和一切不适合中国国情的主张。要继承和发扬马克思主义的科学批判精神，对封建

---

① 《十六大以来重要文献选编》（上），中央文献出版社2005年版，第376页。
② 《邓小平文选》第3卷，人民出版社1993年版，第40页。

主义、资本主义的文化，特别在历史上起过进步作用的文化思想，给以历史主义的辩证的分析。科学批判精神是辩证的否定，是扬弃，这和简单否定一切的"大批判"是根本不同的。总之，既要反对把马克思主义僵化的教条主义，又要反对盲目崇拜西方文化思想、食洋不化的教条主义。以一种不唯上、不唯书、不唯洋、只唯实的科学批判精神进行研究工作。

（4）坚持"百花齐放、百家争鸣"的"双百"方针

"百花齐放、百家争鸣"是繁荣我国科学和文化的正确的方针。问题是，在社会思潮的论辩和斗争中到底该不该坚持这样的方针？社会思潮，乃至一切意识形态领域问题，其核心都是一定的思想理论观点，而思想理论观点的斗争往往是以理论研究、学术争论形式出现的。汲取几十年的历史经验，我们认为，凡属理论研究问题，包括以学术争鸣出现的社会思潮，都要实行"双百"方针。毛泽东讲，"百花齐放、百家争鸣这个方针不但是使科学和艺术发展的好方法，而且推而广之，也是我们进行一切工作的好方法。这个方法可以使我们少犯错误。""放手让大家讲意见，使人们敢于说话，敢于批评，敢于争论；不怕错误的议论，不怕有毒素的东西；发展各种意见之间的相互争论和相互批评，既容许批评的自由，也容许批评批评者的自由；对于错误的意见，不是压服，而是说服，以理服人。""不要怕放，不要怕批评，也不要怕毒草。"[①] 1986 年《中共中央关于社会主义精神文明建设指导方针的决议》指出："必须坚持执行'百花齐放、百家争鸣'的方针，支持和鼓励以科学研究为基础的大胆探索和自由争论，使马克思主义理论研究大大活跃起来，使各项决策建立在更加民主和科学的基础之上。"1987 年党的十三大报告指出："必须在实际工作中鼓励探索和开拓，在理论研究上坚持'百花齐放、百家争鸣'"。

为什么要这样做呢？

第一，真理越辩越明。各种不同意见的辩论，就能使真理发展。马克思主义是科学，科学是批评不倒的。同反马克思主义的毒草进行斗争，就能使马克思主义发展起来。国际共产主义运动和中国革命、建设的历史经验证明，凡是对马克思主义采取教条主义、形而上学态度、压制不同意见

---

① 《毛泽东文集》第 7 卷，人民出版社 1999 年版，第 279、278、282 页。

的，都束缚了马克思主义的发展，而毛泽东思想和中国特色社会主义理论体系，正是在同"左"的和右的各种思想的比较和斗争中发展的。

第二，毛泽东讲"对待人民内部的思想问题，对待精神世界的问题，用简单的方法去处理，不但不会收效，而且非常有害"，"知识分子的问题首先是思想问题，对于思想问题采取粗暴的办法、压制的办法，那是有害无益的。……要人家服，只能说服，不能压服。压服的结果总是压而不服。"① 社会思潮，包括一切意识形态领域问题的实质就是思想问题。西方敌对势力"和平演变"的思想渗透和国内资产阶级自由化思潮泛滥，当然属于阶级斗争范畴，属于除毒草范畴的问题，本质上是对抗的。但是，即使是除毒草，斗争的胜负仍然取决于能否用正确的意识形态掌握人民群众，所以，它的实际对象是广大群众。社会思潮形成和发展的主要载体是知识分子，社会思潮的斗争首先是做知识分子的思想工作。因此，意识形态斗争的基本方针仍然是说理说服，仍然要贯彻"双百"方针。"只有采取讨论的方法，批评的方法，说理的方法，才能真正发展正确的意见，克服错误的意见，才真正解决问题。"② 只有这样做，正确的思想才能为广大知识分子和人民群众接受，内化为自己的思想，意识形态领域的斗争才能取得真正的胜利。

第三，"为了判断正确的东西和错误的东西，常常需要有考验的时间，……正确的东西，好的东西，人们一开始常常不承认它们是香花，反而把它们看作毒草。"在社会主义社会，"压抑新生力量，压抑合理的意见，仍然是常有的事。不是由于有意压抑，只是由于鉴别不清，也会妨碍新生事物的成长。因此，对于科学上、艺术上的是非，应当保持慎重的态度，提倡自由讨论，不要轻率地作结论。"③ 建国初期，我们对马寅初先生的《新人口论》和孙冶方先生倡导价值规律经济思想的批判，不就是违反了"双百"方针，造成了压抑正确意见的结果吗？

总之，对待意识形态领域的思想争论，必须坚决贯彻"双百"方针，

---

① 《毛泽东文集》第7卷，人民出版社1999年版，第232、279页。
② 同上书，第232页。
③ 同上书，第229页。

这是建国以来几十年实践反复证明了的宝贵历史经验。

为了做到这一点，必须正确处理政治问题与学术问题关系。过去，在贯彻"双百"方针时曾多次提出"要严格区分政治问题与学术问题"，但是在实践中这是很难把握的。因为，除了一些纯学术、技术性问题不带政治性以外，在人文与社会科学领域中，许多学术问题都不是脱离政治的。政治学、法学等学科的学术问题有政治性自不待言；其他学科的学术问题，有时也有很强的意识形态属性，反映不同阶级、阶层的利益要求；资产阶级自由化思潮和西方敌对势力的思想渗透有时也以学术形式出现，而且这些问题又相互交叉。所以，要截然区分学术问题和政治问题是很难做到的。汲取历史经验，凡属学术问题，思想争论问题，包括以学术形态出现的意识形态之争，都要实行"双百"方针，允许自由讨论，包括批评和反批评的自由，关键是要严格区分和正确处理两类不同性质的矛盾。对于思想、理论的争论，不要当敌我矛盾处理，不要不让人讲话。在文化大革命和以前的一段时间里有不少这方面的失误。但在改革开放以后，又出现了对资产阶级自由化思潮软弱无力的失误，把"双百"方针歪曲为不敢对错误思潮进行批评的方针，要明确，自由讨论，既容许批评的自由，也容许批评批评者的自由，不能只让放，不让争，不让人批评或不让人从政治上批评，各种社会思潮是围绕改革开放"走什么道路"展开的，不从政治上批评，就不能克服错误思潮。

要划清"思想"与"法"的界限，对于煽动颠覆我国宪法和社会主义基本制度的，如刘晓波企图用"零八宪章"煽动颠覆我国宪法和社会制度，"八九政治风波"、"藏独"、"疆独"制造社会动乱等，则必须依法处理。

"研究无禁区，宣传有纪律。"学术问题要实行"双百"方针，但在重大政治问题的宣传上，党报必须"宣传党的主张"，有人说：这是"舆论一律"，反对"新闻自由"。其实，世界上任何国家的宣传都没有煽动、反对宪法的自由，在重大政治问题上，任何国家舆论的主旋律，必须符合该国宪法和执政党政纲的基本要求。

建议今后用"正确处理政治问题与学术问题的关系"，而不用"严格区分政治问题与学术问题"的提法可能更好。

　　近年来，在批判错误思潮的斗争中，马克思主义学者内部也出现了一些不同意见。对这些不同意见，同样要经过学术争鸣逐渐加深对某些问题的科学认识。但是面对资产阶级自由化思潮，他们是同一战壕的战友，应当团结起来，共同为以社会主义核心价值体系引领社会思潮做出积极贡献。

（5）在同西方社会文化思想的比较鉴别中研究中国社会思潮

　　还要专门谈一谈研究中国社会思潮和西方社会文化思想的关系。当代中国的社会思潮是当代中国社会变革在思想文化上的反映，西方社会文化思想是西方社会存在在思想文化上的反映，两者不是一回事。但是在中国近现代和当代，中国的社会思潮总是和西方文化思想相联系、相比较而存在。半个多世纪以前，北京大学贺麟教授就说过："大多数近代中国思潮具有世界性的特征。"这是因为近代中国，西方文化是随着西方炮舰打开中国大门而大量涌入的，它们企图在中国建立一种殖民地的奴化文化；而中国的志士仁人，为了向西方现代文化学习，或是为了抵御西方列强的侵略，也纷纷研究和借鉴西方社会文化思想。"师夷之长技以制夷"、"洋务运动"、"戊戌变法"、"辛亥革命"、"五四及新文化运动"，乃至"马克思主义在中国的传播"，各种思潮纷纭激荡，都与西方社会文化思想密切相关。在当代中国，在我国被封闭了近30年后，迎来了改革开放和社会主义现代化建设的新时期。随着国际交往的增多，西方文化思想大量传入我国，对人们思想价值观的多样化、多元化产生了很大的影响；西方某些敌对势力，又以文化渗透为主要手段实行"和平演变"战略，把西方资产阶级的核心价值观念和制度打扮成"普世价值"的模式，妄图颠覆我国社会主义制度，这就使我国社会思潮的斗争更为尖锐和复杂。改革开放以来的社会思潮，其大多数，如新自由主义、民主社会主义、鼓吹西方宪政民主等，都是西方文化战略的输出品。所以，要研究当代中国的社会思潮就必须对相关的西方社会文化思想进行研究。

　　"对于现代西方资产阶级文化，我们究竟应当采取什么态度呢？"邓小平说："我们要向资本主义发达国家学习先进的科学、技术、经营管理方法以及其他一切对我们有益的知识和文化，闭关自守，故步自封是愚蠢的。但是，属于文化领域的东西，一定要用马克思主义对它们的思想内容和表现方法进行分析、鉴别和批判……现在，有些同志对西方各种哲学的、经济学的、社会政治的和文学艺术的思潮，不分析、不鉴别、不批判，而是一窝蜂地盲目推崇。"① 遵循邓小平的教导，笔者在研究西方文化思想时始终注意，一方面要用马克思主义科学分析、抵制其错误的核心价值观念和一切不适合中国国情的主张。同时，仔细鉴别，吸收其中的科学成分和对中国有益的经验。北京大学老一辈经济学家陈岱孙 1995 年曾发表文章，告诫人们对西方经济学说不要"食洋不化"。后来陈奎元又提出："在意识形态领域要反对两种迷信、两种教条主义。一种是空谈坚持马克思主义，不懂得随着时代的发展变化，应当根据新的实践进行理论创新，按照马克思主义本来的要求，以新的经验和新的结论丰富、发展马克思主义的理论。……另一种教条主义，是迷信西方发达国家反映资产阶级主流意识形态的思想理论，把西方某些资产阶级学派的理论甚至把发达资本主义国家的政策主张奉作教条。这种倾向在意识形态领域以及经济社会变革中的影响力正在上升。"② 刘国光教授也指出："在西方经济学中居于主流地位的新自由主义经济学，其研究市场经济的一般问题的分析方法有不少也可以借鉴学习……但是新自由主义经济学的核心理论是我们所不能接受的。"③ 我们认为，上述对西方文化思想研究的基本观点应当成为研究中国社会思潮的基本原则，这也是坚持党性与科学性相统一的题中应有之义。

---

① 《邓小平文选》第 3 卷，人民出版社 1993 年版，第 43—44 页。

② 陈奎元：《论繁荣发展中国特色的哲学社会科学》，载《人民日报》2004 年 4 月 20 日。

③ 刘国光：《经济学教学和研究中的一些问题》，载《高校理论战线》2005 年第 9 期。

第二章　改革开放以来社会思潮的走向

社会思潮的产生和演变，总是与特定的社会历史环境相联系。越是在社会重大变革时期，社会思潮就越有产生和发展的土壤。改革开放是新中国建立以后社会变革最剧烈的时期之一，当然也就成了社会思潮最活跃的时期。这一时期大致又可分为拨乱反正、改革开放全面展开、社会主义市场经济建立、矛盾凸显和深化改革几个阶段。

第一节　改革开放以来社会思潮产生的背景

从 1840 年鸦片战争到新中国成立和 1956 年基本完成社会主义改造，中国在 100 多年的时间里完成了由半封建半殖民地社会到社会主义社会的飞跃，社会制度发生了根本的改革。但在思想文化层面，封建的、资产阶级的思想文化并没有随着新中国的建立而消亡。中国革命是共产党领导的人民大众的反帝反封建的新民主主义革命。在它的革命队伍中，有来自社会各个阶级、阶层的人，他们在反帝、反封建的旗帜下集合起来。在他们身上，既有对革命和真理的追求和渴望，也不可避免地带有他们原来阶级属性的影响，包括有些投身革命，但世界观始终是民主个人主义、自由主义的人。提高全党的马克思主义理论素养，始终是党的建设中必须着力解决的问题。

新中国成立以后，我们取得了历史上前所未有的巨大成就。在思想战线上，开展了多次大规模的马克思主义思想教育运动。这些运动对清除帝国主义和封建主义文化影响总体上起到了积极的作用，但是也出现了一些"左"的偏差。

1956 年开展的整风运动中，在当时国际国内环境下，确实有少数右派分子借大鸣、大放伺机向党和社会主义制度猖狂进攻。他们把共产党的领导地位攻击为"党天下"，公然要求共产党退出机关、学校，公方代表退出合营企业，要求与共产党"轮流坐庄"执政，极力抹杀社会主义改造和建设的成就等。这些言论很快在社会上和高校中造成极大思想混乱，1957年 5 月下旬，原来整风的方向已被极少数右派分子的进攻所扭转。对于这种进攻，党领导人民进行了反击，这是完全正确和必要的，不如此就不能巩固社会主义制度和人民政权。但是随着运动的发展，反右斗争被严重地扩大化了，打击面过宽，处理的分量也太重，造成了不幸的后果，留下了深刻的教训。1962 年 1 月，7000 人大会后为被错划为"右派分子"的大部分人摘掉了帽子。1979 年为全部"右派分子"摘掉了帽子，改正对其中绝大多数人的处理，并给他们分配了适当的工作。反右斗争扩大化是在社会主义改造基本完成后对于如何处理思想政治领域的尖锐斗争还缺乏经验的情况下产生的，党的十一届三中全会以来，已经深入总结了这方面的经验教训。应当说，反右斗争扩大化作为一个历史问题，已经得到解决。但是有极个别当年确实站在资产阶级右派立场上的人，极力要推翻邓小平"反右本身没有错，问题是扩大化了"[1] 的正确结论，向党和人民反攻倒算，极力散布资产阶级自由化观点。这是后来错误思潮泛滥中的一个重要的历史背景。

1956 年毛泽东提出"十大关系"后，中央领导集体努力探索适合中国国情的社会主义建设道路。1957 年经济建设效果显著，第一个五年计划各项指标大幅度超额完成，人民群众社会主义建设热情空前高涨。1958 年党的八大二次会议上，党中央提出了"鼓足干劲，力争上游，多快好省地建设社会主义"的总路线，试图探索适合中国国情的建设道路，并相继发动了大跃进和人民公社化运动。这是中国共产党人探索中国特色社会主义

---

① 《邓小平文选》第 2 卷，人民出版社 1994 年版，第 244 页。

道路的一次重大尝试。它力图摆脱照搬苏联模式的作法，解决其存在的统得过死、地方积极性难以发挥的问题，试图发展更高级的集体所有制，急于向共产主义过渡。历史证明这次尝试是不成功的。大跃进中的高指标违反了客观经济规律，使整个国民经济发展遭受了严重挫折。农村人民公社运动片面追求"一大二公"更是带来了灾难性的后果。这些挫折使以毛泽东为首的党的领导人认识到我们党对社会主义建设规律的认识还相当粗浅，探索中国社会主义建设道路的任务还很艰巨。毛泽东号召全党认真阅读斯大林《苏联社会主义经济问题》和《政治经济学教科书》等书籍，力图对社会主义建设的规律有一个更深入的认识。理论界也对我国社会主义建设的理论问题展开了研究。但是，一方面，这样的研究必然会出现认识上的分歧。另一方面，国际共产主义运动中修正主义思潮的泛起也不能不引起我们的警惕。而苏联领导人对中国施加政治上、经济上、军事上的巨大压力，迫使我们不得不进行反对苏联大国沙文主义的正义斗争。在这样的氛围下，加上当时"左"的指导思想并没有得到很好的纠正，理论的探索被严重政治化了，认识上的分歧也就逐步上升为路线之争。一段时期中，在思想文化领域开展了过火的批判，教育、科学、文化问题上发生了越来越严重的"左"的偏差。这些错误后来发展成为"文化大革命"的"导火线"。

　　1966年"文化大革命"爆发了。毛泽东一贯注意要克服党内和国家生活中的缺点和阴暗面。在苏共二十大、二十二大后，鉴于苏联发生的变化，毛泽东更加关注党和国家防止和平演变、避免资本主义复辟的问题。就像邓小平所说："搞'文化大革命'，就毛主席本身的愿望来说，是出于避免资本主义复辟的考虑，但对中国本身的实际情况做了错误的估计。"[①] "对中国的实际情况做了错误的估计"，就是认为一大批资产阶级的代表人物已经混进党里、政府里、军队里和文化领域的各界里，党内走资本主义道路的当权派在中央形成了一个资产阶级司令部，在各省、市、自治区和中央各部门都有代理人。并认为过去的各种斗争都不能解决问题，只有实行"文化大革命"，公开地、全面地、自下而上地发动广大群众来揭露

_____

　　① 《邓小平文选》第2卷，人民出版社1994年版，第346页。

上述阴暗面，才能把被走资派篡夺的权力重新夺回来。由于对党内国内形势做了不符合实际的估计，对什么是修正主义没有正确的解释，并且离开了民主集中制的原则，采取了错误的斗争方针和方法，林彪、"四人帮"之流就利用这个错误，把它推向极端，制造和推行了一条极"左"路线，实行"打倒一切、全面内战"，阶级斗争被严重扩大化了，两类不同性质的矛盾被严重混淆了，大批干部和知识分子受到错误的批判。在运动中出现了许多残酷斗争、无情打击的做法，有些手段甚至是在过去对敌斗争中也不允许采用的。正如党的历史问题决议指出的"'文化大革命'是一场由领导者错误发动，被反革命集团利用，给党、国家和各族人民带来严重灾难的内乱"。

党的十一届三中全会纠正了"文化大革命"的错误，开启了改革放开的伟大历史进程。十一届三中全会高度评价不久前开展的关于真理标准问题的大讨论，号召大家解放思想、实事求是，团结一致向前看，提出要把思想从过去的"左"的禁锢中解放出来，促使人们重新审视"文化大革命"，审视我国社会主义革命和建设近 30 年来的经验教训，审视社会主义建设的规律。

但是，这种审视从一开始就包含着两种对立的思路。一方面是对社会主义制度自我完善的探讨，另一方面是有些人借"反思"否定共产党的领导和社会主义制度。在十一届三中全会后不久，社会上就出现了一股否定党的领导、否定社会主义制度、否定马克思列宁主义、毛泽东思想的思潮，造成了一定程度的思想混乱。邓小平分析了这种社会思潮出现的社会历史原因：一方面是由于对"文化大革命"的反动，另一方面也是由于外来资产阶级思想的侵蚀。他在 1980 年 1 月的一次讲话中指出："还有公然反对社会主义制度和共产党领导的所谓'民主派'"，"对这些所谓'民主派'的总的倾向和真正目的是什么，一定要认识清楚，不要天真。"[①] 邓小平代表中央明确提出，改革开放必须坚持社会主义道路，坚持无产阶级专政，坚持党的领导，坚持马列主义、毛泽东思想。他说："我们要在中国实现四个现代化，必须在思想政治上坚持四项基本原则。这是实现四个

---

① 《邓小平文选》第 2 卷，人民出版社 1994 年版，第 252—253 页。

现代化的根本前提。"① 四项基本原则的提出，划清了思想解放与错误思潮的界限，因而也成为错误思潮攻击的直接对象。改革开放以来的社会思潮也就主要表现为四项基本原则与资产阶级自由化的尖锐对立。这是我们研究改革开放以来社会思潮产生和演变的重要历史背景。

第二节　拨乱反正时期的社会思潮

　　1978 年 12 月，党的十一届三中全会召开，标志着我国进入了改革开放和社会主义现代化建设的新历史时期。十一届三中全会全面总结建国以来党领导人民进行社会主义革命和建设的经验教训，纠正了长期以来，特别是"文化大革命"以来党在指导思想上的"左"的错误，作出了把工作重点转移到以经济建设为中心的战略决策，从而开启了改革开放的伟大历史进程。

　　这一时期的最大特点就是拨乱反正。一大批冤假错案得到平反，很多长期以来被"四人帮"一伙颠倒的是非得到了纠正。由于"文化大革命"是毛泽东发动和领导的。纠正"文化大革命"的错误就不能不涉及对毛泽东和毛泽东思想和新中国历史的评价，改革开放以来的社会思潮也正是从这两个问题上发展起来的。

一　围绕对毛泽东和文化大革命的评价的社会思潮

　　这一时期，首先出现的思潮是围绕对毛泽东和"文化大革命"的评价展开的。其主导方面是对"文化大革命"中极"左"思潮的批判和反思，对中国特色社会主义的理论探索，并形成了一批影响后世的理论成果。1978 年 4 月《光明日报》发表了《实践是检验真理的唯一标准》一文，直接批判了"两个凡是"的错误方针，重申将实践作为检验党的路线、方针和政策是否正确的基本标准。而围绕这篇文章所开展的讨论，使我们党的"一切从实际出发，理论联系实际，实事求是，在实践中检验真理和发展真理"的思想路线得以恢复和重新确立，为党的十一

---

① 《邓小平文选》第 2 卷，人民出版社 1994 年版，第 164 页。

届三中全会的召开做了理论上和思想上的准备。邓小平高度评价真理标准的讨论，指出："一个党、一个国家、一个民族，如果一切从本本出发，思想僵化，迷信盛行，那它就不能前进，它的生机就停止了，就要亡党亡国……从这个意义上说，关于真理标准问题的争论，的确是个思想路线问题，是个政治问题，是个关系到党和国家的前途和命运的问题。"① 党的十一届三中全会高度评价真理标准讨论的伟大意义，提出"解放思想，实事求是，团结一致向前看"，开始着手对建国以来的一系列"左"的错误进行清理。

随着对建国以来一系列"左"的错误的清理和大批冤假错案的平反，人们逐渐认识到，在探索中国社会主义建设的道路中，我们党在指导思想上犯了很多"左"的错误，而"文化大革命"则把这种"左"的错误推向了极致，给党和人民的事业造成了严重的损失。粉碎"四人帮"以后，党中央就开始着手清理建国以来，特别是"文化大革命"以来的"左"的错误，为在历次政治运动中受到错误处理的同志平反昭雪。党的十一届六中全会通过了《关于建国以来若干重大历史问题的决议》（以下简称《历史决议》），运用马克思主义的辩证唯物论和历史唯物论，对建国32年来党的重大历史事件，特别是"文化大革命"作出了正确的总结，科学地分析了在这些事件中党的指导思想的正确和错误，分析了产生错误的主观因素和社会原因，实事求是地评价了毛泽东在中国革命中的历史地位，充分论述了毛泽东思想作为我们党的指导思想的伟大意义。《历史决议》肯定了十一届三中全会以来逐步确立的适合我国情况的建设社会主义现代化强国的正确道路，进一步指明了我国社会主义事业和党的工作继续前进的方向。

在我们党总结建国以来的经验教训的同时，一些错误思潮也开始蔓延起来。最先出现的就是对毛泽东和毛泽东思想的根本否定。一些人借纠正"文化大革命"的失误，根本否定毛泽东为中国革命所作出的贡献和毛泽东思想的指导地位；不应把毛泽东领导人民进行社会主义革命和建设所创立的伟大功绩同他晚年的错误相混淆，不加分析地否定毛泽东在建国以后

---

① 《邓小平文选》第2卷，人民出版社1994年版，第143页。

所做的一切，并将我们党建国以来所犯的错误全都推到毛泽东的头上。还有人将毛泽东晚年的错误同经过实践检验证明毛泽东的科学思想混为一谈，认为毛泽东思想既包括正确的东西，也包括错误的东西。这样，就否定了毛泽东和毛泽东思想的历史地位。邓小平说："讲错误，不应该只讲毛泽东同志，中央许多负责同志都有错误……不要造成一种印象，别的人都正确，只有一个人犯错误。这不符合事实。中央犯错误，不是一个人负责，是集体负责。""我们现在讲拨乱反正，就是拨林彪、'四人帮'破坏之乱，批评毛泽东同志晚年的错误，回到毛泽东思想的正确轨道上来。总之，不把毛泽东思想，即经过实践检验证明是正确的、应该作为我们今后工作指南的东西，写到决议里去……不写或不坚持毛泽东思想，我们要犯历史性的大错误"①。

中央在 1981 年 6 月召开的十一届六中全会上通过了《关于建国以来党的若干历史问题的决议》，对上述错误思潮作出了正式的回应。《历史决议》指出："毛泽东同志是伟大的马克思主义者，是伟大的无产阶级革命家、战略家和理论家。他虽然在'文化大革命'中犯了严重错误，但是就他的一生来看，他对中国革命的功绩远远大于他的过失。他的功绩是第一位的，错误是第二位的。他为我们党和中国人民解放军的创立和发展，为中国各族人民解放事业的胜利，为中华人民共和国的缔造和我国社会主义事业的发展，建立了永远不可磨灭的功勋。他为世界被压迫民族的解放和人类进步事业做出了重大的贡献。"关于《历史决议》，邓小平指出："我们一开始就说，要确立毛泽东同志的历史地位，坚持和发展毛泽东思想。"他还说："对毛泽东同志的评价，对毛泽东思想的阐述，不是仅仅涉及毛泽东同志个人的问题，这同我们党、我们国家的整个历史是分不开的。要看到这个全局。这是我们从决议起草工作开始的时候就反复强调的。决议稿中阐述毛泽东思想的这一部分不能不要。这不只是个理论问题，尤其是个政治问题，是国际国内的很大的政治问题。如果不写或写不好这个部分，整个决议都不如不做。"② 对毛泽东和毛泽东思想的评价，至今乃至今

---

① 《邓小平文选》第 2 卷，人民出版社 1994 年版，第 296、300 页。
② 同上书，第 299 页。

后很长一个时期都是社会思潮斗争的一个焦点。

二　以"苦恋"为代表的"伤痕文学"

党的十一届三中全会以后，建国以来历次政治运动中的冤假错案逐步得到平反和纠正，很多受到错误处理的同志恢复了应有的名誉。"伤痕文学"以反右和"文化大革命"中受到冲击和迫害的人为主角，通过描写他们受迫害的经历来控诉那个时代给他们带来的苦难。这类故事的主人翁大多是被划为"右派"的人和一些知识分子、知青等。这些人的经历不同，但都被描写为天真、正义的化身，而给他们造成苦难的都是作为党的化身的各级干部。这些干部迫害他们的理由虽然五花八门，但是有一条是共同的，就是这些干部的私利。客观地讲，"伤痕文学"所反映的情况许多是存在的，但是其反映也是片面的。由于脱离了中国从半封建、半殖民地社会向社会主义社会转变的大背景，忽视了这一历史性转变中的伟大成就，不能历史地看待共产党在探索社会主义革命和建设中的失误，仅仅从个人的恩怨去理解问题，并把这些瑕疵放大为对这个时代的写照，这是"伤痕文学"的根本缺陷。而大众从这些作品中去了解那个时代，必然会对那个时代所做的一切事情的正义性产生怀疑。也正是从"伤痕文学"开始，有些人把党的工作失误扩大为对党的所有干部的丑化，进而扩大为对党的整个形象的丑化。

"伤痕文学"和其他错误思潮的泛滥的后果很快就表现了出来。在1980年前后一些高校进行的学生会竞选活动中，一些候选人在竞选演说中因公然宣称自己祖宗八代没有一个共产党人而获得叫好，一些学生党员在选举中不敢亮明自己的党员身份，共产党成了被讨伐的对象。

邓小平在1981年3月同中国人民解放军总政治部负责人的谈话中明确提出对《苦恋》要批判。在同年7月同中宣部负责同志的谈话中又指出："无论作者的动机如何，看过以后，只能使人得出这样的印象：共产党不好，社会主义制度不好。这样丑化社会主义制度，作者的党性到哪里去了呢？""关于《苦恋》，《解放军报》进行了批评，是应该的……一部分青年人对社会的某些现状不满，这不奇怪也不可怕，但是一定要注意引导，不好好引导就会害了他们。"① 由于邓小平的干预，有关报刊发表了一系列文章进行了引导，"伤痕文学"大行其道的局面才得到一定程度的遏制。

三　关于"潘晓来信"的人生观大讨论

伴随上述社会思潮的出现，由《中国青年》杂志发起关于"潘晓来信"的人生观大讨论。

爱国主义、集体主义是社会主义价值观的基础。在"文化大革命"中，由于林彪、"四人帮"一伙推行极"左"路线，片面强调"兴无灭资"，把集体主义和个人的合理利益对立起来，完全否定个人利益，这当然是错误的。但青年应该树立什么样的人生价值观，如何正确处理好个人和国家、集体的关系，这就成为对"文化大革命"的反思中需要解决的一个问题。1980 年 5 月，《中国青年》杂志发表了一篇化名"潘晓"的《人生的路呵，怎么越走越窄……》的读者来信。在信中提出："社会达尔文主义给了我深刻的启示。人毕竟都是人哪！谁也逃不脱它本身的规律。在利害攸关的时刻，谁都是按照人的本能进行选择，没有一个真正虔诚地服从那平日挂在嘴头上的崇高的道德和信念。人都是自私的，不可能有什么忘我高尚的人……请问所有堂皇的圣人、博识的学者、尊贵的教师、可敬的宣传家们，要是他们敢于正视自己，我敢说又有几个能逃脱为私欲而斗争这个规律呢？"又说"我体会到这样一个道理：任何人，不管是生存还是创造，都是主观为自我，客观为别人，就像太阳发光，首先是自己生存运动的必然现象，照耀万物，不过是它派生的一种客观意义而已。所以我想，只要每一个人都尽量去提高自我存在的价值，那么整个人类社会的向前发展也就成为必然了。这大概是人的规律，也是生物进化的某种规律——是任何专横的说教都不能淹没、不能哄骗的规律！"此信甫一发表，即引发一场全国范围内关于人生观的大讨论。

"潘晓来信"之所以引起了这样大的关注，就在于潘晓在信中所提出

---

① 《邓小平文选》第 2 卷，人民出版社 1994 年版，第 391 页。

的"人性自私"和"主观为自我、客观为别人"的命题。按照她的逻辑，任何人的言行，其本质都是自私的。如果说这种言行对别人发生了积极的效果，那也只是一种派生出来的客观意义而已。根本不存在什么"大公无私"的人。这显然与我们党长期以来所倡导的全心全意为人民服务的集体主义思想是完全相背离的。其实，个人与集体的关系必须放到具体的历史环境中去考察，才能得到正确的解答。本书第二编第七章对"人性自私"和集体主义产生的历史条件和科学内涵等进行了深入的分析，并设专节分析了"主观为自我、客观为别人"的理论失误，用马克思主义的原著揭露了"主观为自己，客观为别人"不过是亚当·斯密的"人性自私论"在哲学层面的一种表述而已。

从当时讨论的情况看，大多数人对于"潘晓"的境遇给予了同情，但是对于她所提出的"主观为自己、客观为别人"的命题却众说纷纭。由于把握思想讨论导向上的偏差，这场讨论没有很好地帮助青年澄清人生价值观方面的迷雾，所以直至今日，"人性自私"和"主观为自我、客观为别人"这些问题仍然是思想政治工作者不断涉及的问题。

四　关于人道主义和异化问题的讨论

前面提到的两种思潮主要是以文艺的形式和大众舆论的形式出现的，人道主义和异化思潮则主要是以理论的形态出现的。

20 世纪 70 年代末和 80 年代初，我国思想理论界开展了一场关于人道主义和异化问题的讨论。中央党校一个资料编选组从 1978—1983 年年底的国内 191 种杂志、64 种报纸、21 种文集中，查阅到有关人、人性、人道主义、异化的文章就有 740 多篇。在这次讨论中，涉及了是马克思主义的历史唯物主义还是人道主义的历史唯心主义、能否用有些人宣扬的"异化"论的观点来看待我们的社会主义社会和指导改革等这样一些重大的理论和实践问题，也包括有如马克思主义和人道主义的关系、对马克思早期著作《1844 年经济学哲学手稿》的理解等学术性较强的问题。

一段时期中，抽象地谈论人、人性、人的本质、人的价值成为一种时尚。许多舆论观点，不是从一定的社会历史条件和社会关系来谈"人"，而是离开人的历史发展和人的社会性，用抽象的人、人性、人的本质、人的价值来说明历史。当时的思想争论中的突出问题是王若水等坚持宣传的"人是马克思主义的出发点"的命题，这是一个典型的混淆历史唯物主义与历史唯心主义界限的命题。从这个命题出发，他们又发挥出许多抽象地谈论人、人性、人道主义的舆论。如说"人性就是人的自然属性"，"是所有行为动机最深的基础、最基本的动因"，"人的价值就在于人自身"，"把人本身当作人的最高价值，完全是发自人之为人的根本特性。"有人还把人类从原始社会经过阶级社会到共产主义的历史过程描述为"人的异化和复归"、"人——非人——人"的历史发展公式。还把抽象的"人的价值"观念同他们"异化"论的观点相结合，热衷于批评所谓社会主义制度下"人的价值的异化"，甚至不加分析地用马克思揭露旧社会的话来批评社会主义社会是"蔑视人"的。

"异化"一词，是马克思早年在创立他的学说时受德国古典哲学影响而使用的一个概念。他曾经用"异化"概念来批判资本主义，说明历史。但成熟时期的马克思主义著作基本上不再使用异化概念，偶尔提到"异化"时也已不再在原来的意义上使用，而且限制在阶级对抗的社会特别是资本主义社会。但是这场讨论中一些宣扬"社会主义异化论"的舆论，把"异化"当作规律来看待社会主义社会。他们把异化规定为主体在自身发展过程中产生出同自己相敌对的异己化现象，宣扬社会主义社会不断发生全面异化，所谓思想异化、政治异化、经济异化。认为只有"异化"才是对社会主义社会中各种弊病的科学解释；认为社会主义社会存在异化的根源是社会主义制度本身；并认为我们进行各方面的改革就是为了克服异化、消灭人的异化。有的甚至还说，社会主义国家政权机构的存在就意味着政治方面的异化，就必然要站立于社会之上，向它的公民发号施令。这种"社会主义异化"论必然造成巨大的思想混乱。既然社会主义发展中由于社会主体自身的活动必然产生反过来敌视和支配主体的异己力量，那么，社会主义社会同剥削阶级旧社会又有什么区别呢？它必然导致曲解我们的社会主义现实，只会引导人们去批评、怀疑和否定社会主义。那种认为凡是有权力的地方，必然产生权力异化、政治异化，只能是引导人们走向无政府主义。

　　这种人道主义和异化思潮的出现，从国内背景说，是对"文化大革命"的一种反动。"文化大革命"中林彪、"四人帮"一伙极力煽动极"左"思潮，制造和推行了一条极"左"路线，肆意侵犯人权，打倒一切，实行法西斯专政，造成了严重后果。在经历了"文化大革命"的严重历史曲折之后，人们必然会进行批判性的反思、总结，包括要求在现实生活中发扬人道主义精神，这是完全可以理解的。但是借反思历史宣扬抽象人道主义的历史观和"社会主义异化论"就会引导人们走向歧途，造成怀疑以至否定社会主义和党的领导的精神污染现象。

　　人道主义和异化思潮的泛起及其向社会和青年中的扩散蔓延，引起了以邓小平为核心的党中央的高度重视，邓小平在1983年10月党的十二届二中全会上所作《党在组织战线和思想战线上的迫切任务》上的讲话中，对人道主义和异化思潮的错误导向以及思想战线不能搞精神污染的问题作了深入分析。

　　邓小平指出："有一些同志热衷于谈论人的价值、人道主义和所谓异化，他们的兴趣不在批评资本主义而在批评社会主义……他们不了解，不但在资本主义社会，就是在社会主义社会，也不能抽象地讲人的价值和人道主义，因为我们的社会内部还有坏人，还有旧的社会渣滓和新的社会渣滓，还有反社会主义分子，还有外国和台湾的间谍。我们的人民生活水平和文化水平还不高，这也不能靠谈论人的价值和人道主义来解决，主要地只能靠积极建设物质文明和精神文明来解决。离开了这些具体情况和具体任务而谈人，这就不是谈现实的人而是谈抽象的人，就不是马克思主义的态度，就会把青年引入歧途。""现在有些同志却超出资本主义的范围，甚至也不只是针对资本主义劳动异化的残余及其后果，而是说社会主义存在异化，经济领域、政治领域、思想领域都存在异化，认为社会主义在自己的发展中，由于社会主体自身的活动，不断产生异己的力量。他们还用克服这种所谓异化的观点来解释改革。这样讲，不但不可能帮助人们正确地认识和解决当前社会主义社会中出现的种种问题，也不可能帮助人们正确的认识和进行在社会主义社会中为技术进步、社会进步而需要不断进行的改革。这实际上只会引导人们去批评、怀疑和否定社会主义，使人们对社会主义、共产主义的前途失去信心。"①

邓小平还提出了"思想战线不能搞精神污染"的方针，指出："精神污染的危害很大，足以祸国误民，它在人民中混淆是非界限，造成消极涣散、离心离德的情绪，腐蚀人们的灵魂和意志，助长形形色色的个人主义思想泛滥，助长一部分人当中怀疑以至否定社会主义和党的领导的思潮。"②他要求从"关系到我们的事业将由什么样的一代人来接班，关系到党和国家命运和前途"的高度，来看待这个问题。

在党的十二届二中全会后不久，1984 年 1 月，胡乔木发表了《关于人道主义和异化问题》的文章。文章从区分人道主义作为世界观、历史观和伦理原则、道德规范两种不同含义入手，环绕是马克思主义的历史唯物主义还是人道主义的历史唯心主义这个实质，对这场思想争论中涉及的一系列重要问题，包括怎样看待我们的社会主义社会和用什么思想来指导改革，为什么要宣传和实行社会主义的人道主义等问题，做了深入剖析和阐明。文章指明了"作为世界观和历史观的人道主义，同马克思主义的历史唯物主义是根本对立的。""人道主义并不能说明马克思主义，不能补充、纠正或发展马克思主义，相反，只有马克思主义才能说明人道主义的历史根源和历史作用，指出它的历史局限，结束它所代表的人类历史观发展史上一个过去了的时代。"③同时也指明了，我们批评人道主义的抽象宣传，反对人道主义的唯心史观，但并不一概否定任何意义上的人道主义，而是主张要对它作马克思主义的分析，批评资产阶级的人道主义，宣传和实行社会主义的人道主义。关于"异化"论，胡乔木也从理论和实践的结合上做了深入具体的分析。

总的看，这一时期的社会思潮主要是围绕对"文化大革命"的反思展开的，核心的问题是如何看待我国社会主义实践中出现的曲折。而对这一问题的不同回答就成为坚持还是否定四项基本原则的分野。

---

① 《邓小平文选》第 3 卷，人民出版社 1993 年版，第 40—42 页。

② 同上书，第 44 页。

③ 《胡乔木文集》第 2 卷，人民出版社 1993 年版，第 596 页。

第三节 改革开放全面推进时期的社会思潮

1984 年 10 月，党中央召开了十二届三中全会，通过了《关于经济体制改革的决定》。如果说十一届三中全会拉开了改革开放的大幕，这次会议就标志着经济体制改革的全面展开。从 30 多年改革开放的历史进程来看，1984 年到 1992 年是改革开放的全面启动和推进阶段。此时，人们最关心的话题是为什么要改革和向什么方向去改革。

兴起于 1980 年的农村联产承包责任制很快改变了农村的面貌。联产承包是在 20 世纪 60 年代初受到猛烈批判的"包产到户"，曾被认为是资本主义复辟的典型标志。而现在，它却被称作中国农民的伟大创造。这就使得人们去反思我们搞了三十多年的社会主义到底出了什么问题？是社会主义制度本身不好，还是我们的工作没有搞好？如果说，社会主义根本制度本身没有问题，是我们的具体体制和政策出的问题，那改革就是对社会主义制度的自我完善和发展。这也是党中央推进改革的基本立场。但是在一些人看来，似乎问题出在社会主义的根本制度。为什么苏联和其他社会主义国家也没有搞好呢？特别是这一时期我们开始和资本主义国家广泛交往了，很多干部、知识分子到国外考察、学习，欧美国家生产力高度发展和经济繁荣同中国的相对落后形成了鲜明的对照。这样，就不可避免地在一些人心目中提出了社会主义到底好不好的疑问。这样，关于改革开放的思考就在两个方向上展开了。

一个方向是循着如何完善社会主义制度的问题展开的。党的十三大报告明确提出，"我国正处在社会主义的初级阶段。这个论断，包括两层含义。第一，我国社会已经是社会主义社会。我们必须坚持而不能离开社会主义。第二，我国的社会主义社会还处在初级阶段。我们必须从这个实际出发，而不能超越这个阶段。在近代中国的具体历史条件下，不承认中国人民可以不经过资本主义充分发展阶段而走上社会主义道路，是革命发展问题上的机械论，是右倾错误的重要认识根源；以为不经过生产力的巨大发展就可以越过社会主义初级阶段，是革命发展问题上的空想论，是

‘左’倾错误的重要认识根源。"① 这是对我国基本国情和历史发展阶段的
准确描述，也正确地指出了"左"和右倾错误的原因。我们党过去长期以
来所犯的"左"的错误，其原因就是对社会主义建设的长期性、艰巨性和
复杂性认识不足，对生产关系的革命会极大地促进生产力的发展原理做了
教条化的理解，因而脱离我国生产力发展的实际，片面追求"一大二公"，
搞纯而又纯的公有制。当这种做法遇到挫折之后，又往往认为这是阶级斗
争的表现，导致了阶级斗争扩大化的错误。但是，中国毕竟已经建立了社
会主义制度。如果因为中国的生产力水平还比较低，就否定社会主义制度
建立的历史必然性，就主张要重新实行资本主义制度，那就要犯右倾错
误。十三大报告指出：社会主义初级阶段"不是泛指任何国家进入社会主
义都会经历的起始阶段，而是特指我国在生产力落后、商品经济不发达条
件下建设社会主义必然要经历的特定阶段。我国从五十年代生产资料私有
制的社会主义改造基本完成，到社会主义现代化的基本实现，至少需要上
百年时间，都属于社会主义初级阶段。这个阶段，既不同于社会主义经济
基础尚未奠定的过渡时期，又不同于已经实现社会主义现代化的阶段。我
们在现阶段所面临的主要矛盾，是人民日益增长的物质文化需要同落后的
社会生产之间的矛盾。阶级斗争在一定范围内还会长期存在，但已经不是
主要矛盾。为了解决现阶段的主要矛盾，就必须大力发展商品经济，提高
劳动生产率，逐步实现工业、农业、国防和科学技术的现代化，并且为此
而改革生产关系和上层建筑中不适应生产力发展的部分。"② 党在社会主义
初级阶段的基本路线就是："领导和团结全国各族人民，以经济建设为中
心，坚持四项基本原则，坚持改革开放，自力更生，艰苦创业，为把我国
建设成为富强、民主、文明的社会主义现代化国家而奋斗。"③ 党的十三大
关于社会主义初级阶段和党的基本路线的论述表明我们对社会主义的认识
达到了新的历史高度。

　　另一个方向则是以方励之等为代表的资产阶级自由化思潮，主张走

---

① 《十三大以来重要文献选编》（上），人民出版社1991年版，第9—10页。
② 同上书，第12页。
③ 同上书，第15页。

"全面西化"的资本主义道路。应该看到，虽然经过 30 多年的建设，社会主义制度在中国已经确立，并且已经显示出相当的优越性。但是由于历史的原因，中国仍处于并将长期处于社会主义初级阶段，经济发展落后于西方发达国家的状况不可能在短期内根本改变。西方主要资本主义国家在第二次世界大战后对生产关系作了某些调整，并通过新的科学技术革命，在经济上有了很大的发展。它们借助自己在经济和科技方面的优势不断在意识形态领域对社会主义发动进攻，力图瓦解社会主义。在世界范围内，社会主义与资本主义谁战胜谁的问题还没有解决。国际上社会主义与资本主义两种社会制度和意识形态的斗争必然地要反映到国内的思想领域当中来。这也就给一些错误的社会思潮的传播提供了土壤。

一　对西方思想文化的崇拜

如果说，前一个时期的错误思潮是在发泄对社会主义的不满，这一个时期的社会思潮则突出表现为对西方资本主义的崇拜。在这一时期，国家派出了大量干部和知识分子到国外考察交流，扩大了我们的眼界，看到了国外有很多值得我们学习的东西。于是，一股向西方学习的热潮在全国兴起。一时间，美国模式、日本模式、南斯拉夫模式、匈牙利模式、北欧模式等成了热门的字眼，大量西方读物被翻译和再版。大学校园里先后兴起了萨特热、尼采热、弗洛伊德热……在经历了"文化大革命"10 年的思想禁锢后，人们似乎重新发现了西方，把目光投向了西方。

党的十一届三中全会以后，中央明确提出要用经济手段管理经济，要努力学习西方先进的管理理论和方法。在这种背景下，西方的经济学和管理学理论被大量引入我国。但是，西方资本主义的东西，既有其合理的成分，也有其错误的甚至有害的东西。我们过去学习苏联的时候就有过这样的教训。但是现在，有人似乎忘记了历史的教训。他们更忘记了，世界上还存在着敌视社会主义的势力，一些人不遗余力地向我们推销的东西并非都是好东西，而是要销蚀社会主义意识形态和推翻社会主义制度。

在经济学领域，西方经济学的著作被大量引入。这种理论由于它掩盖了资本对劳动的剥削，长期以来一直被认为是一种庸俗经济学。但是它在说明资本主义的一些经济现象，调节资本主义经济的不平衡状态方面提出了一些有价值的方法，因而有一定的借鉴意义。但由于它的理论框架和主要观点是反马克思主义的，因此，在学习和借鉴中必须要有所分析。

比如，劳动价值论是马克思主义政治经济学的基石，马克思正是由劳动价值论出发，创立了剩余价值理论，从而揭示了资本剥削劳动的秘密和资本运动的历史规律。而在西方经济学理论中，商品的定价是与劳动过程完全无关而只与它的供求关系有关的过程。这样，商品的价值就不是工人在劳动过程中创造的，资本家的利润不是来源于对工人剩余价值的攫取，而是来源于他正确的市场操作。这样，资本对劳动的剥削就被掩盖在了管理技术环节下了。其实，马克思早就指出了商品的价值与价格背离的现象，并指出这种背离在商品的交换过程中会相互抵消。我国的一些学者既没有搞清楚马克思劳动价值论的基本内容，也没有搞清楚西方经济学价格理论的适用范围，就急于接受西方经济学的价格理论，并用这种价格理论来否定马克思的劳动价值论，从而也就否定了剥削的存在。这样，在20世纪80年代后期，对劳动价值论的否定逐步发展成为一种思潮。

在否定劳动价值论的同时，亚当·斯密的"看不见的手"再次吸引了一些人的目光。这与社会主义社会是否存在商品交换关系密切相关。按照传统的对马克思主义的理解，当资本主义制度被消灭以后，商品交换关系也随之消亡了，商品经济就要被计划经济所取代。但是现实的社会主义制度并不是在马克思设想的生产力高度发展的基础上建立起来的，在社会主义实践中，商品交换关系并没有、也不可能像人们所预料的那样很快消亡。斯大林是最早提出社会主义社会还存在商品交换关系的，但是他把这归结为社会主义经济中存在全民和集体两种不同的所有制。后来毛泽东进一步提出，商品交换关系不仅存在于全民和集体两种不同的所有制，就是在全民所有制当中，也存在商品交换关系。到了20世纪80年代，经济体制改革的一个重要内容就是要建立和完善社会主义市场，发挥市场在经济调节中的积极作用。孙冶方、刘国光等学者对此作过深入的研究，提出了很多卓越的见解。但是，社会主义经济毕竟是要实现有计划按比例发展的。发挥市场调节的作用不等于否定有计划按比例发展。市场经济在其几百年的发展历程中早已暴露出了其自发调节的缺陷，资产阶级经济学家也早就开始对"看不见的手"提出质疑。20世纪30年代大危机之后，西方主要资本主义国家也加强了对社会生产的宏观调控。可见，将计划和市场作为划分社会主义还是资本主义的标志是不可取的。当然，也不能因此而否定宏观调控的必要性。而在现实当中，计划和市场也经常会发生矛盾。特别是当市场利润过高时，企业追求利润的冲动必然会使它们反抗计划的控制。在 20 世纪 80 年代后期，这种情况已经在企业改革中出现了。由于此时企业开始了承包制试点，完成产值和利润指标成为企业追求的主要目标，在总体市场处于卖方市场的市场环境下，企业自然要求"看不见的手"更多的调节，于是，在一些经济学家中开始出现了否定计划调节、崇拜市场自发调节的声音。

这些观点，虽然都还属于学术范畴的争论，其中对我们过去经济体制的批评和反思也有合理的成分。但是，一些人将其中的一些观点极端化、教条化。于是，弗里德曼、萨缪尔森、张五常等新自由主义的代表人物开始受到一些人的追捧，公有制、计划经济受到一些人的嘲讽和批判，私有化、市场化则受到一些人的青睐，中国人长期羞于谈论的"孔方兄"重新登台，拜金主义开始大行其道，一些人喊出了"只有向钱看，才能向前看"的口号。

与此同时，文学艺术领域也成为社会思潮争夺的战场。继 20 世纪 80 年代初期的"伤痕文学"之后，对人性的挖掘和描写成了小说的主流。"痞子文学"以一个市井小市民的眼光重新审视我们这个社会，其中所包含的后现代主义和非理性主义的倾向对多年来形成的价值观念构成了冲击，吸引了众多青年人的目光。有些作家对"人性"的挖掘彻底脱离了五四以来革命文艺运动所遵循的阶级分析的立场，把人与人之间的矛盾冲突解释成了"人性"甚至于是原始人性的冲动。美术界则是西方后现代主义的作品被大量介绍到我国，逐步取代了现实主义，并成为画家效仿的对象。

这种对西方思想文化的崇拜在《河殇》中得到了集中的体现。如果说在 20 世纪 80 年代初期的"伤痕文学"中，历史虚无主义还只是以一种情绪化的形态朦胧地表现出来的话，到 20 世纪 80 年代后期，历史虚无主义就是以一种系统化的意识形态粉墨登场了。其典型代表就是由苏晓康等执笔的电视系列片《河殇》。

《河殇》是一部以讲述历史的方法拍摄的电视政论片。其核心思想就是以黄河文化为特征的黄色文明已经无可挽回地衰落了。中国近代以来的一切苦难都是源于黄色文明的衰落。要使中国重新走向富强，就必须摆脱黄色文明而走向以西方文化为代表的蓝色文明，否则，我们的一切努力都将是徒劳的。

我们不否认以儒家文化为核心的中国传统文化有其落后的一面。但是，中华民族在五千年的历史长河中创造了足以使每一个炎黄子孙为之骄傲的光辉灿烂的文化。这些文化有很多直到今天仍然有其现实的价值。中国近代的衰落也不仅是由于文化的落后，帝国主义的野蛮侵略和封建主义的专制统治才是中国百年苦难的根本原因。但是《河殇》对这一历史事实避而不谈。五四运动以后，中国共产党以马克思列宁主义为指导，领导人民开展了艰苦卓绝的斗争，推翻了"三座大山"，建立了社会主义制度，开展了大规模的经济建设，使中国走上了民族复兴之路。对此，《河殇》也不置一词。它大谈所谓的黄色文明和蓝色文明，实质上是在鼓吹投入西方的怀抱，放弃社会主义，走全盘西化的道路。

《河殇》打着反思历史和忧患意识的旗号，容易使人们特别是缺乏历史知识和理论素养的青年学生产生共鸣，而且这部电视片还得到了当时的中共中央主要负责人的推崇，这就更加扩大了它的影响。《河殇》热播的后果在后来的1989年政治风波中得到了体现，美国被当成了中国的救世主，天安门广场树立起了"自由女神"像，美国的国旗被一些青年学生穿在了身上……而凭借《河殇》的影响，苏晓康等主要撰稿人也成为了"八九风波"的风云人物。

二 资产阶级自由化思潮的泛滥

资产阶级自由化思潮从改革开放之初就出现了，1979年3月邓小平关于四项基本原则的讲话以后，这种社会思潮受到了一定的抑制。1983年10月党的十二届二中全会上，邓小平又指出："资产阶级自由化倾向有的有所克服，有的没有克服，有的发展得更加严重了。"[1] 从1985年年底开始，资产阶级自

---

① 《邓小平文选》第3卷，人民出版社1993年版，第40页。

由化思潮围绕"改革向何处去"以更加猛烈的态势在我国蔓延开来。

1986 年 9 月，中共十二届六中全会讨论通过《中共中央关于社会主义精神文明建设指导方针的决议》。《决议》指出："社会主义精神文明建设的战略地位，决定了它必须是推动社会主义现代化建设的精神文明建设，必须是促进全面改革和实行对外开放的精神文明建设，必须是坚持四项基本原则的精神文明建设。这就是社会主义精神文明建设的基本指导方针。""搞资产阶级自由化，即否定社会主义制度、主张资本主义制度，是根本违背人民利益和历史潮流，为广大人民所坚决反对的。"但在讨论决议草案时，对写不写上反对自由化问题却引起了争议。对此，邓小平说："反对资产阶级自由化，我讲得最多，而且我最坚持。为什么？第一，现在在群众中，在年轻人中，有一种思潮，这种思潮就是自由化。第二，还有在那里敲边鼓的，如有一些香港的议论，台湾的议论，都是反对我们的四项基本原则，主张我们把资本主义一套制度都拿过来，似乎这样才算真正搞现代化了。自由化是一种什么东西？实际上就是要把我们中国现行的政策引导到走资本主义道路。这股思潮的代表人物是要把我们引导到资本主义方向上去。"他说："所以我们用反对资产阶级自由化这个提法"，"现实政治要求我们在决议中写这个。"[①] 但是十二届六中全会结束时，当时主持中央工作的同志，不让传达邓小平在全会上的讲话，以至此时在全国已经蔓延开来的资产阶级自由化思潮得不到遏制，导致 1986 年年底全国 28 个城市发生了建国后所没有的学潮。

这一时期，鼓吹资产阶级自由化思潮进行煽动的主要代表人物有方励之、王若望、刘宾雁、刘晓波等人，他们攻击的矛头主要针对四项基本原则。方励之说："中国大陆目前面临着两大困难：一是传统的、封建的东西；二是 40 多年马克思的文化……四项原则是不能推动改革进程的。"王若望也说："就中国的现实而言，所有这些都可以归结为这样一点：即不能从专制主义的内部来寻找否定专制主义的力量。具体地讲就是：在政治上不能从一党独裁的内部寻找力量来反对一党独裁；在经济上，不能从公有制、计划经济的内部寻找动力来改革经济；在思想上，不能从教条化的

---

① 《邓小平文选》第 3 卷，人民出版社 1993 年版，第 181—182 页。

马克思主义内部寻找新的思想；在广义文化上，不能从中国传统文化内部来寻找所谓的精华。"他们攻击马克思主义，方励之说："马克思主义在所有共产主义国家实践，都得到错误的结果。列宁主义推崇马克思主义是科学的社会主义理论，可是依照列宁主义所建立的每一个国家都不成功，结果都是错的，可见其根本原则是错误的。中共还坚持马克思主义，是有人作为维护他们权力的根据。一定要彻底批判毛泽东思想才能改革。不能绕开这个关键问题。"他们反对共产党的领导和社会主义制度，主张搞多党制。王若望说："政治改革我怎么看。到目前为止要害地方还是不肯接触。要害在于党本身要改革……要实行多党政治。""中国本来也是一张空白的纸，不过画了几十年，有点画得乌七八糟了。不是现代派，是向苏联学，而且还要加点封建的货色插进去。"金观涛也于1988年12月抛出了"社会主义失败"论。他在某大学举行的"中国与未来发展大型研讨会"上说："社会主义的尝试及其失败是20世纪人类两大遗产之一"。电视政论片《河殇》也于1988年秋起连续热播，鼓吹历史虚无主义、民族虚无主义，目的在于否定社会主义。那么出路何在呢？他们开出的药方就是全盘西化，这也是他们反对四项基本原则的核心所在。方励之说："我是欣赏'全盘西化'的观点的，所谓全盘西化，它的含义是什么东西呢？我自己的了解就是全盘的、全方位的开放。"刘晓波说得更彻底。当被问到在什么条件下中国才有可能实现一个真正的历史变革时，他回答说："300年殖民地。香港100年殖民地变成今天这样，中国那样大，当然需要300年殖民地，才能变成今天香港这样，300年够不够，我还有怀疑。"连香港记者都不禁感慨："十足的'卖国主义'啦。"

这股资产阶级自由化思潮得到了境外敌对势力的呼应。从1988年下半年到1989年年初，仅方励之在港台和国外媒体刊出的文章、讲演、访谈就约有20篇之多。他在香港《九十年代》刊出的文章中竟说"中国不是要解放，而是要解散"，"一种文化不行了，干脆散了算了"。1989年1月1日，他在台湾《联合报》和香港《民报》上同时刊出文章：《中国的失望和希望》，称"四十年的失望，根源就在四十年的社会制度本身"，五四运动七十周年前夕，在一次名人名家座谈会上呼吁要"形成知识分子压力集团"，在另一次谈话中，又煽动说："中国民间力量组织反对党与中共对抗的形势就会出现"。同年 2 月，方励之、王若望等在接受外国记者访谈时大放厥词。王若望说："老旧的马列主义，必须扫除，而且越快越好"，法新社当时这样报道对王若望的访谈："王若望希望邓小平再活几年，好亲眼看到'四个坚持'土崩瓦解。这样他才会知道，如果不是他们，中国大陆将会多么富足。"1989 年 2 月，新上任的美国总统布什来中国访问，他在北京举行答谢宴会，指名邀请被中国共产党开除了党籍的自由化代表人物方励之出席。

值得注意的是 1988 年 9 月美国新自由主义经济学家弗里德曼访华与时任中共中央总书记的赵紫阳会见后，某些人与境外势力配合掀起了一股"倒邓保赵"之风。弗里德曼向赵紫阳提出的改革建议主要是私有化和全面市场化。他回去后在斯坦福大学的讲演中透露，"赵紫阳明确表示，若一个领导人不能充分授权的话，就无法推动经济改革。"接着，同赵紫阳"智囊团"有密切联系的一些香港媒体，透露出了要"倒邓保赵"的政治信息，推出了吹捧赵紫阳、批评邓小平的文章。香港新自由主义者张五常甚至撰文说，要拥戴他们眼中的"改革派"赵紫阳成为"独裁者"来推动改革。称："假如赵紫阳是个独裁者，使他拥有像蒋经国昔日那样的权利而十年不断"，中国才能有"希望"。美国纽约"中报"于 1988 年 11 月 11 日发表评论文章，对当时的情况作了描述："中国内外的激进改革派和自由派近年来善用香港甚至台湾的报刊在舆论上里应外合，为改革助鞭。但这一次惊人的是矛头直指改革派祖师邓小平，要把皇帝拉下马，另立赵紫阳为新主。"刘宾雁甚至说，在中国大陆，如果不能以理性的、非暴力的手段达成民主改革，他并不反对以暴力的方式达成改革目的。

资产阶级自由化思潮抓住了部分青年人崇拜西方生活的心理，利用我国社会中存在的各种问题，以改革的名义攻击党的领导，攻击社会主义制度，也蒙蔽了许多怀有爱国热情但缺乏政治经验的年轻人。他们按照这些人开出的药方走上街头，直接卷入了 1986 年年底的学潮和 1989 年春夏之交的动乱。

"八九政治风波"是"文化大革命"结束以后最大的一次社会动乱。这场风波的导火线是前任中共中央总书记胡耀邦的突然去世。胡耀邦去世后，一些顽固坚持资产阶级自由化立场的人以悼念胡耀邦为名，提出要中央为 1987 年年初的反自由化平反，撤销北京市游行管理条例，甚至提出要取消宪法中的四项基本原则。他们围攻中南海，并以下跪、绝食等手法博得人们的同情，煽动不明真相的善良群众走上街头游行示威，掀起了一场波及全国的社会动乱。

邓小平在风波平息后深刻分析了它的根源和性质。他说："这场风波迟早要来。这是国际的大气候和中国自己的小气候所决定了的，是一定要来的，是不以人们的意志为转移的，只不过是迟早的问题，大小的问题。"[①]"事情一爆发出来，就很明确。他们的根本口号主要是两个，一是要打倒共产党，一是要推翻社会主义制度。他们的目的是要建立一个完全西方附庸化的资产阶级共和国"，"这次事件的性质就是资产阶级自由化和四个坚持的对立。"又说："你知道我们两个总书记都在资产阶级自由化问题上栽了跟头。如果中国搞资产阶级自由化，那么肯定会有动乱，使我们什么事情也干不成。"[②]"某些人所谓的改革，应该换一个名字，叫作自由化，即资本主义化。他们'改革'的中心是资本主义化。我们讲的改革与他们不同，这个问题还要继续争论的。"[③]

第四节　建立社会主义市场经济体制时期的社会思潮

一　社会主义市场经济体制的建立

在"八九政治风波"过后不久，苏联东欧各社会主义国家相继发生政权的更迭，纷纷走上以美国为首的西方国家给它们设计的道路。1991 年 12 月 25 日，苏联国旗从克里姆林宫悄然落下，世界上最早建立的、国土面积最大的社会主义国家宣告解体，社会主义阵营不复存在。对此，有人为之欢呼，更多的人则是观望。和一些人的预期相反，这些国家在政权更迭之后都陷入了混乱和倒退。政权的更迭、经济体制的转型并没有给这些国家带来繁荣，反而是经济凋敝，人民生活水平急剧下降。一夜之间，俄

---

① 《邓小平文选》第 3 卷，人民出版社 1993 年版，第 302 页。
② 同上书，第 303、305、324 页。
③ 同上书，第 297 页。

罗斯就从一个超级大国沦为二流国家。而且，"民主"并没有给苏东国家带来稳定与和谐。苏东剧变以后，这些国家政治冲突不断，捷克斯洛伐克一分为二，南斯拉夫在内战中四分五裂，俄罗斯竟然发生了总统率领军队攻打议会大厦的事情。苏东剧变也引起了人们对社会主义的命运和前途的思考。苏东剧变的深层次原因是什么？是经济没搞好还是方向、道路出了问题？社会主义到底有没有前途？中国的社会主义还能不能坚持、发展？中国的改革开放应该如何继续下去？这一系列问题成为中国知识分子思考的焦点。

1992年邓小平发表视察南方的谈话，以他毕生对社会主义道路的探索对人们在"八九风波"和苏东剧变后的困惑给出了回答。邓小平首先充分肯定了改革开放取得的重大成果，指出："要坚持党的十一届三中全会以来的路线、方针、政策，关键是坚持'一个中心、两个基本点'。不坚持社会主义，不改革开放，不发展经济，不改善人民生活，只能是死路一条。"他说："计划多一点还是市场多一点，不是社会主义与资本主义的本质区别。计划经济不等于社会主义，资本主义也有计划；市场经济不等于资本主义，社会主义也有市场。计划和市场都是经济手段。社会主义的本质，是解放生产力，发展生产力，消灭剥削，消除两极分化，最终达到共同富裕。"衡量改革开放成败的标准"应该主要看是否有利于发展社会主义社会的生产力，是否有利于增强社会主义国家的综合国力，是否有利于提高人民的生活水平。""我坚信，世界上赞成马克思主义的人会多起来的，因为马克思主义是科学。""不要惊慌失措，不要认为马克思主义就消失了，没用了，失败了。哪有这回事。"① 在世界格局发生重大变化，改革开放的前途和命运面临重大挑战的关键时刻，邓小平的讲话又一次在迷雾之中为我们指明了方向。

根据邓小平讲话的精神，同年10月召开的党的第十四次代表大会明确提出要建立社会主义市场经济体制，这是党中央结合我国的具体情况作出的正确战略决策。我们要建立的社会主义市场经济体制是一个什么样的体制呢？党的十四届三中全会指出："社会主义市场经济体制是同社会主

---

① 《邓小平文选》第3卷，人民出版社1993年版，第370、373、372、382、383页。

义基本制度结合在一起的。建立社会主义市场经济体制，就是要使市场在国家宏观调控下对资源配置起基础性作用。为实现这个目标，必须坚持以公有制为主体、多种经济成分共同发展的方针，进一步转换国有企业经营机制，建立适应市场经济要求，产权清晰、权责明确、政企分开、管理科学的现代企业制度；建立全国统一开放的市场体系，实现城乡市场紧密结合，国内市场与国际市场相互衔接，促进资源的优化配置；转变政府管理经济的职能，建立以间接手段为主的完善的宏观调控体系，保证国民经济的健康运行；建立以按劳分配为主体，效率优先、兼顾公平的收入分配制度，鼓励一部分地区一部分人先富起来，走共同富裕的道路；建立多层次的社会保障制度，为城乡居民提供同我国国情相适应的社会保障，促进经济发展和社会稳定。"①

但是，社会主义市场经济毕竟是一项前无古人的新生事物，加之我们在建立社会主义市场经济体制方面的理论准备、政策准备、制度准备都不足，对它的认识也要有一个过程，长期生活在计划经济体制下的一些人刚接触这一事物，就表现出很大的盲目性。一时间，下海潮、经商热、股票热、房地产热席卷全国。刚刚从 1988 年的涨价风潮中冷却下来的国民经济又开始急剧升温。固定资产投资增长从 1991 年 18.6% 急剧增长到 1992 年的 37.6%，1993 年更达到了 50.6%。而物价也迅速上扬，1992 年居民消费品价格比 1991 年上涨 6.4%，1993 年上涨 14.7%，1994 年达到 24.1%，大大超过了 1988 年的 18.5% 的水平。这种情况不能不引起社会各方面对市场经济的思考。一些人无视我国的社会主义市场经济与西方资本主义国家的市场经济的本质区别，照抄照搬西方经济学的理论，声称市场经济没有姓社姓资的问题，在市场经济前面加上"社会主义"四个字是画蛇添足。另一些人则对市场经济的负面效应忧心忡忡，进而对我们建立社会主义市场经济体制持质疑甚至反对的态度。这种状况反映到社会思潮上就表现为新自由主义和新左派的对立。

与此同时，由于苏联解体，第二次世界大战后逐渐形成的两极对立的冷战格局被美国的一超独霸所代替。美国意欲建立由美国主导的世界政治

---

① 《十四大以来重要文献选编》（上），人民出版社 1996 年版，第 520—521 页。

经济新秩序，先后发动伊拉克战争、科索沃战争，针对中国制造了"银河号"事件，这也引起了国人对国家安全的担忧，民族主义思潮开始兴起。

20 世纪 90 年代的另一个引起争议的话题是中国加入世界贸易组织（以下简称 WTO）的问题。WTO 是世界上最大的多边关税组织，加入WTO，我们就可以在国际经济讲台上拥有发言权，有利于打破发达国家对我们的经济封锁。但是，WTO 也是一把双刃剑。在享受 WTO 带来的好处的同时，我们也要遵守 WTO 的规则，受到某些不合理"游戏规则"的制约。因此，加入 WTO 不仅会给我们带来机遇，也使我们面临风险与挑战。正因为如此，加入 WTO 利大于弊还是弊大于利成为人们热议的话题。一些人反对加入 WTO，甚至偏激地将积极主张和推动中国加入 WTO 的人说成是汉奸。但是也有一些人无视加入 WTO 可能带来的风险与挑战，鼓吹无条件地与世界经济接轨。这实际上也是新自由主义的一种表现。

二 新自由主义思潮的鼓噪

新自由主义思潮在 20 世纪 80 年代后期传入我国。其主要代表人物弗里德曼等人也先后来我国访问讲学。当时关于计划和市场的争论中，新自由主义也扮演了重要的角色。"八九政治风波"以后，在批判资产阶级自由化思潮时，新自由主义思潮也受到了一定的批判。党的十四大以后，新自由主义思潮似乎找到了翻身的机会。在鼓吹新自由主义的人看来，任何资源放到完全市场竞争的环境中去都可以达到最佳的配置，国家的宏观调控完全是多余的。所以，他们不仅在经济领域中主张市场化，而且在医疗、教育、住房等公共服务领域也要完全市场化，甚至政府管理中也要引入市场机制。认为通货膨胀、失业等问题只要政府不去干预，市场都可以自发地实现平衡。他们认为要搞市场经济，就必须改变我国的所有制，要让国有企业退出竞争行业，实行私有化。认为国有企业效率低下的原因是产权不明晰，只有把产权量化到个人才能调动生产者的积极性。他们把缩小分配差距的努力说成是平均主义，主张只有扩大贫富差距才能提高效率。他们将西方经济学奉为圭臬，攻击马克思主义已经过时。张五常声称，马克思主义早就死了，他不过是在马克思主义的棺材上钉上最后一颗钉子。由于新自由主义经济学的代表人物在学术领域中具有相当的地位，特别是他们以改革的名义推销自己的观点，使很多人分辨不清其本质，因而在知识界获得了较大的影响，严重干扰了建立社会主义市场经济的进程。

新自由主义思潮理所当然地要受到马克思主义经济学者的批评。1994年，高鸿业主编了《西方经济学与我国经济体制改革》一书，收录了陈岱孙、陶大镛、高鸿业、吴易风、胡代光、宋涛等国内著名经济学家批判新自由主义经济学的文章。在经济体制改革的实践中，中央也反复强调所有制改革不能搞全盘私有化，要坚持国家对国民经济的宏观调控。江泽民指出："充分发挥市场机制的作用和加强宏观调控，都是建立社会主义市场经济体制的基本要求，两者缺一不可，绝不能把它们割裂开来，甚至对立起来……我国社会主义市场经济体制是同社会主义基本制度结合在一起的，既可以发挥市场经济的优势，又可以发挥社会主义制度的优越性，在处理市场机制和宏观调控、当前发展和长远发展、效率和公平等关系方面，应该比西方国家做得更好、更有成效。"[1] 他还多次严厉批评对国企"一卖了之"的错误倾向。但是新自由主义思潮并没有得到根本的遏制。

三 新左派思潮的兴起

同时反对新自由主义的还有另一股力量。他们是 20 世纪 80 年代成长起来的一批中青年学者。在 20 世纪 80 年代，他们也曾激烈地批判过"文化大革命"，也曾热烈地支持过改革开放，他们当中有些人甚至还积极参加过"八九风波"。但是"八九风波"的混乱和苏东剧变后的严酷的现实使他们警醒，他们对西方国家的发展模式、对西方国家鼓励社会主义国家进行改革的真实目的产生了怀疑。他们不再无条件地支持改革，而是用怀疑的态度来看待改革，看待世界。这种视角的重要特点是改变了长期以来对毛泽东晚年实践的批评态度，而把它看作是一种合理的、必然的选择。他们所要寻找的是一个偏离资本主义的历史形式而产生的现代社会。换句话说，他们所要反思的已经不是"文化大革命"，而是 20 世纪 80 年代伴随着改革开放而引入的西方思潮了。这可以说是新左派知识分子的共同

---

[1] 《江泽民文选》第 1 卷，人民出版社 2006 年版，第 467 页。

特征。

张飞岸对新左派和新自由主义的分歧做了如下七个方面的概括①：

（1）对全球化的认识差异：新左派认为，目前全球化是被美国主导的，全球化使资本流向世界，利润流向西方，中国应认清全球化的陷阱，抑制全球化的消极影响。新自由主义全盘肯定全球化，认为中国应融入全球化，与西方政治、经济、文化全面接轨。

（2）对当前中国问题的认识差异：二者都认为中国目前存在贫富分化等社会危机，但对危机产生原因的看法不同。新左派认为目前中国的问题是权力与资本勾结造成的，要解决问题必须对资本扩张的势力进行遏制，私有化的结果必然是目前既得利益的合法化，是最野蛮的资本主义，解决中国的问题要实行混合经济，同时加强民主基础上的国家能力建设。自由主义认为中国的问题是权力垄断，市场化不彻底造成的，解决中国问题要进行彻底的私有制改革，同时实行西方的民主制度。

（3）对民主的认识差异：新左派认为，民主的本质除了自由还有平等，在私人资本统治下不可能有人的自由，穷人和富人不可能有同等的自由，要追求民主自由，必须遏制市场消极力量必然带来的两极分化，必须有人为干预去纠正市场的正反馈机制。自由主义者认为民主的本质是自由，只有私有化和市场经济才能给予人完全的自由。

（4）对美国的认识差异：新左派认为，美国是当今金融垄断资本的代言人，它只是以自由民主为名在全世界维护一小部分垄断资产阶级的利益，中国美国化的结果必然是民族分裂、社会动荡。自由主义把美国当作正义的化身，认为美国的民主自由是普世价值，中国只有全面美国化才是唯一的出路。

（5）对资本主义的认识差异：新左派认为，资本主义的本质是资本积累，发达国家的发展正是建立在不发达国家的不发展之上，中国要想发展必须改变世界体系的格局，在现有的范围内，中国将永远是发达资本主义国家的附庸国和加工厂。自由主义认为资本主义是人类历史的终结，是最

---

① 张飞岸：《新左派与自由主义“争”在何处》，载《中国社会科学院报》2009年1月13日，第5版。

好的制度，资本主义带来了西欧和美国的繁荣，中国只有资本主义化才能实现现代化。

（6）对社会主义的认识差异：新左派认为社会主义是人类出路，极权社会主义只是社会主义国家民主不完善造成的，要发展社会主义必须同时批判资本主义和权力腐败。自由主义认为社会主义是通往奴役之路，必然导致极权主义，使所有人成为国家的奴仆。

（7）对中西方文化的认识差异：新左派认为，中国文化是天人合一的文化，西方文化是弱肉强食的文化，崇尚个人主义和竞争的西方文化已经把人类引向歧途，其发展最终会导致人与人和人与自然的战争，会导致人类灭亡，人类未来必须从中国儒释道文化中寻找前途。自由主义者认为西方文化是人类的发展方向，中国文化是束缚人、奴役人的文化，应彻底批判。

新左派是一个非常庞杂的群体。其思想来源并非传统的马克思主义，有些人是从全盘西化的营垒中反戈一击加入到新左派的阵营当中来的。他们多数人怀有浓厚的民族主义情怀，对中国社会的弱势群体抱有很深的同情，对西方的社会思潮有较深入的了解，对西方国家鼓吹新自由主义的实质及其危害有着清晰的认识，对中国今后的发展道路也有自己的见解。从其产生到现在20多年的时间里，新左派的代表人物不断更迭，观点也在不断变化。多数新左派还是从理论层面探讨问题，从事的是严谨的学术研究。但是也有少数新左派主张诉诸行动，他们否定改革开放，实际代表的是一种极左的思潮。对于新左派我们要一分为二，要支持他们反对新自由主义的正确主张，但是对于其中一些人的极左倾向，我们也要有足够的认识。

四　民族主义思潮的活跃

在新左派思潮兴起的同时，民族主义的思潮也重新活跃。20世纪90年代后期，由于美国的霸权主义日益引起人们的不满，特别是在1999年5月8日北约轰炸我驻南斯拉夫大使馆以后，民族主义思潮的影响在一些青年人中迅速显现。

民族主义思潮是以反西方的面目出现的。许纪霖对20世纪90年代的民族主义思潮作了一个概括。他把 20 世纪 90 年代的民族主义思潮分为三波发展。第一波是 20 世纪 90 年代初期的何新的种种反西方言论；第二波是 1994 年以后在知识界出现的反西化思潮，包括张颐武、陈晓明的后殖民文化批评，甘阳、崔之元的制度创新说和盛洪的文明比较论；第三波则以《中国可以说不》、《妖魔化中国的背后》、《全球化阴影下的中国之路》为代表。这里，将何新等人的反西方言论作为民族主义思潮的一种似有不妥。因为何新等所反对的是对西方的盲目崇拜，他们主张中国不应该照搬西方的发展模式。实际上他们所反对的西方文化主要还是以美国为主的西方文化，并非所有的西方文化。而且，他们也没有把中国的文化放在特别优越的地位上。而《中国可以说不》一书，它以明确的民族主义诉求对中国在新时期处理对外关系提出了一系列明确的政治主张。民族主义思潮反对将由美国主导的所谓国际惯例强加于中国，主张为了维护民族利益，中国应该有自己的主见，有自己的原则，有修改游戏规则的勇气。

民族主义思潮是对 20 世纪 80 年代以来知识界出现的全盘西化诉求的一种反动。其中虽然也有一些过激的地方，但总体来说，是对中国民族利益的维护，是中国 1840 年以来无数仁人志士追求民族复兴的努力的继承。其中一些观点确实具有极端民族主义的色彩，但是笼统地将它说成是极端民族主义是不对的。因为它从冷战结束后的国际政治变化中看到了西方霸权主义的蛮横，看到了全盘西化对中国国家利益的威胁，因而主张要维护中国的国家利益。这应该看作是对西方霸权主义的一种反抗。当然，我们也要看到，民族主义和爱国主义是既有联系又有区别的，需要向理性、建设性的爱国主义方向引导。

五 文化保守主义的复活

在对待中国传统文化的问题上，20 世纪 80 年代的主要倾向是全盘否定传统文化、主张全盘西化，而 20 世纪 90 年代则出现了一种文化保守主义的思潮，主张全盘肯定和回归传统文化。

在《河殇》热播的同时，对中国传统文化的崇拜也悄然兴起。《河殇》看到的是西方文明的强盛。但是另一些人却从"亚洲四小龙"的崛起中发现了儒家文化的价值。他们认为，"亚洲四小龙"的成功说明儒家文化在现代化的进程中不仅没有过时，反而可以克服西方文化中的非理性成分而得到社会的和谐，所以要复兴儒家文化。到了 20 世纪 90 年代，文化保守主义更是打着弘扬中国传统文化的旗号粉墨登场了。

值得注意的是，文化保守主义思潮并不是与历史虚无主义思潮完全对立的。在某种程度上，它们还有着共同的批判对象。文化保守主义批判"五四"以来的一切革命，认为五四运动的最大恶果就是造成了中国文化的断裂，中国共产党接受了马克思主义，从而把中国引向了"文化大革命"的深渊。现在要做的事情就是要回到五四运动以前，重新恢复儒家学说的主导地位。而一些宣扬历史虚无主义的人明确提出了告别革命的主张，认为当今中国的一切问题都是源自于激进的革命学说，而每一次革命给中国带来的不是解放，而是更深的苦难。如果没有这些革命，中国沿着君主立宪的道路，就不会有后来的一切"灾难"了。这些人并不是新儒学的倡导者，但是在指责五四运动这一点上却与文化保守主义者高度一致。在否定以马克思主义为代表的中国先进文化传统上，他们组成了"统一战线"。

中国文化保守主义思潮的另一个倾向就是传统文化中东方神秘主义的复活。在中国的传统文化中是有神秘主义的传统的。在解放以后，这些神秘主义的东西被当作封建迷信受到了批判和清理。但是到了 20 世纪 80 年代，神秘主义又夹杂在气功热的形式中死灰复燃。一时间，佛庙、道观香火兴旺，甚至一些党的干部也不信马列信鬼神，唯心主义有神论猖獗一时。神秘主义还通过"法轮功"形式大行其道。应该说，在诸多的气功种类中，"法轮功"组织了最庞大的信徒队伍，其封建迷信和邪教性质也表现得最为突出。它的一系列政治性举动终于使它触及了法律的底线而被依法取缔。受"法轮功"事件的拖累，神秘主义有组织的活动受到了限制，有些还被禁止了。但是这也警示了我们，中国传统文化中的神秘主义历来有利用封建迷信组织群众反对政府的传统，如果任其发展，必然会给政权的巩固带来危机。

总体来说，20 世纪 90 年代各种社会思潮都有所发展，但是，其影响都比较小，没有对中国社会的稳定形成冲击。只有"法轮功"引起了一定程度的社会动荡。

第五节 进入 21 世纪以后的社会思潮

　　进入 21 世纪以后的中国，各种社会思潮激烈碰撞达到了前所未有的程度。经过近 30 多年的改革开放，各种新的社会阶层基本形成，社会思潮有了现实的社会基础。而互联网的兴起和普及，使社会思潮传播的主要阵地从传统媒体向网络转移，社会思潮出现的频率更高，传播的速度更快，相互间的碰撞也更加直接。

　　这一时期，我国经济成就举世瞩目，但同时又是矛盾凸显期、改革攻坚期。一方面，我国经济连续 10 年实现了高增长，抗击"非典"、特大地震等自然灾害的胜利、载人航天和探月的成功、奥运会和世博会的成功举办，彰显了改革开放和现代化建设的巨大成果。另一方面，社会各种深层次矛盾也逐步全面显露出来，贫富差距等社会矛盾日益凸显，生态文明建设严重滞后，不正之风和腐败问题持续蔓延，推进全面依法治国要求日益紧迫……党中央先后提出"三个代表"重要思想和科学发展观，全面推进经济、政治、文化、社会、生态文明"五位一体"的建设和党风廉政建设，着力解决深层次的问题。在经济进入中高速发展的新常态后，又提出了全面建成小康社会、全面深化改革、全面依法治国、全面从严治党"四个全面"的战略布局和创新、开放、协调、绿色、共享五大发展理念。为实现"两个一百年"目标的各项工作指明了方向。在这个时期，全面深化改革应当走什么路，成为各种社会思潮碰撞的焦点。

　　从国际形势来看，进入新世纪，美国的霸权主义有了更充分的表现。"9·11"事件以后，美国以反恐为由，先后入侵阿富汗、伊拉克、利比亚，制裁朝鲜、伊朗、叙利亚。继 1999 年 5 月 8 日美国空军轰炸中国驻南斯拉夫大使馆以后，2001 年，美国军机又在中国南海制造撞机事件，并拒不道歉和赔偿，激起国人的强烈不满。同时，又以"普世价值"的名义，推行其新自由主义和西方宪政制度，并依此在东欧、中亚、北非等地区推动所谓的"颜色革命"，霸权主义嘴脸进一步暴露。2008 年，由美国的次贷危机引发了席卷全球的世界金融海啸，新自由主义所推崇的"华盛顿共识"不仅在拉美和苏东，而且在西方资本主义世界也宣告破产，其所推崇的西方宪政制度在许多国家引发社会混乱。而与此同时,中国正快速崛起,2010 年中国的 GDP 首次超过日本,成为世界第二大经济体。为遏制中国的崛起,美国一方面鼓吹"中国崩溃论"、"中国威胁论"、"中国责任论"等,另一方面,又调整战略布局,重返亚洲,把矛头再次指向中国。在这种情况下,如何在推进"和平、发展、合作、共赢"的国际战略中维护自己国家的核心利益就成为各种社会思潮碰撞的另一个焦点。

一 刘国光旋风等"旋风"频起

左翼学者把目光聚焦在所有制问题上。他们认为改革开放必须坚持公有制为主体,坚持社会主义国家的宏观调控,而新自由主义所倡导的改革主张全盘私有化、市场万能化,是当前出现的各种社会问题的症结所在。

其中最突出的思想碰撞是自 2004 年起连续刮起的三场"旋风":2004 年围绕国有资产管理人收购(MBO)掀起的"郎咸平旋风",2005 年围绕西方经济学的地位掀起的"刘国光旋风"和 2006 年围绕《物权法》掀起的"巩献田旋风"。之所以被称之为"旋风",并不在于郎咸平、刘国光、巩献田的言论有多激烈,而在于他们的言论所引起的巨大反响,形成了强大的舆论浪潮。

从 2004 年 8 月起,香港中文大学郎咸平教授陆续发表了许多文章或谈话,揭露 TCL、海尔、格林柯尔等国有企业以产权改革为名,变相侵吞国有资产。同年 8 月 9 日,他在复旦大学的演讲中揭露格林柯尔董事长顾雏军通过财务记账中作假等手法,将巨额国家资产收入囊中。他的演讲一经刊出,立即引起了国内学界和媒体的广泛关注,从而引发了国有企业产权改革的争论。争论的焦点是国有企业改革中出现的管理人收购(MBO)是否合理的问题。他认为"现在的国企的经营绩效按照我的调研,看起来不比民营企业差,因此硬要把国营企业转成民营化。理论根据在哪里?我不知道。我认为是'拍脑袋'式的决策。"他反对"国退民进","政府应该退出国有企业,但是国有企业的产权并不需要改变。政府需要做的只是推动人事改革,用市场化的薪酬来吸引职业经理人……"① 国有企业聘请

---

① 纪硕鸣:《郎旋风刮起国企产权改革反思浪潮》,《亚洲周刊》2004 年 9 月 26 日。

职业经理人来经营，这就像请保姆一样，聘请保姆不是私有化，不能因为请了保姆，就要让保姆变成主人。郎咸平的观点受到马克思主义学者、新左派学者和90%以上网民的支持，但也受到一些颇有影响的经济学家的反对。张维迎是MBO的始作俑者，他认为，中国最大的威胁不是国有资产流失，而是国家侵害私人财产，"只有通过所有制的改革，只有分给私人经营者，才能有积极性，给企业家定价，才会出现企业家市场，才会有信托责任。"他说"经理是实际的所有者"，只有激励管理者才能提高企业绩效，只有管理者有资格获取企业的剩余索取权和剩余控制权，即他定义的企业所有权，"让最重要、最难监督的成员拥有所有权可以使剩余索取权和控制权达到最大程度的对应，从而带来的'外部性'最小，企业总价值最大"。① 管理者最难监督，他们理所当然地要获得企业所有权。这些观点成为MBO的理论依据。这场争论受到中央主要领导人的关注，最后国资委明确宣布中央国有企业改革不能搞MBO，暂告一段落。

　　郎咸平旋风之所以引起这样大的反响，其原因就是在前一阶段国企改革中，在一些地方出现了所谓MBO的现象。产生于计划经济的国有企业，其体制和机制如何适应社会主义市场经济的要求，已成为社会主义市场经济体制改革中的一个重要内容，在这方面，我们有很多成功的探索，但是，在一些地方，国有企业改革被简单地理解为"一卖了之"，一些国企领导人利用改组改制，侵吞国有资产，摇身一变，成为了企业的所有人。而指导这一政策的理论基础就是新自由主义的产权理论（MBO）。这种产权理论认为，国有企业的产权是不明晰的，是"人人皆有、人人皆无"，只有将产权量化到个人，企业的经营者才会有搞好经营管理的积极性。据说，这种理论是来源于科斯的产权定理。但实际上，就像20世纪80年代人们误解了科尔奈的短缺经济学一样，科斯的产权定理在这里也被简单化了。在科斯那里，产权是一个很模糊的概念，而到了这里，产权被等同于所有权。郎咸平不是一个理论经济学家，他是通过对格林柯尔系的财务分析得出了结论。而真正的问题在于，为什么这种违背中央政策的产

---

　　① 张维迎：《所有制、治理结构及委托—代理关系———兼评崔之元和周其仁的一些观点》，载《经济研究》1996年第9期。

权理论会大行其道？

随着争论的深入，不久之后，另一场旋风又到来了。

2005 年 7 月 15 日，著名马克思主义经济学家刘国光先生发表《对经济学教学和研究中一些问题的看法》，认为："一段时间以来，在经济学教学和研究中，西方经济学的影响上升，马克思主义经济学的指导地位被削弱和被边缘化，这种状况已经很明显了。在经济学的教学和研究中，西方经济学现在好像成为了主流，很多学生自觉不自觉地把西方经济学看成我国的主流经济学……有人认为，西方经济学是我国经济改革和发展的指导思想，一些经济学家也公然主张西方经济学应该作为我国的主流经济学，来代替马克思主义经济学的指导地位。西方资产阶级意识形态在经济研究工作和经济决策工作中都有渗透。对这个现象我感到忧虑。"他主张"只能有一门基础经济理论，即马克思主义经济学，要单轨，不能双轨，这是个教育方针的问题。"针对盲目崇拜西方经济学理论的状况，他指出："现代西方经济学也有科学的成分，有反映现代市场经济一般规律的成分，也有反映资产阶级意识形态的成分，如私有制永恒、经济人假设等。其科学成分值得我们借鉴和学习，但其基于资产阶级意识形态的理论前提与我们根本不同，所以整体上它不适合于社会主义的中国，不能成为中国经济学的主流、主导。在西方经济学中曾经居于主流地位的新自由主义经济学，其研究市场经济一般问题的分析方法有不少也可以借鉴、学习……但是新自由主义经济学的核心理论是我们所不能接受的。"[1] 这个谈话发表后，引起广泛共鸣。程恩富、高鸿业、宋涛、吴易风、左大培、胡代光等经济学家纷纷撰文，支持刘国光。社会科学界的马克思主义思想理论学者也大力支持刘国光，认为刘国光提出的问题不仅在经济学界存在，而且对其他学科也有普遍意义。但是以高尚全为代表的一批学者和一些刊物极力反对刘国光的正确观点，批评他"反对市场经济改革"。刘国光又发表"反思改革不等于反对改革"、"关于当前思想理论领域一些问题的对话"等进行论辩。一场改革开放要不要以马克思主义为指导，市场经济改革要不要坚持公有制为主体、国有制为主导的方向的大讨论，形成一股强劲的刘国光旋风。

---

① 刘国光：《对经济学教学和研究中一些问题的看法》，载《高校理论战线》2005 年第 9 期。

就在刘国光旋风风头正劲的时候，巩献田对《物权法》草案的批评又掀起了一阵旋风。2005年7月8日，全国人大常委会办公厅公布了《全国人大常务委员会委员长会议决定关于公布物权法（草案）征求意见的通知》，同年8月12日，北京大学教授巩献田发表了《一部违背宪法和背离社会主义基本原则的〈物权法（草案）〉——为〈宪法〉第12条和1986年〈民法通则〉第73条的废除写的公开信》，由此，法学界以杨立新、江平、王利明为一方，巩献田、左大培、杨晓青为一方展开了激烈的辩论。辩论的领域从经济学转到了法学。辩论的焦点是坚持社会主义公有制还是要搞私有化。巩献田关于保护私有财产就是搞私有化的观点也许有失偏颇，采取的方式也有值得商榷的地方，但是如果放到当时社会思潮的大背景下去考察，就不难发现，争论双方并非无的放矢。当时就有一些人搞所谓的"民间修宪"，最核心的修改就是去掉坚持党的领导，加上"私有财产神圣不可侵犯"。所以，巩献田关于《物权法》草案的意见也许有失偏颇，但是，对捍卫《宪法》第12条"社会主义的公共财产神圣不可侵犯"来说，巩献田的观点是很有针对性的。

如果我们把三个旋风联系起来看，就会发现，这三个旋风都是针对新自由主义所鼓吹的私有化的。郎咸平从实证的角度揭示了一些人借国有企业改革侵吞国有财产的秘密，刘国光对造成这种行为的理论根据做了批判和反思，而巩献田则从立法的角度反对将国有财产私人化的倾向。作为非马克思主义者的郎咸平，和马克思主义理论工作者的刘国光等一批学者在一个不太长的时间里连续发表了具有相同倾向的言论，并得到了包括新左派在内的大批知识分子的响应和支持，这反映了人们对新自由主义思潮所鼓吹的私有化的不满。争论的焦点不是国有企业要不要改革的问题，而是国有企业在改革中要不要私有化的问题。国有企业是人民共有的财产，国有企业的改革应该使国有企业更加发展壮大，焕发出新的活力来，而不是将人民创造的资产变为少数人的私有财产，甚至以改革为名将国有企业据为当权者私有。这理所当然地引起了人民群众的不满。后来发生的通钢事件和林钢事件正是反映了这种不满。对于新自由主义思潮所鼓吹的私有化的主张，理论界曾经多次提出过批评，郎咸平旋风、刘国光旋风、巩献田旋风的出现则是这种批评由理论界走向人民大众的结果。而2008年席卷全球的金融海啸，更证明了新自由主义在世界范围内的失败。

二　"新西山会议"所透露出来的信息

2006 年 3 月，在北京西山的杏林山庄召开了一次题为"中国宏观经济与改革走势座谈会"的闭门秘密会议（不请记者，不作记录、录音）。会议总的方向仍然是继续鼓吹新自由主义的观点，指责"十一五"规划由党中央提建议、国务院作规划纲要、提交"两会"讨论和人代会通过的方式，是所谓"行政治国"的旧思维，要作为所谓"法治化改革"对象；他们对一些人用西方经济学误导改革的恶果掩而不提，而把一切问题归罪于政府，蛊惑性地提出政府的权力是腐败之源，借口转变政府职能攻击政府权力，声言改革"就是要把资源配置由政府转向民间，用企业家代替政府官员制定决策"；对我国社会主义经济主导力量的国有经济横加指责，诬称国有经济"是中国的最大的寻租场"、"耗租场"，甚至把我国社会主义国有经济同拉萨尔鼓吹的国家社会主义混为一谈；公然声称我国的改革存在着"改革领导者的盲点"，因此"现在最急需最重要的改革，就是政府的改革"，要成立所谓"综合改革领导部门"，鼓吹"政府将不再担当改革主导者的角色"，"一个庞大的专业工作者阶层"，"将决定改革政策的实施和实施的质量"等。有人甚至公然提出，共产党没有依法登记，因而是非法的。会议的召集人还以否定新自由主义的存在来替新自由主义辩护，说"新自由主义的概念都没弄清楚就批了"。正是由于这次会议上所表现出来的政治倾向，使人们将其与 1925 年国民党右派在北京西山召开的那次西山会议作了类比，称之为"新西山会议"。这次会议是新自由主义思潮对刘国光旋风的一次有组织的反击。但是这股反击立刻招来了更加激烈的批判。与 20 世纪 90 年代相比，错误思潮借"反左"大行其道的时代已经风光不再了。

"新西山会议"还传出了一个重要的信息，那就是社会思潮关注的焦点已经进入了政治领域。有人认为，经济领域中私有化和市场化的改革已经大体完成，下一步重点是政治体制改革。"而政治体制改革搞什么呢？就是我们想要搞而又不敢说的，譬如台湾的模式"。看来，按照西方多党制的模式进行政治体制改革已成为一些人的主要诉求。

三　科学社会主义还是民主社会主义

20 世纪 80 年代末、90 年代初，民主社会主义思潮曾一度在中国出现，并造成一定影响。21 世纪初，这一错误思潮再度登上历史舞台，掀起了更大的波澜。

2007 年，谢韬给辛子陵《红太阳的陨落——千秋功罪毛泽东》一书写的序言，以"民主社会主义模式与中国前途"为题发表在《炎黄春秋》2007 年第 2 期上。文中明确提出，"只有民主社会主义才能救中国"，要求中国也要走苏东剧变的道路。谢韬从恩格斯《"法兰西阶级斗争"导言》中断章取义地摘了 600 字，借以论证恩格斯晚年由主张暴力革命转向了主张议会道路，民主社会主义才是马克思主义的正统观点，而列宁的十月革命和中国的革命都背离了马克思主义；伯恩斯坦、考茨基等人所代表的民主社会主义不是修正主义，而是正统的马克思主义，而列宁、斯大林、毛泽东、邓小平才是修正主义者，是从"左"的方面修正了马克思主义。他还说什么瑞典的民主社会主义成功了，苏联的专制社会主义失败了，进而要求党中央把中国特色社会主义转向民主社会主义的方向。李锐更加露骨地说，应该"构建与世界民主潮流相和谐的意识形态，形成一套完整的适宜国情的理论，这一体系应命名为民主社会主义理论"，"中国共产党改名为中国社会民主党"，"既然消灭私有制的整个理论体系错了……作为执政党仍叫共产党就不合适了"。① 由此掀起了一股民主社会主义的思潮。

辛子陵还抬出了所谓恩格斯的"93 个字"来说事。这"93 个字"是指恩格斯在《〈英国工人阶级状况〉1892 年德文第二版序言》中的一段话。恩格斯说："例如，本书很强调这样一个论点：共产主义不是一种单纯的工人阶级的党派性学说，而是一种最终目的在于把连同资本家在内的整个社会从现存关系的狭小范围中解放出来的理论。这在抽象的意义上是正确的，然而在实践中在大多数情况下不仅是无益的，甚至还要更坏。只

---

① 摘自《功劳盖世，罪恶滔天》，李锐为辛子陵《红太阳的陨落——千秋功罪毛泽东》一书写的序言，2006 年 4 月。

要有产阶级不但自己不感到有任何解放的需要，而且还全力反对工人阶级的自我解放，工人阶级就应当单独地准备和实现社会革命。"① 据辛子陵说："一切马克思主义的信奉者、实践者和研究者，都不可轻视或忽略这93个字，没读过或没读懂这93个字，就是没弄通马克思主义。上了西天，没取到真经。如果在这以前你读过许多篇马克思和恩格斯的著作，读过《共产党宣言》、《法兰西内战》和《哥达纲领批判》这些名篇，你就更要记牢这93个字，因为这93个字把这三大名篇否定了，把关于无产阶级革命和无产阶级专政的理论否定了，把整个共产主义理论体系否定了。"辛子陵这样做的目的无非是想证明恩格斯所主张的社会主义是民主社会主义而不是科学社会主义和共产主义，只是他的手法太过低劣。

这股思潮一出现，就受到来自马克思主义学者的批判。他们先后发表了《要尊重事实，尊重原著》、《我们要理解和读懂恩格斯》等文章，对谢韬、辛子陵歪曲恩格斯原意的观点和手法进行了科学的分析。中国社会科学院还组织了一个团到瑞典访问，与社会各阶层座谈。参加座谈的没有一个人称瑞典是止统的马克思主义，大多标榜自己是资本主义范围内的改良。胡锦涛总书记在党的十七大报告中明确指出："中国特色社会主义道路之所以完全正确、之所以能够引领中国发展进步，关键在于我们既坚持了科学社会主义的基本原则，又根据我国实际和时代特征赋予其鲜明的中国特色。"明确指出中国特色社会主义是科学社会主义与中国实际和时代特征相结合的成果，划清了与民主社会主义的界限。

科学社会主义与中国国情和时代特征相结合的中国特色社会主义与民主社会主义思潮的本质区别包括：在指导思想上，中国特色社会主义以马克思列宁主义、毛泽东思想和中国特色社会主义理论为指导。民主社会主义强调指导思想多元化，实质是抽象人道主义的一元化，它有时也提马克思主义，但主要指马克思早期人道主义和异化思想，而且只是多元指导思想中的一种。它坚决反对、从来不提列宁主义，在中国，它反对毛泽东思想和邓小平理论。在经济制度上，中国特色社会主义实行以公有制为主体、国有制为主导、多种经济形式共同发展的经济制度。民主社会主义标

---

① 《马克思恩格斯选集》第 4 卷，人民出版社 1995 年版，第 423 页。

榜私有制为主的混合经济，国有经济要退出一切竞争领域，只在不赚钱的领域和需要用国家资金承担长期投资风险的领域存在，以保证私有经济的赢利，是私有经济的补充形式。在政治制度上，中国特色社会主义实行人民民主专政和共产党领导的人民民主制度，而民主社会主义标榜超阶级的"全民党"、"全民国家"，反对无产阶级专政和人民民主专政，实行西方多党议会民主道路。在分配领域，中国特色社会主义实行以按劳分配为主体、多种分配方式并存的分配制度，民主社会主义则在不触动私有经济为主体的条件下实行"高工资、高税收、高福利"的政策，实行"从摇篮到坟墓"的社会保障制度。在特定历史条件下，这种福利制度中体现出较多的社会主义因素，起到改良资本主义的进步作用，但绝不能把它夸大为资本主义向社会主义制度的根本转变，而且这些做法也不适合于发展中国家。在奋斗目标上，科学社会主义以共产主义为最高奋斗纲领，而民主社会主义反对共产主义和科学社会主义，等等。由此可见，民主社会主义和中国特色社会主义体现着两种根本不同的理论、道路和社会制度，民主社会主义是不符合中国国情的。

四 从"左"的方面否定中国特色社会主义的思潮

2007年9月，有些老同志写了《对党的十七大的献言书——高举马克思主义毛泽东主义思想伟大旗帜，坚决捍卫四项基本原则，开辟社会主义现代化建设的新时期》，全文2.5万字，并在网上发表。《献言书》从"所有制结构问题"、"收入分配问题"、"环境资源问题"、"对外经济关系问题"、"资本家进入共产党问题"、"工农大众沦为弱势群体问题"等几个方面，对改革开放作了根本否定性的估计。并在此基础上建议党中央："坚持以马克思主义、毛泽东思想作为党的指导思想"，"高举马克思列宁主义、毛泽东思想的伟大旗帜"。"《党章》中不再提以邓小平理论作为党的指导思想"等。

应该肯定，《献言书》提出的几个问题都是客观存在的，但这些是前进中的问题，不应对改革开放作出根本否定的估计。譬如贫富差距问题，改革开放以来，两亿多农民解决了温饱问题，农民人均收入有了几十倍的增长，但是城市人均收入提高更快，这是城乡贫富差距扩大的根本原因，所以是前进中的问题。这些问题也要进一步解决，而且科学发展观就是为了更好地解决这些问题。所以对于改革开放，对于中国特色社会主义理论和道路，不应当根本否定。党的十七大报告讲："改革开放的伟大成就，不容否定"，就是对这种思潮的回答。

《献言书》和民主社会主义思潮是两种极端对立的思潮，前者只讲坚持四项基本原则，根本否定改革开放，后者只讲改革开放，根本否定四项基本原则。前者只讲马列主义、毛泽东思想伟大旗帜，根本不讲中国特色社会主义伟大旗帜，后者则用民主社会主义取代中国特色社会主义旗帜，根本否定毛泽东和毛泽东思想。前者批评邓小平社会主义时期阶级斗争"在一定范围内存在"是一种变相的阶级斗争熄灭论，而后者则认为"邓小平的'左'阻碍了向西方多党制方向的政治体制改革。党的十七大报告对此做出了科学的回答：既高举中国特色和社会主义旗帜，又把它和高举马列主义毛泽东思想旗帜相统一，既坚持改革开放，又坚持四项基本原则，全面贯彻党的基本路线，既肯定毛泽东思想是 20 世纪马克思主义中国化的第一次飞跃，又肯定中国特色社会主义理论体系对马克思主义中国化第二次飞跃的伟大历史作用，从而进一步凝聚了全党和全国人民的指导思想。

五　历史虚无主义和文化保守主义思潮的演化

以鼓吹"西化"为特征的历史虚无主义和以鼓吹"儒化"为特征的文化保守主义，在中国近现代和改革开放中从来没有放弃过在历史舞台上进行表演的机会，但是在 21 世纪这两种貌似对立的思潮，其文化色彩日益淡化，而在告别革命、反对一切革命的旗帜下，结成了统一战线，成为一种反对中国特色社会主义的政治思潮。

历史虚无主义在历史领域反对一切革命的倾向越来越明显。一切曾经被否定的历史人物都被重新戴上光环抬了出来，而那些曾经被大力宣扬的革命历史人物则被怀疑和丑化。随着《康熙皇帝》、《雍正皇帝》等古装戏的热播，封建统治者都成了除暴安良的救世主。在电影《走向共和》中，丧权辱国的慈禧太后、李鸿章的"忧国忧民"与孙中山等的"愤青"形象形成了鲜明的对比。袁伟时为第二次鸦片战争、英法联军火烧圆明园的辩护更是赋予了这种解构以学术的形态。这种对历史的解构还进入到了作为国家意识形态传播主渠道的中小学教育领域。由一些学者编写的中学历史教科书公然消解唯物史观，宣扬"告别一切革命"的"文明史观"，据作者讲，这就是要使我们的中学生告别"狼奶"。有的电视剧虽然没有像《河殇》那样明目张胆地否定中国的传统文化，但是，借对西方大国的崛起之路的描述向中国的观众传达了一个不容置疑的观念——西方的民主、自由、人权、市场经济等是一个国家走向崛起的必要条件。历史虚无主义早已不是一部《河殇》所能涵盖的。它正从文艺的、学术的、大众传播的形态铺天盖地地涌来。

历史虚无主义思潮更集中地表现在公开否定中国共产党领导的革命及其指导思想。多年来，以《炎黄春秋》等媒体为阵地，掀起了一股又一股否定毛泽东和毛泽东思想的浪潮。对毛泽东的造谣中伤、对反右、大跃进和文化大革命的控诉成了《炎黄春秋》的主旋律。与毛泽东同时被妖魔化的还有斯大林和列宁。对斯大林的妖魔化还不过是老调重弹，列宁则是首次被送上了被告席，十月革命被说成是历史上第一个邪恶的十月，第二个邪恶的十月就是1949年中华人民共和国的成立。更有人将列宁、斯大林、毛泽东、邓小平说成是从"左"的方面修正马克思主义的修正主义者，是专制主义的暴君。

李锐写了一封给胡锦涛并诸常委的信，后来用《完善我党领导的几点想法》成文，登在《炎黄春秋》2007年第10期，系统阐述了他们的观点。李锐认为"要认真解决一百年来中国还没有解决好的宪政大问题"，"进一步有效地消除我党的'特权地位'"，"变专制型体制为实施宪政民主的体制"。他在2007年8月30日"关于党本身改革的几点建议"中说："由马克思主义提出的'无产阶级专政'，经过列宁、斯大林、毛泽东的实践，演化为一党专政，领袖独裁，形成了宗教式的个人崇拜，""从理论到实践反思'一党专政'的过程的后果，是我们尚未完成的一项巨大任务。"实际上要求我们党放弃四项基本原则中"坚持人民民主专政"、"坚持共产党领导"的内容，走西方多党制和三权分立的道路。

李锐还认为，毛泽东"功劳盖世、罪恶滔天"，"就是一个暴君"，他的功劳"只能是次要的，第二位的"，"毛泽东的影响还笼罩着我们"，

"不彻底清理毛泽东的问题，我们就不能前进。"要求党中央推翻《关于建国以来党的若干历史问题决议》中对毛泽东"功大于过"的评价，取消"毛泽东思想"的提法。

李锐还认为，"在历代党的领导人中，赵紫阳是很难得的一位"，"他决定要改变党垄断一切的状况"，"尊重人类社会发展的普世规律，竭力要把中国带到正确道路上"，"邓小平只赞成搞经济改革，不允许搞政治改革"，而胡耀邦、赵紫阳"都在此问题上超越了邓小平，并因此而触怒了邓小平，引发了历史悲剧。"实质上是要把政治体制改革引向西方多党制的方向。

自20世纪90年代文化保守主义重新登上改革开放的历史舞台，经过十多年的酝酿、准备，它终于在2004年7月以贵阳阳明精舍儒学会讲（或谓"中国文化保守主义峰会"）为标志，进入了以蒋庆、康晓光、陈明、盛洪等人为代表的"大陆新儒家学派"唱主角的新阶段。此前的三代新儒家，虽然其中一些人也表现出"崇儒反马"的特征，但总体来说，他们在儒学"花果飘零"的境遇下，主要将其阵地收缩于心性领域，在社会政治层面则较少发言。所以它主要还是作为一种哲学和文化思潮而出现。但继起的大陆新儒家则不同，他们对港台、海外新儒学提出尖锐批评，认为在中国复兴儒学不能走"心性儒学"，而是要走"政治儒学"的道路，他们公开提出"王道政治"、"复兴儒教"等思想主张，要以儒学取代马克思主义"王官学"地位，表现出强烈的意识形态属性，大陆新儒学已经发展为一种现实性很强的"复古更化"的政治思潮。2005年，蒋庆在《关于重建中国儒教的构想》一文中，直言不讳地提出了儒学（教）要与马克思主义争夺当今中国的"王官学"地位、"宪法原则"地位的政治主张，他说：要"通过儒者的学术活动与政治实践，将'尧舜孔孟之道'作为国家的立国之本即国家的宪法原则写进宪法，上升为国家意识形态；也就是说，恢复儒教古代'王官学'的地位，把儒教的义理价值尊奉为中国占主导地位的统治思想"，建立中国式的"儒教宪政制度"①。摆出了一副与当今中国的主流意识形态势不两立的架势，用蒋庆的话来说就是"要马

---

① 蒋庆：《关于重建中国儒教的构想》，载《中国儒教研究通讯》2005年第1期。

统则不能有儒统，要儒统则不能有马统，两者不可得兼"。2004 年，康晓光在其《我为什么主张"儒化"——关于中国未来政治发展的保守主义思考》的演讲中，公然攻击中国共产党执政是"为政不仁"，明确提出了要"儒化"中国共产党的政治主张和策略，他说："儒化的原则和策略是什么？——儒化的原则是'和平演变'。儒化的策略是'双管齐下'，在上层，儒化共产党，在基层，儒化社会。首先是儒化中共。用孔孟之道来替代马列主义。党校还要保留，但教学内容要改变，把《四书》、《五经》列为必修课，每升一次官就要考一次，合格的才能上任……有一天，儒学取代了马列主义，共产党变成了'儒士共同体'，'仁政'也就实现了。"①新世纪大陆新儒家的浮出水面，到底在政治上意味着什么？这些明确的语言可以使我们清醒很多，它和历史虚无主义已经在"告别革命"、反对马克思主义和共产党领导方面结成了统一战线，不得不引起我们的高度警觉。

六　所谓"普世价值"

在新自由主义、民主社会主义等错误思潮受到揭露和批评以后，一些搞资产阶级自由化的人又热衷鼓吹"普世价值"论，作为各种错误思潮的新的理论包装和他们在意识形态斗争中的一种新的策略。"普世价值"论在一些舆论阵地上的集中泛起，是近些年来我国意识形态领域的突出问题。

"普世价值"思潮，实质上是把西方资本主义的核心价值观美化为所谓"普世价值"、"全人类"共同的价值观，要求按照这种资本主义的价值标准来改造中国，改变中国的社会主义制度。有些人明确声称西方资本主义的民主、自由、人权、公平等，是"全人类共同追求的普世价值"，指责我国发展中国特色社会主义民主是用"中国特殊"论抵制民主进中国，是"撇开普世民主，自己另搞一套"。这种思潮的宣扬者把西方资本主义文明奉为不可超越的、终极式的"人类主流文明"，认为中国搞社会

---

①　康晓光：《我为什么主张"儒化"——关于中国未来政治发展的保守主义思考》［EB/OL］。http：//www. aisixiang. com/data/4908. html，2004—12—10/2012—10—31.

主义、走中国特色社会主义道路，就是"背离"了这种主流文明，而改革开放就是要"融入"这种主流文明。他们声称"必须抛弃那些与普世价值相背离的东西"，"瞄准由人类的普世价值所确认的社会基本经济制度，迈开前进步伐"。

"普世价值"思潮泛滥中的一个值得注意的问题，是一些人把他们关于"政治改革"、"宪政改革"的观点同"普世价值论"相结合，极力宣扬"西方宪政"的超阶级性和普世价值性，把他们主张的所谓"宪政"看作是最有可能改变中国政治体制的突破口和推翻四项基本原则的政治策略和途径。2007年，张博树抛出了《中国宪政改革可行性研究报告》，其中说："以中国共产党一党专制为核心的现行政治体制，仍然是中国走向政治现代化、回归世界主流文明的最大障碍。"明确提出："中国宪政改革的总目标，就是解构以至终结中国共产党的一党专制体制，再造共和，建设名副其实的宪政民主国家。"同年11月，某单位的一位副教授致信中央领导人，居然从18个方面论证了中国必须按"普世价值"的模式搞西方多党竞争轮流执政的制度。2008年2月，热衷鼓吹民主社会主义的谢韬，一面指责"中国共产党是中国工人阶级先锋队"的提法"完全不适用于""现代政党"，一面鼓吹"中国共产党要获得新生，必然要走国民党走过的宪政之路"。种种情况表明，在有些人那里，"普世价值"论已经成为他们要求推翻四项基本原则的一种支撑和一面旗帜。

这一点，在由刘晓波等海内外民运分子炮制策划、于2008年12月抛出来的《零八宪章》中表现得更为突出。《零八宪章》的主题和思想纲领，就是所谓"承认普世价值、融入主流文明。"它声称："在经历了长期的人权灾难和艰难曲折的抗争历程之后，觉醒的中国公民日渐清楚地认识到，自由、平等、人权是人类共同的普世价值；民主、共和、宪政是现代政治的基本制度架构。抽离了这些普世价值和基本政治架构的'现代化'，是剥夺人的权利、腐蚀人性、摧残人的尊严的灾难过程。21世纪的中国将走向何方，是继续这种权威统治下的'现代化'，还是认同普世价值、融入主流文明、建立民主政体？这是一个不容回避的选择。"这个所谓的"宪章"鼓吹要根据"自由、平等、人权、民主、共和、宪政"等基本理念"修改宪法"，并提出了包括实行美国式的三权分立，全面推进私有化，借口"军队国家化"和"司法独立"，反对共产党对军队和司法的领导，取消马克思主义政治教育，取消煽动颠覆国家罪，以及把我国改为"联邦制"国家等一系列政治主张。煽动中国公民要"不分朝野，不论身份，求同存异，积极参与到公民运动中来，共同推动中国社会的伟大变革，以期早日建成一个自由、民主、宪政的国家"。

不难看到，在"承认普世价值、融入主流文明"主题下，《零八宪章》鼓动的所谓"公民运动"，其实就是要在中国搞"颜色革命"；其所推动的"伟大变革"，就是要推翻中国共产党的领导，彻底否定中国特色社会主义道路、理论体系和制度，最终达到"改旗易帜"的目的；其所期望的"自由、民主、宪政的国家"，其实就是推行西方多党制和三权分立的西方宪政模式，在中国建立一个完全附庸于西方的资产阶级共和国。

以上我们简要回顾了改革开放 30 多年来的社会思潮发展变化的过程。党的十八大对改革开放 30 年的历史，实际上也包括社会思潮发展演变的历史，进行了深刻的总结。党的十八大政治报告指出："道路关乎党的命脉，关乎国家前途、民族命运、人民幸福。""在改革开放三十多年一以贯之的接力探索中，我们坚定不移高举中国特色社会主义伟大旗帜，既不走封闭僵化的老路，也不走改旗易帜的邪路。"[1] 习近平也指出："改革开放以来，我们总结历史经验，不断艰辛探索，终于找到了实现中华民族伟大复兴的正确道路，取得了举世瞩目的成果。这条道路就是中国特色社会主义！""全党同志必须牢记，道路决定命运，找到一条正确的道路多么不容易，我们必须坚定不移走下去。"[2] "道路问题是关系党的事业兴衰成败的第一位的问题，道路就是党的生命。""党的十八大精神，说一千道一万，归结到一点，就是坚持和发展中国特色社会主义。"[3]

这些讲话告诉我们，第一，道路决定命运。20 世纪八十年代中国和苏联先后走上改革的道路。戈尔巴乔夫选择 500 天向市场经济过渡的方案和

①　《十八大以来重要文献选编》（上），中央文献出版社 2014 年版，第 8、9 页。
②　同上书，第 83、84 页。
③　《习近平谈治国理政》，外文出版社 2014 年版，第 22 页。

美国哈佛大学设计的新自由主义改革方案，放弃共产党领导，结果导致苏联解体，苏共丧失执政地位。其后叶利钦又在俄罗斯推出由美国经济学家杰弗里·萨克斯提出的新自由主义的"休克疗法"方案，即所谓自由化、私有化和稳定化的"三位一体"的经济转轨，使俄罗斯在经济转型的10年里，陷入了前所未有的社会经济危机和政局混乱。俄罗斯1989年前GDP是中国的两倍，十年后是中国的三分之一。而中国特色社会主义道路则越走越宽广。2003年俄罗斯科学院某院士痛切地说："把苏联送入停尸间的不是别人，而是我们苏联人自己。我们俄罗斯人以我们自己的沉痛灾难为代价，成为耶稣，悲壮地走上祭坛，向世人和历史宣告：苏联的'民主化'、'私有化'完全是一条绝路、死路。个别超级大国绝对没有安好心，其他国家民族千万不要重蹈我们的覆辙。我是苏共党员，现在箱底仍放着党证。但苏共垮台时，我也是抱着欢迎的态度。10多年来给国家、民族带来的巨大灾难，使我对我们国家和民族常怀负疚、负债、负罪之感。但我们从中国看到了社会主义灿烂的希望。"

第二，中国特色社会主义在同"左"的封闭僵化和右的资产阶级自由化改旗易帜等错误思潮的斗争中发展起来的。1982年党的十二大邓小平在开幕词中提出了"建设有中国特色社会主义"这个历史命题。1987年党的十三大，总结了十一届三中全会以来的实践和理论成果，提出了社会主义初级阶段理论和"一个中心，两个基本点"的基本路线。"以经济建设为中心"纠正了以阶级斗争为纲的"左"的路线，纠正了脱离生产力发展状况，急于求成，盲目追求一大二公的失误，从社会主义初级阶段的基本国情出发，实行改革开放；而"坚持四项基本原则"，明确反对"全盘西化"等右的资产阶级自由化的错误思潮，坚持改革开放的社会主义方向。1992年党的十四大，根据邓小平视察南方讲话精神，提出了社会主义市场经济的改革方向，既要纠正过去认为社会主义不能搞市场经济"左"的僵化思想，又要坚持公有制为主体、国有经济为主导、多种经济成分共同发展和社会主义国家对市场进行宏观调控的基本经济制度，反对新自由主义"全面私有化，完全市场化，绝对自由化"的错误主张。1997年党的十五大，系统总结了邓小平理论对马克思主义中国化的创造性发展，划清了中国特色社会主义与"左"的僵化思想与右的资产阶级自由化的思想界限。2002年党的十六大，提出了"全面建设小康社会"的奋斗目标和"三个代表"重要思想，着重总结了社会主义国家执政党建设的历史经验，探讨了执政党建设的规律。2007年党的十七大，提出了"以人为本"的科学发展观和构建和谐社会的新思想，全面加强经济、政治、文化、社会、生态文明建设，纠正了片面追求GDP标准和不重视社会、生态建设等倾向。2012年党的十八大则系统论述了中国特色社会主义道路、理论体系、制度的科学内涵，全面总结了改革开放30多年来坚持和发展中国特色社会主义的历史经验。从以上简要的回顾可以看出，改革开放以来的历次党代会，一以贯之地都是以中国特色社会主义为主题，从未有丝毫偏离，每次党代会都从某一方面为中国特色社会主义做出新贡献，都在与"左"的僵化思想和右的资产阶级自由化思想的斗争中取得新进展，而党的十八大则对此做了全面总结。

改革开放30多年来，尽管各种社会思潮纷纭激荡，复杂多变，但有一些社会思潮是反复出现的，构成了社会思潮的基本画面。这些思潮包括：主张全面私有化、完全市场化、绝对自由化的新自由主义思潮；主张改良资本主义的民主社会主义思潮；鼓吹西方"宪政民主"的社会思潮；以及与上述思潮相对立的僵化、教条的马克思主义和"新左派"思潮。这些社会思潮直接以回答改革开放向何处去的政治思潮形式出现。与之相伴的还有历史、文化领域的历史虚无主义和文化保守主义的思潮；人生观、价值观领域的"人性自私"和形形色色的个人主义思潮；哲学领域的抽象人性论和"普世价值论"的思潮；以及面对中国和平、迅速发展有关的国际思潮和国内外的民族主义、民粹主义思潮等。尽管这些社会思潮的形式复杂多样，其核心仍然是改革开放走什么道路的问题。在与上述社会思潮的比较、鉴别和斗争中，马克思主义中国化的中国特色社会主义理论体系和道路始终是社会思潮的主流，以坚持和不断发展的马克思主义引领社会思潮前进的方向。

可以预料，随着中国改革开放发展成就的扩大，深层矛盾的突显，国际环境的日益复杂，上述社会思潮绝不会自动退出历史舞台，而且会在新的历史条件下，以新的形式继续表现自己。第一，围绕"两个100年"和中华民族伟大复兴的奋斗目标，习近平总书记提出并实行"四个全面"的治国理政思想和实践，今后社会思潮的斗争必将更多地和全面深化改革的矛盾相结合。譬如，深化国有企业改革，积极发展混合所有制经济是放大国有资本功能，增强国有经济活力、控制力、影响力，还是变相搞私有化？搞供给侧结构改革是推行西方新自由主义供给侧学派的主张，还是完善中国特色社会主义基本经济制度？张维迎"取消一切产业政策"和林毅夫"有为政府的产业政策"与"有效的市场相结合"的争论是具体政策之争还是改革方向之争？我们"依宪治国、依法治国"与"西方宪政"的本质区别；"全面从严治党能否解决一党执政下对执政权力的监督？这些表面看似政策性的争论，反映的却是改革的方向道路问题。而党中央沿着正确的方向推进改革开放的政策，使引领社会思潮的导向和政策导向同向而行，对克服错误思潮将有更大的说服力。

第二，中国和一些新兴国家的崛起，美国等一些西方大国的相对衰落是不争的历史现象。一方面中国日益接近世界舞台的中心，日益站在引领世界历史的潮头，另一方面，美国等某些政治势力"遏制中国"的呼声和主张日益增强，西方发达国家中民粹主义、狭隘民族主义思潮日益扩大，反全球化的贸易保护主义和孤立主义倾向日益发展。英国公投脱欧、美国特郎普的当选和一些发达国家右翼势力的胜选就是这一思潮发展的佐证。《问道》这本书对国际思潮的研究作出了一定的贡献，但是对民粹、民族主义思潮没有作深入展开的分析。今后国际形势将更加纷纭激荡，对包括民粹主义、民族主义在内的国际思潮的研究和引领必将成为社会思潮研究的一个新的重要领域。

总之，随着国内、国际形势的发展，围绕中国改革开放、和平发展走什么道路的问题，各种社会思潮还会以不断变化的新形式或不变的形式顽强地表现自己，中国特色社会主义事业所面临的社会思潮的斗争将是长期的、复杂的、曲折的，以社会主义核心价值体系引领社会思潮仍将面临各种挑战，马克思主义思想理论工作者任重而道远。

第二编
若干重大社会思潮评析

第一章 关于社会主义问题的若干论争述要

科学社会主义的创始人在总结科学社会主义的产生原因时说："同任何新的学说一样，它必须首先从已有的思想材料出发，虽然它的根子深深扎在物质的经济的事实中。"① 社会主义理论的重大发展，往往发生在社会主义事业取得辉煌成就之时，此时有许多经验值得总结；或者发生在社会主义事业遭到挫折之时，这时有许多教训需要汲取。而这两种情况，往往伴随着激烈的理论论争。科学社会主义的坚持和发展，离不开对这些争论的考察，研究中国改革开放以来的社会主义论争，当然要结合改革开放以来的社会主义中国的社会发展状况。

进入社会主义改革开放新时期以来，我国理论界先后出现"社会主义封建论"、"社会主义渺茫论"、"社会主义空想论"、"社会主义早产论"、"社会主义乌托邦论"、"民主社会主义救中国论"等，在社会上产生了很大的消极影响，同中国特色社会主义道路的前进方向相对立。本章选择关于社会主义问题的若干论争加以简要叙述。

第一节 社会主义"封建论"

学术界提出的社会主义"封建论"，与如何正确评价中国各族人民的

---

① 《马克思恩格斯选集》第 3 卷，人民出版社 1995 年版，第 719 页。

领袖毛泽东及其领导的社会主义事业有关。

几乎没有人否定，毛泽东是给中国历史留下深刻印记，影响现代中国发展进程的极其罕见的伟大人物。在形形色色的关于社会主义问题的大争论中，隐含着对毛泽东思想及其社会主义实践的评说。毛泽东关于我国社会主义事业艰辛探索，已经深刻地影响了当代中国社会发展的面貌、走向和特点。1949 年新中国成立，以毛泽东为主要代表的中国共产党人的事业得到历史的肯定，非议者寡。而建国以后毛泽东领导的新中国社会主义发展进程，特别是他发动和领导的"文化大革命"，成为人们反复严格审视的对象。不同目的、不同立场、不同视角和观点的人们，其实做着同一件事情，那就是对毛泽东和毛泽东思想，对毛泽东领导的社会主义实践的成就及其失误，进行自己的评说、诠释和解读，以影响未来中国的发展走势。一直进入到 21 世纪，毛泽东的社会主义实践探索，依然是评估改革开放事业得失成败是非曲直的参考系，成为当代社会思潮论争中的比照性资源。目前，围绕评价毛泽东的论争，依然看不出热度降低的迹象。恐怕，即便是到了我们的下一代，也会围绕毛泽东及其事业展开激烈的争论，难有一致的结论。

十年"文化大革命"结束后，我国进入一个短暂的徘徊期。1978 年年底，中国共产党推动中国进入改革开放历史的新时期。思想界要为这场改革开放事业提供合法性的理论基础，必然立足于现实又超越于现实，对刚过去的十年"文化大革命"进行反思。反思毛泽东发动、被反革命集团利用，给亿万中国人生活造成重大影响以至灾难的"文化大革命"，反思社会主义理论与实践的过去、现在和未来，各派人物争先恐后表达自己的看法，口诛笔伐，歧见杂陈，触发了一场规模宏大的解放思想运动，从不同角度对已经开始的改革开放发生导向性影响。

有人将反思的视角深入到毛泽东领导的"文化大革命"的思想文化基础，得出了中国"社会主义封建论"的观点。有学者提出毛泽东建国后搞的是"农业社会主义"，这是社会主义"封建化"的变种，是对"社会主义封建论"的另一种表达。

发动"文化大革命"的初衷，是防修反修，以巩固社会主义制度，但运动的实际效果，大大出乎发动者的预料，社会主义在人们心目中的神圣形象受到贬损。人们记忆犹新，在"文化大革命"中，林彪、江青等反革命集团实行封建专制主义，给我们党和国家造成了极大的危害，也深层次地检测了人们的灵魂，是人们的一次灵魂大暴露。忠诚与背叛、真诚与虚伪、高尚与卑鄙、迷信与反迷信、民主与专政，还有落井下石、卑躬屈膝的表演，带给人们太多的反思和震惊。

于是，有人将思维的触角伸展到中国几千年绵延流长的历史深处，认为：封建主义在中国有两千多年的历史，反封建主义的历史，从鸦片战争算起，仅有一百多年的历史，从辛亥革命算起，不过几十年。1949年后，"由于我们在意识形态领域里，把主要精力集中到'兴无灭资'上，忽视了对封建主义思想的深入批判，以至于林彪和江青这类反革命两面派，有机可乘，使封建主义披上马克思主义外衣，在中国来了个重新大泛滥。""以封建主义冒充社会主义，给中国无产阶级革命和社会主义事业造成了巨大损失"。[①] 有人想当然地认为，"社会主义条件下出现变相的封建专制"[②]，而"文化大革命""只不过是民族传统文化和意识形态中的封建主义毒素的现实表现或延伸罢了"，[③] "是被封建化了的马克思主义作为大一统国家的指导思想的必然产物。"[④]

值得注意的是，相当多的普通学者，是从发展社会主义事业的角度，谈论消除封建主义对社会主义的危害的。他们把封建主义仅仅当作"残余"，并没有故意夸大封建主义在社会主义中国的作用和危害程度。

但是，有的学者的思想走得相当远。他们对中国社会存在的封建因素的影响程度加以夸大渲染，不是定性为"封建残余"，而是认为封建主义在当代占了统治地位，已在社会主义中国全面复活，全面复辟。《新观察》原主编戈扬认为中国"实现的社会主义社会本质上是一种封建社会，它的头子必然是'皇帝'"，将矛头直接指向毛泽东。这类学者把社会主义革命和建设运动当成"实质上是农民革命"的胜利。"实质上是农民革命"

---

① 《发展社会主义事业，消除封建主义残余——批判封建主义座谈会发言选登》，载《北方论丛》1981年第1期。

② 参见人大复印资料《科学社会主义》1981年第1期。

③ 《中国青年》1986年第5期。

④ 《理论信息报》1986年9月22日。

胜利后，"在马克思主义的社会主义或无产阶级集体主义名义下，封建主义被自觉不自觉地在整个社会以及知识者中蔓延开来，统治了人们的生活和意识。"这就否定了当代中国的社会主义性质，走向了"社会主义封建论"。

就封建性的时间跨度来说，一般的学者是从总结反思"文化大革命"的教训的角度出发，揭批林彪、"四人帮"利用"文化大革命"推行封建、法西斯专政，使我们的社会主义事业遭到严重挫折；但有的学者的研究视野不是局限在"文化大革命"时期，而是认为整个中国社会主义运动的历史中，封建专制主义一直根深蒂固。被有的人说成是"八十年代思想界领袖人物"的李泽厚认为："从五十年代中后期到'文化大革命'，封建主义越来越凶猛地假借着社会主义的名义来大反资本主义"，"这便终于把中国意识推到封建专制传统全面复活的绝境。"① 他溯望中国近现代历史，认为"长久封建社会产生的社会结构和心理结构并未遭受资本主义社会的民主主义和个人主义的冲毁，旧的习惯势力和观念思想仍然顽固地存在着，甚至渗透了人们意识和无意识的底层深处。这就难怪它们可以借着社会主义的集体主义衣装，在反对资本主义自由民主和个人主义的旗帜下，在'文化大革命'中甚至以前，轻车熟路地进行各种复辟了。"②

"文化大革命"结束后到20世纪80年代，社会主义"封建化"观点传播甚广。归纳起来，它们的论据主要有以下几点：

论据之一是经济基础的封建性。它们认为，我国的社会主义制度是在封建的小农经济的基础上建立起来的，因而是"封建的社会主义"。

论据之二是政治制度的封建性。它们认为，中国的社会主义是"封建的"，新中国的政治生活没有民主，只有"集权主义"。有人说："在今天的社会主义的中国，同样是一个没有民主的国家"。"四十年社会主义的岁月，是令人失望的。""四十年的失望，根源在于四十年的社会制度本身，近四十年来的幻想破灭归咎于社会制度本身。因此，实现的社会主义本质

---

① 李泽厚：《中国现代思想史论》，东方出版社1987年版，第36页。
② 同上书，第38页。

上是一种封建的社会主义"。① 这里的"四十年"，指的是新中国成立到他们写作发表论述社会主义的文章的 20 世纪 80 年代。也就是说，新中国的政治制度是"封建的"。

论据之三是意识形态和思想文化的封建性。他们认为，我国意识形态领域里的封建主义根基尚未根本触动，中国的传统文化或曰"旧文化体制"，一概都是"封建主义的糟粕"，而且形成了一个所谓"封建主义的文化场"。一切新事物新思想，包括马克思主义、共产主义、社会主义、直到共产党，一旦进入这个"文化场"就注定要受到"歪曲"而"变形"，成为封建主义的"变种"，所以，社会主义在中国也成了"抹上社会主义油彩的封建主义"。

显然，这种论调极其荒谬，已不是简单的学术研究范围的事情了。

社会主义"封建论"引起意识形态工作领导层的高度关注。《南京大学学报》1980 年第 4 期发表《关于社会主义改造后期的几个理论问题》，提出所谓"中国社会是带有浓厚封建主义的农业社会主义"问题。党中央意识形态工作领导人胡乔木立即向历史决议起草小组人员写信："这样的文章竟能在大学学报公开发表，可以看出我国目前思想的状况严重混乱到何种程度。我们的《决议》一定要注意到和有助于反击这种极为有害的思潮。决不能随便讲什么农业社会主义、封建主义（建国至今一直大力发展重工业，这岂是农民观点？）。"②

当严肃的理论问题转化为政治问题时，当然会引起理论界更加激烈的争鸣。争鸣论点集中在以下三个问题上，如何评判当代中国社会主义社会的封建化程度？是不是社会主义中国已经封建化了？是用资本主义反封建还是用社会主义反封建？与社会主义封建论争鸣的文章，有代表性的论文有熊复在《人民日报》1989 年 8 月 14 日发表的《回答资产阶级自由化的一个挑战》，应祖国的在《福建师范大学学报》（哲学社会科学版）1990年第 3 期发表的《驳"中国是封建的社会主义"》，以及 1990 年《当代思潮》发表的《划清社会主义与封建主义的界限》等。

---

① 《资产阶级自由化与四个坚持的对立》，北京市委宣传部《宣传通讯》1989 年第 19、20 期。
② 《胡乔木书信集》，人民出版社 2002 年版，第 326 页。

应当承认，由于我国经过漫长的封建社会，目前还处于社会主义初级阶段，在我们社会生活的各个方面都有封建主义的余毒，存在着"权力过分集中"等弊端以及"以权谋私"、"官僚主义"、"特权思想"。将现实的封建因素定性为"余毒"或者"遗毒"，正是因为现实存在着封建"余毒"或者"遗毒"，影响了社会主义制度优越性的发挥，我国才需要进行社会主义改革。

但是，反封建并不是要以牺牲社会主义，倒退到资本主义为代价的。社会主义"封建论"者的做法，是片面地夸大我国现实社会中存在的黑暗面，仅仅以一些封建现象为根据，就认为中国共产党的指导思想不是马克思主义的科学社会主义，实际建设的不是无产阶级向往的社会主义，而是封建的社会主义，这就大错特错了。

分析、对照封建社会的特征、实质，显然不能把中国共产党领导中国人民实践的社会主义，称之为"封建的社会主义"。由于我国的社会主义是从半殖民地半封建的社会脱胎而来的，难免带有旧社会的痕迹。那种把社会主义看成是纯粹的、不应该包含有非社会主义成分的、非此即彼的思维方式是错误的。马克思、恩格斯、列宁等都曾一再指出过：社会主义，它不是在自身已经发展了的，恰恰相反，是刚刚从资本主义社会中产生出来的，因此，"它在各个方面，在经济、道德和精神方面都还带着它脱胎出来的那个旧社会的痕迹"。① 如果把问题简单化，把权力过分集中、中央集权等同于专制主义，把专制主义又等同于封建主义，将这些有联系又有区别的概念混淆起来，作为同义语，从理论概念的分析上看是不科学的，从历史事实上看也是不真实的。大吵大嚷社会主义"封建论"，将把现实的社会主义引向何方？带来什么样的理论后果？其明显的要害有三点：

其一，社会主义"封建论"的实质，是将我国的发展方向引导到资本主义的道路上去。

按照它们的说法，现实的社会主义中国是封建的社会性质，现实中的封建主义已经盛行，那么，从理论思想上，必然提出反封建是思想战线的首要任务。既然马克思主义在中国已经被"封建化"，当然无力承担反封

---

① 《马克思恩格斯选集》第3卷，人民出版社1995年版，第304页。

建的重任，那么，用什么思想武器来反封建呢？有学者指出，要用资产阶级思想反对封建主义。有学者指明中国发展的方向：如果中国经过"完整的资本主义发展阶段"，封建主义的残余早就进入了历史博物馆。因此，要肃清封建主义"遗毒"，中国就必须回头"补资本主义的课"，重新走"资本主义完整发展"的道路。至此，就暴露了"社会主义封建论"的思想导向，并不是要人们科学总结"文化大革命"的经验教训，完善和发展社会主义，而是要走资本主义道路。这样，问题就转化为要不要走社会主义道路的问题，要不要坚持社会主义方向的问题。这样一来，人们要问：反封建应该成为思想领域的首要任务吗？为什么单单反封建而不热衷反资产阶级思想呢？还要不要坚持社会主义道路？

　　五四运动是中国近代史上彻底反帝反封建的革命运动。"五四"时期中国人民反封建的历史任务，最根本的是要变革中国半殖民地半封建的性质。这一任务，已由中国共产党领导的反帝反封建的人民大革命胜利完成。现实的中国社会主义制度，尽管没有彻底摆脱封建主义的影响，但毕竟不是直接来源于封建社会，而是经过共产党领导的新民主主义革命和社会主义革命的长期斗争而建立的，其间经过彻底的土地制度改革，清除了封建主义反动统治的物质基础。无论是建国前，还是建国后，共产党推动社会主义和共产主义思想的广泛传播，封建主义的思想影响已不是"法力无边"了，已为"余毒"或"遗毒"。在社会主义政治经济文化基础上，社会主义、毛泽东思想怎么被"封建化"了呢？按照它们的说法，新民主主义革命的胜利和社会主义基本制度的建立这些我国历史上最伟大、最深刻的变革，不是都应加以否定吗？

　　影响现实中国人民思想的，既有封建残余思想，也有资本主义腐朽思想和生活方式。党的十一届三中全会以来，我们党确立了社会主义初级阶段的基本路线，党和国家实现了伟大的历史性转折，把工作中心转移到经济建设上来，进入了以改革开放为鲜明特点的社会主义现代化建设新时期。改革开放是一场新的革命，是建设中国特色社会主义的强大动力。这场新的伟大革命也给党的思想政治建设注入了新的活力，给社会思想文化带来了空前广泛而深刻的影响，促进了人们思想认识的提高，极大地调动了广大群众的积极性。同时，我们要清醒地看到，在改革开放的条件下，与资本主义国家交往激增，而西方敌对势力又一直在加紧对我国实施"西化"、"分化"的政治战略，在借鉴资本主义发展的优秀成果的同时，资本主义的腐朽思想文化必然会乘机而入，同我国历史上遗留下来的剥削阶级腐朽思想文化影响相结合，滋长拜金主义、极端个人主义和腐朽生活方式等消极现象，对人们正确的理想、信念和价值观产生冲击，也会腐蚀我们的干部和党员队伍，甚至毁掉一些意志薄弱者。所以，如果因批判封建主义而放松对资产阶级思想的批判和警惕，就会有利于西方反华势力实施和平演变、变社会主义中国为西方国家附庸的图谋。

当代中国确实存在封建主义残余，应该鼓励学者从消除封建"余毒"，促进社会主义事业大发展的角度研究反封建的课题。许多学者确实也是从这一立场出发，研究中国的封建主义课题。但是，学术界的有些学者已经不是一般地总结"文化大革命"教训了，而是对中国的社会主义制度的社会性质视而不见，对中国共产党反封建的理论与实践视而不见。"社会主义封建化"是对现实中的封建因素影响的夸大，理论上站不住脚，实践上极其有害。

其二，社会主义"封建论"的实质，是贬损中国社会主义的开拓者，伤害人民对领袖和走社会主义道路的感情，进而危害中国的社会主义事业。

按照它们的观点，社会主义中国是封建的社会主义，中国共产党是封建主义的党，共产党的领袖们当然就是没有摆脱封建主义的领袖。社会主义"封建论"的观点影响甚广。在1979年的理论务虚会上，一位资格相当老的理论工作者也受社会主义"封建论"的影响，而认为"最大的一言堂就是主席自己。"① 这一点在"启蒙者"李慎之逝世后出版的上下两册《怀念李慎之》一书中暴露无遗。该书不小心披露了被一些人奉为"思想泰斗"的李慎之先生的不少观点，例如："我的看法是，当前的敌人就是一个，就是在中国绵延了两千两百年的专制主义，虽然自八十年代起它已因自身的腐烂而日趋软化，但极权的本性未变。要救治专制主义，只有民主主义、自由主义以至个人主义，别的出路是没有的。""1949年以后，中国是世界上最最最革命的理论与最最最专制的传统相结合。""中

---

① 马沛文：《放言集》，新风出版社（香港）2003年版，第394页。

国传统的专制变成了极权主义。""在 20 世纪,一个个把持政权的所谓新型政党,实际上都是专政政党。""毛泽东是一位最不讲诚信、最善于'与时俱进'的特大政治骗子,是最无耻、最残忍、最不讲信誉的特大暴君,是从'土匪—军阀—暴君'这个梯阶爬上来的人。"这已不像一个"理论家"说出的语言了,已不是冷静的理论研究,简直是赤裸裸的"文化大革命"的骂大街语言,显得异常恶毒、苍白、无理。

毛泽东是中国社会主义事业的领袖,而不是什么封建暴君。他在反专制倡民主的五四运动前后接受了马克思主义,毕生为中国的社会主义事业而奋斗。一个反封建的马克思主义者,到了一些人的眼中,成了"封建暴君",真是不可思议的怪事。任何不带偏见的人,一定会赞同党中央多次强调的一个事实:正是在党和毛泽东领导下,中国从一个半殖民地半封建社会,进入到社会主义新时代;一个人民备受欺凌压迫的国家,变成一个人民当家作主、享有民主权利的国家;一个经济文化落后的国家,变成一个走向经济繁荣、全面进步的国家,这是建立富强、民主、文明的社会主义现代化国家的基本的经济、政治和文化条件,为社会主义中国的更加光明的未来奠定了坚实基础。

毛泽东晚年是有错误,但是,就像邓小平所说:"毛泽东同志犯了错误,这是一个伟大的革命家犯错误,是一个伟大的马克思主义者犯错误。"绝对不可以夸大毛泽东晚年的错误。把毛泽东的错误"写过头,给毛泽东同志抹黑,也就是给我们党、我们国家抹黑。这是违背历史事实的。"[1] 这样也必然涣散和破坏全党、全军和全国各族人民的团结。

其三,社会主义"封建论"的实质,是夸大我国封建"遗毒"的影响,干扰我国反封建主义的大方向。

在现实社会主义中国中,有没有封建的东西?回答是肯定的,中国确实存在封建的东西。但是,怎样评价封建性的程度?能否将反封建当作思想战线的主要任务?我们认为,经过百年的中国人民反封建运动的荡涤,经过外国资本的挤压,中国的封建因素在思想领域已经不占主流而居角落了。如果硬说现实的中国是封建的中国,那是对百年中国反封建历史的视

———————————

① 《邓小平文选》第 2 卷,人民出版社 1994 年版,第 307、301—302 页。

而不见，不但否定了毛泽东等老一辈共产党人领导的反封建的历史功绩，而且否定了孙中山领导的同盟会和国民党的反封建的不平凡历程。特别需要指出的是，邓小平在1980年8月《党和国家领导制度的改革》的重要讲话中指出："旧中国留给我们的，封建专制传统比较多，民主法制传统很少"，"应该明确提出继续肃清思想政治方面的封建主义残余影响的任务。"① 但在改革开放过程中，邓小平坚持破除封建主义传统时，又明确肯定我国"推翻封建主义的反动统治和封建土地所有制，是成功的，彻底的"②，他将当代中国封建主义定义为封建"残余"，说现实社会中的弊端"多少都带有封建主义的色彩"。他提出了"继续肃清思想政治方面的封建主义残余影响的任务"；同时又指出，由于要肃清封建主义残余影响，就认为可以去宣扬资本主义的思想，也是完全错误的。

有封建遗毒则反对封建遗毒，有资产阶级思想则反对资产阶级思想。不能以反对封建主义为由而忽视反对资产阶级思想，或者放松对资产阶级思想的警惕。胡乔木早在1980年6月23日曾经就此有过专门的意见："对于批判党内、政府内和社会上封建主义思想残余问题，需要有慎重准备，究竟反对什么、纠正什么，如何改革，需要明确规定，以免一哄而起，造成思想上、政治上甚至组织上的混乱，此外，而于实际解决帮助不大。现在只提反对封建主义而放松反对资本主义的唯利是图、损人利己和各种恶性腐化现象，也不妥当。"③

怎样反封建？邓小平讲到要做到"三个划清"："首先，要划清社会主义同封建主义的界限，决不允许借反封建主义之名来反社会主义，也决不允许用'四人帮'所宣扬的那套假社会主义来搞封建主义。其次，也要划清文化遗产中民主性精华同封建性糟粕的界限。还要划清封建主义遗毒同我们工作中由于缺乏经验而产生的某些不科学的办法、不健全的制度的界限。不要又是一阵风，不加分析地把什么都说成是封建主义。"④ 这"三个划清"，对于指导反封建工作，澄清一些人在这个问题上模糊的甚至错

---

① 《邓小平文选》第2卷，人民出版社1994年版，第332、335页。
② 同上书，第335页。
③ 《胡乔木书信集》，人民出版社2002年版，第281页。
④ 《邓小平文选》第2卷，人民出版社1994年版，第335页。

误的认识，具有重大意义。

邓小平还指出，反封建要靠健全法律和制度来加以解决。他说："肃清封建主义残余影响，重点是切实改革并完善党和国家的制度，从制度上保证党和国家政治生活的民主化、经济管理的民主化、整个社会生活的民主化。"他进一步具体指出："肃清封建主义残余影响，对广大干部和群众说来，是一种自我教育和自我改造，是为了从封建主义遗毒中摆脱出来，解放思想，提高觉悟，适应现代化建设的需要"，因此"不要搞什么反封建主义的政治运动和宣传运动，不要对什么人搞过去那种政治批判，更不能把斗争矛头对着干部和群众。"①

与社会主义"封建论"者关于"补资本主义的课"、重新走"资本主义完整发展"道路的论点相反，邓小平提出："在思想政治方面肃清封建主义残余影响的同时，决不能丝毫放松和忽视对资产阶级思想和小资产阶级思想的批判，对极端个人主义和无政府主义的批判。是封建主义残余比较严重，还是资产阶级影响比较严重，在不同的地区和部门，在不同问题上，在不同年龄、经历和教养的人身上，情况可以很不同，千万不可一概而论。"②"由于要肃清封建主义残余影响，就认为可以去宣扬资本主义的思想，也是完全错误的。我们一定要彻底批判这些错误思想，绝对不能让它们流行。"③ 这就彻底击碎了一些人企图借邓小平提反封建而反对社会主义、走资本主义道路的幻想。

第二节　关于社会主义"异化论"

如果说社会主义"封建论"的特征，是任意夸大千年历史残留的消极因素，打着"反封建"的旗号否定社会主义；那么社会主义"异化论"则是受混淆以至颠倒马克思早期思想同成熟的马克思主义区别的西方哲学流派的影响，把马克思早期用于描写资本主义制度下对抗关系的异化理

---

① 《邓小平文选》第 2 卷，人民出版社 1994 年版，第 335—336 页。
② 同上书，第 336 页。
③ 同上书，第 337 页。

论，来说明和回答社会主义革命和建设中出现的失误和弊端，特别是企图用异化理论去对"文化大革命"的历史经验教训寻找"更深刻"的答案，得出了所谓"社会主义异化"论。而宣扬这种观点的又自称是马克思主义的。这就涉及怎样看待马克思主义的科学思想体系，能否用"异化"的说法来解释社会主义社会的消极现象，以及能否用"异化"的观点来指导改革等一系列原则问题。

马克思是从黑格尔出发，经过费尔巴哈而创立马克思主义的。马克思1845 年写的《关于费尔巴哈的提纲》是这个思想发展历程中的重大飞跃。在写这个《提纲》以前，马克思在《1844 年经济学哲学手稿》中提出了劳动异化的思想，集中讲了异化劳动问题。他在这里所说的"异化"，指的是资本主义条件下资本家占有生产资料，劳动者丧失生产资料，从事雇佣劳动，全部产品为资本家占有，这样就形成一种状况，劳动者生产的劳动产品成为对自己的异己的、敌对的力量，反过来统治劳动者。这就是马克思所说的劳动异化或异化劳动。但是，在写作《提纲》以后，马克思完全摆脱了把"异化"作为基本范畴来批判资本主义和说明历史的方法，"异化"论的观点已经被更加科学的理论所代替。这一点在"人道主义和异化思潮再考察"的专章中还会讲到。

较早注意人道主义和社会主义"异化"问题的，是时任《人民日报》副总编辑的王若水[1]，他认为："20 世纪 80 年代初的中国，人道主义是对'文化大革命'中的神道主义（个人迷信）的批判和兽道主义（对所谓'牛鬼蛇神'的迫害）的控诉。"[2] 1980 年 6 月，他应邀到中国社会科学院研究生院新闻系演讲，根据演讲整理而成《谈谈异化问题》。

---

[1] 王若水接受采访时，谈到自己为什么在"文化大革命"后研究社会主义异化问题："因为'文化大革命'十年的教训，不把人当人。'文化大革命'时期我记得有几种情况：一种是许多人被打成牛鬼蛇神，他们不被当作人。另一种是迫害他们的人，像有些红卫兵那样的迫害狂，他们实际上变成狼了。此外，像毛泽东，他被神化了，也不被当作人。这三种情况都是人性的异化：异化成鬼、异化成兽、异化成神。同时，大搞阶级斗争，一切都以阶级斗争为纲，人只有阶级性，没有了人性。强调阶级性的结果就从两方面否定了人：不承认人有共同的人性，阶级不同就什么都不一样了，资产阶级和无产阶级没有共同的人性；另外呢，也不承认人有不同的个性。好像同属于一个无产阶级就都是一样的，同属于一个资产阶级也都是一样的，把人的个性也否认掉了。所以，我提出人道主义，就是要恢复对人的一种认识。"

[2] 王若水：《人道主义辩》，《三月风》1995 年第 1 期。

王若水断言，社会主义存在全面异化。不仅有思想上的异化，而且有政治上的异化，甚至经济上的异化。首先，个人迷信，现代迷信，是思想上的异化。教条主义是异化，教条主义发展到顶点，就成了个人迷信，这是党的领袖的异化。他说："宣传'一切服从毛主席'，不就是宣传一言堂吗？不是颠倒了领袖和党，领袖和人民的关系吗？这就是异化。"① 党也异化，"本来是受压迫的党，变成了执政的党，党的地位起了变化，就可能有脱离群众、脱离人民的危险，可能异化。""政府变成了老爷，不受人民控制了，变成了异己的力量，这就是异化，政治上的异化。"他以云南森林的大火为例，"因为破坏了生态的平衡，破坏了森林，气候条件又改变，最后这个地区成了一个不毛之地，这是自然对人的报复，人就倒过来吃苦，这就叫异化。"② 在王若水看来，事事、时时、处处都在异化，什么东西都在异化，没完没了地异化。这正像西方资产阶级学者一贯宣传的那样，异化是包罗万象的。

王若水比较早地注意研究人道主义和人的问题，但在新时期并不是王若水一个人研究社会主义异化问题。十年内乱的惨痛教训，给人留下了许多思考。有学者发表文章说："异化是社会主义一切弊端的集中表现，是对社会上大量存在的丑恶现象所能给以的最科学的说明。"③ 还有学者认为，异化理论是解释改革的理论武器，"我国要从经济、政治、思想、文化、社会各个领域消灭人的异化，就要对社会主义经济基础和上层建筑的不适应部分，进行不断的改革"。④

当时中宣部顾问周扬也赞成用"异化"理论解释社会主义存在的弊端，并用"异化"理论来指导改革。1983 年 3 月 7 日，在为纪念马克思逝世一百周年而举行的纪念活动中，周扬作了《关于马克思主义几个理论问题的探讨》的报告（该报告是在王元化、王若水、顾骧的协助下完成），该报告发表于 1983 年 3 月 16 日的《人民日报》。文章提出："社会主义社会比之资本主义社会，有极大的优越性。但这并不是说，社会主义社会就

① 王若水：《谈谈异化问题》，载《新闻战线》1980 年第 9 期。
② 同上。
③ 张奎良等：《论社会主义社会人的价值问题》，载《学习与探索》1981 年第 1 期。
④ 阮铭：《人的异化到人的解放》，载《新时期》1981 年第 1 期。

没有任何异化了。在经济建设中，由于我们没有经验，没有认识社会主义建设这个必然王国，过去就干了不少蠢事，到头来是我们自食其果，这就是经济领域的异化。由于民主和法制的不健全，人民的公仆有时会滥用人民赋予的权力，转过来做人民的主人，这就是政治领域的异化，或者叫权力的异化。至于思想领域的异化，最典型的就是个人崇拜，这和费尔巴哈批判的宗教异化有某种相似之处。所以，'异化'是客观存在的现象，我们用不着对这个名词大惊小怪。彻底的唯物主义者应当不害怕承认现实。"他说："掌握马克思关于'异化'的思想，对于推动和指导当前的改革，具有重大的意义。"①

　　与王若水一样，周扬也不是在"文化大革命"结束后才关注社会主义异化问题的。这场争论的理论源头并不是八十年代，而是更早时期。根据周扬自己的说法，周扬在1964年召开的哲学社会科学部扩大会议上的讲话，就曾提出异化问题。

　　周扬为了证明异化理论来自于马克思，通过别人向邓小平转交了18条马克思关于异化的语录。1983年9月30日，为准备即将于同年10月11日召开的中国共产党十二届二中全会讲话稿，邓小平针对周扬送的材料说了几段话："早已收到周扬同志为他文章辩护的信和附上的马克思讲异化的18条论述。周扬同志送来的马克思讲异化的材料，他引的所有的话，都是讲的资本主义社会，讲劳动创造的成果反过来变成压迫自己的力量。所有的话，都在这个范围之内，都没有超出这个范围。""周扬同志送来的材料，我一看，马克思在什么范围内讲这个，清清楚楚。这个材料帮不了周扬的忙。""周扬同志讲毛主席1964年赞成他讲异化的文章，毛主席是不是吃了他的亏呵？那时候满脑子苏联变质，联系说到我们自己也变质，提出走资派，资产阶级就在党内，打倒走资本主义道路的当权派。不只在中央打。各级领导都打。是不是异化思想导致的呵？"

　　针对社会主义异化论的要害，邓小平说："也怪，怎么搬出这些东西来了。实际上是对马克思主义、对社会主义、对共产主义没信心。不是说终身为共产主义奋斗吗？共产主义被看成是个渺茫的东西，可望而不可即

---

① 周扬：《关于马克思主义的几个理论问题的探讨》，载《人民日报》1983年3月16日。

的东西了。既然社会主义自身要异化，还到什么共产主义呢？在第一阶段就自己否定自己了。否定到哪里去？社会主义异化到哪里去？异化到资本主义、封建主义？总不是说社会主义异化到共产主义嘛！这不是马克思主义。"①

1983年10月12日，邓小平同志在中国共产党第十二届中央委员会第二次全体会议上的发表讲话，鲜明地批评社会主义异化论："至于'异化'，马克思在发现剩余价值规律以后，曾经继续用这个说法来描写资本主义社会中工人的雇佣劳动，意思是说工人的这种劳动是异己的，反对工人自己的，结果只是使资本家发财，使自己受穷。现在有些同志却超出资本主义的范围，甚至也不只是针对资本主义劳动异化的残余及其后果，而是说社会主义存在异化，经济领域、政治领域、思想领域都存在异化，认为社会主义在自己的发展中，由于社会主体自身的活动，不断产生异己的力量。他们还用克服这种所谓异化的观点来解释改革。这样讲，不但不可能帮助人们正确地认识和解决当前社会主义社会中出现的种种问题，也不可能帮助人们正确地认识和进行在社会主义社会中为技术进步、社会进步而需要不断进行的改革。这实际上只会引导人们去批评、怀疑和否定社会主义，使人们对社会主义、共产主义的前途失去信心，认为社会主义和资本主义一样地没有希望。既然如此，干社会主义还有什么意义呢！马克思主义要发展，社会主义理论要发展，要随着人类社会实践的发展和科学的发展而向前发展。但是，上面这样的观点，不是向前发展，而是向后倒退，倒退到马克思主义以前去了。"② 他认为，理论界的一部分同志在这个问题上思想混乱到严重的程度。邓小平十分看重这篇讲话，曾经说，一定要将这篇讲话收入自己的文选中。

还是在1983年9月30日的谈话和十二届二中全会上的讲话中，邓小平提出："得组织点文章。""马克思主义者要出来讲话。"③

---

① 《邓小平年谱》（1975—1997年）（下），中央文献出版社2004年版，第938页。

② 《邓小平文选》第3卷，人民出版社1993年版，第41—42页。

③ 邓小平还说："这些观点，说它'打着马克思主义旗帜'，可能太重了。可以说它是'以马克思主义的面目出现'。这不是马克思主义。这是对社会主义没有信心，对马克思主义没有信心。"（转引自邓力群《十二个春秋》(1975—1987)，香港博智出版社2006年版，第272—273页）

党的十二届二中全会的举行和全会精神的贯彻，推动了关于社会主义异化问题讨论的深入。时任中央书记处书记、中宣部部长的邓力群在十二届二中全会西南组作了批评王若水错误的长篇发言。指出：从思想、政治、经济所谓异化的这些道理来看，"王若水同志完全离开马克思关于劳动异化的本意，任意广泛地解释异化的含义，把异化任意解释成为包括矛盾、一分为二、对立面的转化、否定之否定、思维和存在的各种哲学范畴的、玄而又玄的东西。"① "王若水同志也不只是谈社会主义社会中资本主义异化残余还存在，这种异化后果还有待于消除，他主要是谈社会主义的异化，认为社会主义实践提出了异化问题。"②

结合思想理论界在人道主义和异化问题讨论中的进展和存在问题，主管意识形态工作的中央政治局委员胡乔木 1984 年 1 月 3 日在中央党校周扬报告的同一地点发表演说《关于人道主义和异化问题》。整理出来的文章后来发表在《红旗》杂志、《人民日报》等报刊上，很快又以单行本的形式由人民出版社出版。

在这篇讲话中，胡乔木通过进一步分析、批评社会主义异化论者提出的"思想异化"、"政治异化"或"权力异化"及"经济异化"的观点，说明"从异化的抽象公式出发，把社会主义社会中的种种消极现象统统纳入异化公式之中，势必把这些都看成是规律性的对抗性的，是由社会主义社会中主体自己的活动造成的。这决不可能帮助我们解释和克服社会主义社会中存在的任何消极现象，只能对这些问题的解决以至对社会主义制度本身带来破坏性的影响。"③

胡乔木认为，只有根据历史唯物主义的理论和方法，对过去的社会主义理论与实践方面的错误、挫折和现存的消极现象进行具体的历史的分析，才能针对不同情况制定出解决问题的正确方针和办法，不应该把马克思用于描写资本主义制度下雇佣劳动和资本的对抗关系的概念——异化，引申运用到社会主义社会，把我国在社会主义时期曾经发生过而已经解决

---

① 转引自邓力群《十二个春秋》(1975—1987)，香港博智出版社 2006 年版，第 282 页。

② 同上书，第 278—279 页。

③ 《胡乔木文集》第 2 卷，人民出版社 1993 年版，第 626—627 页。

的和现在仍然存在或新发生的各种各样的困难、曲折、缺点、弊病，甚至实际上并不存在而只是某些同志在夸张中虚拟出来的所谓缺点和弊病，统统说成社会主义社会的异化。"至于有些同志把经济工作中由于缺乏经验、由于对客观规律没有认识而犯了错误、干了蠢事，说成是经济领域的异化，更是把异化概念滥用到无边无际的程度。任何错误、挫折、事与愿违，都是异化，这是多么廉价而又万能的科学！"①

他进一步批评道："抛开对具体问题做具体分析的方法，把如此复杂的问题简单化为一个社会主义的异化，似乎有很深刻的内容，实际上思想极为贫乏。它在认识上不能推进任何对真理的接近，在实践上不能提供任何解决的办法。相反，由于它具有模糊的但是又相当固定的反现实的倾向，又具有可以到处乱套的抽象形式，可以把社会上的一切消极现象都归罪于社会主义制度或者社会主义社会的领导力量，把反对的目标集中于党和政府的领导，因而不可避免地会在社会上散布对社会主义、共产主义和党的领导的不信任情绪和悲观心理。"②

胡乔木的文章发表后，在全国引起很大反响，各种报纸杂志一段时间里围绕两种对立的历史观，发表了一批论争文章，举办了许多座谈会报告会，评析社会主义异化论。许多学者形成这样的观点：那种认为社会主义社会在政治上、经济上、思想上存在着并不断产生异化的论调，实际上把矛头指向了社会主义的公有制、无产阶级的政党和国家以及马克思主义本身。这样的论调不能帮助人们正确地认识和解决社会主义社会现阶段所存在的不同性质的问题，反而引导人们去怀疑社会主义制度。其中有些论调，实际上已经公然否定社会主义制度。因此，我们必须坚持马克思的历史唯物主义，反对"社会主义异化论"。

许多同志认为，不能用"异化"观点解释改革。如果认为社会主义社会各个领域都有"异化"，社会主义制度本身也不断产生异己力量，那么，社会主义制度和资本主义制度的本质区别也就不存在了。这种观点，实际上是一部分人由于十年内乱而产生的对于党和社会主义制度的动摇的表

---

① 《胡乔木文集》第 2 卷，人民出版社 1993 年版，第 631 页。
② 同上书，第 652—633 页。

现。它不但不可能帮助人们正确地认识和解决当前社会主义社会在同旧社会残余进行斗争中出现的种种问题，也不可能帮助人们正确地认识和进行在社会主义社会中为技术进步、社会进步而需要不断进行的改革，而只会引导人们去批评、怀疑社会主义和共产主义。因此，我们必须纠正和反对这种错误观点。①

　　二十几年过去了，但是，那场关于社会主义异化问题的讨论依然对目前的理论界产生着影响。人们可以在近年来意识形态领域的有关论争中感觉到这种影响。

第三节　社会主义"渺茫论"以及对电影《苦恋》的批评

　　20 世纪 80 年代初期，理论界对"社会主义渺茫论"和电影《苦恋》进行了讨论。电影《苦恋》并不能完全归之于社会主义渺茫论。但它反映了对社会主义的信心问题，助长了社会主义渺茫论的流行。所以，本书将对电影《苦恋》的批评与对社会主义渺茫论的批评一并讨论。

　　在下面的行文中，我们把"社会主义渺茫论"又说成"共产主义渺茫论"，是根据当时讨论中的实际情况。社会主义本来就是共产主义的第一阶段，科学社会主义也称为科学共产主义，社会主义运动也可称作共产主义运动。所以"社会主义渺茫论"和"共产主义渺茫论"实质上是一样的，都是指的在一定条件下产生的对社会主义、共产主义事业悲观失望，丧失信心的一种倾向。

　　共产主义是人类历史上空前伟大、艰巨的事业。共产主义的最终实现是一个长期、曲折的历史过程。在这个漫长的过程中，由于各种复杂的原因，难免一些人会产生悲观情绪和共产主义遥不可及的感受。在革命战争年代，曾经产生"红旗到底能打多久"的疑问。在经历"文化大革命"后，一些人不能够正确地看待社会主义发展道路遇到的曲折，对社会主义产生了悲观失望情绪。"共产主义渺茫论"，并非像有些思潮的传播那样通过大张旗鼓地写文章来论证宣传这种观点，而是作为一种思想倾向在社会

---

① 钟集：《为什么不能用"异化"观点解释改革?》，载《红旗》1983 年第 22 期。

中流传开来。

有些人不懂得或不承认党领导的新民主主义革命和社会主义革命、建设的实践，是共产主义事业的一个阶段。认为既然共产主义还没有实现，共产主义就还没有经过实践的检验，也无法用实践去检验，因而认定"共产主义是虚无缥缈的幻想"。一些人进而认为，现时就不应宣传共产主义思想，不应强调共产主义思想体系的指导，否则就是"不合时宜"，甚至认为是"左"的表现。

一些人完全否认我国解放以来建立的是社会主义社会，是科学社会主义所说的共产主义的第一阶段。而将其诬蔑为"空想社会主义"、"农业社会主义"、"老牛破车的社会主义"、"刀耕火种的社会主义"。王若望还说："我们对中国自己这个国家是怎样一个国家，情况也是模糊的，对它的认识也是错误的，认为有了共产党领导，就可以建立社会主义，这种想法是错误的。"认为我国是社会主义，"是彻头彻尾的主观幻想"。又说："按照马克思对社会发展的阶段的分析，整个社会发展是奴隶社会—封建社会—资本主义社会—社会主义社会，而资本主义世界各国有一二百年的历史，估计还要走一百年到二百年，而我们打了十年游击战争，就在天安门宣布我们不要资本主义了，行吗？"并攻击我国走上社会主义道路是"主观唯心主义"。① 这些攻击性的言论，无非是说我们走社会主义道路错了，现实的社会主义不是社会主义，目的是引导人们怀疑现实的社会主义，瓦解人们对社会主义的信心，回过头来走资本主义道路。

胡乔木较早注意到了"渺茫论"的问题。1981 年 4 月 16 日，他在同中共中央书记处研究室部分同志谈话时说："在讨论实践是检验真理的唯一标准问题的时候，有同志曾经提出这样一个问题，就是共产主义还没有实现，那么实践又怎么去检验它？怎么知道共产主义是真理？这个问题直到现在有人继续提出，其中有些人竟由此而认定共产主义是渺茫的。因此，这是一个必须答复的问题。"② 1982 年 9 月 24 日，胡乔木在《人民日

① 转引自张一《走社会主义道路是"主观主义"还是历史的必然——驳王若望对社会主义制度的攻击》，载《中国青年报》1987 年 1 月 27 日。
② 《胡乔木文集》第 2 卷，人民出版社 1993 年版，第 449—450 页。

报》发表《关于共产主义思想的实践》，再次提出这个问题，进一步从理论和实践的结合上对这个问题作了深入分析。

破除"共产主义渺茫论"，从思想认识上说，首先要搞清楚共产主义的科学含义。在马克思主义经典著作中，共产主义有两方面的含义。一方面是指共产主义的社会制度。人类社会必然要在物质财富极大丰富，道德和精神文化极大提高的基础上，进而消灭阶级、消灭剥削和压迫，每个人都自由、全面发展的共产主义社会。另一方面是指的科学共产主义理论和在这一科学思想体系指导下的实践，即共产主义运动。共产主义运动，就是世界上自有共产党成立到共产主义最终实现的整个历史过程。对此，理论界也有人认为共产主义有社会制度、理论、运动三种含义的观点。马克思主义创始人不愿对未来的共产主义社会作更多预言，而是侧重从理论和运动的角度来阐述共产主义的。

这说明，那种认为共产主义还没有经过实践检验，以及与之相关的认为共产主义是渺茫的空想一类思想，是完全错误的。因为自有共产主义运动以来，共产主义一直在实践中前进，经受着实践的检验，并取得了巨大的发展和胜利。过去党领导的新民主主义革命实践，也就是共产主义运动的实践。今天我国建设社会主义的实践，也即共产主义运动在我国具体条件下的实践。所以，说什么共产主义没有经过实践的检验，是一种无稽之谈。有人说，共产主义渺茫不是说共产主义运动渺茫，而是说共产主义最终目标渺茫。这也是站不住的。因为尽管前进道路上充满艰难曲折，但正反面的历史经验已经证明马克思主义揭示的历史发展规律是正确的，只要把坚持不断推进科学共产主义理论同具体实践相结合，这个最终目标是能够达到的。

至于现时是否应当宣传共产主义思想，这本来是不成问题的。早在抗日战争时期，毛泽东在《新民主主义论》中就指出："中国的民主革命，没有共产主义去指导是决不能成功的，更不必说革命的后一阶段了。"① 共产党人和党外的马克思主义者，不是将来才为共产主义奋斗，过去就早已为共产主义奋斗了。也只有在共产主义思想体系的指导下，今天才能建设

---

① 《毛泽东选集》第 2 卷，人民出版社 1991 年版，第 686 页。

好社会主义。当然，扩大共产主义思想的宣传和现阶段行动纲领的实践要严格区别开来。

胡乔木讲话后和他《关于共产主义思想的实践》发表前后，1982 年第 17 期的《红旗》杂志刊出《共产主义思想和我们的实践》一文，认为"把共产主义社会制度说成'空想'、'乌托邦'，不是思想糊涂，就是别有用心。"① 共产主义的千秋万代的事业，共产主义这个伟大真理在我国已经经历了长期历史实践的检验，从实践中得到检验。1982 年第 15 期和第 16 期的《半月谈》杂志连续发表文章《破除"共产主义渺茫论"》和《共产主义在实践中前进——再谈破除"共产主义渺茫论"》。文章认为："共产主义作为一种思想、行为和运动，到处都存在着、斗争着、前进着。从这个意义上说，共产主义是很现实的，并非'可望而不可即'。"② "在无数先烈和无数英雄模范的光辉榜样面前，在共产主义思想的这些活生生的化身面前，让我们永远抛弃那种认为共产主义'渺茫'的错误观点吧！"③ 这就击中了"渺茫论"的软肋。渺茫论无法回答一个事实：无数革命先烈为实现共产主义，抛头颅，洒热血，视死如归。社会主义建设时期也出现了雷锋、焦裕禄等共产主义战士。这究竟是什么原因促使他们坚定不移地为实现共产主义而奋斗呢？难道是靠"迷信"和"崇拜"建立起共产主义信念吗？不是的。答案只有一个：他们在自觉实践着共产主义，中国的社会主义建设，也是共产主义实践的一个阶段。共产主义是靠其自身的科学性（即真理性）使人信服的。而共产主义的科学性，归根到底就在于它在实践中证明了是指引人民群众改造旧世界、建设新社会的科学。共产主义是在实践中已经放射出光和热，给人们以无比的信心和力量。

理论界从多个角度对"共产主义渺茫论"进行了评论。有人探讨了"渺茫论"发生的原因一是因为理论修养匮乏，缺少共产主义的系统理论，甚至缺少共产主义的基本常识；二是因为是国际共产主义运动的挫折，中

---

① 《红旗》编辑部：《共产主义思想和我们的实践》，载《红旗》1982 年第 17 期。
② 《半月谈》1982 年第 15 期。
③ 同上。

国社会主义建设的失误，不同程度地影响了一些人的共产主义信念；三是因为对外开放环境的形成，资产阶级腐朽思想和生活方式的流入，腐蚀了某些青年人的思想。① 有学者分析"渺茫论"在思维方法上的错误，就在于片面、孤立、静止地看待共产主义理论与实践。还有学者认为，要科学理解共产主义是一个曲折的发展过程，不可一叶障目，目光短浅。曲折性虽然是共产主义运动发展的客观规律，但是错误和挫折常常是正确和成功的先导，历史的灾难总要由历史的进步来补偿，科学社会主义必将获得最后胜利。②

　　作为一种社会思潮，社会主义"渺茫论"在改革开放以来一直在社会上存在着，鲜有论者直接在论著中论证宣扬，也就没有能够与科学社会主义展开激烈争论。也正是因为没有在理论界展开争论，"渺茫论"在20世纪80年代也就没有得到彻底肃清。所以，在20世纪90年代，随着苏联的解体，国际共产主义受到挫折，"渺茫论"又卷土重来，再度泛起。

　　20世纪80年代，几乎在批评社会主义"渺茫论"的同时，理论界又展开了对电影《苦恋》的批评。

　　1979年，文学杂志《十月》3月号上发表了由白桦和彭宁创作的电影文学剧本《苦恋》。1981年，彭宁根据此剧本拍摄了电影《太阳与人》。该电影展示了"文化大革命"中受到不公正待遇的画家凌晨光的遭遇，通过其女儿反问道：你爱祖国，可祖国爱你吗？画家无言以对。最后，凌晨光因为冻饿而死在荒原上。死时，他用余生的力量在洁白的大地上画了一个"？"，问号的那一点就是他已经冷却的身体。《苦恋》体现的创作方向，就是所谓揭示"社会主义条件下人的异化"的方向。它设计了"被摧残的人"的主题，编造了画家凌晨光的故事来图解这个主题，用文艺手段把文化大革命特殊环境中的阴暗面渲染为社会主义中国的象征和本质。于是，发出了"你爱祖国，可是祖国爱你吗？"这样带有煽动性的诘问。

　　① 王守义：《"共产主义渺茫论"产生原因浅探》，载《辽宁商专学报》（综合版）1984年第3期。

　　② 刘泽民：《科学共产主义必将获得更大的胜利——兼评"共产主义渺茫论"》，载《湘潭大学社会科学学报》1983年第2期；郑又贤：《不能形而上学地看待共产主义——兼析"渺茫论"的思维方法错误》，载《福建师范大学学报》（哲学社会科学版）1983年第2期。

其导向是要说：社会主义是"摧残人"的，祖国并不爱你，你为什么还要爱国呢？电影公演前，先在内部放映，部队和文艺界的不少同志都看过这部片子，意见不一，有的人赞扬，有的人持保留态度，有的人认为问题很大。

1980 年 12 月的中央工作会议，在讨论"贯彻调整方针，保证安定团结"的主题的同时，强调了坚持四项基本原则，反对错误思想倾向的问题。但是，《苦练》的突出错误倾向迟迟没有得到批评。文艺界的主阵地《文艺报》按兵不动。在《解放军报》发表了对《苦恋》的批评文章后，《新观察》杂志则与《文艺报》配合，抵制《解放军报》等媒体对白桦的批评，在第 14 期发表白桦的《春天对我如此厚爱》一文，提到"某种人为的困难"一语，隐讳地点出了因《苦恋》受批评的处境。还告诉读者：很多人支持他，"春天"对自己是"厚爱"的。

1981 年 8 月 7 日，胡乔木致《文艺报》和《新观察》主编冯牧与戈扬的信中，对《新观察》发表白桦《春天对我如此厚爱》文章一事提出批评，他说："看了今年第十四期《新观察》发表的白桦的一文，觉很不妥当。对白桦同志的批评文章或批评方式，不能说没有缺点，但是决不是说《苦恋》和《太阳和人》不应批评，白桦同志不应该作出认真的自我批评。白桦同志发表这样文章，以及《新观察》发表这样的文章，我认为都表现了一种有害的对抗情绪，《新观察》从党的纪律（暂时冷一下）来说也不合适。我热烈地希望你们对此有所纠正和补救。"①

提出应公开批评《苦恋》的党和国家领导人是邓小平。《邓小平文选》里有几处关于批评《苦恋》的语段。一是 1981 年 3 月 27 日同解放军总政治部负责人谈话，他明确指出："对电影文学剧本《苦恋》要批判，这是有关坚持四项基本原则的问题。当然，批判的时候要摆事实，讲道理，防止片面性。"② 二是 1981 年 7 月 17 日同中共中央宣传部门负责同志的谈话，他尖锐地指出："《太阳和人》，就是根据剧本《苦恋》拍摄的电影，我看了一下。无论作者的动机如何，看过以后，只能使人得出这样的印象：共产党不好，社会主义制度不好。这样丑化社会主义制度，作者的

---

① 《胡乔木书信集》，人民出版社 2002 年版，第 363 页。
② 《邓小平文选》第 2 卷，人民出版社 1994 年版，第 382 页。

党性到哪里去了呢?"① "试想一下,《太阳和人》要是公开放映,那会产生什么影响? 有人说不爱社会主义不等于不爱国。难道祖国是抽象的吗? 不爱共产党领导的社会主义的新中国,爱什么呢? 港澳、台湾、海外的爱国同胞,不能要求他们都拥护社会主义,但是至少也不能反对社会主义的新中国,否则怎么叫爱祖国呢?"并且提出: "《文艺报》要写出质量高的好文章,对《苦恋》进行批评。"② 还说《人民日报》要转载批评文章。

胡乔木在1981年8月8日中共中央宣传部召集的思想战线问题座谈会上的讲话中,也提到批评《苦恋》,指出《苦恋》的要害在于 "歪曲地反映了我国社会现实生活的历史发展,实际上否定了社会主义中国,否定了党的领导", "极力向人们宣扬这样一种观点: 似乎'四人帮'就是中国共产党,十年内乱就是社会主义; 似乎在社会主义中国的人民并没有得到解放和幸福"。③

邓小平1981年3月27日关于批评《苦恋》的讲话之后,从同年4月中旬开始,《解放军报》、《红旗》杂志、《北京日报》、上海《文学报》、《时代的报告》增刊等陆续发表文章批评《苦恋》。

批评之初,难免有缺陷。1981年4月20日,《解放军报》发表特约评论员文章,题目叫《四项基本原则不容违反——评电影文学剧本〈苦恋〉》,邓小平评价说: "关于《苦恋》,《解放军报》进行了批评,是应该的。首先要肯定应该批评。缺点是,评论文章说理不够完满,有些方法和提法考虑得不够周到。《文艺报》要组织几篇评论《苦恋》和其他有关问题的质量高的文章。不能因为批评的方法不够好,就说批评错了。"④

后来,在文艺界有关领导的组织下,由《文艺报》唐达成、唐因执笔,历时三个多月,写出的《论〈苦恋〉的错误倾向》一文,在《文艺报》发表。1981年10月7日的《人民日报》全文转载。文章指出在社会上的某些人中间, "甚至发展到对党失去信任,对社会主义失去信心,对共产主义失去信仰的地步。"而剧本反映了当时一部分人中间 "背离社会

① 《邓小平文选》第2卷,人民出版社1994年版,第391页。
② 同上书,第392、393页。
③ 《胡乔木文集》第2卷,人民出版社1993年版,第460页。
④ 《邓小平文选》第2卷,人民出版社1994年版,第391页。

主义道路的错误思潮"，表现出来的错误，"最根本的，是对党、对社会主义采取了完全错误的态度。"

这场批评《苦恋》的活动，一定程度上暴露出思想战线上批评与自我批评的比较落后。剧本是在 1979 年写的，对于这样严重问题的作品，文艺批评界的许多同志竟然长时间没有给以适当的批评帮助，以至于拍成电影。确有些同志对批判《苦恋》不理解，甚至有某种抵触情绪。而在《解放军报》发表批评文章后，一些人热衷于指责评论文章的缺点，而不积极对《苦恋》的错误进行分析。这不能不说是思想战线的软弱和失职。

尽管严肃地批评了《苦恋》的错误倾向，指出它反映了一种正在蔓延的错误思潮，但党中央和有关领导部门仍然肯定文艺工作的主流是健康的，要求文艺界把主要精力放在繁荣创作上。批评者对《苦恋》的作者并没有采取一笔抹杀、一棍子打死的态度，在指出他在《苦恋》中体现出的严重失误的同时，也指出他"过去写过比较好的作品，近来也写过比较好的作品"。他的话剧《曙光》，当时仍然受到赞扬。1981 年 5 月，他的诗歌《春潮在望》获得了 1979—1980 年全国中青年诗人新诗奖。白桦也说批评是实事求是的，表示愿意接受批评。白桦曾经写了一封《关于〈苦恋〉的通信——致〈解放军报〉、〈文艺报〉编辑部》，在军报和《文艺报》同时刊出。信中说："春上《解放军报》首先对《苦恋》提出了批评，我自己曾经有过抵触情绪，说明我自己缺乏'闻过则喜'的虚心态度，而无视《解放军报》的原则立场。今天再回头去看，显然就更感到《解放军报》的这个开始是应该的。《文艺报》署名文章发表后，又给了我启发和帮助。我之所以认识到《苦恋》剧本的错误'是当前一部分人中间的那种背离党的领导、背离社会主义道路的错误思潮在创作中的突出表现'，是经过了一个很长的过程的。党对一个普通的党员作家，像面对面谈心那样语重心长地谆谆告诫，充分体现了党对文艺工作者的重视与关怀。同时给我充分的时间，让我自觉地去认识、去思考。这股巨大的热流是温暖的，也是前所未有的。有些同志曾问我：你是不是感到压力很大呀？我诚恳地回答说，正相反，我感到很温暖。"并表示"向《解放军报》、《文艺报》编辑部和所有关注着我进步的同志致深深的谢意！"

这场批评活动，摆事实讲道理，与人为善，团结人帮助人，分析错误根源，对事不对人，受到了包括广大文艺工作者在内的大多数人的肯定。但是，也有人对批评不以为然，认为大可不必进行批评。甚至指责批评是对知识分子的"残酷斗争、无情打击"，说什么"'文化大革命'又来了"、"大批判又来了"。

开展批评《苦恋》是必要的，目的是帮助作者提高认识，以再写出有益于人民和社会主义的新作品。周扬在一次座谈会上诚恳说："电影文学剧本《苦恋》代表了一种错误倾向，应当批评，并帮助作者认识这个问题。就是有才能、有成绩的作者，也不应拒绝批评。没有批评和自我批评，我们的文学界和思想界就将变成一潭死水。对《苦恋》没有进行正确批评，我们也是有责任的。"①

第四节　苏联剧变引发的论争：社会主义 "原罪说"或"早产论"

社会主义"原罪说"或者"早产论"，是苏东剧变后对人们社会主义信念发生重大影响的重要观点。这种观点认为，苏联东欧剧变，社会主义处于低潮，是历史规律对社会主义冒进者的惩罚，是由于社会主义革命的条件不成熟违反社会规律强行推进社会主义革命的"原罪"造成的。十月革命是革命条件不具备的产物，是一个革命的"早产儿"，这个"早产儿"从出生那一天开始，就注定要夭折。

1993 年 10 月在莫斯科举行的关于社会主义问题的讨论会上，俄罗斯学者布兹加林教授等公开讲："我们的社会主义是一个病态的早产儿。"② 在斯大林年代就提出社会主义"原罪说"的波兰学者亚当·沙夫，在 20 世纪 90 年代重申自己的观点。1991 年在《西欧的迫切问题：经济、政治、思想》上发表文章，认为俄国并不具备举行社会主义革命的客观条件。当时俄国社会对社会主义革命的目标和价值并未取得共识。③ 2000 年，他对

---

① 《新华月报》1981 年第 9 期。
② 转引自《新华文摘》2002 年第 4 期。
③ 《国外社会科学快报》1992 年第 8 期。

以往产生的社会主义制度进行了回顾，认为："现实社会主义的破产，不是像世界上形形色色反动人物企图证明的那样，是包含在社会主义的固有弊病造成的，而是社会主义实践上的错误造成的，这种错误就铸成了——我喜欢用形象的比喻——在它诞生之时，死亡天使就在它的襁褓中与其亲吻。这非同小事的可怕以及后果严重的错误，使我们付出了血流成河般的沉重代价。"① 他把苏联社会主义称之为共产法西斯主义的魔影，"它是建立现实社会主义所犯的原罪所带来的必然后果。"沙夫分析苏联社会主义原罪的产生，是因为十月革命同马克思主义经典著作提出的要求相违背。马克思一直强调某个社会，当它尚未存在客观条件（物质发展水平）和主观条件，尚未存在建设社会主义制度所必需的那些条件，那么试图建立的社会是不会成功的，而且旧有的问题也会死灰复燃。不具备条件，愿望再好也无济于事，"即使智慧过人的所罗门也不能从空桶中倒出圣水来"。②

　　沙夫不同于西方极端反共产主义分子，虽然他曾经被当作反苏分子。就像普列汉诺夫发表反对举行十月革命意见但义正词严地哄走劝说他加入资产阶级政府的说客一样，沙夫也坚决地与苏东剧变后的右翼人士反共分子划清界限。当苏东剧变以后，有人抹杀十月革命的历史功绩，沙夫认为：历史是多面的，多价值的，如果肯定一面而否定另一面，那么就会导致歪曲事实。他对自己批评现实社会主义的言论作了评价，认为是"为了使社会更加容易向前进，批评是必要的，实际情况正是如此，因为事实往往比社会主义敌人所能想象的和所喜爱的更加多种多样。"③ 还承认十月革命的伟大历史作用："我依然要明白无误地严正指出：伟大的十月革命震撼了全世界，其震撼之烈度不亚于法国革命，它对人类的命运带来了巨大的进步影响，这是任何人无法否定的。那些出于极端反动立场的人，今天试图这样做，其可笑程度与撒切尔夫人在法国革命 200 周年巴黎纪念活动会上的令在场者十分震惊的无耻狂言相类似。她声明说，这场革命从它的后果看是不必要的，其影响是有害的。谁如果今天胆敢在这个问题如此

① 亚当·沙夫：《创造性的马克思主义——新型社会主义》（上），载《当代世界社会主义问题》2000 年第 4 期。

② 同上。

③ 同上。

说，那么只能引起人们怜悯的嘲笑。要想使人们的情绪镇定下来，并让事实更被人们所了解，尚须等待一定时日，届时那些否定伟大十月革命历史意义的人们，也将遭受同样的命运。"① 可见，他与西方反共反社会主义思想者有着根本区别，并不像他们那样，不顾客观事实，否定社会主义革命的历史功绩。

20 世纪 90 年代以来，俄罗斯理论界也研究了十月革命的发生条件问题，有一些学者认为苏东剧变的真正原因在于十月革命搞早了。当时的俄国在资本主义范围内以渐进的方式向前发展，会进入发达资产阶级国家之列，而十月革命打断了俄国的发展。十月革命发生在落后的资本主义条件下，俄国没有成熟到可以举行社会主义革命的程度，国内也不具备夺取社会主义胜利的内在条件。俄罗斯科学院俄国革命史学术委员会副主席、国际十月革命史委员会秘书长弗·普·布尔达科夫于 1991 年在莫斯科出版《1917 年十月革命是本世纪最伟大的事件还是社会灾难》一书，其中有关于俄国实行社会主义革命条件问题的研究。在列举了俄国在整个资本主义体系发展转折关头中的演变特点以及对 1917 年革命的影响以后，他依然认为俄国完全不具备实行社会主义的条件："是否可以得出结论说，已具备实行社会主义的条件？ 完全不是。列宁在晚年的一篇著作中甚至认为，关于俄国不具备实行社会主义的经济、文化的先决条件的论点是'无可争辩的'。"他还举出前人的争论："令人难以置信的是，早在十月革命前就有人非常准确地预言了十月革命的结局。列宁过去的战友亚·亚·波格丹诺夫认为，在战争年代资本主义普遍具有'军事共产主义'（以专制调节）方式组织大规模寄生生活和杀害活动的特点，这不是有助于而是有碍于向'协作式生产方式'过渡，即向社会主义过渡。波格丹诺夫同那些确信无产阶级政权能够相对容易地使国家脱离'军事共产主义'状态的人（决不仅仅是布尔什维克）进行过辩论。"② 虽然布尔什维克认识到不具备进行革命的条件，但由于认为世界资本主义陷入绝境，而渴望对俄国进行

---

① 亚当·沙夫：《创造性的马克思主义——新型社会主义》（上），载《当代世界社会主义问题》2000 年第 4 期。
② 转引自刘春淑等编《"十月"的选择——90 年代国外学者论十月革命》，中央编译出版社1997 年版，第 173—174 页。

革命改造，不得不号召人民充当世界革命的先锋。

由此可见，十月革命的性质条件、社会主义是否搞早了等问题，已经成为苏东剧变以后不可回避的重大理论问题。这个问题还引发了世界其他响应十月革命的落后国家举行的革命是否"早产"的问题，如在同样生产力落后的中国搞的社会主义是什么性质？现实中国社会主义的曲折是不是社会主义革命的"原罪"造成的？他们认为，如果中国不"革命"，也许现代化步伐会加快，中国现代化程度有可能比现在高多了。

这些问题直接或者间接地影响了人们的思想。当前中国干部党员的思想混乱，恐怕与类似的社会主义基本问题的争论有关。不对这些问题给出一个明确的回答，将进一步影响人们走社会主义道路的信心和决心。

其实，这并非是新观点。列宁领导十月社会主义革命正是在是否"早产儿"的争论中进行的。当代的社会主义"原罪说"或者"早产论"没有比其原创者的言论增加多少内容，只是借苏东剧变的契机，老调重弹而已。笔者仅仅举两位原创者的言论为例。

第一个是第二国际修正主义分子考茨基。他反对十月革命，攻击布尔什维克在不具备革命条件的情况下，制造革命。他将社会主义革命寄托于资本主义的高度发展上，认为"革命只有在具备一定条件时才会不可避免地发生，在不具备这些条件时是不可能发生的，而这些条件则只能逐步地形成。只有在资本主义生产方式高度发达的地方，才有借助于国家政权把生产资料的资本主义所有制转变为公有制的经济可能性。"[1] 1918 年考茨基又发表《无产阶级专政》更加明确地攻击十月革命是"早产儿"，他断章取义马克思在《资本论》初版序言里的这样一段话："即使当一个社会已经走上发现它的运动的自然法则的正确道路的时候，它也还是不能跳过，或以法令清除它的正常法则的各相继阶段所有的障碍。但是它能够缩短并减轻生育时的阵痛。"然后，考茨基紧接着说："我们的布尔什维克朋友，虽然他们多次援引马克思，好像把这一段话全然忘记了，因为他们所主张和实行的无产阶级专政无异于跳过或者以法令清除正常发展的各相继阶段所有的障碍的一种崇高的尝试。他们以为，这是社会主义分娩最少痛

---

[1]　考茨基：《取得政权的道路》，生活·读书·新知三联书店 1961 年版，第 22 页。

苦的方法，'缩短并减轻阵痛'的方法。但是如果我们继续采用这样的比喻，那么，他们的这种做法使我们记起一个怀孕的妇女为缩短她所不堪忍受的妊娠期，竟然极其愚蠢地剧烈运动，以致早产。这种做法的结果，照例是生下一个没有生命力的孩子。"① 预言列宁在资本主义没有充分发展、生产力水平不发达情况下搞出的社会主义是"早产儿"。

　　第二个是差不多与考茨基同时代的普列汉诺夫。他是俄国早期的马克思主义者，在传播马克思主义方面成就显著，但同样认为俄国的十月社会主义革命不具备条件，俄国当时要做的是放任资本主义发展，人民的政治斗争仅仅是为遥远的未来实现的社会主义革命作准备而已，而一切举行社会主义的试图都是空想。这里需要说明的是普列汉诺夫是从俄国不具备社会主义革命的条件的角度谈论问题的，与社会主义"乌托邦论"既有联系，又有所不同。"乌托邦论"是反马克思主义的，认为社会主义根本上是个可笑的荒谬，而普列汉诺夫并不认为马克思主义是荒谬的，仅仅认为在条件不具备时进行社会主义革命的想法和做法是不妥当的，但未来进行社会主义革命的条件成熟了，可以进行社会主义革命，所以，不能把普列汉诺夫归结为社会主义乌托邦论者。他认为布尔什维克在当时条件下进行社会主义是患有急性病的空想主义："拿破仑说过：'把俄国人剃了头，你们就会发现他是鞑靼人'。我说：把我国的马克思主义者剃了头，你们就会发现他是——当然并非永远是，但在大多数场合下是——不可救药的空想主义者。原来如此坚信真理和正义的力量的空想主义者心灵深处却把希望主要寄托在幸运的偶然性上。（意指布尔什维克无视俄国生产力落后这一事实而幻想发动社会主义革命——引者）这就说明为什么——而且只是因此——我国的许多社会民主党人在上述时代居然比马克思更加'急进'得无法比拟……现在我们要补充说：'布尔什维克'甚至连头也不用剃，因为它的空想主义就是不剃头对于任何一个稍微懂事的人说来也是清清楚楚的。这是加圈加点的空想主义。"② 在十月革命胜利后的第 3 天，普列汉

---

　　① 参见中国人民大学马克思列宁主义基础系资料室编《第二国际修正主义言论摘录》（内部），1964 年 5 月印刷，第 110—112 页。
　　② 《普列汉诺夫机会主义文选》（下），生活·读书·新知三联书店 1973 年版，第 209—210 页。

诺夫发表《致彼得格勒工人的公开信》，说工人们为从资产阶级手中夺取了政权而高兴，但"我要坦率地对你们说：这些事变使我痛心"，"我国工人阶级为了自己和国家的利益还远不能把全部政权夺到自己手中来。把这样的政权强加给它，就意味着把它推向最大的历史灾难的道路，这样的灾难同时也是整个俄国的最大灾难。"①

考茨基等人关于十月革命是否合理的争论被苏联的社会主义革命和建设事业的成就所淹没。可是，历史发生的进程出现了相似的一幕。20世纪80年代末90年代初，世界社会主义大厦被突如其来的苏东剧变的大地震所袭击，社会主义制度的发祥地、搞了70多年社会主义的苏联崩溃了。社会主义的曲折发展，又使历史上的沉渣泛起。围绕十月革命的性质，十月革命是不是早产儿等问题的争论再度兴起。

社会主义"原罪说"或者"早产论"是站不住脚的。早产论者的一个重要依据是举行社会主义革命的国家生产力水平落后。我们认为社会主义革命与社会主义建设不是没有联系，没有社会主义革命就没有社会主义建设，但为夺取政权进行革命与夺取政权以后从事社会主义建设所要求的条件并不完全一样。二者既相联系，又有所不同。无产阶级推翻资产阶级的统治，夺取政权，是为了在人民当家做主的情况下建设社会主义，营造美好生活。建设社会主义国家，是为了巩固社会主义革命的成果。建设社会主义难以跨越生产力发展的阶段，但革命能否成功举行并获得胜利，并不是绝对地取决于革命发生国家的生产力水平的高低。不是说革命与生产力发展水平没有关系，革命归根到底是包括生产力在内的生产方式矛盾运动的产物，只是说仅仅有生产力高低水平的条件是远远不够的。

马克思、恩格斯依据他们所处的历史条件，提出过社会主义革命将在一切资本主义国家，至少在主要的发达资本主义国家同时发生和取得胜利。马克思总结巴黎公社失败的教训时说："巴黎公社之所以失败，就是因为在一切主要中心，如柏林、马德里以及其他地方，没有同时爆发同巴黎无产阶级斗争的高水平相适应的伟大的革命运动。"② 但马克思从来没有

① 普列汉诺夫：《在祖国的一年》，生活·读书·新知三联书店1980年版，第462、464页。
② 《马克思恩格斯全集》第18卷，人民出版社1964年版，第180页。

把"多国共同胜利说"绝对化，并没有排除无产阶级革命在不同国家可以先后举行。马克思说过，德国革命要由率先进行的法国革命来鼓舞，"一切内在条件一旦成熟，德国的复活日就会由高卢雄鸡的高鸣来宣布。"① 恩格斯预言过："法国人发出信号，开火，德国人解决战斗。"② 也是从这个意义上，马克思、恩格斯探讨了相对落后国家进行社会主义革命的可能性。恩格斯时代的俄国、意大利并不是发达的资本主义，但恩格斯在《共产党宣言》的俄文版、意大利版序言中，对这两个资本主义国家的无产阶级革命寄予厚望，他说："假如俄国革命将成为西方无产阶级革命的信号而双方互相补充的话，那么现今的俄国土地公有制便能成为共产主义发展的起点。"③ 对同样不发达的资本主义国家意大利则说："现在也如1300年那样，新的历史纪元正在到来。意大利是否会给我们一个新的但丁来宣告这个无产阶级新纪元的诞生呢？"④ 这表明，马克思一方面认为社会主义革命很有可能发生在发达的资本主义国家里，另一方面认为并不应机械地固守这一理念。

这样理解，是不是违背了马克思在 1859 年《政治经济学批判导言》中所提出的那段经典的、著名的关于生产力和生产关系矛盾运动、经济基础和上层建筑矛盾运动规律呢？对于这个问题，必须对历史和现实进行严肃的科学研究，才能得出正确的结论。

首先，在帝国主义时代，对生产力和生产关系矛盾的世界性和民族性，必须从世界范围内进行考察。生产关系和生产力的矛盾运动的世界性是指，生产力和生产关系的矛盾运动越出一国地域的狭隘性，在世界历史背景下传导、激化。在世界性生产方式形成过程中，市场成为世界性市场，个人成为世界性个人，历史成为世界历史。在资本主义开创的世界历史形成之前，由于环境的孤立封闭，每一种生产方式运动都是在不同的民族或国家内"单独进行的"，生产方式矛盾运动的世界性不明显，一国地域性的重大事件，不会对遥远的另一地域发生影响。中国秦朝末年的陈

---

① 《马克思恩格斯选集》第 1 卷，人民出版社 1995 年版，第 16 页。
② 《马克思恩格斯全集》第 39 卷，人民出版社 1974 年版，第 246 页。
③ 《马克思恩格斯选集》第 1 卷，人民出版社 1995 年版，第 251 页。
④ 同上书，第 269—270 页。

胜、吴广起义，在中国历史上是一个重大的事件，直接动摇了秦王朝，但对欧洲、美洲地区来说，几乎没有任何影响。同样，威震亚平宁半岛的斯巴达起义，对于东方国家也没有什么刺激作用。人类社会发展到资本主义社会，特别是发展到帝国主义阶段，它把世界各国连成了一个整体，组成了一个世界体系。马克思、恩格斯在《共产党宣言》中就曾经说过："资产阶级，由于开拓了世界市场，使一切国家的生产和消费都成为世界性的了……过去那种地方的和民族的自给自足和闭关自守状态，被各民族的各方面的互相往来和各方面的互相依赖所代替了。"① 到了 19 世纪末 20 世纪初，资本主义发展到垄断阶段，这种特点就更明显了。这时，西方资本主义国家通过经济、政治、军事等手段把它们的势力伸展到世界各地，"资本主义已成为极少数'先进'国对世界上绝大多数居民实行殖民压迫和金融扼杀的世界体系"。② 在这个体系中，发达资本主义国家处于中心和主宰的地位。落后国家的经济日益被卷入为发达国家服务的轨道。过去资本主义社会基本矛盾主要在国内展开，而现在，这种矛盾已扩展到整个世界资本主义体系，成为一种"普照的光"。世界上任何国家的内部矛盾都受到发达资本主义国家内在矛盾的影响和制约。这是我们观察资本主义、特别是垄断资本主义时代社会基本矛盾运动的一个基本出发点。

资本主义社会的基本矛盾是生产的社会化和生产资料的资本主义私人占有之间的矛盾。生产的社会化讲的是生产力，生产资料的资本主义私人占有讲的是生产关系的所有制形式。这两者之间的矛盾在自由资本主义发展阶段表现为周期性的经济危机和资本主义国家内资产阶级与无产阶级之间的矛盾。到了帝国主义，即垄断资本主义阶段，又扩展为帝国主义宗主国与殖民地、半殖民地的矛盾，二次世界大战以后是发达资本主义国家与发展中国家的矛盾，以及帝国主义之间，发达资本主义国家之间的矛盾。而所有这些矛盾的集合点，不是在发达国家，而是转移到经济相对落后的国家。

垄断资本主义阶段，由于世界经济全球化趋势增强，发达资本主义国

---

① 《马克思恩格斯选集》第 1 卷，人民出版社 1995 年版，第 276 页。
② 《列宁选集》第 2 卷，人民出版社 1995 年版，第 578—579 页。

家总是用武力和商品征服落后国家，掠夺其资源，倾销其剩余商品，把经济危机转嫁给落后国家。发达资本主义国家经济危机缓解了，殖民地半殖民地的民族经济却被扼杀了。另外，发达国家内部的两极分化也在向落后国家转移，落后国家的劳动人民不仅受本国剥削阶级剥削，而且也是发达资本主义国家的廉价劳动力，还是殖民地向宗主国割地赔款的主要受害者，他们受到多重的残酷剥削，处于资本主义世界的最底层。落后国家的阶级矛盾尖锐化了，相对地发达国家的阶级矛盾反而有所缓解，甚至在其工人阶级内部还可能出现一个工人贵族阶层。另外，由于帝国主义国家之间的经济、政治发展不平衡，导致了帝国主义国家间的战争。在战争中，仍然是落后的国家倒霉，如第一次世界大战中，相对落后的德国和俄国就成了战争的牺牲品。所以，在帝国主义时代，生产力和生产关系之间这一最基本的矛盾的集合点，随着发达国家的转嫁剥削和转嫁危机，革命形势由发达国家转移到了落后国家。在这种历史条件下，无产阶级革命的重心就由发达国家转移到了经济比较落后的国家。其中一个——帝国主义中最落后的沙俄，另一个——半殖民地半封建社会的最大的中国，便成了革命风暴的源泉。

列宁领导的俄国社会主义革命正是在这样的社会环境里孕育成熟的，半封建、半帝国主义的沙皇俄国可以说是资本主义世界各种矛盾的集合点。它是最落后的帝国主义国家，在帝国主义之间的矛盾中处于不利的地位，但同时又和殖民地国家存在矛盾；沙皇俄国的矛盾集中表现在沙皇专制制度与广大劳动人民之间的矛盾，俄罗斯民族与其他民族的矛盾也比一般落后国家尖锐。所有这些矛盾的集合，使俄国具备了革命形势的可能性。第一次世界大战引发的社会矛盾，最终成了十月革命的导火线。本来十分孱弱的沙俄，在前线屡战屡败，国内经济陷入崩溃边缘，统治阶级内部乱成一团，内讧不断，大战中的沙俄政府换了4位总理，3个外交大臣和4个国防大臣。1917年二月革命建立的资产阶级临时政府，由于资产阶级的本性，根本不可能也不愿意满足广大劳动人民需要土地和面包的迫切要求，反而在同年4月18日向协约国发出照会，声明保证把世界大战进行到底，激起了工人、士兵的极大愤怒。经过游行示威与七月事变。人们认识到只有武装起义进行革命，才能挽救俄国。列宁领导的布尔什维克在二月革命后制定了向社会主义革命过渡的路线，提出了其他政治集团不可能提出的"一切政权归苏维埃"、"和平、土地、面包"的口号，满足了广大工人、农民、士兵的基本要求。正确的策略终于使得千百万群众抛弃了资产阶级、孟什维克、社会革命党人，站在布尔什维克党一边，占据了苏维埃中的大多数。当条件成熟时，列宁提出："等待就是对革命的犯罪"，果断起义，取得了十月革命的伟大胜利。

20世纪90年代的国际学术界争论当时的俄国能否避免十月革命的问题，一些学者否定俄国发生十月革命的必然性。美国历史学家和政治学家、印第安纳大学教授、国际十月革命史委员会副主席亚历山大·叶莫根耶尼维奇·拉比诺维奇在接受苏联《对话》杂志记者访问时论证了十月革命的条件性，"到1917年2月，革命形势在俄国业已成熟，这一点在苏联历史学家的著作中反映得很清楚。三年世界大战使国内形势极端紧张。贫困、战场上的死亡、日益加剧的全国危机、群众对结束战争的渴望等加强了人民反对沙皇政府的斗争。旧制度已不可能阻止革命的浪潮……资产阶级民主革命也已不能阻止革命的进程"，结论是"在1917年秋季俄国的政治形势下，不进行重大变革已经不行了，临时政府的垮台是这一形势发展的必然结果。"[1]

其实，早在1885年4月23日，恩格斯就敏锐地注意到俄国当时处于革命的火山口上。他在写给俄国革命者查苏里奇的信中说："我所知道的或者我自以为知道的俄国情况，使我产生如下的想法：这个国家正在接近它的1789年。革命一定会在某一时刻爆发；它每天都可能爆发。在这种情况下，这个国家就像一颗装上炸弹的地雷，所差的就是点导火线了……在这种情况下，一小伙人就能制造出一场革命来，换句话说，只要轻轻一撞就能使处于极不稳定的平衡状态（用普列汉诺夫的比喻来说）的整个制度倒塌，只要采取一个本身是无足轻重的行动，就能释放出一种接着便无法控制的爆炸力。如果说布朗基主义（幻想通过一个小小的密谋团体的活动来推翻整个社会）曾经有某种存在的理由的话，那这肯定是在彼得堡。

---

[1]　亚·叶·拉比诺维奇等：《这一事件决定了俄国和欧洲的命运》，载刘春淑等编《"十月"的选择——90年代国外学者论十月革命》，中央编译出版社1997年版，第162、165—166页。

只要火药一点着，只要力量一释放出来，只要人民的能量由位能变为动能（仍然是普列汉诺夫爱用的，而且用得很妙的比喻），那么，点燃导火线的人们就会被炸得粉身碎骨，因为这种爆炸力将比它们强一千倍，它将以经济力和经济阻力为转移尽可能给自己寻找出路。"① 恩格斯是早于十月革命发生30多年说这番话的。总体而言，从此以后的30多年里，俄国的国内外矛盾没有缓和而是进一步激化了。

历史没有使恩格斯失望。俄国在1904年日俄战争中失败，导致1905年大规模革命，而1914年爆发第一次世界大战，充当了俄国十月革命的催化剂。正如列宁所说："三年来的战争把我们向前推进了三十来年"②，"战争异乎寻常地加快了事态的发展，令人难以置信地加深了资本主义的危机。"③ 列宁还说："如果没有战争，俄国也许会过上几年甚至几十年而不发生反对资本家的革命。"④ 正是战争，使得社会主义革命不免表现一些新的特征，或者说战争改变了以往对于社会主义革命发生特点的看法。第二国际的英雄们有句口头禅："俄国生产力还没有发展到足以实现社会主义的水平。"列宁在病中所作的《论我国革命》一文，痛斥他们对马克思主义的革命辩证法一窍不通。"既然毫无出路的处境十倍地增强了工农的力量，使我们能够用与西欧其他一切国家不同的方法来创造发展文明的根本前提，那又该怎么办呢？世界历史发展的总的路线是不是因此改变了呢？正在卷入和已经卷入世界历史总进程的每个国家的各基本阶级的基本相互关系是不是因此改变了呢？"⑤ 列宁在肯定世界历史发展的总路线顺序上的普遍性时，并没有排除历史发展顺序的特殊性，"世界历史发展的一般规律，不仅丝毫不排斥个别发展阶段在发展的形式或顺序上表现出特殊性，反而是以此为前提的。"⑥

"社会主义早产论"者常常指责马克思与列宁的思想存在矛盾，认为

---

① 《马克思恩格斯选集》第4卷，人民出版社1995年版，第670页。

② 《列宁全集》第32卷，人民出版社1985年版，第109页。

③ 同上书，第108页。

④ 《列宁全集》第30卷，人民出版社1985年版，第27—28页。

⑤ 《列宁选集》第4卷，人民出版社1995年版，第777页。

⑥ 同上书，第776页。

马克思提出生产力决定生产关系矛盾规律，是讲只有生产力发展到一定高度，才能有改变生产关系的要求，所以马克思不会提出什么落后国家的社会主义革命的问题，而列宁研究的资本主义发展的不平衡性以及落后国家的社会主义革命问题不在马克思的研究视野中。其实，马克思、恩格斯早已经研究了资本主义国家之间经济发展和工人运动成熟程度的差异。在马克思、恩格斯时代，资本主义国家间生产力的差异性表现并不突出，马克思、恩格斯主要精力放在发达国家的社会主义革命的条件性上，对资本主义国家间生产力发展状况的差异性现象也给予当时情况下的尽可能多的关注，只不过没有把资本主义发展的不平衡现象概括成为规律。而列宁生活在垄断资本主义阶段，比马克思、恩格斯更能够深刻地感受到资本主义发展的不平衡性，明确地指出："经济和政治发展的不平衡是资本主义的绝对规律。"[①] 考察了资本主义不平衡规律与革命的密切关系，认为在帝国主义时期，一方面帝国主义国民经济发展速度的差异性加强了，一些不发达的帝国主义发展起来，赶超发达国家获得成功。随着经济实力的增强，要借助军事力量与发达国家分割殖民地，瓜分世界市场，新老资本主义国家矛盾激化。由于资本主义在全球的扩张所引发的民族、阶级矛盾空前激化，世界进入帝国主义与无产阶级革命的新时代。新老、大小、强弱帝国主义之间的"狗咬狗"战争，极大削弱了国际资本主义的力量。帝国主义对被压迫民族的严酷压迫与疯狂掠夺，加剧了无产阶级与资产阶级、宗主国与殖民地国之间的矛盾。这些矛盾的交织、激化，造成了某些落后国家进行社会主义革命的可能性。因为落后国家往往蕴含着比先进国家更加深刻的资本与劳动的矛盾，农民与封建地主的矛盾，外国帝国主义与本国人民的矛盾等。

同样地，20世纪初期的东方社会中国，也是世界矛盾的集合体。1939年12月，毛泽东在《中国革命和中国共产党》中说："帝国主义和中华民族的矛盾，封建主义和人民大众的矛盾，这些就是近代中国社会的主要的矛盾。"[②] 这些矛盾的斗争及其尖锐化，就不能不造成日益发展的革命运

---

① 《列宁选集》第2卷，人民出版社1995年版，第554页。
② 《毛泽东选集》第2卷，人民出版社1991年版，第631页。

动。中国革命是在帝国主义时代基本矛盾的基础之上发生和发展起来的。

　　归根到底，革命是生产力发展到特定阶段的产物，生产关系一定要适合生产力状况，但是在帝国主义阶段，对这一矛盾一定要从世界范围内进行考察，否则不可能得出正确结论。马克思说过："手推磨产生的是封建主的社会，蒸气磨产生的是工业资本家的社会。"① 没有一定性质的生产力，没有社会化大生产的发展，就不会有资产阶级和无产阶级，更不会有社会主义革命的要求。单靠农民起义，只能在封建社会范围内改朝换代，不可能建成资本主义，更建不成社会主义。同样地，世界上有些国家比较落后，社会化大生产不发达，工人阶级力量极弱，因而也就不可能形成社会主义革命的领导力量。社会革命的形势总是生产力的发展要求所引起的，但哪里生产关系与生产力矛盾最尖锐，能够形成革命形势，在帝国主义时代，要从世界范围进行总体考察。全面看生产力性质、水平、发展要求及其与生产关系、阶级关系之间的状况，生产关系与生产力之间矛盾最尖锐的地方并不一定是生产力发展水平最高的地方。马克思经典作家对生产关系与生产力的矛盾，从来没有表述为生产关系一定要与生产力水平相适应，把生产关系要适应生产力状况（性质、水平、发展要求）的原理曲解为生产力水平决定一切，这是对唯物史观错误理解的一种幼稚病。

　　其次，考察社会主义革命，还必须考察经济基础和上层建筑矛盾的状况，因为一个国家是否有革命形势，首先取决于生产力和生产关系矛盾是否尖锐。但是，生产力与生产关系之间矛盾的解决，离不开经济基础和上层建筑之间矛盾的解决。只有在旧统治力量相对薄弱的环节上，才可能取得上层建筑领域革命的胜利，然后才能使社会主义的生产关系占统治地位，从而解放和发展生产力。所以，社会主义革命，只能在资产阶级旧统治的薄弱环节，即旧上层建筑的薄弱环节，取得突破和胜利。

　　关于这个问题，列宁有一段十分精彩的论述。他指出："历史……发展得如此奇特，到1918年竟产生出分成了两半的社会主义，两者紧挨着，正如在国际帝国主义一个蛋壳中两只未来的鸡雏。德国和俄国在1918年最明显地分别体现了具体实现社会主义的两方面的条件：一方面是经济、

---

① 《马克思恩格斯选集》第 1 卷，人民出版社 1995 年版，第 142 页

生产、社会经济等条件，另一方面是政治条件。"但在德国"蛋壳是由最好的钢材制成的，因此不是任何鸡雏的力量所能啄破的。"[1] 列宁的意思是，第一次世界大战后，德国和俄国都具备了社会主义革命的物质条件和社会条件，但德国旧的上层建筑统治太强，所以，德国无产阶级的革命未能成功，社会主义的鸡雏只能从旧统治相对薄弱的俄国那里突破蛋壳（即旧的上层建筑）生长出来。

中国革命之所以能取得成功，毛泽东说一个重要原因是各省的军阀割据，在各省交界的地方，革命有回旋余地，革命根据地也才可能存在、发展壮大直至胜利。这也是讲旧的上层建筑统治存在薄弱的环节，革命力量才有可能突破。

所谓帝国主义链条的薄弱环节，必须具备两个条件：一是资产阶级的统治比较薄弱，二是无产阶级的力量比较成熟。所以，也不是任何一个落后国家都能成为社会主义革命的突破口。非洲许多国家社会矛盾极尖锐，资产阶级统治也薄弱，但无产阶级力量更弱，缺乏马克思主义政党的正确领导，所以社会主义革命不可能从那里开始。沙皇俄国和中国反动派统治相对比较薄弱，又有列宁、毛泽东为代表的无产阶级的正确领导，所以才能取得社会主义革命的成功。这不是偶然的。帝国主义时代，社会主义革命既不可能在资本主义统治很强的发达国家突破，也不可能在资本主义基本没有发展的最落后的国家突破，突破口只能是资本主义发展程度"不是最高的""统治比较薄弱"的国家[2]。

有人认为社会主义首先在相对落后的国家的胜利违反历史的"常规"。其实，历史上新制度常常不是在旧制度最发达的地方诞生，因为旧制度发展得愈充分、愈成熟、愈完善，新制度突破它就愈困难。整个人类社会历史的发展证明了这一点。

古希腊和古罗马把奴隶制度推向了鼎盛时代。而奴隶制度不发达的中国却远远先于（将近 1000 年）古希腊和古罗马过渡到封建社会，而且这种过渡所引起社会震荡也要小得多。中国封建社会制度发展得极为完备、

---

① 《列宁全集》第 41 卷，人民出版社 1986 年版，第 200 页。
② 《列宁全集》第 60 卷，人民出版社 1990 年版，第 317 页。

充分，但资本主义却在封建制度发展不充分、不完备、不典型的西欧首先诞生，而且是在封建势力比德、法相对薄弱的英国率先取得资产阶级革命的成功。北美几乎没有封建势力，但美国却后来居上，成了资本主义发展最快、最典型的地区。奴隶制的光彩在古希腊和古罗马，封建制的光彩却在中国，而资本主义的光彩又在西欧和北美。这些正说明，社会革命在经济不甚发达，旧的统治比较薄弱的地方开始，是新旧制度更替过程中的常规现象。实际上，一个国家生产力越发达，生产关系越完备，上层建筑越强大，其上层建筑对生产关系的调节能力就越强，对新生产关系的压抑就越厉害，新生力量击破旧制度的外壳就越困难，社会革命也就愈难以成功。相反，一些社会基本矛盾比较尖锐，旧制度的统治比较脆弱的不甚发达的国家，新生力量却较易发展，有可能率先推翻旧政权，跨入新制度。这种普遍现象是否应当概括为规律，尚待进一步研讨，但至少可以说明，社会主义在资本主义发展不太充分，统治比较薄弱的国家首先放射出光彩，后来居上，不是违反历史常规，而恰恰是合乎历史常规的普遍现象。

再次，相对落后的国家在社会主义革命胜利后，必然要经历一个相当长的经济比较落后，制度逐步完善，在曲折中前进的初期发展阶段。

社会主义国家诞生至今，在各方面都取得了举世公认的巨大成就，但也面临严峻的现实：处在初期发展阶段，经济仍不发达，制度、体制不够完善，曾有过严重失误，一些国家还发生了严重的倒退。于是有人感到迷惘：既然社会主义革命是历史必然，为何还有如此多的磨难？既然社会主义高于、优于资本主义，为何经济上还不如发达资本主义国家？最后他们又归结到，还是原来不该搞社会主义革命，现在不该坚持社会主义。

其实，从历史长河看，文明社会，即阶级社会以来的社会形态更替，新的社会形态大都要经历一个经济相对落后，制度不够完善，在曲折中前进的初期阶段，古希腊经过了城邦制，才发展到大奴隶制。古罗马经过了王朝制，才发展到共和制和帝制。中国封建社会几经兴衰分合，才步入高度发达的阶段。资本主义也历经原始积累，自由竞争，才进入垄断阶段。从低级到高级，逐级而上，是任何社会形态发展的客观规律，社会主义社会在经历一个相当长的初级阶段后再向高级阶段发展，也是合乎历史发展规律的现象。

当然，社会主义社会形态代替资本主义社会形态，与文明社会以来社会形态的更替相比，除了有共性之外，还有它本质上的区别。以往的社会形态更替是一种私有制代替另一种私有制，新旧剥削阶级之间往往有某种妥协、承继的关系。而社会主义是要以公有制取代私有制，最终消灭阶级和剥削，实现共同富裕，其变革的深度要大得多。所以，新社会实现形式的探索要困难得多，旧制度的抵抗和阻力，比以往也大得多。而且，由于社会主义革命不是最先发生在世界资本主义体系的心脏部位（西欧，北美），而是发生在边远部位，所以现在世界资本主义体系虽受到沉重打击，但不是致命的打击，集历史上一切剥削阶级统治经验于一身的资产阶级，还有相当强大的力量，甚至是联合的力量来对付社会主义。所以，社会主义比以往社会形态更替面临更大的难题。具体说，经济相对落后的国家取得社会主义革命胜利以后，面临几个根本性的困难：①最根本的困难是生产力状况的落后。资本主义社会基本矛盾的集合点在经济相对落后的国家，发达资本主义国家把经济危机、阶级剥削转嫁给落后国家，从而把革命风暴的焦点也转移到落后国家。但是落后国家取得社会主义革命胜利以后，却不能把发达国家的生产力"转移"到自己国家，它只能在经济落后基础上建设社会主义，而没有先进的生产力是不能建成社会主义的，这就决定了社会主义建设的长期性和艰巨性。但是社会主义国家往往在这方面估计不足，曾经发生过急于求成的错误。②生产力状况落后，决定了社会主义制度必须经历一个较长的初级阶段。生产关系的公有化程度不能很高，公有化的具体实现形式还需要探索，还必须保留和适度发展多种经济成分；必须大力建设社会主义市场经济；上层建筑的巩固和完善也需要一个很长的过程。正如恩格斯所说的："在较低的经济发展阶段解决只有高得多的发展阶段才产生和才能产生的问题和冲突，这在历史上是不可能的。"① 所以在社会主义初级阶段，社会主义制度的优越性还不能全面充分地体现出来。而社会主义国家在这方面都有过急于求成，盲目追求一大二公，排斥价值规律，否定市场经济的错误。③由于相对落后的国家率先取

---

① 《马克思恩格斯选集》第 4 卷，人民出版社 1995 年版，第 437 页。

得社会主义革命胜利，这就形成了发达、强大、成熟的资本主义制度与不发达、不够强大、不很成熟的社会主义制度（当然还有众多不发达的资本主义国家）共处而又斗争的历史格局。在这个阶段，虽然社会主义总体上是在前进，其经济发展速度总的来看也比资本主义国家快，但是发达资本主义国家在经济、科技、文化上还强于社会主义国家，现实的社会主义，特别是在经济、科技发展和人民生活水平这些主要方面，还很难令人信服地展示其优越性。另外，发达资本主义国家的政治、军事、意识形态力量也强于社会主义国家，它们还对社会主义国家实行"遏制"与"超越遏制"即"和平演变"的战略。在这种历史条件下，社会主义国家一方面要学习、借鉴、利用人类社会，包括资本主义发达国家的一切文明成果，与它们建立和平共处的外交关系和经济文化交流关系；另一方面，又要警惕、反对资本主义敌对势力的干涉、渗透和演变。这时，社会主义国家中必然会有一些人羡慕，甚至追随资本主义，而且执政的共产党内也会存在机会主义的条件和土壤。而在处理与发达资本主义国家关系中，我们也犯过"左"与右的错误。以上几个方面的困难，就注定了社会主义前进的道路是充满风险、崎岖坎坷的历程。所以，它的革命形势的成熟是资本主义社会基本矛盾发展的必然结果，但是革命胜利后所面临的却是比较落后的生产力状况，不成熟不完善的社会主义制度和强大的资本主义制度的包围，巩固和发展社会主义必须经历一个长期、艰巨、充满曲折风险的历史阶段，这也是历史的必然。对于这一点，列宁是有预见的。他说："一个落后的国家开始革命比较容易，因为在这个国家里敌人已经腐朽，资产阶级没有组织起来，但是要把革命继续下去，就需要万分谨慎、小心和坚韧不拔。西欧的情况将会不同，那里开始革命要困难得多，要继续下去却容易得多。这是必然的，因为那里的无产阶级在组织和团结方面要高得多。"① 他还说："我们俄国无产阶级在政治制度方面，在工人政权的力量方面，比不管什么英国或德国都要先进，但在组织像样的国家资本主义方面，在文明程度方面，在从物质和生产上'实施'社会主义的准备程度

---

① 《列宁全集》第34卷，人民出版社1985年版，第233页。

方面，却比西欧最落后的国家还要落后"①。又说："很明显，在一个早于其他国家转向反对帝国主义战争的国家中，在一个由于自身落后而被事态的发展大大推到其他更先进国家的前头（当然，是在短时期内，在个别问题上）的落后国家中，当然革命不可避免地注定要经历最艰难困苦的时刻，而且在不久的将来还会经历最令人沮丧的时刻。"② 毛泽东在七届二中全会的报告中也说过："夺取全国胜利，这只是万里长征走完了第一步。如果这一步也值得骄傲，那是比较渺小的，更值得骄傲的还在后头。在过了几十年之后来看中国人民民主革命的胜利，就会使人们感觉那好像只是一出长剧的一个短小的序幕。剧是必须从序幕开始的，但序幕还不是高潮。中国的革命是伟大的，但革命以后的路程更长，工作更伟大，更艰苦。这一点现在就必须向党内讲明白，务必使同志们继续地保持谦虚、谨慎、不骄、不躁的作风，务必使同志们继续地保持艰苦奋斗的作风。"③ 在社会主义革命和建设问题上，要反对两种错误倾向，一种是认为落后国家根本不该进行社会主义革命，勉强进行社会主义建设也不能成功。另一种是认为社会主义革命胜利后，能够很快发展到社会主义高级阶段，全面超过、优于资本主义，当这种想法遭到挫折后，有些人又会走向第一种错误。

所幸的是，经过几十年的艰苦探索，中国共产党人已经初步掌握了巩固和建设社会主义的锐利武器——中国特色社会主义的道路、理论体系与制度。它以解放和发展生产力为中心，改革一切与生产力发展要求不相适应的生产关系与上层建筑，同时又坚持改革开放的社会主义方向，初步回答了如何认识社会主义，如何坚持和发展社会主义，建设什么样的执政党，怎样建设执政党，要什么样的发展，怎样发展等的一系列根本问题。它已经指导中国社会主义开始了历史腾飞，可以预见，它必将引导中国在中国共产党成立 100 周年时全面建成小康社会，在中华人民共和国成立 100 周年时基本实现富强、民主、文明、和谐社会主义现代化的奋斗目标，

① 《列宁全集》第 34 卷，人民出版社 1985 年版，第 285 页。
② 同上书，第 226 页。
③ 《毛泽东选集》4 卷，人民出版社 1991 年版，第 1438—1439 页。

逐步把中华民族伟大复兴的"中国梦"变为光辉灿烂的历史现实。

第五节　社会主义"乌托邦论"

伴随着世界第一个社会主义国家诞生，列宁与考茨基之间曾经发生过现实社会主义是不是"乌托邦"的争论。这场论争已经由国际共产主义的历史作了初步结论。随着社会主义运动的蓬勃开展而暂时被丢弃的社会主义"乌托邦论"，在苏东剧变后，又被一些人重新捡起。苏东剧变给世界各国理论家、政要带来了一个问题：若干社会主义国家包括打败武装到牙齿的德国法西斯的苏联的政权，顷刻间灰飞烟灭，社会主义是不是实现不了的"乌托邦"？有学者认为，"马克思主义是本世纪最大的空想"。地球上被称为社会主义的国家，搞的都不是真正意义上的社会主义，社会主义是实现不了的"乌托邦"。美国政府的高级谋士布热津斯基曾经说："在反思苏联失败的同时，简要回顾一下俄国的马克思主义实验所走过的历程是颇有教益的。把一个犹太血统的德国移民知识分子在大英博物馆阅览室中苦思冥想出来的、一种基本属于西欧的思想，移植到一个相当遥远的欧亚帝国的准东方的专制传统之中，再由一个专会写小册子的俄国革命者来充当历史的外科手术师，其结果必然是荒诞不经的。"① 他反复强调"共产主义是一种错误的尝试"，"乌托邦式的社会工程与复杂的人类环境水火不相容"，"共产主义已经失败"。在《大失控与大混乱》中，他竟然把列宁主义和法西斯主义并列，污蔑二者都是要建立"强制性的乌托邦"。②

社会主义"乌托邦论"的讨论，必然涉及现实社会主义的定性问题。在国际学术界，有一种看法认为，现实的社会主义根本就不是社会主义。意大利学者 A. 博雷利认为："认为苏联是完全意义上的社会主义国家，这种看法是错误的。因为在苏联并未实现社会主义的生产关系。社会主义的生产关系是以劳动者不仅在政治上层建筑领域，而且特别是在经济和社会

---

① 布热津斯基：《大失败：20 世纪共产主义的兴亡》，军事科学出版社 1989 年版，第 17 页。
② 参见布热津斯基《大失控与大混乱》，中国社会科学出版社 1995 年版，序言和第一部分第三章。

结构中拥有实际权利为前提的。可以像麦德维杰夫那样认为，在这种制度中存在着社会主义的因素。如对生产过程的监督，消灭私有的剩余价值，生产的计划化等。但这些还不足以将苏联规定为社会主义社会，其原因恰恰在于缺少某些基本的因素。"① 苏东剧变已经过去二十多年了，但社会主义是"乌托邦"的论调，仍然相当深刻地影响着人们的社会主义的信念。在当代社会主义中国，一些人对社会主义的前途发生怀疑，不能说与社会主义"乌托邦论"的蔓延没有关系。在社会主义"乌托邦论"的影响下，一些原本信奉社会主义的党员干部，对社会主义的未来丧失信心，出现了社会主义优越还是资本主义优越、社会主义红旗在中国到底能够打多久的疑问，思想上的困惑，带来行为上的消极和组织上的软弱涣散，部分党员和干部经不住考验，头脑不清醒，立场不坚定，对社会主义产生了幻灭感。

现实的社会主义是"乌托邦"吗？现实社会主义发展过程中出现曲折，是不是说明社会主义是实现不了的"乌托邦"？这需要我们深入研究，加以评述。

第一，空想社会主义是科学社会主义的理论来源之一，但科学社会主义与空想社会主义有质的区别。

在科学社会主义诞生之前，许多思想家对资本主义的种种罪恶进行了揭露，天才地提出了各种对未来理想社会的主张。16 世纪已经有了关于理想社会制度的直接描述，如莫尔的《乌托邦》，它提出了与后来的科学社会主义学说有相似之处的公有制、计划经济、精神文明、按需分配等，还提出了不属于科学社会主义的共妻制、消费资料共有等主张。18 世纪有了直接的共产主义理论（摩莱里和马布里）。到 19 世纪初，出现了三大空想社会主义。1802 年圣西门出版《日内瓦书信》；1808 年傅立叶出版第一部专著；1800—1829 年欧文担负管理苏格兰的新拉纳克大棉纺厂的工作，实际上是进行纠正资本主义工业狂飙产生的社会弊端的实验。这一代空想社会主义者主张建立一种与资本主义制度不同的、合乎理性、合乎正义的社会，消灭剥削、贫困、失业、经济危机的社会。马克思、恩格斯的思想直

---

① A. 博雷利：《论苏联的性质》，载《桥》1978 年第 2 期。

接来源不是 16 世纪的莫尔以及"乌托邦",而是 19 世纪的空想社会主义。马克思、恩格斯明确指出过,德国的理论上的社会主义"是依靠圣西门、傅立叶和欧文这三位思想家而确立起来的",① 并称三大空想思想家是"第一批社会主义者"。在这里,虽然马克思、恩格斯讲的是德国社会主义理论的发生史,但我们可以理解为马克思主义三个组成部分之一社会主义学说,直接来源于这三大空想社会主义思想家。

当然,不能说 16 世纪的社会主义空想家没有对马克思发生过影响。在《资本论》第 1 卷第 24 章论述资本主义原始积累的时候,两次引用了《乌托邦》里的言论。2004 年人民出版社出版的《资本论》第 827 页的"注 193"中,马克思讲到:"托马斯·莫尔在他的《乌托邦》一书中说到一个奇怪的国家,在那里,'羊吃人'。"另一处引用是第 845 页的"注 221a",提到了莫尔的《乌托邦》,以证明英国的"羊吃人"法令制造了一批被迫盗窃的难民,而难民被迫成为囚犯,成为习惯于雇佣劳动制度所必需的纪律的劳力。在正文中,马克思还提到一句话:"把大法官福蒂斯丘的著作与大法官托马斯·莫尔的著作比较一下……"② 另外,莫尔的思想对傅立叶影响较大,傅立叶关于消灭剥削的观点来源于莫尔并有所发展,从这点来说,马克思是通过傅立叶或者其他人而间接地接触了莫尔的乌托邦思想。但是,16 世纪的乌托邦思想对马克思的影响不可估计过高,毕竟,恩格斯在《社会主义从空想到科学》一文中一再提到,马克思主义的直接思想来源是 19 世纪的空想社会主义,而不是莫尔的"乌托邦"。

也许,社会主义"乌托邦论"认为,既然空想社会主义是马克思主义的来源,那么,马克思主义就是"空想"的了。这种论调是大错而特错的。肯定科学社会主义直接来源于近代三大空想社会主义,与马克思主义是空想社会主义,是两个根本不同的问题。与人来源于猿猴,但不能认为现代人就是猿猴一样,科学社会主义来源于空想社会主义,并不意味着二者之间没有质的差别。单就思想方法来说,空想社会主义与马克思主义存在本质区别。

---

① 《马克思恩格斯全集》第 18 卷,人民出版社 1964 年版,第 566 页。
② 马克思:《资本论》第 1 卷,人民出版社 2004 年版,第 826 页。

在空想社会主义者生活的年代，解决社会问题的办法还隐藏在不发达的经济关系中，所以只有从头脑中产生出来，从空想者的思维着的理性中来。他们发明了一整套新的完善的社会主义制度，通过宣传、典型示范，从外面强加于社会。乌托邦论的思想方法重视人，以人的尊严、人的理性为出发点，以公平正义这类理念为原则，批判资本主义，论证新的社会。圣西门认为人类历史就是人类理性发展的历史，要通过对人类理性过程的研究，"找到最好的社会组织体系"。空想社会主义没有找到改造社会的现实力量，不懂得阶级斗争推动历史前进的巨大作用，将实现新社会诉诸于理性自己发展的必然要求，通过少数人的密谋，特别是出现了天才人物，可以免去人类的迷误、斗争和痛苦。普列汉诺夫在 19 世纪通过研究空想社会主义，发现"本世纪上半期所有的无数的乌托邦不过是以人的天性为最高准绳而设想完美立法的企图"。

与此相反，马克思、恩格斯不是从理性正义等抽象概念出发，而是从批判资本主义中发现了社会主义，在参加社会实践，研究社会规律的基础上，提出了自己的主张。他们用于得出科学结论的思想材料，其根源深藏在物质的经济的事实中。科学社会主义不是乌托邦方法臆造出来的，而是资本主义社会矛盾的产物。马克思、恩格斯的科学社会主义，"就其内容来说，首先是对现代社会中普遍存在的有财产者和无财产者之间、资本家和雇佣工人之间的阶级对立以及生产中普遍存在的无政府状态这两个方面进行考察的结果。"① 马克思、恩格斯在一系列著作中，最先说明了社会主义不是天才的幻想家的主观愿望，而是现代社会生产力发展的最终目标和必然结果。社会主义必然代替资本主义的结论，完全而且仅仅是根据现代社会的经济运动规律得出来的。马克思一方面对空想社会主义的许多天才思想给以充分肯定，另一方面严格地将自己的学说与空想社会主义区别开来，指出空想社会主义的缺陷："这种乌托邦，这种空论的社会主义"，"主要是幻想借助小小的花招和巨大的感伤情怀来消除阶级的革命斗争及其必要性；这种空论的社会主义实质上只是把现代社会理想化，描绘出一幅没有阴暗面的现代社会的图画，并且不顾这个社会的现实而力求实现自

---

① 《马克思恩格斯选集》第 3 卷，人民出版社 1995 年版，第 719 页。

己的理想。"① 马克思总结巴黎公社经验教训，在《法兰西内战》一书中说：工人阶级"不是要凭一纸人民法令去推行什么现成的乌托邦。""工人阶级不是要实现什么理想，而只是要解放那些由旧的正在崩溃的资产阶级社会本身孕育着的新社会因素。"② 在《社会主义从空想到科学》中，恩格斯阐述过这样的一个思想：用来消除已经发现的弊端的手段，也必然以多少发展了的形式存在于已经发生变化的生产关系本身中。这些手段不应当从头脑中发明出来，而应当通过头脑从生产的现成物质事实中发现出来。

第二，关于社会主义是"乌托邦"的论断，重复了历史上的社会主义早已死亡的论断，必将还要被历史所否定。

关于社会主义是"乌托邦"的说法，早在马克思时代就不绝于耳，马克思主义的敌人一直没有停止过对马克思的诅咒和谩骂。从产生那天起，共产主义被欧洲的反革命势力说成是"幽灵"加以围剿。一些资产阶级的政治家或者思想家认为共产主义是空想，多次宣布共产主义被消灭。列宁曾经总结过：资产阶级的思想家教授们，"对马克思主义连听都不愿听，就宣布马克思主义已经被驳倒，已经被消灭……马克思主义的发展、马克思主义思想在工人阶级中的传播和扎根，必然使资产阶级对马克思主义的这种攻击更加频繁，更加剧烈，而马克思主义每次被官方的科学'消灭'之后，却愈加巩固，愈加坚强，愈加生机勃勃了。"③

人们不会忘记在巴黎公社被镇压下去的 1871 年，镇压巴黎公社的刽子手梯也尔曾经狂叫："社会主义从此休矣！"而马克思回答：公社死了，公社万岁，公社的原则永存。果然，50 年后，历史证明了马克思的科学预见。世界第一个真正意义的无产阶级国家便在十月革命胜利的礼炮声中诞生了，而且，成功地打败 14 个帝国主义国家的联合绞杀。第二次世界大战中，打败了穷凶极恶的德国法西斯。以罕见的速度，在一片废墟上迅速恢复了国民经济，由一个落后的资本主义国家成为世界第二、欧洲第一的

① 《马克思恩格斯选集》第 1 卷，人民出版社 1995 年版，第 461—462 页。
② 《马克思恩格斯选集》第 3 卷，人民出版社 1995 年版，第 60 页。
③ 《列宁专题文集——论马克思主义》，人民出版社 2009 年版，第 148—149 页。

经济大国。

在中国的 20 世纪 20 年代，英国哲学家罗素来华，宣扬改良。张东逊、梁启超等，认为马克思主义、社会主义不符合中国国情，在当时的中国搞社会主义是空想，而把社会主义推向遥远的资本主义充分发展的未来。1943 年，蒋介石抛出的《中国之命运》，继续攻击马克思主义"不切于中国的国计民生，违反了中国固有的文化精神"。但客观的历史进程已经对这些谬论做出了科学回答，谁也无法否定马克思主义在中国取得的胜利，中国人民靠着马克思主义与中国实际相结合，取得了社会主义革命和建设的巨大成就，目前正行进在全面建设小康社会、实现民族的伟大复兴的道路上。

目前，世界范围的社会主义运动尚未进入新一轮的高潮期，真正的马克思主义者要树立必胜信心。在社会斗争中，代表先进阶级的势力，有时候有些失败，并不是因为思想不正确，而是因为在斗争力量的对比上，先进势力的这一方，暂时还不如反动势力那一方，所以暂时失败了，但是以后总有一天会成功的。毛泽东说："无产阶级必然能够战胜资产阶级，社会主义必然能够战胜资本主义，被压迫民族必然能够战胜帝国主义。当然，在人民面前还有困难和曲折。"[①] 苏联东欧剧变以后，社会主义的"乌托邦论"获得了对社会主义发泄不满、偏见、诅咒的机会，但比起以往的言论没有增添多少新的内容。可以断言，未来社会主义的复兴将无情地回击目前的社会主义"乌托邦论"。

第三，"乌托邦论"置基本的历史事实于不顾，犯了两个"忽视"或者"无视"的错误。

一是忽视或者无视资本主义势力对社会主义的封锁、围剿的基本历史事实。如果社会主义是乌托邦的话，那么，资本主义势力为什么费力劳神地围剿呢？让这个不可能实现的"乌托邦"自生自灭算了。事实上，自从无产阶级政权产生那一天开始，资本主义的围剿镇压就没有停止过。社会主义制度产生于资本主义统治的薄弱环节，资本主义不甘心社会主义运动的兴起，时时刻刻极尽围剿封锁之能事。1918—1920 年，英国、法国等

---

① 《毛泽东文集》第 7 卷，人民出版社 1999 年版，第 314 页。

14 国武装干涉苏俄，国内的反革命发动叛乱。新中国成立，美帝国主义纠集许多资本主义国家对中国进行封锁。在新中国的身边，一北一南，美国发动了朝鲜战争、越南战争，粗暴地干涉中国台湾事务，在西太平洋形成了对社会主义中国的包围岛链。几十年来，资本主义势力为了对付社会主义，不知道耗费了多少物资，战死了多少人。正是西方敌对社会主义的势力，耍尽了阴谋诡计，用军事、政治、文化、外交等手段，耗时大半个世纪，来搞垮苏联东欧的社会主义。试想一下，如果社会主义是"乌托邦"的话，资本主义花如此大的代价包围封锁围剿这个"乌托邦"，岂不是在闹"唐·吉诃德大战空风车"的大笑话？

二是无视或者忽视了社会主义的强大生命力。社会主义是作为资本主义的对立物出现的，只要地球上存在着资本主义，存在压迫剥削劳动人民的现象，社会主义在人民群众中永远有感召力和吸引力。当代资本主义国家的历史使命就是建构有利于资本流动获取尽可能多的剩余价值的世界秩序，必然激化世界范围的阶级矛盾，激化大小资本主义国家的矛盾，实际上为无产阶级进行社会主义革命，为未来人的自由全面发展创造条件。当柏林墙倒塌，苏东剧变后，资产阶级的辩护士宣传"历史的终结"（意为资本主义成为永恒）。但大量清醒的学者认为，苏联东欧社会主义的失败仅仅是社会主义运动的局部现象。只是因为苏联社会主义在社会主义发展历史上的特殊地位，其崩溃具有浓重的悲剧意味，但苏联社会主义毕竟不是世界社会主义事业的全部，目前社会主义低潮期也不能够表明未来的社会主义不再复兴，不能由此得出未来社会主义必然失败的结论。有学者认为，苏联东欧社会主义国家的崩溃，固然是社会主义运动发展历史上的悲剧，但这仅仅是这些国家的社会主义运动的挫折，而不是世界社会主义本身的失败。恰恰相反，是苏联领导人背叛社会主义事业的结果。坚持马克思主义与本国实际情况相结合，坚持走社会主义道路的中国，巍然顶住资本主义势力的压力，出现欣欣向荣的局面。即使现存的社会主义国家发生了令人痛心的重大变故，也不可以判断社会主义已经完全失败了，谁敢保证社会主义不会在接受 20 世纪成功与失败的经验教训的基础上，在 21 世纪或者更遥远的未来蓬勃发展，并且比 20 世纪取得更大的胜利呢？资本主义能否成为最后的胜利者，这需要历史和逻辑来回答，不能由几个资产阶级的思想家充当算命先生改变历史结论。由世界社会主义局部的暂时的失败，不能简单地判断社会主义是"乌托邦"。

也许，我们无法预料社会主义将在什么具体的时间、具体的地点实现伟大的复兴，彻底解决资本主义与社会主义究竟最终谁战胜谁的问题，但是，我们可以预料，未来的社会主义者一定吸收社会主义的前辈们的优点，总结社会主义前辈们的教训，沿着前辈们的探索足迹，创造出一个崭新的社会主义样式。到那时，社会主义政权的任务不是如何在资本主义生产关系占主导地位的情况下，获得巩固和发展，而是面对资本主义世界的整体性衰落，资本扩张已经在世界范围内走到尽头，世界实在没有可以供资本主义发展空间的局面，社会主义力量强于资本主义的力量而大兴于世界。到那时，再回过头去看一看苏联东欧这场社会主义的悲剧，那不过是社会主义发展历史上经历过的无数个挫折中的一个弯路而已。

第四，社会主义"乌托邦"论认为苏东剧变表明，社会主义是不可以实现的，在实践中已经遭到失败。这显然没有具体分析社会主义革命和建设的"失误"，在理论上也是讲不通的。

如果说社会主义是不可以实现的话，这种论点实在不值得一驳。社会主义早已不是空想，也不仅仅是理论，而是活生生的现实，目前有十几亿人生活在社会主义制度中，并且，中国社会主义建设的辉煌成就获得世界人民的广泛承认。如果社会主义"乌托邦"论是针对社会主义遭到失败这种情况而提出的话，则给我们带来了一个需要认真思考的问题。

几十年来，几代社会主义者披荆斩棘，使得社会主义由理论变为现实，社会主义国家成为反法西斯的中流砥柱，社会主义建设成就举世瞩目。但是，社会主义是前无古人的事业。各个社会主义国家在社会主义建设中出现了不同程度的失误，在世界经济结构大调整的时期，在世界新科技革命浪潮面前，社会主义的优越性没有充分地发挥出来。这一现象的确值得社会主义者反思，但不能由此证明社会主义是不能实现的"乌托邦"。

至今，当代资产阶级的思想家们没有拿出像样的证据，证明马克思关于资本主义必然灭亡社会主义必然胜利的基本判断已经过时。资本主义有产生、发展，就有灭亡，必然被更加高级的社会主义社会所代替。社会主义者当然希望社会主义运动每天都高奏凯歌，每天都出现令人鼓舞的伟大成就，但这是不符合辩证法的。社会主义者们可能抱着满腔的工作热情工作，但却难以避免犯错误，不能说社会主义的发展就一帆风顺了。由于社会主义革命和建设是前无古人的开拓性事业，各个国家搞社会主义革命与建设的经验少，容易照搬照抄某些国家取得的一时一地的经验，犯教条主义的错误。由于社会主义国家处于资本主义阵营的层层包围中，曾经有过放松警惕而招致重大挫折的教训，不得不提高警惕性，高估阶级斗争的严重性，容易犯阶级斗争扩大化的错误。在从事社会主义建设工作的某个时期，为了应对强大的资本主义势力的进攻，不得不打破农轻重的发展次序，不得不号召人民群众为国家多一些奉献精神，人民的生活水平不得不受到影响。在比较落后基础上成功进行社会主义革命的国家，具有追赶世界先进水平的决心，容易不顾经济基础薄弱，生产力发展不平衡的具体国情，执行不切实际的赶超型发展战略等。诸如此类的现象，极大地影响了社会主义制度优越性的发挥，可以称之为"失误"、"错误"。这些失误，有些是能够避免的，但有些是很难避免的。有的属于社会主义者在开辟社会主义新纪元的探索中难以避免的弯路，是社会主义先行者们的经验不足造成的，也有的是敌对势力给社会主义革命和建设事业制造出一种严峻局势，社会主义者不得不做出的过敏反应。社会主义运动出现这样那样的难以避免的挫折和失误，仅仅涉及社会主义建设中的客观外部环境是否险峻和主观指导是否符合客观实际等问题，并因此出现了一些体制上的、工作中的失误，没有涉及社会主义基本结论的非科学性问题，也得不出社会主义是"乌托邦"的结论。

社会主义代替资本主义是一个必然、不可逆转的总趋势，但道路是曲折的。社会主义在发展过程中出现了失误，社会主义好像被削弱了，但人民受到了锻炼，反而使得我们更加清醒地认识到主观要与客观相结合，马克思主义要和具体情况相结合，将促使社会主义向着更加健康的方向发展。那种认为社会主义在发展过程中遇到一次或者若干次挫折，就是彻底的失败，就是那种不可能实现的"乌托邦"的主张，是把复杂问题简单化了。什么是社会主义，怎样建设社会主义是一个复杂的问题，不是一蹴而就解决的，要经过实践—认识—再实践—再认识这样一个循环往复的过程。人们允许有些科学试验经过反反复复的试验才能成功，资本主义代替封建主义的几百年时间里，经过了多次的起落升降。社会主义发生了曲折、挫折、失误，也属于正常现象。如果说社会主义是"乌托邦"的话，那也是人们听信了社会主义是"乌托邦"的言论而停止了社会主义的探索，社会主义信念发生动摇了，背叛了马克思主义，脱离社会主义，转向资本主义。不过，历史有它的内在规律，将最终扬弃资本主义，走向社会主义和共产主义，宣告社会主义"乌托邦"论的破产。

在前几节关于社会主义问题若干争论的述要中，还没有说到近些年关于民主社会主义的大讨论，实质上即是科学社会主义同民主社会主义的争论。这场争论是很重要的，因为民主社会主义的宣扬者鼓吹"只有民主社会主义才能救中国"，"要为中国共产党向民主社会主义的转变扫清障碍"。它们还用歪曲、篡改马克思和恩格斯思想的手法，宣扬"民主社会主义才是马克思主义的正统"，恩格斯晚年已经"抛弃了"共产主义的最高理想和暴力革命的主张。并称，我国改革开放就是要走民主社会主义道路。这股思潮的要害，就是妄图使我国改旗易帜，步苏东剧变的后尘。由于本书随后即有专章对民主社会主义思潮进行评析和论述，这一章中不再对此问题进行介绍和评论。

不过在民主社会主义思潮的活跃和喧闹中，还有一种声音值得注意。即鼓吹我国要"继续进行民主革命"，"重建新民主主义社会"。这种论调，是民主社会主义思潮同社会主义"封建论"倾向相结合的一种产物。在一些人看来，民主革命是永恒而不可终止的。他们否认我国民主革命的历史阶段，已有党领导的反帝反封建的人民革命的胜利而宣告结束。借乎大某些存在的问题，打着"反封建"和"继续进行民主革命"的旗号，来否定和反对社会主义。他们还打出"回归"、"重建"新民主主义社会的旗号来制造思想混乱。其实，一些人所称的"新民主主义社会"与我们党第一代领导集体所阐述和实践的新民主主义社会是完全不同的。党领导的新民主主义革命是以社会主义为目标的，否则就不是新民主主义革命了。新民主主义社会也不是一个独立的社会形态，新中国成立即标志开始进入由新民主主义向社会主义转变的过渡时期。《中国共产党中央委员会关于建国以来若干历史问题的决议》指出："在过渡时期中，我们党创造性地开辟了一条适合中国特点的社会主义改造的道路"，尽管"这项工作中也有缺点和偏差","但整个来说,在一个几亿人口的大国中比较顺利地实现了如此复杂、困难和深刻的社会变革,促进了工农业和整个国民经济的发展,这的确是伟大的历史性胜利。"也正如《决议》所论述:"社会主义制度的建立,是我国历史上最深刻最伟大的社会变革,是我国今后一切进步发展的基础。"所谓"重建新民主主义社会",其要害是否定社会主义改造,也即否定在新中国建立社会主义制度的必然性、必要性和正确性。而否定社会主义基本制度在中国存在和发展的历史根据,就否定了改革开放必须坚持社会主义道路这一根本前提,其实质就是要把改革开放引向民主社会主义,走苏东剧变的道路。

我们介绍、了解、评析关于社会主义问题的各种争论,目的在于在前进道路上保持头脑清醒,不为错误思潮所惑,更好地深刻认识唯有中国特色社会主义才是当代中国进步发展的伟大旗帜和根本方向,坚定不移地坚持中国特色社会主义道路,推进中国特色社会主义事业。

中国共产党成立以来,紧紧依靠人民群众,把马克思主义基本原理同中国实际和时代特征相结合,胜利完成了新民主主义革命,建立了社会主义基本制度,进行了改革开放新的伟大革命,从而不可逆转地结束了近代以来中国内忧外患、积贫积弱的悲惨命运,不可逆转地开启了中华民族走向伟大复兴的历史进军。在庆祝建党90周年大会上的讲话中,胡锦涛指出,经过90年的奋斗、创造、积累,党和人民必须倍加珍惜、长期坚持、不断发展的成就是:开辟了中国特色社会主义道路,形成了中国特色社会主义理论体系,确立了中国特色社会主义制度。

中国特色社会主义道路,就是在中国共产党领导下,立足基本国情,以经济建设为中心,坚持四项基本原则,坚持改革开放,解放和发展社会生产力,建设社会主义市场经济、社会主义民主政治、社会主义先进文化、社会主义和谐社会、社会主义生态文明,促进人的全面发展,逐步实现全体人民共同富裕,建设富强、民主、文明、和谐的社会主义现代化国家。其中,社会主义初级阶段的基本国情,是这条道路的总依据;一个中心、两个基本点的基本路线,是这条道路的核心,党和国家的生命线,实现科学发展的政治保证;经济建设、政治建设、文化建设、社会建设、生态文明建设的总体布局,是这条道路的基本内容和展开;实现社会主义现代化和中华民族伟大复兴，是这条道路的总任务和宏伟目标。我们建设的中国特色社会主义，既坚持了科学社会主义的基本原则，又根据时代条件赋予其鲜明的中国特色。从理论和实践的结合上，系统地回答了在中国这样一个人口多、底子薄的东方大国建设什么样的社会主义、如何建设社会主义这样一个根本问题。

改革开放以来，我国坚持中国特色社会主义道路，取得了举世瞩目的新的伟大成就。不仅经受住了世界社会主义运动出现严重曲折的严峻考验，而且30多年间国民经济以年均9%以上的速度持续快速增长，综合国力大幅度提升，人民生活水平显著提高。近几年来严重的国际金融危机和经济危机，是对各国经济体制、政治体制和政府执政能力的重大考验和检验。我国在应对危机冲击带来的严重困难中于全球率先实现经济企稳回升，在逆势上扬中稳步崛起。这不能不说显示了中国模式、中国道路对于西方模式的比较优势，彰显了中国特色社会主义的巨大优越性和强大生命力。

当然，我们清醒地看到实现中华民族伟大复兴的任务十分艰巨，前进的道路并不平坦。我们面临着诸多考验和危险，还有许多不符合社会主义本质要求的问题迫切需要解决。但是历史和现实的经验已经昭示：只要高举中国特色社会主义伟大旗帜，坚定不移地走中国特色社会主义道路，既不走封闭僵化的老路，也不走改旗易帜的邪路，不动摇、不懈怠、不折腾，就一定能在党和人民的创造性实践中开创中国特色社会主义更为广阔的发展前景，达到我们的宏伟目标。

第二章　民主社会主义思潮论析

第一节　民主社会主义思潮及其本质

一　什么是民主社会主义思潮？

民主社会主义（Democratic Socialism）是当代社会党的意识形态和思想体系的总和。民主社会主义思潮的直接的载体就是1951年6月30日至7月3日成立的"社会党国际"（Socialist International）。在社会党国际的成立宣言《民主社会主义的目标与任务》中，第一次正式把民主社会主义作为社会党的旗帜在全世界面前举了起来。由于这次成立大会是在德国莱茵河畔的法兰克福召开，这个宣言也称作"法兰克福宣言"（Frankfort Declaration，又译为"法兰克福声明"）。正是这次法兰克福大会及其宣言《民主社会主义的目标与任务》，正式产生了对当代影响较大的民主社会主义思潮。

追寻民主社会主义的直接起源，必须以1951年社会党国际宣布的"民主社会主义"的本意和特征为起点，探究它的原初的典型形态，而不应该离开这一起点。当代民主社会主义思潮的直接起源就是1951年社会党国际成立大会的宣言。只有牢牢抓住民主社会主义思潮的这一直接起源，才能够准确把握民主社会主义思潮的本质及其特征。

民主社会主义不属于马克思主义范畴，也不同于一般的修正主义思潮。准确地说，民主社会主义是在马克思主义范围之外，在世界工人运动和一般社会主义运动范围之内，与国际共产主义运动并行发展的，在一部分工人运动之中传播的，一种资产阶级改良主义思潮。它是资产阶级意识形态长期影响工人运动的产物。民主社会主义思潮作为一种资产阶级改良主义思潮，是历史上的费边主义、工联主义的延续和发展。这种源远流长的改良主义，曾经影响了国际共产主义运动中的一些意志不坚定者，使他们变成修正主义者。伯恩施坦修正主义就是在英国工党的改良主义影响下产生的。所以，从某种意义上说，改良主义、修正主义、民主社会主义有内在的亲缘关系。它们在反对马克思主义指导、反对无产阶级专政、反对实现一定形式的公有制、反对无产阶级革命等问题上具有较为广泛的共识。因为这些思潮的基础都是工人运动中出现"工人贵族"的结果。但是，民主社会主义又与修正主义思潮不完全相同。修正主义是曾经相信过马克思主义而后来又变化成为背离或背叛马克思主义的思潮。民主社会主义则是从来不接受马克思主义基本原理的一种思潮。严格的说，它们的形态是不一样的，应该区别对待，具体情况具体分析。

"民主社会主义"并不是"民主"和"社会主义"两个概念的叠加，而是社会党国际专用的名词，有着自己特定的含义。民主社会主义之中的"民主"实质上是针对社会主义国家的政治制度而言，即指责当时世界上的社会主义国家共产党执政下的政权"不民主"，而只有它这样的政党才是"民主"的；它们所使用的"社会主义"，也不是我们理解的科学社会主义，而是一种资产阶级改良主义，是千百个非科学的社会主义思潮之一。民主社会主义取名的本意，就是区别于科学社会主义的社会主义，区别于共产党领导的社会主义。

社会党国际在举起民主社会主义这面旗帜的时候，具有明显的反共的立场。民主社会主义的反对共产党、反对社会主义国家的政治立场，是公开的，明朗的。在世界划分为两大阵营对抗的20世纪50年代，社会党国际在政治上是公开站在帝国主义一边，在帝国主义面前亦步亦趋，确实扮演着帝国主义帮凶的角色。在政治上，社会党国际是以反共起步的，这一点从它的成立宣言中就能得到充分的证明。这个《宣言》宣称："社会党人表示声援一切受独裁统治之苦的人民争取自由的努力，不论受到的是法西斯的独裁统治还是共产党的独裁统治。"①

---

① 《社会党国际文件集 1951—1987》，黑龙江人民出版社 1989 年版，第 5 页。

这个《宣言》第一次把"民主社会主义"作为社会党国际的思想体系，使它成为一个具有独特含义的专用名词。社会党国际最终选择了"民主社会主义"这个用语，主要的原因就是在帝国主义的反共主义面前，标榜自己与科学社会主义的区别和对立。近期有的研究者也比较客观地指出了社会党国际当年这一对抗的目的："论及历史渊源，民主社会主义是一个典型的针对性概念。第一次世界大战结束后，世界社会主义运动因第二国际的破产和俄国布尔什维克革命的胜利而分裂为两大流派。正是在这种迄今仍规定着社会主义基本力量格局的历史分野过程中，原第二国际改良主义的继承者们为了否定和批判苏维埃俄国的革命暴力和集权统治，而把自己的社会主义理论和实践称做'民主社会主义'，以强调它们同'非民主'的苏俄式社会主义的根本对立，表明它们对资本主义议会民主原则的尊重。"[1] 这些研究是比较客观的。这表明了"民主社会主义"这个概念从开始出现就具有突出的反共和亲西方社会的特色。它是与科学社会主义根本不同的一种社会主义流派。

社会党国际的这种反共立场源远流长，由来已久。社会党国际的前身是1923年成立的"社会主义工人国际"，其成员主要来自此前的"黄色国际"和"第二半国际"。"社会主义工人国际"的出现就是专门对抗列宁领导的第三国际即共产国际。1923年5月，"黄色国际"终于把"第二半国际"拉入，在汉堡正式建立了"社会主义工人国际"。这个国际强调社会民主主义，与布尔什维克和共产党人对抗。它们也开始使用民主社会主义称呼自己的理论体系。它们对经过暴力革命胜利的苏俄（1922年起为苏联）持对抗的态度。它们用"民主"的口号标榜，攻击苏俄的"反民主"和"专制"。正如雅克·德罗兹评论的："社会主义工人国际当时的主要思想状态当然是十分敌视布尔什维克政权：汉堡会议的与会者们一面口头宣称忠于正统的马克思主义——其实他们对马克思主义已不那么信仰了，一面又表示，他们从根本上反对苏俄所采取的方法。"[2] 应该说，由在第一次世界大战中破产的第二国际的残余（实际上是右翼）几经曲折组成的这个"社会主义工人

---

① 陈林、侯玉兰：《激进，温和，还是僭越?》，中央编译出版社1998年版，第30页。

② ［法］雅克·德罗兹：《民主社会主义1864—1960》，上海译文出版社1985年版，第202页。

国际"正是未来社会党国际的原形。"社会主义工人国际"的理论体系和政治主张比较准确地代表了未来社会党国际的基本倾向。

当然，在社会党国际后来的发展历史中，社会党国际的对外政策也发生了许多变化，它并非固定不变地坚持反对共产党的立场。但是，它确实是以反共起家，确实配合过帝国主义，确实以对抗列宁领导的苏维埃俄国和苏联为己任，这却是铁定的事实。

民主社会主义思潮的实质是资产阶级改良主义。某些社会主义国家的共产党领导人在改革中背离科学社会主义的原则，提出实践社会党的民主社会主义的主张，最终葬送了社会主义制度，落得一个红旗落地、亡党亡国的悲剧结局。

二 民主社会主义与科学社会主义对抗的历史

在世界社会主义运动中，科学社会主义与民主社会主义思潮，分别以社会主义国家与社会党国际为载体，进行了长期而尖锐地对抗。这两大思潮在政治上的对抗实际上持续了20世纪的绝大部分时间，至20世纪70年代末才开始逐步向接触和交往的关系转化；即使在短暂的缓解和短期的合作的时候，由于复杂的国际政治形势的影响，思想上的对立也是始终存在的。

这是在现实世界社会主义运动中始终存在的两种根本不同的倾向。只有梳理共产党人与社会党人复杂的关系发展史，认清这两种社会主义思潮的原则差别和思想对立，才能在与社会党交往的新形势下，保持科学社会主义的正确立场。

在第二次世界大战中，虽然社会党在德国和意大利都遭到镇压，但直到"社会主义工人国际"于1940年垮台，社会党人始终没有解除反共反苏的立场。各国社会党采取了各不相同的政策，在部分国家内，实现了社会党与共产党的合作，但主流和大部分仍然没有实现合作。在这样严峻的形势下都难以达成合作，足以看出，实现社会党与共产党这两种政党合作，并不是人们一相情愿的事情。这样的不同性质的政党的合作，需要严格而必要的政治条件。

1. 社会党国际成立前后的对抗阶段（1946—1951年）

第二次世界大战之后，英国工党获得了特殊的地位。它是少数几个保存了健全组织的社会党之一，又是对各国流亡社会党人进行庇护的大本营。它的特殊地位使它当仁不让地于1944年9月就在执委会上研究各国社会党未来的国际联合问题。经过1946年5月召开的第一次国际社会党代表会议，1947年选出了英国工党总书记摩根·菲利普斯主持5人小委员会执掌实权。这样，国际社会党代表会议的领导权就转移到在小委员会中占绝对优势地位的右翼社会党手里。直到1951年6月30日国际社会党代表会议在德国法兰克福举行，社会党国际才算完成了它的筹备工作。在这一筹备期间，确定了社会党国际的政治基调。

本来在1946年的筹备会议上还在争论：到底要建立一个清一色的社会党国际，还是建立一个既有社会党也有共产党参加的"工人国际"。东欧各国社会党由于在自己的国家都与共产党有合作关系，主张吸收共产党参加，否则，以退出相威胁。但1947年3月，美国总统杜鲁门提出旨在全球进行反共的"杜鲁门主义"，推动了各国社会党的反共情绪。加之当年9月欧洲共产党情报局的建立，西欧社会党就最终坚定了分裂和反共的决心，彻底否决了建立一个包括社会党和共产党在内的国际的可能。

1948年3月，国际社会党代表会议的伦敦会议，第一次公开向共产党宣战。会议开除了保、捷、罗等国的与共产党实行合作的社会党，并号召当时波兰社会党抵制与共产党的合并。

关于对待马克思主义的基本态度问题，在1949年12月的社会党代表会议的巴黎会议上发生了相持不下的争论。英国工党、丹麦社会党和德国的右翼领导人主张全盘抛弃马克思主义，甚至把马克思主义说成是社会党的"天然的灾难"。① 德国的某些理论家则歪曲马克思主义的本质，认为作为民主社会主义基础的人道主义与马克思早期著作中的人道主义有密切关系，提出"原来形态的马克思主义，就是人道的、自由的和民主的社会主义"，② 企图把马克思主义人道主义化。

还有的社会党采取断章取义、各取所需的手法歪曲马克思主义、肢解马克思主义而拒不接受整个马克思主义的理论体系。社会党对待马克思主

---

① ［奥］尤·布劳恩塔尔：《国际史》第3卷，上海译文出版社1986年版，第245页。
② 林建华：《世界工人运动中的国际性组织史纲》，中央编译出版社1995年版，第338页。

义的这些不同态度，决定了日后其内部无穷无尽的争论和分裂，同时也决定了社会党与共产党在意识形态上的基本分歧，使得社会党与共产党的合作有了明确的限度。由于这个方面的原因，在指导思想方面，1951 年的《法兰克福声明》做了含糊的规定："不论社会党人把他们的信仰建立在马克思主义的或其他的分析社会的方法上，不论他们是受宗教原则还是受人道主义原则的启示，他们都是为共同的目标，即为一个社会公正、生活美好、自由与世界和平的制度而奋斗。"① 这种表述的实质，实际上是企图调和社会党国际内部的各种分歧，进一步强化资产阶级改良主义的倾向。

1951 年 6 月成立的社会党国际，是前"社会主义工人国际"在组织上的延续。其成立宣言《民主社会主义的目标与任务》公开而系统地奉行"民主社会主义"，公开而系统地攻击科学社会主义。这就开始了所谓民主社会主义与科学社会主义正式全面对抗的新阶段。由于社会党国际在筹建的过程中明确了社会党右翼的基调，成立宣言中带有明显的反共倾向就不奇怪了。它对共产党人进行了猛烈的抨击和诽谤。它使民主社会主义从一开始就打上了反共主义的烙印，反共主义成为民主社会主义的突出特征。这样，一个与共产党人对抗的国际组织及其思潮就正式形成了。

2. 以对抗为主的 20 世纪 50—60 年代：充当帝国主义阵营的附庸

社会党国际的成立过程显然是世界冷战的产物，它的反共主义的脉搏也必然会随着世界格局的变化而起伏。社会党国际在各个时期总是标榜自己是"第三种势力"、"第三条道路"，似乎在资本主义和社会主义道路之间骑墙中立。事实却是：在两大阵营对峙的冷战时代，由于社会党国际在政治上采取了追随帝国主义的立场，成为帝国主义阵营的同盟军和附庸。在这个时期，社会党国际及其所属各国社会党与共产党的关系不是骑墙和中立而是明确的对抗，主要原因应该归于社会党国际追随美国的反共主义。

在 20 世纪 50—60 年代，社会党人与共产党人的关系以斗争和对抗为主。社会党国际成立的宣言《民主社会主义的目标与任务》，不仅公开树起了与科学社会主义理论对立的民主社会主义的旗帜，而且公开了与共产

---

① 《社会党国际文件集（1951—1987）》，黑龙江人民出版社 1989 年版，第 3 页。

党人的敌对立场。这个宣言的主要篇幅和重点，不是批判资本主义或追求社会主义，而是重点批判共产党人的理论与实践。整个《宣言》处处充满了对共产党人的攻击，给共产党人妄加了许多罪名。这方面的内容包括：（1）他们指责共产党人"分裂"工人运动。成立宣言说，"在俄国布尔什维克革命后，共产主义造成了国际劳工运动的分裂，并使社会主义在许多国家中的实现推迟了几十年。"（2）他们还攻击共产党人以马克思主义为指导。成立宣言说，"共产主义妄称继承了社会主义的传统，但事实上，它歪曲了这个传统，使它面目全非。它建立了一种僵硬的、同马克思主义的批判精神不相符合的神学。"（3）他们攻击共产党人加剧了阶级分化。成立宣言说，"社会党人的目的在于消灭这种剥削，以实现自由与公正；而共产党人则只是为了建立一党专政而企图使这些阶级的分化加剧。"（4）他们攻击社会主义国家的无产阶级专政。成立宣言说，"国际共产主义是新帝国主义的工具。不论在什么地方，只要它获得政权，它就破坏自由和获得自由的机会。它的基础是建立在军事官僚和警察恐怖之上的。""它创立了一种新的阶级社会。强迫劳动在它的经济组织中起着重要作用。"（5）他们还把"法西斯独裁"与共产党政权相提并论，都称为"极权主义"。成立宣言说，"社会党人表示声援一切受独裁统治之苦的人民争取自由的努力。不论受到的是法西斯的独裁统治还是共产党的独裁统治。"① 在世界上已经消灭了法西斯独裁的情况下，大喊与这两种"独裁"作斗争，斗争的真实锋芒只能是对准共产党人。可见，社会党国际在帝国主义推行反共和"冷战"的过程中，成为帝国主义得力帮手。在这种政治氛围中，只有严峻的对抗，而谈不上合作的可能。这个时期各国共产党人对社会党国际及其代表人物的批判，只有放在这样的历史环境里，才能得到公正的理解。

这个时期，社会党国际对抗共产党人的立场是非常顽固的，不会因为某些共产党人的某种变化而改变。1956年2月14—24日召开的苏共二十大，赫鲁晓夫大反斯大林，同时公开表示有必要发展与社会党的合作。但赫鲁晓夫对社会党的暗送秋波却并没有换来社会党的青睐。同年3月24

---

① 《社会党国际文件集（1951—1987）》，黑龙江人民出版社1989年版，第3—5页。

日，社会党国际理事会宣布，"最近，苏共代表大会上出现的共产党的策略变化并不足以证明共产党独裁统治的原则和政策有了真正的改变。""民主社会主义的立场是坚决拒绝同独裁政党组成任何统一战线或任何其他形式的合作。"① 同年4月7日，社会党国际执行局的伦敦会议发表的《关于社会主义与共产主义的声明》，进一步表明社会党国际不买赫鲁晓夫的账，声明说："社会主义与共产主义毫无共同之处。共产党人完全歪曲社会主义思想。""对斯大林的批判并没有从根本上改变共产党政权的性质。即使有集体领导，它依旧是一个独裁政权；而它们现在的列宁主义，只不过是斯大林主义错误思想和罪恶行为的早期版本。"尽管声明称"我们注意到苏联共产党公开声称它有同各国社会党建立某种形式合作的愿望"，但最终的结论仍然是"最近共产党策略的变化并没有为民主社会主义背离其既定立场提供任何依据，民主社会主义坚决拒绝同独裁政党建立任何统一战线或任何其他形式的政治合作。"② 这说明社会党人与共产党人、科学社会主义与民主社会主义之间的分歧，是根本原则性的分歧，不是策略性的争论。由于这种对抗的氛围，任何合作的设想都是没有现实根据的。

1957年匈牙利事件发生后，社会党国际执行局发布声明，对暴乱"表示感谢和钦佩"，"他们向全世界表明了独裁统治是可以被推翻的"；在苏联红军平息匈牙利事件后，社会党国际又于1957年11月30日至12月2日的理事会上作出决议："严正抗议俄国反对匈牙利人民的战争。苏联政府的行动野蛮地否定人道主义和社会主义的民主原则。"同时，把苏联称做"俄国帝国主义"。在社会党国际第五次代表大会上，又作出了《关于匈牙利及政治迫害受难者的决议》，"号召全世界人民抗议共产党反革命为争取匈牙利自由的战士进行报复而采取的残酷恐怖手段。"③

1962年6月社会党理事会在挪威的奥斯陆举行会议，发表了调整政策的《奥斯陆宣言》（Oslo Declaration）。这个宣言的基本动态是加大了对殖民地国家独立运动的关注，承认了社会主义国家建设成就的基本事实，但

---

① 《社会党国际文件集（1951—1987）》，黑龙江人民出版社1989年版，第68页。
② 同上书，第73页。
③ 同上书，第74、85页。

是仍然固守对抗共产党人的政治立场，同时对中苏之间关系的破裂幸灾乐祸，有企图利用矛盾的迹象。《奥斯陆宣言》肯定"苏联领导人不顾中国共产党人的反对，放弃了资本主义和共产主义战争不可避免的理论……然而实际上，这只是一种策略变化。"这个宣言认为中苏之间的争论，"俄国和中国的领导人在根本性的政策问题上发生分歧。他们之间的不同利益导致意识形态方面的冲突。""表明共产党人主张的对个人、国家和社会发展的极权主义控制，是同人的天性、国家的作用和人类社会进化不相符合的。""他们的一党专政实际上是暴政的体现"。① 东欧国家的"非斯大林化"也没有讨得社会党国际的任何好感，在奥斯陆会议的《关于东欧的决议》中，公开表明："社会党国际理事会再次抗议东欧共产党的独裁统治，它们不让人民拥有民主形式的政府，也不给工人运动以自由。它关于非斯大林化的声明并没有给这些国家带来真正的民主。"② 可见，社会党国际对共产党人虽然在词句上有所松动，但这种对抗的立场没有根本的改变。

自从奥斯陆声明以来，社会党国际虽然对美国的对外战争和国内歧视黑人的政策不断出现微词，但并未导致政治对抗的态度，而真正敌对性的批评是对准共产党人的。1965 年 10 月 4 日的社会党国际执行局伦敦会议上，专门讨论了日本社会党代表团访问莫斯科、北京和雅加达的问题，在发表的声明中，竟然援引 1951 年《法兰克福宣言》中对抗共产党的原则条文，向日本社会党施加压力："根据这个声明，不允许社会党的党员和个人，更不允许社会党国际的成员党与共产主义和其他形式的独裁者的政策、目标和组织认同。"③ 既然 20 世纪 50 年代对抗共产党的原则条文不断被引用和坚持，就说明社会党国际对抗共产党人的基本立场没有改变。

1968 年 8 月，以苏联为首的五国军队入侵捷克斯洛伐克，激起许多国家共产党的强烈抗议，也激起社会党国际的强烈抗议。社会党国际理事会的哥本哈根会议指责苏联的行为"暴露出苏联企图强加于其他华沙条约集团盟国关系中的帝国主义特征"，"这一勾起了人们对希特勒入侵捷克斯洛

---

① 《社会党国际文件集（1951—1987）》，黑龙江人民出版社 1989 年版，第 145 页。
② 同上书，第 149 页。
③ 同上书，第 178 页。

伐克的回忆的帝国主义行为"是"斯大林主义的复辟",是"对'社会主义'和'民主'等词句的玷污"。① 除了以往的攻击以外,社会党国际把苏联称做"帝国主义",并且继续把苏联的行为与希特勒相提并论,同时攻击"斯大林主义"。这与当时与苏联对立的左翼共产党人的态度不同,他们只攻击和抗议苏联行为的"社会帝国主义"的性质,但并不借此攻击所谓"斯大林主义"。这说明,社会党国际对社会主义国家及其意识形态的态度没有根本性的改变。

1969年6月召开的社会党国际第十一次代表大会上,通过了集中论述对待共产党政策的《关于共产党国家和共产党的发展的决议》。决议的第一条就体现了社会党国际对抗共产党人政策的连续性和顽固性:"社会党国际代表大会重申它在1951年的声明《民主社会主义的目标和任务》和1962年的声明《社会党人对今日世界的看法》中所表述的对共产主义的立场。"它们真正感兴趣的是共产主义阵营的分裂和独立倾向的出现,声明说:"在一些共产党内部,出现了执行更为独立的民族政策的努力,而在一些共产党统治的国家里,也出现了另一些旨在一定程度上改革共产党独裁统治的倾向。这一进程是南斯拉夫共产党开创的,它宣称对两个国际共产主义中心都保持中立。""这些运动和思潮都被极权主义的共产党官僚斥为'修正主义'。"② 从根本上说,这个《决议》确实继承了自从社会党国际成立以来的对抗共产党的政策和立场,除了对南斯拉夫等国家的独立倾向寄予某种希望以外,还是运用满口的"独裁统治"、"极权主义的共产党官僚"等称呼共产党。这个时期原则上还是对抗为主流。

3. 趋向缓和与合作的20世纪70年代:交往但并不取消原则界线

20世纪70年代的世界政治格局发生了许多重要的变化。美苏实力的接近,东欧国家对苏联的离心倾向,西欧国家对美国的离心趋向,西德和东德都跃居世界十大国之列。加之在西德1969年10月由社会民主党人勃兰特当选总理,开始实行与苏联、东欧国家缓和的"新东方政策"。这些重要的变化对社会党国际形成了很大的影响,推动着社会党国际的对外政

---

① 《社会党国际文件集(1951—1987)》,黑龙江人民出版社1989年版,第206页。
② 同上书,第222、224页。

策发生重要变化。只是在这个时期，社会党国际才开始具有对共产党采取新的态度的现实可能性。因此在 20 世纪 70 年代一开始，社会党国际的对外政策就逐渐出现新的迹象：改变冷战时期的对抗共产党人的立场，放弃与共产党人誓不交往的禁令，采取更加现实的态度。

这种政策改变的迹象最早可以追溯到 1969 年勃兰特派出"新东方政策"的设计者、政府国务秘书埃贡·巴比出访莫斯科，与苏联外长葛罗米柯会晤。西德领导人不久承认了东德的平等地位，又与东欧其他国家领导人实现了互访，确认边界领土现状，建立友好的国家关系。

在勃兰特新东方政策的影响下，社会党国际的政策开始转变。1971 年 5 月的赫尔辛基理事会，开始抛弃冷战立场，赞成东西方缓和的政策。这次会议的总决议说："社会党国际深信，目前为缓和与合作采取决定性步骤的可能性比第二次世界大战以来任何时候都大，世界不应丢掉这个机会。""70 年代应当成为合作的时代。其目标应是结束东西方之间的冷战。美国和苏联正开始在限制战略武器会谈方面取得进展。在维利·勃兰特总理的领导下，德意志联邦共和国通过以其坚定不移的勇气推行的东方政策已经改变了欧洲的政治气候。"① 这是 20 世纪 50 年代以来社会党国际第一次抛开冷战思维、转向缓和与合作的起点。从此之后，社会党国际及其诸党与共产党人的合作出现了可能。但是，人们常常忘记或不愿意提到这样一个事实，即勃兰特"拒绝接受与共产党人结盟的完整的'人民阵线'概念"，"对共产党人将保持明确的分界线。与此同时，他似乎又不把门关死。"② 看来，勃兰特在热情的接触的政策背后，其原则立场并没有什么改变。而可悲的是，某些共产党的领导人却在这一政策性的转化中忘乎所以，错把他乡当故乡，片面否定自己的历史，甚至投靠到社会党的怀抱，其结果就是可想而知的了。

1972 年 4 月的社会党国际执行局在阿姆斯特丹召开的特别会议进一步强化了这一缓和的趋势。会议专门讨论了社会党与共产党的关系问题，得出结论说："社会党国际的成员党应当自由地决定它们自己与其他政党的

---

① 《社会党国际文件集（1951—1987）》，黑龙江人民出版社 1989 年版，第 234、241 页。
② ［德］维·赫·德拉特：《维利·勃兰特传》，商务印书馆 1989 年版，第 390 页。

关系问题"。① 社会党在国际事务和国内政治中与共产党的联合行动逐渐增加，社会党国际作为一个整体也开始主动与一些国家的共产党进行接触和合作。

20 世纪 70 年代中期，社会党国际在第三世界的能源、原料和市场的吸引面前，仍然僵化地固守"欧洲中心主义"，显得不合时宜；随着欧洲一体化的加强，1974 年成立的"欧洲共同体各国社会党联盟"几乎取代了其核心职能，使得社会党国际处境尴尬。在一筹莫展之际，1976 年 11 月在日内瓦召开的社会党国际第十三次代表大会发生了政策性的较大调整，带来了社会党国际的所谓"第二次复兴"。这次代表大会在组织和政策方面都作出了较大调整，特别是选举上届副主席勃兰特为本届主席。从这次大会的决议的文字来看，仍然没有放弃反共的言辞，如：决议认为，"只有民主社会主义才能够维护和保障人权，减轻殖民主义、可耻的种族隔离、残存的种族主义和种族歧视所造成的后果。""在当今世界上，资本主义和共产主义依然表现为现代社会压迫的主要形式"。② 但是，这次大会也有明显的变化，勃兰特在大会上所作的主题报告，充满了摆脱传统做法，采取灵活性原则的精神。实际的政策变化更加明显，一是不再盲目追随美国，而是对美国的批评增加了，这显然是与欧洲的一体化的政治趋向一致的；二是不再对苏东社会主义国家采取僵化的敌对的立场，这就增加了互相交往的可能性。

4. 推动剧变的 20 世纪 80 年代：加大和平演变力度与苏东国家的崩溃

20 世纪 80 年代初期，社会党国际在新东方政策的指导下，对各国共产党展开了全面的交往活动。法国和德国社会党对苏联、东欧国家的一系列访问和交往，特别是对中国的访问和交往，引起了较大的反响。另一方面，社会主义国家在 20 世纪 80 年代先后都展开了改革的浪潮，共产党人及时调整和改变了过去由于双方敌对形势下而采取的对抗政策。至 20 世纪 80 年代中期，中国已经与 36 个国家的社会党建立了党际之间的关系。苏联共产党总书记戈尔巴乔夫更是走向极端，竟然对社会党的价值观念十

①　林建华：《世界工人运动中的国际性组织史纲》，中央编译出版社 1995 年版，第 369 页。
②　《社会党国际文件集（1951—1987）》，黑龙江人民出版社 1989 年版，第 301 页。

分感兴趣，多次提出向社会党学习，并派出高级代表团访问学习。

社会党国际在组织上和政策上在 20 世纪 80 年代有了明显的发展。在组织上，它冲出了欧洲，在亚非拉地区得到很快的发展，成为遍及五大洲的国际组织。它的"中立化"的倾向，基本上摆脱了依附于美国的形象，成为游离于超级大国之外的"第三种力量"，工作的重点由过去的反共转为追求和平与发展，这些增加了对社会主义国家及其政党的吸引力。

但是在这个过程中，如果以为社会党国际放弃了意识形态的斗争，那就大错而特错了。这个时期的特点是与社会主义国家及其执政党交往合作，但丝毫不动摇自己的政治立场，这一点表现了资产阶级意识形态的影响力和连续性。社会党国际这个时期支持苏联的持不同政见者就是一个例子。1980 年 2 月的社会党国际成员党领导人的维也纳会议，以争取人权的旗号，抨击苏联"迫害"持不同政见者，其声明说："苏联对安德列·萨哈罗夫的折磨是共产党国家中那些表达不同政见的人不断遭受迫害的一个明显例证。"① 翌年 12 月召开的社会党国际主席团巴黎会议的声明中，又攻击波兰的军管，公开支持团结工会的活动，声明说："社会党国际谴责波兰的军事接管和随后对公民权利的粗暴镇压。""社会党国际要求立即释放所有遭到监禁和拘留的人，让自由团结工会有可能自由地开展活动，以及结束镇压和军事管制。""社会党国际认为在波兰发生的民主进程为波兰和整个世界带来了极大的希望。我们绝不接受用武力摧毁这场人民运动。"② 可见，社会党国际虽然在国际政治事务中与美国摆开了距离，但在和平演变社会主义国家方面却又形成了隐形的呼应。这是人们不得不面对的一个潜在的不和谐因素。这为社会党国际在关键时刻推动社会主义国家的剧变埋下了伏笔。

由于社会党国际在 20 世纪 80 年代初面临经济危机和转嫁经济危机的挑战，又面临保守主义和右翼保守党的挑战，许多政党在国内政治中出现衰落的窘境。社会党国际遇到的危机与共产党人无关。共产党人既没有构成对社会党国际的挑战，也没有对社会党国际有任何攻击。但是，社会党

---

① 《社会党国际文件集（1951—1987）》，黑龙江人民出版社 1989 年版，第 354 页。
② 同上书，第 381 页。

国际即使在这样的时期也没有对共产党人的意识形态"宽容"或"让步"。在1983年4月的社会党国际第十六次代表大会的宣言中，大力论证民主社会主义的唯一正确性，"民主社会主义不是对不可能出现的未来的一种空洞梦想。它……成为资本主义和一党制国家共产主义的替代力量。"同时，在谴责了"撒切尔、里根之流"的"右翼势力"之后，仍然攻击共产党国家"陷于严重困境"，并把原因归结为"共产主义制度"，"共产主义的社会经济制度在很大程度上是造成这种恶化的原因。"同时，它们甚至还引导社会主义国家出现"人道的社会主义"的潮流，"在共产党国家里，凡是自由运动无不在追求'社会主义的人道面孔'，而不是追求资本主义复辟，这些运动不仅遭受本国社会内的镇压力量而且还遭受苏联镇压力量的严厉压制。"[①] 由于某些社会主义国家执政的共产党对社会党国际的现代迷信，社会党国际的这些说教真正解脱了它们的思想顾虑：在共产党领导的国家里，现在似乎已经不存在任何"资本主义复辟"的可能，无论怎样折腾都是走向"人道面孔的"社会主义。在这里，人们不难发现苏联解体的阴影。

　　1989年6月社会党国际在瑞典的斯德哥尔摩召开的第十八次代表大会及其发布的《社会党国际原则宣言》（即《斯德哥尔摩宣言》）是一个具有逆转意义的事件。这次大会对民主社会主义的内容进行了补充，突出强调"民主和人权"，声称要按照民主社会主义的原则塑造21世纪的面貌。《宣言》一反当时加强合作的态度，竟然重新回到了反共立场，声称要以"人权和政治公开性"为武器，加强对社会主义国家的攻势，鼓吹共产主义失去吸引力，"社会党国际支持一切通过自由化和民主化来改革共产党的社会的努力"，支持苏联、东欧的共产党向着"人道的民主的社会主义"政党演变。[②] 这表明了在社会主义国家的改革中出现"动乱"的时候，社会党国际的真实的政治态度，那就是促使把共产党政权搞垮，以显示民主社会主义存在的价值。

　　随后几年的时间里，社会党促使苏联、东欧国家的共产党先后都演变

　　① 《社会党国际文件集（1951—1987）》，黑龙江人民出版社1989年版，第400、418页。
　　② 林建华：《世界工人运动中的国际性组织史纲》，中央编译出版社1995年版，第385页。

为"民主社会主义"党的战略，取得了意想不到的"成效"。苏联共产党总书记戈尔巴乔夫1988年7月就在党的十九次代表会议上抛出了"人道的民主社会主义"的改革目标，1990年7月又提出党的二十八大的声明："走向人道的、民主的社会主义"。尽管党内当时就有人清醒地指出，这么搞，"苏共到底是依然站在共产主义的立场上，还是正在倒退到社会民主主义?""一个繁荣昌盛的国家被搞掉了"。但是，戈尔巴乔夫却一意孤行，他坚持认为："我们的理想是人道的、民主的社会主义"，这是在"创造性地发展社会主义思想"。① 在东欧其他国家的剧变过程中，匈牙利、保加利亚、民主德国等社会主义国家，也先后以社会党取代了共产党，走上了民主社会主义之路。这样，20世纪最大的政治悲剧发生了：9个社会主义国家都是在民主社会主义思潮的引诱下，发生了多米诺骨牌式的倒台，使得世界的东西方都为之惊愕。

然而，社会党国际在欢呼苏东剧变的兴奋中并没有得到什么好处。在感受苏东国家多米诺骨牌效应的快感中，社会党国际不但没有获得实际的利益，反而陷于不曾料想的被动之中。被称为民主社会主义"麦加"的瑞典，社会民主党在长期执政的历程中于1991年失去了执政党地位。在苏东国家，实际取代共产党的并不是信奉民主社会主义的人和政党，而是更加极端的亲西方的势力。苏联信奉"人道的民主的社会主义"的戈尔巴乔夫，从剧变一开始就被赶下了台。其他东欧社会主义国家的共产党改变名称之后，又得不到社会党国际的信任，十分孤立，处境尴尬。社会党国际不愿吸收它们进入社会党国际。社会党国际本来想乘机对共产党进行和平演变，结果却导致了对自己的严重损害。随着社会主义低潮的到来，社会党国际的不景气也同时开始了。

同时，苏东剧变极大地改变了世界格局，也使得社会党国际一时失去了平衡。它一直表示的在资本主义和共产主义之间寻求"第三条道路"，或者说在两个超级大国之间摆平衡，但是现在这样的支点落空了。为了继续在世界上显示自己的作用，不至于堕落成无关紧要的力量，它必须重新为自己定位。在现实的世界格局之中，社会党国际重新定位的余地也显得

---

① 《苏联问题资料》，东方出版社1990年版，第35、57、63页。

越来越小，除了在政治上身不由己地向右旋转以外，几乎没有什么其他的选择。1992年9月在柏林举行的社会党国际第十九次代表大会，就是在政治上向右转的大会。鉴于苏联东欧剧变结局与社会党国际鼓吹"民主社会主义"分不开，所以大会回避这个提法，重新启用多年尘封的"社会民主主义"作为社会党国际思想体系的正式表述。大会通过的总决议就叫做《变化的世界中的社会民主主义》。看来，社会党国际甚至嫌弃民主社会主义，企图捡起古老的"社会民主主义"的旗帜，来重新包装自己并打造世界新秩序。那么，单从这一点看，经过苏东剧变这样一个大变化，社会党国际不但没有得到什么好处，反而不得不放弃坚持已久的民主社会主义，改旗易帜，向着旧有的社会民主主义回归，这到底是成功呢，还是失败？

　　20世纪80年代末和90年代初的社会现实，无论对共产党还是对社会党国际来说都是一剂良药。怎样总结这份宝贵的思想财富，对两类政党以及世界的前景都有至关重要的影响。

　　事实表明，社会党人与共产党人的接触对话与合作，并不是从根本上改变或放弃自己的思想政治主张。这使许多共产党人清醒了许多。社会党人与共产党人的协作，不等于他们的民主社会主义变成了科学社会主义，更不等于两种截然不同的意识形态消除了对立的本质。有些共产党人在与社会党人的协作和接触中，丧失了根本，抛弃了科学社会主义，接受了民主社会主义，走上了歧途，落了个亡党亡国的可悲的结局。这是20世纪最沉痛的教训。中国共产党与社会党国际的交往和合作，是冷静的交往。这样，既避免了"共产党趋向社会党化"的危险倾向，又发展了社会主义事业。

　　这就是反思这段历史时应该得出的结论。

三　民主社会主义与科学社会主义的根本区别

　　分析批判民主社会主义的理论，必须加深认识民主社会主义本质以及民主社会主义与科学社会主义的根本区别。中共中央宣传部理论局编写的《六个"为什么"》指出："民主社会主义的思想理论和政治主张，与科学社会主义是根本不同的，与马克思主义基本原理也是完全背离的。对此，我们要有十分清醒的认识。"①

　　民主社会主义与科学社会主义是性质根本不同的思想体系。

　　科学社会主义对未来理想社会的追求，是建立在科学世界观即辩证唯物主义和历史唯物主义对社会发展规律认识的基础上，认为生产力与生产关系的矛盾运动必然导致无产阶级革命和无产阶级专政，最终实现共产主义，这是人类历史发展的必然归宿。民主社会主义则不同，它们对理想社会的分析建立在价值追求的基础上，用公平、正义等超然于经济基础之上的概念，看待社会主义。这样就否定了无产阶级革命和无产阶级专政，把社会主义看做在资本主义基础上可以改良的东西。民主社会主义的思想源头，与马克思主义的科学世界观完全背道而驰。

　　科学社会主义是遵照马克思主义指导的学说、运动和制度，坚持唯物辩证法指导的真理的一元论，认为在一定的条件下对事物真理性的认识只有一个，反对彼亦一是非、此亦一是非的诡辩论，更反对以抽象的说教来看待历史。而民主社会主义则不然。民主社会主义在指导思想多元化的幌子下，提出的多元化的指导思想是欺骗人的，一旦遇到任何具体的问题就原形毕露，绝对没有容忍多种思想的胸怀。鉴于马克思在世界历史上的影响，它们有时也提到马克思，也引用马克思的某些词句，但绝对不接受马克思主义的基本原理。它们宁可千方百计地寻找马克思早期著作中的只言片语，把马克思主义歪曲成人道主义。但是，民主社会主义绝对不正面提到列宁和列宁主义。列宁领导的十月社会主义革命把马克思主义的科学社会主义学说变成了现实，戳穿了民主社会主义反对社会主义革命的本质，触到了它们的痛处，它们就彻底丢掉了多元化的面具，露出了反对共产主义的真面目。社会党国际在 20 世纪 50—60 年代与共产党人长期的对抗，根源就是对列宁及其实现的科学社会主义现实采取了敌对态度。社会党国际的反共倾向也是在这里确立的。为了对抗马克思主义和列宁主义，社会党国际实际打出了抽象的人道主义的旗帜。它们所宣扬的抽象的人、抽象的人道主义，确实成为腐蚀某些共产党人的思想武器。邓小平在 20 世纪 80 年代初期就指出："资产阶级常常标榜他们如何讲人道主义，攻击社会

————————

　　① 《六个"为什么"——对几个重大问题的回答》，学习出版社 2009 年版，第 38 页。

主义是反人道主义。我没有想到，我们党内有些同志也抽象地宣传起人道主义、人的价值来了……我们的人民生活水平和文化水平还不高，这也不能靠谈论人的价值和人道主义来解决，主要地只能靠积极建设物质文明和精神文明来解决。"①

总之，民主社会主义与科学社会主义这两种思想体系，理想不同、旗帜不同、指导思想不同、对资本主义制度的政治态度也不同。社会党人有时攻击和辱骂科学社会主义的表现，只有在这里才能找到它的本源。

民主社会主义与科学社会主义的根本区别主要表现在以下几个方面。

1. 对待资本主义私有制的不同态度

民主社会主义不主张消灭资本主义私有制，否定建立社会主义公有制的基本经济制度的必要，主张不改变资本主义私有制的情况下进行分配领域的改良。

民主社会主义主张在保留资本主义私有制的前提下，通过征税、建立职工基金等"一点一滴"的改良，实现"社会主义"。

在 1951 年的《法兰克福宣言》中，社会党国际也使用了"公有制"这样的名词，但它们并不主张建立"公有制"，而是否定建立公有制的必要性，认为私有制的存在是合理的。它们主张："社会主义的计划并不以所有生产资料的公有制为先决条件。它同重要生产领域内，如农业、手工业、零售业和中小型工业内私有制的存在是可以相容的。"② 现代社会党人的具体说法就是实行以私有制为主体的"混合所有制"。这个《宣言》还美化当代资本主义社会，认为："在某些国家，社会主义社会的基础已经奠定。在这些国家中，资本主义的弊端正在消逝，社会产生了新的活力。社会主义的原则正在行动中得到证实。"③ 这里提到的"奠定了社会主义基础"的国家，绝对不是指共产党执政的社会主义国家，而是没有发生社会主义革命的资本主义国家。因为，在社会党人的眼里，"共产主义妄称继承了社会主义的传统。但事实上歪曲了这个传统，使它面目全非……共

---

① 《邓小平文选》第 3 卷，人民出版社 1993 版，第 41 页。
② 《社会党国际文件集（1951—1987）》，黑龙江人民出版社 1989 年版，第 6 页。
③ 同上书，第 2 页。

产党人则只是为了建立一党专政而企图使这些阶级的分化加剧。"① 既然现实资本主义社会已经达到社会主义的目标，当然就不可能存在消灭私有制的革命了。在当代世界，社会党人曾在西欧许多国家长期执政，但是却没有任何一个执政的社会党在自己执政的过程中改变了资本主义国家的私有制。无论社会党人的言辞多么激进，一旦遇到资本主义私有制这个要害，他们就绝不敢越雷池一步。看来社会党人并不反对资本主义的私有制，"社会党人之所以反对资本主义……最主要的是因为它违背了社会党人的正义感。"② 似乎社会党人生来就有一种反对资本主义的天性，而任何其他人是没有这种天性的。这种说教不仅是失去了现实的根据，简直就是对工人阶级的欺骗。从这一点上看，社会党人连圣西门、傅立叶、欧文这三大空想社会主义者都远远不如。因为，三大空想社会主义者对现实资本主义的批判中，就已经明确指出私有制是不合理社会的万恶之源，必须消灭私有制才能实现理想社会的蓝图。而社会党人却在消灭私有制这一点面前畏缩了，甚至倒退到空想社会主义者以前去了。

　　科学社会主义对资本主义私有制的态度与民主社会主义相反，认为只有消灭或基本消灭资本主义私有制，建立生产资料的公有制，社会主义才是真实的。社会主义社会之所以叫做社会主义社会，最根本的条件和标志就是存在公有制。世界上不存在没有公有制的社会主义社会。马克思、恩格斯在《共产党宣言》中论证了，从所有制这个意义上说，"共产党人可以把自己的理论概括为一句话：消灭私有制。"③ 在《共产党宣言》最后的结语部分，马克思、恩格斯再次强调消灭私有制问题的重要性："在所有这些运动中，他们都强调所有制问题是运动的基本问题，不管这个问题的发展程度怎样。"④ 共产党人认为公有制为主体的经济基础的存在是政治权利平等的前提条件，是人民当家做主的基础。没有公有制，任何关于民主的说教都是虚伪的。因此，在社会主义国家的改革中，虽然所有制结构作了一定程度的调整，但仍然坚定地坚持公有制的主体地位，坚决反对私

---

①　《社会党国际文件集（1951—1987）》，黑龙江人民出版社 1989 年版，第 3 页。

②　同上书，第 7—8 页。

③　《马克思恩格斯选集》第 1 卷，人民出版社 1995 年版，第 286 页。

④　同上书，第 307 页。

有化的思潮和做法。这是共产党人绝不放弃的基本原则。

如果取消或忽视消灭私有制的问题，那样的"社会主义"就变成资产阶级也可以接受的东西，那就绝不是科学社会主义。因此，对待资本主义私有制的两种截然不同的态度，是科学社会主义与民主社会主义的根本区别。

2. 对待无产阶级先进政党在国家的领导权问题的不同立场

民主社会主义否定工人阶级对国家的领导，主张资本主义多党制。

民主社会主义各党，在政治生活中，是以遵循现实资产阶级政党制度为前提的。它们像某些资产阶级政党一样，习惯于两党或多党轮流执政，沿着资产阶级既定的政治轨道运作，从不威胁和触动资产阶级国家的根本制度。它们设计的社会主义国家，也是从资产阶级的政治蓝图出发的。社会党成立《宣言》提出："社会党人为通过民主的手段建立一个自由的新社会而奋斗……民主制是民有、民治、民享的政府……民主制要求不止一个政党有存在的权利和当反对派的权利。但是，民主制也有权利与责任来保护自己，以反对那些只是为了破坏民主而利用民主机会的人。"[1] 这里的民主制就是现实社会的资产阶级的民主制。它们认为，民主社会主义的政党只能沿着这种中产阶级的民主进行改良，与资产阶级政党循环地做上上下下地竞选游戏。谁主张打碎这个资产阶级的民主制，在社会党人看来就是大逆不道的。它们甘愿处于与资产阶级政党平等争夺和竞争的地位，不敢或反对提出夺取政权的革命。以此为圭臬，它们攻击作为无产阶级先进政党的共产党在社会主义国家的领导地位，将它污蔑为"独裁"或"极权主义"。社会党成立《宣言》污蔑共产党人说："国际共产主义是新帝国主义的工具。不论在什么地方，只要它获得政权，它就破坏自由与获得自由的机会。"[2]

科学社会主义认为，无产阶级的整体利益是不可分割的，坚持共产党在国家的领导地位是保证无产阶级和广大劳动人民群众根本利益不受侵犯的前提条件。无产阶级专政的要求就是无产阶级先进政党执掌国家的权

---

[1] 《社会党国际文件集（1951—1987）》，黑龙江人民出版社1989年版，第4—5页。

[2] 同上书，第3页。

力。共产党的领导地位，是社会主义各国人民在漫长的历史实践中作出的选择，由各个社会主义国家的宪法普遍作了明确的规定，是不可动摇的基本原则。社会主义国家决不搞多党轮流执政。当然，由于社会主义革命在经济文化相对落后的国家首先取得胜利，无产阶级先进政党取得权力后要自省、自律，跳出政权兴亡的周期律，必须加强党内建设。执政的共产党要在执政地位上不断完善和改进，充分建设党内民主和社会民主，加强党内民主监督和制衡机制，保持无产阶级先进政党的本色。某些执政的共产党，一旦接受社会党人的说教，十分"开明"地宣布放弃对国家的法定的领导权，声称与许多政党自由竞争上台，无不落个亡党亡国的可悲的下场。这已经是 20 世纪末屡证不爽的事实。

3. 对待马克思主义指导地位的不同态度

民主社会主义不以马克思主义为指导，主张指导思想多元化。

民主社会主义者宣称自己的思想来源是多元化的。用他们自己的话来说，就是所谓不相信任何指导理论，而要与许多理论并存。在《法兰克福宣言》中说："社会主义是一个国际性运动，它不要求对待事物的态度严格一律。不论社会党人把他们的信仰建立在马克思主义的或其他的分析社会的方法上，不论他们是受宗教原则还是受人道主义原则的启示，他们都是为共同的目标，即为一个社会公正、生活美好、自由与世界和平的制度而奋斗。"① 表面上看起来，他们似乎并不排斥马克思主义，但是他们在这种"不要求对待事物的态度严格一律"的背后，真正否定了马克思主义的指导地位。在他们的眼里，坚持以马克思主义为指导的共产党人，是"建立了一种僵硬的、同马克思主义的批判精神不相符合的神学"。② 社会党人始终排斥马克思主义的阶级分析方法和阶级斗争学说，排斥无产阶级专政的学说，不接受马克思主义的政治经济学，也不接受马克思主义的唯物史观。实际上，他们思想体系是一个改良主义的大杂烩，有时打起马克思主义的旗号，主要是为了欺骗工人群众。

共产党人坚持的科学社会主义，主张真理的一元论，认为马克思主义

---

① 《社会党国际文件集（1951—1987）》，黑龙江人民出版社 1989 年版，第 3 页。
② 同上。

是科学，是唯一正确而周详的世界观和方法论，是无产阶级求解放的唯一正确的理论。共产党人坚持以马克思主义为自己的思想基础和行动指南。马克思主义要随着时代的发展而发展，不能停滞不前，但是马克思主义的基本原理又是不能背离的。某些社会主义国家发生剧变的悲剧也一再表明，丢掉马克思主义的指导，背离马克思主义，必然走到邪路上去。

4. 对待无产阶级革命的根本态度不同

民主社会主义拒绝和反对无产阶级革命，主张资产阶级改良主义。

民主社会主义主张没有革命前提的改良主义，在无限期的延长中，使资本主义这条"幼虫"变成社会主义的"蝴蝶"。因此，它们不敢提出和实施无产阶级革命和无产阶级专政，而且拼命攻击无产阶级革命，认为革命破坏大而成果小。它们反对打碎资产阶级国家机器，安于在资产阶级专政的躯壳中寻求改良。"法兰克福宣言"攻击俄国十月社会主义革命，说："在俄国布尔什维克革命以后，共产主义造成了国际劳工运动的分裂，并使社会主义在许多国家中的实现推迟了几十年。"① 在社会党人的眼里，革命真是罪莫大焉！在社会党人看来，无产阶级革命耽误了社会主义的实现。它们的说教往往是令人越来越糊涂："社会主义的实现不是必然的。它要求所有信仰者作出个人贡献。它的做法不同于极权主义。"② 既然社会主义的实现不是必然的，那么要求个人为之作出贡献就是不合理的。这从根本上否定了无产阶级革命的必要性及其历史价值。在社会党人看来，谁搞了无产阶级革命，谁就是"极权主义"，破坏了社会的发展。由于社会党国际内部的复杂性，这个奇怪的逻辑也不能被许多国家的社会党接受，这只是社会党国际上层的一种主张。

对于资产阶级专政的国家机器，马克思主义的科学社会主义主张，必须把它打碎。这是创立崭新的社会主义制度的前提条件，否则无产阶级就不能抬起头来，挺起胸来。这是马克思、恩格斯在经历了 1871 年巴黎公社革命之后，觉得唯一应该在《共产党宣言》基础上特别强调的基本原理。马克思、恩格斯在《共产党宣言》1872 年德文版序言中特别强调了

① 《社会党国际文件集（1951—1987）》，黑龙江人民出版社 1989 年版，第 3 页。

② 同上书，第 4 页。

在《法兰西内战·国际工人协会总委员会宣言》中的一句话:"工人阶级不能简单地掌握现成的国家机器,并运用它来达到自己的目的。"① 在科学社会主义产生以来的 160 多年时间里,正是以列宁领导的俄国十月社会主义革命为代表的无产阶级革命,开辟了历史的新纪元,把社会主义由学说、运动提升到现实制度的阶段。社会主义制度是人类历史上区别于以往任何剥削制度的崭新的社会制度,在它发展的初始阶段,不可能从原有的剥削阶级旧制度中自然而然地和平地产生出来。它必须在帝国主义的链条上打开缺口,清理出自己的阵地,并不断发展壮大。这一历史使命离开无产阶级革命是不可能完成的。社会党人不但否定已经发生的无产阶级革命——俄国十月社会主义革命,而且从根本上否定一切革命的必要性,足以看出民主社会主义与科学社会主义的巨大的原则性的对立。

总之,民主社会主义与科学社会主义之间具有根本不同的性质。在世界上许多国家的共产党人出现"民主社会主义化"或曰"社会党化"倾向的时候,中国共产党人注意在理论上划清科学社会主义与民主社会主义的界限,具有重要的现实意义。

历史的发展,有时会出现惊人的相似之处。在国际共产主义运动或世界社会主义运动出现曲折的历史关头,最容易出现机会主义和修正主义思潮,这是一个规律。回想 20 世纪之交,也是如此。不过,历史也不会使现在与过去简单重合。如果说在 20 世纪之交,引人注目的主要现象是工人政党出现修正主义的倾向,那么在当前的世界社会主义运动中,十分引人注目的现象就是共产党出现社会党化的问题。这是在研究社会主义历史进程和资本主义的历史进程问题时应该注意的。

这正如现在仍然在中国中央编译局工作的德国专家埃克·考普夫在《欧洲社会主义失败的教训》一文中所指出的:"有这样一支最重要的长期的基本政治力量,它在 20 世纪行将结束之际使一连串社会主义国家倒退回曾给千百万劳动者带来饥饿、痛苦、贫穷、犯罪、疾病、教育落后和文化衰退的资本主义,这支力量就是国际范围的社会民主党。这支力量在民主德国西部边界划定之后,于 1961 年 8 月 13 日提出了这样的方案:

---

① 《马克思恩格斯选集》第 1 卷,人民出版社 1995 年版,第 249 页。

'通过亲近演变社会主义'！这就是说，在德国和欧洲消除社会主义不是通过公开的军事行动，而是通过收买那些准备从内部炸毁这一政治秩序的社会主义国家的内部力量来实现。原则上相同的方案也被用来对付中华人民共和国和越南共和国。社会民主主义意识形态首先对那些没有亲身经历过资本主义剥削、法西斯战争或者重刑监狱和集中营的德国统一社会党及政府中包括最高领导层在内的年轻一代领导人产生了影响，其实际后果是：它们的无产阶级的阶级意识和阶级判断力，它们捍卫社会主义的革命警惕性和积极性受到麻痹，因此轻信资本主义在本质上已经变得'文明'了，变得'和平'了。""事实再次证明了这一论断：如果人们在革命后只是半心半意地捍卫或者根本就不捍卫革命，那么随之而来的就是一场强烈的反革命。"①

还是旁观者清。这位德国专家的话真是入木三分，而且是善良之言，肺腑之言。社会主义国家的马克思主义者，是不应该不珍重这些劝慰的。我们之所以要致力于划清科学社会主义与民主社会主义的界限，就是立足于这个对于共产党人性命攸关的问题。

第二节 民主社会主义思潮在当代中国的泛起及其危害

一 中国近代的社会党与中共中央对民主社会主义思潮的早期批判

1. 中国在近现代历史上基本不存在民主社会主义发展扩张的土壤

中国近代以来半封建半殖民地的社会，生产力与生产关系的矛盾非常尖锐。帝国主义势力、官僚资产阶级与封建地主阶级共同在中国编织了世界历史上最黑暗的社会背景，不但阻止了中华民族振兴的希望，而且也不允许工人和农民劳动大众享有任何政治上的民主权利。所以，中国社会的性质决定，中国近代历史上根本不存在民主社会主义的土壤。但这并不意味着社会党之类的东西在中国没有任何反应。

毛泽东同志在 1956 年 8 月 24 日对音乐家谈话时说："马列主义的基本原理应该接受，不接受是没有道理的，也不利。第二国际曾经否定这些

---

① ［德］埃克·考普夫：《欧洲社会主义失败的教训》，载《国外理论动态》2002 年第 9 期。

基本原理，但是被列宁驳倒了。中国也有过'第二国际'——江亢虎的社会党，影响很小。"① 尽管江亢虎的社会党在中国没有多少存在的土壤，影响也很小，但这种现象表明，作为世界性的第二国际右翼的社会民主主义即后来的民主社会主义思潮的传播，在中国确有反应。

　　江亢虎（1883—1954）作为一个清朝官吏的子弟，曾经留学日本，周游欧洲各国，接受第二国际社会民主主义的影响，于 1911 年 11 月 5 日在上海举行会议，通过党纲，组建了所谓"中国社会党"。1912 年 10 月，在江亢虎主持下，在党章中写入了"本党……其宗旨在于不妨碍国家存立范围内主张纯粹社会主义"，深得国际社会党资产阶级改良主义的真谛。1913 年年初，社会党在南方的地方支部获得发展，号称拥有党员 50 多万人。面对孙中山先生发动的讨袁的"二次革命"，社会党地方支部的党员纷纷参加，有的甚至参加策动京津地区的反袁起义，遭到镇压。江亢虎竭力反对武力讨袁，呼吁各省军人保持"中立"。尽管这样，袁世凯还是下令解散中国社会党，严查其各地的组织。1913 年 8 月 31 日，江亢虎在上海租界内提前召开联合会议，宣布辞去中国社会党"本部主任"和"总代表"的职务，跑到美国当教授去了。中国社会党的活动到此结束，寿命仅仅 1 年零 4 个月。后来，江亢虎又有 3 次令中国社会党"复党"的活动，但完全改变了性质，走向了反动。江亢虎本人也于 1940 年 3 月当了汉奸，成为汪精卫伪"国民政府"的考试院院长。抗日战争结束后，江亢虎被作为汉奸拘捕判刑。新中国成立后，江亢虎在狱中继续接受改造，1953 年写下了服罪的《十大罪状自白书》，1954 年病死狱中。

　　20 世纪初期，江亢虎活动的中国社会面临着进行资产阶级民主革命的形势。当时的中国处于半封建半殖民地的社会。由于帝国主义和封建主义的严酷的统治，旧中国没有任何民主可言，没有可以利用的民主机制和渠道。因此，中国的特定环境决定了没有改良主义生存的条件。在当时的中国这块土地上，要么站在帝国主义、官僚资本主义一边，维护它们的统治；要么就要结成无产阶级政党，拿起枪杆子，以暴抗暴，完成革命赋予的历史使命。面对封建主义的压迫和束缚，面对西方帝国主义的压迫和掠

①《毛泽东文集》第 7 卷，人民出版社 1999 年版，第 78 页。

夺，中国亟须进行资产阶级民主、民族革命。但当时资产阶级革命尚未完成，国家的独立自主问题没有解决，本质上属于资产阶级改良主义的社会党的思想，在中国没有传播的条件。

西方的社会党大多产生在工人运动比较发达的基础上，是工人运动中的改良主义派别。19世纪初，西方各个帝国主义国家都利用自己在掠夺殖民地半殖民地的财富和超额利润，豢养工人贵族，使他们中间产生温和的改良主义的派别，以维护自己的统治。社会党的改良主义思潮产生于工人贵族存在的现实。而中国的改良主义却是在工人运动没有形成的条件下产生的。它一开始就是资产阶级的中、右翼势力的代表，与孙中山的资产阶级革命派的思想背道而驰。这也是它没有发展余地的历史原因之一。

2. 中国共产党十分重视对社会党思想理论的批判

在社会党国际与社会主义国家采取对抗态度的20世纪50年代，其对中国的态度是有节制的一种对抗。中国共产党一边灵活地利用一切可能的机会，争取社会党影响下的群众，争取建立统一战线，一边对社会党的本质有着清醒的看法。

民主社会主义与修正主义在历史上具有亲缘关系。民主社会主义影响下的工人运动和国际共产主义运动，很容易出现修正主义思潮。如果说英国工联主义、费边主义、麦克唐纳主义这些民主社会主义的前身影响伯恩施坦，使他成为修正主义鼻祖的话，那么当代的民主社会主义思潮也必然对当代共产党人产生不可忽视的影响。民主社会主义与现代修正主义就在这里找到了结合点。

当社会党国际成立之后，民主社会主义开始向东欧社会主义国家和苏联传播，在东欧国家分别出现了所谓的"新马克思主义"，"人道主义派"，"布达佩斯学派"。民主社会主义长期影响苏联的结果，就是在苏联产生了赫鲁晓夫主义。这些新的偏离马克思主义的思潮都是民主社会主义影响下出现的变异形态，这就为20世纪50年代苏东国家的小低潮打下基础，也为后来各国共产党进一步演变为民主社会主义的社会党打下了基础。

以1956年的"匈牙利事件"为标志，20世纪50年代苏东国家出现的国际共产主义小低潮的时候，引起了中国共产党对社会党思想理论的重视。毛泽东同志特别提议并主持党中央编译了社会党的民主社会主义理论的一些代表性的著作，提醒党内的有关同志注意研究。当时，毛泽东同志还特别提议在内部印发了英国工党领导人麦克唐纳的《批评的建设的社会主义》一书，并把它作为社会党的代表性著作来研究，提高全党对这种思潮的认识。这是具有远见卓识的举措。毛泽东同志不愧为伟大的马克思主义思想家和理论家。历史事实证明，他对社会党的思想理论的这种科学的预见性、洞察力在全世界都是罕见的。

在社会党国际与新中国的对抗的年代，中国共产党十分冷静地把社会党作为资产阶级政党来对待，同时也有许多灵活地分析。这是十分稳妥的。在20世纪60年代的中苏论战时期，在中国共产党向苏共中央提出的报告书《关于和平过渡问题的意见提纲》中，中共中央指出："社会党不是社会主义的党。除了个别的左翼以外，它们是为资产阶级服务，为资本主义服务的政党，是资产阶级政党的一种变形。在社会主义革命问题上，我们同社会党的立场是根本不同的。不能模糊这种界限。模糊这种界限，有利于社会党领袖欺骗群众，不利于我们争取社会党影响下的群众。但毫无疑问，加强对社会党的工作，争取同社会党的左派和中间派建立统一战线，是很重要的。"①

中国共产党对社会党参加资产阶级政府轮流执政的看法也是十分冷静的，客观的。中共中央是这样评价社会党的这一行为的："当工人政党蜕化变质为资产阶级御用政党的时候，资产阶级可以允许这样的党在议会中占有多数议席，也可以允许它们组织政府。例如，若干国家的资产阶级性质的社会民主党，就是这样。"②

1963年6月，中共中央在复信苏共中央提出《关于国际共产主义运动总路线的建议》时，再次正式对当时社会党坚持的社会民主主义即民主社会主义进行全面的评价。《建议》指出："把眼前的运动当作一切，临时应付，迁就眼前的事变，牺牲无产阶级的根本利益，那就是十足的社会民主主义。社会民主主义是一种资产阶级思潮。列宁早就指出，社会民主党

① 中共中央：《无产阶级革命和赫鲁晓夫修正主义》，人民出版社1964年版，第51页。
② 同上书，第27页。

是资产阶级的政治队伍，是资产阶级在工人运动中的代理人，是资产阶级的主要社会支柱。在任何时候，共产党人必须在无产阶级革命和无产阶级专政的基本问题上同社会民主党划清界限，在国际工人运动中和各国工人群众中肃清社会民主主义的影响。毫无疑问，共产党人应当争取社会民主党影响下的群众，应当争取社会民主党内部那些愿意反对本国垄断资本和外国帝国主义控制的左翼分子和中间分子，同他们在工人运动的日常斗争和维护世界和平的斗争中实现广泛的联合行动。"① 应该说，中共中央对社会党及其民主社会主义的评价是十分客观的，既认定其资产阶级的本质属性，又不放弃对其左翼、中间派的争取工作。在当时的情况下，已经属于十分清醒的认识了。

二　民主社会主义思潮在新时期泛起的主要表现

1. 国际政治格局的变化与我党调整对社会党的关系

在 20 世纪 70 年代以后，由于国际政治格局的变化，社会党国际对共产党人的态度发生较大幅度的转变。随着两大阵营对抗格局的逐渐解体，社会党国际的对外政策也发生较大的变化。西德社会民主党主席勃兰特，自 20 世纪 60 年代以来，就推行"新东方政策"。勃兰特于 1976 年当选社会党国际主席，就开始改行现实主义政策。此后，社会党国际的发展冲出欧洲，向亚非拉第三世界各国扩展，大量新独立的国家的执政党加入社会党国际，改变了社会党国际的结构和某些主张。明显的变化是：由依赖美国变为谴责美国；由公开反共变为谋求与社会主义国家接触；社会党国际的工作重点转为和平裁军，促进南南合作，支持民族解放运动。这样，社会党国际与各国共产党的关系，就由过去的尖锐对抗逐渐转为寻求协作。

1980 年的社会党国际第十五次代表大会决议，对中国的改革开放颇感兴趣。决议指出："我们感兴趣的注意到，中国已经开始使它的政策更接近主张国际对话的政策。这个新的方针是同我们正怀着极大兴趣密切予以关注的中国国内变化连在一起的。"②

---

① 中共中央：《关于国际共产主义运动总路线的建议》，人民出版社 1964 年版，第 15—16 页。
② 《社会党国际文件集（1951—1987）》，黑龙江人民出版社 1989 年版，第 366 页。

自 20 世纪 80 年代开始，中国共产党也根据国际政治格局的变化调整了同社会党国际各党的关系。当时，中共中央对外方针方面提出了"超越意识形态的差异，谋求相互了解和合作"，愿意在共同点或相似点上同所有国家的社会党、社会民主党和工党进行接触对话、交往和合作。尽管这些党一般都不赞成共产主义，对社会主义也有各自的解释，但是我们认为，意识形态、发展道路、社会制度归根结底应当由各国人民自己来选择，这方面的分歧和差异不应当成为谋求相互了解和广泛合作的障碍。至 1986 年，中国共产党已经与 36 个社会党建立了党际之间的交往关系。中共代表还应邀列席了社会党国际的代表大会。

至 20 世纪 80 年代后半期，苏共也与社会党调整了关系，对社会党的民主社会主义作了新的评价，开始了接触对话和协作。

值得注意的是，社会党人与共产党人的接触对话与合作，并不是从根本上改变或放弃自己的主张。相反，随着社会党国际在全球扩展势力的发展，他们更加把自己坚持的民主社会主义标榜为一种介于资本主义与科学社会主义之间的"中间势力"，把共产党人领导的社会主义同西方的资本主义都当成"专制主义"加以挞伐，只有民主社会主义"成为对资本主义和一党制国家共产主义的替代力量"。① 在与共产党人缓和并与社会主义国家友好接触的同时，他们依然支持原东欧各个社会主义国家的动乱，积极参加对社会主义国家进行"和平演变"的活动。这使许多共产党人清醒了许多。

社会党人与共产党人的协作，不等于他们的民主社会主义变成了科学社会主义，更不等于两种截然不同的意识形态消除了对立的本质。有些共产党人在与社会党人的协作和接触中，由于丧失了根本，抛弃了科学社会主义，接受了民主社会主义，落了个亡党亡国的可悲的结局。经验教训表明，在与社会党调整关系和合作的过程中，共产党人一定要认识到：这种合作是基于独立自主基础上的一种合作，而不是否定自我、投靠对方的一种合流；这种合作只是一种统一战线性质的团结，不是无产阶级政党之间的那种同志间的团结。

---

① 《社会党国际文件集（1951—1987）》，黑龙江人民出版社 1989 年版，第 399 页。

合作和交往的新现实也使得一些共产党人产生了误解或片面认识，似乎共产党人与社会党人可以毫无界限的称兄道弟、"彼此接吻"、融为一体了。这真是大错特错的事情。中国共产党与社会党的关系的调整，保持在合作的层面，没有发生否定自我的现实，所以尽管也受到苏东剧变的影响，但还是能够保持稳定发展的势头，取得社会主义建设事业的成绩。苏联和东欧许多社会主义国家执政的共产党，由于否定了自我，接受了社会党民主社会主义的思潮，在关键时刻改变了党的性质，改变了共产党人追求的目标，使得那里的社会主义事业遭受了严重的挫折和失败。在这种情况下，中国共产党人对民主社会主义思潮进一步进行了反思，与社会党的关系进入更加冷静交往的新阶段。

2. 宣传"瑞典模式"的民主社会主义热潮

在新时期，曾经在半个多世纪的时间里没有露面的民主社会主义，借改革开放之机，在中国重新出现了。由于中国共产党从改革伊始就强调坚持四项基本原则，民主社会主义思潮受到压抑，每次都是只露水中冰山之角。最初是有人在新闻传媒领域不加分析地介绍瑞典等民主社会主义的社会情况；最后是有人公开提出"只有民主社会主义才能救中国"的政治口号。

由于党的对外联络政策的调整，社会党被定性为"友党"，1982—1986 年间，我们党与 36 个社会党建立了正式的党际交往关系。随着这一对外联络的新进展，国内舆论界悄然兴起了介绍北欧民主社会主义的"福利政策"和社会发展状况的热潮。

1989 年 1 月，仅中央一家大报就连续发表了《"从摇篮到坟墓"的社会保障制度》等 6 篇介绍瑞典推行民主社会主义情况的报道。在这些系列报道之前，该报纸编辑部还加了一个编者按说："瑞典王国……是世界上最富的国家之一。1985 年人均国民生产总值达 13500 美元。产业工人平均月工资 2000 美元以上，教授月薪 4000 美元。人均住房近 2 间，约 40 平方米。在瑞典，城乡差别、工农差别、脑体劳动差别接近消失。人民安居乐业。妇女平均寿命 80 岁，男子 74 岁。目前，世界上很多国家都在探寻瑞典模式的奥秘。"① 编者按列出的内容，正是当时中国国内大众最看重、最

---

① 《光明日报》1989 年 1 月 19 日。

向往的内容。宣传瑞典"三大差别"的消失，"从摇篮到坟墓全包下来的政策"，言外之意就是批评我们搞了几十年社会主义，也远没有达到瑞典的水平，至今没有较好地解决在瑞典已经实行的那些福利政策和社会保障措施。新华社记者也先后发表《瑞典官员为政清廉》、《"瑞典模式"引起苏联重视》等文章。这些材料造成了一种舆论，扩大了民主社会主义在国内的影响。这些材料也造成了一种误会，好像只要搞民主社会主义，就会使得任何一个国家都能够出现瑞典的气象。

对于瑞典模式的崇拜从此大为时兴。但是人们在鼓吹瑞典作为民主社会主义典型的时候，往往忽略了对瑞典的实际的特殊国情的分析，把一切功劳都归于民主社会主义，这是不符合实际的。

瑞典，真是一个具有明显特殊性的国度。瑞典，在其民族语言之中的含义就是"安宁的国家"。瑞典的社会建设情况是由诸多特殊的社会历史原因促成的，并非搞民主社会主义的结果。

第一，瑞典具有 200 年的和平建设的环境，这是全世界少有的。

自 1815 年与拿破仑的战争以后，瑞典就没有进行过战争。瑞典利用自己偏居斯堪的纳维亚半岛的特殊地理位置，长期坚持武装中立的和平政策，在第一次世界大战和第二次世界大战中，都没有加入任何战争集团，成为欧洲唯一没有卷入两次世界大战的国家，因而没有被战争蹂躏和破坏，在延续了近 200 年的和平环境里持续发展，国家的政治、经济、文化发展获得了得天独厚的条件。这种条件是．全世界罕见的。

第二，瑞典人口稀少，而自然资源丰富。

瑞典全国的人口 900 多万，比北京或上海的城市人口还少。但是同时，瑞典又是一个自然资源丰富的国家。瑞典具有丰富的森林、钢铁、水利资源，号称"欧洲锯木厂"、"森林王国"。较少的人口享用较优越的自然资源，社会生活具有明显的优势。有些去瑞典参观的人津津乐道乘车在瑞典高速公路上驰骋，很长时间只看到连续不断的森林，而看不到一个村庄。确实，这样的环境和自然资源反映了瑞典的特殊优势，这不是每一个国家都能够具备的。

第三，瑞典具有特殊有利的民主传统。

瑞典的民主传统在欧洲也是独一无二的。即使在中世纪的封建主义社会时期，瑞典封建时代的国王也不能世袭，每一位国王的更替，都是由一定的贵族选举团体经过民主选举产生的。这种封建社会一直流传下来的传统，很容易在资产阶级民主建设中得到完善。

第四，瑞典是一个单一性很强，有利于国家团结统一的国度。

瑞典定位于北欧一隅，长期稳定发展，形成了单一的民族，单一的语言，单一的宗教，单一的文化。这些条件使得瑞典不存在民族纷争的争斗，也不存在文化分裂，这一点在欧洲也是罕见的。试看一些多民族的大国，民族问题在国内政治中的作用和影响，就足以能够理解瑞典这一方面发展的特殊优势。

这些都是今日瑞典形成发达状况的重要因素。如果人们抛开这一切不计，片面强调民主社会主义对它的作用，实际上歪曲了瑞典的精神，也不符合瑞典的发展历史和实际。我们今天这样分析瑞典的国情，使得人们更加客观地、科学地分析瑞典模式，对于我们今天建设符合中国情况的中国特色社会主义，会有一些参考和帮助。

3. 所谓"体制内的"宣言：《中国需要新的转变》

1998 年出现的一份号称是中国国家政权"体制内"的人物撰写的《中国需要新的转变——民主派的纲领意见》，是在党的十五大之后，出现的民主社会主义思潮的一份代表作。

这份"纲领意见"，最初由一个叫做"方觉"的人执笔起草，据说最早是在 1997 年年底提出来的。后来由民运分子携带到国外，在 1998 年春季发表。对这一文本进行报道的国内外报刊有：法国的《费加罗报》，美国的《华盛顿邮报》，《国际前锋论坛报》，中国台湾的《联合报》等。中国台湾的《联合报》在报道这个文本时，编辑了系列文章，标题分别是：《震撼中南海的一份民主改革纲领》，《中共青壮代推动民主纲领》，《中共改革派秘密宣言在法曝光》，还请自称为"中国人权主席"的刘青写了介绍文章《关于"中国需要新的转变"的说明》，该报还邀请方觉写了"本文背景资料"。

据各报介绍的情况，方觉是这一文本的作者，1955 年出生，北京人，1982 年毕业于北京大学。他先后任职的单位是：水电部系统、中国社会科学院政治学研究所、福州市政府系统。1995 年"下海"经商，在北京经营一家贸易公司。他曾担任过福州市计划委员会副主任。这可能就是国外有些人把他说成是体制内、"中共青壮派"的所谓根据。

据所谓"中国人权主席"刘青介绍，这个《纲领意见》有三点值得注意："第一是这份纲领性意见群体的身份。他们是一批中层甚至高层的官员，占据着中国政治运行架构中的重要位置，这是前所未有的。""第二是这份文件的内容。关于民主政体的主张很全面、成熟，也很解放和前瞻；而且从写作风格和表达方式看，与以往异议人士的公开信建议信有所不同，可以看到中共重要文件的类似风格。""第三是这份文件发表的时间。邓小平死后……政治权力之争还在激烈的较量和划分之中。"①当日《联合报》的记者文章更加夸张地说：对于方觉执笔的这一意见，"参与讨论者多是在中共政治中具有实际运作实力的青壮官员，他们认为目前一些七十岁左右的党政官员，并不了解中国大陆的政治实际。""由于这份民主改革的纲领意见出自中共体制内部，迥异于过去体制外的民运人士提出抗议的形式，因此受到中南海和海外的高度重视。"他们还煞有介事地说："据悉，这份文件最近已经送到中共各中央委员、候补中央委员、中央政治局常委的手中。"②

从内容上来说，这个文件所表达的思想，的确属于民主社会主义思潮的范畴。这说明，在共产党人的青年一代干部中，出现类似苏联戈尔巴乔夫那样的民主社会主义的思潮是不奇怪的。

这个《纲领意见》打着"现代化"的旗帜，要把中国纳入另外的一个方向上去。它表达的民主社会主义思潮的观点，主要表现在以下几个方面。

第一，在思想上，强调指导思想上的多元化，反对马克思主义的指导地位。这个《纲领意见》在"承认多元文化"的一章中提出："尊重思想观念的多样性。推动人类各种进步思想的输入、讨论、传授、流行，是不应受到箝制的知识分子的文化使命与道义责任。""任何有生命力的理论都必须接受平等的思想竞争。灌输和压抑只会导致民间思想与官方思想、文

---

① 刘青：《关于"中国需要新的转变"的说明》，中国台湾《联合报》1998年3月10日。
② 《中共青壮代推动民主纲领》，中国台湾《联合报》1998年3月10日。

化精英与政治当局难以沟通，使中国的现代化进程失去对公众有感召力的精神支撑。""由政党、政府调度人力、物力、财力，按指定的思路和框定的格式开展文化活动，模糊了文化生活的自由性与人民性的基本特征。""重温和仿照"左"的时期的"左"的作品，萎缩了精神活力并迟滞了文化前进。需要以开明而开放的文化指针取代限制和封闭的文化气氛。①

　　这里，作者提出了"思想观念多样性"的主张，批评了"由政党和政府"的力量"按指定的思路"的做法，抨击"灌输和压抑"和"箝制知识分子"的倾向。他把1997年前后的文化界说成"重温和仿照左的时期的左的作品"，要提倡"开明和开放的方针"，要推动西方的那些所谓"进步文化"在中国的"输入、讨论、传授、流行"。这是民主社会主义的思想路线的典型主张。

　　第二，在政治上，强调遵行西方资产阶级议会制度，力图建立所谓自由竞选上台的、多党轮流执政的政治制度。遵行资产阶级的政治制度，不敢触动资产阶级专政的国家政权，这是社会党人的民主社会主义的基本特征。《纲领意见》在"启动民主进程"一章中提出，"以自由、公正的直接选举为前导，将延续了近半个世纪的传统的人民代表大会改革为真正独立行使立法权，决定政府组成权和行政监督权的现代议会。"为此，《纲领意见》又提出了自由成立独立于共产党领导之外的组织："需要允许公民自由地组织维护群体权益和公共利益的非政治性的与政治性的社会团体。独立的、自由的开展活动的工会、农会、商会、学生会、专业工作者协会、公益组织、宗教团体等应该成为当代中国的活跃因素。"它提出的"政党政权体制分离"的方案中，主张："现代化进程中的政党与政权的关系也应现代化，只能通过竞争性的公职选举和议会内的党团活动，依据公平的法定程序和公认的政治规则，正当地影响立法过程、行政决策和人事安排。"最后直接提出了多党轮流执政的主张："以人大代表普选、出版、结社自由、党政体制分离为起点，适时地将中国的民主进程拓展到构筑宪政基础、开展多党政治、民选行政首长、军队国家所有、司法充分独立的现代国家的根本制度。"

---

　　①　《中国需要新的转变》，中国台湾《联合报》1998年3月10日。

《纲领意见》的这些主张，要比国内曾经出现过的资产阶级自由化思潮更加露骨地照搬西方的政治制度。这种企图从建立类似波兰的"团结工会"的组织为突破口，进一步打乱我国的政治制度，在排斥共产党的前提下，形成各资产阶级政党自由竞争的国家制度。它提出的政党与政权分离，政党与军队分离，政党与民众团体分离，实际上是肢解人民民主专政的手段，企图让苏联和东欧国家发生的悲剧在中国重演。

第三，在经济上，主张建立以私有制为主体的混合经济制度。在"加大经济自由"一节中，《纲领意见》除了主张大幅度地降低国有企业的比重以外，还提出："在合理界定产权和公正分配股权的基础上，将'集体经济'转化为混合经济和私人经济。允许私人经济大步走向规模化、集约化、联合化、现代化。""国民经济的一切行业对私人投资开放，并充分认可私人资本的自由流动。""允许外资自由地进入银行、证券、保险、运输、通讯、贸易、建筑、娱乐、公用事业等广泛的服务领域并享受平等的经营权限。"总之，按照《纲领意见》的主张，我国的基本经济制度，不用太长的时间，少则几年，多则十几年，就会变成类似西方的"以私有制为主体"而不是"以公有制为主体"的"混合经济"。这种对社会党经济制度的模仿，是一幅非常可怕的未来图画。

第四，在对外政策上，主张出卖国家主权，投靠美国，建立所谓的"中美合作"。《纲领意见》主张放弃对南沙、西沙、西藏、台湾的主权，打压朝鲜，讨好日本。它提出，我国对南沙和西沙群岛不能"谋求施加军事影响"，要"抑制朝鲜对韩国的军事压力"，认为"日本早已成长为民主的法制的和平国家……支持日本在亚洲事务和世界事务中起更大的作用。"在对待我国领土西藏的问题上，《纲领意见》完全采用了英国殖民主义者的腔调，提出，"历史上的西藏对中国保持了高度自主的政治地位。1950年以前中国仅对西藏行使过有限的宗主权。"在对待我国台湾的问题上，《纲领意见》又完全采用了台湾民族分裂主义的立场，提出，"中华人民共和国和中华民国具备对等的国际法地位"，"对台湾社会的各种政治主张和政治活动采取由台湾自己依法处置的立场"，台湾的前途也要尊重台湾"自愿选择"，要"永远排除……一切武力解决方案和以武力相威胁的手段"。这样一套外交方略，可以看出《纲领意见》极端反动的政治立场。

《纲领意见》始终打着"现代化"的旗帜，实际上是促使中国变天的主张。方觉这种方案的本质，就是让中国要走一条戈尔巴乔夫的路线，即迅速把中国社会主义事业搞垮的路线。

4. 曹思源提出改变共产党名称为"社会党"的主张

20 世纪 90 年代民主社会主义思潮在中国传播的特点就是与资产阶级自由化结伴而行。所谓"天则研究所"的曹思源就是这样一个典型的代表人物。

曹思源早在 1999 年 10 月在香港"夏菲尔国际出版公司"出版了他的代表作《人间正道私有化》一书。在这本书中，除了鼓吹"人间正道私有化"以外，还主张把中国共产党改名为社会党。在江泽民提出"三个代表"的重要思想以后，曹思源又提出要从政治体制入手，把中国改造为多党轮流执政的制度。可以说，曹思源的思想是民主社会主义思潮在 20 世纪 90 年代末和 21 世纪初的反映。

在这一书中，曹思源耸人听闻地提出要把中国共产党改名为社会党的主张。值得注意的是，他的这番主张是他在美国伯克利大学演讲中提出来的，是说给美国人听的，做给美国人看的。香港《前哨》月刊 1999 年 11 月号以《中国政治经济改革走向》为题，刊登了曹思源的这篇演说稿。在这篇演说中，曹思源说："据我所知，中国将要发生的一个巨大变化就是：中国共产党将要改名为中国社会党。"他还号召："大家共同来努力推动，促进中国共产党改名。我们展望十六大，期待十七大。根据我的预计，大概经过一两次代表大会的努力，这个事情也许可以办成。"①

曹思源提出这一主张的所谓根据是对邓小平一个讲法的歪曲。他首先编造说，在起草十五大报告时，请示邓小平的情况："江泽民这个报告里的'几十代'，可不是随便说说的。其实这话是邓小平的思想。起草文件的时候，邓小平还在世。当时请示了邓小平，说几十代就是几千年呐。邓小平说，没错，就是要搞几十代人的社会主义。"这种活灵活现的描述有什么根据呢？曹思源是一个善于描写的专家，他说："几十代人，这个几就是个 X，我给它定义为 20 代到 90 代。中国人的计算方式，是 30 年为

---

① 曹思源：《中国政治经济改革走向》，载香港《前哨》月刊 1999 年 11 月。

一代。如果是 20 代，就是 600 年，中国要搞 600 年的社会主义，结果你看得见吗？我看不见，我的孙子的孙子也看不见。而 600 年还只是下限。上限是 90 代，是 2700 年。""从孔夫子到孙中山，时间横跨 2476 年，还不到 2700 年。这就是说，我们中国搞社会主义，要从孔夫子搞到孙中山。秦皇汉武、唐宗宋祖、元明清、民国、中华人民共和国，这么长时间都搞社会主义。请问，既然我们要搞 2700 多年的社会主义，那么我们这个执政党叫社会主义党不是正好吗？至于 2700 年后究竟要不要搞共产主义，那是要由我们孙子的、孙子的、N 次方的孙子，由后代人去投票决定，我们无权决定 2700 年后人们的道路。"①

曹思源提出这一主张的目的是取消共产主义的目标，同时取消科学社会主义的方向。曹思源说："邓小平把共产主义的目标推到了遥远的未来。既然共产主义目标是遥远的，既然在 2700 年的征程里都要搞社会主义，那么，把共产党改名为社会主义党，简称社会党，不就更加合情合理了吗？"这里，曹思源通过所谓共产主义 2700 年才能实现的荒唐结论，反过来否定共产主义的社会理想。曹思源玩弄了两个"技巧"：一是把社会主义党与共产主义对立起来，认为搞社会主义的就不应该是共产党，似乎社会主义不是共产主义的运动，似乎共产党只能搞共产主义，连发动社会主义革命、进行社会主义建设的资格都没有了；二是把社会主义的党再偷换为社会党，社会主义的党派很多，社会党只是其中一个派别，是工人阶级队伍中的改良主义派别，它和科学社会主义的共产党或社会主义党的本质根本不同。

曹思源提出这一主张的直接政治目的是改变党的性质，达到和平演变的结果。曹思源的心曲是这样的："改变党名仅仅是一个名称问题吗？显然不是，它有非常深远的意义。这里只讲一个浅显的意义，就是让人民放心。现在有些人投资，老怕政策变，怕方针变。我现在搞投资，说我是企业家，下次搞运动，把我打成新生资产阶级分子，然后把我共产了，我就完了。如果把共产党改名为社会党，共产党不共产了，你就可以放心了，所以这个最浅显的意义就是：我们可以安心地、踏踏实实地、长期地搞社

---

① 曹思源：《中国政治经济改革走向》，载香港《前哨》月刊 1999 年 11 月。

会主义了。"看来，共产党的存在，使得曹思源先生总是"不放心"、"不安心"，他代表了一种人的利益和心态。

江泽民提出"三个代表"重要思想之后，曹思源先生又抓住这一新变化，掀动民主社会主义的思潮。2001 年夏季，曹思源先生又发表《政治改革关键在于党自身的改革》等文章。在这些文章中，曹思源先生进一步表达了民主社会主义的政治主张。

曹思源先生歪曲"三个代表"重要思想，歪曲党的性质。他在公开发表的文章中说："'三个代表'思想中，最关键的是：共产党要代表最大多数人民群众的根本利益。它的新意在于，淡化了阶级性，而强化了全民性。因为在社会主义市场经济发展的历史新阶段，不可能人为地划分阶级。共产党要作为全民的优秀代表，直接为全民的共同利益奋斗。"[1] 这是与他在前几年所鼓吹的社会党的主张是一脉相承的。他的要害就是根本否定社会主义现阶段的阶级和阶级斗争，拒斥阶级分析的方法，抹杀中国共产党本质上的工人阶级的阶级性，制造中国共产党成为"全民党"的舆论。"三个代表"的重要思想自从提出之日，就是在强调党的阶级性的基础上讲党的先进性和代表性的。就现有的文件为依据，江泽民第一次比较完整地表述"三个代表"的重要思想，是在 2000 年 2 月 25 日在广东考察工作时的讲话。他提出"三个代表"的重要思想的出发点是："在对外开放和发展社会主义市场经济的条件下，我们党如何始终保持工人阶级先锋队性质，更好地代表最广大人民的利益……"[2] 我们党在十六大通过的新的党章，仍然保留了对国内存在阶级斗争的论述。不仅如此，江泽民在论述"三个代表"的重要思想的讲话中，还特别强调阶级斗争和阶级分析的方法。他指出："我们同国内外各种敌对势力在渗透和反渗透、颠覆和反颠覆上的斗争将是长期的、复杂的。这是阶级斗争在我国一定范围内仍然并将长期存在的主要表现。""只要阶级斗争还在一定范围内存在，我们就不能丢弃马克思主义的阶级和阶级分析的观点和方法。这种观点和方法始

---

[1]　曹思源：《政治改革关键在于党自身的改革》，载《中国国情国力》2001 年第 5 期。
[2]　《江泽民文选》第 3 卷，人民出版社 2006 年版，第 1 页。

终是我们观察社会主义同各种敌对势力斗争的复杂政治现象的一把钥匙。"① 这说明我们党对阶级斗争的存在和特点认识是清楚的，没有陷入抹杀阶级存在的"阶级斗争熄灭论"。承认阶级斗争的存在，就不可能"淡化阶级性而强调全民性"，更不可能接受"全民党"的说法。江泽民多次强调党的工人阶级先锋队性质。他在中纪委第五次会议上的讲话指出："我们党是中国工人阶级的先锋队，是全心全意为人民服务的，绝不允许搞剥削阶级政党及其统治集团所追求的那种既得利益，也绝不能成为那样的既得利益集团。"② 我们党提出"三个代表"的重要思想，是为了保持工人阶级政党的品质，而绝不是要改变党的性质，淡化党的性质，更不是追求党的"全民性"。

曹思源先生追求社会党的民主社会主义的另一个突出表现，是他迷信和追求西方资产阶级的政党制度。他竟然在公开发表的文章中提出党内多派和"多党竞争轮流执政"的主张。他提出："一个国家的政党制度允许党与党之间进行竞争，是党内竞争的前提。共产党如果不允许其他竞争性的党派存在，就缺乏党内竞争、自我革新的动力。"③ 民主社会主义思潮的多党轮流执政的思想在中国一些人中有一定的市场。曹思源极力鼓动："党内应当允许合法竞争。"④ 他还主张把目前八个民主党派的独立性增加，让它们与共产党竞争，为资产阶级多党轮流执政充当吹鼓手。

曹思源还依照社会党的规则，提出中断共产党的经费，逼迫它去寻求捐款过日子。他提出："我建议通过立法，停止各级财政的拨款，修改党章，建立党的募捐制度，各级党委机关可以公开接受社会各界人士自愿捐款，这并不丢人。"他的设想是这样的："譬如说，甲县县委书记各方面都很优秀，人民群众捐款踊跃，这个县委的工作经费就充足；乙县县委书记是个南霸天式的人物，民怨沸腾，老百姓不用游行示威、上

---

① 《江泽民文选》第 3 卷，人民出版社 2006 年版，第 83 页。
② 同上书，第 184 页。
③ 曹思源：《政治改革关键在于党自身的改革》，载《中国国情国力》2001 年第 5 期。
④ 同上。

访告状，只要不给他捐款，乙县县委就要断粮了，南霸天就呆不下去了。"① 这样的方案确实是"绝招"。这样就能够治理腐败和渎职吗？共产党作为执政党，到底是靠捐款还是靠拨款，其实不用我们讨论。资产阶级政党早期就有这样的教训。它们的公职人员包括议会的议员，原来就是靠自谋经费的。这样有两个弊病：一是穷人无法支持自我谋取经费从事公职；二是有些人拿取某些大资本家的捐助，难免发生舞弊和许多不公正行为。因此，西方最晚从 19 世纪 80 年代，就实行了对公职人员的工薪制，而不是捐款制。在我国，如果实行这种捐款制度，会发生类似西方早期发生过的弊病。我们党是执政党，手中是有权力的，如果靠接受捐款生存，那就是"合理合法的"权力与金钱的结合，那就是明目张胆地以权谋私，那就会使老百姓彻底丧失对党的信任。那是多么可怕的情景啊。曹思源先生的这一招法，不论动机如何，稍有觉悟的共产党人都是不会接受的。

曹思源从宣扬把中国共产党改为中国社会党，继而提出实行西方多党轮流执政这样的主张，比较典型地代表了 20 世纪和 21 世纪之交的这个时期，民主社会主义思潮在中国的影响和蔓延。应该引起人们的注意和研究。

5. 所谓"新民主社会主义宣言"②

在进入 21 世纪之初，民主社会主义思潮在公开的报刊上没有了多少市场，像曹思源这样的人毕竟是极个别的表现。但是，随着互联网信息传播方式的出现，这股思潮找到了新的传播途径。这样，更加露骨、更加系统化、更加具有政党组织纲领性质的文件，就在互联网上出现了。

在 2000 年前后出现在互联网上的《新民主社会主义宣言》及其《社会民主党党章》，就是以社会党纲领面貌出现的文件，这是一篇系统的民主社会主义思潮的文件。作者表明这是"新一代社会主义者温和、和平的

---

① 曹思源：《政治改革关键在于党自身的改革》，载《中国国情国力》2001 年第 5 期。

② 由于有人对"新民主社会主义宣言"一词读不通，误以为这是一句发生了技术错误的话，这里有必要说明一下：这个专用名词的主干是"民主社会主义"，前面再加上"新"的意思。这样解释一下，就不至于误读了。这个提法的原意是"新的民主社会主义"。特此说明，以防读者误读。

改良主张"。① 这说明，虽然民主社会主义在中国很难成为主流意识形态，但潜在的威胁还是客观存在的。只要气候适合，它就会出来影响决策者和群众。

文章的作者自称是"一个毛头小子，一个打工仔，刚来北京一年，钱没挣多少，那颗压抑很久的心重新燃起了爱国热情"。他的教育履历是："上了大学，不务正业，研究政治、经济、历史、法律，推翻了自己的信仰而改信'民主社会主义'。"②

在各种思潮中，作者是这样进行评价和选择的：他认为自由主义者照搬西方教条，只知道写文章、发牢骚，一事无成；民族主义者思维狭窄、盲目排外，难当重任；被他指斥为"党奴主义者"的人闭着眼写书赚钱，吃闲饭；所以"只有民主社会主义是民主的、开放的、人道的、逐步改良的，不追求暴风骤雨的革命或运动而是利用现有资源，逐步改良，利国利民。"③ 在这个文件中，处处大骂斯大林是"精神病患者"，崇尚戈尔巴乔夫的公开性、民主化和人道主义；指责毛泽东"不懂外交"、"文化大革命使中国经济倒退了30年"、"数百万女知青在文化大革命中被奸污"，把毛泽东时代污蔑成"中国人民的血泪史、耻辱史"；认为邓小平复出是搞了"和平政变"，虽能"压制毛的极左派"，但还是犯了对学生"大开杀戒"的严重错误。从这些似是而非的狂乱的评价中，可以认定作者是一个在改革年代长大的、有极端主义政治倾向的年轻人。最初改革10年的最大失误，在这个年轻人身上结出了恶果，造就了这样一种人。可谓播下改革的"龙种"，却生出了背叛科学社会主义的"跳蚤"。

《新民主社会主义宣言》的作者承认："新民主社会主义的理论发源于西欧的民主社会主义（或社会民主主义）学说，它取当今社会两大社会主义流派的精华，立足于中国的国情，加以创造性改造、延伸和大胆突破，是一个极具发展潜力的社会主义派别。"④ 在这个文件的基本主张里，可以

---

① 《新民主社会主义宣言》封面口号，参见 http：//www. earthcun. com 或 E—mail：cnmfc@ chinese. com。

② 同上书，第8页，参见 http：//www. earthcun. com。

③ 同上书，第12页，参见 http：//www. earthcun. com。

④ 同上书，第24页，参见 http：//www. earthcun. com。

更加清楚地看到这个"新"的民主社会主义，基本上沿袭了西方民主社会主义的做法，没有多少所谓"创造性"的新意。

在指导思想上，《新民主社会主义宣言》崇尚西方民主社会主义的多元化的主张。它宣称："自己的指导思想是多元的、灵活的，反对僵化和教条。""新民主社会主义认为，不存在任何个人、组织团体、国家必须信仰、遵循的意识形态和理论指导。""社会是不断发展的，真理也是发展的、变化的、多元的，任何人或任何理论都不能垄断真理及对其的探索。""硬性规定为国家意识形态的'主义'、'思想'、'理论'等只能起维护当权者的既得利益的作用，它们的严重后果是国家的停滞不前和社会的集体愚昧。"①

在附属的所谓《社会民主党党章》中，进一步明确指出："社民党的指导思想是多元的，我们尊重世界上所有的人类文化遗产和正在发展、完善的文化，包括历史悠久、博大精深的中国文化，辩证唯物主义和历史唯物主义为核心的马克思主义，以人道主义为核心的欧洲文化等等。""社民党的指导思想是理性的、发展的，不盲目遵从任何理论、思想或经验，不把任何理论当作神圣的教条来崇拜。在社民党人的眼里不存在任何绝对的权威，我们不相信神话和神化的'先知'和'伟人'，社民党从人道主义出发不硬性规定党员必须信奉的教条，人民利益、社会实践和社会要求是我们最大、最好的理论来源。"②

在指导思想方面总的基调就是多元化。这和社会党国际成立宣言的基调完全一致，其手法也是相似的，简直就是1951年社会党国际《法兰克福宣言》的翻版。它声称尊重马克思主义，但又把马克思主义的指导说成"教条"；说是不崇拜任何理论和教条，但却坚持一切要"从人道主义出发"；在有的地方也声称拥护建设有中国特色社会主义，但在其他地方攻击我国现实的新闻政策是"戴上'中国特色'的大帽子而顽固不化"。所以，只能说，所谓新民主社会主义，实际上在指导思想上以取消马克思主义的指导地位为目的，以人道主义代替马克思主义。在"不迷信一切教

---

① 《新民主社会主义宣言》第35页，参见 http://www.earthcun.com。

② 同上书，第106—107页，参见 http://www.earthcun.com。

条"的口号下，陷入人道主义的泥潭。

在经济主张上，《新民主社会主义宣言》崇尚西方民主社会主义的经济主张，提出要把我国的所有制改为"社会所有制"。《宣言》对人们重视所有制问题表示不以为然。它认为："所有制结构已不再是判断社会主义制度的根本问题"。① "坚持社会所有制，鼓励各种所有制形式互相竞争，克服劳动的雇佣性质，每个人都是社会资源和自己劳动成果的拥有者，新民主社会主义实行自由市场经济，国家尽力避免直接干预，新民主社会主义是生态的社会主义，实行经济生态化，追求全人类的长远利益。"② 实际上，今天谈论的"社会所有制"，就是变相的私有制，加上新自由主义的主张。

在政治主张上，《新民主社会主义宣言》崇尚西方民主社会主义的政治主张，否定社会主义国家的现实政治制度，其政治理想是建立与西方接轨的资产阶级政治制度。虽然，在口头上，它也宣称："尊重和拥护目前的执政党，无意也决不追求执政党地位"。③ 但是，同时它又企图分解和取消共产党的执政地位，提出："每个人都有自由舆论权和自由结社权，其中包括为维护个人和团体的正当利益而建立工会、农会和政党等组织的权利"④ "任何社会团体、政党不得垄断国家和社会的管理权。"⑤ 祖国统一的严重障碍是"大陆的反民主政权和体制"⑥ 把我们的国家政权说成是"反民主政权和体制"，提出不许任何政党"垄断国家政权"，这就不像"尊重和拥护"共产党执政的样子。按照这个逻辑，就要成立类似波兰团结工会一类的组织、其他政党与共产党轮流执掌国家政权、把现实社会主义政权改造成西方社会的"民主政权"，这根本不是"尊重和拥护"共产党执政的表现。人们只能得出一个结论，这股所谓"新民主社会主义"思潮是与共产党领导的社会主义政权对立的。

---

① 《新民主社会主义宣言》第27—28 页，参见 http：//www. earthcun. com。
② 同上书，第29 页，参见 http：//www. earthcun. com。
③ 同上书，第26 页，参见 http：//www. earthcun. com。
④ 同上书，第37 页，参见 http：//www. earthcun. com。
⑤ 同上书，第38 页，参见 http：//www. earthcun. com。
⑥ 同上书，第82 页，参见 http：//www. earthcun. com。

在对外方针方面,《新民主社会主义宣言》模仿当代极端右翼的社会党的姿态,追随美国霸权主义,推行卖国主义和冒险主义。它学着美国敌对势力的腔调鼓吹"人权高于主权",认为我国的人权观"不适合现代社会人的需要,常借口维护主权和谴责霸权主义回避甚至反击西方国家的人权指责。"① 它甚至鼓动中国人民"承认、支持和赞赏美国驻军亚太地区,当然也不妨主动参加由美国占主导地位的亚太及世界安全体系。"② 不仅如此,它还为美国的行为开脱:"不停地轰炸伊拉克是因为它是侵略者,轰炸南斯拉夫是因为它进行民族大屠杀。"③ 在当代世界,持这种观点的人寥寥无几,除了美国统治者自己,仅有英国工党的布莱尔而已。除了追随美国的政策之外,还表现了一种荒谬的冒险主义。它竟然荒谬地提出要建立开放性的"中华联邦"。要把现在的蒙古共和国、朝鲜、中亚、南亚各国都纳入这个所谓的大"联邦"。④ 文件的作者从追随美国的卖国主义,又一下子跳到冒险主义的地步,其目的就是为美、日反华势力制造的"中国威胁论"提供口实。这种天方夜谭式的设想,丝毫不利于中国的建设和发展。

这份《新民主社会主义宣言》,不是什么成熟的作品。但出自年轻人的手笔,我们不得不重视。帮助青年认清民主社会主义思潮的任务还很艰巨。清理青年中民主社会主义思潮的表现形式和特点,引导广大青年远离民主社会主义思潮,是一个长期的思想政治战线上的任务。

第三节　民主社会主义思潮的回光返照与中国共产党人的回应

一　21 世纪民主社会主义思潮的回光返照

1. 21 世纪国内马克思主义理论界关于民主社会主义研究的新趋势

进入 21 世纪,鉴于苏联东欧各国因接受民主社会主义而倾覆的教训,国内的理论界出现了大量的研究民主社会主义的著述,基本是非是清楚

---

① 《新民主社会主义宣言》第 60 页,参见 http://www.earthcun.com。
② 同上书,第 97 页,参见 http://www.earthcun.com。
③ 同上书,第 95 页,参见 http://www.earthcun.com。
④ 同上书,第 85—86 页,参见 http://www.earthcun.com。

的。在社会主义理论研究中，有大量的涉及民主社会主义研究的内容。这方面的专著也很多。例如，有周新城的《评人道的民主社会主义》，曹长盛的《民主社会主义模式比较研究》，姜琦、张月明的《悲剧悄悄来临》和《民主社会主义在东欧》，许俊达主编的《民主社会主义哲学源流》，王学东、陈林著《九十年代西欧社会民主主义的变革》等。这个时期有国外翻译进来的著述也很多。总之，为进一步研究民主社会主义创造了更好的条件。这些著述，基本上坚持了马克思主义研究方法和立场，对科学社会主义与民主社会主义的界限认识得比较清楚，对于中国不能走民主社会主义的道路也有比较清醒的分析。这些都是宝贵的研究成果，是多年研究的积累和对现实问题的深刻观察的结晶。这些成果对于我国保持科学社会主义，防止执政党的社会党化，具有重要的意义。

许多科学讨论会也对民主社会主义的研究保持了高度的关注。2000年4月中国史学会主办"20世纪中国的世界史研究"学术讨论会上，有的学者就强调对社会民主主义的研究，认为，从理论上，社会民主主义与资本主义、科学社会主义有很大差别。它对当今欧洲社会有很大影响，欧盟15国中，先后曾有13个半社民党掌权。在苏东剧变中，社会民主主义也起了很大的作用。这一研究，既有学术性，又有现实性。

2. 民主社会主义思潮在21世纪的重新泛起

时至21世纪，在民主社会主义导致苏联东欧社会主义国家解体20年之后，中国仍然出现鼓吹民主社会主义的人。有号称"资深理论家"的人，也出现了追求民主社会主义的倾向。这不是特殊的现象，应该引起足够的注意和讨论。

这位所谓的"资深理论家"把民主社会主义抬到了与科学社会主义头等重要的地步。一边抨击和否定"斯大林主义"和"苏联模式"，一边抨击中国的现实，企图在中国推行民主社会主义的主张。令人不可理喻的是，这些人从1989年的风波和接踵而至的苏东剧变中，似乎没有学到任何东西，还是照样重复着昔日民主社会主义的说教和议论。

他的议论具有几个明显的重点。

首先，他主张对于民主社会主义应当采取"拿来主义"。他认为，民主社会主义与科学社会主义都是社会主义的实验场，而且认为民主社会主义的实验比科学社会主义的实验成功，要大胆地引进和学习民主社会主义的经验。作者写道："要承认社会主义同时存在着两个实验场所，一个实验场所在目前的社会主义国家，另一个实验场所在资本主义国家特别是发达的资本主义国家。"① 他竟然认为："正像资本主义是在封建主义社会的胎盘中生长起来的一样，社会主义也是在资本主义的胎盘中生长起来的。"社会主义国家"首要的就是要大胆学习资本主义发展生产力的办法，吸收资本主义在创造生产力方面的一切成就，同时也要吸收资本主义在创造社会精神文明方面一切适合于社会主义的优秀成果。"② 他的主张就是，把社会民主党的东西、经济的和政治的东西照搬过来，走社会民主党的道路。他提出："如何认识欧洲的社会民主党，如何认识'民主社会主义'，它们有哪些东西适合我们'三个有利于'的原则，应当奉行'拿来主义'（不仅在物质文明建设上，而且在政治文明建设上）等，这些都是值得研究的问题。"③

其次，崇尚民主社会主义的"渐进"的改良道路，否定并谴责列宁领导的苏联十月社会主义革命。这位所谓"资深理论家"看过了宣传瑞典民主社会主义的材料，如梦初醒，打着官腔说了一通结论性的话："总的方面是不是可以说：西欧的民主社会主义运动（或称'社会民主主义运动'，都一样）是在寻找另一条通向社会主义的道路（和十月革命不同的道路）呢？或者说，是在资本主义胎盘内逐渐培育社会主义因素，以便渐进式地（由量的积累到部分质变再到最后质变）创造出一种社会主义社会新形态来呢？我看可以这样说。"④ 作者对我国在 20 世纪 80 年代开始的深入研究社会民主党的大量著述似乎一概不知，却埋怨苏联没有及时向我们介绍社会民主党的实际情况。他甚至认为瑞典社会民主党"仍然坚持以马克思、恩格斯的学说作为自己的主要指导思想"，瑞典社会民主党和瑞典社会"是一个社会主义的政党和社会主义社会"。他还大加赞扬说："它们所讲的社会主义社会是有条件的，即在前必须加上'民主'两个字，完

① 吴江：《社会主义资本主义沟通论》，中国社会科学出版社 2003 年版，第 1 页。
② 同上书，第 15 页。
③ 同上书，第 61 页。
④ 同上书，第 28 页。

整地说应该是'民主社会主义'。如果不加民主两个字,它们宁肯你说它们是资本主义社会,也不愿你说它们是社会主义社会(从科学社会主义的观点来说,这是本文最亮的闪光点。确实,世界上只有民主的社会主义,绝没有专制的社会主义——吴江注)。因为那种社会主义社会,是代表苏联式的社会主义社会,对群众没有吸引力,就意味着不能获得群众的选票,就不可能上台执政,并推行社会主义政策。"① 他还借引用别人的言论,谴责共产党人对武装斗争的认识:"主观地认为,只要通过武装斗争,建立起政权,本身就是一个'够格'的社会主义了,谁要是对此不同意或者表示某种疑义,就毫不留情地坚决加以排斥、打击甚至镇压,那就不仅很难建设成一个真正'够格'的社会主义,而且可能变成封建半封建式的极权主义,像苏联过去的斯大林时期那样。"② 他还引用别人的话说,"第三国际与第二国际、苏联式共产党与瑞典式社会党之间的关系……后者主张与时俱进,根据时代发展和社会变化,不断进行革新与创新……"③ 在作者看来,苏联的社会主义制度一无是处,而民主社会主义的瑞典模式简直就是一朵花了。

这位"资深理论家"在研究民主社会主义的过程中出现的常识性的错误比比皆是,暴露了他对许多历史事实的无知和歪曲。

例如,作者说"1923年'第二国际'恢复活动,并改名为'社会党国际'。"④ 事实是,第一次世界大战后第二国际恢复的时间是1919年2月。1923年不是第二国际恢复活动的时间,也没有改名为"社会党国际"。1923年成立的是"社会主义工人国际",它是由"黄色国际"恢复了的第二国际与"第二半国际"合并的产物。至于"社会党国际",只是到了1951年才问世的。这样差的历史基础知识,竟然那样武断地作出抨击科学社会主义的结论,能够支撑得住吗?

再例如,作者还提到:"1951年社会党国际重建时发布的宣言大致可看做是一种代表性倾向",还说"20年代的《社会党国际成立宣言》曾是

---

① 吴江:《社会主义资本主义沟通论》,中国社会科学出版社2003年版,第32—33页。
② 同上书,第50页。
③ 同上书,第51页。
④ 同上书,第27页。

肯定这一目标的"。① 事实是：1951 年是社会党国际开始建立的年份，而不是什么重建。由于他把社会党国际建立的时间当成了 1923 年，所以就将错就错地把 1951 年社会党正式成立的年代叫做"社会党国际重建"。至于 20 世纪 20 年代，根本就没有成立过什么社会党国际，那时怎么会出现《社会党国际成立宣言》呢？一个人连社会党发展的来龙去脉都不清楚，就只能以其昏昏却要使人昭昭，这可能吗？

以上现象说明，在我们国内和党内，在相当一部分高级干部中，确实存在一股否定科学社会主义实践历史的倾向。他们在苏联东欧的各国的社会主义实践失败面前吓破了胆，丧失了信心，以投机的心理寻求捷径时，发现了民主社会主义的道路。他们在苏联剧变、俄罗斯陷入灾难的深渊之时，一再鼓吹俄罗斯复兴论，东欧国家复兴论，借此制造幻想，欺骗中国人民，似乎一个社会主义国家的剧变是一种"进步"、"好事情"，其目的就是为西方敌对势力效劳，要把中国的前途命运拉到苏东剧变的死路上去。而有觉悟的共产党人和知识分子，都会凭着自己的良心，说出民主社会主义并非福音的这一真理，警醒人民远离灾难的泥潭。

令人感到欣慰的是，这股民主社会主义的思潮并没有在中国人民大众面前找到多少市场，也没有形成什么气候。中国人民在苏东剧变的严峻的现实面前，最大的感触是要居安思危，防止上敌对势力的当。

3. 2007 年谢韬的登峰造极："只有民主社会主义才能救中国"

树欲静而风不止。进入 21 世纪，在国内外大的政治背景下，民主社会主义的思潮经过蛰伏和酝酿，再一次有计划、有组织地在中国声张起来，不仅侵袭我国的思想理论界，而且妄图改变国家的性质和发展方向。

2007 年前后，我国又一次出现民主社会主义思潮泛滥的情况。这次民主社会主义思潮的泛起有新的特点：这股思潮的鼓吹者从西方的所谓"普世价值"的资产阶级意识形态出发，把民主社会主义当作在中国实现改旗易帜的纲领，公开宣扬"只有民主社会主义才能救中国"。② 气势之凶猛，对我国宪法和共产党章程的否定和攻击，均达到了无以复加的地步。一般

---

① 吴江：《社会主义资本主义沟通论》，中国社会科学出版社 2003 年版，第 28 页。
② 谢韬：《民主社会主义模式与中国前途》，载《炎黄春秋》2007 年第 2 期。

人都对这次突如其来的恶浪感到大惑不解。而明眼人都能看到，这股思潮
是 1989 年政治风波的余音和回光返照。

《炎黄春秋》杂志 2007 年第二期发表谢韬的文章《民主社会主义模式
与中国前途》，就是这样一篇典型地代表这股思潮的文章。这篇文章原来
在网上发布、流传，题目是《只有民主社会主义才能救中国》，进行了一
定程度的试探。接着，经过严密的策划和包装，就在《炎黄春秋》杂志公
开发表。这篇文章公开宣扬，共产主义理想是不存在的，相信共产主义的
人是从"左"的方面歪曲了马克思主义，我国新时期已经走上了民主社会
主义的道路，认为只有民主社会主义才能救中国。公开鼓吹背叛科学社会
主义。

这次民主社会主义思潮的泛滥和进攻，其思想更加系统，其政治主张
更加外露，其态度更加急不可待，其作风更加肆无忌惮。他的主要主张
如下：

第一，这股民主社会主义思潮宣扬，民主社会主义既战胜了资本主
义，也战胜了"暴力社会主义"；工人阶级不用起来革命了，随着生产力
的发展，工人阶级就自行解放了。一句话，社会主义革命是没有必要的
了，甚至是有害的了。谢韬的文章编造的逻辑是这样构成的："竞赛的结
果是民主社会主义胜利，既演变了资本主义，又演变了共产主义，民主社
会主义正在改变世界。""社会主义与资本主义的关系，是继承和发展的关
系，而不是推翻和消灭的关系。这个真理已经为西欧民主社会主义的闪亮
崛起和前苏联暴力社会主义的黯然消失所充分证明。""社会民主党人对人
类文明的历史性贡献是：代表先进生产力的发展要求，化解了工人阶级与
资产阶级不共戴天的仇恨，化解了社会主义制度与资本主义制度不共戴天
的仇恨，使社会主义运动成为和平的、理性的进化过程。社会民主党人成
功地创造了在发达资本主义国家的民主框架内和平过渡到社会主义的道
路。""罗斯福总统就大胆引进了民主社会主义政策。以英国工党首相布莱
尔和美国前总统克林顿为代表提出的'第三条道路'是修订版的民主社会
主义。""美国民主党的经济理念，植根于马克思和凯恩斯的经济思想，主
张政府引导市场经济，适度的国有化，实行全民医疗保险，政府办学校，

减免穷人税收，提高福利，提高最低工资，更多地关怀弱势群体。共和党上台也不改变民主党的社会政策。民主社会主义把美国'赤化'了。""民主社会主义最伟大的成就，就是在老资本主义国家通过生产力的大发展和调节分配，基本上消灭了城乡差别、工农差别和体脑劳动的差别，铸就了民主社会主义的辉煌。这一成就使苏联模式的暴力社会主义黯然失色。这是促成苏联和东欧国家'和平演变'的根本原因。""工人阶级用不着起来革命，随着先进生产力的发展就这样'解放'了。三大差别的缩小，不是寄托在资本主义的彻底灭亡上，而是寄托在资本主义的高度发展上。"①

按照谢韬的这种逻辑，资本主义自身的基本矛盾已经自行解决了，原本共产主义的目标由资本主义实现了，民主社会主义这种资产阶级改良主义的方法成为最好的方法，社会主义革命完全没有必要了。曾经由社会主义革命所成就的社会主义国家都失败或者变质了，理想社会的实现只能靠资本主义的高度发展。

这明显的是20世纪初期世界性的老修正主义者的典型的论调。那时，修正主义者看到资本主义一时的和平发展，就企图否定马克思主义的科学社会主义学说，否定社会主义革命的必要，提出了类似民主社会主义的主张。但是他们并没有逃过历史的嘲弄，1914年的世界大战不仅粉碎了修正主义者的迷梦，也擦亮了世界无产阶级政党和广大民众的眼睛。今日民主社会主义思潮的鼓吹者竟然无视近百年中国和世界历史发展的基本事实和教训，根据资本主义发生的非本质的变化，重新鼓吹无产阶级革命过时论，只能证明他是20世纪修正主义者的继承者和模仿者，其眼界仍然停留在资产阶级政客的水平上。这种陈旧的重复说教，早就被历史发展的事实所否定。

按照谢韬的逻辑，那些经历了社会主义革命的国家都是"暴力社会主义"，其命运只能是"黯然消失"。中国当然也经历了暴力革命和社会主义革命，当然也在谢韬诅咒的这个范围之内。如果不按照谢韬的愿望改旗

---

① 谢韬：《民主社会主义模式与中国前途》，载《炎黄春秋》2007年第2期。

易帜，和平演变，只能死路一条了。这就是当今的民主社会主义思潮对待中国现实的基本态度。

第二，这股民主社会主义思潮为了美化民主社会主义，竟然美化历史上的修正主义者，甚至把马克思、恩格斯歪曲为修正主义者的鼻祖，认为民主社会主义才是马克思主义的正统。

在作者的笔下，出现了一个令世界瞠目的"重组"：伯恩施坦和邓小平，是一组"修正主义者"，他们高举马克思主义的旗帜，有巨大的历史贡献，应该给这样的修正主义者翻案。列宁、斯大林、毛泽东，是另一组"修正主义者"，他们"从'左'边修正马克思主义"。作者编造说："马克思、恩格斯晚年是民主社会主义者，是'和平长入社会主义'的首倡者，民主社会主义是马克思主义的正统。""列宁、斯大林、毛泽东才是最大的修正主义者，他们把恩格斯摒弃的'1848年斗争方法'当作旗帜挥舞，从'左'面修正了马克思主义。"① 这样公开地颠覆马克思主义发展史的人在世界历史上属于罕见，算是刷新了无知和胆大的历史纪录。

谢韬引用恩格斯总结1848年革命的话，企图证明暴力革命的过时。恩格斯的原话是这样的："历史清楚地表明，当时欧洲大陆经济发展的状况还远没有成熟到可以铲除资本主义生产的程度……在1848年要以一次简单的突然袭击来实现社会改造，是多么不可能的事情……旧式的起义，在1848年以前到处都起过决定作用的筑垒巷战，现在大大过时了。"② 恩格斯在这里谈的是1848年那种"简单的突袭"的巷战和街垒战作为改造社会的基本手段过时了一点儿也没有否定暴力革命的含义。

谢韬为了否定暴力革命，又歪曲恩格斯整理的马克思的《资本论》第三卷的手稿内容来达到自己的目的。他说："《资本论》第三卷推翻了《资本论》第一卷的结论，不再需要'炸毁'资本主义的'外壳'了。马克思心目中的曼彻斯特资本主义（原始的资本主义）灭亡了。其后资

---

① 谢韬：《民主社会主义模式与中国前途》，载《炎黄春秋》2007年第2期。
② 《马克思恩格斯文集》第4卷，人民出版社2009年版，第540—541、545—546页。

本主义在《资本论》的冲击下逐渐社会主义化。""在马克思恩格斯总结革命的经验教训，承认一八四八年的错误以后，保留资本主义生产方式，和平地长入社会主义，才是《资本论》的最高成果，才是马克思主义的主题，才是马克思主义的正统。这个正统叫做民主社会主义。"① 马克思主义的正统就这样在光天化日之下被偷换为修正主义和民主社会主义了。在这里人们清楚地看到谢韬这类思潮是地地道道的新老修正主义的代言人。其手法纯粹是老修正主义的特点，一点儿也拿不出什么新东西。"在马克思恩格斯时代，社会民主党就是代表工人阶级利益、从事社会主义运动的正统的马克思主义政党。是列宁标新立异，一九一八年将俄国社会民主工党改名为共产党，成立第三国际（共产国际），分裂了国际工人运动。列宁、斯大林、毛泽东才是最大的修正主义者，他们把恩格斯摒弃的'一八四八年的斗争方法'当作旗帜挥舞，从'左'面修正了马克思主义。"②

　　谢韬在这里偷换概念，把曾经在一个时期与科学社会主义作为同义语的社会民主主义的党等同于后来变质成为修正主义的社会党；列宁与变质成为第二国际修正主义的党的艰苦卓绝的斗争和决裂，用了一个轻松地"列宁标新立异"的说法就掩盖了历史的真相。不仅如此，他甚至还学着老修正主义的腔调给列宁扣上一个"分裂国际工人运动"的大帽子，真是蛮横无理。在我国的宪法和党章都明确载明马列主义、毛泽东思想是党的指导思想的背景下，谢韬竟然公开污蔑革命导师，喊出"列宁、斯大林、毛泽东才是最大的修正主义者"，这样的说法明显违反了宪法和党章，他竟然以中共党员的身份讲这样的话。由此可见鼓吹民主社会主义的这些修正主义潮流气势有多大。

　　第三，这股民主社会主义思潮公开宣扬要放弃共产主义理想，彻底丢掉共产主义的旗帜。

　　谢韬把晚年恩格斯歪曲为民主社会主义者，说他放弃了共产主义理

---

① 谢韬：《民主社会主义模式与中国前途》，载《炎黄春秋》2007 年第 2 期。
② 同上。

想："恩格斯晚年放弃了所谓'共产主义'的最高理想……没有什么'共产主义'大目标，这是一个被马克思主义创始人早年提出来晚年抛弃了的命题。"① 谢韬认为晚年的恩格斯的思想是："他期待的是通过工人阶级的合法斗争取得政权，保留资本主义生产方式，和平过渡到社会主义。应该说，这是恩格斯对欧洲各国社会主义运动的最后遗言，是对《共产党宣言》'旧策略'的重要修改。由此可见，不是伯恩施坦（1850—1932年）'修正'了马克思主义的暴力革命理论，提出了和平过渡理论，伯恩施坦只是重复恩格斯的话，继承和发挥了恩格斯对马克思和他共同创立的革命理论的反思和修正。倒是列宁违背了马克思主义关于社会主义在先进资本主义国家共同胜利的思想，提出了在落后的东方国家一国建设社会主义的理论。"② 攻击社会主义制度现实的人必然攻击他的老祖宗。典型的老牌的修正主义公开登堂入室，成为败坏社会主义信念，制造民族分裂的代言人。

谢韬还说，"在这一点上，黑格尔和他的弟子马克思、恩格斯都违背了辩证法。对黑格尔而言，这是自由国家；对马克思、恩格斯而言，则是共产主义社会。共产主义成了乌托邦的旗帜。当伯恩施坦主张扎扎实实地改良社会，切切实实地为工人谋福利，提出'最终目的是微不足道的，运动就是一切'的时候，他理所当然地成了高举共产主义旗帜的列宁的敌人。"③ 真是可笑，与列宁争当马克思主义正宗的现代修正主义者，竟然攻击"马克思、恩格斯都违背了辩证法"；而世界公认的修正主义者伯恩施坦，则在谢韬们的眼中成了"扎扎实实地改良社会，切切实实地为工人谋福利"的救星。看来还是那句名言透彻：几何公理违反了人们的利益，人们也会否定它。当马克思、恩格斯的学说违反了修正主义者的意愿时，也会被修正主义者骂成"违反辩证法"。

他还说，"事实上，我们今天所拥有、所享受的物质文明，早已超过了马克思、恩格斯的想象，超过了他们所制定的共产主义标准。用所谓

---

① 谢韬：《民主社会主义模式与中国前途》，载《炎黄春秋》2007年第2期。
② 同上。
③ 同上。

'长远利益'否定'当前利益'，用未来共产主义天堂的幸福生活安抚人民，叫人民忍受现实的饥饿、贫穷和苦难，是空想社会主义者欺骗人民的把戏。这一切都应该收场了。"① 这里谢韬太自负了。目前，他在社会主义新中国享受的优裕的生活条件已经使他觉得超越了马克思设计的共产主义的标准。虽说马克思设计的共产主义社会里没有安放电脑终端。但是，马克思主义者认为共产主义必须达到物质财富的极大发展，人们思想觉悟的极大提高。共产主义实现的物质条件，一是生产力的普遍发展；二是世界交往的普遍发展。这两个"普遍发展"，不是短时期能够实现的。谢老先生觉得自己享受到超共产主义的标准，但是他同时应该看到，正是那些远远达不到共产主义初级阶段的地方百姓，还为自己的柴米油盐担心，还在为就业犯愁。他们绝对不会同意谢先生再把他们抛进社会剧变的深渊，还是照顾点社会平衡与和谐发展吧。

谢韬说，"民主社会主义剔除了马克思主义中的空想成分，使马克思主义由空想变成了现实。作为活着的马克思主义，在工人运动中生根的马克思主义，是给工人阶级和劳动人民带来高工资、高福利的民主社会主义，而不是可望而不可即的乌托邦。当代马克思主义的旗帜上写的是民主社会主义。坚持马克思主义就是坚持民主社会主义。社会民主党人既代表工人阶级的利益，又代表全社会的共同利益，有广泛的阶级基础和群众基础。不是挑起阶级冲突，激化社会矛盾，而是把社会各阶级团结起来，促进经济的发展，在社会财富总量的不断增加中，调节分配，走共同富裕的道路。"② 谢韬是一个制造概念混乱的大师。他说，"民主社会主义剔除了马克思主义中的空想成分，使马克思主义由空想变成了现实"，那么，现在的命题就不是民主社会主义救中国，而是只有民主社会主义才能救马克思主义了！真荒唐！

他还援引勃列日涅夫的话证明共产党人其实不承认自己的理想："什么共产主义，这都是哄哄老百姓听的空话。"③ 这里引用的勃列日涅夫的

① 谢韬：《民主社会主义模式与中国前途》，载《炎黄春秋》2007 年第 2 期。
② 同上。
③ 同上。

话，即使是真实的，那只能证明勃列日涅夫叛徒的真面目。企图用修正主义者的话语证明共产主义理想的过时，这只是一厢情愿。

第四，这股民主社会主义思潮宣扬历史虚无主义，全盘否定社会主义国家的实践历史，污蔑共产党人领导的社会主义实践是"砸了社会主义的牌子"，是"共产党人背离马克思主义的根本错误"，污蔑毛泽东时代"成为古今中外最大的暴政"，对新中国的历史全盘否定，实际上为颠覆社会主义政权制造口实。

谢韬的文章完全因袭当年社会党国际与共产党人对抗时期的逻辑和语言咒骂现实社会主义制度。他说："用'大锅饭'的办法'均贫富'，只要公平，不要效率，甚至以'均贫'而自豪，造成几十年来生产的停滞和衰退，所谓'社会主义的优越性'老也发挥不出来，砸了'社会主义'的牌子。在小生产占优势、工业不发达的前资本主义国家，用变动生产关系将生产资料收归国有的办法建设社会主义，这是列宁以来共产党人背离马克思主义的根本错误。"① 谢韬还污蔑中国社会主义是比秦始皇更加严重的暴政，"成为古今中外最大的暴政"。"我们的制度不能阻止把五十多万知识分子打成右派，不能阻止公社化和大跃进的疯狂发动，当法西斯式的文化大革命废止宪法、停止议会（谢韬的脑筋被西方洗得够彻底的，连我国的人民代表大会都不会说了，竟然称为"议会"——作者注）活动的时候，我们的制度没有任何反抗。说这个制度在保障民主、保障人权、保卫宪法尊严方面，形同摆设，丝毫不起作用，难道不符合事实吗？"②

谢韬在这里的污蔑是没有任何说服力的。公平和效率的问题，是一个需要不断调整的问题。追昔思今，在毛泽东时代，人们的贫富差距较小，倒是今天劳动大众非常向往的状态，这也是我们党今天努力扭转贫富差距过大的原因，并没有引起几十年的"生产的停滞和衰退"。事实证明，我国的生产状态一直保持在资本主义国家无法达到的发展速度上。即使在"文化大革命"时期，我国的经济还是发展的。正如《中国共产党历史》第二卷（1949—1978年）中所客观记叙的："在这十年

---

① 谢韬：《民主社会主义模式与中国前途》，载《炎黄春秋》2007年第2期。
② 同上。

中，我国在经济上也取得一定进展，在国防科技和外交工作方面取得了突破性进展。"① "这十年间，社会主义建设在一些重要领域仍然取得了一定进展。第三个五年计划、第四个五年计划基本完成，全国主要工业产品产量增长较快，对外经济工作有较大进展。"② 社会主义制度的优越性虽然发挥的不够，但还是明显地发挥出来了。这一点稍有客观态度的人都不否定。全世界都承认新中国使以资本主义无法比拟的速度改变了旧中国的状态，以崭新的姿态屹立于世界东方。1970 年 10 月，在我国恢复在联合国的合法席位，联合国大会举行欢迎我国代表团的会议，76 个国家的代表上台发言中，得到了充分的证明。他们普遍赞颂中国人民的伟大领袖和导师毛泽东主席的丰功伟绩，赞颂在毛主席为首的中国共产党的领导下取得的辉煌成绩，认为新中国在短短的 20 来年的时间里，神奇地解决了中国经济发展的问题，老百姓的吃饭问题，婚姻自由问题，人民群众的普及教育和普及医疗卫生问题，值得全世界各国人民的赞颂。③ 谢韬是不愿意看这些事实的。因为他主观上要求证的是自列宁以来共产党发动的社会主义革命都是 "背离马克思主义的根本错误"。这是典型的社会党国际的判断。谢韬有了这种反对列宁主义的基本立场，就难免带上颠倒黑白的主观臆断。事实证明，不是社会主义国家的实践砸了社会主义的牌子，而是一些拒绝接受现实社会主义制度的人想砸碎社会主义的牌子，在中国复辟资本主义制度。在有觉悟的十几亿中国人民面前，谢韬的异想天开只是逆历史潮流而动。只能搬起石头砸自己的脚。人民大众将无情地嘲笑和抛弃少数不自量力的人。

第五，这股民主社会主义思潮，宣扬 "只有民主社会主义才能救中国"，鼓吹通过政治体制改革，改旗易帜，妄图彻底摧毁共产党的领导和社会主义制度，彻底走民主社会主义道路。

这股思潮在吹捧民主社会主义、否定社会主义革命、否定共产主义理想、否定现实社会主义国家的历史以后，就公开地把斗争的矛头对准了社

---

① 中共中央党史研究室：《中国共产党历史》（第二卷）（1949—1978 年），中共党史出版社 2011 年版，第 971 页。

② 同上书，第 972 页。

③ 参见《人民日报》1971 年 11 月 18、19 日。

会主义新中国的政权，主张强行把中国扭转到复辟资本主义和发生剧变的灾难的道路上去。

谢韬污蔑说，"新时期邓小平、江泽民、胡锦涛领导下搞的中国特色社会主义就是'民主社会主义'，只是为了避嫌，为了避免被称为'资本主义复辟'、'修正主义'，才被迫自称'中国特色社会主义。'"[1] 他还说，"为批了多年的所谓'修正主义'翻案，为民主社会主义正名，为中国共产党向民主社会主义转变扫清了障碍。"[2] 但是他还远远不满足于此，最终还是提出了他在政治上的诉求："政治体制改革再也不能拖延了。企图保留毛泽东模式的政治体制，只在经济上改革开放，会重蹈蒋介石国民党在大陆走向灭亡的官僚资本主义道路。只有民主宪政才能从根本上解决执政党贪污腐败问题。只有民主社会主义才能救中国！"[3]

既然谢韬与现实社会主义新中国格格不入，就必然会提出颠覆性的主张。为修正主义翻案也罢，为民主社会主义正名也罢，说邓小平提供了走民主社会主义的成功的范例也罢，都是为中国共产党向民主社会主义转变扫清障碍。谢韬的议论，就像当年鲁迅所揭示的，蚊子吸血之前要发出嗡嗡声，似乎在吸血之前先嗡嗡一番，人们就认同其吸血的合理性了。为了走民主社会主义道路，直说就是了。但直说，又怕老百姓看清他臀部烙着的封建主义和资本主义走卒的纹章，哄堂大笑，一哄而散，谢韬们的欺骗可就彻底失败了。所以，先把邓小平等共产党人说成是搞民主社会主义的，再进一步让他们去真的搞民主社会主义。

谢韬的文章还公开造谣，说："现在正在酝酿通过党内三权分立（将决策权、监督权和执行权分离：党的代表大会及其常设委员会行使决策权，党委会行使执行权，纪律检查委员会行使监督权）、实现领导体制民主化，作为政治体制改革的突破口，并在一些地区试点。由绝对排斥到结合实际地探索三权分立的实现形式，这是政治体制改革指导思想的突破。"[4] 谁也没有听说过我们党搞过"三权分立"的试验。党中央对这种

①　谢韬：《民主社会主义模式与中国前途》，载《炎黄春秋》2007 年第 2 期。
②　同上。
③　同上。
④　同上。

"三权分立"思想的一再批判,却使我们得到了有益的启发。就在谢韬的奇文面世两年之后,中共中央宣传部理论局出版的《六个为什么——对几个重大问题的回答》就明确单独列了一章论述关于对待"三权分立"的态度问题。该书第三章的大标题就是"人民当家做主的根本保证——为什么必须坚持人民代表大会制度,而不能搞'三权分立'。"① 该文在充分说明了人民代表大会制度的合理性和优越性之后,单独确立一个小标题就是:"中国绝不能搞'三权分立'"。② 该文还驳斥了"三权分立"可以防止腐败的说教。文章说:"还有人提出,实行西方的'三权分立'制度可以有效地防止腐败。这也是与实际情况不相符合的。比如,在西方的'三权分立'制度中,政治游说是相伴而生的产物,在当今资本主义国家这已成为一种公开的政治腐败行为。"③ 文章指出:"在中国搞'三权分立',既无政治基础和社会基础,更无经济基础和阶级基础。如果不顾我国的国情,违背人民的根本利益,照搬资本主义国家'三权分立'的政治制度,必然会从根本上动摇人民当家做主的政治地位,动摇我国政治稳定的根基,导致民主倒退、社会大乱、人民遭殃。"④ 这些论述,不但戳穿了谢韬散布的我们党正在进行"三权分立"试验的谎话,更是旗帜鲜明地从根本上坚持了社会主义的基本政治制度,驳斥了把"三权分立"当作自己信仰的荒谬。

二 中国共产党人对民主社会主义思潮泛滥的回应

1. 中共中央坚持拒绝民主社会主义的邪路

以毛泽东、邓小平为代表的中国共产党领导人,坚持和发展马克思主义,正确地认识和解决了同民主社会主义以及社会党的关系问题,保证了党的工人阶级政党的性质和科学社会主义的正确方向。以江泽民、胡锦涛、习近平为代表的中央领导人在最近 20 多年的实践中,坚持了正确的

---

① 中共中央宣传部理论局:《六个为什么——对几个重大问题的回答》,学习出版社 2009 年版,第 48 页。
② 同上书,第 55 页。
③ 同上书,第 58 页。
④ 同上书,第 60 页。

原则立场，与民主社会主义的思潮划清了界限，正确地处理了与社会党的理论与实践问题，保证了中国共产党不重蹈苏联和东欧国家失败的覆辙，保住了中国共产党的性质和中国特色社会主义事业的发展。

在指导思想的问题上，我们党坚持马克思主义的指导地位，坚决拒绝思想的多元化的倾向。在政治上，我们党坚持人民民主专政的政治体制，坚持中国共产党的领导地位，绝不搞西方多党轮流执政这一套。在经济制度上，我们党一方面锐意改革，实行社会主义市场经济体制，鼓励多种经济成分共同发展的政策，另一方面坚持社会主义公有制为主体，巩固和完善社会主义的经济基础。我们不接受民主社会主义的以私有制为主体的所谓"混合经济"的模式。事实证明，中国共产党不选择民主社会主义。

2. 以胡锦涛为总书记的党中央对民主社会主义思潮的进一步批判

面对民主社会主义思潮的新一轮泛滥，以胡锦涛为总书记的党中央坚定不移地对民主社会主义思潮进行了深刻批判，进一步肃清其影响，引导正确的科学社会主义的方向。

2007年2月以后，面对民主社会主义思潮的新一轮泛滥，《人民日报》、《光明日报》、《求是》杂志都组织发表了回应的文章，分析、批评了民主社会主义的思潮，使得这些鼓吹民主社会主义的人，失去了咄咄逼人的气焰。

胡锦涛在党的十七大报告中明确指出："中国特色社会主义道路之所以完全正确、之所以能够引领中国发展进步，关键在于我们既坚持了科学社会主义的基本原则，又根据我国实际和时代特征赋予其鲜明的中国特色。"[①]胡锦涛同志的讲话，阐明了中国特色社会主义的本质是科学社会主义，从正面对民主社会主义思潮给予有力地回应。

2009年春天，中共中央宣传部理论局出版了《六个"为什么"——对当前几个重大问题的回答》。明确指出："民主社会主义的思想理论和政治主张，与科学社会主义是根本不同的，与马克思主义基本原理也是完全背离的。对此，我们要有十分清醒的认识。"[②]

① 胡锦涛：《高举中国特色社会主义伟大旗帜为夺取全面建设小康社会新胜利而奋斗》，人民出版社2007年版，第11页。

② 中共中央宣传部理论局：《六个为什么——对几个重大问题的回答》，学习出版社2009年版，第37—38页。

《六个"为什么"》一书涉及的六个重大问题之中，第二个重大问题就是"为什么只有社会主义才能救中国，只有中国特色社会主义才能发展中国，而不能搞民主社会主义和资本主义"。在这一章里，还设立了一个专门的小标题："中国为什么不能搞民主社会主义"。①

在"中国为什么不能搞民主社会主义"这一专题之中，首先对民主社会主义下了一个准确的定义："什么是民主社会主义？民主社会主义有的时候又叫社会民主主义。它作为一种国际政治思潮，是20世纪50年代后才有了广泛的影响，但其渊源可以追溯到19世纪上半期的欧洲社会民主党（包括社会党、工党）。最初，它是社会主义运动中的一个流派，受到过马克思、恩格斯思想的影响，是作为资本主义的反对者出现的。后来受伯恩施坦等修正主义的影响，逐渐演变成一种社会改良主义，成为资本主义的改良者。二战以后，它逐渐融入资本主义制度，演变成资本主义多党政治的一个政治派别，或是成为资产阶级执政党，或是成为'建设性的反对党'，成为资本主义的共生者……民主社会主义作为西方国家中的左翼力量，历史上同马克思主义有过某种联系，受到过一些影响，但它绝不是社会主义，更不是什么社会主义的'正统'。"② 这个定义，在我国的历史上不仅集合了众多研究者的精华，又抓住了民主社会主义的本质。

在"中国为什么不能搞民主社会主义"这一专题之中，还详细地分析了民主社会主义与科学社会主义的基本差别。书中指出："民主社会主义不以马克思主义为指导，主张指导思想多元化。""民主社会主义否定工人阶级领导，主张资本主义多党制。""民主社会主义否定建立社会主义制度，主张不改变资本主义私有制。"这三大差别就是中国共产党拒绝民主社会主义的基本理由。

在"中国为什么不能搞民主社会主义"这一专题之中，还对民主社会主义的所谓"麦加"北欧的瑞典等模式进行了深入的分析。书中指出："有人说，北欧国家是通过改良的议会道路和平长入社会主义，我们也应该学，

---

① 中共中央宣传部理论局：《六个为什么——对几个重大问题的回答》，学习出版社2009年版，第2页。

② 同上书，第36—37页。

也搞多党制、议会制。首先必须指出，正如前面论述所谈到的，北欧国家并没有'长入'社会主义，仍然属于资本主义范畴，只不过在某些方面吸收社会主义因素有所改良。另外，北欧国家的发展模式和道路是与北欧国家的历史和国情分不开的，如历史上受战争破坏较少，地处欧洲边沿、国小人少，资源相对丰富以及平民思想传播较为广泛，等等。特殊的地理位置，特定的社会、历史文化传统使北欧国家走上了一条具有自身特色的发展道路，其他国家是不可能复制的。中国的历史和国情更是决定了不可能走北欧式的道路。"①

在"中国为什么不能搞民主社会主义"这一专题之中，还划清了中国目前的改革，与民主社会主义的理论与实践具有根本的区别。有人曾经宣扬中国的改革实际上与民主社会主义具有共同点，说明我国也可以搞民主社会主义。书中指出："改革开放以来，我们始终坚持科学社会主义基本原理，并把它同中国具体实际结合起来，我们党的一系列新政策，其出发点和落脚点是社会主义的自我完善，目的是更好地发挥社会主义制度的优越性……这表明中国特色社会主义同民主社会主义是两种完全不同的思想体系和发展道路，是'两股道上跑的车'。"②

3. 党的十八大进一步高举坚持科学社会主义原则的中国特色社会主义旗帜。十八大报告指出："中国特色社会主义，既坚持了科学社会主义基本原则，又根据时代条件赋予其鲜明的中国特色，以全新的视野深化了对共产党执政规律、社会主义建设规律、人类社会发展规律的认识，从理论和实践结合上系统回答了在中国这样人口多底子薄的东方大国建设什么样的社会主义、怎样建设社会主义这个根本问题，使我们国家快速发展起来，使我国人民生活水平快速提高起来。"③党的十八大后，习近平总书记反复强调："道路问题是关系党的事业兴衰成败第一位的问题，道路就是党的生命。中国特色社会主义，是科学社会主义理论逻辑和中国社会发展历史逻辑的辩证统

---

① 中共中央宣传部理论局：《六个为什么——对几个重大问题的回答》，学习出版社2009年版，第40页。
② 同上书，第41页。
③ 胡锦涛：《坚定不移沿着中国特色社会主义道路前进 为全面建成小康社会而奋斗》，《人民日报》2012年11月8日。

一，是根植于中国大地、反映中国人民意愿、适应中国和时代发展进步要求的科学社会主义，是全面建成小康社会、加快推进社会主义现代化、实现中华民族伟大复兴的必由之路。""中国特色社会主义是社会主义而不是其他什么主义，科学社会主义基本原则不能丢，丢了就不是社会主义。一个国家实行什么样的主义，关键要看这个主义能否解决这个国家面临的历史性课题。历史和现实都告诉我们，只有社会主义才能救中国，只有中国特色社会主义才能发展中国，这是历史的结论、人民的选择。"① 他指出："中国特色社会主义是改革开放新时期开创的，也是建立在我们党长期奋斗基础上的，是由我们党的几代中央领导集体团结带领全党全国人民历经千辛万苦、付出各种代价、接力探索取得的。"②

历史和现实证明，中国共产党始终如一地坚持科学社会主义原则与中国国情、时代发展要求相结合的中国特色社会主义，决不走"不是社会主义"而是改良资本主义的民主社会主义的道路。

---

① 《习近平谈治国理政》，外文出版社 2014 年版，第 21、22 页。
② 同上书，第 7 页。

第三章 新自由主义思潮评析

自 20 世纪 80 年代以来，新自由主义思潮在我国兴起并对我国的社会经济生活产生了相当的影响。1992 年 10 月党的十四大明确我国经济体制改革的目标是建立社会主义市场经济体制，社会主义市场经济与资本主义市场经济本质上完全不同，但同样作为市场经济，在其运行机制、操作层面上并没有本质区别。发挥市场在配置资源中的基础作用和决定性作用，建立现代企业制度，并利用经济全球化的机遇发展我国经济，为此应借鉴西方经济学的某些研究方法、理论，但在这过程中，新自由主义思潮也趁机而入。许多学者指出，中国今天所存在的一系列问题，如贫富分化等，在一定程度上都与新自由主义思潮对我国的影响有关。

和改革开放以来在国内兴起的其他思潮类似，新自由主义思潮在我国的兴起有其深刻的社会背景，是这一国际性思潮与我国各种因素相互作用的产物。在这一章，我们将首先讨论新自由主义在发达国家（主要是在美国和英国）的起源和兴起；然后概括这一思潮的基本主张，对其理论上的缺陷进行批判，并介绍其向全球的传播；在第三、四节将分析新自由主义政策带来的后果；第五节将回顾新自由主义思潮在中国的传播、影响以及所遇到的抵制和批评，最后简单展望这一思潮的未来走向。

第一节 新自由主义思潮的起源与兴起

新自由主义思潮的核心是新自由主义经济学。所谓的新自由主义经济学，是指在新时代经过各种新的名词术语和方法重新包装过的新古典经济学①。新古典经济学则是经过边际主义革命改造后的古典经济学，其核心是主张自由放任（laissez—faire）的市场经济。在早期，古典经济学对西欧资产阶级挣脱封建势力的束缚曾经起过进步作用，但在当代，世界早已进入垄断资本主义时期，这套理论已完全不符合现实经济的实际，危害甚大。

由于作为新自由主义经济学的内核的新古典经济学与古典经济学上的继承关系，很难单独说清楚新自由主义经济学的起源。但作为一种思潮，我们大致可以认为它起源于20世纪二三十年代，即凯恩斯等人在资本主义严峻现实的触动下，反思处于正统地位的、主张自由放任的新古典经济学并逐渐形成凯恩斯主义的年代。

当时，在古典和新古典经济学指导下的第一轮自由贸易和全球化浪潮所导致的灾难性后果使得主张自由放任的新古典经济学声名狼藉。而苏联工业化所取得的伟大成就引起世人的极大关注，劳工阶层要求分享更多的政治经济权利，这些因素共同推动了包括西方国家在内的整个世界向左转。事实上，在凯恩斯发表《就业、利息与货币通论》（1936年）之前，时任英国首相的劳合·乔治于1929年就提出了以公共工程解决失业问题的方案，而罗斯福则抛弃了政府少干预经济的教条在美国推行了"新政"（1933—1936年）并取得了较为显著的效果。② 这些方案和政策对这些国家走出大萧条都起到了一定的作用，却无法得到当时的主流经济学的理论支持。凯恩斯主义经济学的出现正好迎合了这种需求，并适应了国家垄断资本主义的要求，从而得到了广泛传播并被普遍接受。

西方一位著名学者和社会活动家苏珊·乔治博士曾经这样说道："在1945或1950年，如果你严肃地提出任何一种今天标准的新自由主义工具包所包含的思想和政策，你会在大家的嘲笑中被赶下台或者被送往精神病院。至少在西方国家，那时候，大家都是凯恩斯主义者、社会民主党人或社会基督教民主党人或某类马克思主义者。那种认为应该让市场来作出重大的社会

---

① 所谓新制度经济学就是用新古典经济学的思想和方法来分析政治、历史、经济和社会制度。

② 王生升：《新自由主义的精神领袖——弗里德里希·哈耶克》，江西人民出版社2005年版，第48—50页。

和政治决策、国家应主动减少对经济的干预、公司应该被给予完全的自由、工会力量应该被遏制以及公民应受到更少而不是更多的社会保护之类的想法是与当时的精神格格不入的。即使有人真的同意这些观点，他或她在公共场合也会犹豫是否要采纳这种立场并且将很难找到听众。"① 乔治博士的这个描述总体来说是正确的。在那个年代的发达资本主义国家里，凯恩斯主义如日中天，不仅主导了大学的经济学教育和各种经济学研究机构的研究，还主导了这些国家政府的政策制定。无论是英国的工党还是保守党，抑或美国的民主党和共和党，执行的都是凯恩斯主义的国家干预政策。更有意思的是，作为美国右翼保守势力代表的共和党党员，尼克松总统在面对 20 世纪 70 年代初的经济困境时，居然把凯恩斯主义推行到了管制甚至冻结工资和物价的程度。而作为新自由主义旗手的弗里德曼居然说出了"现在我们都是凯恩斯主义者"这样的话。②

但乔治博士的这个描述又不完全准确。事实上，在凯恩斯主义盛行的年代，西方社会中还有一些人在顽固地坚持并发展着自由放任的经济学，即新自由主义经济学。一般认为，新自由主义的起源可以追溯到米塞斯 1920 年发表的文章《社会主义国家的经济计算》③，在该文中，他攻击社会主义无法进行合理的经济计算从而无法进行有效的资源配置，同时他顽固地鼓吹和美化资本主义。哈耶克就是在他的影响下逐步从费边社会主义者逐步转变成为一个新自由主义者。而弗里德曼等其他国家的新自由主义者也在 20 世纪三四十年代逐渐成长起来。然而，他们的人数很少，并且分散在不同的国

---

① 苏珊·乔治：《一个新自由主义简史》，参见 http：//www. tni. org/article/short—history—neoliberalism。

② *The Economy：We Are All Keynesians Now*，参见《时代》（Time）杂志 1965 年 12 月 31 日，http：//www. time. com/time/magazine/article/0，9171，842353，00. html。《时代》杂志在 1966 年 2 月 4 日发表了弗里德曼的来信加以说明，"先生：你在 12 月 31 日引用了我的话 '现在我们都是凯恩斯主义者'，这个引用是正确的，但脱离了当时的语境。就我所能回忆起来，我所说的是 '在一个意义上讲，现在我们都是凯恩斯主义者；在另一个意义上讲，没有人还是凯恩斯主义者'。后半句至少和前半句一样重要。"参见 http：//www. time. com/time/magazine/article/0，9171，898916—2，00. html。

③ 该文最初以德文 "Die Wirtschaftsrechnung im sozialistischen Gemeinwesen" 发表在 the Archiv für Sozialwissenschaften，vol. 47（1920），后被翻译为英文并收入哈耶克编辑的 *Collectivist Economic Planning* 一书中（London：George Routledge & Sons，1935；reprint，Clifton，N. J. ：Augustus M. Kelley，1975），pp. 87 - 130.

家，周围几乎没有人可以交流。正是为了把这些为数不多的人聚集在一起相互支持和交流，哈耶克发起并于 1947 年 4 月在瑞士成立了新自由主义的核心堡垒"朝圣山学社"。[①] 参加其成立大会的 39 人的组成基本反映了那个年代新自由主义者的分布情况。除了来自媒体的参加者（他们参加不是为了报道）和会议的资助与筹款人外，学者主要来自四个顽固坚持自由放任经济学的堡垒，即奥地利学派（以米塞斯和哈耶克为代表）、芝加哥学派（以弗里德曼和斯蒂格勒为代表）、伦敦学派（以罗宾斯为代表）以及弗莱堡学派（以欧根为代表）。这几个学派都有坚持经济自由主义的传统，即便在面对自由放任的经济学给世界带来的灾难性后果的情况下仍在坚持和发展经济自由主义，从而逐步形成了新自由主义经济学。而"朝圣山学社"则成了第二次世界大战后这些当时被西方社会视为异端的顽固的新自由主义经济学家的核心组织。

如上所述，在第二次世界大战后相当一个时期，新自由主义经济学家无论是在学界还是在社会都处于边缘状态。很多此前信奉古典和新古典经济学的学者纷纷转向，年轻学者们更是如此。美国第二次世界大战后著名的马克思主义经济学家保罗·斯威齐于 1932 年到英国伦敦经济学院（即伦敦学派的大本营）学习的时候，最初的目的是师从奥地利学派经济学家哈耶克[②]，但他逐渐被马克思主义所吸引。[③] 当他在一年后回到哈佛大学攻读研究生学位时，他发现马克思主义已经成为一些较有名的大学的讨论话题。斯威齐的这种转向并非个案。事实上，在 20 世纪 30 年代早期信奉哈耶克的理论的人到 20 世纪 30 年代末期绝大部分都转向了凯恩斯主义。[④] 就连最初给哈耶克提供了成名机会的长期合作者，伦敦学派的代表人物罗宾斯也转向了凯恩斯主义，甚至退出了"朝圣山学社"，虽然表面理由是因为哈耶克的私生

---

① 参见阿兰·艾伯斯坦著《哈耶克传——市场经济和法治社会的坚定捍卫者》，秋风译，中国社会科学出版社 2003 年版，第 167 页。

② 哈耶克于 1931 年年初应罗宾斯之邀到伦敦经济与政治学院作系列演讲并在那里获得教职，直到 1950 年去美国之前，哈耶克一直在那里任教。

③ John Bellamy Foster, *Memorial Service for Paul Marlor Sweezy* (1910—2004), http://monthlyreview.org/commentary/memorial-service-for-paul-marlor-sweezy-1910-2004.

④ 参见阿兰·艾伯斯坦著《哈耶克传——市场经济和法治社会的坚定捍卫者》，秋风译，中国社会科学出版社 2003 年版，第 88 页。

活。"朝圣山学社"的情况可以说是惨淡经营，直到 20 世纪 80 年代以前，经费一直是这个组织头痛的问题，除了极少数极其保守的资本家外，大多数资本家并不支持他们。原本计划于 1953 年在美国举行的会议由于未能在美国筹到经费而不得不改在瑞士举行，并要求参会者自己负担相关费用。① 而参会人数在早期一直非常有限，除了 1947 年的第一次全体会议有 39 个会员参加外，1954 年的威尼斯会议只有 41 个会员参加，到 1956 年的柏林会议时只有 25 个会员参会（另外还有 12 个客人参加）。其会员人数直到 1968 年也只有大约 350 人，其中 140 人来自美国。②

新自由主义的处境从 20 世纪 70 年代开始得到改善。凯恩斯主义政策在一定程度上缓解了资本主义有效需求不足的矛盾，给西方国家带来了 20 多年的"黄金时代"，但它毕竟无法根除资本主义的痼疾。从 20 世纪 60 年代后期开始，在西方国家尤其是美国，出现了"滞胀"（经济停滞和通货膨胀同时存在）型危机。理解这个现象离不开对资本主义基本矛盾的分析。在马克思看来，资本主义的基本矛盾是生产资料的私人占有和社会化大生产之间的矛盾。这个基本矛盾又表现在两个方面，即单个企业生产的计划性与全社会生产的无政府状态之间的矛盾，以及生产无限扩大的趋势与无产阶级购买力相对狭小之间的矛盾（这种矛盾的一个主要表现就是关于无产阶级与资产阶级的斗争）。这两个矛盾在经济方面又集中体现在它们对利润率的影响。资本主义生产是以利润为目标的生产，利润率的高低决定着资本积累（投资）的速度，从而决定着资本主义经济是高速发展还是进入衰退甚至萧条。

在马克思主义理论中，失业人口被称作产业后备军，产业后备军对资本主义经济周期有着非常重要的作用。在经济持续扩张时，产业后备军往往会逐渐缩小，当它缩小到一定程度，劳动力市场会对工人比较有利。这时，资本家如果解雇了一个工人，将难以找到另一个合适的工人来代替他。相反，工人如果被一个资本家解雇，会比较容易在另外一个资本家那里找到工作。在这种情况下，工人的谈判能力会上升，其争取更高工资的期望和能力得到

---

① 关于"朝圣山学社"的经费情况，参见 R. M. Hartwell, A History of the Mont Pelerin Society, Liberty Fund, 1995，第 3 章。

② 参见 R. M. Hartwell, A History of the Mont Pelerin Society, Liberty Fund, 1995，第 3 章。

加强，工资往往会上升。而工人工资上升有可能挤压利润，利润的下降会带来投资下降甚至经济危机。随着经济危机的发展，失业率会上升，工人争取更高工资的能力和愿望都会下降，从而利润份额和利润率得到恢复，进而带来投资的恢复和整个经济的复苏，进入下一个周期。[①]

发达资本主义国家在第二次世界大战后的黄金时代基本实现了凯恩斯主义的主要政策目标之一，即保持失业率长期处于较低水平。再加上当时工人的组织性和斗争性较强，工会力量虽然与第二次世界大战后初期相比已经有所减弱，但仍处于较高水平，工人争取更高工资的期望和能力都较强，工人的实际工资水平的上升速度较快，一度超过了劳动生产率的上升速度，导致了利润挤压，使资本主义经济发展出现了严重的危机。一方面，由于利润率的下降，资本家不愿意投资，有效需求不足，经济停滞，即"滞胀"里的"滞"。由于工人争取更高工资的能力和期望上升，工资不断上升。对单个资本家而言，要保证自身的利润份额和利润率，就得提高自己产品的价格。但当每个资本家都这么做时，物价水平会上升。物价上升导致工人实际工资下降，为保证生活水平的稳定，他们会要求资本家涨工资，而且往往能够实现这种要求。但工人实际工资的进一步上涨会导致资本家进一步提高产品价格，从而形成一个恶性循环，整个社会的物价水平不断攀升，导致了通货膨胀，即"滞胀"里的"胀"。

在各发达国家内部陷于"滞胀"型危机的同时，世界经济格局也发生了不利于资本积累的变化，各种矛盾更加尖锐。下面我们主要从两个方面进行分析：

一　美国霸权的相对衰落以及布雷登森林体系崩溃

首先，美国在世界经济中的份额出现了下降的趋势。1950 年，美国在全球总产出中占 27.3%，而到 1973 年，已经下降到了 22%。同期，德国从 5% 上升到 5.9%，日本从 3% 上升到了 7.7%，世界经济格局出现了一定程度上不利于美国的变化。

[①] 当然，纯粹从理论上讲，工人实际工资的上升并不一定带来利润份额和利润率的下降。但是，美国的历史数据，无论是从长期水平来看还是从短期来看，确实验证了这种趋势。

其次，美元霸权相对衰落。美元霸权既是美国经济霸权的重要表现同时也是其支柱之一。更为重要的是，布雷顿森林体系的支柱之一是美元币值的稳定。在布雷顿森林体系建立时，美国承诺任何个人或机构均可用 35 美元一盎司黄金的比价从美国换取黄金。这是当时世界各国同意接受美元作为储备货币的基础。而美国当时之所以敢于如此承诺，是因为在第二次世界大战结束时，美国拥有全世界黄金储备的四分之三以上。在布雷顿森林体系刚开始运行时，一切都很正常。当时，因为美国拥有大量生产能力而欧洲和日本的生产能力在战争中都遭到了巨大的破坏，许多国家都希望购买美国商品，而买美国商品需要美元，因而美元非常受欢迎并且币值稳定。但随着时间的推移，情况逐渐发生了变化。随着日本和德国生产能力的恢复，美国商品在竞争中逐渐丧失了优势地位，再加上石油美元①的大量出现，世界市场上美元过剩的情况越来越严重。人们从美国大量兑换黄金导致其黄金储备占世界黄金储备总量的比重不断下降，到 20 世纪 60 年代末 70 年代初已经下降到 30% 左右。美国政府意识到，如若继续执行原有的政策，其黄金储备很快会流失殆尽，美元的霸权地位也将难以保持。尼克松政府在 20 世纪 70 年代初不得不宣布美元与黄金脱钩，这标志着布雷顿森林体系的崩溃。随后，美元相对黄金大幅度贬值，在 20 世纪 80 年代初一度曾经达到 800 多美元一盎司黄金的程度。

二 随着民族解放运动的兴起，第三世界国家发展民族经济的期望和能力得到加强，并敢于和美国等大国斗争

如果说美国经济霸权的相对衰落反映的是美日欧等发达资本主义国家内部的矛盾发展的话，那么两次石油危机则反映了发达国家与第三世界国家之间的矛盾发展。社会主义国家实践和民族解放运动的影响，尤其是美国侵略越南战争的失败，使得第三世界人民反抗意识越来越强，一个直接表现就是石油输出国组织的成立和两次石油危机的发生。这些事件沉重打

---

① 石油美元（Petro—dollar）是指 20 世纪 70 年代中期石油输出国由于石油价格大幅提高后增加的石油收入，在扣除用于发展本国经济和国内其他支出后的盈余资金。由于石油在国际市场上是以美元计价和结算的，也有人把产油国的全部石油收入统称为石油美元。

击了以美国为霸主的战后资本主义世界经济体系。①

正是这些因素导致了当时主要资本主义国家的经济形势不断恶化,危机不断。这种国内外的困局迫使以美国为首的西方国家各个阶层进行反思。凯恩斯主义相对而言比较符合垄断资本主义发展的需要,但它毕竟无法解决资本主义的根本矛盾。当时的社会经济危机也曾给西方社会进一步左转提供了机会,可以通过让工人阶级和社会大众获得更多的政治经济权利并进而改变为利润而生产的局面。但由于左翼力量在组织上和思想上的不成熟,无力解决当时的危机,更无法突破资本主义的政治经济制度,最终败下阵来。②

而垄断资产阶级则利用这个危机更好地组织起来,对当时的情况进行反思并最终选择了新自由主义。它们认为,只有打垮无产阶级的政治和经济力量,彻底破坏社会主义国家和第三世界国家发展民族经济的努力,才能改变世界范围内利润率下降的不利局面,并进而大大加强对世界各国无产阶级和其他劳动人民的剥削,以实现利润率的上升并摆脱经济危机。新自由主义正好给他们提供了所需的理论支持。

事实上,早在20世纪50年代,美国统治集团就已经开始有意识地把在国内经济学界处于边缘地位但符合美国垄断资本利益的新自由主义经济学向一些发展中国家传播。它们的一般做法是,通过援助项目把这些国家的年轻经济学者招到美国学习新自由主义理论,在授予其博士或者硕士学位后再把他们送回国去发挥作用。其中最典型的例子是在印度尼西亚的"伯克利黑帮"和智利(后来扩展到其他拉丁美洲国家)的"芝加哥弟子",前者是把印尼的青年经济学者送到加州大学伯克利分校进行培养,后者是把智利的学者送到芝加哥大学交给以弗里德曼为首的新自由主义学者培养。这些人回国后刚开始仍然处于边缘化的地位,后来都是在发生美国支持的右翼军事政变后被军事独裁者所重用,从而在这些国家推行了新

---

① 参见李民骐、朱安东《世界资本主义经济发展简史:1870—1973》,载《高校理论战线》2005年第6期。

② 参见大卫·哈维著《新自由主义简史》,王钦译,上海译文出版社2010年版,第14—15页。

自由主义并导致了严重后果。①

进入 20 世纪 70 年代以后，在美国，新自由主义的研究和传播开始得到垄断资本的大力支持。从 20 世纪 70 年代早期开始，包括美国商会和全美制造商协会在内的各种企业组织加强了组织、扩大了规模并有意识地加大了对政治事务和学术研究的投入。与此同时，企业支持建立了包括美国传统基金会、胡佛研究所以及美国企业研究所等智囊机构。② 大量的资金还被投入到以芝加哥大学经济系为代表的学术机构，资助新自由主义学者作研究、办杂志以及召开学术会议。

在这个背景下，哈耶克和弗里德曼分别于 1974 和 1976 年相继获得诺贝尔经济学奖，这极大地提升了新自由主义的影响力。垄断资本控制的主流媒体也适时跟进进行大量报道，引导大众接受并信奉新自由主义。当时美国主流媒体不断宣称"凯恩斯已经死了"，以至于新古典综合派的代表人物詹姆斯·托宾（James Tobin）专门撰文进行反驳。③

为了支持智利军事独裁者皮诺切特推行新自由主义政策，哈耶克和弗里德曼先后分别访问智利并与皮诺切特面谈。虽然这给新自由主义者带来了不少非议，但随着媒体大肆鼓吹所谓的"智利奇迹"，新自由主义的影响与日俱增。在这个大背景下，两个新自由主义的推崇者分别被美英统治集团推到前台，分别当选为美国总统和英国首相。撒切尔夫人在 1975 年成为英国保守党主席后，进一步加大了与新自由主义研究机构和人物的联系，曾分别会见新自由主义的旗手哈耶克和弗里德曼，据称还阅读过哈耶克的《自由宪章》等著作并非常推崇哈耶克的思想。④ 在里根 1980 年总统

① 参见朱安东《"伯克利黑帮"与印度尼西亚 40 年来的经济发展》，《国外理论动态》2007 年第 11 期；《"芝加哥弟子"与新自由主义在拉丁美洲的泛滥》，《红旗文稿》2006 年第 21 期。

② 参见大卫·哈维著《新自由主义简史》，王钦译，上海译文出版社 2010 年版，第 50—51 页。

③ Tobin, James, "How Dead Is Keynes?", Economic Inquiry, Vol. 15（4），1977, pp. 459 – 468.

④ 甚至据说她当年会随身带着哈耶克的《自由宪章》。在一次访谈中，保守党研究部门的一位官员曾回忆说，一次，一位研究人员"准备了一篇文章，提出'中间道路'是保守党应该采取的最可行的路线，可以避免左翼和右翼的极端。他还没有讲完，新当选的党主席就把手伸进她的提包，拿出一本书，那是哈耶克的《自由宪章》。她打断了我们这些实用主义者的讨论，举着这本书让我们大家看个究竟，'这本书'，她斩钉截铁地说，'才是我们应该信仰的'，并把哈耶克的书啪地掷到桌子上。"见 Richard Cockett 著 Think the Unthinkable: Thank—Tanks and the Economic Counter—Revolution, 1931—1983, Great Britain: HarperCollins, 1994, p. 174.

竞选团队的 76 个经济顾问中，新自由主义堡垒朝圣山学社的会员就占到了 22 个。在里根政府中，大量新自由主义者被委以重任，获得了包括 1 个总统经济顾问委员会主席、1 个驻德国大使、1 个美联储主席、6 个总统经济政策顾问委员会委员、主管经济政策的财政部助理部长、主管货币事务的财政部副部长以及社会安全委员会主席、总统食品援助工作组主席、总统情报监督委员会主席、总统管理与预算办公室副主任、总统国内与经济政策顾问以及一个经济顾问等要职。[①]

新自由主义在政界的成功进一步加强了其在社会、大众媒体和学界的地位。到 20 世纪 80 年代初里根总统执政的时候，新自由主义已经新添了理性预期学派、供给学派、公共选择学派等新的学术流派。

在整个 20 世纪 70 年代和 80 年代早期，美国经济学界基本是凯恩斯主义、新自由主义和马克思主义三大学派共同发展。虽然新自由主义的势力和影响越来越大，但在主流杂志，如《美国经济评论》，三个学派的论文都有可能被发表，虽然被发表的几率存在很大差别。但到了 20 世纪 80 年代后期以后，新自由主义成为美国经济学界的正统，在《美国经济评论》上要找到马克思主义经济学方面的论文则变得非常困难。那些新自由主义经济学占主导地位的大学和研究机构为了让学生认为所学的内容是正确的，一方面运用大量数学工具进行包装，另一方面弱化甚至取消了经济学说史和经济史方面的课程。

本来，20 世纪 80 年代初拉丁美洲的经济危机和美国经济令人失望的表现严重损害了新自由主义经济学的信誉，许多学者都表达了对它的批评。1988 年夏，美国经济学会会长罗伯特·艾依斯纳（Robert Eisner）指定设立了经济学研究生教育委员会，对全美国经济学研究生教育，从入学考试、核心课程、专业课程、毕业论文等方面进行系统调查，还就在校学生对经济学的看法，以及社会对经济学系毕业生的能力评价作深入调查。这个委员会在 1991 年发表了调查报告，严厉批评了美国经济学研究生教育过度重视数学技巧的培训而不关注现实问题的倾向，甚至警告，"（美国经济学）研究生教育可能会造就这样一代经济学家，其中有着太多的精于

---

① R. M. Hartwell, A *History of the Mont Pelerin Society*, Liberty Fund, 1995, p. 213.

技巧但对实际经济问题毫无所知的白痴学者（idiot savants）。"① 在 1992 年，包括萨缪尔森等 4 位诺贝尔经济学奖获得者在内的 40 多位著名经济学家集体签名专门的《美国经济评论》上发了这样一个声明，"我们，在下面签名者，担心经济学受到了垄断的威胁。今天的主流经济学家们在强力推行一种方法或核心假设的垄断，并宣称除此以外没有更好的基础。经济学家们总在口头鼓吹自由竞争，却不愿意在观念的市场上实践它。"② 他们所指的 "垄断的威胁" 就是新自由主义的垄断的威胁，"今天的主流经济学家们" 就是指新自由主义经济学家们。

20 世纪 80 年代末 90 年代初苏联和东欧国家纷纷放弃社会主义制度并转向资本主义，其中大部分国家在转型中采纳了新自由主义政策，这进一步扩大了新自由主义经济学的影响并巩固了其主流地位。美国财政部、世界银行和国际货币基金组织的支持，更使得新自由主义经济学具有了相当的霸气。凭借着国际组织的支持和美国文化的强势地位，新自由主义成了许多国家的主流经济学并指导了这些国家的政策走向。

第二节　新自由主义思潮的基本主张、理论缺陷及其向全球的蔓延

新自由主义经济学内部虽然也有不少分歧，但在反对政府干预、鼓吹自由放任和私有制等方面是一致的。它们无视现实生活中普遍的反例，顽固地坚持 "经济人" 和完善市场的假设。所谓 "经济人" 假设是个人主义在经济学上的体现，主张人都是自私的和理性的，可以模型化为解决在一定约束条件（禀赋的资源）下实现个人利益最大化的计算机。而完善市场假设的基础是完全竞争，即在完全竞争条件下资源会得到有效的配置，所有市场都会出清，不会出现失业或者产品过剩。但 "完全竞争" 至少需要具备以下条件：（1）每一个商品的供给者和购买者都数量众多而且每个

① Anne O. Krueger, *Report of the Commission on Graduate Education in Economics* Journal of Economic Literature , Vol. 29, No. 3（Sep. , 1991）, pp. 1035 – 1053.

② Abramovitz, Moses etc. , "a plea for a pluralistic and rigorous economics", *The American Economic Review*, Vol. 82, No. 2, 1992, p . XXV.

市场参与者都足够小从而对市场价格无法产生影响而只能做市场价格的接受者；（2）每一个生产者都可以自由地进入和退出一个市场并在退出过程中不会遭受任何损失；（3）未来的市场情况是确定；（4）每一个市场参与者对市场的现状和未来的知识是完备的，并且这些信息在传播过程中不会被扭曲而且可以无差别地被人们免费获取。凡是对现实经济生活有所了解而又不带意识形态偏见的人都会对这些假设以及建立在这些假设基础上的理论和政策持批判态度。但这并未妨碍新自由主义理论和政策在资本以及资本所控制的政治权利和媒体的支持下成为发达国家的主流意识形态并被传播到全球。

一　新自由主义思潮的基本主张

如前所述，新自由主义政策最早是20世纪六七十年代在印度尼西亚和智利被采纳，然后传播到其他一些拉丁美洲国家。20世纪70年代末80年代初，许多拉丁美洲国家出现了债务危机和经济危机，急需援助。美国控制世界银行和国际货币基金组织利用这个机会迫使它们接受了名为"结构调整"的一组新自由主义政策。此后，这些政策被总结为"华盛顿共识"并被强行推广到其他发展中国家。这些政策虽然在不同时期和不同国家侧重点可能略有不同，但基本内容都是一致的，一般被人们总结为"三化"，即"自由化"、"市场化"和"私有化"。下面以最有影响的"华盛顿共识"中所列出的政策为例加以说明。

1989年，位于美国华盛顿的国际经济研究所①邀请了来自美国财政部、国际货币基金组织、世界银行、美洲开发银行等机构的官员和研究人员以及拉美国家代表在华盛顿召开了一个研讨会，为陷于债务危机的拉美国家经济改革提供方案和对策。国际经济研究所的经济学家约翰·威廉姆森（John Williamson）对拉美国家的国内经济改革总结出了据称是上述各机构最低共识的10条政策措施，由于上述国际机构的总部和美国财政部

---

① 国际经济研究所（Institute for International Economics），由伯格斯滕（C. Fred Bergsten）等成立于1981年，是非牟利无党派的美国两大智库之一。2006年，为了纪念其共同创始人彼得·乔治·彼得森（Peter G. Peterson），更名为"彼得·乔治·彼得森国际经济研究所"（Peter G. Peterson Institute for International Economics），有时简称为"彼得森国际经济研究所"。

都在华盛顿，因此这 10 条政策措施被称作"华盛顿共识"。它的要点包括：

（1）加强财政纪律，压缩财政赤字，降低通货膨胀率，稳定宏观经济形势；

（2）为了让政府尽可能少地进入生产领域，应该把政府支出的重点转向经济回报高和有利于改善收入分配的领域，如基本医疗保健、基础教育和基础设施；

（3）改革税收，降低边际税率和扩大税基；

（4）利率市场化；

（5）采用具有竞争力的汇率；

（6）贸易自由化，开放市场；

（7）资本准入，特别是外国直接投资进入自由化；

（8）把国有企业私有化；

（9）放松政府管制，消除市场准入和退出的障碍；

（10）保护私人财产权。①

在这 10 条政策中，可以认为第 1、3 和 4 条属于"市场化"，第 5、6、7 和 9 条属于"自由化"，第 2、8 和 10 条属于"私有化"。但这只是最初意义上的"华盛顿共识"，在实际执行过程中真正向发展中国家推行的，也就是人们通常意义上的"华盛顿共识"所包含的内容更加宽泛并且更加具有新自由主义色彩，② 往往还会包括资本账户自由化、金融自由化和打击工人力量的内容。下面我们再简单分析一下这些政策的真正目的。

以压低通货膨胀和稳定宏观经济形势为名，通过紧缩政府开支和货币供给，制造并保持高失业，迫使工人阶级接受低工资，从而保证利润水平。为了加强效果，以劳动力市场更加灵活为名，取消和修改各种保护工人权益的法律，限制工会权利，政府直接打击公共部门的工会，并纵容资本家打击私人部门的工会，使劳动力市场变得更"灵活"。工会的衰落进

---

① Williamson, John: What Washington Means by Policy Reform, in: Williamson, John (ed.): Latin American Readjustment: How Much has Happened, Washington: Institute for International Economics 1989.

② 比如说，在上文中，威廉姆森本人并不赞同资本账户自由化以及小政府（让政府放弃提供福利和进行再分配的职能），他甚至不认为私有制必然优于公有制。

一步削弱了工人阶级的斗争力量。

用自由贸易摧毁第三世界和前社会主义国家的民族经济，在制造大批失业、扩大世界范围的产业后备军的同时，使发达国家的垄断资本能够占领更多的市场，攫取超额利润。

以在世界范围内提高资本配置效率为名推行资本自由流动和资本账户自由化，既方便了发达国家的垄断资本（特别是金融资本）剥削第三世界的劳动人民，又通过所谓"威胁效应"大大加强了各国资本家在工人和政府面前的谈判地位。资本家可以随时以将工厂转移到其他国家相威胁，迫使工人接受低工资。同时，哪个政府的政策稍微有些进步倾向，不符合金融资本的利益，就会被认为是"不负责任"，从而遭受"纪律"措施，即资本外逃。

私有化和解除对垄断行业的管制，使私人资本能够在原来不能进入的行业，赚取垄断利润，又为腐败、国有资产流失以及外资廉价购买发展中国家的国有企业并控制这些国家的经济命脉大开方便之门。解除对金融部门的管制，即金融自由化，为各种金融欺诈、投机泡沫铺平了道路，使金融资本得以从中牟取暴利。此外，发达国家政府把通过减少各种公共开支"节约"下来的钱，用来为资产阶级减税，以保证资本家的利润率。

二　新自由主义思潮在理论上存在的缺陷

显然，新自由主义是国际垄断资本向全球扩张的一种政策要求和理论主张。这是资本主义发展到帝国主义阶段后期，由于各种矛盾的积累，垄断金融资本逐渐取代垄断产业资本成为主导性力量之后的一种必然要求，是帝国主义腐朽性的又一重要表现。自20世纪70年代以来，新自由主义思潮在全球泛滥，但不可否认的是，其理论上存在重大缺陷或硬伤，如采用唯心主义对人的本性进行分析，将所有制层面的问题与企业经营层面的问题相混淆，坚持自由市场的教条主义，等等。

（一）经济人假说

新自由主义经济学的基础或其出发点，即认为人都是自私自利的、理性的、试图用最小的成本获得最大程度的利润，因此称之为理性经济人假说或经济人假说。尽管在其后来的发展中，该理论被修正为"有限理性经济人"假说，但这并未能改变该理论在分析方法上存在的巨大错误。经济人假说从抽象的人性出发，离开经济关系抽象地将人性概括为自私自利、一切行为均是从个人自身利益出发，由此来解释市场经济中人与人的交往行为和经济的发展。这是一种唯心主义分析方法。

马克思主义经济学则坚持唯物史观分析范式，从一个人所处的生产关系来解释人的经济行为。因为每一个人都是处于一定的生产关系中的，具体的社会经济关系决定了一个人的行为。经济人假说忽视了具体社会经济关系，抽象出一种跨越不同历史发展阶段、不同生产资料所有制的人的经济行为，实际上，不同的生产资料所有制决定了不同的人的经济行为，什么样的生产关系下就有与其相对应的人的经济行为，理性经济人本质上是与生产资料资本主义私有制相适应、由资本的本性驱动的。在资本主义经济中，资本家是资本的人格化，工人是劳动的人格化，资本家追求利润是由资本追逐最大限度的利润而驱动的，如果资本家不设法提高剩余价值率从而导致其利润率远远低于其他资本家，那么自然会被市场所淘汰。而工人则是处于被剥夺、自由地一无所有的社会地位，只能靠出卖自身劳动力与生产资料相结合从而获得相当于劳动力价值的工资。

因此，马克思并不否认个人利益，但是不承认脱离一定经济、社会关系的私人利益。他指出，"各个人的出发点总是他们自己，不过当然是处于既有的历史条件和关系范围之内的自己，而不是意识形态家们所理解的'纯粹的'个人。"①马克思认为，私人利益总是和一定社会关系结合在一起的，不同社会关系中的私人利益是不同质的。如果私人利益是和推动社会进步和多数人利益的经济、社会关系相结合，那就不是"自私"，如果和损害社会进步和多数人利益的经济、社会关系相结合，那就是"自私"。

马克思指出，"我决不用玫瑰色描绘资本家和地主的面貌。不过这里涉及的人，只是经济范畴的人格化，是一定的阶级关系和利益的承担者。我的观点是把经济的社会形态的发展理解为一种自然史的过程。不管个人在主观上怎样超脱各种关系，他在社会意义上总是这些关系的产物。同其

---

① 《马克思恩格斯选集》第 1 卷，人民出版社 2012 年版，第 199 页。

他任何观点比起来，我的观点是更不能要个人对这些关系负责的。"① 他所揭示的资本家剥削、压榨工人的行为，绝不是要资本家个人为此负责，资本家逐利行为，在资本主义生产关系的一定阶段是符合生产力发展需要的、符合社会发展要求的。只有运用唯物史观，才能深刻揭露经济社会中人的经济行为，从人类社会发展的整体趋势和潮流角度认识劳动人民的历史作用，揭示社会历史发展前进的动力。

（二）私有制有效论

新自由主义经济学宣称私有制才符合经济人本性，质疑、否定一切形式的公有制经济，认为只要是公有制经济就一定是低效率的，私有制经济的效率远远高于公有制经济。私有制有效论是从经济人假设中推导出的结论，这一理论认为，公有制是"人人所有，人人皆无"，实际上是产权虚置，个人的付出与回报不成比例，最终会导致个人失去劳动积极性和创新能力；只有将所有制落实到个人即私有制才能激发个人追求利润最大化、从而提高企业运行效率、提高利润率。这种论调不仅与事实相违背，在理论上也是完全站不住脚的。2001 年诺贝尔经济学奖得主约瑟夫·E. 斯蒂格利茨就指出，私有制比国有企业更有效率存在简单逻辑推理的谬误，是一种傻瓜式的经济理论。②

私有制有效论混淆经济效率、经济效益和利润率，简单地用利润率来衡量经济效率和效益。公有制企业的经济效率或效益不仅体现在企业劳动生产率等方面，而且体现在优化资源配置等宏观经济方面。私有制有效论从私人资本家个体角度考察，忽视了企业在运行中可能存在的污染环境、破坏市场秩序等外部成本，假如综合企业自身成本及其造成的外部成本，私有制很可能是低效率的。此外，现代西方企业制度中，企业的所有权与经营权分离，企业的股东将企业的日常经营行为交由职业经理人负责，他们对企业的股权只享有所有权，使用权则交付经理人，很少有股东直接参与企业的经营。从这个意义上讲，公有制企业和私营企业都存在"委托——代理问题"。而

---

① 《资本论》第 1 卷，人民出版社 2004 年版，第 10 页。
② 约瑟夫·E. 斯蒂格利茨：《私有化更有效率吗》，载《经济理论与经济管理》2011 年第 10 期。

"委托——代理问题"与企业所有制问题则是两个层面的问题，新自由主义经济学恰恰是混淆了这两个不同层次的问题，简单地实行一刀切，只要企业经营中遇到一些问题，开出的药方便是私有化。

人类社会从私有制社会过渡到公有制社会，是生产力和生产关系矛盾运动发展的必然趋势。从历史发展的趋势来看，作为人类社会发展的特定阶段的资本主义，在其促进生产力极大发展的同时，资本主义的固有矛盾也不断激化，"资本的垄断成了与这种垄断一起并在这种垄断之下繁盛起来的生产方式的桎梏。生产资料的集中和劳动的社会化，达到了同它们的资本主义外壳不能相容的地步。这个外壳就要炸毁了。资本主义私有制的丧钟就要响了。剥夺者就要被剥夺了。"[①] 马克思指出，经济的社会形态发展是一个自然历史过程，也就是说，人类社会的发展归根到底是由生产力与生产关系的矛盾决定的，存在着不以人们的意志为转移的、必然的客观规律。正如经过一定的发展过程后，奴隶社会必将被封建社会所取代、封建社会必将为资本主义社会所取代一样，当资本主义制度所能容纳的所有生产力全部释放出来之后，资本主义制度就成为制约生产力进一步发展的障碍，"于是，随着大工业的发展，资产阶级赖以生产和占有产品的基础本身也就从它的脚下被挖掉了。它首先生产的是它自己的掘墓人。资产阶级的灭亡和无产阶级的胜利是同样不可避免的。"[②]

（三）自由市场万能论

新自由主义经济学的另一个重大理论缺陷就是市场万能论。新自由主义经济学认为，自由市场是资源配置的最有效方式，自由竞争不仅能实现优胜劣汰、使资源得到最有效的配置，还能实现经济平稳发展，而政府干预则会扰乱经济发展过程，是经济周期或经济危机出现的原因。这种盲目迷信市场化、私有化等新自由主义主张的做法，被保罗·克鲁格曼称之为"市场原教旨主义"。[③]

自由市场万能论完全忽视了在资本主义市场经济中，各市场主体的经

---

① 《马克思恩格斯文集》第 5 卷，人民出版社 2009 年版，第 874 页。

② 《马克思恩格斯文集》第 2 卷，人民出版社 2009 年版，第 43 页。

③ 吴易风、王晗霞：《克鲁格曼论金融危机、经济危机和自由市场原教旨主义》，载《中国人民大学学报》2009 年第 5 期。

济行为存在自发性、盲目性和滞后性等特点，最终可能造成市场失灵；同时，还可能存在无序竞争。事实上，就算是实施新自由主义最彻底的资本主义国家，也不存在完全的自由竞争市场。所谓自由化、国家干预最小化等政策，均是垄断资本集团尤其是金融资本集团以"自由"为名、迫使其他中小资本和经济发展相对落后国家解除限制，以便于垄断资本集团压垮中小资本、落后国家的民族资本，行使和发挥其垄断优势地位的说辞。新自由主义标榜自由，实则以自由之名行垄断之实。

三　新自由主义思潮向全球的蔓延

作为以美国为首的西方发达国家的意识形态，新自由主义对广大第三世界国家人民是不利的，也不断遭到这些国家人民的抵制。但是，它仍然在过去的二三十年里在全球泛滥，这一方面是因为发展中国家国内统治集团内部存在着能够从这种政策中获益的群体，另一方面是由于以美国为首的发达国家采取了一系列有效手段向其他国家推销新自由主义，其中主要有：

（1）确立新自由主义在发达国家经济学界的主流地位，利用发达国家的文化霸权把这一套经济学通过各种方式输出到第三世界国家，使之成为这些国家的主流经济学。同时，通过垄断财团控制的媒体把新自由主义打造成最正确并且除此以外没有其他选择的理论，让大众接受和信仰它。抬高主流经济学家，尤其是新自由主义经济学家的地位和影响，并且鼓励政府让他们更多地参与到政策制定、宣传和实施中。

（2）通过国际组织，如世界银行、国际货币基金组织以及世界贸易组织等强力推行。这些年来，这些国际组织已经成为迫使第三世界国家接受新自由主义政策的主要机构。例如，国际货币基金组织和世界银行在第三世界国家发生经济金融危机急需它们贷款时毫无例外地迫使这些国家进行所谓的结构调整。而所谓结构调整的核心就是新自由主义政策。

（3）通过双边谈判以及建立各种自由贸易区。例如，当美国和其他国家进行经济谈判的时候，它总是迫使第三世界国家接受这套政策。在各种自由贸易区的协定中，无一例外都包含新自由主义政策。

（4）通过对第三世界的精英进行各种培训来传播新自由主义。最著名的就是上文提及的所谓的"芝加哥弟子"（Chicago Boys），他们后来在各自的国家纷纷成为了著名经济学家、经济部长甚至总统。

（5）通过支持第三世界国家内部那些能够从新自由主义政策当中获利的集团，在第三世界国家内部发生影响。这也许是最有效的方式，因为这些集团往往在第三世界国家内处于强势地位，它们的意志往往能够变成各国的政策。

（6）支持右翼军人进行军事政变（如印尼和智利）或者直接武装干预（如伊拉克），然后向这些国家直接输入新自由主义。

值得注意的是，西方发达国家是有选择地在国内实施对本国资本有利的政策，同时强制向发展中国家推销新自由主义。由于发展中国家接受了资本自由流动的政策，其经济被外资控制的程度越来越高。发展中国家的外国资本存量占其国内生产总值的比重，1950 年为 4.4%，1973 年是 10.9%，而 1999 年则上升到了 21.7%。① 发达国家一方面强迫发展中国家开放国内市场，另一方面却对自己的市场实施保护。根据英国一个非政府组织 2001 年的一份报告，富有国家的关税壁垒比贫穷国家要高 4 倍；发达国家政府对农业的补贴这些年来不仅没有减少，而且上升到了 3500 亿美元，单是农产品贸易壁垒就让发展中国家每年损失 200 亿美元；而由于发达国家不公平的贸易保护政策，发展中国家每年要损失 1000 亿美元。②

第三节　新自由主义泛滥带来的后果

在过去的几十年里，新自由主义逐渐在全球泛滥，并导致了一系列后果。如果说在 10 年以前人们关于新自由主义是否促进了全球经济和社会发展还意见分歧的话，今天大家则普遍认为，正是新自由主义导致了这一轮的全球金融和经济危机。当然，全面并且清楚地分析新自由主义政策与当今世界的各种矛盾和问题之间的联系并不总是一件容易的事，但也很难

---

① 麦迪森：《世界经济千年史》，北京大学出版社 2003 年版。

② Oxfam, *Eight Broken Promises*, 2001, http：//www. oxfam. org/eng/pdfs/pp0110_ 8_ Broken_ Promises. pdf.

把新自由主义政策的推行从导致当前各种矛盾和问题的原因中剔除出去。在这一节，我们将从以下几个方面讨论新自由主义给世界经济社会带来的后果。

一　世界经济一体化加强，但经济增长减速，结构性矛盾尖锐

经济全球化是由资本在全球范围内攫取最大程度利润的本性驱动的。新自由主义主张解除对资本投资、商品和服务贸易等自由流动的限制，提倡贸易自由化、金融自由化，在一定程度上推动了经济全球化进程。随着各种投资和贸易限制的减少，跨国投资和贸易日益增加，世界经济一体化不断加强。根据世界银行提供的数据，按当年价格计算的全球外商直接投资净流入额在 1970 年只有 104 亿美元，1980 年为 545 亿美元，到 1990 年则上升到 2123 亿美元，2000 年达到 1.6 万亿美元，2007 年更是达到 2.35 万亿美元，其占当年全球生产总值的比重分别为 0.5%、0.6%、1%、5% 和 4.2%，由于 2008 年全球金融危机的冲击，2010 年下降到了 1.33 万亿美元（约为当年全球生产总值的 2.1%）。[①]

跨国直接投资增加的一个重要原因是大量生产从工资水平较高（对资本来说意味着劳动力成本较高）的发达国家转移到工资水平较低的发展中国家。与之相应的不仅是世界贸易的绝对值急剧攀升，其占世界总产出（GDP）的份额也急剧上升。1960 年，世界贸易总额（进口和出口之和）只占总产出的 24.2%，随后略有下降，再缓慢上升到 1970 年的 27.8%，到 1980 年时也只有 39.5%，之后由于拉美的债务危机等原因下降到 1985 年的 35.6%，到 1990 年恢复到 38.9%，2000 年时上升到 49.8%，2008 年更是达到了 59.2%。如此之高的国际贸易依存度意味着各国经济之间相互依赖的程度达到了前所未有的程度，也意味着世界经济中系统性风险升高。一旦某一个或几个贸易大国经济出现问题，其余国家和地区很难避免受到冲击。2008 年以来的全球金融和经济危机的发展过程充分表现了这一问题的严重性。2009 年，至少有 95 个国家经济陷入了衰退，其中有 7 个国家国内生产总值降低了 10% 以上，下降幅度最大的拉脱维亚达到 18%。

---

① http：//databank. worldbank. org/ddp/home. do.

　　虽然新自由主义经济学宣称在全球化中，资源能够得到更优的配置。但是这似乎并未得到相关数据的支持，相反，一个公认的事实是自从新自由主义在全球泛滥以来，世界经济增长不是加快了而是减速了。在 1973 年到 1998 年期间，世界经济的年均增长率比黄金时代（1950—1973 年）下降了接近 40%，从 4.91% 下降到了 3.01%。[①] 新自由主义时期的人均国内生产总值平均增长率与前一个时期（1951—1980 年）相比下降了一半。平均而言，发展中国家与经济合作组织国家之间的增长速度差距在后一个时期比前一个时期要大 3 倍还多。值得注意的是，进入 21 世纪以来，由于拉丁美洲以及俄罗斯等国开始纠正新自由主义政策，情况有所好转，到 2008 年全球经济危机爆发为止，只有 15 个国家（共 190 个国家）的人均国内生产总值比其 2000 年的水平还低。[②] 但正如前面已经提到的，本轮危机使超过一半的国家在 2009 年陷入了衰退。

　　究其原因，在新自由主义时期，金融资本在价值增值过程中的作用和重要性日益加强，发达资本主义国家的占据主导地位的资本形态已由产业资本转变为金融资本。发达资本主义国家的垄断资本集团尤其是金融资本集团，在本国占据垄断地位后，以金融自由化为名将势力范围扩张到发展中国家，控制发展中国家经济、政治和意识形态，从而为自己获取更大程度的经济利益而服务。但金融部门相对实体经济的独立膨胀达到一定程度后，必将导致经济体系的不稳定，一旦泡沫破灭发生危机，将影响整个世界经济。20 世纪 80 年代后世界经济特别是美国经济的每一次短暂繁荣，无不与金融泡沫导致的财富效应的推动密切相关，而每次繁荣过后的危机又无不与金融泡沫的破裂所导致的财富效应的缩减密切相关，经济危机越来越频繁地以金融危机的形式爆发，从而导致世界经济增长减速。

　　世界经济在新自由主义时期不仅增长放缓，而且积累了越来越严重的结构性矛盾。在过去的几十年里，美国从日本、欧洲以及近年来从中国大量进口，为稳定日本并不景气的经济以及促进欧洲和中国的经济增长起了

---

　　① 麦迪森：《世界经济千年史》，北京大学出版社 2003 年版。

　　② 参见世界银行世界发展指数——全球金融发展数据库，http：//data. worldbank. org/data—cata-
log。

相当大的拉动作用。但由于从 20 世纪 80 年代初以来（除了 1991 年以外）其出口一直小于进口，出现了愈演愈烈的贸易逆差和经常账户赤字。目前，美国已经形成巨额外债，根据美国财政部提供的数据，到 2011 年 9 月 30 日美国的外债总额已经达到 15 万亿美元,[①] 几乎肯定超过了其当年的国内生产总值。即便按 5% 的利率计算，仅仅为了支付利息每年就要花掉美国国内生产总值的 5%。同时，美国的公共债务也已经达到难以为继的地步，到 2012 年 1 月 12 日，其国债总额已经达到 15.2 万亿美元（其中 4.8 万亿是欠其他政府的）。[②] 巨额的外债以及大量的政府债务大大削弱了美元的地位。而美元币值稳定是其他个人和机构愿意贷款给美国一个基本条件。这形成了一个难以解决的结构性矛盾。美国要减少贸易赤字（日本、德国以及中国如果停止向美国贷款的效果也是一样），就得至少部分地减少从日本、欧洲和中国的进口，而这很可能给日本和欧洲的经济雪上加霜，把它们推入衰退的泥潭，这反过来又很可能把美国也拉进危机。反之，如果美国任由当前的趋势发展，极有可能带来美元的大幅度贬值，失去美元的霸权地位。但由于现在还没有任何一种货币能取代美元的地位，美元大幅度贬值后很可能出现国际金融市场的大混乱甚至世界经济的大危机。

二 劳工力量被打压，资本利润率有所回升

新自由主义政策确实在一定程度上达到了以美国为首的发达资本主义国家统治集团的目标，美英等国以及第三世界国家的工人阶级的斗争被打压下去了，许多前社会主义国家和第三世界国家发展民族经济的努力被摧毁了，国际垄断资本的利润率有所回升。但是，与此同时，世界资本主义体系的各种矛盾在这个时期不是缓解了，而是激化了，2008 年以来的全球金融和经济危机就是一个明证。

下面，我们以美国工人阶级为主来说明发达国家在这个时期的相关情

---

① 参见美国财政部网站。http：//www. treasury. gov/resource—center/data—chart—center/tic/Documents/debta2011q3. html.

② http：//www. treasurydirect. gov/NP/BPDLogin? application = np.

况。在新自由主义的指导下，为保证利润率，以美国统治集团为首的西方国家采纳了一系列的打击工人力量的措施（如直接打击工会、解除对劳动力市场的管制等），导致工会成员率下降、失业率提高、工人的实际工资下降，从而导致工人有购买力的需求不足、贫富分化加剧，整个社会的消费能力受到威胁。为了保持生活水平，在投入更多的劳动时间的同时，美国家庭不得不大量借贷消费。

自20世纪70年代中期以来，在统治集团的打压下，美国工会力量遭到极大地削弱，工会成员率（即参加工会的人数占工人总数的比重）大幅度下降。美国工会成员率在第二次世界大战期间急剧攀升，从10%左右上升到了近35%，但战后随着麦卡锡主义①的盛行，工会力量遭到削弱，但即便如此，在1975年，在美国还有25.3%的工人参加工会，但到2010年这个比率下降到11.4%。其中，尤以私人部门的工会成员率为低，到2010年只有不足7%。②

类似的情况在其他国家也出现了，随着新自由主义在全球的泛滥，工会被指责为利益集团，遭到各种打击。工会成员率普遍下降。1960年之后的10多年，绝大部分国家的工会成员率要么上升了，要么是稳定的。经合组织国家的平均水平从1960年的33.6%上升到了1978年的34%。但从20世纪70年代中期到现在，虽然在少部分国家这个指标有波动，但绝大部分国家都是下降的，一些国家下降幅度非常大，比如新西兰从近66%下降到了不到21%，葡萄牙从61%下降到了不到21%，澳大利亚从近50%下降到了18%，整个经济与贸易合作组织（以下简称经合组织）的平均水平也从34%下降到了不足18%。

在工会力量被削弱的同时，为使劳动力市场保持竞争从而压低工人工资，许多国家的政府以降低通货膨胀率稳定经济为由有意识地提高失业率，其中美国是最典型的例子。美国新自由主义时期的失业率与之前一个时期相比也有较大幅度的攀升。美国失业率在1948年至1973年间平均不

---

① 麦卡锡主义是1950—1954年间肇因于美国参议院麦卡锡的美国国内反共、反民主的典型代表，它恶意诽谤、肆意迫害共产党和民主进步人士直至有不同意见的人。从1950年初麦卡锡主义开始泛滥，到1954年底彻底破产的前后5年里，它的影响波及美国政治、外交和社会生活的方方面面。

② 数据来自美国劳工统计局网站：www.bls.gov（LUU0204906600，LUU0204922700）。

足 4.8%；而 1974 年至 1999 年，这个指标均值为 6.6%，上升了 1.8 个百分点；之后，美国失业率由于美国在 2001 年之后经济的较长时期的增长有所下降，但 2008 年以来的金融和经济危机的爆发使其失业率一度上升到了 10%。

事实上，在许多国家都出现了在新自由主义时期失业率居高不下的情况，根据两个国际组织提供的数据计算所得的世界平均失业率的情况[1]，从 20 世纪 60 年代末到 80 年代中期，全球总体的失业率水平是快速上升的，从 4% 左右上升到了 9% 左右，而且之后虽有波动，但总体保持在高位。虽然在 2002 年之后出现了下降的趋势，但 2008 年危机之后这个数据又开始上升。

由于失业率长期处于较高水平，再加上工会力量的衰落，各国工人斗争的能力和意愿急剧减弱。由于失业率较高而且工人斗争性减弱，工人争取更高工资的能力下降，工人的实际工资也出现了下降趋势，美国是最典型的例子。在 1973 年 7 月以前，美国私人部门普通生产性工人和非管理类雇员的实际工资是不断上升的，在那个月达到每小时 9.37 美元。此后则不断下降（中间曾出现波动），直到 1994 年 8 月降到每小时 7.75 美元。此后，由于 20 世纪 90 年代后期的经济扩张，劳动力市场相对紧张，工人实际工资才得到了一定程度的恢复。但由于金融危机的影响，美国工人的小时实际工资仍未恢复到 1973 年的水平。

在西方其他国家，工人实际工资在新自由主义时期要么基本停止了上涨，要么出现了下降。至于大量发展中国家，情况就更加悲惨。以拉丁美洲国家为例，20 世纪 80 年代到 90 年代，很多拉丁美洲国家的工人实际工资下降，比如，1980—1991 年，玻利维亚工人的实际工资下降了 73%；1980—1992 年，厄瓜多尔、萨尔瓦多、委内瑞拉工人的实际工资分别下降了 68%、65% 和 53%；1980—1994 年，阿根廷、乌拉圭工人的实际工资分别下降了 14% 和 21%。[2]

---

① 当然，由于各个国家对失业率的定义和统计口径不一致，很难把它们进行简单的平均，再加上失业率数据缺失很多，不同年份中有数据的国家也不一样，简单做平均会存在样本选择的问题。但是，这个图反映的趋势总体而言是符合实际的。

② Duncan Green, Silent Revolution, Monthly Review Press (1995), Appendix A.

工人实际工资的下降往往意味着工资份额的下降，随着工资份额的下降，资本的利润率确实得到了一定程度的恢复。以非金融企业为例，从 20 世纪 60 年代中期开始，美国非金融企业的利润出现了下降，而且下降幅度达到近 10 个百分点。新自由主义时期由于工资份额的下降，从 20 世纪 80 年代初期开始，美国非金融企业的利润开始恢复，到 20 世纪 90 年代中期大概上升了 6 个百分点。但值得注意的是，由于实体经济中竞争激烈，中低收入阶层收入上升缓慢甚至停滞导致生产相对过剩的问题严重，从而限制了经济增长以及利润率的进一步回升。因此越来越多的产业资本进入了金融领域，出现了愈演愈烈的金融化现象，这也意味着在产业资本得到这些利润中，相当一部分需要支付给金融部门。

三 经济金融化加强，各种金融风险加剧

所谓"金融化"是指"在民族国家内部和国际上，金融市场、金融动机、金融机构以及金融精英在经济及其统治机构中的重要性不断上升的过程"。[1] 在新自由主义时期，几乎所有的市场经济国家都出现了经济金融化的现象。

在经济发展的某些时期，由于在生产和流通等实体经济领域的利润率较高，资本的积累主要发生在实体经济领域，金融领域为之提供帮助并获取一定的收益。但在另外一些时期，由于在实体经济领域的利润率较低，资本开始寻找其他回报率更高的获利机会，金融领域开始得到更多的青睐。不仅金融部门相对于实体经济不断扩张，在国内生产总值中所占比重不断上升，在非金融企业拥有的资本中，金融业资本相对产业资本的比重也在上升，金融部门在国内利润中所占比重、来自金融业的利润在企业利润中比重均在不断上升。第二次世界大战后美国金融资产流量相对 GDP 保持上升趋势，这一比例 1952—1979 年平均为 0.257 倍，1980—2007 年迅速增加到 0.418 倍。同时，美国金融业利润在国内总利润中所占比重越来越大，从 20 世纪 80 年代初的不足 20% 上升到 90 年代末的 30% 左右，

---

① Epstein, Gerald, "Financialization, Rentier Interests, and Central Bank Policy," manuscript, Department of Economics, University of Massachusetts, Amherst, MA, December 2001.

并在 2002 年一度达到 45 %，在 2008 年金融危机爆发前的 2006 年也高达 30.56%，而同期包括制造业、运输业和信息业等在内的非金融业利润的比重则大幅度下降，曾一度降到 54% 以下。① 资本的金融化趋势十分明显。金融化趋势是资本积累的必然结果。随着资本积累的发展和资本有机构成提高，实体经济的利润率下降，过剩资本不得不从产业部门投向流动性更高的金融部门。金融部门虽然不创造价值，但可以依靠吸收更多资本投入形成金融泡沫而获利，于是金融部门受到了这些逐利资本的青睐。这是在资本主义经济发展某些时期出现金融部门占国内生产总值、总利润不断上升、非金融企业的金融资产比重不断上升这一"金融化"现象的原因。随着金融泡沫的破裂，金融危机的到来，整个经济陷入严重的危机甚至长期萧条，各种社会经济矛盾进一步激化。

到目前为止，最为严重的是 20 世纪 20 年代末期出现的股市崩盘和金融危机。由于汲取了这次危机的教训，美国等西方国家在战后对金融市场厉行严格的监管，故在 20 世纪 70 年代和 80 年代前期实体经济处于危机中是没有出现严重的"金融化"现象和严重的金融危机。但自从 20 世纪 80 年代初以来，由于实体经济部门的利润率一直不高，由于新自由主义的影响，金融化开始不断发展。自 20 世纪 80 年代初以来，美国金融业在国内总利润当中所分割的比重越来越大，从 20 世纪 80 年代初的不足 20% 上升到 30% 左右，并在 21 世纪初一度达到 45%，而同期制造业的比重则大幅度下降，一度降到 10% 以下，目前也低于 20%。

在第二次世界大战结束以后的近 30 年时间里，由于实行了严格的监管政策，美国等西方国家没有出现过一次严重的金融危机，没有一个重要的金融机构破产。而自 20 世纪 80 年代以来，每隔 10 年左右就会发生一次较大的金融危机，大型金融机构破产也不时发生。导致这种差异的就是在新自由主义指导下的金融自由化政策。在 20 世纪 70 年代的危机中，美国金融资本的影响力逐渐增大，美国国会在 20 世纪 80 年代初通过了解除对金融行业进行严格管制的两个法案，更在 1999 年废止了分业经营的法案。

---

① Economic Report of the President 2009, January 2009.

　　金融机构在组织社会的储蓄并把它导向经济所需要的企业和部门方面起着非常重要的作用，为现代经济的比较快速地发展奠定了基础。但是，如果没有适当的监管，金融体系内在的不稳定性极容易导致危机。正是在20世纪初的多次金融危机（尤其是 1929 年开始的"大萧条"）中得到了教训，美国等西方国家政府制定了分业经营等对金融体系进行严格监管的法律。但新自由主义认为，政府监管必然是低效率的，只有让金融市场自由运行，资金才能被配置到最需要它（即回报率最高）的投资中，才能提高金融市场的效率。与此同时，新自由主义还认为，金融市场具备自动纠错能力，如果政府采取自由放任的政策，它不会发生严重的危机。

　　正是在这种理论的影响下，美国实施了一系列金融自由化的政策并把它推广到世界各地，其结果是：金融市场几乎没有监管、信息极不透明、欺诈成风并且带来了严重的金融泡沫。2002 年安然事件发生后，美国政府、媒体都强调指出安然等只是几个"坏苹果"，只要把坏苹果识别出来并进行处理就行。也就是说，美国的整个金融制度和体制是好的，只是安然等几个公司没有按照规则行事而已。但事实并非如此，安然等公司当时几乎所有的做法和行为方式都是华尔街通行的，只是由于各种偶然因素遇到了无法控制的困难而被抛弃而已。在这次金融危机当中暴露出来的情况再次验证了这一点。金融化的发展不仅使美国的产业结构日益呈现出了"服务化"或"后工业化"的趋势，在金融全球化作用下，甚至导致世界经济体系产生失衡。经济全球化背景下，美元的霸权地位，使美国可以发行大量美元，从世界各地购买自己所需要的各种产品。美国主要生产没有实物支持的美元货币和金融产品，其他国家特别是亚洲国家则生产可以用美元购买的物质产品；美国从其他国家特别是亚洲地区购买大量消费品，形成巨大的贸易逆差，亚洲国家则通过出口积累了大量的外汇储备，形成贸易顺差；亚洲国家又把从贸易中积累的盈余用于购买以美元计价的各种资产如股票、国债等有价证券，而美国则依靠世界各国提供的信贷形成虚假的需求，反过来拉动世界的消费和增长。[①]

---

　　① 张宇、蔡万焕：《金融垄断资本及其在新阶段的特点》，载《中国人民大学学报》2009 年第 4 期。

不仅美国如此，当前几乎所有主要的市场经济国家都出现了严重的金融泡沫。而且，由于金融市场的全球化，这些单个国家内部的金融泡沫相互融合，形成了有史以来全球性的金融大泡沫。从历史中我们知道，泡沫越大，破裂后造成的后果越严重。在 2008 年危机爆发后，美国等西方国家也认识到了这些问题，开始采取了一些措施。比如说，美国危机之后出台了 33 年以来最严厉的一个金融改革方案，目的就是要加强对金融市场的严格监管，在一定程度上回归 20 世纪五六十年代的那种体制。但从目前的情况来看，由于垄断金融资本的抵制，这个方案本身漏洞甚多，执行困难，很难起到预期的作用。

四　贫富差距拉大，贫困问题严重

在新自由主义政策的引导下，全球贫富差距不断拉大。一方面，是国与国之间发展的不平衡加剧从而差距加大。另一方面，在几乎所有的国家内部都出现了贫富差距拉大的情况。

自从商品经济发展到市场经济阶段以来，除了个别时期以外，人类社会的贫富差距加剧更成为一个普遍现象，在新自由主义时期更是并达到了前所未有的其程度。自从 1820 年以来，全球贫富差距的总体发展趋势是不断加大，只在两次世界大战之间和第二次世界大战后的 20 年左右时间里略有不同。到目前，如果按购买力平价来进行估计，全球最富有的 10% 的人口占有了全球总收入的一半以上；而如果按汇率进行估计，他们占有全球总收入的三分之二以上。

世界著名的经济学家和统计学家安格斯·麦迪森教授所提供的数据同样证明了上述结论。世界上最富有的地区与最穷的地区的人均国内生产总值的比率变化的总体趋势是上升的，唯一下降的时期是 1950 年至 1973 年。在 1973 年之后这个差距重新开始拉大并在 1998 年达到了有史以来最高的水平。

如前所述，在包括发达资本主义国家在内的大部分市场经济国家，由于推行了新自由主义政策，政府放松对资本的管制的同时打压劳工力量，劳资双方的力量对比出现了对资方有利的变化，贫富差距拉大。一方面，中低收入阶层的收入上涨缓慢甚至停滞或下降；另一方面，资本的所有者和管理者收入剧增，而且越富的人增长的越快。从美国不同收入群组家庭的平均税前收入从 1979 年至 2007 年的变化情况中可以很容易地看到，除了最富的 20% 家庭以外，剩余 80% 家庭的税前收入几乎没有增长（事实上，税后收入也是如此）。相反，越是富人收入增长得越快。在这近 30 年的时间里，全社会所有家庭的平均收入增长了 51%，而最富的 20% 的家庭收入增长了 89%，最富的 10% 的家庭收入增长了 116%，最富的 5% 的家庭增长了 146%，而最富的 1% 的家庭增长了 241%。[①]

绝大部分国家情况也与美国相似。法国巴黎经济学院的一个研究小组收集整理了一个"世界富人收入数据库"，专门根据各国税收报表及其他数据整理出了各国富人的收入情况。[②] 各国的一个基本趋势是富人们的收入份额从大萧条开始，尤其是在第二次世界大战期间急剧降低，在战后的 20 多年里要么继续下降，要么变化不大；而进入新自由主义时期之后则不断上升，越是新自由主义政策执行得彻底的国家上升得越快。从 20 世纪 80 年代初开始，美国、英国、日本和法国四个国家的这批富人的收入都出现了上升，尤其是执行新自由主义政策最彻底的美国和英国，分别从 1981 年的 8.0% 和 6.7% 上升到了 2007 年的 18.3% 和 15.5%。

联合国大学世界发展经济学研究所收集整理了各国收入分配方面的数据并形成了一个"世界收入差距数据库"。[③] 从这个数据库中可以发现确实绝大部分国家在新自由主义时期都出现了贫富差距拉大的情况。不仅在大量发展中国家贫富差距拉大并保持在高位，而且在绝大部分发达国家也出现了严重的贫富分化。经济与贸易合作组织提供的相关数据表面，从 20 世纪 80 年代中期到 2012 年，在有数据的 22 个经合组织国家中，共有包括美国、英国以及德国在内的 16 个国家出现了可支配收入的基尼系数明显上升（超过两个百分点）的情况，而只有爱尔兰、西班牙等 4 个国家的

---

① 需要注意的是，这些数据均为名义值，没有扣除通货膨胀的影响。

② Alvaredo, Facundo, Anthony B. Atkinson, Thomas Piketty and Emmanuel Saez, The World Top Incomes Database, http://g—mond. parisschoolofeconomics. eu/topincomes, 2012. 1. 16.

③ WIDER World Income Inequality Database, Version 2.0c, May 2008.

这个指标下降超过了两个百分点。[1] 根据美国人口普查局提供的数据美国家庭收入的基尼系数从 1980 年的 0.40 上升到了 2010 年的 0.47。[2]

　　由于国与国之间以及各国内部收入差距都在拉大,全球的贫富分化及其严重。根据联合国大学世界发展经济学研究所发布的《全球家庭财富分布情况》,在 2000 年,世界上 1% 最富有的成年人口拥有高达 40% 的全球家庭财富;世界上 2% 最富有的成年人口则拥有一半以上的全球家庭财富;世界上 10% 最富有的成年人口拥有 85% 全球家庭财富。而占世界人口50% 的成年人口拥有的财富比例只有 1%。全球家庭财富分配的基尼系数为 0.892,相当于如果全球总共只有 100 个人和 1000 美元的话,其中一个人拥有 900 美元,而其余的每个人拥有 1 美元。[3]

　　富人越来越富,贫富差距拉大,经济增长缓慢,这些都预示着世界贫困问题的严峻。虽然世界银行等国际机构不断宣称全球的反贫困斗争取得了多大的成就,但事实情况可能并不完全是这样。世界银行发布的世界发展指数中有几个关于贫困的指标,但都是按不同标准统计的贫困人口占总人口的比率(贫困率),而没有贫困人口的数值。如果我们单看贫困率,我们发现确实全球以及各个地区的贫困率在下降。根据世界银行提供的数据,全球极度贫困率(按购买力平价法计算的 2005 年价格的 1.25 美元作为贫困线)从 1980 年的 51.9% 下降到 1990 年的 41.7%,再下降到 2005年的 25.4%。但更仔细的研究会发现,这主要是亚洲地区下降的结果,其他地区都变化不大,欧洲和中亚地区甚至出现了贫困率上升的情况。但这还不是故事的全部,贫困率掩盖了情况的严峻性。由于全球人口总数增加,即便贫困率下降了,贫困人口却有可能增加。根据世界银行数据计算所得的各地区贫困人口情况,世界极度贫困人口从 1981 年到 2005 年确实有所减少,共减少了 5.16 亿。但是,这主要是东亚与太平洋地区的贡献,而其中又主要是中国的贡献。根据世界银行的数据计算,中国极度贫困人

　　[1] *OECD Income Distribution and Poverty Database*(http://stats.oecd.org/Index.aspx? DataSetCode = INEQUALITY).

　　[2] 美国人口普查局网站(http://www.census.gov/).

　　[3] James B. Davies, Susanna Sandström, Anthony Shorrocks, and Edward N. Wolff, 2008, The World Distribution of Household Wealth, UNU—WIDER Discussion Paper.

口在此期间共减少了大约 6.3 亿，剩余的主要是印尼减少了大约 6 千万，越南减少了 3 千万。更值得注意的是，除了这个地区以及两个变化不大的地区（拉美与加勒比地区和中东与北非）外，剩下 3 个地区都出现了极度贫困人口增加的情况，主要由于苏联东欧转型的影响，欧洲和中亚地区增加了 1 千万极度贫困人口，而南亚（主要是印度）增加了 4700 万，次撒哈拉地区更是增加了 1.9 亿。

如果把标准放宽到每天两美元，我们会发现情况更加恶劣，除了中国外，其他大部分国家的贫困人口不仅没有减少，反而一直在增加。根据世界银行数据计算所得，20 世纪 80 年代世界贫困人口不仅没有减少，而且增加了 2.2 亿，其中南亚增加近 1.3 亿，次撒哈拉非洲地区增加了 1 亿。从 1981 年到 2005 年，全球贫困人口只减少了 3 千万，而单是中国就减少了近 5 亿，那就意味着除了东亚与太平洋地区贫困人口增加了 5.8 亿，其中南亚增加了近 2.9 个亿，次撒哈拉非洲地区增加了 2.7 个亿。

由于世界银行没有提供发达国家的贫困人口的数据，上述情况都不含发达国家。但这并不意味着发达国家就不存在贫困问题。由于发达国家生活方式与发展中国家很不一样，过正常生活所需成本要高得多，自然贫困线的划定标准也不一样。经合组织一般把低于中间（median）收入水平的一定比例的人口定义为贫困人口。所谓中间收入水平与平均（mean）收入水平很不一样，因为这些年贫富分化加大，后者往往要比前者高很多。即便是按其定义的贫困线最低水平（中间收入的 40%）计算，整个经合组织在税收和转移支付之后的贫困人口在最近几年仍高达 7 千万（贫困率约为 6%），二次分配之前这个数字更高，达到 2.7 亿左右（贫困率为 23% 左右）。① 在发达国家中，美国的贫困率是相对比较高的。根据美国政府的定义，② 美国的贫困率在战后 20 年左右里总体是下降的，从 1959 年的 22.4% 下降到 1979 年的 11.7%。但进入新自由主义时期后情况出现了逆转，到 1990 年上升到 13.5%，在 2010 年更是高达 15.1%。在前一个时

---

① 根据经合组织提供数据计算，数据来自其网站（http：//stats. oecd. org/Index. aspx？ DataSet-Code = UN_ DEN）。

② 美国政府每年会根据物价水平等因素的变化调整贫困线，比如说，四口之家的贫困线在 2000 年为 17604 美元，2010 年为 22314 美元。

期，虽然总人口也在增加，贫困人口总数却实现了下降，从 1959 年的
3949 万下降到了 1979 年的 2607 万。在新自由主义时期贫困人口总数则不
断上升，到 1990 年上升到了 3359 万，2010 年更是达到了史无前例的
4618 万，大约每 7 个美国人中就有一个人处于贫困之中。[①]

五　全球范围的有效需求不足，生产能力过剩

由于新自由主义政策的实施，许多国家的实际工资水平下降、大量民
众相对和绝对贫困化、大众消费需求增长缓慢、投资水平下降、政府支出
减少，导致世界范围的有效需求增长缓慢甚至减少，从而出现了严重的生
产能力相对过剩的现象。[②]

由于受到发达国家资本市场泡沫的影响，全球生产能力出现了世界性
的过剩。在 1999 年 2 月，英国的《经济学家》杂志曾警告说，世界范围
内出现了计算机芯片、钢铁、汽车、纺织以及化工等行业的生产能力过
剩。它还总结说当时世界工业生产能力的实际利用率水平接近于 1930 年
以来的最差水平。[③] 这种悲观情绪同样也反映在国际清算银行 1999 年 6 月
发布的年度报告中："在许多国家和行业中的生产能力过剩问题仍然是金
融稳定的一个严重威胁。如果不能有序地减少或者吸收过剩的生产能力，
资本回报率将会继续令人失望，甚至会给投资支出和信心带来长期的不良
影响。更为严重的是，那些为这轮资本扩张提供金融支持的机构本身的偿
付能力变得越来越成问题。"[④]

在过去的十多年里，情况更加恶化。以美国为例，其制造业的产能利
用率在 1948—1980 年间平均为 82.9%，而在新自由主义时期平均只有
78.1%，后一个时期产能过剩明显更加严重。美国制造业的产能利用率在
20 世纪 60 年代是最高的，平均达到了 84.9%，70 年代下降到 81.5%，

① 根据美国人口普查局提供数据计算，数据来自 http：//www. census. gov/hhes/www/poverty/data/historical/people. html.

② Crotty, James. 2000b. "*Structural contradictions of the global neoliberal regime.*" Review of Radical Political Economics 32 (3)：361—368.

③ "Could It Happen Again?", Economist, 22 February 1999.

④ Bank of International Settlement, "69th Annual Report 1998", 1999, Basel, 7 June 1999.

80 年代进一步下降到 78.7%，90 年代略有回升，达到 81.2%，但在过去的十年里下降到了有统计以来最低的 74.5%，在本次危机中的 2009 年更是下降到了 66.2%。事实上，美国的整个工业产能利用率的基本趋势是和制造业完全一样的。更进一步，一般认为，欧洲的情况和美国也比较类似，而拉美的产能利用率在 20 世纪最后 20 年也非常低。

产能过剩的问题已经引起了越来越多的关注。美国加州大学洛杉矶分校历史系教授罗伯特·布伦纳就主张生产过剩而非金融崩溃才是危机的核心。① 时任世界银行高级副行长兼首席经济学家林毅夫也于 2009 年在南非大学的演讲中警告说现在世界经济中已经积累了严重的过剩产能，除非这个问题得到解决，我们将面临通货紧缩的恶性循环并且这个危机将会被拉长。②

一方面是世界性的生产能力过剩，另一方面是由于世界上大部分人民处于相对和绝对贫困化而导致的全球性的有效需求不足。只要这两个因素同时存在，直接的后果就必然是经济危机。本轮世界经济危机的爆发和深化就是主要由这两个因素决定的。

六　社会发展缓慢，各种问题突出

如前所述，新自由主义政策确实把工人阶级的斗争打压下去了，同时打击了绝大部分发展中国家发展民族经济的努力，发达国家的垄断资本的利润率确实有了一定程度的回升。但是，这种回升是以加剧资本主义的各种矛盾为代价的，也是不可持续的。其中一个表现就是社会发展缓慢甚至倒退。

首先，由于许多发展中国家和前苏联和东欧社会主义国家（以下简称"苏东国家"）经济发展缓慢的同时贫富差距拉大，再加上自然灾害、战乱等其他各种因素共同作用，上述国家贫困人口增加，全球饥饿人口从 20

---

① 蒋宏达、张露丹：《布伦纳认为生产能力过剩才是世界金融危机的根本原因》，载《国外理论动态》2009 年第 5 期。

② Justin Yifu Lin：*Weathering the Global Economic Crisis：Lessons for Emerging Markets*. http：//siteresources. worldbank. org/DEC/Resources/84797—1104785060319/598886—1104852366603/599473—1223731755312/weathering—the—global—economic—crisis. pdf.

世纪90年代中期开始上升，并在2009年达到10.2亿，相当于全球每7个人中间就有一个人处于挨饿的状态。值得注意的是，这是在全球食品总量能够满足世界人口正常需求的前提下出现的现象。虽然全球饥饿人口在2010年下降到了9.25亿，但仍然高于危机之前的水平。另外，根据联合国粮农组织的统计，2010年，在发达国家还有1900万人长期处于饥饿状况。① 但这个数字可能还是被低估了。根据美国农业部的报告，从20世纪90年代后期到2007年，美国食品不能得到保障的人口数量及其比重变化不大，分别保持在3600万和13%左右，但本轮危机把饥饿人口推高到了2010年的近4883万（占总人口的16.1%），其中严重挨饿的人口总数为1601万（占5.3%）。② 这恐怕也意味着如果按照美国的标准，至少发达国家的饥饿人口总数要大幅增加。

如此数量众多的人口长期处于饥饿之中，自然会带来大量的人口非正常死亡。根据2002年联合国的一份报告，每年有3600万人直接或者间接死于饥饿或者营养不良，每7秒钟就有一个10岁以下儿童因饥饿而死。③ 现在的情况可能比当时的估计更糟糕，联合国秘书长在2009年11月16日在意大利首都罗马召开的世界粮食安全高峰会议上指出每年有600万儿童因为饥饿而死亡。④

由于受到新自由主义的影响，一方面很多国家把国家的医疗支出看作财政负担，在减少财政赤字稳定经济的理由下减少医疗卫生方面的公共支出。另一方面，把大量医疗卫生机构私有化或者商业化，盈利成为这些机构的最重要目的。这些都导致了在医疗技术如此发达的今天，医疗卫生问题在全球泛滥的严重局面。根据世界银行提供的数据计算，1995—1999年到2005—2009年间医疗卫生支出占国内生产总值的平均值出现减少的国家有54个，减少的最大幅度为1.6%；在此期间公共医疗卫生支出占国内

---

① 联合国粮农组织：《2010年世界粮食不安全状况》。

② Coleman—Jensen, Alisha, Mark Nord, Margaret Andrews, and Steven Carlson. Household Food Security in the United States in 2010. ERR—125, U. S. Dept. of Agriculture, Econ. Res. Serv. September 2011.

③ 联合国特别大会报告起草人让·齐格勒（Jean Ziegler）于2002年向联合国大会提交的报告，http：//www. righttofood. org/new/PDF/ECN4200410. pdf.

④ http：//edition. cnn. com/2009/WORLD/europe/11/17/italy. food. summit/.

生产总值的比重下降的国家达到 59 个，下降幅度最大达到 3.9%。由于公共支出下降，私人支出自然会上升，在此期间私人在医疗卫生支出中所占比重上升的国家达到 83 个，增加的幅度最高达到了 22.2%。但这只反映了问题的一部分，更为严重的是，有大量的贫困人口根本无力支付甚至最基本的医疗服务。根据世界卫生组织 2000 年的估计，全球有超过 10 亿人缺乏最基本的医疗服务。[①] 考虑到近年来贫困问题的恶化，这个数据恐怕不会减少。这使得许多传染病在贫困人口中广泛传播并导致严重后果，而大量人口在完全可以被医治的情况下病情不断恶化甚至死亡。

这些问题导致的一个后果就是许多国家人均预期寿命下降。第二次世界大战以后，随着医疗技术水平的提高，并且由于资本主义国家也进行了一些社会改革，世界各国的人均预期寿命一般来说是趋于提高的。但是在新自由主义时期，情况发生了很大的变化。世界银行的数据表明，在 1960 年至 1980 年间，在 188 个有数据的国家和地区中，只有 5 个国家人均预期寿命下降，最多的下降了 3.8 岁；而在 1980 年至 2000 年间，在 190 个有数据的国家和地区中，有 24 个国家人均预期寿命下降，最多的下降了 14.6 岁；在 2000 年至 2009 年间，由于拉丁美洲等国家开始抵制新自由主义政策，情况有所好转。在此期间，有数据的国家和地区为 194 个，但只有 6 个国家人均预期寿命下降，最多的下降了 3.2 岁。

与此同时，由于新自由主义的泛滥，教育退化问题在许多国家出现并带来一系列问题。根据世界银行提供的数据，在 21 世纪前 10 年里，在教育方面的公共支出占国内生产总值的比重减少的有 37 个国家（107 个国家有可比数据），最多的下降了 4.2%。[②] 这在高等教育领域更为明显，以经合组织为例，从 2000 年到 2008 年（或者最近一年的数据），其高等教育总支出占公共支出的比重平均下降了 6.1%，从 75.1% 下降到 68.9%。在有数据的 26 个经合组织国家中，有 20 个出现公共支出比重下降的情况，其中英国下降的最多，从 67.7% 下降到 34.5%。中低收入家庭的子

---

① WHO, *The World Health Report 2000*: 5.
② 世界银行世界发展指数数据库（WDI2011）。

女接受高等教育的困难程度在不到 10 年的时间里急剧攀升。① 此外，在由于公共投入不足，大量的适龄儿童无法接受最基本的教育。在 2009 年全球有超过 6700 万适龄儿童失学。② 不仅如此，由于公共投入不足，包括美国在内的许多国家出现了教育质量严重下滑的情况。

由于失业人口和贫困人口的增加，以及贫富差距拉大，许多国家在新自由主义时期出现了犯罪盛行并且犯罪形势恶化的现象。一般认为，现在全球至少有超过 1 千万人被关在各种各样的监狱里面，而在 2002 年，这个指标只有大约 9 百万。③ 根据联合国两个下属机构在 2010 年发布的《国际犯罪与司法统计》，在 1997 年到 2007 年间，有数据的 134 个国家中间有 104 个国家（78%）监狱犯人数增加了，在其中的 45 个国家（34%）增加了 50% 以上；只在 30 个国家（22%）犯人数减少了。同期，监狱犯人占总人口的比重在 91 个国家（68%）上升了，在其中 30 个国家（22%）上升幅度超过 50%；而只在 41 个国家（31%）这个指标下降了。④

值得注意的是，在国内打击劳工方面不遗余力地执行新自由主义政策的美国在这方面问题是最严重的。在美国，每年发生的犯罪案件是最多的，被关进监狱的人口也是全球最多的，其监狱人口占总人口的比重也是全球最高的。在 2010 年，在美国发生的犯罪案件超过 1 千万起，其中暴力犯罪约 125 万起（其中谋杀案约 1.5 万起，强奸案约 8.5 万起，抢劫案大约 36.8 万起，故意伤害案约 77.9 万起），财产犯罪约 908 万起。犯罪案件高发导致美国监狱犯人人数在新自由主义时期的急剧增加。到 2009 年，美国的监狱人口已经超过 228 万。而这还不包括缓刑和假释的人口，

① OECD（2011），OECD Factbook 2011—2012：Economic, Environmental and Social Statistics, OECD Publishing.

② 联合国教科文组织统计所：http：//stats. uis. unesco. org/unesco/TableViewer/tableView. aspx? ReportId = 958&IF_ Language = eng.

③ Walmsley, Roy（2010, 2002）. "World Prison Population List（ninth Edition and fifth edition）"（PDF）.

④ HEUNI Publication Series No. 64. Stefan Harrendorf, Markku Heiskanen, Steven Malby（eds.）International Statistics on Crime and Justice. Helsinki 2010 （http：//www. heuni. fi/Etusivu/Publications/1266333832841）.

如果把这些人都算在内，美国在 1980 年可以被投入监狱的人超过 184 万，但到 2009 年就达到近 723 万，翻了两番。

第四节 苏东和拉美国家实施新自由主义导致的严重后果

一 部分前社会主义国家陷入灾难性的境地

前苏联和东欧国家在 20 世纪 90 年代初实施了所谓的"休克疗法"。"休克疗法"是时任哈佛大学经济系教授的杰弗里·萨克斯按照新自由主义经济理论制定的一系列激进改革的政策。1986 年至 1990 年间，杰弗里·萨克斯任玻利维亚总统顾问，首先实施了这一套政策并取得了一定的效果。苏东开始转型后，他先作为当时波兰政府的顾问向波兰推销了他的这一套激进经济改革。刚开始，苏联政府虽然也受到新自由主义的影响，但并没有直接引入"休克疗法"，而是在 1990 年 8 月开始推行一个俄罗斯经济学家小组提出的改革计划，即沙塔林—亚夫林斯基的"500 大计划"。这一计划要求苏联经济在 500 天内进行激进的改革——建立自由市场，进行大规模私有化，鼓励外国投资并建立新的金融体系。但"500 天计划"的实施遭遇到一部分人的抵制。在这个背景下，1991 年 5、6 月间，在戈尔巴乔夫和叶利钦等的支持和西方七国首脑的首肯下，亚夫林斯基与美国哈佛大学的一批教授共同制定了一个激进的苏联政治经济改革纲领，即"哈佛计划"。其基本思路就是：在西方的援助下，进行激进的经济和政治改革，建立以私有制为基础的市场经济和西方的民主政治制度。但这个计划完全不符合苏联的实际，西方国家对援助也不热心，因而这个计划很快也流产了。在这个过程中，中央很快丧失了对经济的控制，苏联经济改革基本失败。在苏联解体过程中，为了摧毁原有的苏联经济制度，建立自由的市场经济，俄罗斯选择了"休克疗法"。从 1991 年秋天到 1994 年 1 月，萨克斯率领着一支由经济学家顾问组成的队伍，与俄罗斯政府内的经济政策制定者（如盖达尔、丘拜斯等）一起在俄国推行了"休克疗法"：价格和贸易自由化，稳定财政（减少预算开支并严控信贷），同时进行大规模的国有资产私有化。其他苏东国家也基本采纳了新自由主义的政策。

　　这些政策造成的后果是严重的。根据联合国儿童基金会提供的数据，到 2003 年，在 26 个苏东国家中只有 7 个国家的国内生产总值超过了其 1990 年的水平，其中格鲁吉亚和摩尔多瓦 2003 年的国内生产总值只有其 1990 年的 40% 左右。直到 2007 年，仍然有摩尔多瓦、格鲁吉亚等 5 个国家经济总量没有恢复到其 1990 年的水平。其中摩尔多瓦、格鲁吉亚只恢复到各自 1990 年水平的 51% 和 66%。[1] 1989 年前俄罗斯 GDP 是中国的两倍，10 年后是我们的 1/3。[2] 世界银行的一份报告也不得不承认这次的"转型萧条"要比 20 世纪 30 年代的大萧条造成的后果更为严重，大约是相当于发生了一次大规模战争。[3] 中欧、东南欧和巴尔干地区国家（CSB）和独联体国家（CIS）的产出持续下降的年数是分别平均为 3.8 年和 6.5 年，而在 20 世纪 30 年代大萧条时期发达国家的产出持续下降的年数平均只有 3 年。累计的产出下降的差别更明显，CSB 和 CIS 国家分别为 22.6% 和 50.5%，而在大萧条期间，四个发达国家平均只下降了 15%。

　　俄罗斯的经济总量在 2007 年前后恢复到了 1990 年的水平，即便如此，那也意味着 17 年来经济没有增长。更不用说，在解体以前，苏联是全世界两个超级大国中的一个，是唯一能够和美国抗衡的国家，无论军事、政治、经济还是文化都处于世界前列。但今天俄罗斯已经沦落成为一个主要靠出卖石油、天然气等自然资源以及武器设备来维持经济增长的国家。其他绝大部分产业到 2011 年为止尚未恢复到其解体前的水平。

　　采纳新自由主义政策以来，俄罗斯的工业遭到了极大的破坏，直到 2009 年，大部分的工业部门的产出水平仍然未恢复到 1991 年的水平，整个工业的增加值仍然只有其 1990 年水平的 72%。不论是轻工业还是重工业，都一度出现了大幅度的下降，尤其是纺织业和皮革业等轻工业，到 2009 年仍然只有各自 1991 年产出水平的 20% 多一点，降幅高达 77%。重工业相对情况较好，但是仍然减少了 50% 左右的产量。

　　"休克疗法"不仅带来了经济萧条，而且导致了收入分配不公。在转

---

①　TransMONEE 2011 DATABASE，UNICEF Regional Office for CEECIS，Geneva.

②　《警惕新自由主义思潮》，载《光明日报》2004 年 11 月 9 日。

③　World Bank，"*Transition：the First Ten Years—Analysis and Lessons for Eastern Europe and the Former Soviet Union*"，2002.

型之前，所有这些国家都是处于世界上收入分配最平等的国家行列，而到转型的后期，相当一部分国家已经成了全球收入分配最不平等的国家。最为突出的是亚美尼亚，1996—1998 年间的收入分配基尼系数达到了 0.61，已经接近于所有收入都由最富有的 1/3 的人占有，而其他的 2/3 的人没有任何收入的水平。

由于"休克疗法"带来的经济动荡和恶性通货膨胀，卢布在国际市场上大幅贬值。由于卢布贬值，仅在 1992 年，苏联就损失了 9000 亿卢布以上。1991 年，卢布的官方汇率为 1 美元兑 0.9 卢布；1994 年 11 月 25 日，卢布的官方汇率为 1 美元兑 3235 卢布；到了 2000 年俄罗斯发行新卢布，新卢布替换旧卢布为 1：1000，根据当时汇率，1 美元 = 2.8 万旧卢布。作一个形象的比喻，1991 年拥有一百万旧卢布的人相当于百万美元的富翁，到了 1994 年，一百万旧卢布只等于 300 美元，然而到 2000 年新卢布发行后，一百万旧卢布竟只相当于 35 美元。

新自由主义和制度剧变不仅给苏联东欧国家带来了严重的经济灾难，而且带来严重的人口灾难。正是由于一方面经济崩溃和贫富分化加剧，苏联东欧许多国家出现了人均预期寿命下降的情况。根据联合国儿童基金会提供的数据，各有 8 个国家的男性或女性的平均预期寿命在 2002 年的水平比其 1989 年的水平还低，其中俄罗斯的男性和女性的平均预期寿命分别下降了 5.7 和 2.5 岁。从 1990 年到 2008 年间，乌克兰的人口总共减少了 600 多万，俄罗斯的人口减少了 580 万，2009 年的俄罗斯人口还减少了 12 万。在所有出现人口减少的 17 个国家里面，1990 年到 2008 年间人口总共减少 2191 万，相当于每个国家的人口减少了 6.4%，和爆发一次大的战争减少的人口相当。原因在于，出现经济灾难的同时贫富差距加剧，导致一方面是出生率降低，生活的窘迫导致生养孩子的意愿降低，同时，死亡率上升，最后导致人口减少。在现代社会里面，在非战争、非自然灾害的情况下，出现这样的情况是非常异常的。

苏联东欧国家的另外一个问题是这些国家的经济主权受到严重威胁。一个典型的例子是匈牙利。匈牙利在放弃社会主义制度向资本主义制度转型的过程中，经济上学习市场经济加私有制的体制，在全国范围内实行私有化。但是由于国内的新兴阶级没有能力购买大中型国有企业，导致最终收购者多是外国资本。在 1998 年私有化运动结束的时候，"原来属于国有的生产资料 80% 以上成为私人财产或外国资本的囊中之物，国家保留的国有资产减到社会总资产 20% 以下。国家只保留了核工业、发电网、交通、广播电视发射、27 个农业经济公司和国有森林的产权，其余产业基本实现了私有化。"① 在此期间，经济却不进反退。"尤其 1990—1993 年间，经济连年衰退，国内生产总值总共下降了近 20%。1994 年以后，虽然经济有所回升，但一直到 2000 年，其国内生产总值才恢复到 1989 年水平，即便到 2006 年，也只有 1989 年水平的 126%，相当于 1989—2006 年间年增长率平均为 1.4%。"②

东欧大部分国家的经济，尤其是工业和银行业为外国资本所控制，丧失了主导权。在 7 个苏东国家中，有 4 个国家外国资本占银行业的 65% 以上，在爱沙尼亚居然达到了 80%；外资对这些国家的工业的控制程度也很高，有 3 个国家超过了 50%，其中克罗地亚甚至达到了 85%。国民经济如此严重地被外资控制，其国家主权和人们生活必然会受到严重影响。

由于经济主权受到威胁，不仅政治主权自然也会受到影响，而且当出现危机的时候可能受到的冲击更大。这轮危机爆发以后，苏联东欧是受影响最大的地区，2009 年整个地区产出下降近 6%，其他地区都比它下降幅度小。在 2009 年经济下滑最多的 5 个国家都是苏东国家，分别是拉脱维亚（-18.0%）、乌克兰（-14.8%）、立陶宛（-14.7%）、亚美尼亚（-14.3%）、爱沙尼亚（-13.9%）。紧随其后的除了几个小国甚至岛国外，下降较多的国家包括俄罗斯（-7.8%）、斯洛维尼亚（-7.8%）、匈牙利（-6.7%）、斯洛伐克（-6.2%）。

二　拉丁美洲实行新自由主义改革后经济社会付出沉重代价

自 20 世纪 70 年代开始，拉丁美洲在"华盛顿共识"主导下开始进行新自由主义的经济改革，由于一些改革措施在初期确实推动拉美国家经济

---

① 朱安东：《匈牙利的"通往奴役之路"》[EB/OL]，http://www.globalview.cn/ReadNews.asp?NewsID = 13564.

② 同上。

的增长，从而也导致了新自由主义在拉丁美洲国家的泛滥。20 世纪 90 年代后，新自由主义主导下的"经济奇迹"被证明不过是经济泡沫，但新自由主义给拉丁美洲经济社会带来的巨大破坏后果开始显现，频繁爆发的经济危机使拉丁美洲的新自由主义改革宣告失败。

新自由主义所主导的经济改革在拉丁美洲的推行可分为三个阶段。20 世纪 70 年代，智利、阿根廷和乌拉圭率先启动改革进程；80 年代中期，墨西哥、哥斯达黎加和玻利维亚等开始改革；80 年代末 90 年代初，新自由主义经济改革在拉丁美洲全面展开。尽管改革的时间有先后之分、改革的力度也不尽相同，但各国经济改革的内容基本相同，可以总结为以下几个方面：（1）私有化。新自由主义观点认为，私有企业比国有企业更有效率。国有企业私有化也是减少国家干预的主要途径。大规模的私有化是智利等国经济改革的主要内容，1989 年墨西哥开始进行大规模的私有化，阿根廷、秘鲁也相继展开全面私有化，20 世纪 90 年代中期巴西开始全面私有化之后，拉美的私有化进入高潮时期。（2）贸易自由化。新自由主义认为贸易保护措施扭曲价格体系、破坏国内经济、导致资源无效配置，因此必须通过贸易自由化取消或减少这些对生产和资源配置产生不利影响并损害经济增长的政策。拉丁美洲国家实行贸易自由化的主要措施是取消进出口数量限制、降低关税、简化税种等。拉美国家的贸易自由化改革到 1995 年已全部完成。（3）金融自由化。爱德华·肖和罗纳德·麦金农于 20 世纪 70 年代提出的金融抑制理论认为，发展中国家政府的规定利率上限、限制信贷发放规模等措施，不仅抑制金融机构的发展，导致金融市场缺陷，还导致资源配置效率低下。拉美国家金融改革举措主要是减少或取消定向的信贷计划、放开利率、降低准备金率等。到 1992 年，多数拉丁美洲国家均已完成金融自由化改革。（4）其他改革。如税制改革，降低边际税率、简化税制；劳工改革，废除保护劳动力的劳动法律和法规，以扭转不利于企业的政策取向；以及养老金制度改革，等等。

拉美国家上述经济改革的措施在初期都取得了一定成果，促进了当地经济增长，阿根廷、墨西哥等国也曾一度被视为新自由主义改革的成功范例。然而 20 世纪 90 年代开始，经济危机频繁在拉丁美洲爆发，如 1994—1995 年的墨西哥货币危机，1998—1999 年的巴西货币危机，2001—2002

年的阿根廷债务危机及之后的经济危机更是充分暴露了新自由主义改革的
种种弊端。频繁爆发且影响重大的经济危机使拉美国家逐渐意识到，新自
由主义经济模式存在着严重矛盾和冲突，他们也为此付出了沉重代价。

第一，新自由主义改革使拉丁美洲国家经历了严重的经济衰退。以
1982 年发生的债务危机为标志，拉美经济结束了战后 30 年的持续增长局
面，出现了持续衰退。经过艰难的调整和改革，拉美经济于 1990 年年底
转入恢复增长期，1991—2000 年，拉美经济年平均增长率为 3.2%，人均
GDP 年均增长 1.2%，虽然高于 20 世纪 80 年代水平，但仍明显低于六七
十年代 5.5% 的水平，更低于东亚国家 6.5%—7.5% 的水平。① 从人均
GDP 角度来看，在经历了数次经济危机和波动之后，巴西的人均 GDP 在
1997 年恢复到 1987 年水平，墨西哥 1998 年恢复到 1981 年水平，而阿根
廷直到 1994 年才恢复到 1974 年的水平。在经历了 1998 年的衰退特别是
2001 年的严重经济危机之后，阿根廷的人均收入跌入低谷。

第二，拉丁美洲国家失业率攀升。由于实行贸易自由化，发达国家企
业涌入拉美国家，外来竞争的加剧导致拉美国家内部大量中小企业纷纷倒
闭。此外，大规模的国有企业私有化、行政机构的精简和产业结构的调整
也造成大量就业岗位流失。汇率高估刺激了进口，使得国内就业岗位减
少；持续的经济衰退也限制了就业机会的创造。而新自由主义经济改革中
的"劳工改革"，扭转了传统的不利于企业的政策取向，对于劳动力正当
权益的维护也是不利的。

第三，拉丁美洲国家内部两极分化，社会不公现象严重。新自由主义
的经济改革倡导国有企业私有化，廉价出售的国有资产使得一些政治、商
业精英阶层一夜暴富，私有化的消极后果却由普通民众承担。税收改革减
轻了高收入人群的税负，实质上拉大了不同阶层之间的收入分配差距。而
金融自由化也使金融资本家有足够实力掠夺社会财富，增加了收入不平
等。墨西哥 1999 年的统计数据表明，300 个最富家族占有墨西哥全国
50% 以上财富，世界 500 个超级富豪中有 24 个墨西哥人（仅次于美国、

---

① 美洲开发银行著：《拉美改革的得与失》，江时学等译，社会科学文献出版社 1999 年版，序第
2 页。

德国和日本），其中 20 个是在萨利纳斯政府私有化过程中产生的。① 新自由主义改革之后，拉丁美洲国家的收入分配状况持续恶化。根据拉美经委会的统计，1994 年拉丁美洲的贫困人口为 2.09 亿，2003 年为 2.27 亿。② 2004 年，贫困人口占拉美国家总人口的 43.9%，其中 19.4%（约 1 亿人口）为极度贫困人口。③

第四，社会矛盾激化。新自由主义改革是拉丁美洲国家社会矛盾尖锐后采取的一条改革道路，但新自由主义改革并没有缓解，反而更进一步激化了社会矛盾。由于新自由主义改革导致的经济泡沫破灭之后拉美国家经济陷入持续衰退，民众收入普遍下降；同时失业率居高不下，工会力量被削弱，收入分配状况恶化，导致社会矛盾激化，拉美国家接连发生罢工、民众和军队暴动等情况，社会动荡不断。

第五，拉美国家对发达国家产生新的依附关系。拉美国家采取的产业结构调整、贸易自由化、金融自由化等措施导致其经济的跨国化和对外部市场的过度依赖。1995 年，阿根廷市场上 60% 的商品买卖都有外国企业参加；而在全面私有化之后，美国企业与金融机构主宰了阿根廷经济。阿根廷金融自由化的重要内容是推行大型国有银行私有化，允许外资收购本国国有、私营银行。1992 年阿根廷由本国控制的银行资产在全部银行资产中占 82%，1997 年下降到 48%，2001 年下降到 33%；阿根廷 10 家最大的银行有 8 家由外资控股。④ 从 20 世纪 70 年代开始，美国就是墨西哥最大的债权国，在对外贸易方面，墨西哥对美国的出口占其出口总额的比例超过 80%。对外经济上依附也为外部利益集团干预本国经济政治提供了机会，危地马拉、尼加拉瓜、墨西哥和哥伦比亚等国均已被纳入美国的势力范围。

新自由主义给拉丁美洲带来的巨大灾难使拉美人民逐渐意识到其弊端，特别是 2001 年爆发的阿根廷经济危机，标志着新自由主义在拉丁美洲的衰落。值得注意的是，进入 21 世纪以来，拉丁美洲的委内瑞拉、阿根廷、巴

---

① 《警惕新自由主义思潮》，载《光明日报》2004 年 11 月 9 日。
② ECLAC, *Preliminary overview of the economies of Latiin American and Caribbean*, 2003, p. 10.
③ UNDA, Ideas and contributions: Democracy in Latin America, 2004.
④ 《警惕新自由主义思潮》，载《光明日报》2004 年 11 月 9 日。

西等国左翼政党上台，纷纷采取措施扭转新自由主义改革带来的经济社会恶化局面，在一定程度上刺激了经济增长和民众生活水平的提升。

第五节　新自由主义思潮在中国的传播和影响①

虽然有人试图否认新自由主义对中国的影响，甚至不承认有新自由主义，②但这并非事实。正如许多人所看到的，新自由主义对中国经济社会有着重要影响，当前中国存在的诸多矛盾，如贫富分化、消费不振等，恐怕都与新自由主义的影响不无联系。

新自由主义之所以在中国能有较大影响，至少有几个重要原因：（1）中国搞改革开放要与以美国为首的主要资本主义发生经济文化交往，而我国改革开放历程正好赶上新自由主义在发达国家逐渐确立其主流地位并且向发展中国家推广的过程；（2）我们的市场化取向改革对新自由主义中的某些理论和政策有着一定的需求，同时作为发展中国家，面对来自处于强势的发达国家传播来的理论也很容易产生盲目崇拜的倾向；（3）苏联解体东欧剧变使国际共产主义运动遭受重大挫折，许多人丧失了对社会主义的信心并开始推崇资本主义；（4）逐渐壮大起来的外资和部分私人资本积极支持和鼓吹新自由主义；（5）崇尚新自由主义的相当一部分经济学家和一些政府经济管理部门的官员积极推动新自由主义实施。

一　新自由主义在中国的传播过程及对其进行的批判

新自由主义在我国的传播最早可以追溯到20世纪三四十年代，当时一些学者的研究已经涉及哈耶克的思想和主张，③但影响甚微。建国后，从20世纪50年代后期到60年代中期，作为批判对象，大陆也发表过少量涉及哈

---

① 因为1949年以来台湾、香港和澳门实行的是和大陆不同的政治经济制度，而且发展路径差异很大，在本文中，我们只探讨新自由主义的中国大陆的情况。
② 马国川：《广东新一轮思想解放意味着什么——中国经济体制改革研究会会长高尚全访谈录》，载《炎黄春秋》2008年第3期。
③ 参见蔡可选《金本位制度之现在与将来》，载《清华大学学报》（自然科学版）1935年第3期；王师复：《经济循环的认识问题》，载《复旦学报》1947年第4期。

耶克和弗里德曼的文章①，并且翻译出版了哈耶克的《通往奴役的道路》。②
即便是在"文化大革命"期间，也曾有文章涉及弗里德曼等人的思想和主
张。③ 总的来说，在建国后前30年，新自由主义在中国基本没有影响，只有
极少数学者对其有所了解，而且主要是作为批判对象进行介绍的。

　　改革开放之后，各种西方思潮开始在大陆知识界大面积传播，新自由主
义也随着西方经济学在我国重新受到重视而逐步传播开来。1978年12月，
党的十一届三中全会召开，标志着中国改革开放时期开始。这次全会指出，
应当坚决按照经济规律办事，重视价值规律的作用。随后，农村改革启动。
1982年9月，党的十二大提出"计划经济为主，市场调节为辅"的原则。
到1984年10月，党的十二届三中全会作出《中共中央关于经济体制改革的
决定》，指出我国实行的是有计划的商品经济。在这个过程中，一方面，和
国外的更多交往为各种西方经济学在我国的传播提供了更多渠道；另一方
面，改革开放对中国社会来说是个新事物，没有经验，在反思传统社会主义
经济理论的同时，要向西方学习相关的知识和技能。早在1979年，商务印
书馆出版了由高鸿业翻译的美国著名经济学家萨缪尔森所著的《经济学》
（第10版）教材。从1979年11月开始，中国社会科学院举办了为期一年半
的国外经济学讲座（每周一次）。一些高校也开始开设了西方经济学的选修
课程。许多青年学生和学者开始大量阅读西方经济学的著作。

　　由于西方国家已经经过了几百年的资本主义发展，而我国的社会主义
建设只有30来年，西方国家经济发展水平比我国高很多，从而导致许多
人为西方的表面物质繁荣所迷惑，产生了对西方盲目崇拜的思潮，这也必
然会体现在对西方理论思潮的盲目崇拜上。这种现象引起了党中央和一批
有识之士的高度重视。邓小平1983年在十二届二中全会上严肃指出："对
于现代西方资产阶级文化，我们究竟应当采取什么态度呢……经济方面我
们采取两手政策，既要开放，又不能盲目地无计划无选择地引进，更不能

　　① 例如，介绍哈耶克思想的文章包括：周煦良：《海叶克：〈自由的宪法〉》，载《现代外国哲学社
会科学文摘》1960年第10期；耿淡如：《海叶克：〈自由的宪法〉》，载《现代外国哲学社会科学文摘》
1960年第11期。介绍弗里德曼思想的文章包括：巴兰、定扬：《弗里德曼：〈资本主义和自由〉》，载
《现代外国哲学社会科学文摘》1964年第4期。
　　② 哈耶克著：《通向奴役的道路》，滕维藻、朱宗风译，商务印书馆1962年版。
　　③ 史道源：《略论西方资本主义国家的浮动汇率》，载《国际贸易问题》1975年第1期。

不对资本主义的腐蚀性影响进行坚决的抵制和斗争。""但是，现在有些同志对于西方各种哲学的、经济学的、社会政治的和文学艺术的思潮，不分析、不鉴别、不批判，而是一窝蜂地盲目推崇……这种用西方资产阶级没落文化来腐蚀青年的状况，再也不能容忍了。"①

在经济学界，一批对马克思主义政治经济学和西方经济学都非常有造诣的学者，其中包括一些早年在美国著名大学获得过经济学博士学位的专家，从改革开放之初就一直强调要正确对待西方经济学。高鸿业在1979年就警告读者，以萨缪尔森所著《经济学》为代表的"'后凯恩斯主流经济学'在科学上毫无价值"，但仍"不失为一本有用的反面教材，使我们从反面得到许多应该掌握的资料。"② 马克思主义经济学家陈岱孙在1981年曾指出"我们认为在对待资产阶级经济学说时……绝对化的态度是不恰当的……由于某些方面有可资借鉴利用之处，便全盘接受，或者食洋不化，对于纵然有用的技术手段采取生搬硬套的做法更是有害的。"③

当然，在改革开放的大潮中，这些意见所起到的作用有限。西方经济学在社会上继续大量传播，一批在改革开放后才开始学习西方经济学的中青年学者成长起来。由《经济学周报》、《世界经济导报》等媒体和某些研究机构联合发起，1984年9月3日到10日，在浙江省德清县莫干山上召开的第一次全国性的中青年经济科学工作者讨论会（"莫干山会议"），这可以看作是他们的集体亮相。如果说"莫干山会议"是一个介于官方和非官方之间的话，一年之后1985年9月2日至7日，在从重庆开往武汉的游轮巴山轮上举办的"宏观经济管理国际研讨会"（"巴山轮会议"）则是国务院批准由国家经济体制改革委员会、中国社会科学院和世界银行联合举办的。前者全部是中国的学者参加，而后者的参会者除了50来位中方老中青经济学家和官员外，还特别邀请了包括耶鲁大学经济学教授詹姆斯·托宾、匈牙利经济学家科尔奈等10余位著名经济学家和企业家参加。无论组织者和参会者的初衷如何，这两次会议客观上扩大了西方经济学对

①　《邓小平文选》第3卷，人民出版社1993年版，第43—44页。
②　高鸿业：《塞缪尔森著〈经济学〉（第十版）评介》，载《教学与研究》1979年第1期。
③　陈岱孙：《规范经济学、实证经济学和西方资产阶级经济学说的发展》，载《经济科学》1981年第3期。

我国的影响力，这又进一步促进了其在经济学界和社会上的传播和影响。

随着城市改革的启动以及私有部门的逐步发展，再加上西方经济学的影响力加大，整个社会中推动市场化取向改革的力量逐步加大。1987 年 10 月，党的十三大提出了新的经济运行机制，即"国家调节市场，市场引导企业"的机制。

总体来说，直到这个时期，国内对西方经济学的介绍和研究还是相对比较全面的，新自由主义的影响力相对有限。虽然哈耶克的《通往奴役的道路》作为商务印书馆出版的内部读物在部分学者中有所传播，弗里德曼也曾在 1980 年访问中国并作了三场学术报告，但总体而言，新自由主义无论是在国内学者头脑中的国际经济学界，还是在国内传播的西方经济学中都不是主流。而且，高鸿业早在 1979 年就批判以弗里德曼为首的货币主义"和凯恩斯主义一样，倒果为因的货币主义同样也是错误的东西。"①陈岱孙在 1984 年就比较系统地介绍和批判了新自由主义，指出"百余年来的时间和探索终于导致'完善自由市场'神话的破灭，使经济自由主义成为不切实际的理想。"②

但这些批评性的声音在当时没有得到应有的重视，新自由主义经济学从 20 世纪 80 年代后期开始在中国更大面积的传播开来。不仅在公派留学和出国访问中有越来越多的中国经济学者直接接触和接受新自由主义理论。同时，一些介绍或主张新自由主义的著作开始在大陆翻译和出版。弗里德曼的《资本主义与自由》在 1986 年、勒帕日的《美国新自由主义经济学》在 1985 年、布坎南的《民主过程中的财政》在 1992 年分别被翻译和出版。

20 世纪 80 年代新自由主义在中国发生影响的高潮是 1988 年新自由主义的鼓吹者弗里德曼在张五常的介绍和安排下与当时的中央领导人的会面，之后弗里德曼还专门给这位领导人写了一封信，鼓吹在中国进行一系列的新自由主义改革。这进一步促进了新自由主义在中国的传播。

当时，除了在经济学界新自由主义得到传播之外，一些媒体也开始鼓吹

---

① 高鸿业：《塞缪尔森著〈经济学〉（第十版）评介》，载《教学与研究》1979 年第 1 期。

② 陈岱孙：《西方经济学中经济自由主义和国家干预主义两思潮的消长》，载《陈岱孙学术论著自选集》，首都师范大学出版社 1994 年版。最初为作者 1984 年 8 月在华中工学院的演讲的记录稿。

在中国搞私有化。比如说，《世界经济导报》分别发表了题为《国有制在世界范围走到了尽头》、《私有化浪潮席卷全球》、《国有制往何处去？》、《国有财产个人化：中国经济改革的趋势与选择》的文章。[1] 这些文章在社会上产生了较大影响，以至于在 1989 年春爆发的动乱中有人炮制出了《中国的希望——私有制宣言》，宣称公有制有十大罪状，鼓吹"清除公有制这一祸根"。[2]

当然，这些主张和言论也受到了许多学者和大众的抵制和反对，1989年政治风波之后的治理整顿以及反和平演变斗争对新自由主义的主张进行了分析和批判。但这并没有完全阻止新自由主义在国内的传播，新制度经济学代表人物科斯的《财产权利与制度变迁：产权学派与新制度派译文集》1991 年在国内出版。尤其是 1992 年 10 月党的十四大明确宣布我国经济体制改革的目标是建立社会主义市场经济体制之后，有人误解、曲解社会主义市场经济体制，将社会主义市场经济等同于资本主义市场经济，从而使得新自由主义在国内的传播进入了一个高潮。大量新自由主义经济学著作被翻译介绍到国内。如公共选择学派缪勒的《公共选择》于 1993 年、米塞斯的《自由与繁荣的国度》于 1995 年、哈耶克的《通往奴役之路》于 1997 年在国内出版。

在这个时期，除了进一步市场化，越来越多的商品价格完全由市场来决定外，国有企业的进一步改革成为焦点。正是在这个背景下，[3] 科斯在1991 年获得诺贝尔经济学奖，产权理论的介绍、研究及应用在国内形成了一个热潮。而正是这个学派在各国被广泛用作支持私有化的理论基础。专门介绍和研究新制度经济学（其核心是产权理论）的天则经济研究所于1993 年在北京成立。这个研究所积聚了一批坚持新自由主义的学者，事实上成为了一个在中国研究和传播新自由主义的堡垒。正如天则经济研究所所长、新制度经济学派在中国的代表人物盛洪谈到的："新制度经济学……获得了异乎寻常的欢迎……在中国经济理论界中引起的震荡，可以说远远超过了其他任何一种西方经济理论。尤其是在 1991 年科斯荣获诺

---

① 转引自冯兆《〈导报〉导向何方？》，载《人民日报》1989 年 12 月 5 日。

② 转引自金建《评〈私有制宣言〉》，载《人民日报》1989 年 12 月 2 日。

③ 俄罗斯等苏联东欧国家向资本主义的转型，尤其是如何处理国有企业，也正处于一个非常关键的时机。

贝尔经济学奖以后，新制度经济学理论在中国获得了更为广泛的关注……我国主要的经济学杂志——《经济研究》自 1992 年 3 月起，几乎每期都刊登一篇以制度经济学为理论方法的论文……新制度经济学理论在中国经济学界的分量，比在它的发源地美国更重。"① 在一批学者的极力鼓吹下，新自由主义"很快风靡于中国，不仅严重地搅乱了我国学术界的思想，而且也渗透到我国的实际经济生活"。② 一方面，一些美国新自由主义的重要人物纷纷访问中国，举行各种学术活动，推销新自由主义。如因"休克疗法"而出名的萨克斯教授 1993 年到中国访问，极力鼓吹私有化，甚至主张"为了把国家产权垄断打破，最好的办法就是把牌分掉。随便怎么分都可以，快刀斩乱麻。"③ 新自由主义学者张五常则鼓吹"中国现在要想建立市场机制，而不想有私有产权，其本身是矛盾的。""若要发展经济，私产制度是我所知的唯一可靠途径。""私有产权是独步单方"，"是唯一的选择"。"私产制是经济发展的灵丹妙药，稍有推行，就有起死回生之效。"共产制度在中国也推行了几十年，行不通也是事实。"④ 而中国内地的一批学者也积极支持私有化，主张国有企业天生低效率，私有产权必然比公有产权优越，因此，应该"靓女先嫁"、一卖了之。为此，一些人甚至不惜鼓吹应该在中国搞腐败，"腐败出一个新体制"。这些主张甚至得到了一些地方政府和国有企业管理人员的支持，在 20 世纪 90 年代后期在地方上曾经出现了大量的把国有企业低价出售给私人的情况。

除了对实际经济生活的影响外，还特别值得注意的是新自由主义对高等院校的影响。有学者指出，"除了一些学术研究机构外，高等院校成为接受和传播新自由主义经济学的主要阵地"。⑤ 随着西方经济学在学界和社会的传播，它从 20 世纪 90 年代初开始成为了高校财经类专业的核心课程，从而逐渐形成了与政治经济学分庭抗礼的经济学教育的二元结构，并

① 盛洪：《科斯教授和新制度经济学理论》，载《天津社会科学》1993 年第 5 期。
② 丁冰：《简论新自由主义及其对我国的负面影响》，载《当代经济研究》2004 年第 11 期。
③ 高鸿业：《西方经济学与我国经济体制改革》第 1 册，中国社会科学出版社 1994 年版，第 45 页。
④ 张五常：《经济解释：张五常经济论文选》，商务印书馆 1998 版，第 18、68 页。
⑤ 张志敏：《新自由主义经济学及其对中国经济学的影响——兼论中国经济学的构建》，载《求是学刊》2011 年第 3 期。

在其中所起的作用越来越大。而作为西方经济学主流的新自由主义经济学的影响自然也越来越大，而政治经济学的影响逐渐被削弱。

面对新自由主义对我国学界和社会经济生活越来越大的影响，一批学者和机构进行了抵制和批判。早在 1991 年，针对产权理论可能对我国产生的影响，高鸿业教授发表了《科斯定理与我国所有制改革》一文，明确指出："科斯定理不能充当我国所有制改革的理论根据"，"如果接受了科斯定理而把它当作为所有制改革的根据，就等于主张彻底取消公有制而建立完全的私有财产制度"。[①] 而教育部高等学校社会科学发展研究中心从 1994 年 3 月起，邀请包括陈岱孙、陶大镛、胡代光、高鸿业以及吴易风等对马克思主义和西方经济学都有相当造诣的老专家举办"西方经济学与我国经济体制改革"系列学术报告会，就西方产权理论与股份制、市场机制与宏观调控、现代企业制度、企业管理、通货膨胀、引进外资、国民待遇、国有中小型企业的改革等重大理论问题进行讨论，有理有据地批判新自由主义的相关理论和政策。这些研讨会在社会上产生了良好的影响。

特别值得一提的是学界公认的经济学泰斗陈岱孙先生 1995 年发表的《对当前西方经济学研究工作的几点意见》，在该文中，他对新自由主义在国内的传播提出了严厉警告并指出了应该采取的措施。他指出"在我国经济学界，这些年来又渐渐滋长了一种对当代西方经济学的盲目崇拜、一概肯定的倾向。值得警惕的是，在借鉴西方经济学进行我国社会主义发展模式的研究工作中，特别是在社会主义经济体制改革方案的研究工作中，这种对西方经济学盲目崇拜、一概肯定、照抄照搬的倾向变得空前严重起来。如果不引起我们的注意，认真加以克服，后果将是非常严重的。""近年来国内滋长的对西方经济学的盲目崇拜倾向，深究起来，实质只是对当代西方经济学中新自由主义这一古旧学派的崇拜。而人们之所以以腐朽为神奇，盲目崇拜这一带有浓厚的复古色彩的学派，主要原因有三：一是误认为新自由主义是主流派经济学；二是为其光怪陆离的理论表象所迷惑，没有认识到它与从亚当·斯密到马歇尔的旧经济自由主义一脉相承的理论渊源关系；三是没有识破西方国家和某些国际经济组织在发展中国特别是社会主义中国强制推行自由主义经济学及新自由主义经济

[①]　高鸿业：《科斯定理与我国所有制改革》，载《经济研究》1991 年第 3 期。

模式的险恶用心。西方国家在国内甚至国际经济生活中厉行国家干预主义政策，但要求广大发展中国家特别是社会主义国家推行新自由主义改革模式和经济政策，取消国有企业，取消国家对经济生活的管理特别是计划管理，打开国内市场，与西方国家牢牢控制的世界经济接轨，其目的无非是要在发展中国家恢复殖民主义统治，在社会主义国家搞和平演变，演变为资本主义，或外围资本主义。我们的某些学者十二分卖力地在国内贩卖这一套新自由主义货色，而且非常顽固地加以坚持，实际上扮演了一个可悲的角色。""我们面临的危险有两个方面，一是西方经济学对青年学生和青年知识分子心灵的毒害，二是西方经济学对我国经济社会发展和改革开放的方向的误导。弄得不好，西方经济学这两个方面的影响都可能产生悲剧性的后果。由于中国经济发展比前苏联东欧国家落后得多，人口又多得多，剧变的后果的严重性将十倍百倍于前苏联东欧国家。这种历史结局是西方帝国主义势力所梦寐以求的。我们一定要全力以赴避免这种历史结局的出现。要做到这一点，当前一个最紧迫的任务便是克服对西方经济学盲目崇拜、照抄照搬的右的倾向。"随后他提出了大力加强马克思主义的学习和研究等 9 条具体措施。[1] 这篇文章经多个杂志发表和转载，在社会上产生了强烈的影响。

在 20 世纪 90 年代后期，由于新自由主义政策在广大发展中国家，尤其是苏东国家所造成的灾难性后果逐渐被人们所认识，尤其是国内贫富分化加剧，出现弱势群体等现实促使整个社会开始反思新自由主义的理论和政策。同时，大量西方左翼学者的著作被大量介绍到国内。在这个背景下，一批关注现实而又受到西方左翼思潮影响的中青年学者开始公开批评新自由主义，他们被冠以"新左派"的称谓。一般认为，汪晖 1997 年发表的《当代中国的思想状况与现代性问题》一文是两派学者论战开始的标志。[2] 在这个论战中，新左派在社会上获得了大量的同情和支持，而新自

① 陈岱孙：《对当前西方经济学研究工作的几点意见》，载《经济学动态》1995 年第 11 期。该文原为作者给丁冰教授主编的《现代西方经济学说》（中国经济出版社 1995 年版）一书所作的序言，后在多个杂志发表和转载。
② 汪晖：《当代中国的思想状况与现代性问题》，载《天涯》1997 年第 5 期。事实上，在 20 世纪 90 年代早期，王绍光和何新等人就已经用类似"新左派"的理论和方法来批评新自由主义了，只是那时的社会背景不同，在这方面所引起反响也相对比较小。

由主义在普通民众中的影响开始变弱。

但是，进入 21 世纪以来，随着越来越多的留学美国的经济学者回国任教，新自由主义在国内经济学界的影响力与日俱增，而政治经济学在许多院校逐渐被边缘化甚至被从培养方案中删除。新加坡学者郑永年认为"尽管中国经济学界内部有不少争论，但可以肯定的是到目前为止，新自由主义是中国经济学界的主流话语。"① 曾经长期在美国大学任教的黄宗智教授则直言不讳地指出："国内一般所谓的'新自由主义'在学术界的霸权地位，其实远远超过在美国的所谓'新保守主义'。两者的基本教条是大致相同的（美国的新保守主义更多附带一种近乎帝国主义的制度输出愿望，想把自己的制度强加于别的国家），但其在中国的影响比美国只有过之而无不及。即便是在'金融海啸'引起全世界对新自由主义的批判和反思之下，其在中国高等院校的强势地位仍然没有动摇。""在中国则是由新自由主义在制度层面上独享霸权。在'与国际接轨'的大潮流下，新自由主义已经在制度上深入到教科书、核心刊物等，而由此也在研究生的遴选、教员们的聘任与评审中占据霸权地位。一个具体例子是，我自己这几年所在的国内学术单位……在关键性的招生、招聘以及评审方面，实际上几乎完全由占据霸权地位的'主流'经济学所左右——依据它们的标准而选定必读书目、设计考卷问题、规定要在哪些刊物发表论文等，几乎完全臣服于新自由主义知识体系之下。因此，在实际操作中，学科的未来其实完全被新自由主义所掌控。"②

除了在学界的强势地位外，新自由主义的同情者和支持者还掌控了大量资源。因此，虽然面对普通民众的质疑，在新自由主义导致的各种危机面前不得不"集体失语"，但新自由主义经济学家们仍然在顽固地坚持他们的主张。比如，新自由主义的鼓吹者张五常在 2000 年就曾发表文章建议中国执行把除中央银行外的所有国有银行卖给外国的大银行、容许所有外国货币在中国流通、取消外汇管制、允许外资在中国开办任何金融事业、取消所有进出口关税、把所有国营企业私有化等极有可能导致中国经济被殖民化的政策。③ 在 21 世纪初，就是这样一位不断鼓吹马克思从来就

---

① 郑永年：《新自由主义在中国的变种及其影响》，载新加坡《联合早报》2008 年 10 月 28 日。
② 黄宗智：《我们要做什么样的学术？——国内十年教学回顾》，载《开放时代》2012 年第 1 期。
③ 张五常：《给中国十个经济建议》，载《中华儿女》（海外版）2000 年第 5 期。

没对过，极力主张中国搞新自由主义政策的学者，居然被许多部委、地方政府以及著名高校争相邀请去作演讲，以致形成了所谓的"张五常热"。有点戏剧性的是，正当这个热潮方兴未艾的时候，张五常因为经济方面的原因被美国起诉，这个新自由主义的热潮才戛然而止。

但新自由主义的影响并未完全消退，2003年前后在国内兴起了一股国有企业"管理层收购"（MBO）①的风气，造成大量国有资产流失。2004年8月起，根据对多个国内大型国有企业MBO案例的分析和研究，香港中文大学的郎咸平教授公开发表文章和研究，指出这些企业以产权改革的名义变相侵吞国有资产。随后，以张维迎为代表的多个经济学家和以顾雏军为代表的企业家与郎咸平展开了争论。但郎咸平在社会上得到了占绝对优势的支持，许多严肃的学者也都公开表示了对他的支持，而顾雏军则在2005年因经济犯罪被逮捕并在2008年被判刑。在中央领导的指示下，国务院国资委也暂停、事实上是停止了大型中央国有企业的MBO。这一段争论被人们称为"郎咸平旋风"。②

在学界，一批严肃的学者也展开了对新自由主义的批评。如前面提及的黄宗智教授就指出，"新自由主义在中国的霸权比在美国更需要反思、批判、挑战。""教条化的新自由主义经验研究多受其意识形态所主导。它在表面上虽然强调'科学的'、实证的、精确的经验研究，但实际上缺乏真正的、既有经验根据也有创新概念的学术研究。这种教条化的学术主要有两种：要么努力证明新自由主义理论，时而借助貌似科学的计量方法；要么试图说明中国离他们的理想图景还有一定的距离，借以强调中国必须向新自由主义理想进一步迈进……它们呼吁，要确立私有产权，确立纯粹的市场竞争，遏制、消除国有企业，目的是建立和（他们想象中的）美国相同的完全私有化资本主义市场经济。"③

---

　　①　如张维迎认为，中国最大的威胁不是国有资产流失，而是国家侵害私人财产，"只有通过所有制的改革，只有分给私人经营者，才能有积极性，给企业家定价，才会出现企业家市场，才会有信托责任。"——资料来源：纪硕鸣：《郎旋风刮起国企产权改革反思浪潮》，《亚洲周刊》2004年9月26日；张维迎还认为，"经理是实际的所有者"，只有激励管理者才能提高企业绩效，只有管理者有资格获取企业的剩余索取权和剩余控制权，即他定义的企业所有权。"让最重要、最难监督的成员拥有所有权可以使剩余索取权和控制权达到最大程度的对应，从而带来的'外部性'最小，企业总价值最大。"管理者最难监督，他们理所当然地要获得企业所有权。这一观点成为管理层收购（MBO）的理论依据。

　　②　曹兼善：《郎咸平旋风始末》，凤凰出版传媒集团2005年版。

　　③　黄宗智：《我们要做什么样的学术？——国内十年教学回顾》，载《开放时代》2012年第1期。

　　此外，面对新自由主义在苏东、拉美等地区造成的灾难性后果，一批坚持马克思主义的研究机构和学术团体纷纷行动起来批判新自由主义，比如说中国社会科学院、中华外国经济学说研究会、全国《资本论》研究会、中国经济规律研究会、海派经济学论坛等。在这个过程中形成了一批研究成果，比如说何秉孟主编的《新自由主义评析》①一书就比较系统和深刻地分析了新自由主义的本质特征及其导致的严重后果，在社会上引起了较大反响。

　　在这个时期影响更大的是原中国社会科学院副院长、马克思主义经济学家刘国光教授 2005 年发表的《谈经济学教学和研究中的一些问题》一文。在这篇文章中，他首先谈了 9 个方面的问题，首先，他指出"当前经济学教学与研究中西方经济学的影响上升、马克思主义经济学的指导地位削弱和边缘化的状况令人担忧。"然后，他分析了导致这种现象的外部和内部原因。"在外部，以美国为首的国际资产阶级亡我之心不死，中国社会主义是美国继苏联之后又一个要消灭的目标，这个目标是既定的。美国不断地对中国进行西化、分化；社会主义阵营瓦解之后，世界社会主义运动处于低潮，很多人认为社会主义不行了，马克思主义理论不行了；中国由计划经济向社会主义市场经济转变，一些人因此误认为马克思主义经济学不行了，只有西方经济学才行了。"在内部，"高等院校经济学的教育方针不明确，目标不明确……大量引进西方经济学教材的版本，冲击国内经济学的教学，西方经济学已成为主流的经济学教育体系……'海归'派没有经过马克思主义的再教育，就进入教师队伍和研究人员队伍；不经过评论、原本原汁地介绍西方的东西……自己培养的马克思主义政治经济学教师队伍在不断萎缩，高校对马克思主义经济学教师队伍的培养和投入很少……干部的思想也在变，虽然很多干部不是学西方经济学出身的，但是也在受影响……现在有的领导权不在我们手里。高校的校长、院长、系、研究室、研究所的主任，校长助理等，还有主要部委的研究机构的领导，到底是不是马克思主义者，我相信他们中大多是马克思主义者，但是有的领导权被篡夺了……只要领导权掌握在西化的人手中，他们就要取消马克思主义经济学，排挤马克思主义经济学。所以我说一定要注意，各级领导

---

　　① 何秉孟：《新自由主义评析》，社会科学文献出版社 2003 年版。

必须是真正的马克思主义者，而不是'红皮白芯'。"

关于意识形态领域，刘国光教授指出"从改革开放到现在20多年的时间里，在思想领域始终把克服'左'的教条主义当作主要任务，已经取得了决定性的成果，在思想理论领域和改革开放的实践中，来自'左'的干扰已经日渐式微，当前突出的倾向性问题是资产阶级自由化的声音和倾向正在复苏，并且在顽强地发展蔓延。反'左'反右并不是长期不变的，'左'和右发展下去都能葬送我们的社会主义，所以应该有'左'反'左'、有右反右。""目前主要的倾向是什么，要不要提出反右防'左'的问题，这个问题我觉得是很重大的问题，中央应当考虑，特别是在经济学领域。"

关于马克思主义与西方经济学之间的关系，他指出："马克思主义经济学应该是指导、是主流，西方非马克思主义经济学应该是参考、借鉴。前者是指导，后者是参考；前者是主流，后者是借鉴……经济学教学中只能有一门基础经济理论，即马克思主义经济学，要单轨，不能双轨，这是个教育方针的问题。"

关于如何对待西方经济理论和新自由主义经济学，他指出："现代西方经济学……也有反映资产阶级意识形态的成份，如私有制永恒、经济人假设等……其基于资产阶级意识形态的理论前提与我们根本不同，所以整体上它不适合于社会主义的中国，不能成为中国经济学的主流、主导……新自由主义经济学的核心理论是我们所不能接受的。"他还具体指出了新自由主义的四个前提和核心理论，"第一，经济人假设。认为自私自利是不变的人性。这个假设是我们所不能接受的……第二，认为私有制是最有效率的，是永恒的，是最符合人性的，是市场经济的惟一基础……第三，迷信市场自由化、市场原教旨主义，迷信完全竞争的假设和完全信息的假设……第四，主张政府作用最小化，反对国家对经济的干预和调控……这几点同马克思主义，同社会主义，同中国的国情都格格不入，自然不可以为我所用。"他还特别批评了那种不让人批评新自由主义的做法。

然后，刘国光教授特别指出，"经济学的教育既是意识形态的教育，也是分析工具的教育"，经济学不能"去政治化"；我们不能盲目崇拜西方经济学，不能排挤马克思主义，在经济学的发展中"马克思主义经济学应当成为主导，西方经济学只能是借鉴。"

他还指出，"中国经济改革和发展是以西方理论为指导的说法是不符合实际的……只有少数人用自由化、私有化为暴富阶层代言，来冲击马克思主义，干扰社会主义经济建设……中国要建立的是社会主义的市场经济，而不是资本主义的市场经济；要坚持公有制为主体、多种所有制经济共同发展的基本经济制度，而不是私有化或者不断向私有化演变；要坚持宏观调控下的市场调节，而不是市场原教旨主义，主张市场万能论，把国家的一切正确调控说成是官僚行政的干预；坚持为保证效率而适当拉开收入差距，同时要强调社会公平、福利保障，而不是极力扩大社会鸿沟，为暴富阶层说话。要做到这些，都需要马克思主义的政治经济学来指导，而不能用西方经济理论特别是新自由主义经济理论来指导。中国的改革一旦由西方理论特别是新自由主义理论来主导，那么表面上或者还是共产党掌握政权，而实际上逐渐改变了颜色，那么对大多数人来说，这是一个像噩梦一样的危险。"我们应充分认识到，是否用西方经济理论特别是新自由主义经济理论来指导中国经济改革与发展，并非是否定改革的问题，而是改革应坚持何种方向的问题。

在指出这些危险和问题之后，刘国光还从教学方针、教材、队伍以及领导权等方面提出了解决方案。他还特别强调，"马克思主义不能被人取代，意识形态不仅仅是在政治、法律、军事、文化领域，经济本身也有意识形态问题，而且非常非常重要。基础变了，上层建筑也要跟着变。这个马克思主义的基本道理，我恐怕有些人还不明白。"[1]

这篇文章在互联网和杂志发表后在社会上引起了强烈反响，被形容成"刘国光旋风"。随后，虽然一些媒体和同情与支持新自由主义的学者又利用某些中小企业遇到的困难以及人们对某些自然垄断性的央企的不满挑起了"国进民退"、"国富民穷"的争论，但由于没有过硬的事实依据和理论支持，在包括刘国光在内的一批严肃学者的反驳之下，新自由主义并未出现转机。尤其是随着2008年以来的全球金融和经济危机的发展和深化，随着中央对有关问题的重视，新自由主义的影响受到一定的遏制。

二　党的十八大以来中央对新自由主义的表态

鉴于新自由主义在全球泛滥造成的恶果以及2008年由美国次贷危机

---

[1]　刘国光：《经济学教学和研究中的一些问题》，载《高校理论战线》2005年第9期。

引发的国际金融危机充分暴露新自由主义的不可持续性，2012 年，党的十八大报告多次指出，要坚持和完善公有制为主体、多种所有制经济共同发展的社会主义初级阶段基本经济制度，坚定不移高举中国特色社会主义伟大旗帜，既不走封闭僵化的老路，也不走改旗易帜的邪路。

新自由主义主张经济绝对自由化、彻底私有化和完全市场化，反对国家对经济的任何干预和调控，其在我国的具体表现为：鼓吹"市场万能论"，称我国宏观调控扼杀了市场效率和活力；反对公有制，称我国国有企业是"国家垄断"，效率低下，破坏了市场经济秩序，应该"全面私有化"。这些论调，实质是要改变我国基本经济制度，削弱政府对国民经济命脉的控制，把改革引向资本主义化的邪路。

党的十八大以来，党中央高度重视将中国的改革发展与新自由主义划清界限。对于中国改革的方向，习近平总书记指出："中国是一个大国，决不能在根本性问题上出现颠覆性错误，一旦出现就无法挽回、无法弥补。我们的立场是胆子要大、步子要稳，既要大胆探索，勇于开拓，也要稳妥审慎、三思而后行。"① "要正确推进改革，坚持改革是社会主义制度自我完善和发展"，"要有序推进改革……该得到法律授权的不要超前推进"。② 他十分重视底线思维，无论干什么工作，都要明确基本原则、基本方向和基本目标。例如针对改革，习近平指出："改革是社会主义制度自我完善和发展，怎么改、改什么，有我们的政治原则和底线，要有政治定力。"③ 对于那些不能改的，再过多久也不能改。在针对农村土地改革方面，坚持土地公有制性质不改变、耕地红线不突破、农民利益不受损三条底线。

党中央始终强调国有企业的重要地位。党的十八届三中全会提出"积极发展混合所有制经济"后，舆论界围绕混合所有制和国有企业改革问题展开激烈争论，有人误读十八届三中全会精神，认为应以新自由主义为指导，把混合所有制作为私有化国有企业的工具。实际上，中央提出发展混

---

① 习近平《深化改革开放，共创美好亚太——在亚太经合组织工商领导人峰会上的演讲》，《人民日报》2013 年 10 月 8 日。

② 《习近平在山东考察时强调：认真贯彻党的十八届三中全会精神，汇聚起全面深化改革的强大正能量》，《人民日报》2013 年 11 月 29 日。

③ 《习近平关于全面深化改革论述摘编》，中央文献出版社 2004 年版，第 41 页。

合经济的目的非常明确。习近平总书记在三中全会上对《决定》作的《说明》时强调："提出要积极发展混合所有制经济，强调国有资本、集体资本、非公有资本等交叉持股、相互融合的混合所有制经济，是基本经济制度的重要实现形式，有利于国有资本放大功能、保值增值、提高竞争力。这是新形势下坚持公有制主体地位，增强国有经济活力、控制力、影响力的一个有效途径和必然选择。"① 习近平指出："国有企业是中国特色社会主义的重要物质基础和政治基础，是我们党执政兴国的重要支柱和依靠力量。新中国成立以来特别是改革开放以来，国有企业发展取得巨大成就。我国国有企业为我国经济社会发展、科技进步、国防建设、民生改善作出了历史性贡献，功勋卓著，功不可没。"② 他还指出，"国有企业是国民经济发展的中坚力量。对国有企业要有制度自信。深化国有企业改革，要沿着符合国情的道路去改，要遵循市场经济规律，也要避免市场的盲目性。"③

2008 年国际金融危机以来，受国际市场疲软等影响，中国经济出现增速下降和国内产能过剩局面，中央提出"供给侧结构性改革"，围绕这个词的解读成为一个热点。有学者把"供给侧改革"与新自由主义的一个流派——"供给学派"混为一谈，认为中央提出的供给侧结构性改革的理论源自供给学派，中国应该向新自由主义当年在英美的代表人物学习，推进改革，大幅度减少税收，推进国有企业私有化，减少政府干预，构建小政府等。针对将中国的供给侧结构性改革与供给学派政策主张混为一谈的错误做法，习近平特别指出："我们讲的供给侧结构性改革，同西方经济学派不是一回事，不能把供给侧结构性改革看成是西方供给学派的翻版，更要防止有些人用他们的解释来宣扬'新自由主义'，借机制造负面舆论。"④

---

① 习近平：《关于〈中共中央关于全面深化改革若干重大问题的决定〉的说明》，《人民日报》2013 年 11 月 16 日。
② 《习近平在全国国有企业党的建设工作会议上强调：坚持党对国有企业的领导不动摇，开创国有企业党的建设新局面》，《光明日报》2016 年 10 月 12 日第 1 版。
③ 《习近平长春考察聚焦国有企业》，http://news.xinhuanet.com/politics/2015-07/17/c_1115963593.htm。
④ 习近平：《在省部级主要领导干部学习贯彻党的十八届五中全会精神专题研讨班上的讲话》，《人民日报》2016 年 5 月 10 日。

　　理论界也掀起了批判新自由主义的热潮。《求是》2014 年第 16 期刊登《新自由主义的经济"成绩单"》一文，对新自由主义付诸实践的效果进行了系统梳理，受到社会各界的重视和热议。但由于新自由主义多年来在高校教学、理论研究以及社会中的长期影响，要彻底清除新自由主义对于中国今后经济改革和发展的不良作用，还有很长的路要走。

三　新自由主义思潮的未来走向

　　进入 21 世纪以来，至少在美国，新自由主义的地位开始受到挑战，包括斯蒂格利茨在内的一批主流经济学家也站出来公开反对新自由主义经济学。在 20 世纪 90 年代初由于受到苏东国家转型的影响而有所消沉的马克思主义经济学和后凯恩斯主义经济学又开始出现了再次复苏的势头。

　　而始于美国次贷危机的全球金融和经济危机则进一步暴露出新自由主义给人类社会带来的灾难性后果，让世界上许多专家学者以及政治人物都对新自由主义有了更新的认识，从其理论和政策来看，可以说已经风光不再。在 2009 年的 20 国峰会的闭幕新闻发布会上，英国首相戈登·布朗公开宣布了"华盛顿共识"的终结。[1] 时任澳大利亚总理的陆克文在 2009 年 2 月专门撰文批判新自由主义，指出"本次危机正是过去 30 年来自由市场理论主宰经济政策的最终恶果。这种理论有时也被称为新自由主义、经济自由主义、经济原教旨主义、撒切尔新政或华盛顿共识，其理论核心是应限制政府活动，最终由市场力量全面取而代之。"[2] 曾在多个大学担任教职和政府智囊的日本著名经济学家中谷岩曾经是在日本鼓吹和推广新自由主义的急先锋，在本轮危机刚爆发不久就在日本出版了名为《资本主义为什么会自我崩溃：新自由主义者的忏悔》的著作并在日本社会引起强烈反响。他在书中指出新自由主义让世界蒙受了巨大灾难，而资本主义全球化具有的本质性的缺陷，必然会破坏社会和谐关系，导致贫富差距扩大并加

　　① 程瑞华：《盘点各国政要观点解析 G20 峰会成果》，载《金融时报》2009 年 4 月 4 日。
　　② 陆克文：《全球金融危机的根源与变革》，见 http：//news. xinhuanet. com/fortune/2009—03/18/content_ 11030473_ 1. htm，原文标题为"The Global Financial Crisis"，载 The Monthly 杂志 http：//www. themonthly. com. au/monthly—essays—kevin—rudd—global—financial—crisis—1421。

速地球环境污染。①

　　当然，以上只是几个比较典型的例子，自本轮危机爆发以来，对新自由主义的反思非常多，普通大众在亲身经历中纷纷认识到了新自由主义的错误和危害，普遍反对这种理论和政策。但从危机爆发到现在为止这些国家所采用的政策来看，由于西方国家统治集团的阶级利益和意识形态的偏见，无法对现实经济情况作出客观的分析并提出合理并且可行的对策，所采取的措施要么扬汤止沸，要么饮鸩止渴。它们一方面利用巨额财政资金挽救大金融资本从而导致国债急剧攀升，另一方面为了减少赤字又不断削减中下阶层在危机中迫切需要的各种福利。因为新自由主义代表资本特别是垄断资本的利益，在垄断资本仍然控制发达国家的政治经济文化大权的情况下，实施新自由主义符合其自身利益。因此，从这个角度看，要抵制和反对新自由主义，仍然任重而道远。

① ［日］中谷岩著：《资本主义为什么会自我崩溃：新自由主义者的忏悔》，郑萍译，社会科学文献出版社 2010 年版。

第四章　西方多党制思潮评析与人民民主监督执政权力的探索

　　对于执政权力的监督是政治体制改革和执政党建设的一个非常重要的问题。改革开放以后，1980 年 8 月邓小平在《党和国家领导制度改革》中对此作了系统的论述，明确指出，我们党和国家领导制度存在不少弊端，"这种制度问题，关系到党和国家是否改变颜色，必须引起全党的高度重视。"他非常重视肃清封建主义残余对党和国家领导制度的影响，说："我们这个国家有几千年封建社会的历史，缺乏社会主义的民主和社会主义的法制"，"旧中国留给我们的，封建专制传统比较多，民主法制传统很少"，"肃清封建残余影响，重点是切实改革并完善党和国家的制度，从制度上保证党和国家政治生活的民主化、经济管理的民主化、整个社会生活的民主化，促进现代化建设事业的顺利发展。"并且具体剖析了党和国家领导制度中，官僚主义现象、权力过分集中现象、家长制现象、干部领导职务终身制现象和形形色色的特权现象等与封建主义残余影响有关的多种表现形式。但同时邓小平又旗帜鲜明地反对照搬西方的议会民主政治，强调"改革党和国家领导制度及其它制度，是为了充分发挥社会主义制度的优越性，加强现代化建设事业的发展。"① 这种改革"既不能照搬西方资

---

① 《邓小平文选》第 2 卷，人民出版社 1994 年版，第 333、348、332、336、322 页。

本主义国家的做法，也不能照搬其他社会主义国家的做法，更不能丢掉我们制度的优越性。""资本主义社会讲的民主是资产阶级的民主，实际上是垄断资本的民主，无非是多党竞选、三权鼎立、两院制。我们的制度是人民代表大会制度，共产党领导下的人民民主制度，不能搞西方的那一套。"①"如果离开四项基本原则，抽象地空谈民主，那就必然会造成极端民主化和无政府主义的严重泛滥，造成安定团结政治局面的彻底破坏，造成四个现代化的彻底失败。"而且特别指出："由于我们在社会主义革命和社会主义建设的历史上犯过错误，就对社会主义丧失信心，认为社会主义不如资本主义，这种思想是完全错误的；由于要肃清封建主义残余影响，就认为可以去宣扬资本主义的思想，也是完全错误的"。②上述两个方面是邓小平的关于党和国家领导制度改革的核心思想，其后历届党中央这方面的指导思想都没有改变，政治体制改革都是沿着这条道路前进的。

但是，近年来鼓吹中国政治体制改革必须搞西方多党制的思潮越来越公开化。他们把西方民主、自由、人权的理论及其多党轮流执政制度说成是具有"普世价值"的模式，中国的政治改革"必须向美国的宪政学习"，要"清理一党专政，废除宪法序言"，实行"多党竞选的民主政体"。要求"司法应超越党派，不受任何干预""实现军队国家化，政党组织应从军队中退出""包括警察在内的所有公务员应保持政治中立""开放党禁""取消服务于一党统治，带有浓厚意识形态色彩的政治教育与政治考试，推广以普世价值和公民权利为本的公民教育。"有的鼓吹中国台湾的多党制"是大陆政改的楷模"，"为大陆的民主化树立了榜样，提供了经验。"或鼓吹"叶利钦是继彼得大帝之后，俄罗斯民族最伟大的改革家和统治者"。"具备对民主的强烈认同和坚强性格"，一再呼吁"出现中国的戈尔巴乔夫，中国的叶利钦"……总之是要把西方特别是美国政治制度模式作为"普世价值"下的"普适模式"搬到中国，废除宪法中关于中国共产党领导的条款，否定中国特色社会主义政治发展道路和政治体制改革的模式。

---

① 《邓小平文选》第 3 卷，人民出版社 1993 年版，第 256、240 页。
② 《邓小平文选》第 2 卷，人民出版社 1994 年版，第 176、337 页。

对于这种错误思潮，我们绝不能掉以轻心，苏联就是由于这个问题上的失误走向蜕变的。2008 年春，十一届全国人大领导班子产生，吴邦国在第一次人大常委会上特别强调，胡锦涛指出："人大工作坚持正确的政治方向，最根本的就是坚持党的领导、人民当家做主、依法治国有机统一。在这个重大原则问题上，头脑要十分清醒，立场要十分坚定，旗帜要十分鲜明，绝不能有丝毫动摇。各级人大及其常委会都要自觉接受党的领导，把党的领导贯穿于依法履行职责的全过程，落实到工作各方面。"① 吴邦国也指出："人大工作坚持正确政治方向，最根本的就是坚持党的领导、人民当家做主、依法治国有机统一。核心是坚持党的领导，"② 再次重申"要积极借鉴人类社会创造的文明成果包括政治文明的有益成果，但绝不照搬西方那一套，绝不搞多党轮流执政、'三权鼎立'、两院制。"③ 旗帜鲜明地阐明了我们党对这种错误思潮的态度。

我们绝不能低估这种错误思潮对一部分人民群众的影响。虽然自觉鼓吹这种思潮的是极少数，但是有些老百姓同情这种思潮，是因为在改革开放取得巨大成就的同时，对有些负面现象不理解，认为腐败高发、不正之风蔓延、贫富差距扩大，某些执政者对人民群众疾苦麻木不仁，作风飘浮、官僚主义严重等现象不能得到有效监督等，是因为中国一些民主党派监督太弱的结果。他们不是反对共产党领导，而是希望共产党更好，但并没有深思这种错误思潮的本质及其危害。所以，我们必须全面贯彻邓小平政治体制改革的思想。一方面旗帜鲜明地、科学地、有说服力地对这种错误思潮进行批判。另一方面，必须大力探索人民民主对执政权力监督的有效形式，切实改革党和国家领导制度。只有这两方面都做好了，人民群众才能真正克服错误思潮的影响，真正信任党领导的社会主义制度。

第一节　西方多党制绝不是"普世价值"下的"普适模式"

西方发达国家，特别是美国的某些政治势力，总是把"多党（两党

---

① 《十一届全国人大一次会议学习材料汇编》，中国民主法制出版社 2008 年版，第 2 页。
② 《十七大以来重要文献选编》（上），中央文献出版社 2009 年版，第 927 页。
③ 同上书，第 929 页。

竞争，轮流执政"说成是体现"普世价值"的议会民主制度，谁要是不按这个模式搞，就是统治者为维护既得利益、专制独裁；中国的改革不搞这个模式，就是共产党维护既得利益，"只搞经济体制改革，不搞政治体制改革。"

实际上，"多党竞争、轮流执政"只是议会民主政治的一种模式，而不是超越具体历史条件的普适模式。实行多党竞争、轮流执政制度，是要以实行一个制度、一种政治纲领、一本宪法为前提条件。在代表根本对立的政治制度、利益根本对抗的政治纲领的政党间搞多党竞争、轮流执政，其结果势必是社会动乱，甚至原有的政治制度被推翻。世界许多国家的实践，特别是社会主义国家的政治体制改革的实践，充分证明了这点。这是观察能否实行多党竞争轮流执政的一把钥匙。

一　中国历史上对西方多党制的尝试及失败

"1911 年，孙中山先生领导的辛亥革命，推翻了统治中国几千年的君主专制制度。旧的制度推翻了，中国向何处去？中国人苦苦寻找适合中国国情的道路。君主立宪制、复辟帝制、议会制、多党制、总统制都想过了、试过了，结果都行不通。最后，中国选择了社会主义道路。"①

近代史上，中国曾不止一次地尝试实行西方多党竞争的议会民主制，但都以失败告终。辛亥革命前，没有现代意义的政党。辛亥革命后，在1911—1913 年，中国冒出了 300 多个政党政团，其中许多没有明确政纲及固定成员，昙花一现。在大党中，以孙中山和国民党为代表的民主共和派，曾经同主张君主立宪以及代表封建专制势力的政党进行过激烈的竞争。竞选结果，国民党在议会中得到了 392 席，超过其他几个大党的总和。袁世凯假惺惺地致电宋教仁，欢迎他北上执政。但在 1913 年 3 月 20日，当宋教仁在上海车站发表演说时，却被袁世凯派人暗杀。其后，袁世凯又胁迫议员屈辱地"选举"他为大总统，直到复辟称帝被推翻。就这样，中国第一次实行西方多党议会民主的尝试，在封建贵族势力的阻挠下，成为一场闹剧，以失败告终。

---

①　习近平：《在布鲁日欧洲学院的演讲》，《人民日报》2014 年 4 月 2 日。

孙中山一生期望借鉴西方，在中国建立民主共和制度，但是西方列强这些"老师"总是欺负"学生"。失望之余，在苏联十月革命影响下，他在晚年提出"新三民主义"，主张"联俄、联共、扶助农工"，并促成国民党与刚成立不久的共产党的合作。他吸纳共产党员参加国民党及黄埔军校的建设。后来，就是依靠黄埔军官指挥的军队东征北伐，在平定军阀混战方面取得了重大的胜利。这时人们期望国共两党继续合作，走议会民主道路。但是，1927年4月12日，国民党右翼代表蒋介石悍然在上海发动政变，大肆屠杀共产党员，其后北平、广州、武汉等地也相继效仿。1926年共产党已发展到6万多人，在这次反革命政变中被杀死的就有2.6万余人，共产党在城市中的力量几乎损失殆尽。多党议会民主的期望，在中国又被官僚买办资产阶级政治势力扼杀了。

1931年，日本侵占东北三省，东北军转到陕南。面对日本侵略，东北军一心想抗日，收复失地，而蒋介石却实行"先安内，后攘外"的政策，命令张学良将军打共产党，最终导致西安事变。经过西安事变，最终形成了国共第二次合作、联合抗日的局面。毛泽东在《论联合政府》等文章、谈话中屡次申明希望实行多党政治协商，蒋介石也表示要实行宪政。1945年日本投降后，蒋介石表面上邀请毛泽东到重庆谈判，签署了"双十协定"，其后也达成了某些具体协议。但却又蓄意撕毁这些协定和协议，大举向解放区和共产党军队进攻，挑起了全面内战。就在抗日战争末期和抗战胜利初期，中国各民主党派（多为现在中国各民主党派的前身）陆续成立，他们大都打出"反内战"、"反独裁"的口号，要求中国走多党政治协商的议会民主道路，有的甚至公开标榜"第三条道路"。但是国民党的独裁、专制使他们警醒。国民党派特务暗杀李公朴、闻一多等爱国民主人士，把"民主同盟"等民主党派打为非法组织，最终使一些民主党派走"第三条道路"的幻想破灭，走上了与共产党合作的道路。随着新民主主义革命的胜利，共产党和8个民主党派一起进入了新中国（而中国青年党、中国民主社会党则与国民党一起去了台湾），并且形成了中国共产党领导的多党合作和政治协商制度。

简要的历史回顾表明，中国不是没有尝试过西方多党议会民主道路，而是尝试过了，但都失败了。其根本原因是中国主要大党的根本利益及其政纲是根本敌对的。中国共产党领导的新民主主义革命主张推翻帝国主义、封建主义、官僚资本主义的反动统治，而以蒋介石为代表的国民党则维护"三座大山"的统治，要以武力扼杀人民民主势力。以孙中山为代表的国民党主张民主共和，而袁世凯等为维护封建贵族的统治，采用了极为专制乃至暗杀的手段。敌对的利益冲突使中国大党之间的矛盾不可能在议会中解决，最终通过武装斗争决定胜负。中国这段历史造就了一个大党——中国共产党执政，而其他多个民主党派参政的制度。这种历史形成的中国特色政治制度是不以任何人的主观意志为转移的。

二　美国两党轮流执政的历史条件

曾任美国的总统尼克松说过，美国实行两党竞争轮流执政是基于美国两大党都忠于美国宪法和其民主共和原则。美国一位历史学家更明确地讲，如果两党轮流执政意味着根本原则的改变，那就太危险了。可见，美国的有识之士也知道"两党竞争、轮流执政"不是超越具体历史条件的"普世价值"与"普适模式"。

美国是两党竞争、轮流执政最典型的国家。但美国建国初期没有政党，华盛顿曾对"党派性这个恶魔"深恶痛绝。美国第二任总统约翰·亚当斯认为"党派是最大的政治罪恶"。后来，在议会联邦派和反联邦派斗争的基础上，美国才逐渐走向两党竞争、轮流执政的道路。其前提是美国两党虽有政见分歧，但都拥护美国宪法。后来经过多年演化，民主党代表南部种植园主的利益，维护奴隶制；共和党代表北部新兴工商业资产阶级，主张自由贸易和解放黑奴。这时，两党矛盾在议会中就难以解决了，南方要脱离美国而独立。林肯当选总统后，甚至提出"一国两制"的方案，答应南方只要不独立，可以在一个国家内的部分地区继续实行种植园主制度。但由于两种政治主张根本对立，矛盾难以调和，最终通过南北战争，废除奴隶制，才在一本宪法，一个制度的基础上，维护了美国的统一，并使美国的资本主义经济得到迅速的发展。南北战争后，民主、共和两党性质发生演变，都代表垄断财团，但分别代表某些利益不尽相同的财团。这样，在一个制度、一本宪法的前提下，美国两党竞争、轮流执政的议会民主制才又得以推行。

第二次世界大战以后，美国共产党一度有所发展，根本谈不上执政，但是政纲非常明确要推翻资本主义。这时，美国垄断资产阶级并没有允许共产党合法发展。1954 年，美国国会通过《共产党管制法》，其第三条规定："共产党不得享有根据美国法律成立的合法团体所享有的任何权力、特权和豁免权"。此前通过的《蒙特法》和《麦卡伦法》还规定：共产党员不许领出国护照；共产党邮件和宣传品必须交政府审查；共产党组织成员不许在工会中任职；不许在国防企业中工作；谋工作时隐瞒身份者为非法，违反规定者得判五年以下徒刑或万元以下罚金，或两者同课。

美国的历史也说明，要在主张根本对立的制度、政治纲领的政党间搞合法竞争、轮流执政是行不通的。

1998 年美国国会拨了一大笔款，扶持流亡美国的中国持不同政见者，要他们将运动重点转回中国内部，建立反对党，目标是取消中国宪法中规定的坚持四项基本原则，通过和平演变、用多党竞争的形式，取代共产党领导的社会主义制度。这不是一个制度、一个宪法内的多党竞争，而是要通过多党竞争使社会主义制度变为资本主义制度。中国共产党和中国政府不允许这种反社会主义的政党合法存在发展，美国有些政治势力就攻击我们侵犯人权。我们不禁要问，美国的《共产党管制法》等法律为什么不允许推翻美国现行制度的政党合法发展，而对中国就采取"双重标准"呢？其实，世界上任何国家的执政党都是不允许要推翻自己制度的政党合法发展的，没有超越具体历史条件的普世人权，也没有超越历史条件普世适用的政治模式。

三 怎样看俄罗斯现在的多党制

现在有人把俄罗斯实行的西方多党制说成是宪政民主的样板，说叶利钦"是继彼得大帝之后俄罗斯民族最伟大的改革家"，"具备对民主的强烈认同和坚强的性格"。

首先，苏联解体是共产党错误的指导思想和路线造成的结果。戈尔巴乔夫标榜民主社会主义，叶利钦公开鼓吹资本主义私有制和政治制度，反对社会主义、共产主义；他们都崇拜美国新自由主义，戈尔巴乔夫改革的"哈佛计划"和叶利钦"休克疗法"的萨克斯改革方案都是由美国新自由主义学派参与制定的；他们都走向西方多党制的改革方向，提出了根本改变苏联社会主义制度的政治纲领。实践的结果证明，与敌对政治势力搞多党竞争，实现的不是什么轮流执政，苏联共产党是叶利钦胁迫戈尔巴乔夫解散的，最终是一个制度推翻另一个制度的根本转变。这个转变的结果是灾难性的，叶利钦上台时，俄罗斯的 GDP 是当时中国的两倍，十年后他下台时只相当于中国的 1/3，一个超级大国沦落为二等强国。苏联蜕变的历史为人们认清在社会主义国家搞西方多党制的本质和目的提供了鲜活的典型。

其次，看一看叶利钦上台之后是怎么搞"民主"政治的。戈尔巴乔夫和叶利钦的"改革"给俄罗斯经济带来的衰退，受到了老百姓反对。资料表明，在 1992 年初到 1993 年上半年这短短一年半的时间里，就发生了多起军警用暴力镇压群众集会游行的流血事件。当时，俄罗斯人民代表大会还是在原来社会主义制度下选举的，叶利钦提出的施政方案常遭到代表大会的反对。1992 年 12 月第七次人民代表大会上，叶利钦提出的宪法修改草案和总理人选均未能通过。1993 年 9 月 21 日，叶利钦悍然宣布解散人民代表大会和最高苏维埃，举行新议会选举，这违背了现行宪法。宪法法院立即召开会议，决定罢免总统，宣布叶利钦停止行使其职权。叶利钦 10 月 4 日宣布进入紧急状态，并下达攻打白宫（俄罗斯议会）的命令。坦克开始进行炮击，白宫陷落，议长哈斯布拉托夫和副总统鲁茨科依被押解到著名的列福尔托沃监狱。据官方报道，这次事件有 147 人死亡，西方某些报刊估计，死亡人数为 400 人。叶利钦在世界历史上开创了国家首脑下令炮轰民选的合法议会、逮捕合法当选的副总统和议长的先例。这是反民主的专政，却被有些人吹捧为"对民主的强烈认同"，呼唤"出现中国的叶利钦"。这种论调说明了什么，岂不引人深思吗？直到 1993 年 12 月俄罗斯议会才通过了叶利钦炮制的宪法草案，从根本上铲除了苏维埃制度的遗迹，建立了资本主义政治制度。

现在有些人把"普京新政"以来俄罗斯的民族经济复兴，说成是戈尔巴乔夫、叶利钦改革的结果。怎么看待这一现象？的确，普京是叶利钦选定的接班人，也没有根本改变俄罗斯的现行制度，但是适应俄罗斯的民意，他在许多重大施政方针上是与叶利钦有区别的。比如，叶利钦大搞私有化，一些当权者靠侵吞国有资产，变成了亿万资本的"大鳄"，为复辟资本主义奠定了经济基础。但是普京却把一些关系国家经济命脉的资源性大公司重新转为国有。最典型的是通过拍卖，把优科斯公司转为俄罗斯国有石油天然气公司的资产。前几年石油、天然气价格暴涨，据说仅此一项普京政府从中得到好处就达一万亿美元。这一万亿美元在优科斯集团的手中只是私人财富的增长，而普京通过国有化，这一万亿美元就能为俄罗斯民族的经济振兴和民生改善服务。前几年俄罗斯 GDP 年均增长 7% 左右，其中石油、天然气和武器方面的贡献要占2%—3%（后来石油天然气价格暴跌，又给普京施政带来财政上的困难），这是普京与叶利钦执政的一个重大区别。另外，普京在民主政治方面也与叶利钦有所不同。苏联解体以后，美国继续在俄罗斯周边国家搞"颜色革命"，培植亲西方势力，挖俄罗斯墙脚。如格鲁吉亚的"玫瑰革命"、乌克兰的"橙色革命"、吉尔吉斯斯坦的"郁金香革命"等，损害了俄罗斯民族的现实利益。普京适应民意要求，采取了一些捍卫国家、民族主权的做法，就被西方某些政治势力攻击为"克格勃主义"、"斯大林主义的复活"、"彼得大帝第二"。普京则声称，自己实行的是"主权民主"，民主要为国家利益服务，民主既不能"引进"，也不能"输出"，并且多次批评"美国不需要盟（朋）友，只需要附庸，俄罗斯不可能接受这种角色"。总的看，近 20 年来，俄罗斯人民的心理有了极大的变化。20 世纪末，许多人曾盲目崇拜西方经济、政治模式，经过十几年的经济、社会振荡，许多人开始反思，普京的话反映了俄罗斯人民 20 年来这种思想和心理的变化。前些年俄罗斯曾经作过一个社会调查，问"斯大林时代"、"勃列日涅夫时代"、"叶利钦时代"、"普京时代"的功过，以及你愿意生活在哪个年代？"叶利钦时代"均在末位，愿意生活在叶利钦时代的人只有 1%。但我国有的人却说："俄罗斯人民对已故的叶利钦总统高度评价和热爱"，"俄罗斯人民缅怀他、纪念他"。这种违反俄罗斯人民情感的言论说明了什么，难道不是要诱导中国人民也走上盲目崇拜西方经济政治制度的老路吗？

四　怎样看台湾民主的两重性及其特殊历史条件

有人把中国台湾的民主化说成是两岸不能统一的障碍。对台湾的民主怎么看？我们认为：台湾的民主是有两重性的。一方面，台湾经济社会的发展促进了民主的发展，对于这方面取得的进步和出现的问题，我们都要给以积极的研究。但对于"台独"势力利用"民主化"分裂中国，搞"去中国化"、"法理台独"、"修宪公投"等我们是坚决反对的。正如胡锦涛所说："我们充分尊重台湾同胞要求当家做主、发展民主的意愿"，"但我们坚决反对任何形式的台独分裂活动。绝不允许任何人以任何方式把台湾从中国分割出去"。[①]

有人说台湾两党竞争轮流执政体现了民主的"普世价值"，"是大陆政改的楷模"、"榜样"，对这个问题怎么看？实事求是地讲，台湾两党轮流执政的模式，不是什么"普世价值"的再现，而是特殊历史条件的产物。台湾现在的两个大党，国民党承认"一个中国"，在台湾实行《中华民国宪法》；民进党为"台独"势力所控，千方百计要修改台湾现行宪法，根本改变"两岸同属一个中国"的现状。按常理讲，这样的两党竞争，由于政纲根本对立，是不可能实现什么轮流执政的。因为不可能一个党上台，宣布台湾独立，另一个党上台又恢复"两岸同属一个中国"。但由于第二次世界大战以后台湾已回归中国，而且中国13亿人民坚决反对"台独"；由于世界上绝大多数国家承认只有一个中国；由于台湾绝大多数人民不愿意"台独"势力把台湾拖入灾难的深渊，所以"台独"势力不管怎么闹，"台独"也无法真正实现。所以，现在的两党轮流执政还不能导致台湾宪法和制度的根本改变。但是，"台独"虽不能真正实现，而"台独"势力却又有其生存的特殊历史条件：日本殖民统治半个世纪的残余影响；蒋介石几十年专制统治的消极后果；大陆和台湾长期分治以及人为制造对立的影响；特别是美国半个多世纪以来插手台湾问题及其对台政策的影响。现任中国国际问题研究院院长的苏格曾在美国留学，十年磨一剑，写成博士后论文《美国对华政策与台湾问题》。书中把美国对中国台湾问题的政策概括为"不独、不统、不战"。"不独"，美国或世界任何国家都知道，承认一个中国，不支持"台独"，是与中国建立正常外交关系的底线。"不统"，是美国当权政治势力从美国霸权利益出发做出的选择。由美国两党

---

① 《胡锦涛会见各地台资协会会长》，载《人民日报》（海外版）2003 年 12 月 26 日。

参议员共任主席的一个专家小组，在 1999 年 9 月发表了第一份有关美国未来的研究报告，预测"至少在 2025 年以前美国仍将是世界上首要的政治、军事和文化力量"，此前，"不太可能出现在全球与美国竞争的国家"，但"越来越大地限制美国的选择……抑制美国战略影响的'新兴国家'中，最重要的可能是中国。"① 由此，美国某些政治势力主张必须用各种办法阻碍、延缓中国的发展，以维护美国在世界的霸权地位。在台湾问题上，"不统"，为中国的统一设置障碍就成为他们选择的国策之一。当局势朝着两岸和平、发展、共荣的方向大步前进时，为了制约两岸关系向"和平统一"的方向发展，美国需要"台独"这一政治势力给予牵制。"不战"，也是为了给中国统一大业设置障碍。所以美国需要"台独"势力的存在和适度发展的。台湾国民党是主张一个中国的，但马英九执政后，"不独、不统、不武"的两岸政策，实际上也是在美国政策所允许的框框内行事。这就是当前台湾两党竞争、轮流执政制度的特殊历史条件。

至于有人要把台湾这种政治模式作为中国政治体制改革的"楷模"、"榜样"，实在是荒谬可笑。在台湾民主的进程中，"台独"势力始终起着不光彩的作用。民进党陈水扁执政八年，人为地阻碍两岸经贸合作交流，损害了台湾的经济发展和人民生活的改善；人为地制造不分是非黑白的政党恶斗、人身攻击乃至肢体冲突的闹剧；人为地扩大省籍矛盾，族群对立，破坏社会和谐；把本属于中华文化一部分的闽南文化和中华文化相对立，搞"去中国化"，损害了台湾文化的正常发展；它制造了一个又一个的选举权术和骗招，损害了台湾民主的形象……当台湾人民正在反思自己选举文化的不成熟性，反思为什么会让陈水扁这种道德不彰、品质低下的人当了八年总统的时候，有些人却不顾上述这些不正常的"民主"现象，要把带有浓重"台独"色彩的"民主"模式，作为中国政治体制改革的"楷模"、"榜样"。他们看中了什么呢？在他们眼中，只要能照搬西方的多党制，只要能取消宪法赋予中国共产党的执政地位，改变社会主义制度，不论什么历史条件和什么社会后果，他们都要支持。这就是问题的实质。

---

① 　转引自《中国需要多少年超过美国》，载《参考消息》1999 年 10 月 3 日。

五　中国照搬西方多党制可能的恶果

上述史实都证明了一点，实行多党竞争轮流执政制度必须要有一定历史条件：要有一个共同的纲领，一本大家都认可的宪法。如果政治纲领和宪法主张是根本对抗的，多党竞争轮流执政的结果要么是原有的执政党下台，原有的制度、宪法被根本改变；要么就是引发社会动乱、对抗。离开具体历史条件奢谈"普世价值"，把西方多党制奉为"普适模式"的实质就是如此。

有些人从反腐败的善良愿望出发，认为搞西方多党制可以更好地遏制腐败，但这只是一种不切实际的幻想。

西方多党制的历史已经有300多年了，伴随其全过程，金钱贿选、政治献金丑闻等政党腐败反复出现，至今仍然如是。以西方多党竞争为表现的选举，要以金钱为后盾，"有钱人拿钱买候选人，候选人拿钱买选民，当选人再拿权给捐钱人以回报"，是这种选举制度的常态。这是一种权钱交易的制度性腐败，也是在西方多党制下腐败不能根除的根本原因。

20世纪后期，西方国家加大对一些发展中国家、社会主义国家存在的腐败现象的攻击力度，并以"普世价值"的名义向它们推销西方多党制。近20年来，有几十个发展中国家主动或被动地实行了多党制。但这不仅没有遏制住腐败，反而进一步引发了社会动乱。相反，新加坡从自己的国情出发，创造了不同于西方多党制的政治模式，在廉政建设和社会繁荣稳定等方面都走在世界前列。苏东社会主义国家剧变后都实行了西方多党制，这不仅导致原有制度被颠覆，还为腐败高发所困扰。值得深思的是，2008年世界上最腐败的十个国家和地区中，9个是实行西方多党制的国家。这些事实都揭穿了实行西方多党制能够解决腐败问题的谬论。反腐败的根本途径是对权钱结合从制度上进行封堵、制约和监督，想靠权钱交易为核心的多党竞选来克服腐败是不现实的。

在中国，照搬西方多党制不但不能解决腐败问题，而且还会导致严重的社会动乱。现在，中国还处于社会主义初级阶段。一方面，人民民主专政的社会主义制度已经确立，人民民主有了一定发展。但另一方面，"建设高度社会主义民主政治所需的一系列经济文化条件很不充分，封建主义、资本主义腐朽思想和小生产习惯势力在社会上还有广泛影响，并且经常侵袭党的干部和国家公务员队伍"。① 在这种历史条件下，照搬西方多党竞争的制度，可以设想，在中国将会出现多如牛毛的政党，但多是低档的、没有明确政治纲领的或只代表某些局部利益的政党、政团。这已经为辛亥革命后政党林立和"文化大革命"中派别丛生的历史所证明。中国两千多年的封建主义，专制历史很长，民主法制传统很弱，小生产习惯势力仍有很大的影响。小生产在经济上倾向搞小而全的自然经济和分配上平均主义；而在民主问题上，则拥护家长制，拥护专制，或搞无政府主义，搞不要法制不要纪律的民主。而资产阶级个人主义民主的主张，也可能和无政府主义合流。且小生产不代表新的生产方式，缺乏革命的理想、目标，在革命中不能成为领导力量，它不是被无产阶级领导，就是被大资产阶级和封建势力领导，这已经为中国近代历史证明。"文化大革命"中"四人帮"曾利用无政府主义为其封建法西斯专政服务；改革开放以来，主张"全盘西化"的"精英"也曾利用不要法制的大民主为其资产阶级自由化纲领服务，都是前车之鉴。现在搞改革，在体制转型期，利益矛盾复杂，多种经济成分的不同利益取向、市场经济的自发性盲目性等消极方面，导致小团体主义、地方或部门保护主义等倾向滋长；有些宗教、民族分裂势力还得到国外某些政治势力的扶持。这种情况下，如果搞多党竞争的西方议会民主制，代表局部利益和无政府主义的势力以及代表分裂国家的势力就会以政党的形式出现，损害国家、人民的整体利益，干扰社会主义法制的实施和国家统一大市场的形成，甚至可能造成政治风波。

在多如牛毛的政党中间，会有一些主张全盘西化，要根本改变共产党领导和社会主义制度的政党，他们能得到西方某些政治势力的扶持和相当多的经费，也有自己的政治纲领，在国内也有一层薄薄的社会基础，因而在一定时期和一定的范围内会形成一定的政治气候，甚至可能会在局部地区当选。但是，前面已经阐述了，在代表根本对立的政治制度和纲领的政党之间搞"多党"竞争和轮流执政是不现实的。假如它当选了，是按照中华人民共和国宪法去搞，还是按照自己的政治主张去搞呢？让它按照中华

---

① 《十三大以来重要文献选编》（上），人民出版社1991年版，第11页。

人民共和国宪法去搞它不干，他们成立这个反对党，就是要和平演变推翻共产党领导，改变中国社会主义宪法。如果按照它的政治主张去搞，哪怕是在局部地区搞乱了、也势必危及国家的总体安全。所以，邓小平说："如果追求形式上的民主，结果是既实现不了民主，经济也得不到发展，只会出现国家混乱、人心涣散的局面。对这一点我们有深切的体验，因为我们有'文化大革命'的经历，亲眼看到了它的恶果……我们是要发展社会主义民主，但匆匆忙忙地搞不行，搞西方那一套更不行。"[1]

有些人寄希望于共产党的分裂形成多党，俄罗斯就是这种情况。苏共的分裂和戈尔巴乔夫、叶利钦之流的当政，不是给俄罗斯带来振兴，而是历史的倒退，是经济萧条、国家地位下降、社会主义制度蜕变为资本主义制度。我们国家正处在改革开放的关键时期，特别需要一个坚强的政党来领导，克服改革进程中的种种困难，把改革开放引上正确的方向，在中国只有中国共产党能承担此重任。邓小平讲："在中国这样一个大国，没有共产党的领导，必然四分五裂，一事无成。""中国由共产党领导，中国的社会主义现代化建设事业由共产党领导，这个原则是不能动摇的；动摇了中国就要倒退到分裂和混乱，就不可能实现现代化。"[2] 现在，中国最需要的是，加强和改善共产党的领导，坚持和发展中国特色社会主义，带领中国人民实现全面小康，进而实现社会主义现代化，最终实现中华民族的伟大复兴。这是全国绝大多数人民的心愿。至于过几十年，这些目标实现之后，中国政党形式会产生什么变化，那时的人民会根据时代的要求进行选择、创造。但是如果现在放任中国的戈尔巴乔夫和叶利钦之流以政党的形式出现，搞乱共产党，那么很可能使中国的改革开放出现曲折、倒退，乃至再次丧失和错过中华民族伟大复兴的历史机遇。

六　"普世价值"论与东西方民主的差异

自20世纪末以来，西方某些大国，主要是美国，把自由、民主、人权和西方的多党制作为"普世价值"和"普世模式"向世界各国推销，

---

[1] 《邓小平文选》第3卷，人民出版社1993年版，第284—285页。
[2] 《邓小平文选》第2卷，人民出版社1994年版，第358、267—268页。

有几十个发展中国家或主动或被动地走上了西方多党制的道路，但大多引发了社会动乱和腐败高发的后果。所以有必要对东西方国家民主发展的本质差异，对"普世价值"论的失误加以评析。

有没有普世价值？从认识论的角度，在矛盾普遍性的意义上，普世价值是有的。肯定这一点，对我们"大胆吸收和借鉴人类社会创造的一切文明成果"，包括政治文明的有益成果有积极意义。但是，矛盾的普遍性存在于特殊性之中，共性存在于个性之中，在现实生活中，没有脱离特殊性、个性而存在的普遍性、共性。因而也没有离具体历史条件和国情的抽象的普世价值，也没有普世适用的民主发展模式与道路，从这个意义上讲，世界上"没有放之四海而皆准的发展道路和模式"。① 而且，"这种特殊的矛盾，就构成一事物区别于它事物的特殊的本质"②，而不只是具体形式的差别。所以，抽掉事物的特殊本质，只讲"普世价值"，实际上在掩盖事物的本质；在政治发展模式上东方国家的民主与西方国家的民主的本质不同，把西方民主、自由、人权理论和美国的宪政模式当作"普世价值"与"普适模式"，绝不是什么传播"普世福音"，而是要把各国政治发展模式，纳入个别发达资本主义大国所需要的轨道。

用这种观点来观察西方发达国家与东方发展中国家的民主，就会发现，它们之间从价值观念到发展模式上都有许多本质的区别，找到在东方发展中国家照搬西方多党制往往走向失败的根本原因。

（一）人权观不同

西方国家发展民主是从"人权"起步的，主要强调公民个人的权利。这是因为欧洲资产阶级反封建专制时，首先要打破封建割据的束缚，要求自由地贸易、自由地买卖劳动力，这具有历史进步的意义。但是，在当代，在第二次世界大战之后，第三世界国家发展民主，是从争取民族自决和国家独立的权利开始的，所以，它们总是把国家权力作为争取民主的首要问题。民主包含国家权力和公民个人权利。按照民主（Democracy）这

---

① 胡锦涛：《在纪念党的十一届三中全会召开30周年大会上的讲话》，载《人民日报》2008年12月19日。

② 《毛泽东选集》第1卷，人民出版社1991年版，第308—309页。

个词的原意，它首先是一种国家制度，是一种人民的多数治理国家的形式，其中包含着公民每个人的权利，但是最终还是要归结为多数人治理国家的权力。亚非拉国家面临民族的压迫和国家的专制，争取民主首先解决国家主权和民族独立问题，争人权首先也是争多数人的集体人权。所以，邓小平讲："什么是人权？首先一条，是多少人的人权？是少数人的人权，还是多数人的人权，全国人民的人权？西方世界的所谓'人权'和我们讲的人权，本质上是两回事，观点不同。"[1] "人们支持人权，但不要忘记还有一个国权。谈到人格，但不要忘记还有一个国格。特别是像我们这样第三世界的发展中国家，没有民族自尊心，不珍惜自己民族的独立，国家是立不起来的。"[2] 孙中山在其"三民主义"中也是把"民族主义"、民族自决权放在首位，并强调"民权主义"的"民权"与西方的"人权"观念"殊科"。弄清这一点，有很大现实意义。西方发达国家的某些政治人物，借西藏问题攻击中国的人权。我们不禁要问：首先，什么是人权，是代表奴隶制贵族僧侣等少数人的人权，还是西藏广大翻身奴隶的人权；更进一步，这种人权背后代表着谁的主权，是政教合一封建农奴制的主权，还是西藏人民民族区域自治的主权，这最明显地体现了东西方对民主认识的本质区别。

其次，在人权观上，西方一些人认为人权就是或首要是公民的政治自由权利，他们发展民主也确实是从争自由贸易和自由买卖劳动力的政治自由权起步的。而发展中国家，最强烈的要求是摆脱一穷二白、落后挨打的地位。所以它们首要关注的是人民的生存权和发展权。所以，邓小平讲："发展是硬道理"，并且为中国人民设计了从"温饱"到"小康"再到"基本实现现代化"的三步走战略。其后的领导人也强调"把发展作为党执政兴国的第一要务。"提出以人为本的科学发展观，把解决民生问题作为施政方针的重点，为"构建社会主义和谐社会"而奋斗。孙中山先生在"三民主义"中也把民生主义与民族主义并列。这些都是深得民心的。在中国乃至所有发展中国家，讲人权必须突出生存权和发展权，必须把解决

---

[1] 《邓小平文选》第 3 卷，人民出版社 1993 年版，第 125 页。

[2] 同上书，第 331 页。

民生问题，争取经济、社会权利与政治自由权利相结合。在现今的发展阶段，如果离开生存、发展权，离开民生问题，抽象地讲政治自由权利，在发展中国家是不会得到多数人的响应的。

（二）发展中国家发展民主面临反封建与反帝国主义的双重任务

封建主义制度在欧洲，只有公元 5 世纪后千余年的历史，且封建割据色彩比较浓厚，在美国则基本上没经过封建制阶段，奴隶制的影响也比较短暂。而在东方，如中国和东亚某些国家，封建主义从公元前 500 多年开始，有 2500 多年的历史，而且集权、专制的色彩更为浓厚，因而官僚主义、特权和腐败易发、多发，发展民主往往要遇到更大的阻力。正如邓小平说的："旧中国留给我们的，封建专制传统比较多，民主法制传统很少。"党和国家领导制度中的种种弊端，"多少都带有封建主义色彩。""肃清封建主义残余影响，重点是切实改革并完善党和国家的制度。"① 这种判断对许多发展中国家也是适合的。

此外，这些国家大多数还经历过一个完全殖民地或者半封建、半殖民地的历史阶段，受到封建主义和帝国主义双重压迫，争取民主不仅要反封建专制，而且要反帝国主义侵略、压迫，这是东方国家特殊历史条件决定的特殊历史任务。正是由于这双重压迫特别残酷，在有些国家（如中国）才会经历革命武装反对反革命暴力压迫的民族民主革命的阶段。这种双重压迫，在这些国家取得独立后，并不会自然消失。许多国家的民主法制建设还要面临反对封建专制侵蚀国家执政权力和某些大国企图干预、操纵其国家权力的双重斗争。个别超级大国甚至策动"颜色革命"制造社会动乱，以培植服务于本国资本的代理人，如格鲁吉亚的"玫瑰革命"，乌克兰的"橙色革命"，吉尔吉斯斯坦的"郁金香革命"，北非的"茉莉花革命"；或者借自由、民主、人权的名义，以武力侵略、征服、颠覆、直接控制其他国家政权，如伊拉克、阿富汗、利比亚；而对于敢于坚持民族独立自主的国家则实行打压、封锁等各种制裁，如古巴、委内瑞拉、伊朗等，这也是拉丁美洲左翼反美力量和伊斯兰世界反美情绪相对强大的根本原因。

---

① 《邓小平文选》第 2 卷，人民出版社 1994 年版，第 332、334、336 页。

与这种双重压迫相联系，在一些发展中国家还会出现封建主义思想同资本主义思想、殖民地奴化思想互相渗透结合的现象，出现盲目媚外，照搬西方经济、政治制度和生活方式的主张；出现封建特权与资本、市场的钱权交易；照搬西方多党竞选后，还会出现贿选、腐败丑闻等更加严重的现象。正如邓小平所说："我国经历百余年的半封建半殖民地社会，封建主义思想有时也同资本主义思想、殖民地奴化思想互相渗透结合在一起。由于近年国际交往增多，受到外国资产阶级腐朽思想作风、生活方式影响而产生的崇洋媚外的现象，现在已经出现，今后还会增多。这是必须认真解决的一个重大问题。"①

（三）发展民主的经济文化条件不同

广大的发展中国家在独立前和独立后一段时间内，现代社会化大生产不发达、小生产不代表新的生产方式，缺乏明确的奋斗目标，在这种历史条件下，如果照搬西方多党制，往往会出现众多低档的没有明确政治纲领的、只代表某些局部利益的政党，他们或者只代表某些种族、部落、或宗教派别的利益，如西亚的伊拉克、阿富汗和非洲的某些国家，其结果是加深了原有的社会矛盾，甚至形成长期的社会动乱。而且，在民主问题上，一方面小生产的生产方式拥护家长制，在社会中崇拜大家长，崇拜皇帝、君主的行政权力，拥护专制。这是发展中国家争民主的特别强大的阻力。但另一方面，它又可能走向另一极端，搞无政府主义，搞不要法治、不要纪律的"大民主"。而资产阶级个人主义民主主义又可能和无政府主义合流。许多发展中国家多次兴起的超越宪法和法律，凌驾于议会民主之上的街头政治乃至暴力；中国"文化大革命"中的"四大"（大鸣、大放、大字报、大辩论）和改革开放过程中不要法制约束的民主，都是证明。这种"大民主"有可能受革命阶级的影响，起一定进步作用；也可以为某些西方敌对势力所利用，搞"颜色革命"，引发社会动乱；也可以为封建专制势力（如中国的"四人帮"）、军人专政势力或各种宗派的势力所利用，为反民主发展服务。

"权利决不能超出社会的经济结构以及由经济结构制约的社会的文化

---

① 《邓小平文选》第 2 卷，人民出版社 1994 年版，第 336—337 页。

发展"。① 民主权利也总是受经济文化发展程度的制约，随经济文化的发展而前进的。古希腊雅典能开创民主政治的先河，和它的工商业比较发达是分不开的，农业为主的斯巴达则不可能放出这种历史光彩。资本主义民主也是伴随着社会化大生产而前进的。另外，在文盲、半文盲充斥的地方，真正的民主选举、民主决策、民主管理、民主监督是不可能真正实现的。所以在发展中国家，需要花更长的时间去建设、创造这种经济、文化条件。最近几十年，一些发展中国家伴随经济文化的发展，民主建设日益提上重要的历史议程并取得了长足的进步，但是与发达国家相比，我们在经济文化方面仍然有很大的差距，要向高度民主、法制完备的方向发展，仍然要经历一个与经济、文化发展相辅相成的历史过程，对发展中国家在这方面的差距估计不足，急于求成，往往会得到适得其反的结果。

从上面多方面的论述可以看出，东方发展中国家与西方发达国家在民主发展的历史条件上有很大的差别，因而在民主发展的内容、重点、形式和进程方面也必然有很大的不同。离开这些历史条件的本质差别，把西方自由、民主、人权理论作为"普世价值"，把西方特别是美国的政治制度作为"普适模式"是根本错误的。近二三十年来，亚非拉和东欧，有几十个国家主动或被动地实行了西方多党制（仅非洲就有 37 个），几乎没有成功的例证。绝大多数国家都面临腐败高发和社会动乱的后果。相反，中国和新加坡依据时代特征和本国国情，探索自己政治发展道路和宪政模式，却取得了很大成绩。胡锦涛讲："历史和现实都证明，实现经济社会发展必须找到符合自身实际的发展道路……世界上没有放之四海而皆准的发展模式，也没有一成不变的发展道路。"② 习近平也讲："世界是多向度发展的，世界历史更不是单线式前进的。中国不能全盘照搬别国的政治制度和发展模式，否则的话不仅会水土不服，而且会带来灾难性后果。2000 多年前中国人就认识到了这个道理：'橘生淮南则为橘，生于淮北则为枳，叶徒相似，其实味不同。所以然者何？水土异也。'""独特的文化传统，独

---

① 《马克思恩格斯选集》第 3 卷，人民出版社 1995 年版，第 305 页。
② 胡锦涛：《推动共同发展，共建和谐亚洲——在博鳌亚洲论坛二〇一一年年会开幕式上的演讲》，载《人民日报》2011 年 4 月 16 日。

特的历史命运，独特的国情，注定了中国必然走适合自己特点的发展道路。我们走出了这样一条道路，并且取得了成功。"① "照抄照搬他国的政治制度行不通，会水土不服，会画虎不成反类犬，甚至会把国家前途命运葬送掉"。②

第二节　坚持和完善共产党领导的人民民主制度

一　中国政治体制的比较优势

新中国成立 60 多年和改革开放 30 多年的历史证明，中国的政治体制是符合中国的国情的。2011 年胡锦涛访美前夕接受美国《华尔街日报》和《华盛顿邮报》联合书面采访时指出："人民民主是社会主义的生命，没有民主就没有社会主义现代化。发展社会主义民主政治是我们始终不渝的奋斗目标。中国实行的改革是包括经济体制改革、政治体制改革、文化体制改革、社会体制改革等在内的全面改革。改革开放 30 多年来，中国政治体制改革取得显著成效。中国经济长期快速发展和社会保持和谐稳定的事实也证明，中国政治体制是符合国情的，总体上适应经济社会发展要求。"③ 这是非常科学的论述。2010 年春，新加坡《联合早报》网站上发表了宋鲁郑《中国一党制何以优于西方多党制》④ 的文章，认为"中国模式的优异表现必然引发全球对其成功原因的研究"，但这些研究"有一个共同的缺陷：回避了政治制度因素"，"中国真正与众不同的特色是有效的政治制度，这才是中国经济成功的真正原因"，进而提出了中国政治制度与西方多党制相比的"六大优势"，其中不乏引人深思的评析。归纳起来有三点：

第一，中国的政治制度"可以制定国家长远的发展规划和保持政策的

---

① 习近平：《在布鲁日欧洲学院的演讲》，《人民日报》2014 年 4 月 2 日。

② 《十八大以来重要文献选编》（中），中央文献出版社 2016 年版，第 60 页。

③ 《胡锦涛主席接受美国〈华尔街日报〉和〈华盛顿邮报〉联合书面采访》，载《人民日报》2011 年 1 月 18 日。

④ 《参考消息》2010 年 3 月 18 日转载，题目改为《中国政治制度为何优于西方》，被中宣部党建杂志社收编入《思考中国》时又改为《中国政治制度的比较优势何在》。

稳定性，而不受立场不同、意识形态相异政党更替的影响"。实际上，邓小平和中国共产党所设计、规划的社会主义初级阶段党的基本路线和"温饱"、"小康"、"全面小康"、"基本实现社会主义现代化"，进而实现中华民族伟大复兴的发展进程，勾画了中国近一个世纪的发展蓝图，把全国人民凝聚在明确的近期和长远奋斗目标上，从而焕发了伟大的向心力和创造力。而在西方，"毕竟政党执政只有四年或八年，都是在炒短线，谁还管得了四年或八年以后的事情？"比如，印度的人均耕地是中国的两倍，是世界上可耕地最多的国家之一，却解决不了全国的温饱问题，而中国的粮食产量却是印度的两倍。原因就在于，印度各政党为争取农民的选票，都提出一些让农民短期受益的措施，几十年来，对农民的补贴上升了，但对农业的投资却下降了，长期而言失去了生产能力，这就是只顾眼前选举胜负的政党制度难以避免的缺陷。而且，这种制度受立场、意识形态相异的政党更替的影响，国家政策也往往发生改变，影响其连续性和稳定性。在中国，由于废除了领导职务终身制，每五年党和政府领导班子都要换届，但各届领导班子之间好像是接力队员的关系，为了同一目标，完成本届的任务。当然，他们也会根据国情、世情、民情的变化，调整自己的政策，但绝不会偏离共同的奋斗目标和道路。而西方政党轮替，政党之间是竞争对手甚至是政党恶斗的关系，政党轮换总要提出与对方相反的方针政策，这就难以形成长远的、可持续的国家政策。

第二，中国的政治制度可以更好地代表全体人民的根本利益，而不受"金钱是政治活动的母乳"的金权政治的左右。人民代表大会制度是我国的根本政治制度。按照这种制度，民意机关高于司法和行政，司法和行政要受民意立法机关的领导、监督，可以更好地体现社会主义人民当家做主的本质。我们的人民代表都是各行各业的先进分子和代表人物，他们的当选不受财团势力的左右，因而可以更好地反映人民群众的呼声。在中国任何权钱交易都是非法的，2010年我们处理了黄光裕商业贿赂案件，在西方国家引起一片惊呼，一些人认为这是正常的政治献金，这说明金钱和政治的联姻在西方是一种刚性的制度腐败，而这是共产党领导的人民民主制度绝对不能容许的。

第三，中国的政治制度效率高，"对出现的挑战和机遇能够作出及时有效的反应，特别是在应对突发灾难事件时"。中国成功应对汶川、玉树、舟曲等特大自然灾害，成功应对世界金融危机的挑战，乃至成功举办奥运会、世博会的实践，反复证明了这一点。这是因为，我们的民主制度建立在民主集中制的基础上，可以更好地集中民意，及时有效地作出决策，并立即执行。而西方三权分立制度的任何一项决策都要经过不同利益集团反复冗长的博弈，这是其低效率的根本原因。而且，由于有共产党领导统筹协调，可以把工农商学兵政党的力量拧成一股绳，把政府、市场、社会这三驾马车驾驭在同一轨道上，这是其他任何政党难以做到的。这些就是社会主义国家能够集中力量办大事的根本原因。正如邓小平所说："我们的制度是人民代表大会制度，共产党领导下的人民民主制度，不能搞西方那一套。社会主义国家有个最大的优越性，就是干一件事情，一下决心，一做出决议，就立即执行，不受牵扯……没有那么多互相牵扯，议而不决，决而不行。就这个范围来说，我们的效率是高的，我讲的是总的效率。这方面是我们的优势，我们要保持这个优势，保证社会主义的优越性。"[①] 改革开放以来的实践反复证明了邓小平论述的正确性，也反复证明了中国特色社会主义政治制度和发展道路的优越性。

　　当然，我们清醒地看到，新中国成立60多年来，一方面，人民民主专政的社会主义制度已经确立，人民民主有了一定发展。另一方面，"建设高度社会主义民主政治所必需的一系列经济文化条件很不充分，封建主义、资本主义腐朽思想和小生产习惯势力在社会上还有广泛的影响，并且经常侵蚀党的干部和国家公务员队伍。"[②] 中国现行政治体制还存在许多弊端，要达到高度民主、法制完备的境界，还需要经历长期艰巨的改革和建设。邓小平在讲了上述社会主义政治制度优越性之后，紧接着就讲："至于经济管理、行政管理的效率，资本主义国家在许多方面比我们好一些。我们的官僚主义确实多得很……所以，我们必须进行政治体制改革，而这种改革又不能搬用西方那一套所谓的民主……我们要根据社会主义国家自

① 《邓小平文选》第3卷，人民出版社1993年版，第240页。
② 《十三大以来重要文献选编》（上），人民出版社1991年版，第11页。

己的实践、自己的情况来决定改革的内容和步骤。"①

二 中国政治体制改革的正确方向、成效与不足

要坚持共产党的领导，但是还要改善共产党的领导。我们党和国家领导制度不是不要改革，而是需要坚持正确方向的改革。这个问题在共产党执政以前就已经提出来了。1945 年 7 月著名民主人士黄炎培先生等访问延安，就曾对毛泽东说："我生六十多年，耳闻的不说，所亲眼看到的，真所谓'其兴也浡焉'，'其亡也忽焉'……不少单位都没有能跳出这个周期率的支配……一部历史，'政息宦成'的也有，'人亡政息'的也有，'求荣取辱'的也有。总之没有能跳出这周期率。"希望中国共产党执政后，不要重蹈历代革命者胜利后腐败堕落乃至最终灭亡的覆辙，能"找出一条新路，来跳出这周期率的支配。"毛泽东当时回答："我们已经找到新路，我们能跳出这周期率。这条新路就是民主。只有让人民来监督政府，政府才不敢松懈。只有人人起来负责，才不会人亡政息。"② 毛泽东的回答从战略上看是完全正确的，为我们指明了人民民主监督的本质和方向。1957 年邓小平也讲："党要受监督，党员要受监督……毛主席说，要唱对台戏，唱对台戏比单干好。我们党是执政的党，威信很高。我们大量的干部居于领导地位。在中国来说，谁有资格犯大错误？就是中国共产党。犯了错误影响也最大。因此，我们党应该特别警惕。宪法上规定了党的领导，党要领导得好，就要不断地克服主观主义、官僚主义、宗派主义，就要受监督，就要扩大党和国家的民主生活。如果我们不受监督，不注意扩大党和国家的民主生活，就一定要脱离群众，犯大错误。"③ 这些话讲得多好啊！但是，党在执政后并没有把人民民主的监督变成有法律保障的、可操作的制度，在一段时间内，对党内外人士对党的监督还出现了不应有的失误。

自改革开放以来，以经济体制改革为中心，我国积极稳妥地进行政治

---

① 《邓小平文选》第 3 卷，人民出版社 1993 年版，第 240—241 页。
② 黄炎培：《八十年来》，中国文史出版社 1982 年版，第 148—150 页。
③ 《邓小平文选》第 1 卷，人民出版社 1994 年版，第 270 页。

体制改革，推进民主法制建设，取得了长足的进展。概要地说，包括：
（一）实行宪法和法律改革，走上了依法执政、依法治国的道路。废止了
"文化大革命"中形成的"大鸣、大报、大字报，大辩论"的所谓"四大
自由"，恢复了社会主义法制；几次修改宪法，使之更适于社会主义初级
阶段的国情。至今已基本建成了以宪法为核心的法律体系，为法治奠定了
法律基础；完善人民代表大会在国家立法、重大决议、国家领导干部选任
和监督行政、司法方面的制度建设，进一步发挥国家权力机关的作用；初
步进行了公检、法、司互相协调而又互相监督的司法体制改革等。这些改
革为共产党领导、人民当家做主和依法治国相结合提供了坚实的制度保
障。（二）进行干部人事制度改革，实行领导干部革命化、年轻化、知识
化和专业化。废除实际上存在的领导干部终身制，初步形成了规范有序、
民主依法选举换届的制度，使大批年富力强的干部走上了领导岗位；制定
和完善考察、选任、监督、罢免干部等系列制度和法律，将党管干部和依
法、民主选举干部相结合，为改革开放和社会主义现代化的政治路线提供
了组织保障。（三）实行党政分开、政企分开、精简机构。撤销了党委中
与政府相重叠的经济部门，在党政职能分开方面迈出重要的一步；配合社
会主义市场经济体制改革，精简政府机构，转变政府职能，国务院部、
委、办职能部门由最高时 100 个精简为 2013 年的 26 个，计划经济体制下
划分过细的政府专业部门转为行业协会或公司治理，同时，完善了市场经
济下的宏观调控机制，为公有制为主体多种经济成共同发展的社会主义市
场经济体制改革提供政治制度的保障。在中央、地方各级政权纵向分权方
面进行了有益探索，如中央、地方财税分立的改革、省管县的体制改革
等。（四）基层民主制度改革。废除人民公社条件下的政社合一体制，恢
复乡镇设置，为实行家庭联产承包责任制创造了前提和条件；实行村民自
治，几亿农民通过直接选举选出村民委员会，这是中国农民在民主建设方
面的伟大创造；探索户籍制度改革，促进农民工城镇化和半城镇化的发
展，为最终取消城乡二元户籍制度逐步创造条件等。（五）共产党领导的
多党合作和政治协商制度进一步完善，越来越多的非共产党人士被推选担
任国家各级领导职务，这已形成为一种制度；"协商民主"作为与少数服
从多数的"投票、民主"相辅相成的一种民主形式日益完善，这对于更好

地保护少数群体的权益，促进社会和谐稳定有重要的作用，"协商民主"已成为中国特色社会主义民主的一种有效形式。（六）民族区域自治制度的改革和完善等方面，也有许多新的进展，等等。这些政治体制改革是中国改革开放能够焕发社会生机与活力而又保持社会基本稳定的一个根本原因。

当然，这些改革只是初步的，有些改革还没有真正落到实处，有些则是市场经济体制改革新提出的问题。绝大多数人民群众对改革开放的伟大成绩是肯定的、满意的，但是对腐败高发，贫富差距日益扩大又很不满意。反映到政治体制改革上，对权钱结合、以权谋私和形形色色的官僚主义现象又很不满意，强烈要求加强对执政权力的监督，深化政治体制改革。应当承认，现在，共产党面临长期执政的考验，对外开放和发展社会主义市场经济条件下执政的考验，与这种历史条件相适应的执政规律，我们的认识有所提高，但还有没有完全把握。所以对如何切实有效地"完善"执政权力的监督机制，已成为党和国家领导制度改革最重要的任务之一。最根本的就是如何把毛泽东提出的人民民主监督这条"新路"真正落到实处，使之成为不以领导人意志为转移的、有法律保障的、可操作的制度。在这个制度下，既能经常能听到各种不同意见，集思广益，又能有效抵制各种错误思潮的影响，这是我们探索对执政权力监督的一个基本思路。下面，我们将对这方面存在的问题和如何改革进行深入具体的探讨。

三 党对政权领导方式存在的主要问题

要建立、建全对执政权力的监督机制，最重要的是转变党对政权的领导方式。1986 年，邓小平在《关于政治体制改革问题》中讲道："要通过改革，处理好法治和人治的关系，处理好党和政府的关系。党的领导是不能动摇的，但党要善于领导，党政需要分开。""改革的内容，首先是党政要分开，解决党如何善于领导的问题。这是关键，要放在第一位"。① 这里讲的一个是法治与人治的关系，主张从人治走向法治，使民主制度化法律化。1978 年邓小平就讲："必须使民主制度化、法律化，使这种制度和法律不因

---

① 《邓小平文选》第 3 卷，人民出版社 1993 年版，第 177 页。

领导人的改变而改变，不因领导人的看法和注意力的改变而改变。现在的问题是法律很不完备，很多法律还没有制定出来。往往把领导人说的话当作'法'，不赞成领导人说的话就叫做'违法'，领导人的话改变了，'法'也就跟着改变"。① 1980 年邓小平又讲："权力过分集中的现象，就是在加强党的一元化领导的口号下，不适当地、不加分析地把一切权力集中于党委，党委的权力又往往集中于几个书记，特别是集中于第一书记，什么事都要第一书记挂帅、拍板。党的一元化领导，往往因此而变成了个人领导。"② 这就是人治现象的最集中的表现。毛泽东 1962 年《在扩大的中央工作会议上的讲话》中也讲："党委的领导，是集体领导，不是第一书记个人独断。在党委会内部只应当实行民主集中制。第一书记同其他书记和委员之间的关系是少数服从多数，""听说现在……有这样的情况：一切事情，第一书记一个人说了就算数。这是很错误的。哪有一个人说了就算数的道理呢？我这是指的大事，不是指有了决议之后的日常工作。只要是大事，就得集体讨论，认真地听取不同的意见，认真地对于复杂的情况和不同的意见加以分析……如果不是这样，就是一人称霸。这样的第一书记，应当叫做霸王，不是民主集中制的'班长'。""这些同志如果不改，最后要垮台的。不是有一出戏叫《霸王别姬》吗？这些同志如果总是不改，难免有一天要'别姬'就是了。"③ 这些话讲得多么好啊！但是，毛泽东晚年的一个错误恰恰就是个人专断，个人权力凌驾于党的集体领导之上。文化大革命期间，一切都靠"最高指示"，"最高指示万岁！""最高指示不过夜"，今天毛主席说的话，当天就得贯彻执行，不需要党委集体讨论，不需要人民代表大会审议，个人专断，这正是毛主席 1962 年所批评的典型的人治现象。这个现象通过文化大革命消除个人迷信，现在得到了很大克服。但是人治现象是不是已经杜绝了呢？不是，很多地方还是党委第一书说了算，把党的领导变成个人的领导。黑龙江绥化市第一书记马德买官卖官案，最后法院判马德贪污六百多万元，为什么给马德一个人贿赂就能当县长、副县长、局长、副局长？按照我们国

---

① 《邓小平文选》第 2 卷，人民出版社 1994 年版，第 146 页。
② 同上书，第 328—329 页。
③ 《毛泽东文集》第 8 卷，人民出版社 1999 年版，第 294—296 页。

家规定，讨论、决定重大问题和任命重要执政干部应该经过两步，第一步是共产党委员会推荐，党委委员或常委委员一人一票，不是第一书记一个人说了算。第二步是人大或人大常委会投票决定，也是一人一票。那么在绥化，党委、人大在那里，为什么马德一个人就能说了算？这不是个别的现象，实际生活中很多地方都是第一书记说了算。党的十七大提出"推行地方党委讨论决定重大问题和任用重要干部票决制"，① 就是针对这种把党的一元化领导变成了个人化领导的人治现象。虽然我们已经注意到这种现象，并制定了一系列制度和措施改革，但是这种现象还没有根本克服。这是党和国家领导制度改革的一个重要内容。

第二个问题跟第一个是相联系的，就是党政关系，"党政需要分开"，"这是关键"。这个问题邓小平提出来之后，在党的十三大政治报告中用了相当篇幅论述，改革开放以后我们党也作了一些改革，如取消党政部门的重叠设置。但是在相当长时间，在政治体制改革中没有再提党政分开的问题，这说明党内对这个问题存在不同认识。执政党当然要领导政府，但为什么又讲党政分开呢？邓小平在1941年《党与抗日民主政权》中对此有明确论述，他说："某些同志的'以党治国'的观念，就是国民党恶劣传统反映到我们党内的具体表现。""第一，这些同志误解了党的优势，以为党员包办就是绝对优势，不了解真正的优势要表现在群众拥护上。把优势建筑在权力上是靠不住的。""第二，这些同志误解了党的领导，把党的领导解释为'党权高于一切'，遇事干涉政府工作，随便改变上级政府法令；不经过行政手续，随便调动在政权中工作的干部；有些地方没有党的通知，政府法令行不通，形成政权系统中的混乱现象……结果群众认为政府是不中用的，一切要决定于共产党。于是要钱的是共产党，要粮的是共产党，政府一切法令都是共产党的法令，政府一切错误都是共产党的错误，政府没有威信，党也脱离了群众。这实在是最大的蠢笨！""党对抗日民主政权的正确领导原则是什么呢？是指导与监督政策。这就是说，党对政权要实现指导的责任，使党的主张能够经过政权去实行，党对政权要实现监

---

① 胡锦涛：《高举中国特色社会主义伟大旗帜为夺取全面建设小康社会新胜利而奋斗》，人民出版社2007年版，第50页。

督的责任，使政权真正合乎抗日的民主的统一战线的原则。党的领导责任是放在政治原则上，而不是包办，不是遇事干涉，不是党权高于一切。这是与'以党治国'完全相反的政策。"①

这段论述反映了邓小平怎么理解党的领导，认为它是一个政治原则的领导。首先，"党对政权要实现指导的责任。"党要提出自己施政的大政方针，通过政权去贯彻执行；其次"党对政权要实现监督的责任"，党的施政方针政府执行好不好，还要靠共产党来监督。党的主要精力是放在密切联系群众，深入实际调查研究，不断地提出问题与解决问题，而不是包办政府立法、司法、行政的具体工作。应当说，改革开放以来党对政权的领导是向这个方向改革的，党政职能分开方面也有所进展，但是，不可否认，在党政关系问题上，我们党内存在着不同认识。在编辑《邓小平文选》过程中，要不要收入《党与抗日民主政权》存在着不同见解就是明证。实际上，在现代政党政治中，党政关系（执政党与执政权力的关系）存在着三种模式：一是"以党辅政"。西方发达国家实行"多党竞争、轮流执政"，政党的主要任务是提出施政纲领，组织竞选。一旦成为执政党，就依靠当选的总统、内阁、议会实行执政权力，党在执政方面只起辅助作用。中国台湾地区的马英九就标榜"以党辅政"，照搬西方多党议会民主的做法。苏联戈尔巴乔夫照搬西方多党制，通过多党竞选当选为总统后，立即建立总统委员会，以行政权力取代苏共中央政治局对执政权力的政治领导。其结果是苏联解体，苏共丧失执政地位，他本人也成为苏联第一任同时也是最后一任的总统。在我国，这种模式在共产党内也有一层薄薄的社会基础。二是"以党领政"，就是邓小平所说的，"党对政权要实现指导的责任……要实现监督的责任……党的领导责任是放在政治原则上，而不是包办，不是遇事干涉，不是党权高于一切。"中国共产党实行的就是这一领导模式。三是"以党代政"，就是邓小平所批评的"以党治国"、"党权高于一切"、"遇事干涉政府工作"、"以为党员包办就是绝对优势"的现象。这种模式在我们党内不占主流，但从理论到实践都有相当大的影响。有人写文章把党的领导直接表述成邓小平所批评的"以党治国"。上

① 《邓小平文选》第 1 卷，人民出版社 1994 年版，第 10—12 页。

述模糊认识在实践上的表现，主要是党的执政权力过分行政化的倾向。有的地方党委书记更像掌握行政权的"一把手"，过多地干预政府的行政工作。地方上往往把书记称作"一把手"，省长、市长或县长是"二把手"，这更像是称谓行政首长，混淆了党政两种不同领导方式，不能体现党的书记在集体领导中"班长"的形象。二是立法机关里行政领导干部比例太高，有些地方人大代表中党政事业单位领导干部占40%—50%，甚至于60%。这不利于民意机关对政府工作的监督。三是以行政权力取代党的思想政治工作。广东省顺德市在机构改革中作了很多有益的尝试，但其中有一点是值得商榷的，即"撤销了被认为是中共三大法宝之一的统战部，设社会工作局"，以"提高行政效率"，"根本没有理会理论家的'党政分开'或'党政合一'的讨论"。① 依据"大部制"精神，设社会工作局，统筹社会各界的社会管理和服务是可以的，但党的统战工作主要是从思想政治上团结更多的党外人士，这是行政权力无法取代的。四是党和政府不恰当地干预司法，存在党和行政权力高于司法的现象。电影《生死抉择》和电视片《大雪无痕》，片末都出现"我是主管公检法的副市（省）长……"这样的台词，绝非偶然笔误，说明实际生活上确实存在着行政高于司法的现象。五是把党管干部变成第一书记说了算，依法民主选举被弱化或虚化。

上述这些现象就是邓小平所说的法治与人治的关系、党和政府的关系存在问题的表现。中国要实现党对政权的政治领导，加强对执政权力的监督。就要从人治走向法治，实行党政职能分开。这是一个涉及多方面改革的长期、艰巨的系统工程。

第三节 人民民主依法监督执政权力有效机制的探索

经过改革开放以来多年的探索，我们找到了体现人民民主监督执政权力的总的原则：把共产党的领导与人民民主、依法治国有机结合起来。现在的问题是要把这个原则落实到全面监督机制的各个方面，形成不以领导

---

① 参见《参考消息》2009 年 11 月 30 日。

人进退为转移的、有法律保障的可操作的具体制度。正如习近平指出的"保证和支持人民当家作主不是一句口号，不是一句空话，必须落实到国家政治生活和社会生活之中。"① 概要地说，包括以下八个方面。

一　党的执政方式和领导方式的改革与党内民主制度建设

要真正把人民民主变成一种可操作的制度，首先取决于我们党的执政方式和领导方式的转变。要从人治走向法治，从党直接掌握行政权力走向党通过政治领导对政府实行指导与监督。党中央提出的依法执政、依法治国的方针，就是向这种执政方式、领导方式改革。在中国，共产党领导国家是不能动摇的。一是执政党要提出自己的施政纲领和意见，由国家权力机关贯彻执行；二是推荐自己最优秀的干部掌握国家的立法、司法、行政权力，这是世界上任何执政党都不会放弃的权力。但是这种施政纲领和意见是要经过国家权力机关的民主审议、修改，按法定程序通过，才能变成全国人民必须遵守的法律和决定，而不是靠党的政策和个别领导人的讲话直接指挥国家政权；也不是包办国家立法、司法、行政的具体工作。另外党推荐的执政干部也要经过国家权力机关的民主审议、依法选举才能实现，而不能由党直接任命国家干部。这种做法把共产党领导与人民民主和依法治国相结合，体现了社会主义民主的本质和方向，而人民代表大会制度就是实现这三方面结合的制度保障。三是中国共产党还要起统筹全局、协调各方的作用。汶川、玉树地震等特大自然灾害中，党、政、军、民各界，企业、文化、社会团体等各种组织，协同动作，凝聚成巨大的向心力和战斗力，没有共产党的坚强领导是不可能做到的。这是中国共产党领导国家和社会的有效的形式，我们应当发扬这种优势。另外党还要管党，还要做好党务工作，群众的思想工作，宣传舆论引导工作，还要领导工会、妇联、青年团等群众组织和社会团体等。这些工作的根本方法不是依靠行政权力，而是依靠思想政治工作和群众工作。这部分工作对执政权力也会起到监督、制约的作用。改革开放以来，党的领导方式在向依法治国、党政分开方向改革有了很大的进展，但是仍然有许多方面需要进一步改革

---

① 《习近平总书记系列重要讲话读本》，学习出版社、人民出版社 2016 年版，第 170 页。

和探索。

在党和立法的关系上，现在人大代表中行政干部比例太大，这不利于人民代表大会通过民意对执政权力进行监督，可否规定人大代表中行政干部不能超过一定比例（如20%—30%）。现在已经规定人大常委不能兼任行政和司法干部，这是完全正确的，但是仍有一些事业、行政单位的领导当人大常委委员，他们从来不从事任何有关立法和民意调查的工作，而只是一种职位的安排，这样人大常委会的工作肯定就会受到削弱。要提高人大常委专职化比例，使其大多数人主要精力放在联系群众、汇集民意、立法研究、监督政府上。有的人提出，人大代表要不要按一定比例设专职代表，我的看法是人大代表不脱产，在生产、工作的第一线，对密切联系群众有好处，不要丢掉我们这方面的优势。但是否在当选人大代表后，给他们规定一定工作时间，譬如正常工作日工作量的1/3或1/4，用于汇集民意、监督政府上，并给予一定津贴。

党与行政的关系采取什么形式。现在的做法是地方党委第一书记兼地方人大常委会主任，这样做的原意可能是希望党委第一书记致力于决策的民主化和法制化，而并不包办省、市、县、乡长的行政工作。这样做的效果总的是好的，但对这种做法有不同的看法。有的学者认为，共产党对国家权力的政治领导必须坚持，但县以下地方单位党和政府主要任务是结合本地实际贯彻中央的方针政策，而不是完全独立地进行决策和实行政治原则的领导，所以县、乡第一书记应当兼行政一把手，使中央的方针政策更好地贯彻执行。对这方面的不同意见，似不急于做出完全肯定和否定的意见，应当允许通过试点，从多种形式的反复实践中，逐步得出更深入的规律性认识，找到最有效的施政方式。党政分开是指党和政府职能要分开，不能党组织直接行使国家立法、司法、行政权力，也不能以行政权力取代党的思想政治工作，这和一些党的干部兼任国家行政工作，一些党政部门的适当交叉，如中组部领导兼任国家人事工作领导，中纪委书记兼任监察部门领导并不矛盾。实际上，在坚持党领导国家权力的前提下，党组织在各层次、各类形组织中的作用是有所不同的。在党政机关，大多数企事业单位党的领导主要通过方针、政策及选派干部（或党组）进行，基层党组织主要起监督保证作用。而在部队，则各级党组织都起领导作用。在高校，在20世纪80年代已经开始校长负责制试点，"八九风波"后，由于把思想政治教育放在首位，又普遍实行了党委领导下的校长负责制，即使如此，在院、系、所等基层单位，仍然是院、系、所长负责制，其党组织仍然是监督保证作用。可见，党的领导主要是政治原则的领导，具体到各单位，政治性愈强，党组织的作用愈大，业务、行政性愈强，就要以行政、业务领导为主。所以，在坚持共产党领导的前提下，要探索各层和各类组织不同的具体形式，这是坚持和改善共产党领导和政治体制改革的一个重要任务。

要坚持、改善党对司法的领导。我们不赞成"司法应当超越党派"，取消党对司法的领导，取消政法委书记的主张。但是党对司法领导应是政治的领导，比如，在审理2008年拉萨"3·14"事件和2009年乌鲁木齐"7·5"事件等一些事关国家安全的重大恶性案件时，不能公、检、法、司各唱各的调，要在共产党领导下，统一认识、协调行动。在中国，只有共产党能起这种政治领导和协调的作用。但是，不能以党的名义，干预法院和检察院对司法审判权和检察权的行使，保证司法审判权和检察权的独立，也不能固化公安局长兼政法书记的做法，克服实际存在的行政权高于司法权，不恰当地干预具体司法权力的现象，对此应当依法作出明确规定。有人主张司法直接对人民代表大会负责，工资福利从地方的行政权力中独立出来，这可以作为一个方向来努力，但现在还难以做到。因为我们国家的地区发展差异太大，这个问题只能随着公务员工薪制度向全国统一方向改革的进程逐步推进。

党怎么管干部？党管干部也是不能动摇的，但是党管干部不能取代和削弱人民民主和依法选举。往往党在选拔干部时，一个岗位有多个候选人被考察，最后选一个认为比较合适的提出来，去履行民主选举的程序。我们能不能做到党在多个候选人考察的阶段就和人民民主的民意考察相结合呢？不要拿到老百姓面前只有最后一个候选人。另外在选举时能不能真正提出多个候选人？现在十名人大代表联名就能提出国家权力机关候选人，搞差额竞选，老百姓对这种有竞争的选举是欢迎的。我们不搞西方多党制，老百姓不能选择执政党，但是老百姓希望能够真正通过民主选择执政干部，这是完全可以做到的。所以共产党管干部应该形成一定的竞争机制，现在的问题常常出在这里。比如，人大选举的执政干部，绝大多数选上的是各级党委提名的干部，这说明老百姓对共产党的信任。但是也有的地方选上的不是共产党组织提名的干部。如改革开放初期，贵州省选上的省长不是原先省委提名的，但是当选的省长和落选的省长表现都很好，并没有影响省委对政府工作的领导。1993 年浙江省的选举，选上的省长也不是省委提名的，而是原来的副省长，后来表现也很好。多数老百姓对民主的要求是希望对干部有一个真正的选择权，而管干部的人往往认为他提出的人没有选上，就是工作没有做好，就认为这违背了党管干部的原则。其实这是发扬民主过程中很正常的现象。如果在选举中，我们党只提一个候选人，还必须选上，那么依法民主选举就会变成一种形式，老百姓就没有参选的积极性。所以要研究共产党管干部和民主选举的关系，在党的领导、人民当家做主和依法治国相结合过程中不能让依法民主选举被虚化或者弱化，也不能盲目崇拜票选的自发性，削弱党的领导，更不能把党对干部的管理变成第一书记说了算。如果党和人大这方面的制度健全了，那么对执政权力的人民民主监督就会真正有所前进。

发扬党内民主，完善民主集中制，就要正确对待党内不同意见，甚至不同派系。毛泽东曾说过："党外无党，帝王思想，党内无派，千奇百怪"，共产党内有派别的不同意见是不奇怪的，现在党内实际上就存在不同政治主张的力量。但是我们有民主集中制来统一全党的思想和行动。对民主集中制的解释，列宁曾经讲过："讨论自由，行动一致"。在列宁领导布尔维什克党时，党内允许不同意见的争论，但是经过民主集中制一旦形成决议，无论你什么主张，都要坚决贯彻执行，达到步调统一，行动一致。现在我们党也是这样做的。30 多年来党历届代表大会的政治报告都高举中国特色社会主义伟大旗帜，对党内"左"和右的错误思想，在政治原则上旗帜鲜明，寸步不让，率领全党统一思想，统一行动，但是并没有禁止在党的纪律允许的范围内发表不同意见。现在我们党在"讨论自由"和"行动一致"两方面还都存在着不足。这也是我们党民主集中制的改革方向。

二 不搞三权分立，加强权力制约

我国政治体制改革要坚持和完善人民代表大会制度，绝不照搬西方三权分立的体制。问题是要弄清这样做的含义是什么。现代国家权力机关内部都有立法、行政、司法的分工。但在"三权分立"制度中，三权并立（鼎立），没有明确哪个权力是全权机构，行使国家最高权力。整个国家权力运行是靠权力之间的互相制衡来运转。这样做的初衷可能是希望决策过程反复讨论，能够减少失误，但缺点是决策程序过于复杂，往往议而不决，贻误时机。人民代表大会制度也有立法、司法、行政的分工，但它是在人民代表大会统一行使国家权力下的分工，行政、司法都要受它领导，对它负责。这种民意机关高于行政和司法的制度体现了社会主义国家"人民当家做主"、"一切权力属于人民"的本质，也可以使决策过程更有效率，发挥社会主义国家集中力量办大事的优越性。当然，在实行人民代表大会制度的前提下，立法、行政、司法之间以及各种权力之间，也需要权力制约。有的人误以为，不搞"三权分立"，不但要反对"三权并立"，而且要反对"权力制衡"，有的文章或教科书，简单地认为，有共产党的统一领导是不需要权力制约的，这是不正确的。我们要借鉴世界各国的有益经验，加强以权力制约权力的监督机制，使决策更为民主和科学，减少犯大错误的可能。这种正确的改革思想，近年来越来越明确了。党的十六大把"加强对权力的制约"，列为政治体制改革的重要内容。经过 20 多年历程，全国人民代表大会终于在 2006 年通过《监督法》，虽然有些学者对其某些内容还不太满意，但毕竟对人大加强对行政、司法的监督，提出了明确的要求。近年来，审计对财政监督也加强了，铁面无私的审计长李金华和审计署的工作得到老百姓的高度评价。另外最近的行政体制改革，把环境保护总局改成环境保护部，也是要加强环境保护对经济建设的监督。前几年环境保护总局在国务院的领导下对 20 项左右的经济建设项目叫停，得到温家宝总理的支持。我们 30 多年的改革开放，GDP 指标年年超额完成，而节能和环保指标却没有完成，这是我们建设中间的薄弱环节，也是贯彻科学发展观的一个关键环节。改革开放以来，公、检、法、司之间的相互监督也在加强。"文化大革命"之后重新恢复了检察院，明确它是司法机关中的检查机关和法律监察机关，从多方面制止了随便捕人，防止和纠正冤假错案等等，加强了对司法和执法的监督，效果也是非常好的。近年来，国家行政体制改革又提出了精简行政审批权力，加强对行政权力内部决策、执行和监督之间的相互制约。以权力制约权力的改革正在向前推进。要明确人民当家做主的制度是不能自发实现的。我们的政府是人民的政府，是为人民服务的，但局部权力脱离为人民服务的轨道绝非个别的现象，这时需要有另一部分代表民意的权力自动起来进行制约，民意往往要经过权力的保护才能真正实现。这是帮助共产党领导，而不是否定共产党领导。我们应当推进"以权力制约权力"的改革，使之成为共产党领导国家的一种有效形式。

三　完善共产党领导下的多党合作与政治协商制度

1941 年邓小平在《党与抗日民主政权》中批评"以党治国"观念时，批评了"以为党员包办就是绝对优势"，"甚至有把'党权高于一切'发展成为'党员高于一切者'"，"把非党干部、把群众看成任人摆弄的傀儡"等现象，这对今天多党合作与政治协商制度的改革仍然有很大的现实意义。要明确共产党领导主要是政治领导，并不是说公务员和执政的领导干部都要共产党员来担任。党的十七大提出"要选拔和推荐更多的非党干部来担当领导职务"，是完全正确的。事实上我们已有百分之八十几的省、市、县选了各民主党派和无党派人士担任副县长、副市长、副省长，十一届全国人大任命的科技部长和卫生部长，一个是致公党主席，一个是无党派人士，（后为农工民主党主席）都是很懂行的专家。这种做法应该继续，并加以扩大，做到在选录公务员时，任人唯贤，对绝大多数岗位，不以党派划界，使更多非共产党人士参与执政。① 这样做的好处不但在于选什么人本身，更重要的是，可以防止列宁在共产党执政以后提出的，有些人为了谋取执政党的好处而加入共产党的现象，可以减少和防止江泽民在《推动党风廉政建设和反腐败斗争的深入开展》中所说的，由于长期执政而产生的以权力牟取"既得利益"的现象。目前，共产党有八千多万名党员，而八个民主党派加起来 80 多万人，总数只约为共产党的百分之一，但是各民主党派和无党派人士担任各级国家的领导职务、人民代表、政协委员的比例比共产党员要大得多，这是好事。近年来流行一句话，"无知少女"最吃香，"无"就是各民主党派和无

---

①　民主党派、无党派人士担任政府和司法机关领导职务的情况：在全国，有 18.7 万民主党派、无党派人士当选各级人大代表。其中，全国人大常委会副委员长 6 人，全国人大常委 49 人，省级人大常委会副主任 35 人。2007 年民主党派、无党派人士 2 人分别担任国务院科技部、卫生部部长。有 18 人担任最高人民法院、最高人民检察院和中央国家机关部委副职。全国 31 个省、自治区、直辖市中，有非中共党员副省长、副主席、副市长 30 人。全国 407 个市（州、盟、区）人民政府中有 362 人担任副市（州、盟、区）长；有 36 人担任省级法院副院长和副检察长。截至 2008 年 6 月担任县处级职务的民主党派、无党派人士共有 3.2 万人。（参见《社会主义民主政治建设 60 年》，载《光明日报》2009 年 9 月 16 日）

党派人士，"知"就是知识分子，"少"就是少数民族干部，"女"就是女干部，我们国家缺这些干部，这是政治体制改革的重要内容。英国在治理香港时，长时期不允许成立政党，它把公务员分为三类，政务官员、技术官员和行政官员。它特别重用政务官员，代替政党体现它的施政意图。我们国家公务员中间，实际上也有政务官员、技术官员和行政官员，绝大多数公务员岗位没有必要都由共产党员来担任，这样能够发挥更多人的积极性，也有利于执政党建设，在这方面解放思想的步伐应当更大一些。

另外，共产党领导下的多党合作和政治协商制度，政治协商是民主的重要形式，可以更好地保护少数人的意见。现在有人把人民代表大会的民主叫做"投票民主"或"选举民主"，因为它经过多数票通过有关施政的决议。而政治协商不同，它不是按照多数票作出决定，而是更广泛地听取不同阶层的民意，协商出共同的意见。对于一些少数人的阶层、少数民族，或某些少数人口居住的地区，这可能是更民主的形式。如一条河流应不应开发？不能由于下游人口占多数就由下游决定，那样可能对环境的保护不利，也会损害上游老百姓的利益；另外有些少数民族人口很少，在协商中要更加尊重他们的意愿。这种协商制度我们党已经实行了半个多世纪。在西方 20 世纪 80 年代之后才注意到选举、票决民主的不足，开始重视政治协商。这是我们党政治体制的一个特色，应该发扬光大。

四 健全市场经济条件下的经济监督工作

我们现在搞市场经济 20 多年了，对市场经济条件下的执政规律的认识逐步深化，但还没有完全掌握，其中一个重要方面就是要探索市场经济条件下的经济监督机制。在企业内部建立健全董事会制度，产权所有人掌握决策权，对经理的执行权进行监督，这是各国实践证明的有效监督形式。而我们刚刚开始建立，具体如何做还在探索、完善之中。另外，在市场经济条件下，政府的一项重要职能是"市场监管"。搞市场经济，政企分开，政府不再包办企业的微观经营了，但是还要代表社会公共利益对市场和企业进行监管，强化对食品、医药、银行、证券、房地产、安全生产等方面的监督。近年来，我们在这方面取得了一些进展，比如在改革开放初期出现了不少豆腐渣工程，那时市场经济合同不健全，承包单位往往跟监理单位穿一条裤子，还有的权力和资本结合、暗箱操作。后来交通部规定，在建公路签订合同的时候，交通部的官员不得参与合同的任何一方，相反要监督合同的签订过程，而且要阳光操作。这既是对施工本身的监督，也是对执政权力的监督，结果豆腐渣工程大大减少。现在腐败高发，绝大部分发生在新兴市场经济领域。在计划经济体制下，权力作用很大，官僚主义、特权现象严重，但那时权力变不成钱，如政府批地，准不准全在行政权力，不需要钱作为市场交易的环节。而市场经济条件下政府批地就得用钱交易。权力和市场结合就可能走向钱权交易、以权谋私。所以在市场经济条件下，权力和金钱的关系、政府和市场的关系怎么处理是一个非常重要的问题。多年来发生在城市建设、公路建设、银行、债券、彩票和食品医药等领域的众多腐败案件，都与市场监管缺失有关，不是说市场经济就是腐败，而是说市场经济更需要有效的监管，让金钱不能腐蚀权力，权力不能通过市场去寻租，这是我们对执政权力监督的一个重点。

五　廉政监督制度建设

廉政监督要三管齐下，干部教育、对大案、要案的侦破和制度建设相结合。香港的廉政建设就是三管齐下，其廉政公署下设三个处，一个叫侦破处，一个叫公关处，类似于我们的教育宣传，一个是预防处，管制度建设。其中最重要的是制度建设，实际上大案要案侦破中间发现的漏洞，也要从制度建设上真正解决。现在，我国党风廉政建设也是这样做的，标本兼治，把建设预防腐败体系作为工作的重中之重。侦破大案、要案也要落实到反腐制度的建设。前些年，我们一些国有企业的高管一度出现 59 岁现象，就是快退休了就想捞一把，贪污受贿。云南的褚时健能力很强，搞活了玉溪卷烟厂，把它变成全国十大纳税户之一，对云南省的财政贡献也很大。但是临近退休了，他和几个高管贪污腐败，最后被判死缓。从这里可以看到我们制度上的缺陷。就是作为国有企业的老板，在任的时候威风八面，一旦退休，人走茶凉，可能什么也没有。我们应当在制度上鼓励国企老总在位的时候努力经营，退休时能得到相应的补偿，可以和他的业绩成正比，干得越好补偿越多，生活得仍很光荣、体面。后来，搞了效益工资制和期权工资制。效益工资制是工资待遇和他的工作业绩挂钩，期权工资制是在退休以前企业高管不能把本人名下本企业的股票上市，但是在退休以后他可以将股票上市。这样他经营得愈好，本企业的股票越升值，他的生活愈宽裕、体面。像这类都属于廉政制度建设的内容。

在预防腐败体系制度建设中，最重要的是各级领导特别是党和国家领导人及其直系亲属收入与财产的申报与监督制度，这是老百姓非常关注的问题。把领导干部的收入和财产放在阳光下面，是人民民主监督的重要体现。当然，在我国推行这一制度，确实有一些问题要解决。如为了核实申报的收入财产是否属实，需要完善的存款实名制，需要依法设立专门的监管机制等，都需要一个制度建设的过程。另外，直系亲属收入与财产，哪些与本人权力相关或不相关，都需要研究，明确政策界限。近来，中央已在新疆阿勒泰、浙江慈溪等地区进行领导干部收入与财产申报制度试点，希望通过试点，就有关问题作出规定，这是符合民意的。如果现在大面积做起来有困难，可以从高层少数领导人带头做起，逐步推广；也可以从新选任的某级公务员领导做起。只要起步实行了，这会对廉政建设会起到很大推动作用。另外在廉政建设中，还有一些问题需要研究，如现在群众中间普遍反映，对贪污的处分很重，对贿赂的就高抬贵手。我看一个直辖市的反腐败展览，只讲干部的世界观问题，一句也不提"糖衣炮弹"贿赂干部的问题。对贪污受贿，西方叫"权力寻租"，毛泽东叫"糖衣炮弹"，主体不同，其实一个巴掌不响，只惩罚一个方面是不能真正遏制腐败的。现在中央已经提出反商业贿赂问题，希望反腐败工作搞得更全面一些。再如有没有集体贪污，如何界定？等等。总之廉政建设要侧重于预防腐败体系的制度建设，对一些重点、难点的制度建设希望尽快取得进展。

六　舆论监督

舆论监督是非常重要的，自改革开放以来这方面有了很大的进展，但是总的看还是比较薄弱。这里有一个问题要弄清，党对宣传舆论的领导和舆论代表人民的关系。在社会主义国家舆论既是党的喉舌，也是人民的喉舌，或者说是党联系人民群众的喉舌，两方面是对立统一的关系。从根本上说，共产党代表人民的根本利益，没有任何脱离人民利益的私利，所以，这两方面是根本一致的。但是具体地讲，又是有矛盾的，人民中各阶层有不同的意见，不同的价值选择，需要党通过舆论进行正确的引导。代表人民根本利益的社会主旋律，一个社会的核心价值观自发地是不能实现的，共产党领导在这里起到了根本性的主导作用，我们不应当把党的领导与新闻自由对立起来。另一方面，整个共产党代表人民的根本利益，但是具体到各个地方党组织，有时候会出现不重视人民呼声，压制舆论监督的现象。中央电视台开辟了《焦点访谈》节目，专门进行舆论监督，得到朱镕基支持，用"舆论监督、群众喉舌、政府镜鉴、改革尖兵"鼓励他们，老百姓也纷纷叫好。但是有些地方领导害怕这些东西播了对他们的政绩造成负面影响，用各种办法阻挠电视播出。到了胡锦涛、温家宝这一届国家领导人当选，焦点访谈著名记者敬一丹曾经反映，"焦点访谈"的舆论监督节目的播放率最高曾达到47%，但现在下降了，只有17%，受各方面"条子"的干扰太多。后来温家宝和李长春到中央人民电视台看望他们，确定各个省和自治区一级都设了类似《焦点访谈》的节目。所以共产党各级组织如何正确对待舆论监督，是一个需要解决的问题。这里包括怎么正确看待正面宣传与揭露阴暗面的关系。以正面宣传为主是正确的，因为在共产党领导下我们工作的成绩是主要的。但是应不应揭露阴暗面？有的人说揭露阴暗面多了，就不是正面宣传了。正面宣传固然需要宣扬成绩，但是如果我们在揭露阴暗面之后不是简单的消极暴露，而是报道党和政府怎么站在人民一边去克服阴暗面，使人民更加信任党和政府，这本身也带有正面宣传的意义。事实上，《焦点访谈》播出揭露社会阴暗面的报道后，大多跟踪报导各地党和政府如何纠正错误，这是完全正确的。社会阴暗面是一种客观存在，不能掩盖，只能正确引导。对SARS事件、汶川地震和西藏、新疆暴乱的报道，我们采取了开放的舆论引导，起到了把消极因素转化为巨大积极力量的作用，人们爱国主义的凝聚力，对党和政府的信任大大增强，这应对如何搞好舆论引导监督有极大启示作用。

应该加强相关舆论监督的立法，进行依法监督，明确记者在舆论监督中的法律保护和社会责任。现在记者时常因为舆论监督而受到暴力威胁、栽赃陷害甚至打击报复，相关法律应当保护记者进行舆论监督的正当权利。另外，记者报道失实，造成不良社会后果的，也要承担相应的社会责任。这些都需要靠法律来界定，只有当相关法律为舆论监督双方划定了明确界限，才能使舆论监督制度化。

七　完善基层民主自治制度

党的十七大把基层民主自治制度列入中国特色社会主义的政治发展道路，这是一个理论创新。几亿农民，靠自己投票选出自己的村委会治理农村，这在世界上是一个伟大创造。但是村民自治制度的完善还有很大的问题，比如家族控制、派别控制、用金钱拉选票甚至极个别地区还有黑社会控制的现象，等等。要加强完善党对选举的领导，使正派人当选，真正把人民的权利和权力落在实处，仍有许多工作要做。在企业里要完善职工代表大会制度，发挥工会的作用。前一段国有企业的拍卖，按照法律，工会和职工代表大会应该参加，而实际上很多地方没有尊重工会和职工代表大会的意见，使国家资产受到不应有的损失，下岗职工的正当权益得不到有效的保护。吉林省通化钢铁厂工人抵制国企改制事件应成为我们反思的一面镜子。我们共产党在没有执政时和执政初期，是非常尊重和依靠工会、学生会、妇联等社会团体来实现共产党主张的，在长期执政以后，怎么看待工会、学生会、妇联等组织的作用？不能执政前依靠群众，执政后只相信和依靠行政权力，不重视甚至害怕群众组织。另外，数以亿计的农民工，正式户口在农村，在大城市只有暂住户口，没有人民代表大会的选举权和被选举权，在大城市的国家权力机关中，极少有农民工的代表。在城乡等比例选举人民代表的情况下，建议试行给农民工规定一定人民代表名额作法。另外，作为一个过渡办法，可以探索在共产党领导下成立城市农民工自治组织，选出本城市人民代表大会的列席代表；或者把农民工作为一个界别，在各地政协中推选出自己的政协委员。

八　人民群众的直接监督

人民民主监督还有一个重要渠道，让老百姓能够直接监督执政权力。这包括：一是"阳光民主"建设，除了国家机密和安全的要求外，应该全部实行政务公开，建立政务公开网络和专业刊物，使人民有充分的知情权。在这个前提下，老百姓可以通过网络或其他形式对政府进行监督。网络等新兴传媒是一柄双刃剑，对泛滥其中的黄色淫秽内容，侵犯公民隐私、危害国家安全（如政治谣言）的东西，要严格监管甚至禁止，但同时要善于发挥网络的正面作用。网络等新兴传媒使封锁消息成为不可能，这对克服官僚主义有很大的作用；实行阳光民主、政务公开、有利于克服谣言和小道消息。在网上对改革中不同意见的讨论，要相信多数人民群众会支持党和政府改革的正确方向，郎咸平和顾雏军关于国有企业改革的争论，网民百分之九十以上都支持正确的意见就是明证。另外，许多腐败案件，如"房叔"、"房姐"、"表叔"等，最初线索就是由网民提供的。在共产党领导下，正确发挥网络等新兴传媒的监督作用，是人民群众直接监督政府的重要形式。

二是健全人民群众来信来访制度。人民群众来信来访是直接民主的一个重要形式。有些地方干部害怕人民群众来信来访，他们派人驻京，专门拦截来访人员，有的人回去后还会受到打击迫害。我们不否认老百姓信访中有合理的要求，也有不合理的甚至是不合法的要求，但这些东西往往交织在一起，不能采取简单堵回去的办法。要仔细鉴别，对合理的要求给以保护，对不合理的要求耐心做工作，对不合法的要求依法处理。既不能迁就落后，造成会哭的孩子有奶吃，也不能漠视群众的合理意见，更不能对监督自己的人打击迫害。这是要求很高、难度很大的工作。在胡锦涛领导下，曾经专门通过了加强和完善人民群众信访制度的决定。这次信访制度改革在各个环节规定了明确的责任，而且都有档案纪录备查，这是健全人民群众直接监督政府形式的一次重要探索。

以上从党内民主、权力制衡、党派监督、经济监督、廉政监督、舆论监督、人民群众直接监督和基层民主自治监督八个方面对建立人民民主监督机制的改革进行了探讨，希望引起更深入的讨论和研究。但是改革的总体思路很明确，就是要把人民民主落实成为不以领导人意志为转移的有法律保障的、可操作的监督制度；我们认为这是深化政治体制改革、发展民主政治的关键，也是执政党建设的关键，是共产党执政以来一个迫切需要解决而又没有很好解决的历史课题。有的人怀疑这样做的可能性，他们认为："同体不能监督"，共产党为维护执政集团的"既得利益"，不可能有监督自己的动力。他们不了解，中国共产党是工人阶级的先锋队，其根本宗旨是全心全意为人民服务，是扎根于人民群众之中的大党，而不是谋取既得利益的小集团。当前腐败易发高发，是一些当权者利用社会主义市场经济改革过程中体制上的漏洞，以权谋私的结果，这是完全违背党的宗旨和人民群众根本利益的。而共产党员大多是各行各业的先进分子，与人民群众有着血肉联系，人民群众反腐败、反对形形色色官僚主义的要求，就是他们监督执政权力的根本动力。在历史上，中国共产党领导层犯过多次重大错误，但最终总能靠共产党自身纠正错误，最根本的原因，就是共产党内代表人民群众的健康力量，有着强大的社会基础，"民心向背"最终决定历史的走向。即使是毛泽东这样威信极高的领导人，在"文化大革命"中犯了严重错误，最终也是靠代表人民群众呼声的共产党的健康力量起来纠正，邓小平就是"民心向背"决定历史的杰出代表人物。当然，过去我们的监督制度是有缺陷的。党的领导犯了错误，往往要到事情已经烂透了，错误已经造成极大损失的时候，经过反复曲折的斗争，人民群众的意志才会逐渐成为党和社会的主流，这样，纠正错误所付出的历史代价太大。现在，我们要探索和建立的就是要把人民群众的正确呼声真正成为依法"及时纠错"的监督机制，在出现失误的萌芽状态就能受到监督，减少犯大错误的可能性。经过"文化大革命"的惨痛教训，总结苏联解体、苏共丧失执政地位的历史经验，面对长期执政以及对外开放和社会市场经济条件下执政的诸多考验，广大共产党员和人民群众对建立、完善对执政权力的监督机制有了愈来愈迫切的要求，对执政权力监督机制的探索也有了多方面的实实在在的进展，这是我们推进人民民主监督制度改革的根本动力和抱有信心的基础。

当然，这是一项长期、艰巨、系统的改革创新工程，至少需要几代人的努力。如果说我们的经济建设还要经过建设全面小康社会到基本实现社会主义现代化，再向更发达的社会主义前进，我们的民主法制建设也需要经历由人治向法治，再向高度民主、法制完备前进的长期过程。所以，关键在党，希望在青年。邓小平讲："关键是我们共产党内部要搞好……十一届三中全会确立的这条中国的发展路线，是否能坚持得住，要靠大家努力，特别是要教育后代。"① 所以，中国几十年后的历史走向，要看党的建

---

① 《邓小平文选》第 3 卷，人民出版社 1993 年版，第 381 页。

设和青少年几代人的政治素质，如果他们能坚持四项基本原则，坚持改革开放的正确方向，并在对执政权力监督制度建设上取得重大进展，那么，人民群众就会无限信任我们党，中国共产党就能跳出政权兴衰的周期律并领导中国人民实现两个"一百年"的奋斗目标和中华民族的伟大复兴。历史提出的严肃课题，希望共产党员和青年朋友们深思。

第五章　历史虚无主义评析

历史、现实、未来是相通的。历史是过去的现实，现实是未来的历史。只有正确地认识历史，才能正确地认识现实，并以史为鉴，察往知来，创造更加美好的明天。晚清著名思想家龚自珍说过："欲知大道，必先为史"；而"灭人之国，必先去其史；隳人之枋，败人之纲纪，必先去其史；绝人之材，埋塞人之教，必先去其史；夷人之祖宗，必先去其史。"① 古往今来，一切民族和国家在进步发展中都重视自己的历史，都善待自己的历史遗产。

早在民主革命时期，毛泽东就指出："今天的中国是历史的中国的一个发展；我们是马克思主义的历史主义者，我们不应当割断历史。从孔夫子到孙中山，我们应当给以总结，承继这一份珍贵的遗产。"② 表达了中国共产党人重视历史和正确对待历史的科学态度。在新的历史时期，邓小平就把懂得一些历史作为中国发展的一个精神动力提了出来。胡锦涛在主持中央领导集体学习的一次讲话中也指出："浩瀚而宝贵的历史知识既是人类总结昨天的记录，又是人类把握今天、创造明天的向导。一部人类文明史就是人类不断在以往历史的基础上有所发现、有所发明、有所创造、有所前进的历史。中华民族历来就有治史、学史、用史的传统。我们党在领导革命、建设和改革的过程中，一贯重视历史经验的借鉴和运用。在新形

---

① 《龚自珍全集》上册，中华书局 1959 年版，第 22 页。
② 《毛泽东选集》第 2 卷，人民出版社 1991 年版，第 534 页。

势下，我们要更加重视学习历史知识，更加注重用中国历史特别是中国革命史来教育党员干部和人民。"① 深刻说明了正确对待历史的重要性。

但在如何对待历史这样重大问题上，在改革开放的历史进程中却出现了刺耳的噪音，这就是以否定人民革命和社会主义建设成就的历史为重点的历史虚无主义思潮的泛起，并呈现出愈演愈烈之势。这股错误思潮，具有很大的欺骗性、迷惑性和渗透性，值得我们严重关注。

第一节　历史虚无主义思潮泛起的历史背景

在近代中国，历史虚无主义是作为同"全盘西化"论相呼应而出现的一种错误思潮。持"全盘西化"论者往往对民族文化、历史遗产采取轻蔑、虚无的态度，表现为民族文化虚无主义。在20世纪30年代首先提出"全盘西化"主张的陈序经就声称："西洋文化无论在思想上，艺术上，政治上，教育上，宗教上，哲学上，文学上，都比中国的好。就是在衣、食、住、行的生活上，我们也不及西洋人的讲究。"他提出："今后中国文化的出路，惟有努力去跑彻底西化的途径。"② 胡适同样主张以"西方化"作为中国文化的出路，而他的具体方案则是要求仿照"美国模式"。这种"全盘西化"论、民族文化虚无主义同文化复古主义一样，都不能正确反映近代中国文化发展的要求，同近代中国历史发展的方向相违背，因而理所当然地受到了抵制和批判。随着马克思主义在中国的广泛传播，特别是人民革命的胜利，使民族自尊心、自信心和自豪感得到极大发扬，因而在一个长时期内，这种错误思潮受到了抑制。

进入新的历史时期，在我们党拨乱反正、转入现代化建设和改革开放这一特定历史条件下，历史虚无主义作为资产阶级自由化的一种表现形式，开始在中国泛起。一些人以"反思历史"为名，歪曲"解放思想"的真意，从纠正"文化大革命""左"的错误，走到"纠正"社会主义，

① 胡锦涛在中共中央政治第九次集体学习时的讲话，《人民日报》，2003年11月26日，第1版。
② 陈序经：《中国文化之出路》，转引自罗荣渠主编《从"西化"到现代化》，北京大学出版社1990年版，第363—364页。

认为我国不该过早地搞社会主义，而应该让资本主义充分地发展；从纠正毛泽东晚年的错误，走到全盘否定毛泽东的历史地位和毛泽东思想；从诋毁新中国的伟大成就，发展到否定中国革命的历史必然性；从丑化、妖魔化中国共产党领导的革命和建设的历史，发展到贬损和否定近代中国一切进步的、革命的运动；从刻意渲染中国人的落后性，发展到否定五千年中华文明，等等。改革开放30多年来，历史虚无主义思潮时隐时现，但从未止息和退落，特别是每当我们坚持四项基本原则不一贯的时候，它就会以极端的、尖锐的形式表现出来。从历史虚无主义思潮的表现中，我们可以看到一个规律性的现象，这就是历史虚无主义和"全盘西化"论仍然如同难兄难弟一样，二者如影随形。他们在否定革命历史的同时，诅咒中华民族文化是一种只能走向"自杀"的"黄土文化"，"除了愚昧和落后"，是"孕育不了新的文化"，中国要走向现代化，唯一的出路就是融入西方的"海洋文明"，无条件地接受"全盘西化"。有的人甚至走上了颂扬侵略者，颂扬殖民地化的道路。有的论者说："如果中国当时执行一条'孙子'战略（此人特别声明：不是孙子兵法的孙子，而是爷爷孙子的孙子），随便搭上哪一条顺风船，或许现在的中国会强得多。比如追随美国，可能我们今天就是日本。"连自己的脊梁骨都抽掉了，还有什么民族气节可言？从这里不难看出历史虚无主义思潮的实质究竟是什么。

历史虚无主义思潮不仅表现在史学研究中，而且也表现在涉及历史和历史人物的某些文学、艺术和影视等领域的作品中，影响面大，危害至深。历史虚无主义思潮在新的历史条件下重新泛起，并不是偶然的，而是有着深刻的国际和国内的背景。

一 是世界社会主义运动处在低潮形势下的一种历史现象

以苏东剧变为标志的世界社会主义运动急剧转入低潮，这不能不深刻地影响人们的思想走向。

20世纪90年代初，在克里姆林宫上空飘扬了74年的苏联国旗颓然跌落，随后升起的竟然是沙俄时代的三色旗。历史上演了一幕"红旗落地"的真实版。20多年来，对这样一个世界上第二强国却不费一兵一卒而轰然倒塌的原因，众说纷纭，莫衷一是。应当肯定，苏联解体的原因是多方面的、综合的，但其中起决定作用的，是戈尔巴乔夫为首的苏共中央推行一条自我否定、自我丑化的机会主义路线。经过历史的沉淀和反思，包括俄罗斯一些有识之士在内，对戈尔巴乔夫的新思维和苏联解体同赫鲁晓夫的历史渊源，有了一定深度的认识和思考；对这场历史演变对俄罗斯造成的严重后果，也有了比较清醒的认识。俄共中央主席久加诺夫说："1991 年强加给俄罗斯的资本主义改革使整个国家陷入最严重的动荡之中，由此俄罗斯这艘巨轮所遭受的危机比世界上任何一个主要国家都要深重。近 20 年来，俄罗斯沦为照搬 18 世纪野蛮资本主义的试验场，被排挤出世界发展进程之外。这就是俄罗斯近来各种灾难的主要导因"①。历史的演进和不幸的结局，证明了当年毛泽东对赫鲁晓夫全盘否定斯大林的秘密报告及其后的表演所作的评述，具有深邃的历史洞察力。但它的发展有一个过程，而否定十月革命的道路、抹杀苏联社会主义的历史成就则起了先行的作用。前有赫鲁晓夫全盘否定斯大林，后有戈尔巴乔夫推行的"新思维"，使得颠倒历史、混淆是非的种种歪理邪说大行其道。戈尔巴乔夫的所谓"改革"，实际上是自觉的改制。他认定，已建立的社会主义制度存在着政治上、经济上和思想上的垄断，是"极权的"、"专横的"、"官僚专制的"社会主义，改革就是要"告别过去"，"形象地说，应该炸毁一切"，这就是要"根本改造社会大厦：从经济基础到上层建筑"。这就是说，他要从根本上改造社会主义制度，取而代之的就是他所鼓吹的民主社会主义，即按照西方模式重新创立所谓新的社会制度。这位被称作苏共"二十大的产儿"的戈尔巴乔夫，在他的一些文章中对此承认不讳，他写道："赫鲁晓夫的经验没有白白丢掉。他以后的一代改革家并不是偶然地称自己为'二十大的产儿'的"。"当命运最后把我与政治结合在一起时，当我们成为国家领导人，到那些赫鲁晓夫进行过活动的办公室办公时，他的经验对我开始具有特殊意义"②。正因为这样，戈尔巴乔夫不仅在否定社会主义历史方面，而且也在否定马克思主义方面，同赫鲁晓夫一脉相承，完全接轨

---

① 久加诺夫：《社会主义现代化是俄罗斯走向复兴之路——在俄共中央全会上所作的报告》，2010 年 4 月 3 日。

② ［俄］《自由思想》1994 年第 10 期，第 19—20 页。

了。他也因此直接继承了赫鲁晓夫的衣钵，并将它推向了极端，把否定社会主义历史作为实现改制的前提。戈尔巴乔夫及其同伙带头鼓吹怀疑一切、否定一切，共产党的领导、社会主义制度和革命领袖，无一不被诬蔑攻击，全盘否定。他们以否定斯大林为起点，进而把矛头直指列宁和十月革命，竟然提出："最重要的是要揭露斯大林主义学说包含的列宁主义实质，许多人想牺牲斯大林来拯救列宁，这是回避了问题的实质。""如果我们的领袖和缔造者（列宁）为某种东西打下基础的话，那就是国家暴力和恐怖主义的原则。"污蔑十月革命使俄国离开了"人类文明的正道"，是布尔什维克党的"一个阴谋"，攻击社会主义制度是"封建式的专制独裁制度"，否定十月革命开辟的社会主义道路。他们制造了所谓十月革命不如二月革命，二月革命不如斯托雷平改革，使革命不如改良、苏联不如沙俄、社会主义不如资本主义的谬说，甚嚣尘上。

戈尔巴乔夫的得力助手、负责苏共意识形态工作的雅科夫列夫，在苏联解体后公开承认，他们否定革命，否定革命历史，就使得"合理的出路只有一个：放弃革命，走改良之路，痛苦的，缓慢的，在过去曾不止一次地遭到否定和扼杀的改良之路"，这里所谓的"改良之路"，就是复辟资本主义。时任苏共中央政治局委员、书记处书记的利加乔夫在《戈尔巴乔夫之谜》的回忆录中作了这样的描述：从 1987 年秋天开始，在苏联的报刊上出现了一股愈演愈烈的歪曲和否定苏联历史的浪潮，"暴露文章犹如狂涛恶浪，席卷了舆论工具。极右报刊所描绘的不是多维的历史，不是成就与错误相互矛盾地交织在一起的历史，而只是阴暗的污点。根据那些文章判断，过去没有一点好东西，我们的父辈和祖辈在这块土地上毫无意义地受折磨，陷入苦海，时代的延续性被切断了……这种不公正的、恶意中伤的、不真实的歪曲报道惊扰和刺激了社会气氛。于是矛头开始对准了共产党、苏共，对准了党的历史（我再说一遍，这是艰难的，然而是光荣的历史），最终指向了人民，指向人民对历史的怀念。"① 历史被糟蹋到如此地步，现实的社会制度也就失去了它的依据。这样，整个党和社会的理想信念就动摇了。最后"城头变幻大王旗"只是一夜之间。这是以戈尔巴乔

---

① 利加乔夫：《戈尔巴乔夫之谜》，新华社参考新闻编辑部，1992 年，第 137 页。

夫为首的苏共领导层中叛徒集团自上而下掀起的一场否定苏共和苏联的革命历史的恶浪，导致人心涣散，信念破碎，最终使雄居世界的第二强国、为人类进步作出重大贡献的社会主义苏联毁于一旦。这一惨痛的历史悲剧，深刻说明在社会主义遭遇困难和挫折，历史的列车急转弯的时候，会有一些人丧失信心，悲观失望，企图另找出路，投靠新主。历史虚无主义在中国重新泛起，正是同这样的国际背景相关联的。习近平语重心长地指出："苏联为什么解体？苏共为什么垮台？一个重要原因就是意识形态领域的斗争十分激烈，全面否定苏联历史，苏共历史，否定列宁，否定斯大林，搞历史虚无主义，思想搞乱了，各级党组织几乎没有任何作用了，军队都不在党的领导之下了。最后，苏联共产党偌大一个党就作鸟兽散了，苏联偌大一个社会主义国家就分崩离析了。这是前车之鉴啊！"①

二 是对西方反共势力企图"和平演变"社会主义中国的一种呼应

西方反共势力"和平演变"社会主义的企图是一贯的、公开的、露骨的。正如法国克劳迪·朱里安在《美利坚帝国》一书中所指出的，美国一向高唱的"神意"和"救世主义"，"绝对谈不上是美利坚帝国的特色。美利坚帝国的特色在于，它是针对共产主义而展开一切活动的"。近40年来，历届美国政要人物都强调："实现和平演变的前提是军事威胁"（尼克松）；"威慑是我们防务的核心"（老布什）；克林顿则积极推行"接触加遏制"的和平演变战略。但他们同时又认为"意识形态的号召力将起决定性的作用"，"最重要的是要搞攻心战"，要将70%的力气用于攻心战。他们所谓的攻心战，主要是开展思想理论攻势，进行思想文化渗透。而这种思想文化渗透的目标，主要是集中在妄图摧毁共产主义思想理论体系上，瓦解人们对它的信仰。尼克松则以明确无误的语言表达了这种企图，他说："要进行争取世界人民'民心'的竞赛。""随着一代一代往下传，我们将开始看到和平演变的进程在东方集团中扎下根来。""它播下的不满的种子，有一天将开出和平演变的花朵。"② 自进入20世纪80年代以来，

---

① 《十八大以来重要文献选编》（上），中央文献出版社2014年版，第113页。
② 尼克松：《真正的和平》，世界知识出版社1984年版，第94—95、92页。

他们利用社会主义国家存在的困难和进行改革之机，掀起了攻击和否定革命、颂扬改良的浪潮，连篇累牍地通过电台、书籍、文章，制造马克思主义、社会主义的"失败论"、"死亡论"、"终结论"。总之，美国当权者反对一切不符合他们价值标准的革命，特别是共产党领导的革命。"这些对革命的总的看法，尤其是对布尔什维克这个幽灵的看法，如今已牢牢生根。这些观念深深地扎根在政策制定者的头脑中。"① 布热津斯基的《大失败》和福山的《历史的终结》就成了这股世界范围的"告别革命"思潮的代表作。正像美国媒体所透露的，美国政府通过这种"攻心为上"的计谋，动摇了前苏联领导人对自己历史和制度的信心，成功地诱导了苏东剧变。对于社会主义国家的这种演变，尼克松就作过"东欧共产党人已完全丧失了信仰"的判断。布热津斯基在《大失败》一书中也以辛辣讽刺的手法，认为苏联共产党统治集团，"一直以一种历史脱衣舞的形式，一层一层地否定（或者是脱掉）他们过去的理论外衣。"而在苏东解体后，中国就成为西方反共势力推行"和平演变"战略的重点，极力向中国推销他们的价值观念和社会制度，曾任美国国务卿的沃伦·克里斯托弗就露骨地表示：对中国，"我们的政策将是设法通过鼓励伟大国家的经济和政治自由化势力，来促进中国从共产主义向民主的和平演变。"历史虚无主义在中国重新泛起，正是对这种世界范围的"告别革命"思潮，西方反共势力加紧"和平演变"社会主义中国企图的一种呼应。

三　反映了新时期现代化建设和改革开放中的逆向发展要求

党的十一届三中全会作出把全党工作重点转移到经济建设上来的战略决策之后，正当党带领全国人民满怀激情进行拨乱反正、改革开放的时候，社会上就出现一股怀疑和反对四项基本原则的错误思潮，他们打着"解放思想"的旗号，在思想理论领域提出了所谓"告别革命"、"告别乌托邦"、"告别主流意识形态"的主张。他们在"反思历史"的名义下，利用我们党经历的曲折，任意夸大党和毛泽东晚年的错误，蓄意歪曲历史，制造思想混乱。在改革开放初期，邓小平就针对党内外出现的主张走

① ［美］亨特：《意识形态与美国外交政策》，世界知识出版社1999年版，第130页。

资本主义道路、"全盘西化"的资产阶级自由化思潮指明，我们要在中国实现四个现代化，必须在思想上坚持四项基本原则。他提出的"在改革中坚持社会主义方向，这是一个很重要的问题"，① 成为我们党在新时期领导现代化建设和改革开放事业中必须具有的共识。事实表明，改革开放以来，从北京"西单墙事件"到1989年的政治风波，以及这些年来出现的"告别革命"思潮，可以说都贯穿着资产阶级自由化的改革要求。其基本主张是：在经济上根本否定社会主义公有制，要求全面彻底地实行私有化；在政治上鼓吹多元化，要求实行西方多党制、议会制；在意识形态上要求取消马克思主义的指导地位。很显然，这种改革观的实质，就是资本主义化，就是与国际反共势力的"和平演变"战略相呼应，并按照西方的模式和价值观，把中国纳入西方资本主义体系。这也是持历史虚无主义观点的人并不隐讳的政治诉求。

这里需要指出，极少数民主个人主义的拥护者是鼓动这种逆向发展的重要力量。他们中有的人虽曾投身民主革命，但世界观上始终秉持着民主个人主义即旧民主主义或自由主义的追求，并没有真正接受或本来就不赞成马克思列宁主义。当他们在"文化大革命"后用这种标准来"反思历史"时，就竭力夸大我们工作中的缺点错误，以此来抹黑和全盘否定新中国的历史。甚至认为，"五四"以后由旧民主主义革命转向中国共产党领导的、以社会主义为前途的新民主主义革命，是所谓"离开了近代文明主流"而误入歧途；公然鼓吹要回归"五四"以前自由主义的起点，回转到"以英美为师"的资本主义道路。当年美国在中国的赌注遭到彻底失败后，杜鲁门、艾奇逊们曾寄希望于中国的"民主个人主义终于会再显身手"，虽然历史已宣告这种图谋注定要破产，但一些崇尚民主个人主义、自由主义的人在新的历史条件下又如幽灵般再现，有的以所谓"老党员"、"老干部"、"过来人"的身份大搞历史虚无主义，这有极大的欺骗性。对此，我们有责任对历史负责，加以认真的辨识，绝不能让他们的谬说误导和毒害那些涉世未深的青年。

---

① 《邓小平文选》第3卷，人民出版社1993年版，第138页。

第二节 新时期历史虚无主义思潮的若干特点

在新的历史条件下重新泛起的历史虚无主义思潮，也带有自身的特点，这主要表现在如下几个方面。

一 "告别革命"论是历史虚无主义思潮的集中表现

新时期历史虚无主义思潮的一个突出表现，就是竭力贬损和否定革命，诋毁和嘲弄中国人民争取民族独立和人民解放而进行的反帝反封建斗争，诋毁和否定我国社会发展的社会主义取向及其伟大成就。而所谓"告别革命"论，既是这种思潮的集中表现，又是它不加隐讳的真实目的。

"告别革命"论作为一种思潮，可以追溯到20世纪80年代中期。当时出现的指责"救亡压倒启蒙"的思想，就开始寓有把"救亡"也就是把革命看作一种消极的否定力量之意。这种思想可视为"告别革命"论的早期形态。1989年在纪念五四运动70周年时，有人把"告别革命"的思想推进了一大步。除了继续坚持所谓"救亡压倒启蒙"的观点以外，认为"现在的主要问题是'革命的后遗症'"，把攻击的矛头直接指向了革命。这时有人发表题为《论五四以来的革命与破坏主义》的文章，认为五四运动是"破坏运动"，进而把改良奉为上策，提出要改良不要革命的观点。这是"告别革命"论的重要观点。到了20世纪90年代，在前面分析的国际、国内背景下，文化保守主义与中国近代史学界的翻案风相呼应，融汇成一股否定革命，告别革命的声浪，并在20世纪90年代中期发展到高潮。1995年李泽厚、刘再复在香港出版了据他们就中国近现代历史文化的对话编成的《告别革命》一书。这是全面否定马克思主义史学理论方法及其指导下的中国近现代史研究成果，以至整个中国近现代革命历史的代表作。由此，"告别革命"论进一步蔓延开来。"告别革命"也就成为历史虚无主义思潮的代名词。

在这本《告别革命》的书中，对革命作了这样的描述："革命容易使人发疯发狂，丧失理性"，"革命残忍、黑暗、肮脏的一面，我们注意得很不够"。"革命是一种能量的消耗，而改良则是一种能量积累"。"改良可能成功，革命则一定失败"。"中国在 20 世纪选择革命的方式，是令人叹息的百年疯狂与幼稚"。在反对所谓"激进主义"、推崇保守主义的名义下，否定革命，颂扬改良。他们把近代中国凡是追求变革进步的都斥为"激进"而加以否定，而维护封建专制统治的则被称为"稳健"而加以肯定，断言是"激进主义"祸害了中国，阻碍了中国现代化进程。他们否定近代中国历史上的农民运动，认为"每次农民革命都造成社会生产大规模的破坏"，"很难得出农民运动是推动历史前进的动力这个普遍的结论"。继而，抬高洋务运动，贬低戊戌变法，抬高清廷的"新政"，贬抑辛亥革命、五四运动和中国共产党领导的革命运动。有些人则对近现代史下了这样的断语："谭嗣同是近代激进主义的开头"，"现在看来，它所带来的负面效应也相当大。这一效应影响到革命派，甚至可以说一直影响到现在"。"辛亥革命是搞糟了，是激进主义思潮的结果。清朝的确是腐朽的王朝，但是这个形式存在仍有很大意义。宁可慢慢来，通过当时立宪派所主张的改良来逼着它迈上现代化和'救亡'的道路；而一下子痛快地把它改掉，反而糟了，必然军阀混战。"总之，在一些人看来，革命只是起破坏作用，没有任何积极意义，并拼命渲染革命的"弊病"和"祸害"。经过这样的"重新评价"，从鸦片战争到中华人民共和国成立的 109 年历史，因革命而走上社会主义道路并获得伟大成就的历史，就从根本上被否定了。从这里也可以使我们看到，历史虚无主义把"重新评价"的重点放在近现代史的原因，就是为了否定革命。

这里还要特别提到，2011 年纪念辛亥革命 100 周年的时候，这种"告别革命"的论调又一度强劲起来。有些学者以评说孙中山为名，竟然说："现在看来，当时如果选择康、梁的改良主义道路会好的多，就是说，辛亥革命其实是不必要的"。还说，孙中山如果是一个深刻的思想家，"也许就会接受'虚君共和'的英国式道路，避免许多战争。"一再宣扬"要改良，不要革命"的思想。这不仅是对一个历史人物和历史事件的评价问题，正像他们所说的是"涉及对 20 世纪中国历史道路的评价"，也就是说，20 世纪中国发生的辛亥革命、五四运动、新民主主义革命以至社会主义制度在中国的建立，都是一场历史的错误。这确实关系到近代中国历史发展的大是大非问题，关系到包括辛亥革命在内的中国革命运动的历史必然性和合理性，而这种对历史的评价也必然关系到今天中国的历史走向的问题。这是值得认真研究的。

我们并不否认，改良和革命都是社会改造的途径。所谓改良，它不像革命那样最彻底最根本的摧毁旧的事物，而是缓慢地、渐进地改造旧的事物。在一定的历史时期这种改良具有进步的意义，像近代中国维新变法运动就有积极的历史作用。但又不能否认，近代中国的改良虽然取得了一定成绩，但最终都以失败告终，这是近代中国的社会历史条件使然的。而当革命条件成熟，把根本改造社会的任务提上日程的时候，继续鼓吹改良，反对革命，就会成为历史进步的阻碍者。这些学者为了独尊改良，贬损革命，不惜任意摆弄历史，或者说处处表现了对历史的"有意的无知"。所以这样说，对被一些媒体炒得非常著名的学者来说，用纯粹的无知有点说不过去，但他们为了否定辛亥革命，确又表现了这种有意的无知。现就这一方面举他们的一些例子说明之。

例子之一，为了否定孙中山对革命道路的选择，专门举了"避免许多战争"的"虚君共和的英国式道路"来作为例证，表现了他们对世界历史的无知。发生在 17 世纪英国为确立资产阶级统治的革命，最终形成了君主立宪的制度，难道真的像这些学者所说的没有冲突、没有战争的改良道路吗？小学生的常识告诉我们，英国资产阶级、新贵族与封建专制制度进行了长期的斗争，其间经历了 1642—1646 年和 1649 年两次内战。在起义士兵和人民群众强大压力下，1649 年 1 月国王查理一世被处死。后来又经过长期的复辟和反复辟的斗争，才在 1688 年建立了大资产阶级和土地贵族联盟的君主立宪政权。难道能够把这样的历史叫做没有战争的改良道路，要求孙中山加以效法的唯一的榜样？这种不问过程，只管结果，望文生义，把英国君主立宪制的确立说成是改良道路，就轻易地否定了英国资产阶级的革命。如果是这样，那么美国的独立战争、法国的资产阶级革命等，都要一一加以否定了。这可以说是任意摆弄历史的一个"创新"。

例子之二，他们说，孙中山如果有梁启超那样深刻的思想，"就会选择康、梁的改良主义道路"，"辛亥革命其实是不必要的"。把革命的发生归结于某个历史人物的思想，而不看作是历史的客观要求，这是时下某些人否定革命的惯用的说法，是典型的主观唯心主义的历史观。恩格斯曾经指出："革命不能故意地、随心所欲地制造，革命在任何地方和任何时候都是完全不以单个政党和整个阶级的意志和领导为转移的各种情况的必然结果"①。列宁也针对考茨基指责左派"制造革命"的谬说，指出："革命是不能'制造出来的'，革命是从客观上（即不以政党和阶级的意志为转移）已经成熟了的危机和历史转折中发展起来的"。② 历史告诉我们，古今中外的任何革命的爆发，都不可能是人为制造出来的。只有在一个社会发展到统治者无法照旧统治下去，人民群众的也不能照旧生活下去，革命的主客观条件都已经成熟了的时候，革命才有可能发生。晚清社会已处在国困民穷，内外交迫，风雨飘摇之中，全国布满了干柴，大有一触即发之势。对于这种情况，不妨引用当时一位官吏给朝廷的奏折来说明，他写道："士为四民之首，近已绝无生路，农、工终岁勤动，难谋一饱，商贾资本缺乏，揭借者多，获利维艰，倒闭相望。城市村落，十室九空，无业游民居其大半，弱者转于沟壑，强者流为盗贼，土匪蠢动，此灭彼兴，民不聊生，何堪搜刮。加以各省水旱蝗蝻，哀鸿遍野，徐、海饥民数百万，遮蔽江、淮，困苦流离，生无所赖。万一揭竿并起，滋蔓难图……大患岂堪设想。"③ 由此可见社会危机之严重，更何况由于清廷腐败无能，割地赔款，外患日亟，这不但造成了日益严重的民族危机，也加深了社会危机。在这种情势下，是不是有可能通过统治者的主导来缓解和解决这些矛盾呢？一般地说，革命多是在其他道路走不通的情况下，被逼上梁山的。当时的革命者也多有这样的经历。像孙中山、章太炎等人都有过上书李鸿章，要求改弦更张，改良朝政，振兴国家；康有为、梁启超领导的维新变法运动，更是直接依靠光绪皇帝，图强求富，从表面上看搞得有声有色。但结果呢？这些努力不是被拒绝就是遭到失败。历史表明，近代中国已经失去了通过改良的道路实现国家的独立富强。正是经历了戊戌变法运动的失败，一些仁人志士才逐渐认识到"无兵枋者之不能变政"的道理，走上了革命的道路。这正像民主革命宣传家陈天华在 1905 年 12 月《绝命辞》

---

① 《马克思恩格斯选集》第 1 卷，人民出版社 1995 年版，第 239 页。
② 《列宁选集》第 2 卷，人民出版社 1995 年版，第 487 页。
③ 《御史叶蒂棠奏官制不适宜多所更张折》（光绪 38 年 8 月 29 日），《清末筹备立宪档案史料》上册，中华书局 1979 年版，第 448 页。

中所写的："去岁以前，亦尝渴望满洲（指清王朝）变法，融合种界，以御外侮。然至近则主张……欲使中国不亡，唯有一刀两断。"孙中山则坚定地向民众指出："今天我们要来挽救这个中国，要从哪一条路走呢？我们就是要从革命这条路去走，拿革命的主义来救中国"。革命，是人民群众的盛大节日，但也会伴随着反对者、怀疑者的指责和谩骂。发生在1906—1907年革命派和立宪派的论战，中心问题就是要不要用暴力革命推翻清王朝。立宪派攻击革命是内乱，会造成流血惨剧，革命派回答说，革命固然难免杀人流血之惨，但在情势所迫，"非行疾雷不及掩耳之革命"方能获得新生的时候，如果害怕流血牺牲而不敢革命，那"何异见将溃之疽而戒毋施刀圭"。革命派还指出，"革命者，救人世之圣药也。终古无革命，则终古成长夜矣"。"吾因爱平和而愈爱革命。何也？革命平和，两相对待，无革命则亦无平和。腐败而已！苦痛而已！"这就是说，革命固然会流血，而不革命则会使更多的人死于非命，革命的牺牲将会换来社会的新生，真正的和平。怎么能够因为这种代价而指责革命残暴、残忍呢？！

例子之三，把改良的希望寄托在统治者发善心上，表现了对晚清统治集团腐朽性的无知。统治中国达半个世纪之久的慈禧太后，是维护封建秩序的代表者。即使是这样一个历史人物，我们也并不是说她一点好事也没有做过，但就其基本的、主要的方面说，她的一生是误国卖国的一生，是镇压人民、把国家推入极端贫穷落后境地的一生。当时清王朝腐朽、黑暗的统治已成为中国进步的最大障碍物，而慈禧及其所代表的统治集团的所作所为，就在于竭力维护、延续这个反动统治。他不惜采取囚禁皇帝、屠杀维新派的血腥手段，扼杀了改良主义的要求。她为了应对革命的危机，在她生命的最后阶段，还安排一套虚伪的维新和立宪的闹剧。这就是被今天这些学者及其同道奉为圭臬、寄予厚望的所谓君主立宪之路。其实，这是历史已经揭穿的一个把戏。我们仅举按照慈禧生前安排于1910年9月成立的资政院来看，它虽然被说成为议会奠定基础，实际上只是咨询性质的一种摆设。在这资政院200个"议员"中，有一半是钦定议员（其中有"宗室王公世爵"48人，各部院官员32人），另一半是"互选议员"，即由各省咨议局议员中推选出来，并经各省督抚核定的。资政院的总裁、副总裁，皆由朝廷指派王公大臣担任。仅从资政院人员的组成和产生的程序来看，它维护封建王朝的性质就十分清楚了。不仅如此，在清王朝黑暗的统治下，这不但没有带来民主，反而给人民带来祸害。各地正是在推行新政、预备立宪的名义下，趁机巧立名目，搜括民脂民膏。一位御史在奏折中写了当时的情形："其苛捐扰民也，不思负担若何，唯恐搜括不尽，农出斗粟有捐，女成尺布有捐，家蓄一鸡一犬有捐，市屠一豕一羊有捐，他如背负肩挑瓜果、菜蔬、鱼虾之类，莫不有捐，而牙行之于中取利，小民之生计维艰，概置弗问……似此办理地方自治，其人既多败类，其费又多虚糜，苛取民财，无裨民事，怨声载道，流弊靡穷。若不量为变通，严加整顿，臣恐民怨日积，民心渐离，大乱将兴，何堪设想"。① 难怪在这场闹剧开张不久，武昌首义的枪声就响起了。

例子之四，否定辛亥革命的必要性，是对辛亥革命历史意义的无知。孙中山领导的辛亥革命，是 20 世纪中国发生的第一次革命运动。它作为一次历史巨变，推翻了清王朝，结束了统治中国两千多年的封建专制制度，是它的成功方面；它建立了民主共和国，但却遭受了巨大的曲折，没能够改变中国半殖民地半封建的社会性质和人民的悲惨境遇，是它的失败方面。应当肯定，这场变革，深刻改变和影响中国的面貌：封建君主制度的被推翻，为中国走向独立和解放的道路扫除了一个巨大的障碍物，这使以后无论是袁世凯称帝还是张勋复辟，都只能是过眼云烟，必定遭到中国人民的反对而以失败告终；它在中国人民中传播了民主观念，使得国家主权属于国民全体的民主共和成了正统，活跃了社会政治生活，激发了人民群众中的民主精神；移风易俗，改造了社会风气，改变了人们的精神面貌；辛亥革命失败的方面，也为后人留下了宝贵的精神财富，成为继续奋进、改造中国的历史经验。这一切，都有助于人们洞悉后来独裁者的面目，数年之后就爆发了五四运动不是偶然的。中国共产党领导的民主革命正是对辛亥革命的继承和发展。对于这样一个引发历史性巨大变化的革命轻易地加以否定，作为学者难道不显得过于轻浮了吗?!

由上可见，这种"有意的无知"达到了何等可怕的地步，这显然是出

---

① 《御史叶苕棠奏各省办理地方自治流弊滋大拟请严加整顿折》（宣统三年六月七日），《清末筹备立宪档案史料》下册，中华书局 1979 年版，第 757 页。

于他们难以启齿的目的的一种偏见。对历史的无知固然可悲，而对历史的偏见更是可悲又可鄙，因为偏见比无知离真理更远。让人未曾料到的是，在中国革命胜利60多年的今天，革命是"好得很"还是"糟得很"却又成了问题。读了那些类似"糟得很"的文字，禁不住会想起1927年湖南农民运动中跑到上海、长沙的土豪劣绅的尊容和话语，虽然比起他们会装得斯文一些。这确令人唏嘘不已。

否定历史往往是为了否定现实，这是持历史虚无主义者的一个带有共同性的特点。他们或是明目张胆，肆无忌惮，或是曲笔隐晦，旁敲侧击。这篇评说虽是曲笔但不隐晦，他们否定辛亥革命的必要性，也就否定了作为民主革命先行者的孙中山，剩下的就是他们所称颂的抽象的人格魅力，这种所谓的道德力量也就失掉了时代的、历史的内涵，这对于这位历史伟人又有什么意义呢？且不说他们把孙中山还不可避免地带有某些历史局限性的表现，诸如对建立革命军队认识不足，对袁世凯的妥协，等等，都作为个人道德的光辉，更重要的是，他们这样做是为了衬托毛泽东缺乏这种"道德的光辉"，甚至不惜把他和袁世凯、蒋介石捆绑在一起，诬蔑成为"抛弃不掉对个人专制的兴趣"。

值得注意的是，近些年来一些历史虚无主义的论者是带着仇视的眼光看待人民革命的，手法之一，就是把革命的领袖描绘成专制、独裁，来达到否定人民革命和人民政权的目的。实际上，这是中国共产党问世以来就面对的诬蔑和谩骂，不同的是，过去是用"匪徒"、"共产共妻"一类恶毒的字眼，现在则换成专制、独裁。史评自有人心在，不是某些人说了就能算的。反动势力把共产党、毛泽东涂抹成青面獠牙，人民群众则把他们看作是"救穷人，脱苦难"的人民救星。毛泽东的一生，是争取人民主权、捍卫人民主权的一生，即使他晚年的错误，也是在追求国家的富强、人民政权的纯洁性的探索中犯的错误，而不是为了个人的什么目的。他一生无私奉献，为了国家他把自己心爱的儿子送上战场，牺牲后同其他烈士一样埋在异国他乡；他没有给自己子女留下财富，更没有留下权力，而要求他们成为普通老百姓中的一员。天底下难道有这样的专制独裁者吗?!难怪在毛泽东逝世30多年来，在广大人民群众中"毛泽东热"仍然持续出现，这正表明毛泽东的伟业和人格魅力深深地扎根于中国人民的心中，是中国社会主义事业的希望所在。这是任何人推翻不了、改变不了的。

不仅如此。他们还用孙中山曾提出的《实业计划》，提出想修十万英里铁路的蓝图说事，由此引出孙中山比毛泽东懂经济，他懂得"铁路交通乃工业之母、实业之母这一道理，几十年前孙中山就认识到，可是毛泽东和好些领导人一直没有认识到，这就限制了工农业的现代化"。"1949 年以后的几十年和平时期修路很少，直到改革开放后才有所改变"。用一个还仅仅是蓝图的设想，就轻易地否定了新中国铁路交通建设，实际上是指"限制了工农业的现代化"的整个经济建设成就。这真是顶级的大胆假设，而不必小心求证，这未免武断得过头了。

孙中山一生致力于国家的民主和富强事业，期望彻底改变中国经济长期落后的面貌，使我们中国当成为"至完美的国家"。他在 20 世纪初就提出了利用大好资源建设国家的设想，并"草拟了许多计划要提高人民的生活水平，使国家工业化的计划"。（宋庆龄语）民国初年他将政权交给袁世凯后，便声明他将以民国国民的身份，集中心力从事振兴实业的活动，提出了用十年时间修筑二十万里铁路以奠定中国富强之基础的宏伟设想。这确实反映了这位革命先行者为祖国富强而奋斗的真诚愿望，表现了为人民的幸福生活而殚精竭虑的崇高精神；但在当时的历史条件下，也反映了当时革命派普遍存在的对袁世凯面目还认识不清、抱有幻想的软弱的一面，这使孙中山为之奔走呼号的建设方案不能不成为一纸空文。

毛泽东为代表的中国共产党人，作为孙中山先生事业的继承者，深刻总结前人的经验，深刻认识没有独立、自由、民主和统一，不可能建设真正的大规模的工业。这是近代中国历史证明了的一个颠扑不破的真理。那么，新中国建立之后，在毛泽东为核心的党中央领导时期，是不是像他们所说的不懂经济，没有成就呢？就以他们乐道的铁路交通为例，毛泽东是把交通运输视为经济建设的先行部门加以重视的，在"四个现代化"目标的最初提法中，就是现代化的交通运输业（后改为科学技术现代化），在《1956 年到 1967 年全国农业发展纲要》中，也明确规定："按照各地情况分别在 5 年、7 年或者 12 年内，基本上建成全国地方道路网"。而在实际工作中，国民经济恢复时期，工业中的重点就是发展交通运输，特别是铁路运输，不但原有铁路得到恢复畅通，还新建了总长 1263 公里的三条铁路线，公路、航运也得到相应发展。在 1958 年到 1965 年间，全国新增铁路通车里程 7200 多公里，有 12 条干线建成或部分建成，使全国除西藏外，各省、直辖市、自治区都通了火车，公路、航运和邮电通信事业也有了很大发展。即使在"文化大革命"经济建设受到严重干扰时期，全长 1058.8 公里的西南重要交通线成（都）昆（明）铁路全线通车，此外还新建了湘黔、襄渝、南疆、青藏等铁路线。这一切表明，当年孙中山所梦寐以求的建设蓝图在新中国的条件下逐步化为美好的现实，难道这能够否定得了吗？

这篇评说，不只是对具体的历史人物、历史事件的评价，用他们的话来说，是"涉及对 20 世纪中国历史道路的评价"，在他们看来，近代中国应该走的只能是"虚君共和的英国式道路"，也就是沦为保皇党的康有为、梁启超所提倡的君主立宪的改良主义道路，孙中山没有接受这条道路，所以辛亥革命搞错了。顺着他们所规划的这样一条道路，中国共产党领导的革命更是错上加错了，革命错了，土地改革错了，搞社会主义错了，又不懂经济，那么新中国的现实还剩下什么呢？他们究竟要回到哪里去，生活在 21 世纪的这些君子们，却抱着慈禧太后这具僵尸不放，把中国的民主、富强的希望寄托在他们身上，真是让人哭笑不得。当然，他们还是带有新的时代特征，他们贬损毛泽东"缺少一点孙中山的近代思想和近代精神"，这是什么样的近代思想和近代精神？这就是他们所认定的"孙中山对西方民主有信念"，"他真诚地相信西方的民主制度、民主精神"。我们姑且不论孙中山在当时要在中国建立资本主义民主制度的历史进步意义，也不论孙中山后期思想的变化，问题在于，在时代前进到今天，在社会主义制度已经在中国确立并越来越显示出它的优越性的今天，仍然要求走西方的道路，这难道不是地地道道的开历史的倒车?! 应当说，这就是他们这篇评说的实质。这究竟是不是他们所说的"对中国基本问题认识的深化"？如果说他们过去对辛亥革命和中国近代历史的发展还有过正确的认识，那么现在这种变化，是在特定的历史条件下一些"聪明人"对革命失掉了信心，需要另找出路的一种表现。这不是对历史认识的深化，而是一种浅化、退化，他们需要到西方另找出路了，这是并不奇怪的一种历史现象。

二　以"学术研究"的面目出现

在多数的情况下，历史虚无主义思潮是以"学术研究"的面目出现，在"重新评价"、"重新认识历史"的名义下，做翻案文章，设置"理论陷阱"。他们有的是通过赤裸裸的谩骂、恶毒攻击的方式，来丑化和否定革命历史和革命领袖，相对地说，这比较容易被人们识破，因而他们更多的是在学术"新观点"的幌子下，贩卖他们的私货。比如，在中国近代史的研究中，有的论者否定近代中国是一个半殖民地半封建社会的性质，生造了一个所谓"半封建半资本主义"的提法，来取代半殖民地半封建的科学判断。表面上看，这是一个学术问题，实际上这是一个"理论陷阱"。因为对近代中国半殖民地半封建社会性质的定位，是中国革命，包括孙中山领导的民主主义革命和同社会主义相联系的新民主主义革命的前提，如果这个前提被否定了，革命的历史必然性和进步性也就不存在了，有关近代中国社会和中国革命的一系列结论也都要被改写，与此相关的重要历史人物的评价标准也就完全不同了。事实上这种提法，不但违背了判定社会形态的常识，否认"半殖民地半封建"是相互统一、不可分割的，是中国社会的二重性质交互作用的结果所决定的，而且把对半殖民地半封建社会性质的科学判断看作是产生"左"的错误的重要根源，在有的论者看来，近代中国应当用大力发展资本主义来取代"半封建"，而不应该采取社会主义的发展方向。这样就把纠正新中国成立后工作中"左"的错误变成了"纠正"社会主义。又如，历史虚无主义在糟蹋、歪曲历史的时候，却声称自己是在进行"理性的思考"，是要实现所谓"研究范式"的转换，似乎只要戴上这种理性的光环，他们就会名正言顺地占据史坛的话语权了。实际上，历史虚无主义同理性思考是完全背道而驰的。

譬如说，中国和一些国家曾饱受帝国主义殖民侵略之苦，惨遭掠夺、杀戮和踩踏。可是，经过有人"从经济全球化"高度的"理性思考"，竟然得出了"殖民化在全世界范围内推动了现代化进程"，"如果没有西方的殖民征服，人类将永远沉睡，得不到发展"的结论。如此无耻地美化帝国主义殖民侵略、歪曲和涂抹历史，未免是太愚蠢了。于是有人又试图借曲解马克思的论述来为"殖民化"摆功。马克思 1853 年在《不列颠在印

度的统治》和《不列颠在印度统治的未来结果》中谈到英国在印度的
"双重使命"："英国在印度要完成双重使命：一个是破坏的使命，即消灭
旧的亚洲式的社会；另一个是重建的使命，即在亚洲为西方式的社会奠定
物质基础"。① 有人就依此为理论依据，去肯定"殖民征服"的"功劳"。
他们却有意忽略马克思的论述："英国资产阶级将被迫在印度实行的一切，
既不会使人民群众得到解放，也不会根本改善他们的社会状况，因为这两
者不仅仅决定于生产力的发展，而且还决定生产力是否归人民所有。""只
有在伟大的社会革命支配了资产阶级时代的成果，支配了世界市场和现代
生产力，并且使这一切都服从于最先进的民族的共同监督的时候，人类的
进步才会不再像可怕的异教神怪那样，只有用被杀害者的头颅做酒杯才能
喝下甜美的酒浆。"② 显然，马克思的意思很明显，殖民地国家只有经过社
会革命推翻殖民统治取得独立才能进行建设，应当使生产力归人民所有。
这样十分明确的观点岂容歪曲？可见一些人为了否定革命的正义性和必要
性，就竭力美化帝国主义和封建主义，他们把推动历史前进的革命政党、
领袖和革命的群众运动边缘化，甚至加以丑化，而对阻碍历史前进的反动
势力及其代表人物则加以颂扬，把他们放到了历史舞台的中心位置。这从
根本上歪曲、颠倒历史的做法，是不折不扣的反理性思考。

三 有着明确的政治诉求

改革开放以来相继出现了危害社会的各式各样的错误思潮，如新自由
主义思潮、民主社会主义思潮、儒化中国思潮和普世价值观等，虽然它们
主张各异，表现形式不同，但却有共同的政治诉求，这主要表现在：反对
四项基本原则这一立国之本，力图扭转现代化建设和改革开放的发展方
向，把中国纳入到西方资本主义体系中去。历史虚无主义思潮则以它自身
的特点来表达这一共同的政治诉求。其中具有代表性的，是 1998 年有的
学者为《北大传统与近代中国》一书所写的序言，竭力否定近代中国特别
是五四以来的爱国的、革命的传统，而把自由主义说成是最好的、当今中

---

① 《马克思恩格斯选集》第 1 卷，人民出版社 1995 年版，第 768 页。
② 同上书，第 771、773 页。

国应当继承发扬的五四传统，并要求把它作为一种政治学说、经济思想和社会政治制度加以实现，这样才"会把一个自由的中国带入一个全球化的世界"。这就不加遮掩地把自由主义作为今天中国要加以实现的资本主义社会政治制度提了出来。诚然，作为政治思潮的自由主义，在五四时期确曾存在过。如五四时期形成了一个新文化运动的统一战线，它包括具有共产主义思想的知识分子、革命的小资产阶级知识分子和资产阶级知识分子这三部分人。五四运动后，随着斗争的深入，这个统一战线发生了分裂，一部分人继承了五四传统，并在马克思主义的指导下加以发展；另一部分人则向右发展，走所谓自由主义的发展道路，他们虽然在反封建斗争中起过一定作用，但最终走向了历史的反面。这两种思潮的不同发展趋势及它们之间的交锋，可以说是贯穿在五四以来历史发展的全过程中，而人民革命的胜利则为它们作出了公正的结论和历史性的选择。怎么能够把五四时期历史发展中非本质的方面，也即人民革命洪流中的逆向潮流，作为主流传统加以颂扬，并要求今天的中国加以复兴和弘扬呢?! 事实上，持自由主义传统论者有着明确的政治诉求。他们认为，这种自由主义，"曾有九十年是中国社会上的主流思潮之一"，只是"一九四九年后"，被"持续地、彻底地、大规模地'肃清'"了，现在的任务就是使之"在今天的中国复兴"，使"中国由此而开始走向世界，走向现代化，走向全球化"。明白无误地把矛头指向了人民革命和中国的会主义制度，而他们所要求的自由主义，正是资本主义的现代化和全球化。

这里需要指出，自由主义是作为 19 世纪初出现的资产阶级的一种政治思潮，它把资产阶级革命时期的自由、民主口号按照资产阶级政权确立后的要求加以修改和补充，主张个人活动和发展的完全自由，实现毫无限制的企业主的自由竞争，拥护有财产限制的选举权和两院制议会，等等。很清楚，作为一种政治思潮，自由主义所要求所维护的就是资本主义的社会政治制度。今天持自由主义论者对历史作出他们的判断："世界经过工业化以来两三百年的比较和选择，中国尤其经过了一百多年来的人类历史上规模最大的试验，已经有足够的理由证明，自由主义是最好的、最具普遍性的价值"。并认为，"西方的自由主义者在所有制与经济体制问题上的立场一向是旗帜鲜明的"。特别要人们认识"市场经济必须发展经济的自

由主义，而经济的自由主义正是其他各种自由主义的基础"。他们把自己
的经济政治主张说得如此明白而露骨，这并不奇怪，而是真实反映了这些
年来出现的那股来势迅猛的私有化的思潮。从这里不难看出他们热衷于把
所谓自由主义传统强加给近代中国的真实的和最终的意图。值得注意的
是，这种自由主义的说教，今天又加上了一层"普世价值"的包装，具有
很大的欺骗性，应该引起我们足够的、清醒的认识。

第三节　历史虚无主义是唯心主义的历史观

历史研究是材料和方法的统一，二者缺一不可。这个方法，就是一定
的历史观的运用和表现；这种历史观，有唯物史观和唯心史观两种，它们
之间有科学和非科学之别。唯物史观的创立，是人类认识史上的一次"壮
丽的日出"，是马克思的一大历史贡献。唯物史观是科学的历史观和方法
论的相统一。有什么样的历史观就会有什么样的方法论，一定的历史观也
是通过它的研究方法表现出来。恩格斯说："唯物主义历史观及其在现代
的无产阶级和资产阶级之间的阶级斗争上的特别应用，只有借助于辩证法
才有可能。"[1] "如果不把唯物主义方法当做研究历史的指南，而把它当做
现成的公式，按照它来剪裁各种历史事实，那它就会转变为自己的对立
物。"[2] 历史虚无主义也正是通过它的反历史、反科学的研究方法，表现出
它的唯心主义历史观。

一　历史虚无主义违背实事求是的历史研究的根本原则

以史实为依据，从历史实际出发，实事求是，是历史研究的根本原则
和根本方法。历史虚无主义对待历史的态度，有哗众取宠之心，无实事求
是之意。一些人越过了学术研究应有的底线，却在"学术研究"的名义
下，不尊重历史事实，片面引用史料，根据他们的政治诉求，任意打扮历
史、假设历史，胡乱改变对近现代历史中重大事件、重要人物和重要问题

---

[1] 《马克思恩格斯文集》第 3 卷，人民出版社 2009 年版，第 495—496 页。
[2] 《马克思恩格斯文集》第 10 卷，人民出版社 2009 年版，第 583 页。

的科学结论；有的则以"客观"、"公正"的面貌出现，崇尚"坏人不坏"、"好人不好"的模式，要求按照人性论的原则治史，否则就是脸谱化、"扣帽子"；一些人还以"思想解放"、"理论创新"的名义糟蹋、歪曲历史。从一定意义上说，他们确是一种"研究范式"的转换，不过是转换到旧史学中常常能够看到的，维护封建正统，蔑视人民群众的力量，为统治阶级辩护的老路上去。这绝不是什么"创新"，而是在历史观上的复旧。公正地说，他们比旧史学还不如，因为他们不是研究历史，而是玩弄历史。这一切表明，历史虚无主义是按照他们的主观愿望和政治诉求来对待历史，是唯心主义历史观在新的历史条件下的复活和再版。

前面提到，他们为了标榜自己的"创新"和理性思考，一再提出所谓的"范式转换"，这究竟是一种什么样的"范式转换"呢？究竟是"解放思想"的"理论创新"，还是违背历史事实的主观臆断？

其一，在反对所谓"激进主义"、推崇保守主义的名义下，否定革命，颂扬改良。如前所述，历史虚无主义把近代中国凡是追求变革进步的都斥为"激进"而否定，而维护封建专制统治的则被称为"稳健"而肯定，断言是"激进主义"祸害了中国，阻碍了中国现代化进程，他们为了否定革命，把改良主义看作是近代中国的唯一出路。有人认为改良主义"抓住了由前现代社会向近代社会转型的关键，这是一条真正的救国之路……更切合中国社会进步的需要"。这样，就用所谓改良的范式，取代革命的范式。我们知道，改良是在保存原有社会的政治经济基本制度的基础上对它的某些局部进行调整，而不触动它的整个经济基础和上层建筑，而阻碍近代中国社会发展的不只是局部问题，恰恰是半殖民地半封建的基本制度。那种企图保留这个基本框架而进行局部改良的办法，是不能把中国引上独立富国的道路的。自鸦片战争失败后，从洋务运动到维新变法，再到清末"新政"，所有学习西方变法自强的改良努力都失败了，都不能挽救垂危的中国，这就是历史的证明。所以，造成中国积弱积贫的根本原因，就在于半殖民地半封建的社会制度，不去推翻和改变这种社会制度，企图通过社会改良来实现社会进步，是不可能的。因而推崇改良，否定革命，是根本违背近代中国历史的要求，是为实现其自身政治诉求而制造出的一种主观臆断。

其二，与上述观点相联系，用所谓的"现代化史观"取代"革命史观"，把革命同现代化对立起来，借以否定中国近代史上的革命斗争。当然，从理论和实践上探讨中国现代化的源流、曲折和发展，不失为近代史研究的一种角度，但问题在于，持"现代化史观"论者往往是以否定争取民族解放和人民民主这一近代中国主旋律为前提的，这就从根本上违背了近代中国的历史实际和首要的历史要求。正因为这样，经过上述历史"研究范式"的转换，现代化就成为近代中国历史发展的唯一要求和唯一主题，而革命便成了破坏社会稳定、制造社会动荡、阻碍现代化的消极力量。其实，这种"现代化史观"并不是什么创新，早在1938年蒋廷黻在《中国近代史》一书中就说过："近百年的中华民族根本只有一个问题，那就是：中国人能近代化吗？能赶上西洋人吗？能利用科学和机械吗？能废除我们家族和家乡观念而组织一个近代的民族国家吗？能的话，我们民族的前途是光明的；不能的话，我们这个民族是没有前途的。"① 他由此得出结论，以落后的中国抵抗西方列强的入侵必遭失败；"明智的选择"是放弃无益的抵抗，甘于认输，一心一意学习西方，去实现中国的现代化。而此时正是抗日烽火连天、全民族抗战之时，这样的论调对争取民族解放战争的消解作用是不言自明的。可以说，这是"现代化史观"的最早表述，而今天持此论的正是继承和发展了这样的观点。我们知道，争取民族独立和实现国家富强即现代化，是近代中国历史的两大要求。但在民族灾难深重，国家不独立，人民受压迫的情况下，是无法实现现代化的。近代中国有多少爱国者抱着科学救国、教育救国和实业救国的理想，苦苦追求和奋斗，结果都一一失败了。这就是因为当时的社会环境不容许。所以只有通过革命来解放生产力，才有可能实现国家的富强。那种用所谓的"现代化史观"取代"革命史观"，把革命同现代化对立起来，目的是否定中国近代史上的革命斗争。有人说，如果没有康有为、梁启超的变法维新和孙中山的革命，"中国早就实现现代化了"。还有人说，慈禧太后在20世纪初推行"新政"，又搞了"立宪"，如果孙中山不革命，照这样慢慢进行下去，不仅军阀混战的局面就不会出现，而且中国可以走上民主的富强

---

① 《中国近代史》，岳麓书社1987年版，第11页。

的道路，中国今天也就现代化了。这真是历史的天方夜谭。在一些人眼里，革命成了破坏现代化的"万恶之源"。其实，所谓"革命史观"是他们否认革命而生造出来的一个概念，并不反映中国近现代史研究中的马克思主义历史观。对于中国革命和中国的现代化，我们都主张要用科学的历史观，即以唯物史观为指导加以研究。事实表明，革命绝不是同现代化相矛盾、相对立的，革命是现代化最重要、最强劲的推动力量；如果没有革命为现代化创造民族独立、人民解放这个前提条件，中国的现代化就永无实现之日。早在民主革命时期，毛泽东就在总结历史经验的基础上，阐明了革命和现代化之间的辩证统一关系。他反复指明："没有独立、自由、民主和统一，不可能建设真正大规模的工业。没有工业，便没有巩固的国防，便没有人民的福利，便没有国家的富强。""一个不是贫弱的而是富强的中国，是和一个不是殖民地半殖民地的而是独立的，不是半封建的而是自由的、民主的，不是分裂的而是统一的中国，相联结的。在一个半殖民地的、半封建的、分裂的中国里，要想发展工业，建设国防，福利人民，求得国家的富强，多少年来多少人做过这种梦，但是一概幻灭了。"[1] "中国人民的生产力是应该发展的，中国应该发展成为近代化的国家、丰衣足食的国家、富强的国家。这就要解放生产力，破坏帝国主义和封建主义。正是帝国主义和封建主义束缚了中国人民的生产力，不破坏它们，中国就不能发展和进步，中国就有灭亡的危险……革命是干什么呢？就是要冲破这个压力，解放中国人民的生产力，解放中国人民，使他们得到自由。所以，首先就应该求得国家的独立，其次是民主。没有这两个东西，中国是不能统一和不能富强的。"[2] 这是近代中国历史证明了的一个颠扑不破的真理。

由上可见，这种所谓"研究范式"的转换，都是违背近代中国历史事实的，都是按照他们的主观愿望和政治诉求来剪裁历史的。这其实是他们设置的一种"理论陷阱"。正是在这样"研究范式"转换的基础上，和这种"现代化史观"相呼应的，就是有些学者所认为的，近代中国的主要问

---

[1] 《毛泽东选集》第3卷，人民出版社1991年版，第1080页。
[2] 《毛泽东文集》第3卷，人民出版社1996年版，第432页。

题，是"救亡压倒了启蒙"，所以现代化被耽误了。这成了他们诉说革命的一大罪状，也是某些人鼓吹"告别革命"的一个主要依据。革命和现代化、救亡和启蒙的关系，前面已经说过了。这里不妨举一个例子来说明。众所周知，严复是近代中国思想启蒙的先驱者，他是在戊戌维新时期走上历史舞台的。这时中国在半殖民地的道路上已经艰难地行进了半个多世纪。但是许多人对国家已濒临亡国灭种的深渊仍茫然无知，在经受一场外国侵略战争的痛苦之后，仍然习惯于回味昔日的升平日子，幻想着所谓的"同治中兴"。不改变这种麻木状态，救亡和自强都是无从谈起的。而中国在中日甲午战争中的惨败，使洋务派30多年苦心经营的"自强"、"求富"的事业毁于一旦。这次战败，是一个泱泱大国败给了一个蕞尔小国，还被迫订立空前未有的亡国条约。它带给中国人心灵上的创痛，对沉睡的国人的惊醒作用，是前所未有的。正如严复给吴汝纶的信中所说："尝中夜起而大哭，嗟呼，谁其知之。"他认为："大抵东方变局不出数年之中。"他由此受到强烈刺激，如他给陈宝琛的信中所写的："心惊手颤，书不成字"，忧患"时局愈益坠坏"，认为国家已是"如居火屋，如坐漏舟"。严复正是为救亡而投身于思想启蒙活动的。他以炽热的爱国激情，把救亡与启蒙、爱国主义与民主主义思想紧密地结合起来，发挥了这位思想启蒙先驱者的重要历史作用。这深刻说明，救亡是近代中国的主题；救亡需要思想启蒙，而救亡本身也是一场具有极大威力的思想启蒙，特别是中国共产党领导的人民大革命，彻底的反帝反封建斗争，对中国人民的觉醒并由此而组织起来，是前所未有的。这说明所谓"救亡压倒了启蒙"，只不过是某些人为了否定和反对革命而制造出来的一个伪命题。

他们正是从这样的伪命题出发，一些学者在反对所谓"激进主义"、推崇保守主义的名义下，否定革命，颂扬改良。正因为这样，已经被历史判明属于反动的一些历史人物，像慈禧、曾国藩、李鸿章、袁世凯这样一些人物，都被描述成为有功于现代化的、忧国忧时的"悲剧英雄"，甚至成了"改革的先驱者"；而对林则徐、洪秀全、谭嗣同、孙中山则加以非难、贬低。

历史虚无主义为了否定革命，还同样从上述的伪命题出发，提出近代以来的中国革命是少数职业革命家"制造出来"的，是强加给中国人民的。这同样是十分荒谬的。近代中国发生的革命，是最终导致改变我国社会发展方向的、波澜壮阔的历史运动，这是任何个人和集团都不可能有这样的力量能够"制造出来"的，而是历史发展的要求，是亿万人民群众的自觉行动。事实上，革命的发生，是有着深刻的社会历史背景。近代中国积弱积贫，逐渐沦为一个半殖民地半封建国家，因而，争取民族独立，实现国家富强，成为近代中国历史发展的两大要求。近代的百年中国，亡国灭种的惨祸纷至沓来，人民挣扎在苦难深渊，如果不反抗，不革命，这种灾难就会万劫不复；民族振兴、国家富强和人民幸福，也只能是一个永远的梦想。这正是激发了多少仁人志士、英雄豪杰抛家舍业、前赴后继、流血牺牲的深刻原因，也是近代中国人民革命斗争风起云涌、不绝于史的深刻原因。正是在这种人民革命斗争中产生和选择了自己的领袖，领袖人物也只有反映历史发展的要求和人民的愿望，才有可能把革命斗争引向胜利。那种把革命运动说成是少数革命家制造和强加的，是根本违背历史事实的。

这里还要指出，近代中国面临的争取民族独立和实现国家富强这两大历史任务，哪个阶级和政党能够带领中国人民加以完成，它就是中国革命的领导阶级和政党，就是新的中国的缔造者。历史就是这样提出问题的。五四运动之前，近代中国的改革和革命，主要是由有资本主义倾向的先进中国人和资产阶级革命派为领导的，以发展资本主义为取向的。他们的奋斗和业绩是感天动地的，他们的历史功业永远铭刻在耸立于天安门广场的人民英雄纪念碑上，铭记在世世代代中国人民的心间。但是近 80 年奋斗的结局表明，中国已经失去了独立走上资本主义道路的历史机缘。只有中国共产党领导的人民革命，才从根本上改变了中国的面貌和命运，完成了反帝反封建的民主革命任务，并顺利地带领中国人民走上社会主义道路。这不仅挽救了中华民族的危亡，而且打开了中国通向现代化的强国之路。这难道不是反映了历史发展的要求，完成历史使命的近代中国历史运动的过程和结局吗？怎么能说是少数革命家"制造出来"的呢？

把革命说成是某种势力"制造"和"强加"的，是一个并不新鲜的论调。当中国人民大革命取得伟大胜利的时候，扶蒋反共的美国政府为了推卸责任，就曾用这种理由来说明中国革命的发生。毛泽东驳斥了这个观点，他说："马克思列宁主义来到中国之所以发生这样大的作用，是因为中国的社会条件有了这种需要，是因为同中国人民革命的实践发生了联系，是因为被中国人民所掌握了。任何思想，如果不和客观的实际的事物相联系，如果没有客观存在的需要，如果不为人民群众所掌握，即使是最好的东西，即使是马克思列宁主义，也是不起作用的。我们是反对历史唯心论的历史唯物论者。"① 令人遗憾的是，在新中国诞生半个多世纪之后，又发生这样的老调重弹，不过，同过去不同的是，今天再抱琵琶的却是我们的"自己人"，这确是一个历史的悲哀。

二　历史虚无主义违背全面、客观的历史研究方法

要全面地、客观地把握历史材料，从历史的实际出发，具体问题具体分析，在特定的历史条件下，正确评价历史事件和历史人物。只有这样，才能够把历史现象个别性、独特性的研究与历史规律性的思想统一起来，尊重历史发展的辩证法；也只有这样，才能真正做到"把历史的内容还给历史"。

历史虚无主义者则与此相反，他们往往是用一些片面的材料，就很轻易地作出结论，轻易地推翻过去的判断，并都把它当成"创新成果"塞给读者，这对于不了解历史的人来说，是有迷惑作用的。所以，"取其一点，不及其余"，甚至无中生有，是一些人做翻案文章，歪曲和颠覆历史的惯用手法。当然，翻案文章历来都有人做，翻案并不一定就是坏事，主要看它是否合乎历史的真实。杭州西子湖畔岳飞坟前的一副名联："忠奸自古同冰炭，毁誉于今辨伪真"，做的就是翻案文章，翻风波亭千古奇冤的案。史评自有人心在。扶正压邪，涤浊扬清，扬我民族之浩然正气，这是一个正直的史学工作者和有识之士应有的史识良知。今天如果再有人要翻岳飞这个民族英雄的历史铁案，忠佞颠倒，指鹿为马，一定会被视为荒唐与可笑。然而，不幸的是，此等荒唐事在当今的史学界却并不鲜见，一些人热衷于美化、拔高像慈禧、琦善、曾国藩、李鸿章、袁世凯这样一些历史人物，而对林则徐、洪秀全、谭嗣同、孙中山等则加以非难、贬低，甚至连

---

① 《毛泽东选集》第 4 卷，人民出版社 1991 年版，第 1515 页。

岳飞是不是民族英雄也成了问题。当然，对历史人物的评价多数是属于学术讨论的问题，矫正过去存在的对历史评价过于简单化的做法也是可以理解的。但是，像上述这样用颠倒事实的办法一褒一贬，难道仅仅用史事如烟、见仁见智就能够解释的了吗？

大型电视连续剧《走向共和》虽已播出多年，但它作为通过影视形象化翻近代史的案，是历史虚无主义的一个标本。值得注意的是一位审片的学者说，这是由多年来的学术成果转化而来的。能够把学术成果转化为影视艺术形象，自然是一件大好事。问题在于，是什么样的学术成果，又是怎样转化的？对此，剧作者作了直白的说明。他说，慈禧是"一个优秀的政治家"，李鸿章是"争取国家利益"者，袁世凯则是一个"有能力的人"（恐怕从秦桧到汪精卫都应属于此类）。因此，他们把这部电视剧定位为"一部带有崇高悲剧意味的英雄史诗"，上述一干人等"都是在为中国找出路"，是这部史诗中的"悲剧英雄"。可以说这是编写这部电视历史剧的指导思想，一条主线，整个剧情都是围绕这个主题展现给观众的。

列宁曾经指出："在社会现象领域，没有哪种方法比胡乱抽出一些个别事实和玩弄实例更普遍、更站不住脚的了。挑选任何例子是毫不费劲的，但这没有任何意义，或者有纯粹消极的意义，因为问题完全在于，每一个别情况都有其具体的历史环境。如果从事实的整体上、从它们的联系中去掌握事实，那么，事实不仅是'顽强的东西'，而且是绝对确凿的证据。如果不是从整体上、不是从联系中去掌握事实，如果事实是零碎的和随意挑出来的，那么，它们就只能是一种儿戏，或者连儿戏也不如。"① 是的，任何一个历史人物都会是多面的甚至是多彩的，重要的是要在他活动的总和中确定它的主要方面，如果胡乱抽出一些实例来证明自己的观点，那么任何实例都有可能被找出来，任何历史也就都可以被改写。这就像今天的一个大贪污犯也可以被描绘成"忠诚的公仆"，因为这个贪官在他的职位上如果不按政府的要求办一些事，他的贪污受贿的企图就难以实现，所谓"忠诚"的实例也是能在他的身上找出几宗的。遗憾的是，《走向共和》使用的就是这种方法，所不同的是，其中的许多"实例"是由他们

---

① 《列宁全集》第28卷，人民出版社1990年版，第364页。

"推测"出来的。为了渲染李鸿章这个"悲剧英雄"的厚重气氛，可以欺世盗名地凭空捏造出这样的悲壮情节：在签订《辛丑条约》时，庆亲王看到条约的内容后，手一直在抖，李鸿章见状把笔拿了过来，对庆亲王说："天下最难的，就是把自己的名字签在卖国条约上，你还年轻，还是我来担这个罪名吧！"这样，一个大义凛然、忍辱负重的形象耸立起来了。为了浓墨重彩塑造这个"悲剧英雄"，还把翁同龢拉出来承担甲午海战失败的幕后责任者。剧作者对李鸿章是如此宽厚有加，一再开脱、美化，而对"支持维新，对外主战"的翁同龢，却加以苛责、戏弄。这真是世上没有无缘无故的爱，也没有无缘无故的恨。

如果《走向共和》只是一部戏说片，倒也罢了。如今戏说历史，就像戏弄一只小鸡一样容易。史学工作者对此已是欲说还罢，见怪不怪了。应该说，那些戏说片、肥皂剧，只能博得人们廉价的一笑，为害相对小些；而像《走向共和》不但作为全新视角的历史剧，而且还要作为一种新的历史观，推销给全国观众，这就值得研究了。如果按《走向共和》剧编者的安排，从慈禧、李鸿章、袁世凯到孙中山，都是他们这个"带有崇高悲剧意味的英雄史诗"中的"悲剧英雄"，"都是在为中国找出路"，那么，在百年中国丧权失地、国辱民困的悲惨历史中，连应负其责的"法人代表"都找不到了，那样的话，走向共和还有什么历史的依据和历史的必要呢?!如果按照这样一种所谓新的历史观，黑白可以颠倒，是非可以不分，忠佞可以不辨，那么，中华民族的精神支柱，爱国主义的旗帜，彪炳千秋的民族英雄，又有哪一样不可以摧之毁之呢?!难怪《走向共和》播出后，有的观众反映，"周围稍有史学基础的朋友，都说不忍再看下去了。"而对一般观众则不然了。令人痛心的是，当时一名高三学生就《走向共和》发表的帖子中有这样的话："我看到了一个有气节、有民族英雄感的李鸿章，让人同情李鸿章，敬佩李鸿章，更加憎恨腐败愚昧的统治者，而不是一个对历史无能为力的志士。"这种历史观所造成的影响难道不应该长而思之吗？而对于这种所谓新的历史观难道不应该加以辨析和澄清吗?!

值得指出的是，像《走向共和》这样颠覆近代历史、革命历史的影视和文学作品，并不是个别现象，它在社会上特别是青少年中所起的恶劣作用，是值得我们严重关注的。

　　这里还要着重指出，历史虚无主义惯于捏造和歪曲史料，或取其一点无限夸大。他们这样做是有鲜明的政治目的，而其重点则是要否定共产党领导的人民革命和社会主义建设的历史成就，竭力搞所谓的"非毛"、"反毛"。毛泽东是中国共产党和人民共和国的主要缔造者，他的伟大的历史功绩、思想理论和在人民群众中的崇高威望，成为国内外反共势力企图西化、分化中国的不可逾越的障碍，因而诋毁、诬蔑、攻击毛泽东和毛泽东思想就成为历史虚无主义的"重中之重"。他们任意夸大毛泽东晚年的错误，把毛泽东领导时期说得一无是处，企图以此打开缺口，全面否定党的领导和社会主义制度。新近流行的一本论述经济改革的畅销书，其中涉及党的历史问题的论断，把改革开放前30年的历史说成是"1949年以后的多次政治运动和'大跃进'使普通工人、农民和知识分子受难"，"是一种'国将不国'的深重危机"①，就是一个很典型的荒谬论断。对此，我们要依照历史的本来面目，给以有力的回答。

　　这里需要指出，评价一个国家、一个社会政策的效果，应该有一个共同的标准，这主要是：看它是不是促进了社会生产力的发展，是不是推动了社会进步，是不是为人们的生存和发展创造更加优越的条件。从这样的标准来看，只要比较一下旧中国，我们在毛泽东领导时期取得的是历史性的伟大成就，是开辟了中国人民站立起来、当家作主的新时代，是极大地促进了经济发展和社会进步，在总体上带给人民的是福利而不是灾难。记得1964年我国第一颗原子弹爆炸时，远在美国的原国民党政府代总统李宗仁对友人感叹：我们不能不服气，我们搞了20多年连一辆像样的单车（自行车）都造不出来，不能不服气呀！这就是旧中国的现实，新中国就是在这样的基础上起步的。只有深刻理解新中国经济建设面临的巨大困难，才会真切体会到我们所取得的巨大成就是何等的可贵。比如在国民经济恢复时期，我们是在经历了20年战争（其中，从1931年日本帝国主义侵占东北开始进行了长达14年的抗日战争，三年的解放战争，再加上新中国成立后三年的抗美援朝战争），在短短的三年时间内，主要工农业产品产量绝大多数超过解放前最高年份（1936年）。正如陈云所说："三年

---

① 吴敬琏、马国川：《重启改革议程》，三联书店2013年版，第2页。

恢复，赶上蒋介石二十二年。"[①] 创造了二次大战结束后医治长期战争创伤、恢复国民经济和社会稳定的一个奇迹。从 1956 年开始了大规模的社会主义建设，虽然在这期间发生过像"大跃进"、"文化大革命"这样严重的失误，但在经济建设和社会进步方面取得的巨大成就是不能否定的。从 1953—1978 年，工农业总产值年均增长率为 8.2%，其中工业总产值年均增长率为 11.4%，农业总产值年均增长率为 2.7%。这个增长速度不但是旧中国无法比拟的，而且与当时世界各国相比也是不低的。在这期间建立了独立的、比较完整的工业体系和国民经济体系，填补了我国工业的许多空白，工业布局有了明显改善，内地和边疆地区都建起了不同规模的现代工业和现代交通运输业，基本上改变了旧中国工业畸形发展的局面；农田基本建设初见规模，效果明显，其间依靠农村集体力量修建了 84000 多座水库，至今仍在农业生产中发挥灌溉、发电、栏洪等方面的重要作用；科学技术水平有了显著提高，现已进入世界先进行列的我国航天技术，就是从 1956 年起步的，对于"两弹一星"的成就，邓小平明确指出："如果六十年代以来中国没有原子弹、氢弹，没有发射卫星，中国就不能叫有重要影响的大国，就没有现在这样的国际地位。"[②] 此外，在涤荡旧社会留下的污泥浊水，惩治贪腐、廉洁奉公，反对封建迷信，发扬社会主义新道德，计划生育等方面，都取得显著成绩。这里还要指出，一个国家的人均预期寿命，是反映这个国家的综合实力和社会进步状况的一个标志性的重要指标。毛泽东领导时期，人均预期寿命从 35 岁提高到 65 岁，而印度 1952 年人均预期寿命 41 岁直到 2011 年人均预期寿命才达到 65 岁，比中国晚了整整 35 年。这些成就，都为新时期的改革开放和现代化建设奠定了坚实的基础，这是任何人都否定不了的历史事实。

由此可见，历史虚无主义在方法上的片面性，并不完全是一种随意性，而是有他们明确的取舍标准。正如有的学者指出的，历史虚无主义并不是对历史完全虚无，而是有所虚无，有所不虚无。他们虚无的是人民革命的历史和历史的进步人物，而对反动统治者、历史的倒退者以至卖国

---

① 《陈云文选》第 3 卷，人民出版社 1995 年版，第 366 页。

② 《邓小平文选》第 3 卷，人民出版社 1993 年版，第 279 页。

者，则加以美化，做翻案文章。这就是他们"重写历史"的实质。

三 历史虚无主义否认和反对阶级分析的历史研究方法

在历史研究中要坚持阶级分析的方法。在阶级社会里，阶级斗争存在于社会生活的各个领域，是社会生活的基本内容之一。恩格斯在《社会主义从空想到科学的发展》一文中指出："新的事实迫使人们对以往的全部历史作一番新的研究，结果发现：以往的全部历史，除原始状态外，都是阶级斗争的历史；这些互相斗争的社会阶级在任何时候都是生产关系和交换关系的产物，一句话，都是自己时代的经济关系的产物；因而每一时代的社会经济结构形成现实基础，每一个历史时期的由法的设施和政治设施以及宗教的、哲学的和其他的观念形式所构成的全部上层建筑，归根到底都应由这个基础来说明。"① 只有牢牢把握社会历史发展的这一基本事实，用阶级和阶级斗争的观点观察和分析社会问题，才能透过错综复杂、千变万化的社会现象，认识事物的本质，掌握社会历史发展的客观规律，认清历史发展的趋势。列宁在《卡尔·马克思》一文中指出："马克思主义提供了一条指导性的线索，使我们能在这种看来扑朔迷离、一团混乱的状态中发现规律性。这条线索就是阶级斗争的理论。"② 列宁在《论国家》中还说："必须牢牢把握住社会划分为阶级的事实，阶级统治形式改变的事实，把它作为基本的指导线索，并用这个观点去分析一切社会问题，即经济、政治、精神和宗教等等问题。"③ 运用阶级和阶级斗争理论分析社会历史现象，就是阶级分析的方法。这是唯物史观研究社会历史问题的基本方法。因此，在历史研究中必须坚持运用这一反映客观实际的基本方法，才能够揭示隐藏在政治思想斗争背后的、最终起决定作用的阶级的物质利益。如果离开了这一基本点，就会陷入唯心主义的泥淖中去。

历史虚无主义者则无视人类社会历史的这一基本事实，否认和反对阶级分析的方法，用抽象的人性论取代阶级论，以所谓客观主义的姿态掩盖

---

① 《马克思恩格斯文集》第3卷，人民出版社2009年版，第544页。
② 《列宁专题文集》（论马克思主义），人民出版社2009年版，第15页。
③ 《列宁专题文集》（论辩证唯物主义和历史唯物主义），人民出版社2009年版，第287页。

其资产阶级的立场。这是他们在对历史事件和历史人物的分析中屡见不鲜的，这里仅举关于蒋介石的阶级属性一个例子加以说明。

著名史学家刘大年在《方法论问题》一文中，曾针对英国出版的《中国季刊》上刊载的一篇研究性长文，发表评论。该文坚决反对说蒋介石是大地主大资产阶级的代表，他引用一些材料说明蒋介石在"四·一二"反革命政变后，为与武汉政权对抗需要款项，遂通过发行国库券强迫资本家认购，甚至采取逮捕、没收财产、绑票勒索等恐怖手段，逼迫资本家就范。文章作者因此得出结论："蒋介石国民党占统治地位的领导是反资本家的。"刘大年指出："《季刊》所述事实不假，然而它的结论却是完全错误的。道理很简单：此时共产党领导的人民革命力量仍然强大存在，南京与武汉的斗争胜负未决。1928年蒋再次上台，地位也不巩固。对于蒋介石只有两条道路可供选择：极力加强南京政权，把共产党进一步打下去，保住大地主大资产阶级统治，或者相反，看着人民力量发展，在全国出现一个'反资产阶级'政权。蒋选择了前者，即牺牲资产阶级局部的暂时的利益，换来保护大资产阶级的长远利益。这说明蒋确实是大地主大资产阶级最得力的代表人物。《季刊》作者眼光短浅，见不及此，而得出蒋介石'反资产阶级'的结论。根本原因仅在：拒绝对中国近代复杂的历史事变作基本的阶级分析，否认阶级分析。"[①] 这个分析无疑是十分正确、深刻的。然而，当年国外的这种错误观点，却被今天国内的某些学者接受，并走得更远了。

近年来，有的论者仅仅根据蒋介石个人的日记，就武断地得出"可以改写中国近代史"，说我们对国共两党的斗争，对中国革命历史的阐述，诸如把国民党蒋介石集团说成是"大地主、大买办、大资产阶级利益的代表"等，都是根据"土匪史观"和"内战思维"得出的"荒唐、谬误的观点"，要求人们要彻底摆脱这种"土匪史观"和"内战思维"，要"重写中国近代史"；声明"我的任务，找寻并告诉读者一个真实的蒋介石"。这就是说，我们史书上的蒋介石，人民群众所认识的蒋介石，都是不真实

[①] 《走什么路——关于中国近现代历史上的若干重大是非问题》，山东人民出版社1997年版，第18页。

的，只有蒋介石日记中的蒋介石，才是真实的。这就自觉地站到了为蒋介石辩护的立场上去，这显然是很不严肃的，为一个正直的史学工作者所不取的轻浮的学风。当然，在历史研究中，个人的日记、信件和回忆录等，都是有价值的史料，是值得研究的。但同任何史料一样，都需要进行辨伪求真的考证，都要放到一定的历史背景下加以分析，特别是对于个人自己的言论，更要如此。中国是一个史学很发达的社会，而在史学研究中考据学又受到了高度重视，对史料采取什么态度，往往是对史学家史识、史德的一个评价标准。

　　像蒋介石这样纵横捭阖于政治舞台，善于以权术消灭异己的人，又怎么能够把他自己的言论作为历史的主要的甚至是唯一的依据呢？如果历史可以这样来写的话，那么，从秦桧到李鸿章、袁世凯、汪精卫，都可以被描绘成高大的爱国者形象。当下一些人做翻案文章不正是用这种手法吗？但是，一个正直的、有良知的人是会对此作出正确的判断的。像汪精卫投敌叛国后，在他写的诗文中还是哭天抹泪地抒发所谓的"忧国情怀"，难道能够根据这种诗文把他说成是一个爱国者吗？！难怪在汪精卫投敌后，有人就把他从前在反清斗争中写的两句诗改成："引刀何曾快，作了汉奸头"。人民是公正的。现在，有的论者却出来为蒋介石的日记打保票，说我们对国共两党的斗争，对中国革命历史的阐述，诸如把国民党蒋介石集团说成是"大地主、大买办、大资产阶级利益的代表"等，都是根据"土匪史观"和"内战思维"得出的"荒唐、谬误的观点"，要求人们要彻底摆脱这种"土匪史观"和"内战思维"，要"重写中国近代史"。一些人仅仅根据蒋介石在日记中写了自己的隐私，就断定所记述的内容是真实的，是反映了他的思想和内心世界，就以此为根据来评判历史事件，而不必去考察全部历史事实，就断定我们对蒋介石的评价是"土匪史观"和"内战思维"的产物，是不可信和不可取的。而且特别认定把蒋介石"称为大地主、大买办、大资产阶级利益的代表"这样的基本结论是站不住脚的，而无须考察中国社会性质和阶级关系的特点，无须考察蒋介石国民党的全部政策及其社会后果，以为经过这样轻轻一笔，就可以抹杀中国革命斗争的性质，就可以为蒋介石"脱帽加冕"了。更有甚者，有的论者提出，如果不按照这样的要求，以蒋介石的日记为准绳，来重写中国近代史，那就是"还想把中国近代史的研究拖回到 20 世纪 50 年代"，就是"保留了'土匪史观'这样那样的影响"，就是"历史服从原则"，是"假马"。这显然是学术研究中极不严肃的、不讲道理的武断作风。

古人云："听其言，观其行"。这是十分有益的经验之谈，是我们臧否人物，判断其是非善恶的唯一标准。诚然，对包括蒋介石在内的历史人物，都要进行具体的、历史的分析，但在他的全部历史活动中又要分清其主要的、基本的方面，而准确把握这一主要的、基本的方面，对于判断其历史作用有决定的意义。在这里，对任何历史人物的评价标准都应当是共同的，这就是看他的所作所为是否有利于社会生产力的发展，是否合乎人民的利益和社会发展的要求。正是根据这样的评价标准，对蒋介石作出历史的评判，认为他作为中国大地主大资产阶级的政治代表，是根据他的对内和对外的全部政策及其实际行动，表明他是根本违背中国人民的利益和意愿，是起着阻碍历史前进的反动力量；同时又对他在某个历史时期作了有益的工作，给予了应有的肯定。难道这就是有的论者所说的"土匪史观"和"内战思维"?!

其实，对蒋介石作出上述的评价，是不绝于史书和舆论界的。早在蒋介石发动"四·一二"反革命政变之前，开始在赣州、九江、安庆等地屠杀工农运动领袖之时，当时担任北伐军总政治部副主任的郭沫若就写下一篇《请看今日之蒋介石》的革命檄文，以极大的革命义愤和大量事实指出："蒋介石已经不是我们国民革命军的总司令，蒋介石是流氓地痞、土豪劣绅、贪官污吏、卖国军阀、所有一切反动派——反革命势力的中心力量了。他的总司令部就是反革命的大本营，就是惨杀民众的大屠场。他自己已经变成一个比吴佩孚、孙传芳、张作霖、张宗昌等还要凶顽、还要狠毒，还要狡狯的刽子手了。"[1] 这篇檄文虽然言词激愤，但是以血的事实为依据而发出的控诉，这在人民看来，是代表了他们的呼声，是完全正义的；而在反动派眼里，则是大逆不道，必欲灭之而后快。这就叫做不同阶级的不同立场，这就是阶级斗争的事实。像郭沫若这样的革命檄文，在今天有的论者看来，自然是"土匪史观"和"内战思维"了。这就不难看

---

[1] 《近代史资料》1954 年第 2 辑。

出，这样的立论究竟是站在谁家的立场上。

近年来，一些人为蒋介石评功摆好的一个重要依据，就是蒋介石参加了抗日战争。他们把抗战胜利的功劳都记到蒋介石的头上，说蒋介石的一个大功，就是"领导国民党和国民政府进行抗日战争，而且坚持到底，争取到了最后的胜利"。认为我们过去对蒋介石在抗战中的表现所作的批评，都是一种"内战思维"。为了表现蒋介石在抗战中的坚决性，还特别引了蒋介石日记中对孔祥熙建议派员到香港同日本和谈来信的一段批示："以后凡有以汪伪组织为词而主与敌从速接洽者，应以汉奸论罪，杀勿赦"。似乎这样一说，就可以掩盖蒋介石对日妥协的倾向了。事情果真如此吗？

我们知道，抗战前夕的中国，政治分裂，内战不已。因此，停止内战，争取一个统一的中国一致对外，成为发动中国人民抗战的先决条件。中国共产党倡导的抗日民族统一战线的建立，为实现国共合作奠定了政治基础，为发动全民族抗战提供了有效的形式。毛泽东曾多次热情地评价国共合作的意义，他说："这在中国革命史上开辟了一个新纪元。这将给予中国革命以广大的深刻的影响，将对于打倒日本帝国主义发生决定的作用。"① 在八年抗战中，国共两党分别领导的两个战场，在中国抗战的统一体中，是既互为依存又相对独立的，它们都为抗战伟业作出了各自的贡献。这时中国共产党和中国人民都对蒋介石寄予厚望，希望他彻底改弦更张，为团结抗战、民主建国作出贡献。但由于蒋介石出于一党私利，仍然坚持"限共"、"反共"、"溶共"的方针，做了许多危害团结抗战、亲痛仇快的事情，皖南事变便是一个突出的实例，而且他的对日妥协倾向也时有表现。抗战初期他就接受过德国驻华大使陶德曼的调停，寻求对日妥协的途径；1939年底到1940年初，又有和日本方面在香港、澳门的秘密谈判，双方讨价还价，甚至达成于1940年8月上旬在长沙举行板垣征四郎（侵华日军总参谋长）与蒋介石会谈的协议。虽然后来由于种种原因使这种对日妥协未能实现，但这种举世皆知的历史事实，岂是蒋介石一纸冠冕堂皇的批示所能掩盖的。正是由于蒋介石的错误政策，导致了1944年豫湘桂战役的大溃败，导致了国统区严重的社会危机。

---

① 《毛泽东选集》第2卷，人民出版社1991年版，第364页。

对于蒋介石在抗战中后期越来越明显的负面作用，不但中国共产党给予了批评和斗争，而且许多民主人士、爱国华侨和国际友人也加以谴责。爱国侨领陈嘉庚曾以大量财力物力支持蒋介石国民党抗战，但在他目睹了国统区上层贪污腐败，下层民不聊生的情景，叹为亡国之征候，深感失望和痛心。他到延安后，通过考察看到了中国的希望，断定"共产党必胜，国民党必败"。就连美军司令兼中国战区参谋长史迪威也在日记中写道："我从我所见到的一切来判断国民党和共产党，（国民党）腐败、失职、混乱、经济、税收、言和行、囤积、黑市、和敌人买卖。共产党的纲领，减税、减租、减息、提高生产水平和生活水平，参加政府，说到做到。"①

在历史的发展中，中国人民正是通过对事实的观察和思考，认识了国共两党，选择了共产党，抛弃了国民党。难道能够说这是"土匪史观"和"内战思维"的结果吗？

从有的学者在这方面的研究工作中，使我们看到离开了历史的、阶级的分析就必然违背历史的真实。值得注意的是，有的学者在这方面的文章中，都只把蒋介石作为近代历史上的一个重要人物，而绝不从阶级上着眼；都只把国共两党的斗争看作是两党之间的政治纷争，都是以"自己的解释视角运用历史为当时的政治斗争服务"。有的人还在中国台湾特别声明："过去，国共两党彼此都叫对方为'匪'，历史证明，双方都不是'匪'"。当然，称对方为"匪"有一定的历史渊源，今天在历史研究中已不再使用这样的话语，但问题在于，在这里，有没有革命与反动、正义与邪恶、光明与黑暗的区分？这难道是用一句"双方都不是'匪'"就可以万事大吉吗？国共两党究竟代表什么样的阶级力量，对中国社会的发展究竟起什么作用，这是历史研究中必须弄清的首要问题。离开了阶级分析的方法，去研究中国革命的历史，是不可能作出科学的判断的。这是唯物史观的一个基本要求，它之所以是科学的、正确的，因为是正确反映了阶级社会的一个基本事实，离开了这样的基本事实来奢谈历史，就只能是混乱的，甚至是虚伪的。就拿有的论者乐此不疲的所谓"土匪史观"来说，人民群众确实曾经根据自己的观察和感受，把蒋介石称作"蒋该死"、"蒋

---

① 《美国与中国的关系》下册（内部资料），第509—510页。

匪帮"等，在这种很情绪化的称呼中，既包含了对蒋介石本质的认识，也表达了人民群众的思想感情，难道我们能够因为这种情绪化的称呼而贬斥为"土匪史观"，而要求加以彻底摆脱？那样的话，就完全站到了人民群众的对立面上去。很显然，用这样离开阶级分析的方法去研究中国革命的历史，是不可能作出科学的判断的。也正像有的论者说的，蒋介石不但把共产党称作"匪"，而且还明令要用多少万大洋的奖赏来买"匪"的首级。这是什么样的"匪"？美国记者埃德加·斯诺为此专门考察了陕北红色区域，他广泛接触了毛泽东、朱德、彭德怀等红军领袖和战士，发现在黄河之滨集合的是一群中华民族最优秀的儿女，他们为民族的解放事业庄严地工作着。事实上，被蒋介石称作"匪"的党及其领袖，人民群众却发自内心地称之为"人民的大救星"。这就是历史，这样的历史显然是有的论者无法改写的。

列宁说过："客观主义者谈论现有历史过程的必然性；唯物主义者则是确切地肯定现有社会经济形态和它所产生的对抗关系。客观主义者证明现有一系列事实的必然性时，总是有站到为这些事实辩护的立场上去的危险；唯物主义者则是揭露阶级矛盾，从而确定自己的立场"。① 这深刻反映了阶级对抗社会的历史背景，在对它进行历史的研究时就不能离开这样的历史事实。客观主义是一种貌似公正，而实际上站到为旧事物作辩护的错误立场上去。有的论者在蒋介石研究中，坚持的正是这样一种立场，而"土匪史观"就成了"告别革命"论的最好注脚。

第四节　历史虚无主义思潮的严重危害

应当说，历史虚无主义只是史学研究中的支流，但尽管是支流，我们也必须认真对待，因为持历史虚无主义态度的一些人，是有很强的现实目的性的，是按照他们对现实的要求，来"改造"历史的。当然，从学术研究的角度看，这些观点并没有什么学术价值可言，因为他们从根本上违背了历史事实；但从政治上看，这作为一种错误思潮，它的流传和泛滥，会

---

① 《列宁全集》第 1 卷，人民出版社 1984 年版，第 362—363 页。

造成人们思想的混乱，甚至导致严重后果，一个国家，一个民族，如果历史被否定、被抹杀，也就失去了存在的立足点。在苏联解体的过程中，否定和颠倒历史大行其道，从全盘否定斯大林，到全盘否定列宁和十月革命，把社会主义说得一无是处，这是最终导致苏联解体的一个重要原因。这个惨痛的历史教训是值得我们认真记取的。

一　历史虚无主义起到消解主流意识形态，搞乱人们思想的恶劣作用

历史虚无主义所散布的种种言论，不仅涉及史学领域的大是大非问题，而且还直接关系到做人立国的根本问题。这主要是：是维护历史本来面目，还是歪曲历史真相；是高扬民族精神，还是鼓吹妥协投降；是从历史主流中吸取精神力量，还是在历史支流中寻找负面影响；是坚持唯物史观，还是回到唯心史观。如果这些原则问题被颠倒、被消解，就会从根本上搞乱了人们的思想，一个民族、一个国家就会失去立足和发展的思想基础。

70 多年前，毛泽东在评价鲁迅时曾满怀深情地指出："鲁迅的骨头是最硬的，他没有丝毫的奴颜和媚骨，这是殖民地半殖民地人民最可宝贵的性格。"[1] 这深刻体现了中华民族的精神面貌和不屈服的品格。正是这种以爱国主义为基础的民族精神，使中华民族有很强的整体认同感，有荣辱与共、患难与共的情怀，有无以为国，何以家为的先国后家、先人后己的高尚风格，有公而忘私、国而忘家的行为准则。这种源远流长的爱国主义精神，铸造了后世无数仁人志士的崇高抱负和追求。中华源远流长的灿烂文化和中国历史发展证明了一个颠扑不破的真理："我们中华民族有同自己的敌人血战到底的气概，有在自力更生的基础上光复旧物的决心，有自立于世界民族之林的能力。"[2] 中华民族从不屈服于国内黑暗势力的统治，也绝不屈服于国外侵略势力的压迫。在外敌入侵的危难时刻，各族人民总是团结起来，同仇敌忾，保卫自己的家园，维护国家的统一，血染山河，宁死不屈，没有丝毫的奴颜与媚态，有的只是铮铮铁骨和凛然正气。这在近

---

① 《毛泽东选集》第 2 卷，人民出版社 1991 年版，第 698 页。
② 《毛泽东选集》第 1 卷，人民出版社 1991 年版，第 161 页。

代反侵略斗争中都有鲜明表现，演出了一幕又一幕让侵略者丧魂裂胆，感天动地的活剧。面对穷凶极恶的外国侵略者，面对亡国灭种的危险，中国人作出了自己的回答：要用血肉之躯筑成新的长城，中国人绝不言放弃，中华民族不会亡！千千万万爱国志士抛头颅，洒热血，为挽救民族危亡而前仆后继。这是中华民族历经磨难而仍然屹立于世界，并能在凤凰涅槃中获得再生的内在力量。

然而，历史虚无主义的一些鼓吹者却丧失了起码的民族良知，他们不但渲染民族失败主义情绪，而且公开走上称颂帝国主义侵略，称颂殖民统治的道路上去。在他们看来，像琦善、李鸿章这样主张妥协投降的人物，是实事求是的、明智的，是负责任的态度，是真正的爱国，而主张抵抗的林则徐等人则成了不负责任的蛮干。是非被颠倒到如此地步，有的人竟然走到美化帝国主义、颂扬侵略的邪路上去，连起码的爱国之心，民族大义，都化为乌有。这种不可思议的言论，要在过去将会被看作是可耻的卖国言论，人人喊打的过街老鼠，而今天却成为某些人的"思想解放"的时髦话语。试举数例说明之：

有人说，鸦片战争后"资本主义终于打入了封建主义禁锢着的神圣天国"，是好事，应当"大恨其晚"，如果再早一点，"我们中国就远不是如此了"。还有文章说，"从根本意义上来说，是鸦片战争一声炮响，给中国带来了近代文明"。

有人认为，无论是清王朝的抵抗，还是农民自发的三元里抗英斗争和义和团运动，"在形式上都是民族自己的斗争，而在实质上，都是站在维护本民族封建传统的保守立场上，对世界资本主义历史趋势进行本能的反抗，是以落后对先进，保守对进步，封建闭关自守孤立的传统对世界资本主义'自由贸易'经济变革的抗拒"。

有人认为，过去"只是更多地从'侵略与反侵略'、'压迫与被压迫'、'奴役与被奴役'这个正义与非正义的道德立场出发去审视，因此，见到的只是血与火的悲惨场面，想到了爱国保家，维护的是独立与尊严，表现的是愤怒与声讨，最终便是对'世界走向中国'这一历史作出消极的、片面的、情绪化的彻底否定"。

还有人认为，近代中国政府和人民对不平等条约应当遵守，因为"即使是不平等条约，也是国家信誉所系"。

　　看了这些高论，真是"侵略有功，反抗有罪"了。从这里会使我们更深切理解邓小平的预言：如果中国复辟资本主义，就只能成为某个大国的附庸。有那么一些人就是要心甘情愿地做别人的"附庸"，当"孙子"！这里还用得着一句老话：就是不能依了他们，若依了他们，就会亡党亡国。

　　这里还要指出，历史虚无主义必然导致民族虚无主义和文化虚无主义，一些人不但歪曲近现代中国历史，而且对我们伟大的以爱国主义为核心的民族精神，中华源远流长的灿烂文化也恣意抹杀。在一些人的笔下，我们的民族不仅"愚昧"、"丑陋"，而且充满"奴性"、安于现状、逃避现实，如此等等；而把中国优秀的文化和文化传统被说成是走向没落的"黄色文明"，要现代化只有乞灵于西方的"蓝色文明"。华裔美籍著名物理学家李政道教授看了电视剧《河殇》后撰文指出："中华民族文化发源于黄河。当黄土文化移入了长江流域，使长江居住的黄人结合了北方的黄人。黄河的黄水流入了大海，使海外的华人也永远连接了这伟大的河流。黄帝的儿女们，我们必须团结，发扬民族理想，建立自尊、自信……一个只依赖过去的民族是没有发展的，但是，一个抛弃祖先的民族是不会有前途的。5000 年的黄土文化值得我们骄傲，希望我们今后的创业，也能得到未来子孙们的尊敬。黄帝的儿女们，我们只要有志气，不必害怕目前的贫穷。盼能启新自兴，望弗河殇自丧。"[①] 这说得何等好啊！他对这种民族虚无主义给我们民族可能造成的伤害表达了深刻的忧虑和不安。是的，一个民族的精神被矮化、丑化，优秀的文化和文化传统被否定、抹杀，民族独立的历史被嘲弄、糟蹋，这个民族还能立得起来吗？！

　　我们知道，建设中国特色社会主义是中国人民的共同理想，这是近代以来中国的历史性选择，是实现国家富强、民族振兴的唯一正确道路，具有极大的凝聚力。中国人民行进在社会主义道路上已经半个多世纪了。60 多年来，中国社会发生了翻天覆地的变化，一个极度贫弱的、任人宰割的旧中国已经变成了一个初步繁荣昌盛、举世瞩目的新中国，谱写了中华民

---

　　① 李政道：《读〈河殇〉有感》，《光明日报》1988 年 11 月 4 日。

族五千年文明史上最辉煌的篇章。这是中国人民引以为自豪的伟大成就，他们懂得珍惜这一历史的重大意义。然而，在历史虚无主义者那里，把中国革命和社会主义建设的历史，说成是"杀人食人"的历史，说什么："文人的可恶之处还在于，作为历史的叙述者与研究者，他们常常有意无意地洗涤、抹杀历史的血腥气。我们读到众多的研究 20 世纪中国历史、共和国史的著作，但这百多年发生的无数杀人食人的事实都在历史叙述中消失了，只剩下不断从胜利走向胜利的一片'光明'。"事实上他们要洗涤、抹杀的是百多年来帝国主义杀戮中国人民的血腥历史，以及和帝国主义沆瀣一气的中国反动势力屠杀革命人民的血腥历史，而以阴暗、仇恨的心理看待人民革命和人民共和国的历史。他们把党和共和国历史上的许多重大事件都加上"左"的罪名，使之变成一部不断"'左'祸中国"的历史；他们利用我们历史上所经历的曲折，把错误无限扩大、上纲上线，借以否定中国共产党领导中国人民取得民主革命、社会主义革命、社会主义建设和改革开放伟大成就这一历史的主体。他们这样做，正如 20 世纪 80 年代风靡一时的大型电视片《河殇》所标榜的对"历史总体反思"，这种反思，就是该片总顾问金观涛所说的："社会主义的尝试及其失败，是 20 世纪的两大遗产之一"。他们否定中国走上社会主义道路的历史必然性，散布社会主义失败论，颠倒是非，混淆视听，如果听任其发展下去，就会动摇中国人民的共同理想，摧毁近代中国所苦苦追求的国家富强、民族振兴的伟大事业，陷国家于万劫不复的境地。

由上可见，历史虚无主义不但颠倒了历史，而且也搞乱了人们的历史观。历史观是人们对历史的根本观点，是对历史的理论认识，同时也是世界观的有机组成部分。每个人都会有自己的历史观，因此引导人们树立科学的历史观，使他们对繁纷复杂的历史现象能够作出正确的评价和判断，这对于他们确立正确的世界观、人生观和价值观关系极大。而对历史的颠倒，就必然会导致是非、美丑、荣辱标准的颠倒，那种所谓"躲避崇高"、"拒绝壮烈"、"告别革命"一类误导青年的低俗的、反历史的说法，就同历史虚无主义思潮有极大的关系。事实证明，这种是非判断标准的颠倒，必然会在社会上造成极大的思想混乱，而社会思想混乱进而就会造成政治上的动乱。1989 年政治风波的前奏、序幕就是历史虚无主义思潮的泛滥，这个历史教训是值得我们记取的。

二　历史虚无主义适应西方反共势力"西化、分化"中国的战略企图

自从第一个社会主义国家在地球上诞生以来，一个世界，两种制度，就成为世界政治格局的一个主要特点。一个社会主义国家的建设，不仅与国内的环境紧密联系，而且也同国际大气候息息相关。因而，在当今世界两种社会制度将长期共存与斗争的态势下，坚持社会主义方向，抑制来自外部的各种压力，战胜国际帝国主义企图"和平演变"社会主义国家、"西化、分化"社会主义中国的图谋，就成为一个十分尖锐和十分突出的问题。防止"和平演变"是工人阶级政党和社会主义国家面临的一个严峻的历史性任务。"和平演变"战略是国际帝国主义对社会主义国家采取武装干涉、军事包围和政治孤立遭到失败之后，以经济、政治、思想和文化渗透为主要形式，企图使社会主义国家政权从内部演变，从而达到颠覆社会主义制度的目的。防止"和平演变"实质上是无产阶级夺取政权之后如何保持政权的问题。

早在 1947 年初，美国驻苏联代办乔治·凯南在给杜鲁门总统的一篇题为《苏联行为的根源》的报告中就提出，苏联老的一代正在消失，一旦斯大林去世，苏联内部可能发生长达十几年的自相削弱的斗争。他说："如果作为一种政治工具的党的团结和效能遭受到破坏的话，苏俄可能在一夜之间就从一个最强的国家，变成一个最弱和最可怜的国家。美国有能力大大增强苏联在执行政策时受到的压力，迫使克里姆林宫采取比它近年表现出来的远为克制和谨慎的态度，并通过这种办法促进某种趋势，这种趋势最终必然导致苏维埃政权的瓦解或逐步趋于软化"。他还指出，这种软化趋势出现以后，我们就可以"期待一个与今天大不相同的俄国政府"，这个新的俄国政府，"将容许在俄国建立同我们所熟悉的那种私人企业相类似的制度。"凯南提出的这种软化和演变苏联的思想，得到美国决策者的关注和重视。1953 年初，杜勒斯出任美国国务卿后，继承和发展了凯南的思想，他在国会证词中说：必须用"和平的方法"，把社会主义国家的人民解放出来。他在解释所谓"和平解放"战略时说："解放并不就是解放战争，解放可以用战争以外的方法来达到……它必须是而且可能是和平

的方法。"他特别强调:"我们希望鼓励苏联内部的演化,从而使它不再成为对世界上自由的威胁,只管他们自己的事情,而不去设法实现共产主义的目标和野心。"这就露骨而又完整地提出了"和平演变"的战略。1956年苏共二十大和波匈事件之后,杜勒斯受到极大鼓舞,他多次引述艾森豪威尔总统的话说:"在自由国家面前摆着用和平手段取得胜利的明显可能性。现在存在着一种获得胜利的高尚战略。"自此之后,美国历届政要人物,包括肯尼迪、尼克松、里根、布什、克林顿和小布什等,都一直奉行对社会主义国家实行"和平演变"的战略。虽然随着客观形势的变化,对"和平演变"的提法有所不同,但不论是杜勒斯的"解放政策",尼克松的"不战而胜"战略,还是里根的"遏制战略"和布什的"超越遏制"的新战略,究其实质都是一样的。特别是苏东解体之后,他们的主要矛头就转向了社会主义中国,把"西化"中国和"分化"中国的企图联结起来。

值得注意的是,他们进行和平演变的一个"基本的信念":"如果他们继续有孩子的话,而他们又有孩子的孩子,他们的后代将获得自由。"(杜勒斯语)这就是通常所说的西方帝国主义把"和平演变"的希望寄托在共产党的第三、四代人的身上。毛泽东当年就指出:帝国主义说,对于我们的第一代、第二代没有希望,第三代、第四代怎么样?有希望。帝国主义的话讲得灵不灵?我不希望它灵,但也可能灵。他们之所以把"和平演变"的希望寄托在共产党的第三、四代人的身上,是因为在他们看来,这种新生代有可能对革命历史淡漠,对革命传统、理想信念淡忘,有可能向往西方的生活方式和价值观念。因此,他们一方面运用政治的、经济的、文化的手段,利用社会主义国家的暂时困难和实行改革的机会,进行渗透,施加影响,传播西方资产阶级的政治模式、经济模式、价值观念以及腐朽思想和生活方式,培养对于西方的盲目崇拜;另一方面,通过丑化社会主义国家的历史和现实,特别是通过丑化无产阶级革命领袖来达到这个目的;并且利用社会主义国家出现的错误和存在的某些弊端,加以无限夸大,来实现他们妖魔化社会主义制度的目的。他们通过这些活动,企图搞乱人们特别是青年的思想,甚至不择手段地引导青年走向堕落,以达到他们瓦解社会主义的罪恶目的。

毛泽东对于帝国主义的和平演变保持了高度的警惕，在晚年提出要培养千千万万个无产阶级接班人的思想，"接班人的问题还是部署一下。要准备好接班人，无产阶级的革命接班人总是要在大风大浪中成长的"。① 1992年初，邓小平在视察南方时的谈话中指出："帝国主义搞和平演变，把希望寄托在我们以后的几代人身上。江泽民同志他们这一代可以算是第三代，还有第四代、第五代。我们这些老一辈的人在，有分量，敌对势力知道变不了。但我们这些老人呜呼哀哉后，谁来保险？所以，要把我们的军队教育好，把我们的专政机构教育好，把共产党员教育好，把人民和青年教育好。中国要出问题还是出在共产党内部。对这个问题要清醒，要注意培养人，要按照'革命化、年轻化、知识化、专业化'的标准，选拔德才兼备的人进班子"。②

现在苏共亡党、苏联解体已经成为历史的现实，需要人们进行深刻的反思。美国总统克林顿在1995年10月25日的参谋长联席会议秘密会议上说："最近十年来对苏联及其盟友的政策清楚表明，我们所采取的清除世界上最强大的国家之一以及最强大的军事联盟的路线是多么正确。我们利用苏联外交的失误，戈尔巴乔夫及其一伙的非同寻常的自以为是，其中还包括利用那些公开站在亲美立场上的人，我们获得了杜鲁门总统想要通过原子弹从苏联获取的东西。不过，这里有一个非常重要的区别，就是我们还附带获得了原料供应，而不是原子弹炸毁的国家。"俄罗斯联邦总统弗拉基米·普京对苏联解体事件也作了沉痛的反思，他说："我深信，苏联解体是全民族的巨大悲剧。我认为，前苏联的普通公民和后苏联空间内的公民、独联体各国公民、普通的公民们没有从中赢得任何东西。"这就是演变的结果和现实。写到这里，会令我们想起捷克记者伏契克在《绞刑架下的报告》一书最后的一句话："人们，我爱你们。你们要警惕啊！"

三　历史虚无主义从根本上动摇社会主义中国的立国之本和强国之路

如前所述，历史虚无主义思潮攻击的主要方向，就是竭力贬损和否定

① 《建国以来毛泽东文稿》第11册，中央文献出版社1996年版，第87页。
② 《邓小平文选》第3卷，人民出版社1993年版，第380页。

革命，诋毁和嘲弄中国人民争取民族独立和人民解放而进行的反帝反封建斗争，诋毁和否定我国社会发展的社会主义取向，而新中国的诞生和社会主义制度的确立，正是中国共产党领导的人民大革命的产物，如果人民革命这个前提被否定了，社会主义制度也就失掉了存在的基础。当 1956 年赫鲁晓夫全盘否定斯大林的时候，毛泽东就敏锐地看到了它可能导致的严重后果，在他看来，这绝不只是一个历史人物的评价问题，而是涉及如何看待斯大林领导的近 30 年苏联社会主义的历史问题；如果历史被否定了，现实的社会制度就会失去存在的理由。他说：我看有两把刀子：一把是列宁，一把是斯大林。现在，斯大林这把刀子，俄国人丢了。这把刀子不是借出去的，是丢出去的。列宁这把刀子现在是不是也被苏联一些领导人丢掉一些呢？我看也丢掉相当多了。十月革命还灵不灵？还可不可以作为各国的模范？赫鲁晓夫的错误做法，实际上把列宁也丢得差不多了。[①] 后来事态的发展，证明了毛泽东的历史预见性。

邓小平在新时期一再强调，在中国实现现代化，必须在思想政治上坚持四项基本原则，即坚持社会主义道路、坚持人民民主专政、坚持中国共产党的领导、坚持马克思列宁主义和毛泽东思想。四项基本原则是中国共产党的立党之本、立国之本，是党的基本路线的重要组成部分，是我们事业胜利前进的最可靠的保证。正如邓小平所说，四项基本原则并不是新的东西，它"是我们党长期以来所一贯坚持的"。[②] 在新的历史条件下，邓小平将我们党长期以来一贯坚持的这些原则第一次概括为四项基本原则，并赋予特定的政治内涵和新的时代精神，有着重要的理论和实践意义。这正如十七大报告所指出的："四项基本原则是立国之本，是我们党、我们国家生存发展的政治基石。"[③]

同样，改革开放是党在新的历史条件下带领人民进行新的伟大革命，是解放和发展社会生产力，实现国家现代化的强国之路。改革开放 30 多

---

① 参见毛泽东《在中国共产党第八届中央委员会第二次全体会议上的讲话》，1956 年 11 月 15 日。

② 《邓小平文选》第 2 卷，人民出版社 1994 年版，第 165 页。

③ 胡锦涛：《高举中国特色社会主义伟大旗帜，为夺取全面建设小康社会新胜利而奋斗》，人民出版社 2007 年版，第 16 页。

年的历史证明，在我国实行改革开放和现代化建设的历史进程中，究竟要遵循一条什么样的发展道路，是关系到这一伟业的前途和命运的问题。我们必须坚持，改革开放是要推动我国社会主义制度自我完善和发展，赋予社会主义新的生机活力，建设和发展中国特色社会主义这一正确的发展方向。因此必须把四项基本原则和改革开放有机地统一起来，而绝不能割裂开来，更不能对立起来。四项基本原则之所以成为我国的立国之本，一个重要原因，就在于它回答和解决了如何保证改革开放这一强国之路的正确方向及其健康发展的一系列根本性问题。

历史虚无主义思潮的终极目的，就是要否定四项基本原则，把中国历史拉向倒退。这不但摧毁了社会主义中国的立国之本，而且也在实际上使强国之路归于破灭。邓小平一再强调，在改革中坚持社会主义方向，是一个很重要的问题。他强调必须旗帜鲜明地坚持四项基本原则，同种种怀疑和否定四项基本原则的错误思潮进行不懈的斗争。他曾指出："我们的宣传工作还存在严重缺点，主要是没有积极主动、理直气壮而又有说服力地宣传四项基本原则，对一些反对四项基本原则的严重错误思想没有进行有力的斗争。"[1]

基于对中外历史经验的深刻理解，邓小平明确指出："历史告诉我们，中国走资本主义道路不行，中国除了走社会主义道路没有别的道路可走。一旦中国抛弃社会主义，就要回到半殖民地半封建社会，不要说实现'小康'，就连温饱也没有保证。"[2] 在他看来，十多亿人口的中国还处于落后状态，如果走资本主义道路，可能在某些局部地区少数人会更快地富起来，形成一个新的资产阶级，产生一批亿万富翁，但顶多也不会达到人口的百分之一，而大量的人口仍然摆脱不了贫穷，甚至连温饱问题都不可能解决。这是因为走资本主义道路必然要求将社会大量财富集中在少数人手里，而多数人要沦为出卖劳动力的雇佣劳动者，也就是说，走资本主义道路是以社会的两极分化为前提、为条件、为过程的。这对于绝大多数人来说，将是一个十分悲惨的境遇，是已经获得解放了的中国人民绝不能容许

---

① 《邓小平文选》第 2 卷，人民出版社 1994 年版，第 364 页。
② 《邓小平文选》第 3 卷，人民出版社 1993 年版，第 206 页。

的，因而走资本主义道路势必导致国家四分五裂。而且在国际强权政治、资本垄断的情势下，中国走资本主义道路是没有能力参与竞争的，其结果只能是依附、受制于一个或某几个大国，失去民族独立的地位。这是历史虚无主义和其他错误思潮相配合，对我们国家和民族将会造成的严重危害，我们对此应该有清醒的认识。

历史是一面镜子。从苏联解体的过程中，我们可以清楚地看到乱史灭国的轨迹，看到历史虚无主义思潮所造成的严重危害。我们要清醒地看到，东弱西强的国际格局将会持续相当长一个历史时期，西方反共势力的渗透活动一刻也不会停止，而且国内也还存在着产生资产阶级自由化的社会基础和思想基础，因此，坚持唯物史观，反对历史虚无主义思潮，将是一个长期的斗争任务。我们要旗帜鲜明地反对历史虚无主义思潮，认真贯彻党的"百花齐放，百家争鸣"方针，通过摆事实、讲道理，揭穿历史虚无主义制造的种种谎言和迷雾，引导广大群众正确认识和对待历史，维护中国革命的伟大成果，坚定不移地走中国特色社会主义的道路。

历史虚无主义思潮之所以成为一种有影响的政治思潮，与我国马克思主义历史教育和党史教育存在的不足是有密切关系的。我们的教育，从小学到中学，历史课被当作副课，不被学生重视，到大学许多专业又不学历史课。虽然现在开设了《中国近代史纲要》，但如何更好地通过课程对历史虚无主义思潮进行批判还需要加强引导。人们获取历史知识的渠道往往是历史剧和历史小说，历史虚无主义的许多观点正是通过影视的"戏说"和某些大众传媒的"重构历史"来向社会传播的。因而，以马克思主义为指导的历史知识并没有普遍为大众所掌握。

美国这个历史很短的国家对历史教育给予了高度重视。美国在历史课程国家标准中强调：没有历史，一个社会就不会对自己的历史起点、它的核心价值观，以及过去的决定对当前的影响有一个共同的历史记忆；没有历史，就不可能对对社会中政治的、社会的或道德的问题进行任何合理的考察；没有历史知识和以历史知识为基础的探究，人们就不可能成为见多识广、有鉴别力的公民。

中国是一个历史悠久的国家，更应当注意历史教育。历史教育是爱国主义教育的重要途径，它直接影响着公民对国家、民族的认同和情感，关系到公民的思想道德素质和人文修养，关系到一个国家执政党的历史合法性。所以，要高度重视历史教育，特别是中国近现代史教育和党史教育，才能克服历史虚无主义的消极影响。毛泽东、邓小平、江泽民、胡锦涛等历届党和国家的领导人对加强历史、党史教育都有明确的阐述。2010 年 7 月 21 日，中共中央首次召开了全国党史工作会议，习近平在会上发表了重要讲话，指出要坚持党性与科学性的统一，实事求是研究和宣传党的历史，努力提高党史工作的科学化水平。强调中国共产党的历史是一部丰富生动的教科书，用党的历史教育党员、教育干部、教育群众尤其是教育青少年，是党史工作服务党和国家大局的重要内容。要以各级党员领导干部为重点，把党史教育纳入干部教育培训的必修课，把全面了解和正确认识党的历史作为一项基本要求，教育引导党员领导干部特别是年轻干部认真学习党的历史，努力提高思想政治素质和领导水平。要着力抓好青少年这个群体，开展形式多样的党的历史知识、光荣传统和优良作风、英雄模范事迹的教育，积极推动党史教育进学校、进课堂、进学生头脑，从小培养青少年热爱党、热爱社会主义的感情。他还强调，坚持实事求是研究和宣传党的历史，要牢牢地把握党的历史发展的主题和主线、主流和本质，旗帜鲜明地揭示和宣传中国共产党在中国的领导地位和核心作用形成的历史必然性，揭示和宣传中国人民走上社会主义道路的历史必然性，揭示和宣传通过改革开放和社会主义现代化建设实现中华民族伟大复兴的历史必然性，揭示和宣传党在革命、建设、改革各个历史时期领导人民取得的伟大胜利和辉煌成就，揭示和宣传党在长期奋斗中积累的宝贵经验，形成的光荣传统和优良作风，坚决反对任何歪曲和丑化党的历史的错误倾向。这是党史工作必须遵循的党性原则，也是每一个党史工作者应该履行的政治责任。[①] 习近平的讲话对端正史学的研究方向，遏制历史虚无主义思潮的蔓延，具有重要指导作用。

我们党有学史、治史、鉴史的优良传统。党的十八大后，新当选的中央政治局常委第一次公开活动就是历史的学习教育——到国家博物馆参观

---

① 《全国党史工作会议在京举行》，《人民日报》，2010 年 7 月 22 日。

《复兴之路》基本陈列。习近平总书记表示，这个展览，回顾了中华民族的昨天，展示了中华民族的今天，宣示了中华民族的明天，给人以深刻的教育和启示。"全党同志必须牢记，道路决定命运，找到一条正确的道路多么不容易，我们必须坚定不移走下去。"① 号召全党同志承前启后，继往开来，继续朝着中华民族伟大复兴的目标奋勇前进。接着，在新进中央委员会的委员、候补委员学习贯彻党的十八大精神研讨班上，习近平又从6个时间段分析了社会主义思想从提出到现在的历史进程。就坚持和发展中国特色社会主义谈了自己的学习体会，强调"中国特色社会主义是社会主义而不是其他什么主义，科学社会主义的原则不能变，变了就不是社会主义。"他还指出，改革开放前和改革开放后两个历史时期，本质上都是我们党领导人民进行社会主义建设实践的探索，"不能用改革开放后的历史时期否定改革开放前的历史时期，也不能用改革开放前的历史时期否定改革开放后的历史时期"，② 之后，在中共中央政治局第七次集体学习时，又进一步指出："历史虚无主义的要害是从根本上否定马克思主义指导地位和中国走向社会主义的历史必然性，否定中国共产党领导。要警惕和抵制历史虚无主义的影响，坚决抵制、反对党史问题上存在的错误观点和错误倾向。③ 旗帜鲜明地批评了历史虚无主义，要求大家毫不动摇坚持和发展中国特色社会主义，在实践中有所发现，有所创造，有所前进。历史和现实都告诉我们，只有坚持不懈地科学地进行历史和历史观的教育，才能有效地抵制历史虚无主义思潮的影响，真正懂得"没有共产党就没有新中国，只有社会主义才能救中国，只有中国特色社会主义才能发展中国"的道理，从而凝聚各族人民，共同为实现中华民族的伟大复兴而奋斗。

---

① 《习近平谈治国理政》，外文出版社2014年版，第36页。
② 同上书，第22页。
③ 2013年6月25日在主持中共中央政治局第七次集体学习时的讲话，《人民日报》2013年6月27日。

第六章　当代中国文化保守主义评析

一百多年来，"中国向何处去"一直是制约中国思想走向的一个核心问题，正是在这一思想架构里，逐渐形成了文化保守主义、自由主义西化派和马克思主义三个最大、最具影响力的思潮同时并存的思想格局。20世纪90年代以来，中国处于社会和文化的急剧变革时期，这是一个创新、开辟的时代，也是一个总结、反思的时代。在思想文化领域重新兴起的文化保守主义既是这种深刻而又广泛的经济社会体制转型和文化变革的反映，也是现代几大思潮交融、交锋的历史延续。2012年发表的一份调研报告指出，新自由主义、历史虚无主义和文化保守主义是在当代中国大学生中影响最大的三种错误思潮。"如果说新自由主义和历史虚无主义显示出对西方资本主义发展模式的强烈膜拜，那么，文化保守主义在政治问题上的显著特点就是刻意拔高儒学或国学对当代道德建设、社会发展乃至国家政治生活的指导意义。少数人借谈文化之名，把矛头直指近代以来的革命历史，试图将儒学意识形态化，主张儒化共产党，以儒教代替马克思主义。"① 这就要求我们在思想政治教育中高度重视和认真对待这种在青年学生中有一定影响的政治和文化思潮。

---

① 高翔：《当代大学生政治态度调研报告》，载《中国社科在线》2012年7月20日。

第一节　中国文化保守主义思潮及其历史演进路径

一　什么是中国文化保守主义？

"文化保守主义"（Cultural Conservatism）是伴随西方现代化运动的产生而最早在西方出现的一种文化思潮。按照一些思想史研究者的说法，它是对于非保守和非传统的现代化所发生的一种全球性反应，旨在维护传统文化的地位和价值。"文化保守主义"本来是一个描述西方文化思潮的概念。当以这种概念探讨中国文化的近现代化历程，剖析中国的文化现象时，我们发现二者有所区别：在西方文化语境中，文化保守主义形成的基础是经济社会的现代化与历史文化传统之间的矛盾，是针对反传统的激进倾向而言，其基本特征是力图以价值理性来批判以工业化为主导的现代化进程中出现的工具理性的过分膨胀，并进而解决由之带来的人情的淡漠、道德的沦丧、意义的迷失等一系列问题；而在中国文化语境中，文化保守主义兴起于中国近现代文化发展的危难之中，目标是谋求对传统文化的传承因袭和价值世界的重建，它不仅针对反传统思潮，同时也针对冲击传统价值的外来文化，因而认同和回归民族文化传统成为中国文化保守主义在注重价值理性之外的另一个重要特征（这也是非西方国家文化保守主义的鲜明共性）。西方的文化保守主义属于传统—现代的矛盾，基本上是一种传统主义。中国的文化保守主义，还纠缠着本土—外来的问题，即含有传统主义与民族主义双重因素,① 两者的相似之处仅在于对各自传统的某种认同。研究者正是从认同、回归传统文化这一特征来界定中国文化保守主义的。在他们看来，中国现代史上，凡在谋求民族文化现代化的进程中主张认同传统文化者，皆可归之于文化保守主义，并认为国粹派与新儒家是文化保守主义的主要派别。② 一些台湾学者曾将中国近现代文化思潮细分为"晚清思想"、"自由主义"、"民族主义"、"科学主义"、"社会主义"、

---

① 参见陈少明《在历史与理念之间——汉宋学术与文化保守主义思潮》，载《中国近代社会思潮》，华东师范大学出版社 1996 年版，第 296—297 页。

② 参见田文军《冯友兰与文化保守主义》，载《冯友兰研究》第 1 辑，国际文化出版公司 1997 年版。

"保守主义"等。① 例如，台湾学者李明辉就指出：自五四运动以来，中国知识界逐渐形成共产主义、自由主义和保守主义三大思潮鼎足而立的局面。另一学者萧欣义将保守主义进一步划分为三种类型：顽固的保守主义、消极的保守主义和积极的保守主义。在他看来，顽固的保守主义者幻想传统都是好的，他们宣传传统没有封建糟粕，没有专制制度，没有吃人的礼教，认为这一切都是别有用心者塑造出来污蔑中国文化，以迎合帝国主义及国际汉奸的丑剧。消极的保守主义者虽然承认传统中有病态污秽的地方，但认为不能轻易对其进行变革，因为一旦改革，社会就会失去秩序，而混乱失序的代价，远超过改革所获得的益处。积极的保守主义者，则分别对待传统中值得肯定之处以及有待改革之处，并主张合理的改革。就此而言，他们和英美的自由主义者有近似的地方。②

从"五四"以来的中国思想史看，各种社会思潮纷至沓来，错综复杂，其中马克思主义、自由主义西化派和文化保守主义（以现当代新儒家为其重镇）是三个最主要的思想派别。在各种思潮的相互比较中，马克思主义由于其本身的科学性、真理性与非常切合中国现实政治斗争的需要，能够提供解决中国问题的思想武器，因而在中国得到广泛传播，并同中国工人阶级运动相结合，诞生了中国共产党。90多年来，中国共产党坚持运用马克思主义研究和解决中国实际问题，不断推进马克思主义中国化、时代化、大众化，指导中国革命、建设、改革事业取得了举世瞩目的伟大成就，使马克思主义焕发出勃勃生机。当前，马克思主义不仅是我们立党的根本指导思想，也是我们立国的根本指导思想，是全国各族人民团结奋斗的共同理论基础。自由主义西化派和文化保守主义虽继续存在，但一直是作为非主流的思想流派而与马克思主义形成对立互动的思想格局。这种思想格局反映着当今世界发展潮流和国内政治力量的对比，在较长时期内还将继续延续下去。

从世界视野看，在18世纪末19世纪初的欧洲，正是由于对法国大革

---

① 台湾学者以这些思潮为中心，编辑出版了一套丛书，产生了较大影响，详细情况参见《近代中国思想人物论——保守主义》编序，台湾时报文化出版事业有限公司1980年版。
② 参见罗义俊《评新儒家》，上海人民出版社1989年版，第555页。

命的不同态度而产生了保守主义、自由主义和激进主义一分为三的思想态势，至今已延续两个多世纪。在中国，直到"五四"新文化运动时期才产生了类似的思想分野。文化激进主义与文化保守主义是一个互相反动、互相颉颃的产物，因此，在中国现当代思想史的脉络下界定文化保守主义，需要与文化激进主义相对照，尤其要强调其"文化"的意义。因为"一个人是保守还是激进，并不在于他对现状的态度（因为人人都是否定现状的），而是取决于他对中国传统文化的看法"。① 从这个意义上说，中国的文化激进主义主要是指那些激烈地反对传统文化的思想派别。这一派别作为中国近现代启蒙运动的主导思潮，对于 20 世纪中国的文化运动影响深刻而巨大。文化激进主义的生成是近代中国变革运动长期演化的结果，它肇始于清末的龚自珍和谭嗣同。在"万马齐喑"的专制统治时代，社会危机日趋严重，封建政权岌岌可危。龚自珍、谭嗣同等人作为社会的先行者，对制度上的弊病、社会的危机极为敏感，进而萌发"冲决罗网"的激烈反传统思想。也就是说，文化激进主义正是对社会现实绝望和走投无路的产物，它从"根本解决"、"最后解决"的思维方式出发，要求彻底反叛传统文化，以谋求尽快摆脱深刻的社会危机。从反对封建专制统治、实现社会向现代演进的角度看，文化激进主义在中国近代史上有一定的积极意义，因为"在一个正在腐烂的、沉闷到令人窒息的、毫无生机的情境下，突然在文化上出现激进的呼声，以它的道义热情和献身精神震撼了整个社会，犹如一个垂死的机体突然长出新生命。社会再生的希望就从这里生长。"②

　　如果说龚自珍、谭嗣同等人反叛传统还只是少数先驱者的孤独呐喊，那么"五四"时期的反封建传统运动则是以比较广泛的社会动员为基础的，而且成为一代知识青年当下生活的组成部分，反叛成为一种新的生活信仰。传统特别是其典章制度与伦理观念，受到了空前的诘难与谴责。不

---

① 郑大华：《中国文化保守主义思潮的历史考察》，载《社会科学战线》1992 年第 2 期。

② 参见林岗《激进主义在中国》，载《二十一世纪》1991 年 2 月号。林文认为中国现代史上的文化激进主义除了自身的激进性外，还有道义色彩和空想色彩两个重要特点，这有一定的道理。但是林文把激进主义与革命相提并论，认为激进主义"不过是暴力革命的代名词"，从批判激进主义进而展开对革命的攻击，这是我们所不能同意的。

过数年，在猛烈的反叛与攻击之下，一座两千多年的封建纲常名教大厦便倒塌了，在中国社会上掀起了一股生机勃勃的思想解放的潮流。随着新文化运动演变成为政治救亡的"五四"运动，以及李大钊、陈独秀等人信仰马克思主义，新文化运动最终发生分化。1919 年夏秋之际胡适与李大钊的"问题与主义"之争和 1920 年底陈独秀与胡适等人的《新青年》编辑方针之争，是这种分化开始的标志。《新青年》改为中共早期机关报而转移到上海编辑出版，预示着新文化运动分化为自由主义的改良派与马克思主义革命派。马克思主义由于其科学性、革命性和实践性，非常切合中国现实政治斗争的需要，成为中国人民实现自身解放的锐利武器，最终确立了其在中国意识形态领域的指导地位。毛泽东曾深刻指出："但五四运动本身也是有缺点的。那时的许多领导人物，还没有马克思主义的批判精神，……。他们反对旧八股、旧教条，主张科学和民主，是很对的。但是他们对于现状，对于历史，对于外国事物，没有历史唯物主义的批判精神，所谓坏就是绝对的坏，一切皆坏；所谓好就是绝对的好，一切皆好。……五四运动的发展，分成了两个潮流。一部分继承了五四运动的科学和民主的精神，并在马克思主义的基础上加以改造，这就是共产党人和若干党外马克思主义者所做的工作。另一部分人则走到资产阶级的道路上去，是形式主义向右的发展。"① 由此我们可以看出，海内外一些学者把马克思主义与激进主义相等同的观点是错误的，是对马克思主义的歪曲和攻击。我们在分析文化保守主义的内涵时，对这一问题必须首先有一个清醒的认识。

"保守主义者"来源于法语 Le Consercateuer，最初是一个富含政治色彩的名词，所以当保守主义被用来探讨文化问题时，就需要对其内涵做出新的界定。同时，为适应中国文化保守主义的本土特点，也必须对这一范畴的内涵做出界定。一般来说，文化是政治和经济的反映，但在近代中国，由于阶级矛盾与民族矛盾并存，守护传统文化往往与"救国"、"保种"联系在一起，因此文化保守主义者并不一定是社会政治的保守主义者，封建复古主义者，也不是对西方文化无所知晓、抱残守缺的文化遗老。有些文化保守主义者认为，他们与封建"保守派"、"顽固派"有相

---

① 《毛泽东选集》第 3 卷，人民出版社 1991 年版，第 831—832 页。

当严格的界限。20世纪70年代以艾恺（Guy Salvatore Alitto）、史华兹（BenjaminI. Schwartz）、傅乐诗（Charlotte Furth）为代表的部分西方学者首先使用"文化保守主义"这一概念，来对中国近代的人物和文化现象进行分析研究。史华兹和傅乐诗都认为，中国保守主义有政治取向与文化取向疏离的现象，20世纪的中国几乎没有全盘肯定现行社会秩序的柏克式的保守主义，而主要是"文化保守主义"。① 艾恺甚至用"守成主义"来替换"保守主义"，在他看来，使用"文化守成主义"可以避免"保守主义"所含有的浓重的政治意义和价值指向，更富有文化色彩。② 美籍华裔学者余英时也认为，在20世纪中国思想史上几乎找不到一个严格意义上的"保守主义者"，因为没有人建立一种理论，主张保守中国传统不变，并拒绝一切东西方的影响。从所谓中体西用论、中国文化本位论，到西化论、马列主义，基本的取向都是"变"，不同仅在于"变"多少，怎样"变"以及"变"的速度缓急而已。因此，接近全变、速变、暴变一端的是所谓的"激进派"，而接近渐变、缓变一端的就成了"保守派"。③ 这些分析虽有各自的立场，也不一定完全符合史实，但在指出中国近代保守主义有政治取向与文化取向疏离这一点上，有一定的合理之处。纵观历史可以看出，中国文化保守主义是指那种主张以中国传统文化为主体、为本位，融会调和西方文化，重建中华民族文化系统的思想倾向或思想派别。中国近现代的一些文化保守主义者，往往文化取向是保守的，他们对待民族文化传统很谨慎、很保守，唯恐在全球性的现代化进程中，一以贯之的所谓中国文化"道统"在外来文化（主要是西方文化）的冲击下遭到"断裂"、"坠落"，但在政治上却并不一定是保守主义。比如章太炎对国学有深厚研究，同时又是倡导反清革命的光复会和同盟会的主要人物之一，周恩来总理评价他"学问与革命业绩赫然"；现代新儒家的开山始祖熊十力早年也曾投身于辛亥革命和护法运动。文化保守主义也可以与自由主义结盟。比

---

① 参见史华兹《论保守主义》、傅乐诗：《现代中国保守主义的文化与政治》，载《近代中国思想人物论——保守主义》，台湾时报文化出版事业有限公司1980年版。

② 参见［美］艾恺《世界范围内的反现代化思潮——论文化守成主义》，贵州人民出版社1991年版，第5页。

③ ［美］余英时：《钱穆与新儒家》，上海远东出版社1994年版，第216页。

如当今十分活跃的海外新儒家杜维明、余英时等人，文化上持保守主义立场，政治上都是自由主义者。老一辈新儒家中的徐复观，"以传统主义卫道，以自由主义论政"，也是文化保守主义与政治自由主义相结合的典型代表人物。[①] 明确中国文化保守主义的这一特点，有助于我们更好地分析和把握这一思潮的发展规律和演进趋势。

二　中国文化保守主义的历史演进

中国现代的文化保守主义萌发于19世纪末20世纪初，形成于20世纪20年代。当西方列强用坚船利炮打开中国封闭的国门之后，"保种、自强"成为这一时代的强音。面对欧风美雨的冲击，"中国向何处去"成为制约这一时代思想走向的核心。"师夷制夷"的多次努力相继失败后，中国先进的知识分子逐渐意识到，为了找到民族独立、人民解放、国家富强的正确道路，就必须进行社会和文化的全面改造，包括要对支配整个社会意识形态的传统文化进行深刻反思。文化保守主义就是在这一历史时期应运而生的。它是中国人对于中西文化冲突的一种很重要的回应方式，是这一时期社会思想发展的逻辑必然。它代表了在中西文化冲突中，力图保持中国传统文化的本体或主导地位，并以此为基础来会通西学、折中中西的一种努力。在一片"西化"声浪中，它勇于站出来维护传统文化；和顽固的保守派相比，它又并不绝对排斥西学。它表面上很"全面"、"公正"，实质上是中体西用派，中国文化优越论是其骨髓深处的精神支柱。

从19世纪60年代冯桂芬的"以中国之伦常名教为原本，辅以诸国富强之术"，到张之洞等人提出的"中体西用"论，可以说是文化保守主义思想观念的萌发时期，奠定了文化保守主义的思想基础。第一次世界大战暴露出西方工业文明的弊端和资本帝国主义无法克服的深刻矛盾和根本缺陷，以及一些知识分子对中国激进的民主主义者以"打倒孔家店"为口号，猛烈抨击中国传统文化的忧虑和反思，则构成"五四"前后文化保守主义者批判地看待西方文化并坚守民族文化本位的重要历史背景。这一时期文化保守主义思想流派及其代表人物众多，主要有"国粹派"代表章太

---

① 方克立：《要注意研究90年代出现的文化保守主义思潮》，《高校理论战线》1996年第2期。

炎、刘师培；积极参加东西文化论战、主张折中调和论的《东方杂志》主编杜亚泉；提倡新旧文化调和，反对道德革命的《甲寅杂志》主编主撰章士钊；以"昌明国粹，融化新知"为宗旨的吴宓、梅光迪等"学衡派"人士；"中国本位文化建设"派的陶希圣等"十教授"。这些人在当时的文化反省中力图用西方的学理来维护中国传统的价值，互相唱和，同声相应，但又属于互不统属的系统。可以说，在中国现代文化保守主义思潮的演变中，康有为、梁启超的"文化守成"思想是文化保守主义的雏形。"东方文化派"和"学衡派"尽管初步形成了文化本土化的保守主义思想，但还缺乏理论的系统性。在现代中国文化保守主义的各种思想流派中，能够保持一贯的宗旨，传承不绝，始终和马克思主义、自由主义西化派形成鼎足之势的，唯有现代新儒家（或称当代新儒家）。

现代新儒家是在20世纪20年代产生的以接续儒家"道统"为己任，以服膺宋明理学为主要特征，力图用儒家学说融合、会通西学以谋求现代化的一个学术思想流派。尽管现代新儒家的思想内涵比较复杂，但就其学派的基本任务、目的、特征来说，无疑属于文化保守主义思潮，而且是中国现代文化保守主义的主要代表，具有较大的影响力。80多年来，现代新儒学大体上经历了三个发展阶段：20世纪20年代初至40年代末，是其前期发展阶段，主要代表人物有梁漱溟、张君劢、熊十力、冯友兰、贺麟、钱穆等人。在"全盘西化"和唯科学主义思潮盛行、传统思想受到沉重打击的情况下，主张复兴民族文化，"掘发其固有宝藏，涵养其自尊自信之毅力"（熊十力）；并认为"民族文化的复兴，主要的潮流，根本的成分，就是儒家思想的复兴"（贺麟）。从梁漱溟提倡"新孔学"，张君劢提倡"玄学"即"新宋学"，到抗日战争时期熊十力完成"新唯识论"的哲学体系，冯友兰建立起"新理学"的哲学体系，现代新儒学已经确立了自己的人本主义的、道德形而上学的精神方向，在理论上基本成熟，力图创造一种民族本位的、容纳现代民主科学的中西合璧的新哲学、新文化。20世纪50年代初至70年代末，现代新儒学主要在港台地区得到发展，其第二代传人有唐君毅、牟宗三、徐复观等人。1958年元旦，港台新儒家发表了《为中国文化敬告世界人士宣言》，全面阐述了他们对中国文化的过去、现在和未来以及中西文化关系等问题的看法，明确提出了"返本开新"的思想纲领。他们认为儒家心性之学是中国文化的核心，也是人类的最高智慧，由此内圣心性之学开出民主、科学的外王事业来乃是中国文化自身发展的必然的内在的要求。唐、牟等人在吸摄、融通西方康德（Georg）、黑格尔（Hegel）哲学，详细疏解儒家心性哲学方面做了大量的工作。自20世纪80年代以来，以杜维明、刘述先等人为代表的第三代新儒家，积极倡导儒家思想的现代化、世界化和"儒学第三期发展"，试图使儒家思想成为"人类走向未来所能依赖的唯一的定盘针"。这个时期，现代新儒学不仅传播于港台和海外，而且对中国大陆的思想文化界也产生了一定的影响。

现代新儒学前三个阶段的发展是中国当代文化保守主义思潮产生的重要历史背景和思想源头。20世纪90年代以来特别是2004年以来，中国现代新儒学发展到了一个新阶段，即大陆新生代新儒家唱主角的阶段，也可以说是整个现代新儒学思潮发展的第四阶段。以甲申（2004）年7月贵阳阳明精舍儒学会讲（或谓"中国文化保守主义峰会"）为标志，蒋庆、康晓光、陈明、盛洪等大陆新儒家代表人物集体登台亮相，所谓"大陆新儒学"渐成气候，这一年也被称为"文化保守主义年"。[1] 在这一年中发生的重要文化事件有：4月陈明挑战南开认同唯物史观的刘泽华学派，引发了刘门弟子与"原道"派的一场争论；5月中华孔子学会组编、蒋庆选编的《中华文化经典基础教育诵本》一套12册出版，并由此引发了持续数月的读经之争；7月蒋庆邀请陈明、盛洪、康晓光等大陆新儒家代表人物，以"儒学的当代命运"为题会讲于贵阳阳明精舍；11月24日康晓光在中国社会科学院研究生院作题为《我为什么主张"儒化"——关于中国未来政治的保守主义思考》的演讲，除继续宣传"立儒教为国教"的观点外，还明确提出了"用儒学取代马列主义"、"儒化共产党"的主张；12月号称"中国文化保守主义旗舰"的《原道》辑刊，以《共同的传统——"新左派"、"自由派"和"保守派"视域中的儒学》为题举办创刊10周

---

[1] 方克立：《关于当前大陆新儒学问题的三封信》，《学术探索》2006年第2期。

年纪念座谈会，并将其舆论阵地扩展到"原道"文丛、"原道"译丛和"儒学联合论坛"网站。必须指出，大陆新儒家学说和主张的本质特征是崇儒反马，与社会主义先进文化的前进方向、与中国特色社会主义道路是背道而驰的。中国当代文化保守主义作为一种社会思潮，也有着非常复杂的情况，崇儒反马的大陆新儒学是它的极右翼，其政治和文化主张集中暴露了这种思潮的错误实质，值得引起高度警觉并认真对待，本章后面将专门对此进行剖析。

第二节　当代中国文化保守主义的兴起及其本质特征

一　当代中国文化保守主义的兴起及其背景

自从 19 世纪中叶西方列强用鸦片和炮舰打开了中国国门以来，"西学东渐"就成为一百多年来的文化潮流。"五四"运动前是向西方国家寻找真理，"那时，求进步的中国人，只要是西方的新道理，什么书也看。向日本、英国、美国、法国、德国派遣留学生之多，达到了惊人的程度。"[①]当时的学习主要集中在物质文明和制度文明的层面，洋务运动、戊戌变法和辛亥革命皆是如此。当这些尝试都失败后，俄国的十月革命又给中国送来了马克思列宁主义，于是"以俄为师"、赴苏联学习的留学生之多，同样达到了惊人的程度。在中国人民艰苦卓绝的革命实践中，一方面向西方和苏俄学习，同时也在与"言必称希腊"的教条主义的斗争中，马克思列宁主义与中国的历史传统和现实国情相结合，产生了毛泽东思想，中国以新民主主义革命的方式完成了资产阶级民主革命的历史任务，实现了中国历史上最广泛、最深刻的社会变革。新中国成立后，我们党坚持"古为今用"的方针，在批判地继承传统文化的同时，进一步改造传统文化，使之融入中国的新文化之中，比如在古籍整理和抢救民族文化遗产方面就做了不少工作。毛泽东在这一时期多次谈到要批判地利用中国传统文化，来为建设社会主义新文化服务。1960 年 12 月 24 日，他在接见外宾时有过一段

---

① 《毛泽东选集》第 4 卷，人民出版社 1991 年版，第 1469 页。

非常深刻的论述，他说："对中国的文化遗产，应当充分地利用，批判地利用。中国几千年的文化，主要是封建时代的文化，但并不全是封建主义的东西，有人民的东西，有反封建的东西。要把封建主义的东西和非封建主义的东西区别开来。封建主义的东西也不全是坏的。我们要注意区别封建主义发生、发展和灭亡不同时期的东西。当封建主义还处在发生和发展的时期，它有很多东西还是不错的。反封建主义的文化也不是全部可以无批判地利用的。封建时代的民间作品，也多少都还带有封建统治阶级的影响。"[1] 毛泽东这样一种历史唯物主义的分析，从总体上体现了我们党一贯坚持和倡导的科学态度。但在以后具体的实践过程中，这些方针不断地受到干扰，尤其是"文化大革命"时期，在极左思潮的冲击下，优秀的传统文化遭受了前所未有的破坏，留下了深刻的历史教训。

20世纪70年代末以来的改革开放毋庸置疑给中国大陆带来新的生机和希望，我们党重新确立了"百花齐放、推陈出新、洋为中用、古为今用"的方针，努力弘扬民族优秀传统文化，建设有中国特色的社会主义新文化，传统文化也不再是"过街老鼠，人人喊打"了。然而，人们在改革开放中追寻现代化，急切摆脱落后与贫困，崇尚西方的科学技术以及思想文化，不可避免地引发了对历史传统的反省。有些人相信，实现现代化和摆脱传统的束缚是一枚硬币的正反两面，80年代中后期他们再次全方位地面向西方，20世纪西方人文社会科学理论几乎被全部拿来，各种"主义"如同走马灯一般，各领风骚三五天。与此同时，一些青年学者情绪化地全盘否定以致痛骂中国传统文化，主张彻底清除中国传统文化，以西方文化为基础来进行文化"重构"，出现新一轮的"全盘西化"论。

进入20世纪90年代以后，这种思想态势发生了急剧变化。强调民族化、本土化而要求重新肯定传统价值系统和复归传统的文化保守主义，又在对"文化激进主义"的反弹中，逐渐形成为一股强劲的思潮。有些学者批判文化激进主义已不仅限于学术层面，还包括对中国近现代历史进程的政治反思和批判，提出了"告别革命"的口号，甚至成为要求改写中国近

---

[1] 《毛泽东文集》第8卷，人民出版社1999年版，第225页。

现代历史的一种强烈呼声，一种政治声讨。90 年代初，一些学者对于文化上的这种变动和转向已有所体认。有学者指出："自 90 年代开始，文化上新保守主义精神不作宣告地悄然形成了。……显然，这是一次文化体制的大转型，对这一巨大的转变我们已有了明确的感知。"① 另有学者写道："进入 90 年代，中国大陆的文化发生了深刻的转型。人们都已注意到的一个文化现实是：一种新保守精神正在崛起，它已超越了 80 年代我们所熟悉的文化话语，在新的语境中发挥着越来越大的作用。……'新保守精神'已涉及了文化的各个领域，在不同的文化空间中获得了不同的表现形式"。② 一位执教海外的中国学者在研究了中国 90 年代初的思想文化现状后也评论道："一个强大的新保守主义思潮正在中国知识界翻卷起来"。③ 这种思潮经过近十年的发展，进入新世纪特别是 2004 年"文化保守主义"年的出现，当代中国文化保守主义已从 90 年代的"被感知"、渐成气候，发展到如今"沉船浮出水面"，"儒学（教）复兴"的口号越来越响亮，甚至以一种相当偏激的姿态出现于当代中国思想界。

当代文化保守主义的泛起首先表现在学术文化界。文化保守主义、文化民族主义和文化改良主义逐渐成为中国学术界的"显学"，其学术研究立场和价值取向相对于 80 年代都有较大的变动和转向。退居书斋的一批知识分子开始了纯学理的批判，清理 80 年代的学风，反省西学，回归国学，"反激进主义"成为 90 年代以来文化反思的历史起点。有人更用"思想家淡出，学问家凸显"来形容 90 年代中国的学术风尚。一些昔日思想立场分歧或差别很大的学者，也都不约而同地加盟到文化保守主义的队伍中来。70 余位文化名人签署发表的《甲申文化宣言》，更是引发了一场如何看待全球化时代的民族文化的思想论争。一些学者热衷于在儒学的"大同世界"与马克思的共产主义之间，在"天下为公"与社会主义公有制之间寻找抽象的统一性，试图以这种马克思主义与儒学相见恨晚的莫逆之交，来表明社会主义

---

① 孟繁华：《文化崩溃时代的逃亡与归依——90 年代文化的新保守主义精神》，载《中国文化研究》1994 年夏之卷。
② 张颐武：《新保守精神：价值转型的表征》，载《中国文化研究》1994 年第 2 期。
③ 赵毅衡：《后学与中国新保守主义》，载香港《二十一世纪》1994 年 2 月号。

文化古已有之。进而主张只需从本土的"国学"故纸堆中去寻找所谓"五千年一以贯之的文化之道",而不需要"外来的"马克思主义作指导了。于是,儒学被吹捧成了事关"中华民族的精神方向"的"超时代"、"超阶级"的"一种具有普遍意义的文化体系","提倡读经,赞美儒学道德,谈论儒学复兴",成了"大陆今天的现实"和东西方文化的"福音"。①

在影视界,帝王将相故事频繁上演,在俗世中寻找"活着"的感觉。一些远离宏大叙事的影视作品受到广泛的欢迎,很多普及"国学"经典的电视节目受到追捧,在这些作品和节目中,历史被重新编码,在陈年旧事、稗史传说中,历史变成了一个个温馨平淡而又刺激有趣的故事,人生的意义仅剩下了"活着"。在新闻出版界,鲁迅、郭沫若、矛盾等的著作被冷落,《论语》、《易经》等传统经典受到格外青睐,王国维、陈寅恪、梁漱溟、吴宓等的学术作品,周作人、林语堂、梁实秋等的现代闲适小品风行一时。总之,20世纪80年代呼喊的"反传统"的激进文化策略,在90年代以后已色彩渐淡,文化保守主义已崛起于中国的思想文化舞台。

文化保守主义思潮的兴起和风行,说明进入20世纪90年代以后,中国大陆的思想文化格局发生了新的变化。我们知道,任何一种文化思潮的形成和传播都有相应的社会历史背景和文化支撑,文化保守主义在中国的泛起也不是偶然的,而是有着深刻的多方面的复杂背景。

从国际上看,众所周知,20世纪末最大的事件就是苏联解体、东欧剧变,世界进入了"后冷战时代"。在某些西方思想家看来,苏东剧变标志着共产主义思想体系的失败,意识形态冲突明显让位于经济竞争和文化冲突,民族和宗教问题走向前台。美国著名政治学家亨廷顿(Samuel P. Huntington)抛出的"文明冲突论"② 和日裔美籍学者福山(Francis Fukuyama)抛出的"历史终结论"③ 都有着众多的信奉者。在这种背景下,思想文化界开始了对"激进主义"的反思和批判,反马克思主义也成

---

① 牟钟鉴:《大陆当代儒学巡礼》,载《原道》第2辑,团结出版社1995年版。
② 参见 Samuel P. Huntington.(1993,Summer). The clash of civilizations, Foreign Affairs, Volume 72,22—39。
③ 参见[美]弗朗西斯·福山:《历史的终结及最后之人》,中国社会科学出版社2003年版。

为一种潮流，保守主义随之重兴。① 另一方面，在国际政治格局多极化、经济发展全球化的大背景下，文化的民族化、多元化趋势也在不断加强。因为越是存在着政治格局多极化、经济全球化的趋势，民族文化认同的危机感就越深，就越需要尽可能地保持自己的民族特色，强化民族文化意识，包括保持自己的语言、文字，自己的历史，自己的思考和提问方式，自己的民族精神，即尽可能地保持自己的文化内容与文化传统，以认同与保持自己的民族根性和民族身份。美国著名未来学家约翰·奈斯比特（John Naisbitt）曾在《90 年代世界发展 10 大趋势》一书中，明确地把这种寻求民族文化认同作为 20 世纪 90 年代的一大趋势。② 这种世界思潮不能不对日益开放的中国思想文化界产生作用。同时，随着科学技术的高速发展，工具理性的过度膨胀，人类面临的发展困境也日益严重，人口膨胀，资源枯竭，生态环境破坏，核战争的威胁，贫富差距扩大，恐怖主义、邪教滋长，人们精神上的危机，等等，所有这些问题导致了反思、批判现代性的后现代主义思潮③的兴起。西方部分人士对东方尤其是中国文化的青睐和赞扬，给民族自尊心极强的中国人注入了强心剂；在儒学复兴论和国学研究的热潮中，一些人欲以中华文明救治西方文明弊病、"挽救"世界的想象和冲动再次被激起。这些都是与当代中国文化保守主义思潮兴起直接或间接有关的外缘条件。另外，从直接思想资源来说，林毓生、余

---

① 参见 ［美］布热津斯基：《大失控与大混乱》，中国社会科学出版社 1994 年版。

② 参见 ［美］约翰·奈斯比特、阿伯丁：《90 年代世界发展 10 大趋势》，中国经济出版社 1991 年版。

③ 后现代主义（Postmodernism）是 20 世纪 70 年代后被神学家和社会学家开始经常使用的一个词。后现代主义是一个从理论上难以精准下定论的概念，因为后现代主要理论家，均反对以各种约定俗成的形式，来界定或者规范其主义。目前，在建筑学、文学批评、心理分析学、法律学、教育学、社会学、政治学等诸多领域，均就当下的后现代境况，提出了自成体系的论述。从形式上讲，后现代主义是一股源自现代主义但又反叛现代主义的思潮，它与现代主义之间是一种既继承又反叛的关系；从内容上看，后现代主义排斥"整体"的观念，强调异质性、特殊性和唯一性，是一种源于工业文明、对工业文明的负面效应的思考与回答，是对现代化过程中出现的剥夺人的主体性、感觉丰富性的死板僵化、机械划一的整体性、中心、同一性等的批判与解构，也是对西方传统哲学的本质主义、基础主义、"形而上学的在场"、"逻各斯中心主义"等的批判与解构；从实质上说，后现代主义是对西方传统哲学和西方现代社会的纠正与反叛，是一种知性上的反理性主义、道德上的犬儒主义和感性上的快乐主义。

英时等海外学者在 20 世纪 80 年代末发起对"五四"新文化运动、文化激进主义的批判，对大陆文化保守主义的泛起亦有重要影响。林毓生的《中国意识的危机——五四时期激烈的反传统主义》一书，是最早也是最有影响的批评 20 世纪激进主义思潮的文本。另一文本是余英时 1988 年在香港中文大学作的那次批判激进主义的讲演。① 实事求是地说，这些海外学者的思想立场在一定程度上影响了大陆思想文化界的发展动向，成为当代文化保守主义的重要思想来源之一。

从国内来看，首先，我们知道，每个民族都有自己的文化传统和历史，而且这种文化传统和历史是深入骨髓、想割也割不断的，但是在中国文化传统中，有一种其他国家和民族——或者说大多数国家和民族思想文化历史发展中少见的现象：这就是每当碰到比较难得的变革或转折机遇时，或当这种变革或转折进行到一定阶段时，中国的知识分子、中国思想文化界的一部分人，总会产生一种对变革和新奇事物的恐惧，出现一种"念旧"情绪，一种"向后看"、"向回转"的呼声和心态。正如英国思想家休·塞西尔（Hugh Cecil）在一百多年前所写的名著《保守主义》中所说的："对陌生事物的恐惧，对陌生的外国人和他们生活习惯的恐惧，对陌生的精神世界及其被认为可憎的新奇事物的恐惧——这些恐惧长期阻碍了并在很大程度上仍然妨碍着中国的哪怕是十分有限的进步。"② 在一定意义上，这种心态是 20 世纪 90 年代以后国内学术界、思想文化界不约而同地出现保守主义思潮的重要文化心理基础。

其次，当代文化保守主义兴起的深层因素是——中国一百多年来传统文化与现代化的关系如何处理——这一历史课题存在至今的结果。如前所述，文化保守主义与马克思主义、自由主义西化派是中国近现代思想文化史上的三大主要流派，虽然各自的地位、作用、命运不同，但对人们产生的影响却是不争的事实，随着社会主义制度的确立，马克思主义最终成为中国占统治地位的意识形态，成为立党立国的根本指导思想。然而，文化

---

① 参见余英时《钱穆与中国文化》，上海远东出版社 1994 年版，第 188—222 页。

② ［英］休·塞西尔：《保守主义》，商务印书馆 1986 年版，第 5 页。

保守主义特别是"新儒家"的思想和著作所产生的影响仍然存在，遇到适宜的文化土壤，这种思潮就会在一部分人中产生共鸣。当代中国文化保守主义的兴起正是这种思想态势的延续和发展。正是港台、海外新儒学的引入和广泛传播，为大陆文化保守派提供了直接的理论来源和各种可能的支持。可以说，当代中国文化保守主义思潮在很大程度上是港台海外新儒家带着政治目的"反哺"中国大陆，和大陆知识界一些人与之相呼应的产物。

　　同时，改革开放30多年的中国社会历史变迁，逐渐而深刻地改变了中国的思想空间，使之处于多元、多样、多变的复杂局面。这种思想空间的开放，其间经过了许多的曲折，但从大的走向上看，则是一个不可逆转的过程。真理标准的讨论，思想解放的深化，对外开放的格局，市场经济的发展，网络时代的到来，和谐社会的构建，都在促成思想空间的开放，使今天中国的思想世界存在着多种思潮。这些思潮既相互激荡，又彼此吸取。文化的多样属性与色彩得到承认和尊重，"双百"方针的真正落实使得文化学术环境越来越宽松，文人学者得以在一种相对独立、开放自由的环境下从事工作。正是由于中国思想空间的这种新变化，为包括文化保守主义在内的各种社会思潮的生存与发展提供了思想空间，使文化保守主义作为一大思潮在中国思想世界的再度兴起成为可能。另外，20世纪90年代以来，随着经济全球化的推进和改革开放的深入，特别是在建立社会主义市场经济以来，经济高速腾飞，中国的综合国力有了很大提高。中国更多地卷入世界经济政治秩序，中国与西方的利益发生了越来越直接的冲突。冷战结束后，西方不断制造的"文明冲突论"、"中国威胁论"、"历史终结论"等，使中国在继续保持改革开放的姿态的同时，不得不承受日益加剧的来自外部世界，尤其是西方资本主义国家对中华民族复兴和走中国特色社会主义道路的敌意和压力，也迫使中国知识分子更多地关注和担忧中国文化在西方文化的优势和霸权下的生存问题。因此，重新检视中国独特的文化，珍惜自己的"国学"遗产，眼光向内，从传统文化中发掘新的文化资源，汲取其积极的、对中国现实和未来有帮助的方面，实现"中华文明"的复兴成为一种不可避免的思想发展态势。有学者在宣布自己是一个"中国文化保守主义者"时，就明确表明自己正是基于这一立场："全球化这个东西要分析。现在有人说全球化是'双刃剑'、有两面性等等；有人认为这是历史趋势、大势所趋。我认为，全球化在经济、科学技术上正面因素是主要的，在文化上负面因素是主要的。我们的对策就是在经济上和科学技术上去接受，在文化上一定要清醒，要注意保持、建设我们的'软实力'。我们千万不要认为美国的那些东西就是全球的，那其实是美国文化。你如果误认为那是全球化，去顶礼膜拜，有一天你会发现自己找不着自己了。对全球化，我们在文化上一定要抵制，一定要保住守住我们的民族文化。我们要树立文化上的强势心理——我承认，在经济、科技上我们是比你差，但我们在文化上并不比你差。"[1] 在今天，这种看法和心态在马克思主义者、在包括文化保守主义在内的各种各样的民族主义者中都不同程度地存在着。

正是在国内外诸多因素的共同作用下，文化保守主义思潮在 20 世纪 90 年代以后泛起，并在新世纪进一步发展滋蔓。

二　科学对待传统文化、警惕文化保守主义

首先，必须明确，尊重和热爱本民族的文化传统并不等于文化保守主义。在"国学热"中，多数学者还是力图用马克思主义观点来分析、认识中国的传统文化，批判继承、综合创新，努力建设中国特色社会主义先进文化。这有利于加强爱国主义教育、增强民族自信心与凝聚力，有利于进一步推动马克思主义的中国化。同样，不可否认，不少主张"回归传统"的文化保守主义者，也是站在爱国主义的立场上，对中华民族近代以来的遭遇，抱有深沉的"忧患"意识和悲天悯人的使命感，他们的主张对妄自菲薄的民族文化虚无主义，对陷入某种发展困境的现代文明来说，也有一定的"补偏救弊"意义。正如有学者在评价新儒家时所说的："尽管以儒学来涵盖中国民族文化传统未免偏狭，把儒学传统仅仅归结为道德心性之学亦有失全面、客观，但就对民族文化传统有强烈的自我意识，对发扬民族精神、振兴中华文明有高度的责任感，坚决反对宣扬民族虚无主义、文

---

① 庞朴：《我是中国文化的保守主义者——庞朴先生访谈》，载《博览群书》2004 年第 9 期。

化投降主义的'全盘西化'论这一点来说，现代新儒家的功绩是不可抹煞的。"① 要看到一些年来"国学热"的主流，肯定其正面积极意义。即使影视中上演的一些历史剧、电视节目中出现一些对传统文化的快餐式解读，对经典和历史进行演绎、"戏说"、"穿越"，但其主题多数还是健康向上的，服务于人们的文化娱乐生活需要，即使有一些市场操作的成分在里面，也不能说都是"封建糟粕"、"复古主义逆流"，视之为洪水猛兽而大加鞭挞。

文化是民族的血脉，人民的精神家园。继承和发扬民族优秀文化是发展中国特色社会主义先进文化的必要条件。习近平指出："历史是从昨天走到今天再走向明天，历史的联系是不可能割断的，人们总是在继承前人的基础上向前发展的。古今中外，概莫能外。"② 也就是说，继承性是文化发展的一个重要规律，任何一个国家、一个民族的文化，在发展过程中，都既要维护自己的民族传统，保持自身文化的特色，又需吸收外来文化以发展壮大自己。事实上，任何新的文化的发展都必须从已有的思想材料出发，并自觉不自觉地依据新的政治、经济发展的要求进行改造和加工，使之成为新的文化的有机组成部分，这是文化发展的规律。

社会主义先进文化的发展，要自觉遵循和运用这一规律，继承和发扬优秀的文化遗产，从中汲取丰富的营养。就像列宁所说："只有确切地了解人类全部发展过程所创造的文化，只有对这种文化加以改造，才能建设无产阶级的文化。"③ "马克思主义这一革命无产阶级的思想体系赢得了世界历史性的意义，是因为它并没有抛弃资产阶级时代最宝贵的成就，相反却吸收和改造了两千多年来人类思想和文化发展中一切有价值的东西。"④ 毛泽东在论述共产主义思想体系指导的民族的、科学的、大众的文化方针时指出："学习我们的历史遗产，用马克思主义的方法给以批判的总结，

---

① 方克立：《略论现代新儒家之得失》，载《现代新儒学与中国现代化》，天津人民出版社1997年版，第47页。
② 习近平：《领导干部要读点历史——在中央党校2011年秋季学期开学典礼上的讲话》，《学习时报》2011年9月5日。
③ 《列宁选集》第4卷，人民出版社1995年版，第285页。
④ 同上书，第299页。

是我们学习的另一任务。我们这个民族有数千年的历史,有它的特点,有它的许多珍贵品。对于这些,我们还是小学生。今天的中国是历史的中国的一个发展;我们是马克思主义的历史主义者,我们不应当割断历史。从孔夫子到孙中山,我们应当给以总结,承继这一份珍贵的遗产。"① 党的十八大以来,以习近平同志为总书记的党中央在领导建设社会主义文化强国的过程中,十分重视弘扬祖国优秀传统文化。他指出:"马克思主义基本原理必须同中国具体实际紧密结合起来,应该科学对待民族传统文化,科学对待世界各国文化,用人类创造的一切优秀思想文化成果武装自己。"② 强调中华传统文化是我们民族的"根"和"魂",中华优秀传统文化是中华民族的突出优势,中华民族伟大复兴必须大力弘扬中华优秀传统文化,即把中国民族具有当代价值的文化精神弘扬起来。他还对优秀传统文化中蕴藏的可以为当代提供有益启示的内容作了分析和概括。指出:"世界上一些有识之士认为,包括儒家思想在内的中国优秀传统文化中蕴藏着解决当代人类面临的难题的重要启示,比如,关于道法自然、天人合一的思想,关于天下为公、大同世界的思想,关于自强不息、厚德载物的思想,关于以民为本、安民富民乐民的思想,关于为政以德、政者正也的思想,关于苟日新日日新又日新、革故鼎新、与时俱进的思想,关于脚踏实地、实事求是的思想,关于经世致用、知行合一、躬行实践的思想,关于集思广益、博施众利、群策群力的思想,关于仁者爱人、以德立人的思想,关于以诚待人、讲信修睦的思想,关地清廉从政、勤勉奉公的思想,关于俭约自守、力戒奢华的思想,关于中和、泰和、求同存异、和而不同、和谐相处的思想,关于安不忘危、存不忘亡、治不忘乱、居安思危的思想,等等。中国优秀传统文化的丰富哲学思、人文精神、教化思想、道德理念等,可以为人们认识和改造世界提供有益启迪,可以为治国理政提供有益启示,也可以为道德建设提供有益启发。"③

他还指出:"传统文化在其形成和发展过程中,不可避免会受到当时

① 《毛泽东选集》第 2 卷,人民出版社 1991 年版,第 533—534 页。
② 习近平:《在纪念孔子诞辰 2565 周年国际学术研讨会暨国际儒学联合会第五届会员大会开幕会上的讲话》,《人民日报》2014 年 9 月 25 日。
③ 同上。

人们的认识水平、时代条件、社会制度的局限性的制约和影响，因而也不可避免会存在陈旧过时或已成为糟粕性的东西。这就要求人们在学习、研究、应用传统文化时坚持古为今用、推陈出新，结合新的实践和时代要求进行正确取舍，而不能一股脑儿都拿到今天来照套照用。要坚持古为今用、以古鉴今，坚持有鉴别的对待、有扬弃的继承，而不能搞厚古薄今、以古非今，努力实现传统文化的创造性转化、创新性发展，使之与现实文化相融相通，共同服务以文化人的时代任务。"① 他还对"创造性转化、创新性发展"，做了明确概括：创造性转化，就是要按照时代特点和要求，对那些至今仍有借鉴价值的内涵和陈旧的表现形式加以改造，赋予其新的时代内涵和现代表达形式，激活其生命力。创新性发展，就是要按照时代的新进步新进展，对中华优秀传统文化的内涵加以补充、拓展、完善，增强其影响力和感召力。

　　对传统文化鉴别、扬弃，实现创造性转化和创新性发展，是一件很复杂的工作。要有对传统文化的深入了解和研究，更要把握对历史文化遗产扬弃的科学标准。毛泽东曾经说过：对于历史文化遗产"必须首先检查它们对待人民的态度如何，在历史上有无进步意义，而分别采取不同态度。"② "对待人民的态度如何"和"在历史上有无进步意义"二者的有机统一，可以理解为就是历史唯物主义鉴别历史文化遗产及其所取态度的科学标准与方法。运用这样的标准和方法来处理批判继承古代和外国思想文化，才能做到取其精华、去其糟粕，古为今用、洋为中用、推陈出新。早在 20 世纪 40 年代，毛泽东就说过："中国的长期封建社会中，创造了灿烂的古代文化。清理古代文化的发展过程，剔除其封建性的糟粕，吸收其民主性的精华，是发展民族新文化提高民族自信心的必要条件；但是决不能无批判的兼收并蓄。"③ "我们必须尊重自己的历史，决不能割断历史。但是这种尊重，是给历史以一定的科学的地位，是尊重历史的辩证法的发展，而不是颂古非今，不是赞扬任何封建的毒素。对于人民群众和青年学

---

　　① 习近平：《在纪念孔子诞辰 2565 周年国际学术研讨会暨国际儒学联合会第五届会员大会开幕会上的讲话》，《人民日报》2014 年 9 月 25 日。
　　② 《毛泽东选集》第 3 卷，人民出版社 1991 年版，第 869 页。
　　③ 《毛泽东选集》第 2 卷，人民出版社 1991 年版，第 707—708 页。

生，主要地不是要引导他们向后看，而是要引导他们向前看。"这两段话里所体现出的"扬精弃糟"的辩证分析态度，是我们正确对待传统文化的基本原则。对于如何"取其精华"，毛泽东也为我们做出了示范，他在1958年写道："中国教育史有人民性的一面，孔子的有教无类，孟子的民贵君轻，荀子的人定胜天，屈原的批判君恶，司马迁的颂扬反抗，王充、范缜、柳宗元、张载、王夫之的古代唯物论，关汉卿、施耐庵、吴承恩、曹雪芹的民主文学，孙中山的民主革命，诸人情况不同，许多人并无教育专著，然而上举那些，不能不影响对人民的教育，谈中国教育史，应当提到他们。"①

中国共产党从成立之日起，就既是中华优秀传统文化的忠实传承者和弘扬者，又是中国先进文化的积极倡导者和发展者。中国共产党90多年奋斗最重要的历史经验之一，就是把马克思主义与中国实际相结合，形成了中国化的马克思主义。毛泽东指出："成为伟大中华民族的一部分而和这个民族血肉相联的共产党员，离开中国特点来谈马克思主义，只是抽象的空洞的马克思主义。因此，使马克思主义在中国具体化，使之在其每一表现中带着必须有的中国的特性，即是说，按照中国的特点去应用它，成为全党亟待了解并亟须解决的问题。"他同时提出："学习我们的历史遗产，用马克思主义的方法给以批判的总结，是我们学习的另一任务。"② 由此可知，在把马克思主义基本原理同中国革命具体实践结合的过程中，包拓了要把马克思主义同中国优秀传统文化相结合，从中吸取、提炼经过几千年历史实践淘洗的中国智慧、中国气派，使之有机融入马克思主义中国化的思想体系。毛泽东关于学习、研究、总结历史遗产的论述今天仍有现实意义。

无论是从建设先进文化还是推动马克思主义中国化的意义上说，当前在"国学热"中许多人认真梳理、研究传统文化，弄清楚中华优秀传统文化的历史渊源、发展脉络、基本走向，弄清楚中华文化的独特创造、理念、鲜明特色；提倡学术规范，强调对国学研究中的基本功训练，都是必

---

① 《毛泽东论文艺》增订本，人民文学出版社1992年版，第116页。
② 《毛泽东选集》第2卷，人民出版社1991年版，第534、533页。

须的、有意义的。因为借鉴人类创造的一切文明成果，不是一朝一夕所能完成的，而是一项非常艰苦、漫长的工作，必须有一批人有坐"冷板凳"的精神，能耐得住寂寞，潜心挖掘传统文化的精华，古为今用。就我所知，王国维的学问，在很大程度上得力于 1912 年与罗振玉一起到日本，住在京都的乡下，用了六七年时间，系统研读罗振玉大云书库的藏书。郭沫若在甲骨文、金文方面的成就，也得力于他 1927 年至 1937 年间在日本的十年苦读。季羡林先生的学问，也是在沉寂中做出来的，他的最重要的译作、卷帙浩繁的《罗摩衍那》，就是在十年动乱与浩劫之中翻译完成的，一边看守传达室，一边在小纸条上搞翻译。从这个意义上说，"学问家凸显"也是好事。

但是文化保守主义打着"推崇"国学和传统文化的旗号，却并不是科学地对待传统文化。它主张传统文化中心论，坚持中国的现代化必须以传统文化为本根，借鉴西方某些成果，来实现中国传统文化的"返本开新"，它固守传统文化本位，对马克思主义和西方一些新的文化思想采取排斥态度。它也无视中华多元共生的特点，将传统文化偏狭地归为儒学，极力鼓吹"儒学复兴论"，而对道家、法家、墨家、兵家的许多宝贵思想视而不见。应当说，文化保守主义虽然在珍视民族文化传统上有一些合理性，但总体上是不科学的，非但不可能真正弘扬优秀传统文化，还会把腐朽当神奇，把痈疽当宝贝。我们必须清醒地认识到，由于经历了两千多年的封建专制制度的统治，加上我国现在仍处于社会主义初级阶段，历史遗留下来的封建思想意识和传统糟粕仍然在我们的社会生活中长期存在。这种糟粕成分，集中表现为封建主义腐朽思想文化，如官僚主义、等级观念、特权思想、家长制作风、迷信活动等。封建主义腐朽思想文化腐蚀人的心灵、败坏社会风气，影响和阻碍社会发展。而文化保守主义固有的"向后看"的思想倾向不仅不利于我们消除这些封建思想意识，在某些时候反而会强化这些落后意识。近年来一些古装剧、"清官"戏频繁上演，荧屏上充斥着帝王将相的身影，在不绝于耳的"万岁"、"奴才"、"臣"、"草民"声浪中，一些人对宫廷阴谋政治的那一套东西乐此不疲，情愿在精神上充当封建专制主义的奴隶。社会领域里，风水学兴起，算命、问卦、祭天、祭神活动盛行，一些地方封建迷信活动死灰复燃，这不能不说是一种历史的倒退，也是文化保守主义泛滥的恶果。

　　文化保守主义思潮泛起中，更值得注意的是崇儒反马的大陆新儒学公开亮相和高调出场。中国当代文化保守主义思潮从上个世纪 90 年代兴起开始，就秉持"儒学复兴论"的文化纲领，将运动的重心放在"返本"上，即要求回到儒家精神的本根处，确认儒家道统在中国文化中的"一本性"。在他们看来，今天中国的唯一出路就是回到儒家的"常理"、"常道"，以实现其所期望的"复古更化"。"儒学复兴论"最早可追溯到现代新儒家的开山鼻祖梁漱溟。20 世纪初，正当儒学的统治地位遭到厄运，被西方文化严重冲击的时候，在东西文化的论战中梁漱溟提出了"复兴儒学"的纲领和口号。他在《东西文化及其哲学》一书中说："未来世界文化必将是中国文化的复兴。"中国文化的复兴即是儒学的复兴。此后三代新儒家薪火相传，虽在论证方法上有所变易，但基本上都是围绕着这一纲领进行阐扬发挥。就大陆思想界而言，"儒学复兴"论在新中国成立后已成明日黄花，销声匿迹 30 余年，但在 20 世纪 80 年代中后期的文化讨论中，港台海外新儒家的思想主张和价值取向在大陆学界引起了一些人思想上的共鸣，最终诱发了"大陆新儒家"在 80 年代末 90 年代初的出场和后来居上。1989 年台湾《鹅湖》月刊分两期连载了大陆学者蒋庆写的 3.5 万字长文《中国大陆复兴儒学的现实意义及其面临的问题》。[①] 有人将之与 1958 年牟宗三、徐复观、张君劢、唐君毅在香港《民主评论》上发表的"港台新儒学宣言"《为中国文化敬告世界人士宣言》[②] 相提并论，称之为"大陆新儒家宣言"。此后在 1992 年 6 月，一资深教授在四川德阳召开的"儒学及其现代意义"国际学术研讨会上，提交了一篇题为《我的现代新儒学观》的论文，申明自己服膺现代新儒学，公开揭起大陆新儒学的旗帜。两年后，《原道》辑刊创刊，以"保守主义"为其公开亮明的旗帜和学术宗旨。[③] 李泽厚也在《原道》辑刊创刊号的首篇文章《李泽厚答

---

　　① 参见蒋庆：《中国大陆复兴儒学的现实意义及其面临的问题》，载台湾《鹅湖》第 15 卷第 2、3 期（总号 170、171），1989 年 8、9 月。

　　② 参见香港《民主评论》第 9 卷第 1 期，1958 年 1 月。

　　③ 参见《原道》第 1 辑编后语，中国社会科学出版社 1994 年版。

问》中明确表示愿意被称为有异于港台地区的新儒家。① 在《原道》第 4 辑中，编者公开表明："我们的宗旨是，立足中国的国情和现实的需要，强调本土文化资源对当代生活世界的价值和意义，为东方式现代化道路的探索提供理论上的支持。如果这就是所谓文化保守主义，则我们愿意指出，它的形成背景，是我们的民族带着忧患意识更带着信心大踏步走向未来的世纪之交。"② 如果说《原道》的编者在第 4 辑中还在羞涩地谈论着文化保守主义，那么，他们在《原道》第 5 辑中则公开地打出了"大陆新儒学"的旗号："如果我们已经克服了对儒学的排斥心理，开始把儒家视为一种荣誉，那么，接下来的问题就是，我们应该做些什么，才能建立可与港台新儒家互补对话的大陆新儒学？"③ 这种公开呼唤"大陆新儒学"的声音，在 20 世纪 80 年代是听不到的。

经过十多年酝酿、准备，这一学派终于在 2004 年 7 月的贵阳儒学会讲中以"大陆新儒家学派"的姿态集体亮相，正式浮出水面。大陆新儒学的出现，标志着中国的现代新儒学运动进入了一个新的阶段。在此之前的前三代现代新儒家，虽然其中一些人也表现出崇儒反马的特征，但总体来说，他们在儒学"花果飘零"的境遇下，主要还是将其阵地收缩于心性领域，在社会政治层面则较少发言。因为在他们看来，以儒学取代中国大陆的主导意识形态马克思主义根本没有直接的现实性。因此，就思想特质来说，前三个阶段的现代新儒学主要还是作为一种哲学和文化思潮而存在的。继起的"大陆新儒家"情况比较复杂，其中一派是指那些港台、海外新儒学的认同者、追随者，他们并没有自己独创性的研究与贡献，只是照着港台、海外新儒家讲，不过是港台、海外新儒家在大陆进行"反哺"所引起的某种回应而已。这是所谓"心性儒学派"。另一派则很不一样，他们对港台、海外新儒学提出了尖锐批评，认为在中国复兴儒学不能走心性儒学苦修"内圣"的路子，而是要走"政治儒学"的激进"外王"路线，公开提出了"重建儒教"、"王道政治"、"儒士共同体专政"等思想主张，

---

① 参见《李泽厚答问》，《原道》第 1 辑，中国社会科学出版社 1994 年版，第 3 页。
② 参见《原道》第 4 辑编后语，学林出版社 1998 年版。
③ 参见《原道》第 5 辑编后语，贵州人民出版社 1999 年版。

声称要以儒学取代马克思主义的"王官学"地位，表现出比前三代新儒家更加强烈的意识形态性。这就说明，大陆新儒学已不仅是一种哲学和文化思潮，而且还是一种现实针对性很强的"复古更化"的政治思潮。这派可称为"政治儒学派"。本文所分析的"大陆新儒学"就是指这一派大陆新儒家的思想主张。它作为当代中国文化保守主义的极右翼，虽然不是当今中国儒学发展的主流，但其提出的政治、文化主张和所进行的理论论证，集中暴露了文化保守主义思潮的错误实质和严重危害性，所以有必要对其进行深入的分析批判。

三　崇儒反马是大陆新儒学的本质特征

大陆新儒学在其前期发展阶段就与其前辈（也是其直接的接引者）港台、海外新儒学既有共同之处也有自己的特点，共同处是都要求以儒学为主体、为本位、为主导意识形态来解决中国的发展前途问题，特点是大陆新儒学特殊的生存环境决定了它要"崇儒"就必然要"反马"，因为在大陆要求以儒学为主导意识形态就必然要与大陆已写进宪法的主导意识形态马克思主义发生直接的冲突。

这一特点既然反映的是其本质规定性，就必定有一贯性。以这一派的领袖人物蒋庆来说，他在1989年就明确提出："在当今的中国大陆，一种外来的异族文化——马列主义——在国家权力的保护下取得了'国教'的独尊地位，而这种异族文化既不能安立中华民族的民族生命，又不能表现中华民族的民族精神，这使中华民族近百年来生命无处安立、精神彻底丧失的局面发展到了最高极点。"[①] 在他看来，"马列主义只是一种狭隘的个人学说，而不是从神圣本源中产生出来的普遍真理。……马列主义只是一种个人理性构想出来的偏激的意识形态"，只是一种"具有破坏性的社会批判学说"，"马列主义中没有安身立命、修道进德的成分"。因此他得出的结论就是："儒学理应取代马列主义，恢复其历史上固有的崇高地位，成为当今中国代表中华民族的民族生命与民族精神的正统思想。"该文作

---

① 蒋庆：《中国大陆复兴儒学的现实意义及其面临的问题》，台湾《鹅湖》第15卷第2、3期（总号170、171），1989年8、9月。下引该文不再加注。

者还说："无产阶级专政已经强化到了极点，非但没有在中国实现民主，反而使中国陷入了更大的专制。……中国大陆要想实现民主政治，就必须复兴儒学。""公有制从本质上来说是违背人性的，缺乏人性的基础，非但不会促进经济的发展，反而会窒息社会的经济生活。……公有制的最大弊病不是在于经济效益不高，而是在于违背了人性与物性。""中国大陆三十年来的教育完全是失败的。……在当今的中国大陆，儒学必须占领教育阵地，必须取代在大陆教育上仍有影响的毛泽东思想，必须在中国大陆的德性教育中起主导作用，必须恢复孔子至圣先师的伟大教师地位。"对于作为中国大陆"立国之本"的四项基本原则中的每一项内容，蒋庆都极尽歪曲、污蔑、攻击之能事。

2005 年，蒋庆在《关于重建中国儒教的构想》一文中，更加直言不讳地提出了儒学（教）要与马克思主义争夺当今中国的"王官学"地位、"宪法原则"地位的政治主张。他提出要"通过儒者的学术活动与政治实践，将'尧舜孔孟之道'作为国家的立国之本即国家的宪法原则写进宪法，上升为国家意识形态。也就是说，恢复儒教古代'王官学'的地位，把儒教的义理价值尊奉为中国占主导地位的统治思想"，建立中国式的"儒教宪政制度"。① 这就不仅是像某些人士所说的"大陆新儒家有觊觎意识形态的企图"，而且摆出了一副与当今中国的主流意识形态势不两立的架势，用蒋庆的话来说就是"要马统则不能有儒统，要儒统则不能有马统，两者不可得兼"。②

另一大陆新儒家代表人物陈明也不满意马克思主义居于当今中国主导意识形态的地位，提出了很有攻击性的"鹊巢鸠占"说。他认为马列主义缺乏民族文化认同，在中国已经没有合法性。至于如何放弃马克思主义而恢复儒学昔日的独尊地位，陈明寄望于当今政府改弦易辙。他说："现在进行政治批评，不仅是要和自由主义者们对话，而且还要和当局对话，要他们放弃现在所有的马克思主义意识形态的立场。因为作为意识形态的马

---

① 蒋庆：《关于重建中国儒教的构想》，《中国儒教研究通讯》2005 年第 1 期。
② 蒋庆等人谈当下儒学发展路线（丙戌年六月二十夜）［EB/OL］. http：//www. yuandao. com/dispbbs. asp？boardID＝2&ID＝18717&page＝1.

克思主义（缺乏我们民族的文化认同）不能在民众那里寻找到合法性。"①
"儒学如果会出现复兴，最大的可为性在于执政上，执政者会觉得儒家政
治思想中的'民本'、'善政'有正面教育意义，用古人之事教育启发干
部，总比高谈马列理论来得更亲切有效。"他还说："最大的希望在政府，
他们迟早会意识到自己的意识形态需要更换，到时候，将是最大也是最后
的机会。因为那意味着常态的恢复。现在，鹊巢鸠占，实际什么也谈不
上，顶多只是制造气氛修炼内功而已。"②

　　作为这一派核心人物的康晓光火药味更浓，摆出一副要与马克思主义
进行"殊死决战"的姿态。2004 年 11 月，康晓光在题为《我为什么主张
"儒化"——关于中国未来政治发展的保守主义思考》的演说中，就断言：
"今后 25 年到 50 年内，儒家必将与西化派（他把当今中国马克思主义也
称为"西化派"——笔者注）在政治和文化领域进行一场决战。——这是
一场殊死的决战，因为它关系到中华民族的未来！"③ 2010 年 9 月，康晓
光在其新著《阵地战》一书新闻发布会的主题发言中继而抛出了要打
"持久"的"阵地战"的提法。他借用葛兰西的理论提出，现实中，多种
文化都在竞争"文化领导权"，这个争夺的过程可比喻为"阵地战"，大
家都在夺取一个个的堡垒。"文化阵地"是什么呢？实际上就是政府、社
团、媒体、学校、教堂、家庭、幼儿园等等。他明白指出："如果传统文
化要想复兴的话，就要和官方主导的官方文化（指马克思主义——笔者
注）、西方的主流文化（指自由主义——笔者注）要去争夺这些文化阵地。
所以我把社会化的过程，传统文化重新回归社会化主体的过程理解为传统
文化与其他的文化争夺文化阵地的过程。所以这本书叫《阵地战》，就是
这样的想法。""中国传统文化的社会化，或者是说吸收了现代文明的、推
陈出新经过改造后的中国传统文化能不能夺取文化领导权将对中国社会的

---

　　① 陈明：《〈原道〉与中国文化保守主义》［EB/OL］. http：//www. yuandao. com/forum. php？
mod = viewthread&tid = 19402&page = 1。

　　② 陈明：《"鹊巢鸠占"说》［EB/OL］. http：//www. yuandao. com/dispbbs. asp？boardid = 2&
replyid = 3798&id = 30525&page = 1&skin = 0&Star = 2。

　　③ 康晓光：《我为什么主张"儒化"——关于中国未来政治发展的保守主义思考》［EB/OL］. ht-
tp：//www. tianya. cn/publicforum/content/no01/1/124769. shtml。

未来命运产生非常深刻的影响。"① 大陆新儒家要与马克思主义争夺意识形态领导地位并取而代之的企图在这里显露无遗。

中国共产党是以马克思主义作为指导思想的工人阶级政党。大陆新儒家崇儒反马，必然要否定和取代中国共产党的领导地位。

1989 年，蒋庆在其《中国大陆复兴儒学的现实意义及其面临的问题》一文中，不顾事实地全面否定新中国成立以来中国共产党领导下社会、政治、经济、文化等方面的建设成就，把社会主义中国的现实描绘得一团漆黑，问题成堆，甚至到了积重难返的程度。在他的笔下，中国"经济停滞不前，人民贫困不堪"，"不断出现严重的经济危机"，"人民三十年来最基本的生存要求与正当的物质需要都得不到满足"；"三十年来实行专制统治"，"当政者们以权谋私、贪污索贿、投机官倒、侵吞民利已经到了无以复加的地步"，"当权者们互相暗算谋杀，其手段之狠毒，心计之卑鄙，可以说得上前无古人"，"这个社会每时每刻都面临着动乱、崩溃的威胁与危险"；"邪说暴虐横行，私欲恶见膨胀，人的生命尊严与存在价值得不到最起码的尊重"，人们"道德沦丧"，"精神空虚，意志消沉，醉生梦死"，"现在生活在大陆的人们对道德的感受，就像生活在罗马帝国灭亡时期的人们对道德的感受一样已彻底失去了，唯一的希望就是等待世界末日的来临"。

2004 年，康晓光在其《我为什么主张"儒化"——关于中国未来政治发展的保守主义思考》的演讲中，公然攻击中国共产党执政是"为政不仁"。他十分露骨地污蔑说："20 世纪 90 年代中期以后，政府明智地抛弃了工人和农民，与资本家和知识分子结成了联盟。我把它称之为'精英联盟'。'三个代表'，就是这种联盟的政治宣言。正是这样一种新、老精英的统治联盟，保持了中国的政治稳定，维持了中国经济的繁荣。"他说："'精英联盟'也就是'掠夺联盟'、'分赃联盟'。说白了就是'精英勾结，掠夺大众'。"他甚至说："我不寄希望于'朱门没有酒肉臭'，只能寄希望于'路上没有冻死骨'。你可以有你的利益，甚至你可以丧心病狂

---

① 康晓光：《阵地战——关于中华文化复兴的葛兰西式分析》http：//www. yuandao. com/forum. php？mod = viewthread&tid = 38485。

地掠夺，但是你要给老百姓一条活路。"① 在这通歪曲事实、颠倒黑白的谬论之后，康晓光明确提出了要"儒化"中国共产党的政治主张和策略，而被外界公认为所谓的"策略新儒家"。他说道："儒化的原则和策略是什么？——儒化的原则是'和平演变'。儒化的策略是'双管齐下'，在上层，儒化共产党，在基层，儒化社会。首先是儒化中共。用孔孟之道来替代马列主义。党校还要保留，但教学内容要改变，把《四书》、《五经》列为必修课，每升一次官就要考一次，合格的才能上任。……有一天，儒学取代了马列主义，共产党变成了'儒士共同体'，'仁政'也就实现了。"他还说："我比较乐观地希望能实现这样一种'和平演变'。如果这种设想能够实现，那既是共产党的幸运，也是中华民族的幸运。"②

新世纪大陆新儒家浮出水面，在政治上到底意味着什么？上述明确的主张和直白语言可以使我们的头脑清醒许多。这些主张和语言和西方敌对势力攻击马克思主义和共产党的言论相比有过之而无不及，而且表现出更加武断、更加极端、更加情绪化的特点，只有根本否定性的价值判断，而没有具体的分析论证。

马克思主义传入中国并确立其在中国思想文化中的主导地位，具有极其重大的意义，其中首要的、最根本的意义在于它的实践的、革命的功能。"哲学家们只是用不同的方式解释世界，而问题在于改变世界。"③ 而马克思主义致力于改造世界，批判旧世界，建立新世界。鸦片战争以后，中国逐步成为半殖民地半封建社会，列强对中国的侵略步步进逼，封建统治日益腐败，祖国山河破碎、战乱不已，人民饥寒交迫、备受奴役，救亡图存的民族使命迫在眉睫。争取民族独立、人民解放，实现国家富强、人民富裕，成为中国人民必须完成的历史任务。为改变中华民族的命运，中国人民和无数仁人志士进行了不屈不挠的探索和斗争。太平天国运动、戊

① 康晓光：《我为什么主张"儒化"——关于中国未来政治发展的保守主义思考》[EB/OL]. http://www.tianya.cn/publicforum/content/no01/1/124769.shtml。
② 康晓光：《我为什么主张"儒化"——关于中国未来政治发展的保守主义思考》[EB/OL]. http://www.tianya.cn/publicforum/content/no01/1/124769.shtml。
③ 《马克思恩格斯选集》第1卷，人民出版社1995年版，第61页。

戊变法、义和团运动，中国人民一次次抗争，但又一次次失败。孙中山先生领导的辛亥革命，结束了统治中国几千年的君主专制制度，对推动中国社会进步具有重大意义，但也未能改变中国半殖民地半封建的社会性质和中国人民的悲惨命运。"十月革命一声炮响，给我们送来了马克思列宁主义。十月革命帮助了全世界的也帮助了中国的先进分子，用无产阶级的宇宙观作为观察国家命运的工具，重新考虑自己的问题。走俄国人的路——这就是结论。"① 中国共产党成功地把马克思主义基本原理与中国革命、建设和改革的具体实际相结合，团结带领人民在中国这片古老的土地上，书写了人类发展史上惊天地、泣鬼神的壮丽史诗，集中体现为完成和推进了三件大事：第一件大事，我们党紧紧依靠人民完成了新民主主义革命，实现了民族独立、人民解放。建立了中华人民共和国，彻底结束了旧中国半殖民地半封建社会的历史，中国人从此站立起来了，中华民族发展进步从此开启了新的历史纪元。第二件大事，我们党紧紧依靠人民完成了社会主义革命，确立了社会主义基本制度。实现了由新民主主义到社会主义的转变，使占世界人口四分之一的东方大国进入社会主义社会，实现了中国历史上最广泛最深刻的社会变革。我们建立起独立的比较完整的工业体系和国民经济体系，积累了在中国这样一个社会生产力水平十分落后的东方大国进行社会主义建设的重要经验。第三件大事，我们党紧紧依靠人民进行了改革开放新的伟大实践，开创、坚持、发展了中国特色社会主义，推动社会主义现代化建设取得举世瞩目的伟大成就。党紧紧依靠人民完成和推进这三件大事的过程中，形成了马克思主义中国化的两大理论成果：毛泽东思想和中国特色社会主义理论，从根本上改变了中国人民和中华民族的前途命运，不可逆转地结束了近代以后中国内忧外患、积贫积弱的悲惨命运，不可逆转地开启了中华民族不断发展壮大、走向伟大复兴的历史进军，使具有5000多年文明历史的中华民族以崭新的姿态屹立于世界民族之林。"②

---

① 《毛泽东选集》第4卷，人民出版社1991年版，第1471页。
② 胡锦涛：《在庆祝中国共产党成立90周年大会上的讲话》，人民出版社2011年版，第3—4页。

　　同时，马克思主义的传入是一场彻底的思想解放运动，解决了中国传统文化向何处去的问题。中国传统文化整体上缺乏批判性，面对近代的民族危机，人们对传统文化的合理性和权威性开始产生怀疑，进而试图通过对它的批评和改造，来找到回应现实、摆脱困境的方法。先是举办洋务运动，接着是变法维新，最后便是"从文化根本上感觉不足"，发动"五四"新文化运动。"五四"新文化运动是一场深刻的思想解放运动。马克思主义的传播，使新文化运动的内涵，发生了革命性变革，具有了新的发展方向。马克思主义的传入使中国传统文化得到改造，中国文化开始审视和反思过去的一切，从对器物制度的揭露批判到清算封建主义文化，为中国文化注入了新的内容，焕发出新的活力。它抛却"复兴儒学（教）"以拯救中国的幻想，在马克思主义的指导下，重建中国文化，以新的民族精神导引中国的现代化。中国的先进分子掌握和运用新的思想武器，进一步深化了对中国社会和历史的认识，明确了实现民族和文化发展的历史道路。正如毛泽东所指出的，"自从中国人学会了马克思列宁主义以后，中国人在精神上就由被动转入主动。从这时起，近代世界历史上那种看不起中国人，看不起中国文化的时代应当完结了。伟大的胜利的中国人民解放战争和人民大革命，已经复兴了并正在复兴着伟大的中国人民的文化。这种中国人民的文化，就其精神方面来说，已经超过了整个资本主义的世界。"①

　　考察中国近代史可以知道，在革命发展的伟大实践中，中国人民选择了马克思主义，选择了中国共产党，因为只有社会主义才能救中国、只有中国特色社会主义才能发展中国，这是为中国历史所证明并将继续证明的伟大真理。大陆新儒家提出"以儒学（教）取代马克思主义"、"儒化共产党"、"儒化中国"的主张，企图否定马克思主义，否定共产党的领导，否定现在正在进行的社会主义现代化建设，这与中国人民的根本利益相违背，是决不能允许的。

　　历史经验告诉我们，敌对势力要搞乱一个社会、颠覆一个政权、摧毁一个民族，总是要从搞乱意识形态领域下手。习近平在全国宣传思想工作会议等多个场合强调，意识形态工作是党的一项极端重要的工作，能否做好意识形态工作，事关党的前途命运，事关国家长治久安，事关民族凝聚力和向心力。必须把意识形态工作的领导权、管理权、话语权牢牢掌握在手中，任何时候都不能旁落，否则就要犯无可挽回的历史性错误。① 回顾苏联解体的历史，有很深刻的教训，其中"回归传统"思潮与自由主义西化派在颠覆苏联社会主义过程中的"合谋"作用很值得我们注意。苏共二十大以后，出现了向往资本主义的自由派。到了 20 世纪 60 年代下半期，传统派开始崛起，他们发出了恢复俄罗斯民族意识，回到俄罗斯民族之根的呼唤，掀起了一股复古风。其中许多人对过去的教堂、圣像和古代文献产生了浓厚的兴趣，颂扬宗法制的生活风习。有些人则是地地道道的大俄罗斯沙文主义者、宗教界人士和保皇派。后来，在反对列宁、反对社会主义上，原来似乎势不两立的自由派和传统派又走到了一起。在两派的报刊上，社会主义、共产主义都被说成是无法实现的乌托邦，十月革命被描绘成一次夺权的阴谋活动，布尔什维克成了追求一己私利的冒险家，苏联 70 多年的历史被形容为一场给人民带来灾难和痛苦的残酷的试验。所不同的是，自由派的头面人物是从崇拜西方的民主自由、主张全盘西化的角度反共反社会主义的，而传统派的某些人则是从主张走俄罗斯独特的道路、反对马克思主义这个外来学说而逐步发展到反共反社会主义的。说远一点，这两派的争论可以追溯到 100 多年以前，当时俄国有西欧派与斯拉夫派之争。西欧派当年传播的主要是西方资产阶级上升时期的政治思想和文化学说，所以总的说来是进步的。即使如此，那时属于西欧派的俄国革命民主主义者别林斯基等并不赞成全盘西化。至于斯拉夫派，当时是维护沙皇统治的。这场争论时断时续，一直延续到 20 世纪初，其中尤以"路标派"最具代表性。由别尔嘉耶夫、布尔加科夫、弗兰克等人形成的"路标派"，以摈弃俄罗斯传统为据对俄国 1905—1907 年革命大加批判，对革命民主主义者别林斯基、杜勃罗留波夫和车尔尼雪夫斯基持否定态度，而对以尤什凯维奇、索洛维约夫和陀思妥耶夫斯基为代表的宗教唯心主义和神秘主义传统则极力推崇。② 十月革命的胜利，社会主义制度的建立，马克思主

---

① 《习近平关于全面深化改革论述摘编》，中央文献出版社 2014 年版，第 86 页。

② 参见［俄］基斯嘉科夫斯基等《路标集》，彭甄、曾予平译，云南人民出版社 1999 年版。

义作为指导思想的地位的确立，使这两种主张销声匿迹。在 20 世纪 50 年代中期开始所谓的"解冻"以后，这两种思潮又先后重新抬头，有人把它们称为新西欧派和新斯拉夫派。其实，这时新西欧派传播的已经不是资产阶级上升时期的文化，而是现代垄断资本主义文化。至于新斯拉夫派则继承了老斯拉夫派的衣钵。例如，持不同政见者索尔仁尼琴不仅否定十月革命，而且认为二月革命也是错误的。在他的笔下，20 世纪沙皇统治下的俄国似乎一切都很正常，经济在不断发展，人民生活得平静而又富裕，因此根本不需要任何革命，革命只会带来混乱和破坏。这两派，自由派或曰新西欧派翘首望西，认为那是西方极乐世界；传统派或曰新斯拉夫派则回头思旧，在古老的宗法制的俄罗斯寻找乐土。它们共同反对马克思主义，反对社会主义文化，在和平演变苏联社会主义制度中共同充当了不光彩的反派角色。

"打铁还需自身硬"。对马克思主义的信仰，对社会主义和共产主义的信念，是共产党人的政治灵魂，我们在协调推进"四个全面"战略布局，为实现"两个一百年"奋斗目标的进程中，必须一刻也不能放松和削弱意识形态工作，不断巩固马克思主义在意识形态领域的指导地位，巩固全党全国人民团结的共同思想基础，这是应对、抵制大陆新儒家所谓的中国大陆"民族生命无处安立"、"十亿中国人的精神无所归依"谬论的根本之策。

第三节　当代中国文化保守主义与马克思主义的根本对立

从当代中国文化保守主义泛起和近 20 年的发展来看，其与马克思主义虽有"互动"的一面，[①] 但从总体上来看，二者的本质是相互对立的。

---

① 事实上，"五四"以来，在思想文化层面，中国马克思主义、自由主义西化派和文化保守主义之间，在对立斗争的同时也一直存在着不同程度上的相互影响和渗透。这种既包含正面互补，又包含反面刺激的"互动"，体现了中国现代三大思潮错综复杂的对立统一关系。20 世纪 90 年代以来，当代新儒家杜维明、刘述先等人都有这样的提法，即认为中国未来的希望乃在于马列、西化和传统儒家人文思想三者健康的互动，三项资源形成良性循环。（参见《当代》第 39 期，1989 年 7 月；《明报》，1990 年 6 月 4 日。）方克立教授也认为三大思潮之间存在着对立互动的关系。（参见方克立：《展望儒学的未来前景必须正视的两个问题》，载《天津社会科学》1991 年第 1 期。）

这种对立表现在思想领域的各个方面，而最突出的是以下两点：一是唯心史观与唯物史观的对立，二是在社会发展道路问题上的根本对立。

一　唯心史观与唯物史观的对立

就文化在社会发展中的地位和作用而言，存在着两种截然相反的观点：唯物史观认为"物质生活的生产方式制约着整个社会生活、政治生活和精神生活的过程。不是人们的意识决定人们的存在，相反，是人们的社会存在决定人们的意识。"① 人类社会的基础是经济，政治是经济的产物；经济和政治又是文化的基础，文化是经济和政治的产物，而经济、政治和文化又通过直接和间接的、简单和复杂的相互作用形成一个复杂的社会有机体，文化的作用是巨大的重要的不可缺少的，但决定整个社会面貌的最后的根基、推动整个社会前进的最后的动力是经济。由此可以概括出：（1）人类社会可以区分为经济、政治、文化；（2）三者中最根本的或起最后决定作用的是经济，不是文化；（3）划分世界各个地区、国家的主要标准是经济和政治，而不是文化。

与唯物史观的看法相反，唯心主义的文化史观认为文化是人类社会的最根本的起最终决定作用的东西，是它最后决定了一个国家、一个民族、一个地区的基本面貌，它认为：（1）划分世界不同地区的主要标准不是经济发展水平或经济政治制度，而是文明或作为文明核心的文化；（2）文化与经济、政治并列，并共同组成人类社会，属于人类社会的精神领域；（3）文化在整个人类社会中起最后的决定作用，是人类社会中最根本的东西。②

中国自近代以来的文化保守主义即秉持这种唯心史观，极力抬高文化在中国历史发展中的地位和作用，具体来说就是极力夸大中国所谓一以贯之的儒家文化"道统"的决定性作用，以其作为剪裁中国历史的准绳，凡是符合儒家道统的，就视之为开明、繁荣，反之则视为黑暗、落后。他们把这种挺立儒家文化"道统"的工作谓之"正本清源"，认为只有守住这

---

① 《马克思恩格斯选集》第2卷，人民出版社1995年版，第32页。
② 参见黄楠森：《文化研究应以唯物史观为指导》，载《光明日报》2002年6月11日。

个"本"，才能保持中国历史的绵延不绝。

《学衡》派的代表人物吴宓在《我之人生观》一文中说："观念为一，千古长存而不变；外物实例，则为多到处转变而刻刻不同。前者为至理，后者为浮象。吾为信此原则，故信世间有绝对之善恶是非美丑，故虽尽闻古今东西各派之说，而仍能信道德礼教为至可宝之物；故虽涉猎各国各家各派之文章艺术，而仍能信其中有至上之标准为众所同具"。① 东方文化派的杜亚泉认为，中国"今日在迷途中救济，……决不能希望于自外输入西洋文明，而当希望于己国固有之文明"，这是因为，"吾固有文明之特长，即在于统整，且经数千年之久未受若何之摧毁，正示世人以文明统整之可以成功。今后果能融合西洋思想以统整世界文明，则非特吾人之自身得赖以救济，全世界之救济亦在于是"。② 作为中国近现代文化保守主义典型代表的现代新儒家同样持守这种唯心史观。梁漱溟在《东西文化及其哲学》和其它一系列著述中，认为"意欲"是社会发展的动力，"人的精神生活是能决定经济现象的"，③ 并认为中国近代以来学习西方之所以一再失败，根本原因"就是整个西方文化——是整个文化不相同的问题"。④ 他认为由于中西文化发展路向不同，所以决定了中西社会发展要走不同的道路，中国近代以来的失败就是文化的失败。他明白地说："中国的失败自然是文化的失败，西洋的胜利自然亦是他文化的胜利"。⑤ 第二代新儒家代表人物牟宗三，则把这种唯心主义观点更加系统化。他在解释其"道德的形上学"之道德观时强调，"是以形上学本身为主（包括本体论与宇宙观），而从'道德的进路'入，以由'道德性当身'所见的本源（心性）渗透至宇宙之本源"，⑥ 由此，新儒家在肯定人的内在德性真实的基础上，以否定"外王"的客观性为前提，彰显"内圣"的本源性和决定性作用。第三代新儒家杜维明、刘述先、余英时等人进一步论述了文化价值对社会发

---

① 孙尚扬、郭兰芳：《国故新知论——学衡派文化论著辑要》，中国广播电视出版社1995年版，第161页。

② 《杜亚泉文选》，华东师范大学出版社1993年版，第311、312页。

③ 《梁漱溟全集》第1卷，山东人民出版社1989年版，第375页。

④ 同上书，第334页。

⑤ 《梁漱溟全集》第5卷，山东人民出版社1992年版，第103—104页。

⑥ 牟宗三：《心体与性体》第1册，台北正中书局1972年版，第140页。

展的决定作用。比如，余英时就认为，一切社会中的政治、经济的冲突，最终都可以归结为文化的冲突。文化在社会发展中应具有独立的地位，发挥着决定性的影响，而不是"政治的附庸"。①

当代中国大陆的文化保守主义者继承了其前辈的唯心主义立场，在谈到文化问题时更加露骨地宣扬唯心史观。他们宣称要重新确立中国儒家文化的"道统"，提出要"原道"。所谓"原道"就是追本溯源，探寻中国几千年一以贯之的"常理"、"常道"，以解决民族文化"道统"的"认同"问题。在他们看来，只有护持住了这个文化"道统"，才能应对现实的巨大冲击力以及西方科技宰制等造成的危机。他们创立的同名刊物《原道》，公开亮明"保守主义"的旗帜和学术宗旨。他们把对历史的研究停留在文化观念领域，化约为单纯的义理，而不去把握历史的具体演进历程。在关于"传统"的争论中，根本无视甚或鄙视鸦片战争以来中国近现代社会的变迁。在这种唯心主义文化史观的指导下，他们企图在历史研究领域实现一次"颠覆性的变革"。如前所述，有人无限制地抬高封建统治阶级的头面人物，认为曾国藩、李鸿章、张之洞、慈禧、袁世凯等人都是中国文化"道统"的代表，是推动中国进步的元勋。基于此种历史观而写成和出版的"自传"、"家书"、"谋略"之类书籍大量涌现。有人从曾国藩的言论里找到了"无本者竭，有本者昌"② 两句话，认为这就是"文化发展之一般规律"。曾国藩的所谓"本"明确地是指清朝统治思想的儒家道统。以此作为"规律"，就是以儒家之是为是，以儒家之非为非。每一历史事件，不管是正义还是非正义，革命还是反革命，凡是不利于维护这个"本"的，都加以挞伐、否定。这是以正统儒家的观念尺度随意剪裁历史，企图彻底改写整个近现代史。从这种唯心史观出发，对于太平天国运动、洋务运动、戊戌变法、辛亥革命、五四运动和后来的社会革命，他们都力图用"无本者竭，有本者昌"这个臆造的"规律"来加以随心所欲的解释。在当代文化保守主义者看来，洋务运动和戊戌变法之所以失败，

---

①　参见余英时《中国思想传统的现代诠释》，江苏人民出版社1989年版，第51—54页。

②　这是近年来体现文化保守主义者文化史观的一个典型话语，成为他们的思想"定律"。详细观点参见辛岩：《"无本者竭，有本者昌"——湘军、太平军与文化传统》，载《原道》第1辑，中国社会科学出版社1994年版，第33—61页。本节分析就是以这篇文章为典型文本展开的。

不是由于曾国藩等人维护的"本"丧失了合理性，不是因为康有为等人改良方案不合国情，而是因为社会革命把中国传统文化"扭曲得支离破碎、残缺不全"，才造成改良失败的"令人扼腕叹息"的结局。这种唯心史观构成当代中国文化保守主义的思想核心，秉持此种观念的当代文化保守主义也因此而必然走向理论和实践的困境。

纵观历史，自近代以来，文化保守主义由于其唯心史观的固有立场、观点、方法，一直站在马克思主义唯物史观的对立面。不论是《学衡》派，还是东方文化派，他们都站在"本位文化"的立场上，对唯物史观进行攻击、否定。当代大陆新儒家更是力图用儒学（教）来否定和取代马克思主义唯物史观。李泽厚宣称：马克思主义经济理论问题甚多，效应甚差。历史将走出传统的"马克思主义"[1]，走出唯物史观。罗义俊公开反对用马克思主义研究新儒学，认为以马克思主义为指导，就不可能做到"客观"和"实事求是"，他把马克思主义说成是一种根本不能和中国文化相契入的狭隘宗派，是一种"先定"的"门户之见"，因此从整体上对马克思主义持一种否定态度。[2] 蒋庆、康晓光等人则更是从批判、否定马克思主义的立场，提出了"圣贤史观"。蒋庆要求儿童读经的理论根据就是圣贤创造文化，圣人编定的经典是表达"天道性理"和"圣心王意"的永恒不变的普遍真理，因此凡人和儿童要无条件地接受圣人的教化。例如，蒋庆在《〈中华文化经典基础教育诵本〉说明》中说："圣贤是文化之本，文化由历代圣贤创造。中国的圣贤，除尧舜禹汤文武周公等古代圣王贤相外，孔子以后中国历代公认的大圣大贤不过颜子、曾子、子思子、孟子、荀子、董子、文中子、周子、二程子、张子、朱子、陆子、阳明子14人而已。"又如，他在《读经与中国文化的复兴》一文中说："圣人的理性与凡人的理性是不平等的。圣人之心无私欲障蔽，理性清明虚静，能知善知恶而为善去恶；凡人之心受私欲缠缚，理性浑浊重滞，不能知善知恶遑论为善去恶！职是之故，圣人有天然教化凡人的权利，曰'天赋圣

---

① 参见李泽厚《哲学探寻录》、《与王德胜的对谈》等，载《世纪新梦》，安徽文艺出版社1998年版。李泽厚《说儒学四期》，载《原道》第6辑，贵州人民出版社2000年版。

② 参见方克立《评大陆新儒家推出的两本书——理性与生命》，载《晋阳学刊》1996年第3期。

权’，而凡人只有生来接受圣人教化的义务。所以，圣人讲的话、编的书——经典——就具有先在的权威性，凡人必须无条件接受，不存在凡人用理性审查同意不同意的问题，因为凡人的理性没有资格审查圣人的理性，相反只能用圣人的理性来审查凡人的理性，来要求凡人接受。"①

康晓光的"仁政"给中国未来的政治又提供了什么希望呢？他在《我为什么主张"儒化"——关于中国未来政治发展的保守主义思考》的演说中说："儒家可以承认'主权'属于全体人民，但坚持'治权'只能属于'儒士共同体'。这是因为，天道高于民意，而只有'儒士共同体'才能体认天道。""儒家认为，政治既要体现天意，也要体现民意。……天意高于民意，天意代表民意。总的来说，儒家认为天意和民意都可以由圣人和君子来传达和实践。"② 他进一步提出："在现实中，儒家认为人和人是不平等的，人和人之间有贤与不贤之分。儒家认为，大德应该统治小德，大贤应该统治小贤。也就是说，只有贤人才配拥有统治权。孟子说'惟仁者宜在高位'。儒士就是有仁德的仁者，所以统治者只能由儒士共同体推举，而无需全体国民选举。……尽管儒家主张儒士共同体之外的人没有统治的权利，但他们有获得良好统治的权利。""只要社会中的强势集团携起手来，这个社会就是稳定的。老百姓手头的资源是非常少的，他们没有思想，没有钱，也没有枪，即使数量众多，例如有九亿十亿，但却无法对抗几千万精英。所以，只要一个社会中的强势集团能够团结起来，这个社会就是稳定的。一个政府能不能稳定，不在于有多少人支持它，关键是那些强有力的人是否支持它。所以，政府需要笼络的不是'多数'而是'强者'。这就是统治的奥秘！"③

在现代民主社会里，这样露骨地鼓吹统治者与被统治者天然不平等，"儒士"、贤人有"天赋治权"的专制主义、蒙昧主义理论，已很罕见。④

---

①　参见方克立《关于当前大陆新儒学问题的三封信》，载《学术探索》2006 年第 2 期。

②　康晓光：《我为什么主张"儒化"——关于中国未来政治发展的保守主义思考》，http：//www. tianya. cn/publicforum/content/no01/1/124769. shtml。

③　康晓光：《我为什么主张"儒化"——关于中国未来政治发展的保守主义思考》，http：//www. tianya. cn/publicforum/content/no01/1/124769. shtml。

④　参见《大陆新儒学的马克思主义分析——访中国社会科学院马克思主义研究院特聘研究员方克立》，载《马克思主义研究》2007 年第 5 期。

这些言论暴露了他们的"圣贤史观"是地地道道的"强盗世界观",或者如马克思所批判过的"兽性世界观"。① 这种"兽性世界观"总的来说就是轻视人,蔑视人,使人不成其为人。在这些"圣贤史观"鼓吹者的眼里,大多数普通工农劳动群众被看成是"群氓"、"贱民"、下等人,完全被排除在政治生活的主体之外,只有"被统治"的"天赋权利",至多再有点跪伏于地恳求统治者"行仁政"的权利。至于在其"仁政"里行使着"仁慈的威权主义"统治的则是所谓"儒士共同体",即由他们这些窃取了国柄(用康晓光自己的话说就是掌握着"治权"主体)的"当代大儒"与权贵资产阶级结成的"精英联盟"。善良的人们应该清醒地认识到,他们的"儒士共同体专政"绝非什么"仁政",而只能是最野蛮、最落后的儒教专制主义,与我国历史上实行了数千年之久的王权专制主义并没有本质的区别。②

上述分析表明,唯物史观与唯心史观的斗争如同意识形态其他领域里的斗争一样,仍然是长期的、艰巨的、复杂的。近一个时期以来,在文化保守主义思潮的影响下,否定、批判马克思主义唯物史观的潮流重新泛起,我国唯物史观指导下的哲学社会科学研究受到了来自各方面的挑战。如有的借对"传统唯物史观"、对教条主义、对过去一些错误提法的批评而否定唯物史观的基本原理;有的公开反对唯物史观的指导作用,说唯物史观有"根本缺陷",已经"过时",要用所谓的"唯人史观"、"选择史观"等代替唯物史观。有的搬用西方某些学术思潮,作为论证唯物史观"过时"的理论依据,要求历史研究要"价值中立",要"去国家化"。有的提出要在历史编纂和教育中"淡化革命"、"告别革命",用所谓的"文明史观"、"现代化史观"解构和重写世界史、中国史,特别是要改写中国近代史、革命史、抗战史和中共党史、中华人民共和国史等。③

---

① 参见武高寿《评"儒教救世论"》,载《大陆新儒学评论》,线装书局 2007 年版,第 120 页。

② 参见陈寒鸣《应该警惕文化、学术上的"张勋复辟"》,载《大陆新儒学评论》第二辑,湖北人民出版社 2009 年版,第 212 页。

③ 这一现象已引起不少学者的注意,在教育部和一些高校、科研单位的组织下,相继召开了"唯物史观与社会科学研究研讨会"、"唯物史观与 21 世纪中国史学研讨会"等,针对这种情况,展开了广泛的讨论。《高校理论战线》在 2002 年第 1—6 期曾连续刊登了这些研讨会的综述和一些学者的文章,可以参阅。

这种错误思潮的出现，有着深刻的社会历史原因。早在 1957 年，毛泽东就根据历史唯物主义原理，对新中国成立之初极少数人敌视马克思主义的现象进行过剖析。他说："我们现在是处在一个社会大变动的时期。……这样的大变动当然要反映到人们的思想上来。存在决定意识。在不同的阶级、阶层、社会集团的人们中间，对于这个社会制度的大变动，有各种不同的反应。广大人民群众热烈地拥护这个大变动，因为现实生活证明，社会主义是中国的唯一的出路。"知识分子中，"绝大多数人都是爱国的，爱我们的中华人民共和国，愿意为人民服务，为社会主义的国家服务。有少数知识分子对于社会主义制度是不那么欢迎、不那么高兴的。他们对社会主义还有怀疑，但是在帝国主义面前，他们还是爱国的。对于我们的国家抱着敌对情绪的知识分子，是极少数。这种人不喜欢我们这个无产阶级专政的国家，他们留恋旧社会。一遇机会，他们就会兴风作浪，想要推翻共产党，恢复旧中国。"① 毛泽东在这里所说的留恋旧社会的思想，距离现在虽然已经半个多世纪，但这点时间对于让那些错误思潮完全退出历史舞台来说，还是显得短了些。②

当前唯心史观向唯物史观的挑战，是不以人的意志为转移的。马克思主义史学工作者的正确态度不是回避它，对它视而不见，而是应当主动迎向前去，同它作坚决斗争。③ 实际上，对于唯心主义文化史观对马克思主义唯物史观的挑战和攻击，中国的马克思主义者从一开始就进行了针锋相对的斗争，并在这种斗争中扩大了唯物史观的影响。早在 20 世纪 20 年代，中国的早期马克思主义者依据唯物史观，对文化保守主义思潮宣扬的文化史观就进行了尖锐的批判。陈独秀指出，新儒家等"文化史观"论者的实质是唯心主义，在于从根本上颠倒了物质生活和精神生活的关系，把"人的精神"看成是支配社会的决定力量。④ 瞿秋白也指出，物质资料的生产是"人类社会生存的根据"，没有这些在基础上建立起来的物质关系，"'社会意识'，'精神文明'都不能有。""并不是'精神文化'（社会意

---

① 《毛泽东文集》第 7 卷，人民出版社 1999 年版，第 267—268 页。
② 参见朱佳木《坚持和发展唯物史观》，载《求是》2007 年第 18 期。
③ 同上。
④ 陈独秀：《寸铁·精神生活·东方文化》，载《前锋》1924 年第 3 期。

识）产生那'社会的物质'（物质生产），而是社会物质的发展造成'精神文化'的发展"，"精神生活受物质生产规定和束缚"。所以，"文化史观"以所谓"意欲"为社会现象的根本，把它当作文明产生和进步的原动力，这其实是唯心论。① 李一氓也指出："马克思主义和孔子教义，无论如何是两个对立的体系，而不是可以调和的体系（折中主义），或者并行不悖的体系（二元论）。我们无法把马克思主义的地位轻易地让给孔子，因为我们的世界观无法接受一个唯心主义的哲学体系。"②

可见，是从观念出发来解释历史实践，还是从社会实践出发来解释观念的东西，不仅仅是一个简单的"文化"问题，而是一个如何理解社会历史发展动因和规律的根本的历史观问题。

从这个意义上，中国的马克思主义者认为梁漱溟等文化保守主义者是脱离民族危亡而空言精神的玄想家。中国共产党成立后，马克思主义者从中国实际出发，通过对中国现实政治、经济状况的分析，得出了民族危机不仅是文化保守主义者所说的"文化危机"，而首先是劳动人民生存危机的结论。比如艾思奇总结道："五四以来的思想文化运动，和中国社会关系的变化，和中国民族危机等，有着不可分的关联，在目前的阶段，思想问题的发生，明显的是直接根源于帝国主义侵略的刺激，和社会关系上统一救亡的可能性和必要性的呈现。在民族危机最尖锐的目前，一切问题都以整个民族的生死存亡问题为焦点。"③ 因此，在他们看来，梁漱溟等人弃千百万同胞的生存于不顾，而空谈维护民族文化精神的举动，实际上是一种对民族不负责任的行为，陈独秀甚至将其视为比军阀曹锟、吴佩孚更为可恶的人。

毛泽东在《新民主主义论》中指出："一定的文化（当作观念形态的文化）是一定社会的政治和经济的反映，又给予伟大影响和作用于一定社会的政治和经济；而经济是基础，政治则是经济的集中的表现。这是我们

---

① 参见《瞿秋白文集》（政治理论编）第 2 卷，人民出版社 1988 年版，第 447、594 页。
② 李一氓：《给蔡尚思教授的一封信》，载《文汇报》1990 年 12 月 26 日。
③ 转引自钟离蒙、杨凤麟主编：《中国现代哲学史资料汇编》第 2 集第 1 册（上），辽宁大学哲学系编，1981 年，第 16 页。

对于文化和政治、经济的关系及政治和经济关系的基本观点。"① 这一论述为正确阐明文化发展中的一系列问题提供了基本的理论依据。他在《唯心主义历史观的破产》一文中，批驳了所谓"西方观念输入"引起中国革命的唯心主义历史观，进一步指出："任何思想，如果不和客观的实际的事物相联系，如果没有客观存在的需要，如果不为人民群众所掌握，即使是最好的东西，即使是马克思列宁主义，也是不起作用的。我们是反对历史唯心论的历史唯物论者。"② 建国后在知识界开展唯物史观的学习，给了唯心史观沉重打击，推动了唯物史观在较大范围的普及。我国在革命、建设、改革各个时期发展民族的、科学的、大众的文化，在坚持、发展中国特色社会主义中推动建设社会主义文化强国，大力发展社会主义先进文化，支持健康有益文化，努力改造落后文化，坚决抵制腐朽文化。这其中就包括回应唯心史观的挑战，同它进行积极的思想斗争。在"现代新儒学"泛起之时，以方克立教授为代表的一批用马克思主义观点研究现代新儒学的学者，针对大陆新儒家公开诬蔑、攻击马克思主义，宣扬唯心主义历史观的言行，明确指出："用历史去解释思想的唯物史观要比用思想来解释历史的唯心史观正确、有效和优越得多。"③ 并强调："在今天，我们要大力推动马克思主义指导下的儒学研究和中国传统文化研究，弘扬优秀民族文化；同时要旗帜鲜明地反对保守主义的'儒化'论，因为它是反民主反社会主义的。"④

通过对文化保守主义唯心史观的思想实质及其与唯物史观根本对立的分析，面对我国当前思想理论界出现的新情况，我们认为，坚持和发展唯物史观是当前理论工作者面临的一项非常重要和迫切的任务，是我们建设社会主义文化强国的重要使命。正如习近平指出的："事实一再告诉我们，马克思、恩格斯关于资本主义社会基本矛盾的分析没有过时，关于资本主义必然消亡、社会主义必然胜利的历史唯物主义观点也没有过时。"⑤ "只

---

① 《毛泽东选集》第 2 卷，人民出版社 1991 年版，第 663—664 页。
② 《毛泽东选集》第 4 卷，人民出版社 1991 年版，第 1515 页。
③ 方克立：《评大陆新儒家推出的两本书——理性与生命》，载《晋阳学刊》1996 年第 3 期。
④ 方克立：《关于当前大陆新儒学问题的三封信》，载《学术探索》2006 年第 2 期。
⑤ 《十八大以来重要文献选编》（上），中央文献出版社 2014 年版，第 117 页。

有坚持历史唯物主义，我们才能不断地把对中国特色社会主义规律的认识提高到一个新水平，不断开辟当代中国马克思主义发展新境界。"①

二 在社会发展道路问题上的对立

如前所述，自近代以来，文化保守主义、自由主义西化派和马克思主义，都面临着一个共同的问题，即"中国向何处去"的问题，这是三大思潮斗争的核心问题，习近平指出："近代以来中国社会各种政治力量和政治主张争论和较量的实质，是不同的历史道路、社会发展方向之争。"②

文化保守主义由于坚持唯心史观，认为文化是第一位的，决定一切的。因此，在他们看来，不但中国近现代的民族危机是文化问题，而且当前的经济、政治、社会走向也是文化问题。于是，他们对"中国向何处去"问题的回答，对中国社会发展道路问题的看法，自然也就成了一个所谓的文化问题。以这种思想观念为主导，中国现当代文化保守主义者先后提出了两条社会发展道路：一条是港台、海外新儒家提出的"儒家资本主义"的发展道路或模式，即以儒家思想为指导或以儒家文化为背景来实现资本主义的现代化，他们把"亚洲四小龙"看作是走这条发展道路的典范。另一条则是大陆新儒家提出来的所谓"儒家社会主义"的发展道路，即企图通过"复兴儒学"、"重建儒教"、"儒化共产党"和建立"精英联盟"的"儒士共同体专政"，来根本改变中国大陆现行的社会主义制度，将其"和平演变"成为封建士大夫和权贵资产阶级都能接受的"儒家社会主义"的王道乐土。必须指出：这两条发展道路都是走不通的，只有在马克思主义指导下走中国特色社会主义道路才是富民强国、实现中华民族伟大复兴的唯一正确选择。

（一）"儒家资本主义"道路。进入20世纪80年代以后，当代新儒家学者开始从一个新的角度去解释和阐述提倡儒家文化的现实意义，这就是认为它给中国指出了一条"儒家资本主义"的发展道路。何谓"儒家资本主义"，按照方克立教授的解释，"儒家资本主义，又称'第三种现代

---

① 参见《习近平总书记系列重要讲话读本》，学习出版社、人民出版社2014年版，第175页。
② 习近平：《在中央党校2011年秋季学期开学典礼上的讲话》，《学习时报》2011年9月5日。

化模式'或'东亚工业文明'。现代新儒家设想的以儒家文化为背景或以儒家思想为指导来实现资本主义现代化的发展道路或模式。它不同于西欧北美和苏联东欧实现工业化、现代化的道路或模式。"①

提出"儒家资本主义"道路的背景是很清楚的，就是所谓"东亚经济奇迹"的出现。杜维明就以"亚洲四小龙"为例，论证儒家可以进行转化，成为现代性的一种促进力量，他强调儒家传统在工业东亚发挥了"导引和调节的作用"，具体地说，"儒家传统从重视全面人才教育、提倡上下同心协力、培养吃苦耐劳的工作伦理，和强调为后代造福等方面，树立了一个东亚企业精神的典范"。② 余英时也认为韦伯说错了，中国的儒家商人也可以滋长出资本主义因素，他从明朝历史中拿出大量依据来证明儒家的老树是可以结出现代化新果的。

应该说，一个国家或地区经济现代化的成败与文化因素是有一定关系的，但并非决定性的，与文化因素相关的经济制度、经济政策、政治制度、企业制度等制度性安排及其相关政策实际上发挥了更重要的作用。促成东亚国家和地区经济迅速发展的原因是多方面的，除了与一定的历史文化背景有关之外，更重要的是由于它们利用了特定的国际环境和国际资本的支持，发挥了有利的地理条件的优势，实行了适合本地区实际情况的经济发展战略和政策，善于借鉴和消化外国技术，提高生产率，等等。我们承认，包括宋明理学在内的儒家文化，在东亚社会转进到近现代之后没有也不会彻底退出历史舞台，因此，它在现代社会生活中必然还会发挥一定的作用。但是，由于东亚社会已经走入现代，作为传统文化的儒家文化，无论发挥什么样的作用，在现代社会生活中都不可能是第一位的。新加坡国立大学的陈荣照先生分析说："新加坡的成功，儒家思想只是一个因素，并不像有些人认为的那样似乎是唯一因素。""新加坡经济的发展（因为有儒家文化背景）自然受到儒家的影响。但对于经济起飞，儒家似乎并不构成动力因素，或者只是其中之一。""'四小龙'的起飞在动力上是西方

---

① 方克立：《现代新儒学与中国现代化》，天津人民出版社1997年版，第458页。
② 《儒家传统的现代转化——杜维明新儒家论著辑要》，中国广播电视出版社1992年版，第275页。

的，在精神上是儒家的"。① 有些学者指出的，探讨东亚部分国家和地区经济迅速发展的原因，不能仅从思想文化去解释，不能像现代新儒家那样，把东亚经济发展说成是儒家"内圣"之学合乎逻辑地开出的"外王"事功。② 我们认为这种观点是有见地的。

"儒家资本主义"论主要以西方现代化与东亚现代化为蓝本，突出强调了儒家传统文化价值观念在中国乃至于世界现代化中的作用与功能，其片面性在于，它看不到 20 世纪中国经济政治制度、文化观念的彻底革命对于扫除现代化阻力的根本作用，拔高了传统文化的现代化动力地位，忽略了资本主义全球化发展对于东亚经济崛起的重大影响。"儒家资本主义"作为一种文化保守主义与西方现代化理论相妥协的理念和实践模式，其总体历史观是一种相对静态的"文化决定论"——其主导理论分析框架，是旨在突出不同民族文化传统间静态差异与平等对话关系的"东方/西方"二分法；它虽然承认现代化基本价值观念的普遍性，但更强调民族文化传统的特殊性和决定性意义。这种片面性使得"儒家资本主义"论在现实层面和学理层面都遭到诸多质疑和在面临种种困境。

20 世纪 90 年代后半期东亚地区爆发了二战后最深刻的经济危机和金融危机，促使人们更为全面地认识和评价儒家思想的历史地位和作用。这特别表现在如何正确看待儒家传统的"人治"与现代社会"法治"的关系。关于"儒家资本主义"是一种"裙带资本主义"、"关系资本主义"、"朋党资本主义"、"权贵资本主义"、"密友资本主义"的说法在学术界和媒体中迅速地流传开来。我们不赞成把东亚经济危机完全归罪于儒家文化，探讨造成东亚危机的深刻根源，恐怕主要地或首先地还是要在经济上去寻找。有学者认为，中国台湾虽属东亚"四小龙"之一，却能躲过亚洲金融危机，其产业结构较好是一个重要原因。而台湾正是处于"儒家文化圈"内，这种事实表明，亚洲价值绝不是造成此次危机的罪魁祸首。③ 然而，东亚经济危机也暴露出东亚经济模式的问题进而暴露出了儒家文化的

---

① 《光明日报记者对新加坡国立大学中文系主任陈荣照的访问》，载《光明日报》1994 年 10 月 7 日。

② 方克立：《现代新儒学与中国现代化》，天津人民出版社 1997 年版，第 85 页。

③ 王锐生：《亚洲价值与金融危机》，载《哲学研究》1998 年第 4 期。

缺陷。如儒家文化缺乏法治观念和必要的制衡机制，存在"亲亲、尊尊"的缺陷，经济管理中的暗箱操作，缺乏透明度，等等。从这个意义来说，所谓的"儒家资本主义"确实带有"裙带性"，这种体制对于经济危机的发生亦负有不可推卸的责任。尤其值得注意的是，世界上最知名的"亚洲价值观"的宣扬者李光耀在新世纪之初也宣称："儒家价值观在信息时代已经过时。"① 这样的论断，难道不值得那些主张走"儒家资本主义"道路的文化保守主义者反思吗？

需要指出的是，现代新儒家提倡的"儒家资本主义"发展道路，在中国根本没有实现的可能性。但在中国的社会主义现代化还没有完全实现之前，这派思想还会相当长时期地存在，并继续发挥其多方面的影响②。

（二）所谓的"儒家社会主义"道路。经过30多年的探索和实践，中国特色社会主义道路和理论体系早已深入人心。在"儒家资本主义"论不被看好的情况下，有些人又企图把中国特色社会主义曲解成为所谓"儒家社会主义"，想用"和平演变"的办法来改变当代中国社会的性质。具体来说，有三种情况：

一是把中国特色社会主义直接解释为"儒家社会主义"。其论证逻辑一般是：所谓"中国特色"就是中国历史文化特色，中国传统文化是以儒学为主体，所以中国特色社会主义实质上就是儒家社会主义。有人把共产主义理论的发展分为空想共产主义、科学社会主义、儒家社会主义三个阶段，认为儒家社会主义阶段是无产阶级夺取国家政权后，对国家进行有效的治理，进而彻底实现共产主义社会的历史过程。指导这个阶段社会实践的理论，就是在原来的马克思主义理论的基础上，实现对儒家思想的有效整合，进而形成一套完整的"革命—治理"二元一体化的共产主义社会实践理论。这种理论可以叫做"儒家社会主义"，它是共产主义理论发展的必然阶段，这一阶段的指导思想和社会实践是在中国自然呈现出来的。他们认为，儒家社会主义的本质就是通过"以德治国"和"依法治国"的

---

① 《李光耀放弃"亚洲价值观"》，载《参考消息》2001年2月3日，原载美国《新闻周刊》网络版2001年1月28日专稿。

② 方克立：《现代新儒学与中国现代化》，天津人民出版社1997年版，第454—455页。

治国方略来实现一个人人享有幸福的"和谐社会"，这也就是共产主义社会的本质。① 这套以折中主义面目出现的似是而非的"理论"，是对马克思主义科学社会主义理论的根本歪曲。

二是"儒家社会主义共和国"说。其倡导者提出的"通三统"，就是要打通以孔夫子为代表的中国古典文明传统、毛泽东时代的平等和正义传统、邓小平时代的市场和自由传统，形成所谓"新改革共识"。更具体的解说是："从长远的意义看，当代中国正在形成的'新改革共识'，如果得到健康的发展，将有可能逐渐突显'中国道路'的真正性格，这就是：中国的改革所追求的最终目标，并不是要形成一个像美国那样的资本主义社会，而是要达成一个'儒家社会主义共和国'。"并认为中国的软实力就在于儒家和社会主义。该说从语源学意义上的解释说："'中华人民共和国'的含义实际就是'儒家社会主义共和国'。因为首先，'中华'的意思就是中华文明，其主干是儒家为主来包容道家、佛教和其他文化因素；其次，'人民共和国'的意思表明这共和国不是资本的共和国，而是工人、农民和其他劳动者为主体的全体人民的共和国，这是社会主义的共和国。因此，中华人民共和国的实质就是'儒家社会主义共和国'。中国改革的最深刻意义，就是要深入发掘'儒家社会主义'的深刻内涵，这将是中国在21世纪的最大课题。"② 这套肤浅的语言学游戏一开始就不被人们看好。

三是大陆新儒家的"儒家社会主义"论。其代表人物蒋庆在"政治儒学"中提出了"通儒院"、"庶民院"、"国体院"三院制的所谓"王道政治"方案，并主张重建以儒教为国教的"政教合一"国家。他明确地说这不是中国现行的社会主义制度，但又自称接近马克思的社会主义理想。这一派的势力和影响不可低估。有两个蒋庆的追随者：一个叫周北辰，他写了"一论"、"二论"、"三论"儒家社会主义；一个网名叫"菜根书生"，他写了《从马克思到孔夫子：中国历史必然的选择》等攻击性更强的文章，也自称"儒家社会主义者"。还有一个外国人，在国内某著名学

① 王世宝：《儒家社会主义四论——社会主义第三阶段理论宣言》[EB/OL]. http://www.jixi-awhw.com/bbs/redirect.php? fid=31&tid=13011&goto=nextnewset。
② 甘阳：《中国道路：三十年与六十年》，载《读书》2007年第6期。

府当教授，他写了《中国的新儒家》一书，力挺蒋庆等人复兴儒学、重建儒教的主张和活动，称其为"左派儒学"。他在研究了中国当前的意识形态格局后作出了这样的政治预言："在未来几十年，中国共产党被贴上中国儒教党的标签并不完全是天方夜谭"。显然，这是在为"儒化共产党"、"儒化中国"制造舆论。①

上述三种"儒家社会主义"论中，在舆论界影响最大的是第三种，与社会主义最不沾边的也是第三种，其现实目的和理论实质是什么，值得认真研究。如前所述，蒋庆等"大陆新儒家"强调要从"心性儒学"走向"政治儒学"，从"复兴儒学"走向"复兴儒教"。1989年，蒋庆在其《中国大陆复兴儒学的现实意义及其面临的问题》一文中就对马克思主义和我国的社会主义经济、政治、文化、教育制度进行全面攻击，近年来又提出了"复古更化"的系列主张，如用"王道政治三重合法性"理论来否定民主政治（包括社会主义民主）的合法性，用儒家文化先进论来否定中国特色社会主义文化先进论，否定中国共产党始终"代表着中国先进文化的前进方向"。所谓"三重合法性"，是指超越神圣的合法性、人心民意的合法性和历史文化的合法性。他认为民主政治只具有人心民意一重合法性，而缺少另外两重合法性，因此不是他理想的"王道政治"。蒋庆有许多反对民主政治的典型言论，如说："民主政治，完全以人为中心，排斥超越神圣的价值，出现了极端世俗化、人欲化的倾向。""'民意合法性一重独大'不仅决定民主政治在政治权威产生过程中无道德，还决定民主政治在运作过程中无理想，这是因为民意是政治权力合法性的唯一渊源，而民意最主要由欲望与利益的诉求构成。""从民主政治产生之日起，人类道德就退出了政治权威产生的过程。这不能不说是民主政治存在的严重问题。""由于'民意合法性一重独大'，带来民主政治的极端世俗化、平庸化、人欲化与平面化。"② 总之，他认为以民意为中心的民主政治是要不得的，不符合"王道政治"的要求。

---

① 方克立：《关于马克思主义与儒学关系的三点看法》，载《高校理论战线》2008年第11期。
② 蒋庆：《王道政治的特质、历史与展望——蒋庆先生谈王道政治三重合法性问题》，http://www.confucius2000.com/confucius/wdzzdtzlsyzwjqxst3chfx1.htm。

　　那么，在政治实践中，到底由谁来代表和体现其所谓的"天道、历史和民意"呢？2004 年，蒋庆抛出《"王道政治"是当今中国政治的发展方向》一文，提出了"儒家三院政体"这一政治实践上的构想。他说："'王道政治'在'治道'上要实行议会制。议会实行三院制，每一院分别代表一重合法性。"即"通儒院"、"国体院"、"庶民院"，依次分别代表"天道、历史、民意"的"三重合法性"。在蒋氏的三院制中，"首先，'通儒院'议长由'儒教'公推之大儒担任，终身任职制；议员来源有两个途径：一是社会公推之贤儒，二是国家成立通儒学院，专门培养儒士任议员。其议员产生之规则可效仿古代'荐举制'与'科举制'。其次，'国体院'议长由孔府衍圣公世袭，议员由衍圣公指定历代圣贤后裔、历代君主后裔、历代历史文化名人后裔等社会贤达人士产生。第三，'庶民院'议长、议员按西方民主政治议会产生的规则与程序产生。"①

　　这就是蒋庆设计的"三院制"方案，即他的"王道政治"在政治实践中的具体落实。正如有论者所指出的："这些听起来像是隔世之梦话，但又确实是他们梦寐以求的'儒士共同体专政'的重要内容"。② "显而易见，蒋庆的'王道政治'从头到尾是一篇关于儒家精英政治、掺杂了封建主义世袭'天意'和资本主义'议会政治'的、纯粹'热昏了'的胡话！"③ 蒋庆竟试图以这样的政治纲领，来取代我国当前的社会主义民主政治，这真是一条十分荒唐、可笑的"复古更化"路线。假如这样一条政治路线最终在中国实现的话，可想而知我们中国将会变成一个什么样子！

　　更有甚者，其同道康晓光的政治主张，则更加直白和毫无掩饰。康晓光在《我为什么主张"儒化"——关于中国未来政治发展的保守主义思考》的演说中明确提出"中国应该拒绝民主化"，应该选择儒教的"仁政"，大肆鼓吹和贩卖他的所谓"仁政理论"。他说："在仁政里，由谁来执掌政权呢？儒家主张贤人治国。那么，谁是贤人呢？贤与不贤的标准是什么呢？贤人就是信仰并践行儒家理念的人。贤与不贤的标准就是是否信

　　① 蒋庆：《王道政治是当今中国政治的发展方向》，http：//www. yuandao. com/forum. php? mod = viewthread&tid = 17。

　　② 参见方克立《关于马克思主义与儒学关系的三点看法》，《高校理论战线》2008 年第 11 期。

　　③ 曹乐天：《儒家"政治复兴"将引向何方?》，《马克思主义研究》2011 年第 9 期。

仰并践行儒家理念。这是因为，仁政是最好的政治，而儒士是实践仁政的人。说白了，仁政就是儒士共同体专政。"他并不讳言"仁政"属于权威主义的范畴，也是一种"专政"。什么人专什么人的政呢？他认为是贤人专不贤之人的政，有贤德的仁者、"儒士"专"儒士共同体之外的人"的政。① 康晓光用一个赤裸裸的、封建主义的"儒士共同体专政"来否定我国现行社会主义民主政治的合法性，明确提出了在中国实行"儒化"的原则和策略，公开声称要把共产党变成一个"儒士共同体"，把中国和平演变成为一个"儒士共同体专政"的国家。

人民民主是社会主义的本质属性和内在要求，没有民主就没有社会主义，也就没有社会主义现代化。蒋庆、康晓光等大陆新儒家鼓吹的上述所谓"儒家社会主义"的主张，从根本上背离了人民当家作主的社会主义政治原则，背离了人类社会发展的基本潮流，诚如一些学者所批判的那样，其实质乃是"学术上的'张勋复辟'"！他们这些主观精神上"帝制自为"的臆想症者，其所鼓倡的并不是对于欧美式现代型社会之弊端有批判意义的文化保守主义，而是地地道道的一股在政治上复古倒退的逆流。② 中国作为经历了两千多年封建专制制度的国家，商品经济没有得到应有的发展，缺乏民主思想的传统。民主建设意味着克服延续了两千多年的封建宗法专制主义的政治传统和政治意识，意味着要建立历史上从来没有过的新型人民民主政治制度，这必然要面临旧势力的拼死反抗和抵制，以及种种复辟企图的轮番上演，大陆新儒家"儒化中国"的宣言，就是其中最新也最无现实性的一种。

仔细分析大陆新儒家的"儒家社会主义"论，可以发现，这种论调的实质就是封建社会主义。马克思、恩格斯在《共产党宣言》中，曾经对当时流行于欧洲的各种所谓"社会主义"进行过深刻的分析和批判，其中就包括了作为"反动的社会主义"之一的封建社会主义。封建社会主义在19世纪三四十年代的法、英两国比较盛行。由于在1830年的法国"七月

---

① 康晓光：《我为什么主张"儒化"——关于中国未来政治发展的保守主义思考》[EB/OL]．http：//www.tianya.cn/publicforum/content/no01/1/124769.shtml。

② 参见陈寒鸣《应该警惕文化、学术上的"张勋复辟"》，《大陆新儒学评论》第二辑，湖北人民出版社2009年版，第212页。

革命"和1832年的英国"选举法改革"中，法、英两国的封建贵族再度被资产阶级击败，已无力同资产阶级进行争夺统治权的斗争了，于是他们就转而以"同情工人"的面目出现，给自己的理论涂上"社会主义"的色彩。他们实际上是站在封建贵族的立场上，留恋没落的封建制度，抨击和诅咒资本主义。封建社会主义者打着"社会主义"的招牌，代表的却是没落封建贵族的利益和要求。他们竭力证明工人生活状况的恶化是封建王朝被推翻的缘故，要求恢复昔日的贵族统治，断言专制政权能够"拯救世界"，把现实社会导向社会主义。马克思、恩格斯对这类封建社会主义的言行进行了深刻的剖析，指出这些封建"贵族们把无产阶级的乞食袋当作旗帜来挥舞"，目的就是拉拢人民。它们装出一副关心无产阶级利益的样子，而其真正的用心在于要恢复封建剥削方式，这是对历史发展的反动。在政治实践中，他们实际上参与了"对工人阶级采取的一切暴力措施"。在日常生活中，他们违背自己的言辞，"屈尊拾取金苹果"，"不顾信义、仁爱和名誉去做羊毛、甜菜和烧酒的买卖"。正因为如此，"每当人民跟着他们走的时候，都发现他们的臀部带有旧的封建纹章，于是就哈哈大笑，一哄而散"。①

从大陆新儒家"儒家社会主义"论的种种奇谈怪论，我们可以看出，这种思潮带有多么明显的"封建纹章"。如果他们的"复古更化"主张也算是所谓"儒家社会主义"的话，那么很容易叫人想起马克思、恩格斯对"封建的社会主义"的评论："其中半是挽歌，半是谤文，半是过去的回音，半是未来的恫吓……它由于完全不能理解现代历史的进程而总是令人感到可笑。"②

我们在深刻认识大陆新儒家"儒家社会主义"论的本质之同时，必须清醒地看到，大陆新儒家"儒化中国"的政治目标和行动方针是非常明确的。③ 蒋庆、康晓光的"王道政治"和"仁政"等"儒家社会主义"论调

---

① 《马克思恩格斯选集》，第1卷，人民出版社1995年版，第295—296页。
② 同上书，第295页。
③ 参见方克立《关于当前大陆新儒学问题的三封信》，载《学术探索》2006年第2期。

的潜台词和内在政治本质，就是试图用带有浓厚封建主义色彩的"儒家社会主义"来否定和取代当前我国的社会主义根本制度。这就说明，大陆新儒学已不仅是一种哲学和文化思潮，而且还是一种现实针对性很强的"复古更化"的政治思潮，是彻头彻尾的公然"开历史的倒车"。它虽然不是当今中国儒学发展的主流，但在开放的舆论环境下，却是一种严重干扰中国特色社会主义事业的极不协调的杂音、噪音，其消极作用和严重危害性不可低估，必须坚决予以抵制和批判。

"一个国家实行什么样的主义，关键要看这个主义能否解决这个国家面临的历史性课题。"① 中国 60 多年社会主义现代化建设的成功实践雄辩地证明，无论是走"儒家资本主义"道路，还是走所谓"儒家社会主义"道路，都是违背中国最广大人民的根本利益的，都是逆历史潮流的、行不通的。只有社会主义才能救中国，只有中国特色社会主义才能发展中国，这是历史的结论、人民的选择。

道路决定命运，找到一条实现中华民族伟大复兴的正确道路是非常不容易的。习近平在第十二届全国人民代表大会第一次会议上的讲话中指出："实现中国梦必须走中国道路。这就是中国特色社会主义道路。这条道路来之不易，它是在改革开放 30 多年的伟大实践中走出来的，是在中华人民共和国成立 60 多年的持续探索中走出来的，是在对近代以来 170 多年中华民族发展历程的深刻总结中走出来的，是在对中华民族 5000 多年悠久文明的传承中走出来的，具有深厚的历史渊源和广泛的现实基础。"② 中国特色社会主义，是科学社会主义理论逻辑和中国社会发展历史逻辑的辩证统一，是根植于中国大地、反映中国人民意愿、适应中国和时代发展进步要求的科学社会主义，是全面建成小康社会、加快推进社会主义现代化、实现中华民族伟大复兴的必由之路。面对风云变幻的国际形势，面对艰巨繁重的国内改革发展稳定任务，"只要我们坚持独立自主走自己的路，毫不动摇坚持和发展中国特色社会主义，我们就一定能在中国

---

① 《十八大以来重要文献选编》（上），中央文献出版社 2014 年版，第 109 页。
② 同上书，第 234 页。

共产党成立一百年时全面建成小康社会，就一定能在新中国成立一百年时建成富强民主文明和谐的社会主义现代化国家"①，赢得中国人民和中华民族更加幸福美好的未来。②

---

① 《十八大以来重要文献选编》（上），中央文献出版社 2014 年版，第 118 页。
② 胡锦涛：《坚定不移沿着中国特色社会主义道路前进　为全面建成小康社会而奋斗——在中国共产党第十八次全国代表大会上的报告》，人民出版社 2012 年版，第 16 页。

第七章　个人主义与社会主义集体主义的对立

　　坚持社会主义的集体主义还是张扬个人主义，是改革开放以来频繁而深刻的价值导向之争，是关于"为什么人"、"做什么人"和"怎样做人"的原则争论。这一价值导向之争，关系到我们的事业将由什么样的一代人来接班，关系到国家的发展方向和前途命运。

　　人生价值观、伦理道德观的根源是一定的经济关系，同时也受到各种思想文化的很大影响。为了深入剖析个人主义思潮和坚持社会主义集体主义的价值导向，在这一章中，将就个人主义的历史演变及其内涵，历史上党的文献中对个人主义的定位和批评，改革开放以来个人主义思潮泛起和表现形式的演变，关于个人主义和人性自私的若干理论性问题的评析，以及正确理解和弘扬马克思主义的集体主义价值观等问题，进行评述。

第一节　个人主义的历史演变及其内涵

　　法国政治思想家托克维尔在 1840 年出版的《论美国的民主》下卷中说："个人主义（Individualisme）是一种新的观念创造出来的一个新词。我们的祖先只知道利己主义（Egoisme）。"① 关于利己主义的主张和论述在

---

① 夏尔·阿列亚赛·托克维尔：《论美国的民主》下卷，商务印书馆 1988 年版，第 625 页。

古代就有了，它是同私有制和剥削阶级一起产生的。而个人主义则是同资产阶级和资本主义相适应的价值观念和思想体系。在这个意义上，在近代资产阶级产生以前，并不存在今天意义上的个人主义价值观和思想体系。但是，既然资产阶级私有制是历史上剥削阶级私有制的"最完备的表现"，资产阶级的个人主义也可以从各种私有制形式下的私有观念中找到它的历史渊源和思想元素。如有些研究者所说："就人们现在在个人主义的名目下所谈论的问题来看，诸如个人利益与社会利益的关系，以及个人自由、个人权利、个人奋斗、个人实现等，却又不仅仅是资本主义时期所特有的。"①

　　例如，我国战国时期的杨朱学派主张"重己"、"贵生"，提出了"拔一毛而利天下，不为也"的利己主义思想。《孟子·尽心上》中说："扬子取为我，拔一毛而利天下，不为也。"《韩非子·显学》中称："今有人如此，义不入危城，不处军旅，不以天下大利，易其胫一毛。"杨朱学派的这种思想，既反映了由当时的乱世所催发的独善其身，遁隐避世的生活态度，也表现了其把个人的生命和利益放在最高位置，不问对社会和他人是否有利的所谓"扬子取为我"的人生哲学。中国古代这种利己主义思想就蕴含了近代个人主义的思想渊源。在西方古代，原始形态的个人主义思想也早已开始萌发了。古希腊智者学派的主要代表普罗泰戈拉提出了"人是世间万物的尺度"的观点，在古希腊奴隶主民主制的背景下，伸张了人的主体性。但他所说的人是指个人，甚至强调是个人的感觉。由此，"人是万物的尺度"，即每个人——"我"就是尺度。这在价值观上就包含了以个人为本位的个人主义因素。因此，有些西方思想家把普罗泰戈拉的"人是万物的尺度"，看作是个人主义的思想源头。

　　作为同资本主义的崛起相适应的个人主义而言，其早期表现形式是文艺复兴时期的人文主义。14世纪末到16世纪，欧洲发生了著名的文艺复兴运动。在中世纪宗教神学和封建专制的长期精神禁锢之后，人文主义的新文化在资本主义关系开始形成的一些欧洲国家喷薄而出，产生了一批站在时代潮流前列的文化巨人。他们高扬人的价值和尊严的旗帜，反对宗教

① 夏伟东、李颖、杨宗元：《论个人主义思潮》，高等教育出版社2006年版，第1页。

神学和封建桎梏对人的束缚，倡导个性的自由、发展与解放，反对神权和封建的禁欲主义，主张追求尘世的幸福与享乐。人文主义思潮讲人的价值、尊严、幸福和利益的实质，是在全人类普遍性的外观下追求资产阶级的私利。这些虽然还不是在个人主义名义下表述的，但今天意义上西方个人主义的许多思想元素，在文艺复兴时期已经具备了。

　　欧洲的 17、18 世纪是资产阶级与封建阶级斗争最激烈的时期，个人主义在反对封建经济壁垒、等级特权、人身束缚，促进资本主义自由竞争、自由买卖劳动力和个性解放等方面，起了积极的推动作用。西方个人主义的思想体系，也在资本生产关系逐步确立的过程中得以建立起来。其代表人物，首先是英国哲学家托马斯·霍布斯。霍布斯认为，在国家产生以前，人类处于"自然状态"中。由于人的本性是自私的，无休止的贪欲、权势欲是人类的普遍倾向，在这种状态中没有道德和是非可言，一切都以个人利益为转移。"当自己的利益需要时，他们会放弃习惯，而一遇到理性对自己不利时，他们又反对理性。这就是为什么是非之说永远争论不休，有时见诸笔墨，有时诉诸刀枪"。① 因此，"自然状态"也就是人与人之间互相残害的战争状态。霍布斯就从人的本性自私的观点出发，来论证"人对人是狼"和"一切人反对一切人的战争"。他又认为，为了抑制这种战争状态，保障人们"自我保存"的"自然权利"，大家就共同订立契约，把自己的权利托付给某一个人或某一个人格化的集体，从而就建立了国家。随后英国的约翰·洛克，也是一个主张契约说的人，在理论上也首先诉诸"自然状态的"的概念。不过，洛克所说的"自然状态"与霍布斯的描述相反，他认为"自然状态"不是所谓"战争状态"，而是一种人人平等、自由的状态，这里人人受"自然法"即理性的支配，即任何人都不能危害别人的生命、自由和私人财产——人生而具有的"自然权利"，为了更好保护这种"自然权利"，人们就通过协议，形成契约，建立了国家，"人们联合成为国家和置身于政府之下的重大的和主要的目的，是保护他们的财产"。② 洛克在《政府论》中全面阐述了西方的政治道德理论，

---

① 霍布斯：《利维坦》，商务印书馆 1985 年版，第 77 页。
② 洛克：《政府论》下卷，商务印书馆 1996 年版，第 77 页。

他从"自然人权"及"契约论"出发，论述了个人的自由、平等、权利及其价值等，并将个人利益问题提到了政权的高度。洛克的观点被视为近、现代个人主义的政治思想基础。

马克思曾说："权威原理出现在 11 世纪，个人主义原理出现在 18 世纪"。[①] 在 18 世纪，个人主义原理的代表包括法国"百科全书"派的人本主义启蒙思想；法国思想家 C. D. S. 孟德斯鸠的"三权分立"学说论述的个人主义与资本主义政治法律思想及制度的关系；英国哲学家大卫·休谟的"利己心才是正义法则的真正根源"的"人性论"；英国古典经济学家亚当·斯密的"看不见的手"的经济道德理论等。他们的中心思想都是从社会以个人为本位，导出个人为中心、社会是实现个人目的的手段的个人主义，但他们在其著作中都没有使用"个人主义"这个词。德国哲学家康德在 1778 年的《人类学》中指出："道德的自我主义（egoisme）者是这样的人，他把一切目的都局限于自身，他只看见对他有利的东西的用处……只把意志的最高确定性基础放在有利的东西和使自己内心幸福的东西之中，而不是置于义务观念之中。"[②] 他据此指出："人是目的，而不仅仅是手段。"这是个人主义典型的论点之一"个人目的论"。但也还没有使用"个人主义（individualisme）"一词。

这就是说，虽然此前个人主义的概念尚未产生，但它的基本的思想内容，已在绵延久长的历史中逐步形成了。由此，在人类的认识史上，就必然会出现对这种思想体系的提炼和概括，赋予它恰当的名称。

那么，个人主义的概念是什么时候提出来的呢？据现有的资料，法国天主教复旧派的一位思想家虽然在 1820 年最早使用了法语形式的个人主义这个术语，但他是站在保守主义立场上，用个人主义这个词来指责启蒙运动和法国大革命对信仰和精神造成的所谓"分裂"和"破碎"的。19世纪 20 年代中期，圣西门的追随者也系统地使用了个人主义这个术语。圣西门主义者用"个人主义"来描写他们反对的自由竞争的社会，又用"社会主义"一词来描写中央计划的社会。他们虽然系统地使用了个人主

① 《马克思恩格斯选集》第 1 卷，人民出版社 1995 年版，第 146 页。
② 康德：《人类学》，商务印书馆 1998 年版，第 3—5 页。

义的术语，并用以表达同社会主义思想的对立。但是，他们也还没能根据历史的发展概括出西方个人主义思想的本质内涵。国内外思想界一般认为，真正使个人主义的概念获得了现代意义，对资产阶级个人主义进行了系统论述的，首推法国政治思想家夏尔·阿列克西·德·托克维尔。他在对美国的政治制度进行了考察后，于 1835 年和 1840 年，先后出版了法文版的《论美国的民主》上、下卷。在下卷中，他用个人主义这个词表示一种同利己主义既相区别又有联系的思想体系。在托克维尔看来，个人主义是随着资本主义的发展，人身依附关系的解除和人的独立性的获得而发展起来的，它要求关注自我和以个人为本位，是同资本主义制度共生的。他并指出：个人主义这一适应资本主义发展的新观念，主要包括三个方面的内容：(1) 强调个人是目的，认为同社会相比，个人具有最高价值。(2) 强调个人的民主与自由。(3) 从个人出发，维护财产私有的社会制度。①此后，个人主义作为资产阶级价值观念，作为一个系统的思想体系，逐渐成为资产阶级意识形态的一块重要基石。

　　个人主义在资本主义的发展过程中，人们对它褒贬兼有、毁誉不一。在美国，"个人主义主要是在美国的社会实践中获得积极含义的。"②它起初是唱着资本主义和自由民主的颂词而出现的，经过几百年的发展，先后形成了新英格兰个人主义、边疆个人主义、超验个人主义、实用个人主义等不同流派。个人主义已成为美国的历史特征，美国人的主导价值观。美国加州大学社会学系教授罗特·N. 贝拉等著：《心灵的习性——美国人生活中的个人主义和公共责任》一书中写道："我们尊崇个人尊严，确切地说，我们信奉个人的神圣不可侵犯性。任何可能破坏我们自己思考、自己判断、自己决策并按照自己认定的方式生活的东西，不仅在道德上是错误的，而且是亵渎神明的。我们最远大、最崇高的理想——不仅对于我们自己，而且对于我们所关心的人，对于我们的社会和全世界——与我们的个人主义息息相关。……无论是作为个人还是作为社会，我们所具有的某些最深刻的问题，也是同我们的个人主义密不可分的。我们并不是说美国人

　　① 托克维尔：《论美国的民主》下卷，商务印书馆 1988 年版，第 625—627 页。
　　② 钱满素：《爱默生和中国对个人主义的反思》，三联书店 1996 年版，第 202 页。

应当摒弃个人主义——因为那将意味着放弃我们最深刻的民族特性"。①

　　但在法国，个人主义更多的是作为贬义词出现的。在法国，"个人主义这个术语的最先使用，其法语形式是 Individualisme，来自于欧洲人对法国大革命及其思想来源，即启蒙运动的思想反动。"《法兰西学院词典》把个人主义界定为"普遍利益对个人利益的服从"。说在法国，"直到现在，个人主义这一术语仍然包含着许多从前的、令人不快的涵义"，"个人主义的发展意味着社会统一体的松散，因为自我主义日益明显地占据着优势"，洛易·弗约（Louis Venillot）是法国很有影响的天主教教士，他在1843年也写道："法兰西需要宗教，宗教会带来和谐、统一、爱国精神、信赖、美德……"，"流行于法兰西的瘟疫是众所周知的，人人都称之为'个人主义'，不难看出，一个国家如果个人主义盛行，那么它就不再能处于正常的社会状态，因为社会是精神和利益的统一，而个人主义则是一种无以复加的分裂。人人为我，我为人人，那就是社会；每个人都只是追逐着他自己，因此，每个人都与所有的人为敌，那就是个人主义"。② 在法国，个人主义被看作是任何社会都必须付出的罪恶代价，这种与美国不同的对个人主义的理解，直至今日仍影响着法国人的思想。1968 年 12 月 31 日，戴高乐将军在新年广播讲话中，在它的规范的法国意义上使用了这个词。他说："我们必须克服精神上的不适，尤其要克服由个人主义所引起的不安。这种不适是现代机械主义和实利主义文明的固有特征。"他声称"个人主义是道德病的主要原因"。③

　　事实上，托克维尔在阐述个人主义这个"新的观念创造出来的新词"时，也觉察到了个人主义可能会给社会带来消极后果，并认为可以用美国的民主制度来消除这种消极后果。但这从根本上说是不可能的。因为在美国经济、政治、文化构成的有机体中，以个人主义为核心的文化是维系这种有机体的思想纽带和保证，是与资本主义制度相伴生的东西，虽然在资

---

①　罗伯特·贝拉等：《心灵的习性——美国人生活中的个人主义和公共责任》，三联书店 1991 年版，第 214 页。

②　L. 弗约：《给 M. 维尔曼的信（1843 年 8 月）》，载《宗教、历史、政治和文学文集（1856—1868 年）》系列丛书第 1 卷，第 132—133 页。

③　转引自尼斯贝特：《个人主义》，载《哲学译丛》1991 年第 2 卷，第 62 页。

本主义的产生和上升发展时期，个人主义起过积极的历史作用。但随着资本主义社会基本矛盾的深化和经济、社会危机的不断发生，个人主义对于社会的消极作用也日益明显地暴露出来。因此，在美国和西方社会，对于个人主义的反思、诟病和批判的声音也就不断出现。前面提到的学者贝拉等人，在对美国社会中的个人主义作肯定评价的同时，也不得不对个人主义的破坏性发出了警告。他说："我们担心这种个人主义今天发展得像癌症一样危险了——它也许正在摧毁那些托克维尔视为制约个人主义恶性潜能的社会表层结构，从而威胁着自由本身的生存"，① "现代个人主义似乎正在产生一种无论个人或社会都无法维持下去的生活方式"。②

发人深省思的最近的实例，是西方某些人士在这次世界金融危机中的反思。2007 年夏天美国爆发的次贷危机，很快发展为殃及世界的金融危机和经济危机。其严重程度被称为 "世纪危机"、"9·11 经济恐怖事件"，这次危机从根本上说是当代资本主义社会基本矛盾发展的必然结果，而直接是由人格化的资本极端利己地追求高额利润和广大消费者的需求不足，以及为让资产者放手追逐利润而推行新自由主义的政策所引发的。许多西方人士对金融家的贪婪进行了抨击，对美国的利己主义、个人主义的价值观进了反思和批评。美国评论家托马斯·L. 弗里德曼认为美国银行家是 "贪婪犬儒"，英国《每日电讯报》认为贪婪是 "造成当前危机的元凶"，曾是美国总统候选人的麦凯恩认为这场危机源于华尔街和华盛顿的贪婪，时任澳大利亚总理的陆克文希望结束银行家 "毫无节制的贪婪"。《华尔街日报》甚至发表评论说："是贪婪吗？这是美国之道"。③ 曾是日本新自由主义旗手的日本经济学家中谷岩，在其新作《资本主义为什么自我毁灭？》中，对自己过去信奉新自由主义表示忏悔，说自己过去过度相信 "市场"，现在看来既愚蠢，又危险，他认为，美国社会的特质就是贪得无厌的扩张和对个人主义的绝对容忍，由于 "日本套用基于美国个人主义价值观形成的新自由主义思想进行改革，结果导致日本丧失优良传统和产业

---

① 罗伯特·贝拉：《心灵的习性——美国人生活中的个人主义和社会责任》，三联书店 1991 年版，第 3 页。
② 同上书，第 217 页。
③ 参见吴易风：《当前金融危机和经济危机的根源》，载《中华魂》2009 年第 8 期。

竞争力，日本社会开始分裂。"① 中谷岩从新自由主义的旗手转向批判者，震动了日本经济界，以致引发日本社会的忏悔和反思，确实是值得我们深思的。

　　了解个人主义的历史演变及其内涵，以及在资本主义面临的经济、社会矛盾面前一些西方人士对个人主义的反思，将有助于我们更好地评析个人主义思潮。

第二节　历史上党的文献对个人主义的定位及对个人主义的批评

　　从鸦片战争失败到中国共产党诞生以前的 80 年间，先进的中国人先是向西方国家寻找救国救民的真理的，认为西方资产阶级民主主义的文化可以救中国。但事与愿违，这种资产阶级的文化敌不住帝国主义的奴化思想和封建复古思想的反动同盟，很快宣告破产了。帝国主义的侵略更打破了中国人学西方的迷梦。中国人向西方学得不少，但总是行不通，多次奋斗，包括辛亥革命那样全国规模的运动都失败了。历史的逻辑表明，用西方资产阶级共和国的方案来挽救中国危亡的办法已经过时。十月革命的炮声警醒了中国先进的知识分子。他们在激烈的斗争中，在各种思潮、主义的比较、鉴别中找到了马克思列宁主义，用无产阶级的世界观作为观察国家命运的工具，重新考虑自己的问题。这时，中国发生了五四运动，随后就是中国共产党的成立。从这时起，中国开始了新民主主义革命的历史新时期。在这个历史大背景下，我们在结合中国实际剖析个人主义思潮的时候，需要着重考察在党的历史上和党的文献中，对个人主义是如何定位，又是怎样批评的。

　　在我们党的历史上，反对个人主义的问题并不是凭空提出来的，而是根据中国革命事业对于党的建设和革命队伍建设的迫切需要提出来的。

　　中国共产党在把马克思列宁主义同中国实际相结合、领导中国革命的过程中，遇到了先前其他国家的马克思主义者所未曾遇到过的复杂而困难

---

① 《人民日报》2009 年 3 月 23 日。

的问题，其中的关键，就是要在农民占人口大多数的国家里和党员成分中农民及其他小资产阶级成员占大多数的情况下，建设一个用马克思列宁主义武装起来的工人阶级先锋队政党。早在 1928 年的《井冈山的斗争》一文中，毛泽东谈到湘赣边界党的建设时就说："我们感觉无产阶级思想领导的问题，是一个非常重要的问题。边界各县的党，几乎完全是农民成分的党，若不给以无产阶级的思想领导，其趋向是会要错误的。"①

用无产阶级世界观指导党的建设，克服各种非无产阶级思想的影响，一个重要方面就是要反对和克服个人主义的倾向。毛泽东 1929 年为中国共产党红军第四军第九次代表大会写的决议即古田会议决议，是党的建设和人民军队建设历史上具有里程碑意义的文献。这个决议一开头就指出："红军第四军的共产党内存在着各种非无产阶级的思想，这对于执行党的正确路线，妨碍极大。若不彻底纠正，则中国伟大革命斗争给予红军第四军的任务，是必然担负不起来的。"② 决议为此专门写了《关于个人主义》的部分，首次在党的历史上对个人主义的表现、实质和危害，对纠正个人主义的方法，作了全面深入的分析。它具体揭露和分析了红军党内个人主义倾向的表现，如报复主义，小团体主义，雇用思想，享乐主义，消极怠工，离队思想等。指出：个人主义"完全从个人观点出发，不知有阶级的利益和整个党的利益"；小团体主义"只注意自己小团体的利益，不注意整体的利益，表面上不是为个人，实际上包含了极狭隘的个人主义"；雇用思想"不认识自己是革命的主体，以为自己仅仅对长官个人负责任，不是对革命负责任"；个人主义见于享乐方面的，"总是希望队伍开到大城市去"，但"他们要到大城市不是为了去工作，而是为了去享乐"……决议还指出：个人主义对党和革命事业具有很大的危害性，"是一种削弱组织、削弱战斗力的销蚀剂"，"具有很大的销蚀作用和离心作用"，"于斗争极为不利"。对于纠正和克服个人主义的方法，决议中指出："主要是加强教育，从思想上纠正个人主义。再则处理问题、分配工作、执行纪律要得当。并要设法改善红军的物质生活，利用一切可能时机休息整理，以改善

---

① 《毛泽东选集》第 1 卷，人民出版社 1991 年版，第 77 页。
② 同上书，第 85 页。

物质条件。个人主义的社会来源是小资产阶级和资产阶级的思想在党内的反映，当进行教育的时候必须说明这一点。"①

延安时期的党中央在领导敌后军民战胜日本侵略者的斗争中发挥中流砥柱作用的同时，党的理论创造活动和根据地的经济、政治、文化及党的建设，均取得了丰硕成果。就思想建设方面而言，涉及剖析、反对个人主义倾向和倡导全心全意为人民服务的崇高价值导向的，就有毛泽东的《反对自由主义》、《中国共产党在抗日战争中的地位》、《纪念白求恩》、《整顿党的作风》、《在延安文艺座谈会上的讲话》、《为人民服务》和《论联合政府》等许多名篇。他在 1937 年的《反对自由主义》的这篇战斗檄文中，生动、深刻地分析了自由主义的种种表现及其"以个人利益放在第一位"的思想根源和严重危害。毛泽东指出："革命的集体组织中的自由主义是十分有害的。它是一种腐蚀剂，使团结涣散，关系松懈，工作消极，意见分歧。它使革命队伍失掉严密的组织和纪律，政策不能贯彻到底，党的组织和党所领导的群众发生隔离。这是一种严重的恶劣倾向。自由主义的来源，在于小资产阶级的自私自利性，以个人利益放在第一位，革命利益放在第二位，因此产生思想上、政治上、组织上的自由主义。"在揭露批评革命队伍中的自由主义及其个人主义的思想根源之后，毛泽东热情地论述道："一个共产党员，应该是襟怀坦白，忠实，积极，以革命利益为第一生命，以个人利益服从革命利益；无论何时何地，坚持正确的原则，同一切不正确的思想和行为作不疲倦的斗争，用以巩固党的集体生活，巩固党和群众的联系；关心党和群众比关心个人为重，关心他人比关心自己为重。这样才算得一个共产党员。"② 在应该"怎样做人"的价值导向问题上，毛泽东在延安的时期还提出、阐明了一系列具有重要意义和深远影响的论点。如要学习白求恩的毫无自私自利之心的精神和张思德的为人民服务的精神；"共产党人的一切言论行动，必须以合乎最广大人民群众的最大利益，为最广大人民群众所拥护为最高标准"，③ 等等。

---

① 《毛泽东选集》第 1 卷，人民出版社 1991 年版，第 92、93 页。

② 《毛泽东选集》第 2 卷，人民出版社 1991 年版，第 360、361 页。

③ 《毛泽东选集》第 3 卷，人民出版社 1991 年版，第 1096 页。

刘少奇1939年在延安马列学院的讲演即后来的《论共产党员的修养》一书，是党的历史上一篇重要的党建文献。它阐明了共产党员学习马克思列宁主义理论和在实践中加强无产阶级思想意识修养的重要性，阐明了党的利益高于一切，共产党员要把个人利益服从党的整体利益，即服从阶级解放和民族解放的、共产主义的、社会发展的利益的原则。它在指明中国共产党代表了中国社会中最进步、最光明的方面，在它的组织内集中了中华民族最优秀的儿女的同时，着重剖析了党内各种错误的思想意识。指出："在某些党员中还存在着比较浓厚的个人主义和自私自利的思想意识"，"这种个人主义的表现就是：某些人在解决各种具体问题的时候，常把个人利益摆在前面，而把党的利益摆在后面"。在具体分析了个人主义在各方面的表现之后，《修养》批评有严重个人主义思想的人说："这种人的脑筋，浸透着剥削阶级的思想意识，他相信这样的话：'人不为己，天诛地灭'，'人是自私自利的动物'，'世界上不会有真正大公无私的人，如果有，那也是蠢才和傻瓜'。他甚至用这一大套剥削阶级的话，来为他的自私自利和个人主义辩护。"[①]

新中国成立前夕，在新的形势面前，毛泽东针对美国国务卿艾奇逊的寄希望于中国的"民主个人主义终于会再显身手"，"对于中国目前和将来一切朝着这个目标的发展，我认为都应当得到我们的鼓励"的妄想和图谋，揭露了美国某些不甘心失去中国的势力，妄图"鼓励"中国的民主个人主义者推翻马克思列宁主义、推翻中国共产党领导的人民民主专政的制度的实质，曾对所谓"民主个人主义"给予了深入的揭露和评论。而新中国成立以后，中央领导人对个人主义在党内的表现和危害的集中分析批评，是在处理"高、饶"事件的斗争中。1954年2月党的七届四中全会，进行了反对高岗、饶漱石分裂党，阴谋篡夺党和国家最高权力的斗争，通过了根据毛泽东建议起草的《关于增强党的团结的决议》，不点名地批判了高岗、饶漱石的反党活动。刘少奇受中央政治局和毛泽东的委托向全会作了报告，朱德、周恩来、陈云、邓小平等作了发言。

《关于增强党的团结的决议》中指出："资产阶级的个人主义思想、资

---

① 《刘少奇选集》上卷，人民出版社1981年版，第138—139页。

产阶级的政治手段和资产阶级的生活方式是阶级敌人腐化革命队伍的危险武器，放松对于这些东西的斗争必然会对党和人民的事业造成严重的恶果。"刘少奇在报告中说："只要党内出现了个人主义的骄傲的人们，只要这种人的个人主义情绪不受到党的坚决的制止，他们就会一步一步地在党内计较地位，争权夺利，拉拉扯扯，发展小集团的活动，直至走上帮助敌人来破坏党分裂党的罪恶道路。"① 周恩来在发言中指出："犯有资产阶级个人主义严重错误的同志，只能听好的，不能听坏的，成绩既冲昏了头脑，利欲就必定会熏心，蒙蔽了共产主义的良知，这是最危险不过的事了。"他说：一部分干部中首先是高级干部中的骄傲情绪如不受到严厉的批评和纠正，"这样的干部就会一步一步地发展成为资产阶级个人主义的野心家，或者被这种野心家所利用。"他说："个人主义可以有各种不同形式和不同程度的表现，但是个人主义总是与集体主义对立的；不管你是资产阶级个人主义或者是小资产阶级个人主义，它的思想根源都是从属于资产阶级的"，"党内有着占大多数的小资产阶级出身的党员，小资产阶级如不接受无产阶级的思想领导，就必然要受资产阶级思想的影响。"在谈到加强党的集体生活，开展批评和自我批评，增强党的团结时，周恩来还指出：要区别不利于党的团结的言论和行动与有利于党的团结的言论和行动，区别流言蜚语、个人攻击与党内的批评和自我批评，区别破坏团结的非法活动与一般性的自由主义，区别严重的个人主义与一般的骄傲情绪，等等。②

　　1956 年，在所有制的社会主义改造基本完成和经济发展的基础上，我国在所有党政干部和事业单位工作人员中进行了评级提薪工作，一些干部争名夺利的个人主义倾向在新形势下暴露出来。毛泽东 1957 年 1 月在分析党内外思想动向时，对这种倾向提出了严厉的批评。他说："现在有些干部争名夺利，唯利是图。在评级过程中，有那样的人，升了一级不够，甚至升了两级还躺在床上哭鼻子……。以前北洋军阀政府里有个内阁总理，叫唐绍仪，后头当了广东中山县的县长。旧社会的一个内阁总理可以

① 《刘少奇选集》下卷，人民出版社 1981 年版，第 127 页。
② 《周恩来选集》下卷，人民出版社 1984 年版，第 123、122、124 页。

去当县长，为什么我们的部长不能去当县长？我看，那些闹级别，升得降不得的人，在这一点上，还不如这个旧官僚。他们不是比艰苦，比多做工作少得享受，而是比阔气，比级别，比地位。这类思想现在在党内有很大的发展，值得我们注意。"① 在 1957 年 3 月的一次讲话中，他又说："总而言之，争名誉，争地位，比较薪水，比较吃穿，比较享受，这么一种思想出来了。为个人的利益而绝食，而流泪，这也算是一种人民内部的矛盾。……共产党就是要奋斗，就是要全心全意为人民服务，不要半心半意或者三分之二的心三分之二的意为人民服务。革命意志衰退的人，要经过整风重新振作起来。"②

在我国开启社会主义现代化建设新时期后，党中央和邓小平等几代领导人，又在总结历史经验的基础上，针对新的实际，就坚持社会主义集体主义和为人民服务的价值导向，以及反对各种形式个人主义的问题，作过许多论述。邓小平强调要反对极端个人主义，要划清社会主义民主同资产阶级个人主义民主的界限。他严厉批评了有些人对"全心全意为人民服务"、"个人服从组织"、"大公无私"、"毫不利己、专门利人"等革命口号进行荒唐的"批判"，认为这是有党性的共产党员不能容忍的。邓小平还提出了反对"形形色色的个人主义"的重要观点，他说"精神污染的危害很大，足以祸国误民"，这种危害的重要表现就是"助长形形色色的个人主义思想泛滥"。③ 1996 年党的十四届六中全会《关于加强社会主义精神文明建设若干重要问题的决议》明确提出，"社会主义道德建设要以为人民服务为核心，以集体主义为原则"，要"反对和抵制拜金主义、享乐主义和个人主义"。2001 年中央颁布的《公民道德建设实施纲要》进一步指出："为人民服务作为公民道德建设的核心，是社会主义道德原则和优越于其他社会形态道德的显著标志"，强调要"把为人民服务思想贯穿于各种具体道德规范之中"，"发扬社会主义人道主义精神，为人民为社会多做好事，反对拜金主义、享乐主义和极端个人主义"。2006 年胡锦涛提

① 《毛泽东选集》第 5 卷，人民出版社 1977 年版，第 330—331 页。
② 《毛泽东文集》第 7 卷，人民出版社 1999 年版，第 284—285 页。
③ 《邓小平文选》第 3 卷，人民出版社 1993 年版，第 44 页。

出的"八荣八耻"的社会主义荣辱观,以生动鲜明和富有针对性的语言,发出了上述价值导向的时代强音,为坚持社会主义基本道德规范,扶正祛邪,扬善惩恶,确立了可操作的标准。新中国成立60周年前夕党的十七届四中全会《关于加强和改进新形势下党的建设若干重大问题的决定》,在论述新形势下党建工作的重要性和紧迫性时,又把有些领导干部中"个人主义突出"的问题,作为"不符合党的性质和宗旨"的表现之一,要求引起警醒,抓紧加以解决。

在历史上,党的建设和思想政治工作的一段时期中,也曾在"反对个人主义"的名义下出现过若干"左"的偏差,主要是把个人主义的范围扩大化,把对个人利益的正当追求同个人主义混为一谈。到了"文化大革命"中的所谓"狠斗'私'字一闪念",更把问题推向了极端,完全违背了实事求是的原则。但在总体上,这并不是党的思想政治工作的主流和基本的方面。任何轻视经过长期实践检验的党的思想政治工作的优良传统和真正优势的观点,都是不符合实际的。对党的思想政治工作采取根本否定的资产阶级自由化观点,更是完全错误和十分有害的。

从以上简要的回顾中,我们可以得到一些重要的启示和结论。它为在中国近代以来的历史条件下正确认识和分析个人主义的问题,提供了重要的指南。

第一,反对个人主义的问题,是从中国人民革命实践的需要中提出来的,特别是从中国革命和建设对于党的建设的需要中提出来的。中国革命的胜利有三大法宝:统一战线、武装斗争和党的建设,其中党的建设是关键。列宁1902年在谈到必须建立工人阶级先锋队政党时就说:"给我们一个革命家组织,我们就能把俄国翻转过来。"[①] 然而如本节的开头所述,这在中国就必须解决好对农民出身为主的队伍施以无产阶级思想领导的问题。这个问题,也就是要用无产阶级思想克服党内的非无产阶级思想,在党员队伍中解决好思想入党的问题。毛泽东又发挥说,这就要把农民"提高到无产阶级的水平"。他在党的七大的口头政治报告中说:"作为党来说,作为领导思想来说,我们和农民要分清界限,不要和农民混同起来。

---

① 《列宁选集》第1卷,人民出版社1995年版,第406页。

这对于农民出身的同志可能不容易理解，'我就是农民，为什么不能和农民混同呢？'我说你现在叫做共产党员，农民是你的出身，出身和入党是两件事情，共产党是无产阶级的先锋队。但是这一点要慢慢地搞清楚……我说不要和农民混同，是说要把农民提高一步，提高到无产阶级的水平。"① 在党的建设上强调克服小资产阶级和其他非无产阶级的思想影响，反对个人主义的问题，就是在这样的大背景中提出来的。历史已经充分证明，这对于建设一个思想上政治上组织上完全巩固的马克思主义政党，具有十分重要的意义，并取得了伟大的成功。明确了这一点，有助于使我们立足中国实际，在认识、分析个人主义问题时，把握住实质和要领。在对中外思想史有关个人主义思潮进行研究时，也才能更好地结合中国实际，借鉴有关的思想资料，避免各种表面性和片面性。

第二，党的历史上和党的文献中，对个人主义给予了确定的含义和定位。虽然个人主义的表现形式各种各样，在不同时期有不同的表现。但就其思想特点来说，个人主义就是完全从个人观点出发的个人第一主义，它把个人利益放在第一位，背离了以人民利益为皈依的最高标准，甚至发展到置党纪和国法的要求于不顾。这种个人主义倾向如不得到有力的批评和制止，只要气候适宜，小个人主义就会变成大个人主义，造成严重的危害。

就其意识形态属性来说，个人主义属于资产阶级意识形态，是同集体主义相对立的。以个人为本位、个人为中心，把个人的一切看成是最高价值的观点，是资产阶级世界观、价值观的基本特征，是资本主义经济制度和政治法律制度的思想基础，是资本主义社会占统治地位的思想。我国历史上革命队伍中的把个人利益放在第一位的个人主义倾向，虽然表现形式上带有小资产阶级的特点，但其思想根源和思想体系是从属于资产阶级的。就像列宁在谈到各种思想体系对工人运动的影响时深刻指出："或者是资产阶级的思想体系，或者是社会主义的思想体系，这里中间的东西是没有的。"②

---

① 《毛泽东文集》第 3 卷，人民出版社 1999 年版，第 317—318 页。
② 《列宁选集》第 1 卷，人民出版社 1995 年版，第 326 页。

同个人主义价值观相对立的集体主义价值观，则以个人利益和集体利益的辩证统一为基础，强调集体利益高于个人利益，人民的利益高于一切；在促进个人利益同集体利益协调发展的同时，提倡"为了国家和集体的利益，为了人民大众的利益，一切有革命觉悟的先进分子必要时都应当牺牲自己的利益。"① 这种集体主义精神，在我国革命战争时期已经形成，并凝聚成为党和人民宝贵的革命传统。我国社会主义制度建立以后，为在全社会倡导这种精神，即弘扬社会主义集体主义精神，奠定了现实的基础。

第三，关于个人主义的社会作用，也应当结合中国的实际来分析。毫无疑问，个人主义作为同资本主义的产生和崛起相适应的价值观念和思想体系，曾经在资本主义取代封建主义的斗争中起过进步的历史作用。但它在和其他资产阶级的社会学说一起传入中国的时候，从根本上说，已经丧失了在资产阶级革命时期的进步作用。这是由中国的具体社会历史条件决定的。"五四"以前，资产阶级的思想"有同中国封建思想作斗争的革命作用"，但"这种资产阶级思想只能上阵打几个回合，就被外国帝国主义的奴化思想和中国封建主义的复古思想的反动同盟所打退了。"② 旧式的资产阶级民主革命道路在中国已经行不通了。"五四"以后，中国革命转变为中国共产党领导的新民主主义革命，与此相适应的思想文化，必然只能由中国的无产阶级思想来领导。资产阶级个人主义在这样的历史条件下，在根本上失去进步性和对革命队伍起着巨大的腐蚀作用，是必然的。

前面已经谈到，党的历史上对于个人主义及其危害的揭露与批评，就是从中国革命实践的需要中提出来的。就个人主义在现实生活中的危害而言，它同为人民服务和集体主义的价值导向相对立，销蚀党和人民的革命传统，腐蚀人们的灵魂和冲击着人们的道德底线。个人主义又是拜金主义、享乐主义的思想基础。个人主义和拜金主义、享乐主义的蔓延，使得一些地方的党风、政风和社会风气出现严重问题。有些人借改革开放和发展社会主义市场经济之机，把市场交换原则引入党和国家的政治生活，以

---

① 《邓小平文选》第 2 卷，人民出版社 1994 年版，第 337 页。
② 《毛泽东选集》第 2 卷，人民出版社 1991 年版，第 697 页。

至权钱交易、官商勾结、贪赃枉法的腐败现象滋生频发。有些人把"一切向钱看"奉为准则，罔顾他人和社会利益，大搞假冒伪劣、欺诈活动和从事各种非法违规的经营活动。有些党员干部则经不住金钱、美色、权力的考验，为声色犬马和名缰利锁所俘，严重违纪、违法，腐化堕落，蜕化变质，成为国家和人民的罪犯，有些地方甚至出现了"塌方式腐败"等等。所有这些，都严重危害人民利益和破坏社会和谐，危害、破坏社会主义现代化事业，为广大人民群众所深恶痛绝。而就种种丑恶现象的思想根源来说，都是与某些人头脑中个人主义的恶性膨胀分不开的。因此，在深入开展反腐败斗争中，为了营造不敢腐、不能腐、不想腐的政治氛围并使之取得压倒性胜利，既必须加强依法治国和依规治党的制度建设，以零容忍的态度严惩腐败；又必须强化党的思想道德建设，要求党员干部筑牢拒腐防变的思想道德防线，守住正确的人生价值观，以共产党人的浩然正气坚决抵制形形色色个人主义的侵袭。法规是他律，道德是自律，自律和他律相结合才能达到最好效果。

第四，要区别个人主义和正当的个人利益，反对个人主义并不否定而且要尽可能地保证人们正当的个人利益，这是集体主义原则的题中应有之义，是为人民服务的宗旨的要求。所谓正当的个人利益，是指不损害社会和他人利益的个人生存发展的物质文化需要。它的具体内涵是随着历史条件的变化而变化和不断提升的。把正当的个人利益同个人主义混淆起来，不是马克思主义。还在红军初创时期物质极端贫乏的情况下，古田会议决议在要求纠正红军党内个人主义的倾向时还指出，要尽一切可能设法改善红军的物质生活条件。毛泽东1934年著名的《关心群众生活，注意工作方法》一文深刻论述说："我们现在的中心任务是动员广大群众参加革命战争"，为了达到战胜敌人的目的，就要"领导农民的土地斗争，分土地给农民；提高农民的劳动热情，增加农业生产；保障工人的利益；……解决群众的穿衣问题，吃饭问题，住房问题，柴米油盐问题，疾病卫生问题，婚姻问题。总之，一切群众的实际生活问题，都是我们应当注意的问题。"[1] 在1942年的《经济问题与财政问题》一文中，他还要求干部们懂

---

[1] 《毛泽东选集》第1卷，人民出版社1991年版，第136—137页。

得："一切空话都是无用的，必须给人民以看得见的物质福利"，"我们应该不惜风霜劳苦，夜以继日，勤勤恳恳，切切实实地去研究人民中间的生活问题，生产问题，……并帮助人民具体地而不是讲空话地去解决这些问题。"① 刘少奇的《论共产党员的修养》，在批评党内的个人主义思想意识的同时，也指出："党在一切可能条件下还要帮助党员根据党的利益的要求，去发展他的个性特长，给他以适当的工作和条件，以至加以奖励等。"②

当然，肯定和保障正当的个人利益绝不意味着可以提倡把个人利益放在第一位而孜孜以求。在新的历史条件下，邓小平指出："每个人都应该有他一定的物质利益，但是这绝不是提倡各人抛开国家、集体和别人，专门为自己的物质利益奋斗，绝不是提倡各人都向'钱'看。要是那样，社会主义和资本主义还有什么区别？"③ 他强调要"把个人利益放在集体利益当中，放在国家利益、社会利益当中"。④ 这也就是《论十大关系》中所说的"必须兼顾国家、集体和个人三个方面"，而"不能只顾一头"的原则。这样，也就从根本上划清了个人主义同正当的个人利益的界限。

第三节　个人主义思潮的泛起及其表现形式

一　改革开放以来个人主义思潮表现形式的演变

社会思潮在一定历史条件的基础上产生和传播，因而会随着历史条件的变化改变其具体的表现形式。改革开放以来，个人主义思潮不断涌动，其表现形式的演变情况大致如下：

1. "文化大革命"后个人主义思潮的最初表现形式是较少理论包装，比较直白的"人性自私"论。

1980年5月到1981年3月，一个较有影响的全国性杂志在刊物上开展了一场关于人生意义的大讨论。在这场讨论中提出了一系列肯定"人性

---

① 《毛泽东文集》第2卷，人民出版社1999年版，第467页。
② 《刘少奇选集》上卷，人民出版社1981年版，第135页。
③ 《邓小平文选》第2卷，人民出版社1994年版，第337页。
④ 同上书，第233页。

自私"的观点。有些文章说"人都是自私的，不可能有什么忘我的、高尚的人"。其论据归结起来有：一是"动物本能论"，即把人的本质归结为纯粹的自然属性、动物本能，说动物的本能是自存、自卫，表现在人身上就是自私。二是"原始动机论"，即认为人的一切行为的出发点都是为自己，这是绝对的。说对于毫不利己、专门利人，不敢苟同。三是"精神自私"论，认为不排除有些人可以牺牲自己利益，为别人做好事，但这还是为了使自己得到精神上的满足。甚至说，像雷锋这样的人，就是追求精神方面的"自私"。四是"普遍规律"论，认为"自我"是核心，"为自我"是规律，概莫能外。如果宣传有忘我的、高尚的人，就认为是"虚构"，甚至是所谓"专横的说教"。

从这种否定人性的历史性、社会性、阶级性的"人性自私"论出发，有人进而提出、宣扬一种被称作"规律"的人生准则，即所谓"主观为自我，客观为别人"，说"任何人，不管生存还是创造，都是主观为自我，客观为别人"，并认为"为自我"是目的，"为别人"不过是为自我"派生的一个客观意义而已"，并称这是"任何专横的说教都不能淹没、不能哄骗的规律！"

编辑部刊登的很多文章还常常把新中国成立以来的思想政治教育一概称为"极左"、"现代迷信"、"封建主义"，说只有所谓"君主"、"神父"、"长官"教训人的面孔，等等，应予全盘否定。1980年12月编辑部刊载阮铭评述这场讨论的长篇文章，公然否定了"反对资产阶级自由化"和"反对资产阶级民主"的提法。1981年3月以编辑部名义正式刊出的总结性文章，虽有不少正确的分析，但仍然美化了"主观为自我，客观为别人"的人生哲学。说："主观为自我，客观为别人"和"为自我，又岂能为他人"，这两种观点分别反映了"公"和"私"的统一的一面和矛盾的一面，所以都"有一定的道理"。

因此，当年的这场讨论虽然缘起于试图帮助经历了"文化大革命"的青年一代从迷惘、苦闷中明确人生的方向，但由于在把握导向上的明显偏差，使得"人性自私"的观点得到系统的传播。而发表的正面阐释和分析错误观点的文章显得明显不够，甚至杂有错误的导向。这样，这场讨论就不仅没有能帮助困惑中的青年澄清前进路上的迷雾，反而导致了个人主义价值观在相当范围的泛滥。

2. 个人主义价值观在人道主义和异化思潮的理论包装下，在某些群体中进一步得到传播。

从时间上说，个人主义思潮同人道主义和异化思潮的泛起是互相交织的。在"人性自私"的种种说法中，就可以看到抽象人性论的理论基础。如有一种观点认为：人毕竟是人啊，所以都逃不脱为私欲而奋斗的规律。就是说，因为都是人，所以都自私。这就是用抽象人性来论证人都"自私"。人道主义和异化思潮泛滥开来以后，更为个人主义价值观的传播提供了理论的包装和支撑，使得坚持个人主义价值观的人似乎更振振有词了。

人道主义思潮离开社会发展的具体情况，离开人在社会中的劳动，离开个人同他人、同集体、同阶级、同社会的关系，抽象地、孤立地、谈论人的价值，宣扬"人的价值在于人自身"，要"把人自身当作人的最高价值"。这种观点不仅对于历史的、现实的人的价值什么也说明不了，而且既然要"把人自身当作最高价值"，那么任何人就都可以不顾现实的生产力、生产关系和社会关系的发展状况，提出各种不切实际的关于个人利益的要求。如果得不到满足，就会抱怨社会主义制度"不合乎人性"，"不尊重人的价值"。

人道主义思潮还片面地宣扬"人是目的"，强调"人是目的，不是手段"。其实，目的和手段不是截然对立的。社会主义的原则应该是目的和手段的统一，社会利益和个人利益的统一，享受和劳动的统一，权利和义务的统一，自由和纪律的统一。我们提倡全心全意为人民服务，也可以说是为了达到为人民谋利益的崇高目的，自觉充当人民（包括他人和自己）的手段。在这个意义上，作为手段并不是对人的贬低，恰恰正是人的尊严和高尚所在。离开人民的、社会的需要，去片面宣传"人是目的"，片面追求个人的利益，势必导致同社会主义格格不入的极端个人主义。

从上述抽象地宣扬人的价值和片面强调"人是目的"的观点出发，把人的价值、目的等抽象化、绝对化，就会因个人的目的和欲望不能得到满足，因要求个人服从国家和人民的利益的需要，而抱怨"人的价值"被贬低了，"人是目的"被忽视了，人被当作手段了。一句话，认为人"异化"了。

一段时期中。个人主义价值观就是在人道主义和异化思潮的理论包装与支撑下,在大学生群体中得到进一步传播和扩散影响的。

3. 随着改革开放大潮的兴起,个人主义思潮借歪曲社会主义商品经济、市场经济的要求,同"一切向钱看"结合而得到相当广泛的传播。

毫无疑问,现阶段金钱是社会财富的价值形态,是一般等价物。在我国发展社会主义市场经济条件下,人们谈论和对金钱的正当追求,是正常的事情。但是市场经济原则对人生价值观除了有积极、正面的影响外,有可能衍生出过分注重和追逐金钱的负面影响。而有些人的着眼点,并不是考虑在发展市场经济条件下充分发挥其对人生价值观的正面效应,反而以发展市场经济为借口,宣扬错误的人生价值观。其中最突出的就是宣扬"一切向钱看"的拜金主义价值观。

1983 年 8 月 9 日,某大报发表了《为"钱"正名》一文,提出"金钱是社会的奖章","得到金钱就意味着你对社会做出的贡献"。这等于是直接肯定了"金钱确定人的价值"的资本主义社会中通行的价值观。一位经济学家在 1986 年 9 月 21 日的《经济学周报》上撰文说:"商品经济必然向钱看,哪有不向钱看的商品经济?"并公然赞同说,"抬头向前看,低头向钱看,只有向钱看,才能向前看"。由于种种原因,这种价值观在社会上具有相当的市场。《为"钱"正名》一文发表后的 3 个月内报社收到的 3000 多件来稿中,有 25% 的人赞成"钱是社会的奖章"、应当"向钱看"的观点,有的说向钱看是形势所迫、大势所趋,应当解放思想,提倡人人向钱看,有的甚至说"我不得不喊:金钱万岁!"由于一些人对新时期利益关系调整的误解和困惑,特别是由于错误思潮的影响,社会上的一部分人中确实出现了理想迷失,价值失范的情况,出现了"理想理想,有利就想,前途前途,有钱就图"等同社会主义精神文明要求相悖的倾向。

4. 80 年代后期,以自我为中心的个人主义价值观同否定四项基本原则的错误思潮紧密结合在一起,并在西方哲学、社会科学概念包装下进一步传播和泛滥。其突出表现,就是一些人宣扬的所谓"自我实现"的价值观和有些人炒作的所谓"蛇口风波"。

1988 年出版的《第四代人》一书中宣扬的"自我实现"的价值观,

其内容已与提出"自我实现"说的美国心理学家与马斯洛的观点大不相同。这种价值观的哲学前提，是把"自我"作为宇宙的"本源"和"基石"。它说必须确立"自我"的"本源性"和在宇宙中的"中心地位"，认为"自我"对于周围环境和社会历史都是"第一性的"，是"出发点"，也是"归宿"，应该从"自我出发"，"重构世界"；这种价值观的人生信条和行为准则，是"我就是我的上帝"，认为个人的一切行为只能听命于"自我"，如果强调要遵循历史的规律，响应时代的召唤，顺应社会的需要，那就是没有摆脱对"外部世界"的"奴性依附"；怎样来评价个人的价值和人生的价值呢？它说，满足社会的需要和社会的承认，不等于有价值，更不等于"自我价值"的实现，"人生的价值和意义，只能由自己来定义"，"自己就是自己的定义者和评价者"，鼓吹以"自我"作为衡量人生价值的唯一尺度和标准；至于怎样看待个人和集体的关系、奉献和索取的关系等这样重大的人生问题，这种价值观的鼓吹者扬言，无论是国家、民族还是社会，作为整体利益的代表，在他们心目中"已经死去了"。他们说，"最高原则就是我自己"，对于提倡为社会作奉献、顾全大局、为人民服务，他们轻蔑地说："这本身就是一个可笑的问题"，并公然指责"大公无私"、"无私奉献"是"虚伪"和"荒谬绝伦"的。为了蛊惑青年读者，宣扬者还把他们这一套说成是体现了"主体性原则"的"新一代人的价值观"。显然，这种要求把"自我"放在宇宙和人生的中心位置，鼓吹自我的价值乃是"宇宙间最高和最核心的价值"的价值观，在哲学上是同马克思主义世界观对立的主观唯心主义的唯我论的货色，在人生价值观上，则是赤裸裸的自我中心主义和利己主义。

所谓"蛇口风波"是当时在赵紫阳多次强调所谓要"改造"思想政治工作的氛围中，一些媒体为了进行炒作而制造出来的一个说法。1988年初，有几位热心思想政治教育工作的同志在蛇口和一些青年进行座谈交流，并依据党的基本路线的精神，当场回答提问，分析某些思想倾向。这本是一件很正常的好事。不料事后却遭到无端的指责和攻击。1988年8月，中央一家大报刊出了《"蛇口风波"答问录》，实际上是在否定党的思想政治工作。1989年3月，上海一家杂志又刊出了《"蛇口风波"始末》一文，明确点出了抓住"蛇口风波"做文章同赵紫阳的主张的关系，它说，"党中央领导同志在讲话中再三强调指出，要改造我们的思想政治工作……宣传舆论机关要在这方面多做工作，怎样就思想政治工作的改造开展一场生动活泼、入耳入脑的宣传呢？自然，最好的由头就是蛇口风波。"在此期间，蛇口当地的一家报纸发表了《"陈腐说教"与"现代意识"的激烈交锋》等文章。一面不加分析地把思想政治工作说成是"陈腐说教"，指责思想政治工作者是"教师爷"，甚至说是宣扬"狗的哲学"；一面打着"现代意识"、"观念更新"的旗号，宣扬资产阶级个人主义价值观，说什么理想、信仰都是"虚无缥缈"的，都是"空头"的东西，人生的目的就是"谋生"、"赚钱"。并借当地以"淘金者"自居的青年之口说，"蛇口的一切是由淘金者的血汗铸成的，我们自己劳动了，劳动成果自己享受，大可不必想着我们现在是为了国家，为了什么什么……我们就是为了赚钱，什么理想、信念，为祖国做贡献，没有那回事。"

在一些媒体的炒作中，宣扬爱国主义、集体主义、社会主义被称作"陈腐说教"，而一切从个人出发，一切为赚钱，被奉为"现代意识"。这种是非的颠倒，旨在整个取消党的思想政治工作的舆论，对思想界和教育界产生了很大冲击，造成了错误思潮在更大范围的传播。

5. 个人主义思潮在传播过程中，不可避免地受到党和人民优良传统的抑制，受到来自坚持社会主义、集体主义原则方面的批评，因而宣扬者必然要从根本改变道德评价的标准上做文章，直接用他们所谓"新"的价值标准，否定、取代社会主义集体主义的价值标准，用其所谓"新"的价值观否定、取代社会主义集体主义的价值观。

从1986年有的报刊上指责大公无私是奴隶主强迫奴隶无条件服从"奴隶主的口号"，到1988年一些人鼓吹"我就是我的上帝"的所谓"主体性价值观"，要求否定和取代集体主义原则的声音一直不断。八九政治风波前夕，刘晓波鼓吹："目标——人（个人）的解放而不是振兴民族，手段——现代化（西化），也就是市场经济（私有化）……"更露骨地把鼓吹以个人为本位、取代集体主义的基本道德原则，同要求实行全盘西化和私有化的政治主张紧密联系在一起。随着动乱的平息和深入开展坚持四项基本原则、反对资产阶级自由化的斗争与教育，要求用个人主义标准取代集体主义原则的努力也受到沉重的打击。

在我国提出建立社会主义市场经济体制以后，有些人似乎又找到了用个人主义价值观取代集体主义价值观的借口。一些人又捡起了人性自私的"经济人假设"的理论和所谓"合理利己主义"的价值观，企图以此作为市场经济条件下的基本道德原则；有些人宣扬在社会主义市场经济条件下，既然经济体制从计划经济转向了市场经济，在伦理道德原则上，也就应该由提倡集体主义转向提倡个人主义，提出了所谓"提倡个人主义伦理是与我国社会的转型相适应的"主张。这是对社会主义市场经济性质和要求的严重曲解，是对社会主义精神文明建设要求的严重违背。

6. 在个人主义与社会主义集体主义两种价值观的较量中，有些人还刮起了一股"为个人主义正名"之风，这是若干年来个人主义思潮的又一重要表现形式。

"为个人主义正名"之风，自 20 世纪 80 年代中期以来时起时伏。1986 年，一位学者首次在报纸上提出要为个人主义"正名"，主要是从混淆个人主义与个人利益的区别和以发展商品经济为由头来说事的。1996 年，注明是在某领导的"指导和关怀"下成书的《与总书记谈心》一书中，则渲染说，过去个人主义的概念"被简单化地理解"、"误批误用"，因此，"要做一点正名的工作"，应"按西方惯例，将个人主义与利己主义分开"，对个人主义"重新定义"。2007 年《思想理论动态》第 1 期上刘军宁的《中国，你需要一场文艺复兴!》一文又以近代西方资本主义国家所走的道路为蓝本，鼓吹所谓为了民族复兴，必须使"以个人为本位的价值观"成为"我国的主流价值观"，以"唤醒沉睡了几千年的民众"。这也可以看作是有的"全盘西化"论者在价值观上为个人主义正名，对抗社会主义核心价值体系的一种新的努力。

所谓过去对个人主义"存有误解"，需要"正名"和"重新定义"的说法，是根本站不住的。首先，在上一节中已着重说明，反对个人主义的问题是从中国革命实践的需要中提炼出来的，并已在我国新民主主义革命以来的历史上，在革命、建设、改革和发展的实践中赋予了个人主义以确定的含义。由此才在长期的革命实践中培育了党和人民的宝贵革命精神，形成了优良的社会风气。指责所谓过去对个人主义"存有误解"，鼓吹需要"正名"，是对历史的无知、嘲弄和否定。

二 个人主义思潮泛起的背景和原因

党的十一届三中全会开辟了社会主义改革开放和社会主义现代化建设的新时期，这是我国社会的又一次大变革。这一变革的实质，是要走出先前对社会主义探索的误区，在社会主义制度的基础上，通过全面的改革，在我国确立实现社会主义现代化的正确道路，建设中国特色的社会主义。显然，这一变革在思想道德上并不存在所谓要改变根植于社会主义基本制度的社会主义集体主义这一基本道德原则，而转向个人主义伦理原则的问题。相反，是要在新的历史条件下和社会环境中，更好地继承、发扬党的优良传统和民族的优秀文化传统，吸收人类社会创造的一切文明成果，用坚持爱国主义、集体主义、社会主义为主旋律的思想道德建设，来保证社会主义事业的健康发展。

既然如此，为什么改革开放以来个人主义思潮会几度涌动、频频泛起呢？为什么鼓吹"人性自私"、"为个人主义正名"等观点会有它的市场呢？这有着复杂、深刻的背景和原因。

首先，个人主义思潮在改革开放之初的泛起，是"文化大革命"中的消极阴暗面在意识形态上的回声。

"文化大革命"使我国社会主义事业遭到建国以来最严重的挫折和损失。十年动乱打乱了正常的秩序，破坏了社会和谐，也击碎了许多人对原先人与人之间关系的美好印象。极左思潮的猖獗，搅乱了人们的思想和是非标准，一些人还受到诬陷不实之词的批判，以至受到人身迫害和摧残。这些社会的消极阴暗面和不公正的现象，不能不对人们人生价值观的扭曲产生重要影响。与此同时，大闹派性、大打派仗的活动遍及各地，少数人趁机大搞独立王国，以我为中心，为所欲为，造谣说谎、损人利己，实用主义的政客作风严重泛滥并得势于一时，严重损害社会道德风尚和腐蚀着人们健康的价值观念。

尽管"文化大革命"中的阴暗面并不是我国社会主义发展中的常态，更不反映中国社会主义的本质，尽管在"文化大革命"结束和历史的公正到来之后，许多人超越了个人的恩怨，站在维护、推进党和人民事业的高度正确总结历史经验教训，继续坚持着马克思主义指引的人生价值导向，但不可能排除社会的不公正现象和消极阴暗面对一部分人人生价值观的消极影响和扭曲，不可能排除有些人从个人主义的角度出发来总结历史和个人的遭遇与感受，并进而宣扬个人主义的价值观。可以说，个人主义思潮的泛起，起初是"文化大革命"中的消极阴暗面在意识形态上的反映和回声。

其次，个人主义思潮泛起的更深刻的根源，是同改革进程中经济结构和人们利益关系的调整、变化，以及同社会主义市场经济的两重性密切相关的。

我国在社会主义基本制度建立以后，曾发生过追求公有制的程度越高越好的倾向，脱离了社会主义初级阶段生产力发展的要求。在体制、机制上，也存在着束缚人们正当利益的追求和主动性，积极性的发挥的情况。我国的改革就是从调整所有制结构和人们的利益关系起步的。我们经济改革的目标是要建立和完善充满生机和活力的社会主义市场经济体制。就所有制结构来说，如党的十五大所确定："公有制为主体，多种所有制经济成分共同发展，是我国社会主义初级阶段的基本经济制度。"在社会主义初级阶段的一定时期，私有经济的发展速度较高于公有经济，在国民经济中的比重逐步增加，是必要的、有益的。事实上，实行改革开放和发展社会主义市场经济，不仅给我国社会注入了新的活力，带来了经济繁荣和人民生活水平的提高，而且在价值观念上，也激发、催生了以改革创新为核心的时代精神，使民族的精神面貌发生了深刻变革。

但是，一种倾向掩盖着另一种倾向。私有制经济的发展，会催生以个人为本位的价值观。如果这种发展超过了一定限度，整个社会的价值导向就会发生严重倾斜，成为滋生个人主义的土壤。即使是社会主义的市场经济，其市场经济的运行机制和价值导向除了有激励积极进取、开拓创新、讲求效益和公平竞争的正面效应外，还有可能导致不顾社会利益而片面追求个人和企业局部利益，以及过分重视和追逐金钱，一切向钱看的负面效应。如果不看到这点，就不可能真正找到个人主义思潮得以存在和泛起的现实根源。当某些利益主体从自身的立场和要求出发，曲解和误导改革开放、发展社会主义市场经济的要求，竭力宣扬以个人为本位、个人利益至上的价值观的时候，个人主义思潮就不可避免的传播和泛滥开来了。

再次，西方思想文化的大量涌入，不加分析、鉴别、批判地吸收，有些人并据此进而宣扬错误的价值观，是个人主义思潮在我国得以泛起和传播的一个重要原因。

改革开放初期，西方思想文化以空前的规模和程度进入我国，有一定的不可避免性。但西方文化是一定时代和一定阶级的产物。如在我国曾流行较广的西方非理性主义的人本主义哲学流派来说，虽然它在某种程度上反映了资本主义社会的矛盾和危机，以及一些人在矛盾面前被扭曲了的心理，但这些作者不可能摆脱资产阶级世界观的束缚和支配，他们在矛盾面前从个人主义观点出发所作的人生思考，对我国当代青年有着明显的负面作用。如叔本华的人性自私、残忍、贪婪、虚伪和悲观主义的人生哲学；尼采的"重估一切价值"的虚无主义和崇尚"权力意志"的超人哲学；萨特的"我的个人自由是一切价值的基础"的把个人自由绝对化、否定决定论的观点，等等。西方的某些文学作品，有的直接就是这些人生观的艺术演绎，或渗透着这样的人生观。甚至在西方的经济学说中，在提供某种具体方法层面的借鉴的同时，由于其根植于资本主义私有制，也渗透着与此相应的人生价值观的导向。鼓吹全面私有化、完全市场化、绝对自由化的新自由主义经济学的前提，就是把自私看成是人的本性，这种"人性自私"的"经济人"假设的流传，曾使得一些人把"人性自私"看作是不证自明的公理。

著名的马克思主义经济学家刘国光曾针对经济学教学和研究中的问题指出："海归"派回来很好，可以充实我们关于西方经济学的知识。"但是他们中的一些人没有经过马克思主义的再教育……不经过评论，原本原汁地介绍西方的东西，是有问题的。"① 甚至在一个省部级干部班的讲堂上，也出现了盲目推崇"经济人"假设，并进而借以发挥、传播"人性自私"论的情况。中共中央党校某教授在讲课中竟然宣称："经济人假定，把人看作是理性的利己主义者，说人是自私的。为什么要这样假定呢？因为事实即是如此。人们如果不自私，就不会有劳动积极性，政府也无法通过政策调节经济"。他还荒唐地宣称："人为财死，鸟为食亡，别看这只是

---

① 刘国光：《对经济学教学和研究中的一些问题的看法》，载《高校理论战线》2005 年第 9 期。

一句俗语，却是千百年来人民对自身经济行为的总结，揭示的是一个浅白而又深刻的经济学原理。"①

因此，对于西方各种经济学的、哲学的、社会政治和文学艺术的思潮不能不分析、不鉴别、不批判地盲目推崇。就像邓小平所说："属于文化领域的东西，一定要用马克思主义对于它们的思想内容和表现方法进行分析、鉴别和批判。"② 但相当一段时期来，出现了一些人对西方思潮一窝蜂地盲目推崇的情况。有些人并进而据此宣扬错误的价值观，大大助长了个人主义思潮的泛滥。

此外，个人主义思潮泛起的原因，还要从在当代推进社会主义思想道德建设是长期、复杂的历史课题，以及工作中出现失误的角度来解释。

在当今国际、国内背景下，在改革开放和发展社会主义市场经济的条件下，如何更好建设社会主义核心价值体系，培育和践行社会主义核心价值观，大力推进社会主义思想道德建设，有效地防止和遏制拜金主义、享乐主义、个人主义的滋长蔓延，有效地防止和遏制各种腐朽思想文化的影响，包括半殖民地、半封建社会遗留的腐朽思想影响，抵御敌对势力对我国"西化"、"分化"的图谋，是在社会主义现代化进程中必须认真解决的历史性课题。对于解决这一历史课题长期性、复杂性要有足够的思想准备。坚持党的基本理论和基本路线必须毫不动摇。建设社会主义核心价值体系，培育和践行社会主义核心价值观必须常抓不懈。在这个过程中只要稍有松懈，就会使错误东西的滋长获得可乘之机；如果出现了某种程度的失误，就直接会酿成错误思潮的泛滥。20世纪80年代末，邓小平总结经验教训说，必须按照基本路线坚定不移地干下去。十年最大的失误是教育，主要是思想政治教育削弱了，一手比较硬，一手比较软，一硬一软不相称，配合得不好。他说："如果说有错误的话，就是坚持四项基本原则还不够一贯，没有把它作为基本思想来教育人民，教育学生，教育全体干部和共产党员。""四个坚持，思想政治工作，反对资产阶级自由化、反对精

---

① 《驾驭经济理论的理论支点——王东京教授在中央党校省部级干部班上的讲话》，载《文汇报》2004年6月6日。

② 《邓小平文选》第3卷，人民出版社1993年版，第44页。

神污染，我们不是没有讲，而是缺乏一贯性，没有行动，甚至讲的都很少。"① 这样，就出现了一些年中个人主义思潮同资产阶级自由化思潮交织在一起泛滥成灾的情况，直接为 1989 年政治风波的发生做了舆论准备。这个历史教训我们应该牢牢记取。

第四节　对个人主义和人性自私若干理论问题的评析

一　个人主义的实质及理论失误——个人本位主义

从前面几节的论述，我们不难看出，个人主义是与资本主义相适应，并在资本主义的发展中逐步形成发展的一种思想体系。它是一种以自然人性论为基础的，把个人的利益、自由、权利、潜能等放在首位的价值观。和私有制及阶级、剥削阶级诞生以来就有的"自私自利"、"利己主义"相比较，它有自己的特殊表现形式：（1）它反对封建贵族和僧侣的等级特权、世袭特权那种自私自利和人身依附的奴役制度，标榜天赋人权，人人都有追求自由、平等、幸福、财产的权利，主张个性解放和实现自我价值，体现了资产阶级自由竞争，自由买卖劳动力和为开拓个人资本的进取精神。（2）它不只是道德观，而是一种以私有财产制度为基础、以个人本位主义为理论基础的，包括经济（私人财产制度）政治（个人民主、自由、人权高于国家权力等）、社会伦理（个人利益为中心的道德观）等的全面的价值观。它的内涵不仅体现了资产阶级的人生伦理观念，而且是维护、支撑资本主义经济政治制度的思想体系。这从前面所引述的托克维尔等各种流派思想家的言论中都可以得到证实。钱满素在《爱默生和中国——对个人主义的反思》中说："浪漫主义是感情上的个人主义，自由主义是思想上的个人主义，多元化是社会领域的个人主义，放任主义是经济领域的个人主义，民主则是政治上的个人主义"，也是把个人主义作为一种涵盖经济、政治、社会伦理、心理的全面价值观来看待。

我们党无论是在革命斗争或社会主义建设改革中，首先都是从正确处理个人与革命建设事业关系，个人与社会、他人关系的角度来看待和批评

---

① 《邓小平文选》第 3 卷，人民出版社 1993 年版，第 305 页。

个人主义的。但是不限于此，毛泽东对民主个人主义的警觉，邓小平"反对形形色色的个人主义"，包括"反对资产阶级个人主义民主"的论述，都是从坚持社会主义制度的角度出发的。邓小平讲："中国人民今天所需要的民主，只能是社会主义民主或称人民民主，而不是资产阶级个人主义的民主。""一定要把社会主义民主同资产阶级民主、个人主义民主严格地区别开来。"① 揭露了个人主义这种以个人利益为中心的价值观与维护资本主义制度的关系，从更深层次和更全面的角度，揭露了个人主义价值观的本质。

不能夸大个人主义与自私自利的区别，因为它们毕竟都是私有制基础上的价值观。不同私有制价值观有不同形式，但是，在本质上都是以"利己"为中心。托克维尔在《论美国的民主》一书中确实把个人主义表示为一种与利己主义相区别的理论，甚至认为个人主义是个新奇的词汇，美国人认为这个词代表"正确理解的自利"，并不是"羞耻"。他说我们的父辈只知道自我中心（自私自利），"并没有'个人主义'这个词，它是我们所铸造出来的"，但他同时又是以一种轻蔑的口气使用这个词，称之为"温和的利己主义"。他认为"正确理解的自利原则并不见得很高尚，但它简单明了，它并不以伟大事业为目标，但是毫无困难地达到他所追求的目标"，并指出"个人主义是一种只顾自己而又心安理得的情感，它使每个公民同其同胞大众隔离，同亲属和朋友疏远"，"利己主义可使一切美德的幼芽枯死，而个人主义首先会使公德的源泉干涸。但是，久而久之，个人主义也打击和破坏其他一切美德，最后沦为利己主义。"他断言，个人主义"不仅使每个人忘却他的祖辈，而且使他看不到他的后代，也使他与他的同代人相疏离；它使他只能依靠自己，最后使他完全蛰居于孤寂的自我心灵之中"。美国哥伦比亚大学教授罗伯特·尼斯贝特认为："美国人终于像孔德、托克维尔、涂尔干那样明白了：个人主义已经将社会组织分散瓦解成一片散沙，……若从坏的方面来说，则是一片被孤独邪恶、以掠

① 《邓小平文选》第 2 卷，人民出版社 1994 年版，第 175、176 页。

夺为生的人们所占据的热带丛莽"。① 美国加州大学社会学系教授罗伯特·
N. 贝拉甚至认为"个人主义可能已经变异为癌症","不推翻资本主义私
有制,'癌症'就不能根除。"②

　　本章第一节曾谈到,在资本主义社会对个人主义褒贬不一,但在有一
点上,多数人的看法是一致的,即个人主义是和集体主义、社会主义相对
立的思想体系。这一点无论在维护资本主义或主张社会主义、集体主义,
反对个人主义的人中都是如此。美国哲学家约翰·斯图雅特·穆勒在《纽
曼(Newman)的政治经济学》中称"社会主义是个人主义的敌人",为
了避免"战胜个人主义"必须反对和遏制社会主义。奥地利经济学家、诺
贝尔奖获得者 A. 哈耶克自称是一个真正的个人主义者。他在《个人主义
与经济秩序》一书中明确指出:个人主义这一社会理论就是"私人产权制
度"的理论,并从多方面论述了"社会主义或集体主义"是"个人主义
的敌人"。③ 帕尔格雷夫的《政治经济学辞典》(1896)也讲道:"个人主
义的主要特征是,(1)资本的私有财产……(2)竞争,一种个人之间在
获取财富方面的对抗……""个人主义的自然对立面是'集体主义'或者
说是'社会主义'。"特别需要指出的是,在社会主义者中,个人主义被
拿来与一种理想的、合作化的社会秩序进行典型的对比。这种社会秩序被
描述为"联合"和"和谐"、"社会主义"或"共产主义";个人主义则指
自由放任的经济竞争,资本主义的无政府状态,社会原子化和剥削。伟大
的空想社会主义者罗伯特·欧文,在说明他的合作社会主义理想时认为:
"要引起这些变化,必定有……一种新的社会组织。这种社会组织所依据
的是有吸引力的联盟的原则,而不是令人厌恶的个人主义……"④ 皮埃
尔·勒鲁用个人主义这个词指一种政治经济学所宣扬的原理,即"人人都
只是为了自我,人人追逐财富,穷人则一无所有"。这种原理导致社会的

　　① 罗伯特·尼斯贝特:《一部偏见的哲学词典》(英文版),哈佛大学出版社 1982 年版,第
184—186 页。
　　② 罗伯特·贝拉:《心灵的习性——美国人生活中的个人主义与公共责任》(英文版),加州大
学出版社 1985 年版,第 226 页。
　　③ 哈耶克:《个人主义与经济秩序》,北京经济学院出版社 1991 年版,第 6 页。
　　④ A. D. 林塞:《个人主义》,载于《社会科学百科全书》,纽约,1930—1935(2),第 676 页。

原子化，使人成为"贪婪的狼"。他进而强调，"社会正进入一个新的时代，在这里，法律的一般倾向将不再把个人主义，而是把联合作为它的目标"①。康斯坦丁·佩克尔也认为，"补救的办法就在于联合，因为社会的陋习和弊端就来自于个人主义"。②而乌托邦主义者艾蒂安·卡贝则写道："自世界诞生以来，两大制度造成人类的分裂和两极化。这两大制度就是个人主义的制度（或自我主义、或个人利益），和共产主义的制度（或联合、或普遍利益、或公众利益）"。③奥古斯特·布朗基断言，"共产主义是个人的保护者，而个人主义是他的根绝者"。④综上所述，无论是什么倾向的思想家都把个人主义和资本主义私人财富的竞争联系在一起，而与社会主义、集体主义、联合相对立。奇怪的是，唯独在我国，某些以新潮自诩的"思想家"竟说个人主义是和共产主义社会的"每个人的自由发展"的目标是相通的。他们根本不懂得"每个人的自由发展"是在"自由人的联合体"中实现的，而"自由人的联合体"正是"代替那存在着阶级和阶级对立的资产阶级旧社会的"未来共产主义社会的形式，是集体主义思想的社会基础，从而也是否定资产阶级个人主义的社会形式。

有些"新伦理学家"把在西方资本主义社会都有很大争议的个人主义价值观作为指导市场经济改革的唯一理论，有复杂的社会根源。但究其在理论上的失误，则都源于"个人本位主义"。他们把抽象的、孤立的人类个体看成社会的基本单位，而社会只不过是许多这样的人类个体的简单集合，从而得出"利己目的是人们思想行为唯一原始出发点"的结论。马克思主义认为，"人的本质是人的真正的社会联系，所以人在积极实现自己本质的过程中创造、生产人的社会联系、社会本质"，⑤"社会不是由个人构成，而是表示这些个人彼此发生的那些联系和关系的总和。"⑥"人的本质不是单个人所固有的抽象物，在其现实性上，它是一切社会关系的总

① J. 杜布瓦：《法国的政治和社会词汇：从1869年到1872年》，巴黎，1962年，第220页。
② 同上书，第322页。
③ 同上。
④ 同上书，第267页。
⑤ 《马克思恩格斯全集》第42卷，人民出版社1979年版，第24页。
⑥ 《马克思恩格斯全集》第46卷（上），人民出版社1979年版，第220页。

和"。① 社会的细胞当然是众多的个人，但不是抽象的、孤立的单个人的简单集合，而是通过一定的社会关系组织起来的。形象地说，就好像人体是由众多细胞联结而成，但不是细胞的简单集合，而是通过骨骼、血液循环、消化、呼吸、神经、生殖等诸多系统把细胞联结起来，从而形成人的有机体，不同系统中细胞是不同质的。同样，在个人与社会的关系中，一定社会关系把众多个人联结起来，不同社会关系中个体有不同的性质，是社会关系规定着个体的质，社会关系才是组成社会的更基本的单位。所以，马克思主义并不否认个人利益，但是不承认脱离一定经济、社会关系的抽象的、孤立的私人利益。马克思说："各个人的出发点总是他们自己，不过当然是处于既有的历史条件和关系范围之内的自己，而不是玄想家们所理解的'纯粹的'个人。"② 私人利益总是同一定的社会关系联结在一起的，不同社会关系中的私人利益是不同质的，反映这种利益追求的价值观也是不同质的。个人利益，有剥削他人的个人利益，相应地就有"把自己的快乐建立在他人痛苦之上"的损人利己思想；也有小生产者的个人利益，相应地就有"各人自扫门前雪，休管他人瓦上霜"的独善其身的价值观；还有联合劳动中的个人利益，相应地就有"只有在集体中才可能有个人自由"的集体主义思想。所以，是一定的社会关系规定着人们对一定利益的追求以及相应的价值观的本质，而不是什么抽象的、孤立的单个人的存在和利益规定着人只能产生"自私"和"利己"的价值观。这个观点明确了，就能够懂得，没有永恒不变的抽象的人的本质，只有由不同历史时代具体的社会关系所制约的人的本质。为什么原始社会产生的是以部落、氏族为基本单位的"群体本位主义"，而不是"自私"；奴隶、封建制社会不但有适应私有制和剥削阶级要求的"人不为己，天诛地灭"的极端自私自利的主导价值观，还会伴生以等级制为特征的"整体主义"思想。资产阶级个人主义则是源于资本主义私有制的生产关系，它是资产阶级反封建的锐利武器，也是其追求剩余价值的必要武器。与之相伴生的还有受剩余价值规律支配的企业"团体主义"和代表一国"总资本家"的

---

① 《马克思恩格斯选集》第 1 卷，人民出版社 1995 年版，第 56 页。
② 同上书，第 119 页。

"国家主义精神"。与所有剥削阶级相对立，在每个时代的人民中，总还会闪烁出与当时统治阶级主导价值观不同的某些"人民性"的思想精华。而社会主义集体主义则是社会化大生产和工人阶级的产物，它反映的是工人阶级和劳动人民在社会化大生产基础上的联合，以社会公有制代替私有制为目标，代表着工人阶级和全人类解放的利益。与之相伴生的还有被压迫民族要求民族独立与发展的民族主义精神。由此可见，历史上有多种社会制度，多种社会关系，因而也有多种价值观，并不是只有"利己主义"、"个人主义"的价值观；那种抽象的、孤立的个人利益也不能成为"人们思想行为唯一原始的出发点"，人性自私绝不是什么永恒的客观规律。这些错误思想的根本理论失误都在于"个人本位主义"，把社会看作众多抽象的、孤立的人类个体的简单集合，不懂得"社会不是由个人构成，而是表示这些人按此发生的那些联系和关系的总和"，不懂得人的本质"在其现实性上，是一切社会关系总和"的思想。现在，公有制为主体的社会主义制度已经是一种现实的社会存在，它虽然相比于资本主义制度还不很强大，但是它却代表着历史的未来。相应地，与这种制度相适应的集体主义价值观，虽然现在还不能为人们普遍接受，但它随着社会公有制和工人阶级的壮大、发展，也必将逐步深入人心，成为社会的主导价值观。某些"新伦理学"的观点并不新，只不过是资产阶级启蒙学者"天赋人权"、"个人本位主义"的复版，而只有集体主义价值观才真正代表着中国社会主义初级阶段的社会主体和发展方向。

二　"主观为自己、客观为他人"的理论失误

"主观为自己、客观为他人"的思想，或者是"恒久为自己，偶尔为他人"的"为己利他"的"新伦理观"在理论上的失误，根子也在于"个人本位主义"。这种主张源于18世纪英国经济学家亚当·斯密"看不见的手"的原理。1776年，亚当·斯密在《国民财富的性质和原因的研究》一书中主张自由放任论，即听任个人在市场竞争中自由地进行自己感兴趣的交易，就会获得最可能好的效果。"每个人所盘算的只是他自己的利益。在这种场合，像在其他场合一样，他也受着一只看不见的手的指导，去尽力达到一个并非他本意想要达到的目的。"亚当·斯密的理论成

为自由主义经济学的"鼻祖",也为近现代个人主义奠定了经济思想基础。对于这种主张,马克思早已有过深刻的剖析。马克思说:"经济学家是这样来表述这一点的:每个人追求自己的私人利益,而且仅仅是自己的私人利益;这样,也就不知不觉地为一切人的私人利益服务,为普遍利益服务。关键并不在于,当每个人追求自己私人利益的时候,也就达到私人利益的总体即普遍利益。从这种抽象的说法反而可以得出结论:每个人都妨碍别人利益的实现,这种一切人反对一切人的战争所造成的结果,不是普遍的肯定,而是普遍的否定。关键倒是在于:私人利益本身已经是社会所决定的利益,而且只有在社会所创造的条件下并使用社会所提供的手段,才能达到;也就是说,私人利益是与这些条件和手段的再生产相联系的。这是私人利益,但它的内容以及实现的形式和手段则是由不以任何人为转移的社会条件决定的。"① 马克思这段话是针对亚当·斯密等主张自由放任市场经济的经济学家而言的。他从两方面剖析了他们的错误。一是"每个人"的"私人利益"和"别人利益"以及"私人利益的总体即普遍利益"是有矛盾的,而且在资本主义社会,这种利益的对抗还会形成"一切人反对一切人的战争",所以,"为己"并不见得"利他","主观为自己"并不见得"客观为他人,为社会",相反,还会"妨碍别人利益的实现",其结果"不是普遍的肯定,而是普遍的否定"。这个道理是显而易见的,在历史和现实中,这种"主观为自己,客观害他人,害社会"的现象是不胜枚举的。在资本主义社会,它已经制造了多次的经济危机和社会两极分化,即使是在社会主义社会,非对抗是利益矛盾主要形式的条件下,个人与社会与他人的矛盾也还会存在。当主观为自己和为他人、为社会发生矛盾时,怎样处理呢?这是"主观为自己、客观为他人",或"为己利他"思想所无法回答的。

马克思认为,更关键的问题在于:"私人利益本身已经是社会所决定的利益","它的内容以及实现的形式和手段是由不以任何人为转移的社会条件所决定的"。也就是说,私人利益本身已经是社会利益的一种形式,从内容上看,由于和他人、社会的关系不同,私人利益具有不同甚至对立

---

① 《马克思恩格斯全集》第 46 卷(上),人民出版社 1979 年版,第 102—103 页。

的社会性质。究竟是剥削他人的私人利益，还是联合劳动中的私人利益，或是自然经济下的私人利益？在社会主义现阶段，是按劳分配的私人利益，还是按资本、按权力、按平均主义分配私人利益，甚或是非法活动下的私人利益？所谓"私人利益"，总是和他人、社会的利益联系在一起的，在不同社会关系中，这种利益关系是完全不同的，譬如，在资本主义制度下，雇主的私人利益是在剥削工人的剩余价值中实现的，从而自然得出"人的本质是自私的"经济人假设的结论。而在社会化大生产的社会主义国有企业中，私人（无论是工人还是管理者）利益的实现应当和国家利益、企业的发展联在一起，所以它必然形成"只有在集体中才可能有个人自由"，这种把国家、企业利益放在首位的经济关系，靠"本质自私"的经济人是不可能搞好国有企业的。所以，马克思主义并不否认私人利益，但是不承认脱离一定经济、社会关系的抽象的、孤立的私人利益。马克思说："各个人的出发点总是他们自己，不过当然是处于既有历史条件和关系范围之内的自己，而不是玄想家们所理解的'纯粹的'个人。"① 所谓私人利益，其本质总是由一定社会关系决定的，不是孤立的以个人为本位，也没有"仅仅是自己私人的利益"的追求。不同社会关系中的"私人利益"是不同质的。另外，私人利益"实现的形式和手段"也是"社会"的，是一定的生产力和与之相适应的经济、社会关系决定哪些私人利益能够实现，或不能实现。诸葛亮能发明木牛流马，但不可能坐火车、乘飞机，慈禧太后能穿金戴银，但不可能穿"人造丝"，这是生产力的状况决定的。"朱门酒肉臭，路有冻死骨"，是旧社会生产关系的必然结果。即使在社会主义现阶段，什么时候有多少人能达到温饱、小康，有多少人能升学、就业，……也是由生产力和生产关系、社会关系发展状况决定的。"私人利益"只有"在社会所创造的条件下并使用社会所提供的手段才能达到"，如果和一定"社会条件和手段的再生产"相违背，"私人利益"就不能实现。所以，没有什么抽象的"主观为自己、客观为他人"，只有一定社会关系所决定的"私人利益"以及个人利益和他人、社会利益的关系。值得深思的是，为什么二百多年前古典经济学家提出的，早已为马克

---

① 《马克思恩格斯选集》第 1 卷，人民出版社 1995 年版，第 119 页。

思批判、也为实践证明是行不通的思想，现在我国却反复出现，并有一定的市场呢？我想，这是因为在我们推行市场经济的过程中，有些人盲目崇拜市场经济自发性的结果。有些人相信这种思想，主观上也许是出自既想追求个人利益又不想妨碍他人利益的良好愿望，但是，不能否认，也有人是要通过个人本位主义理论把我国市场经济的改革引向经济人本质自私的自由主义经济理论的方向，这种理论不符合社会主义市场经济的要求，也无法正确处理国家、集体、个人关系中的矛盾。真正科学的思想只能建立在马克思主义以社会关系为本位的思想基础之上，在社会主义市场经济条件下，也只有与社会主义经济关系主导地位相适应的社会主义集体主义思想占主导地位，才能正确处理国家、集体、个人利益的矛盾，克服市场经济的自发性，保证它的正确发展方向。

三　马克思主义的个人利益观与人性自私理论的根本区别

近年来，我国一些经济学家把亚当·斯密提出的人性自私"经济人假设"的理论捧为"市场经济学的圣经"，宣扬"利己心是人类一切经济行为的推动力"，"利己性是搞市场经济的前提"，① 在市场竞争中"每个人追求自己的私人利益，而且仅仅是自己的私人利益"，② 鼓吹"自1776年《国富论》面世，经济人假定作为支撑经济学大厦的基石，迄今无人可以撼动"，"人性自私像 $1+1=2$ 一样是无须证明的公理"③，从而否定公有制为主体、国有制为主导的社会主义市场经济的改革方向。

马克思主义认为："社会不是由个人构成，而是表示这些个人彼此发生的那些联系和关系的总和。"④ 单个人并不能说明人的社会性质，只有个人与他人的社会关系才能体现人的社会本质。所以，是否自私并不是单个人所固有的抽象物，而是一定社会关系的体现。如果一个人以"自我为中心"，只顾个人利益，不顾他人和社会的利益，就是自私；如果不惜牺牲社会和他人利益牟取私利，就是极端自私。但如果在不损害或促进社会和

---

① 亚当·斯密：《国富论》，华夏出版社2005年版，中译本导论，第6、8页。
② 《马克思恩格斯全集》第46卷（上），人民出版社1979年版，第102页。
③ 王东京：《对当前国内经济学界几个争论问题的看法》，载《理论动态》2006年第4期。
④ 《马克思恩格斯全集》第46卷（上），人民出版社1979年版，第220页。

他人利益中实现个人利益，则是个人的正当利益，不是自私。"经济人假设"最明显的失误就是脱离人与人的社会关系把任何对个人利益的追求，包括对个人正当利益的追求，如把"希望买尽量便宜和好的东西"、[①] "希望住大房子"、"希望受到良好的教育"、"有存款"[②] 等都说成是自私，而不区分这些东西、房子、教育、存款等是通过什么社会关系（联合劳动还是个体劳动？权力还是资本？合法还是非法？）得到的。

　　至于在特定的历史条件和社会关系中，一些人能自觉地把社会、他人的利益放在个人利益之上，如白求恩毫不利己、专门利人的精神；张思德、雷锋全心全意为人民服务的精神；徐特立革命第一、工作第一、他人第一的精神；自古以来就有的"先天下之忧而忧，后天下之乐而乐"的精神等等，这些为民族、阶级、国家、社会和他人的利益无私奉献的精神，决不是像有的人性自私论所说的那样，是由个人私利引申出来的（如说是为了个人荣誉，或为了报恩），而是在生死荣辱与共的社会关系中，从共同的利益、情感、理想交流融合中凝聚、升华出来的。所以，是否自私并不是单个人的属性，而是人与人之间社会关系的属性，个人利益不等于自私，马克思主义并不否认私人利益，但是不承认脱离一定时代、一定经济社会关系的孤立的、纯粹的私人利益及其人性自私理论。马克思说："各个人的出发点总是他们自己，不过当然是处于既有的历史条件和关系范围之内的自己，而不是玄想家们所理解的'纯粹的'个人。"[③] 吴琼花参加红色娘子军，是为了自己的利益，这种私人利益不是纯粹的、孤立的单个人的利益，而是同和她一样受奴役的姐妹的利益连在一起，要摆脱南霸天对她们的奴役；南霸天也追求自己的私人利益，但却要维护奴役吴琼花们的社会制度。这两种私人利益代表两种根本对立的社会关系和人性，南霸天代表的是自私的奴役人的社会关系及其人性，吴琼花代表的则是反自私反奴役的社会关系及其人性。所以，各个人都有自己的私人利益，但这种私人利益总是和既有的历史条件和社会关系联结在一起的，它或者和某些

---

　　① 亚当·斯密：《国富论》，华夏出版社 2005 年版，中译本导论，第 8 页。

　　② 王东京：《对当前国内经济学界几个争论问题的看法》，载《理论动态》2006 年第 4 期。

　　③ 《马克思恩格斯选集》第 1 卷，人民出版社 1995 年版，第 119 页。

阶级、阶层、社会群体的利益相一致，又和另一些阶级、阶层、社会群体的利益不同、甚至相反，不同社会关系中私人利益以及反映这种利益追求的人性是不同质的，没有"经济人假设"所宣扬的纯粹的"仅仅是自己的私人利益"，更不能由此推导出自私的普遍人性。

上述观点明确了，就可以懂得，没有抽象的私人利益及其永恒不变的自私的人性，只有由不同时代、不同社会条件和社会关系所决定的不同的私人利益和不同的人性。为什么原始社会产生的是以部落、氏族为基本单位的"群体本位主义"，而不是自私，因为那时集体利益和个人利益融为一体，混沌不分，还没有私人财产和独立的个人利益，因而也没有"人为财死"等自私观念产生的社会条件。自私是社会生产方式发展到私有制之后的产物。金属工具的使用，以家庭为单位的生产，剩余劳动的存在，社会分工和交换的发展，私有制社会逐步形成、发展，在此基础上混沌的社会利益划分为阶级利益的对立，有了剥削阶级的私利，也有了家庭和个人独立的利益，这时"自私"的观念才得以存在并逐步发展成为社会的主导价值观，也才会被有些人描绘为普遍永恒的人性。私有制及其人性在不同历史阶段又有不同的社会形式，封建阶级依靠的是世袭等级特权，小生产者则幻想一种"各人自扫门前雪，休管他人瓦上霜"的私有观念，而资产阶级则依靠资本在市场经济中追求剩余价值，人性自私的"经济人假设"和理论正是从资本的本性中蒸馏出来的，是人格化的资本，人性自私在资本主义私有制和市场经济中的表现形式，决不是像某些经济学家所描述的那样，是什么永恒的人性。

马克思主义并不笼统否定"自私"在历史上的作用。恩格斯指出，文明时代"是用激起人们的最卑劣的冲动和情欲，并且以损害人们的其他一切禀赋为代价而使之变本加厉的办法来完成这些事情的。鄙俗的贪欲是文明时代从它存在的第一日起直至今日的起推动作用的灵魂；财富、财富、第三还是财富，——不是社会的财富，而是这个微不足道的单个人的财富，这就是文明时代唯一的、具有决定意义的目的"。① 在谈到恶的历史作用时，恩格斯说："自从阶级对立产生以来，正是人的恶劣的情欲——贪欲和权势欲成了历史发展的杠杆，关于这方面，例如封建制度的和资产阶

---

① 《马克思恩格斯选集》第 4 卷，人民出版社 1995 年版，第 177 页。

级的历史就是一个独一无二的持续不断的证明。"① 在这里，恩格斯肯定了剥削阶级只知道追求"微不足道的单人的财富"，而"不是社会财富"的自私，在一定历史发展阶段是"历史发展的杠杆"、"起推动作用的灵魂"和"具有决定意义的目的"；同时又以极其轻蔑的口吻对这种"损害人们的其他一切禀赋"的"最卑劣的冲动和情欲"、"鄙俗的贪欲"、"人的恶劣的情欲——贪欲和权势欲"进行了无情的揭露，指出这是"文明时代"、即"阶级对立"社会包括"封建制度的和资产阶级的历史"的产物，是历史发展中的一个阶段，而不是永恒的人性和永恒的动力。

马克思主义的社会理想是"消灭私有制"，这种社会理想必然要同私有制及其私有观念彻底决裂，以实现建立社会所有制的社会主义、共产主义理想，在阶级、民族的生存、解放中求个人生存、解放，在劳动的联合、即公有经济的发展中求个人发展，即马克思、恩格斯所说："只有在共同体中，个人才能获得全面发展其才能的手段，也就是说，只有在共同体中才可能有个人自由"，"在真正的共同体的条件下，各个人在自己的联合中并通过这种联合获得自己的自由"② 这种集体主义思想。

上面的论述说明，有两种个人利益观，马克思主义的个人利益观和人性自私论的个人利益观，两者是根本对立的。马克思主义的个人利益观认为：(1) 个人利益或私人利益的本质并不是单个人所固有的抽象物，而是由一定"社会所决定的利益"，是一定历史条件和社会关系的表现形式，不同社会条件和社会关系中的私人利益是不同质的。人性自私论的理论失误就在于，他们抽掉人的现实历史条件和社会关系，把个人利益抽象化、绝对化为"仅仅是自己的私人利益"，从而得出人性自私的结论。(2) 没有抽象的永恒不变的人性，自私是私有制历史阶段的产物，自私的"经济人假设"是资本主义私有制下，资本的本性在市场经济中的人格化。它只是人性自私的一种理论形式。现在资本主义私有制在许多国家还占主导地位，其人性自私理论还有很大影响。(3) 社会主义理想、制度主张集体主义思想，把个人利益融入于集体利益之中；它的出发点是追求集体中大多

---

① 《马克思恩格斯选集》第4卷，人民出版社1995年版，第237页。
② 《马克思恩格斯选集》第1卷，人民出版社1995年版，第119页。

数人共同的个人利益，而不是少数剥削者的私利；她的社会追求是社会利益与个人利益根本一致基础上的辩证统一，引导人们在增进社会利益中实现个人利益；它的最高理想是在共产主义的自由人联合体中实现每个人的自由而全面的发展。这种超越人性自私论的制度和思想已经随着社会主义理论和制度的发展而发展，在我国已经开始占主导地位，但是伴随着社会主义前进中的艰难曲折，它也受到了严重的挑战。

四 绝不能用人性自私的"经济人假设"理论指导我国国有企业改革

弄清马克思主义个人利益观与人性自私理论的本质区别，对正确看待我国的经济体制改革有重要的意义。

现在，我国处于社会主义初级阶段，实行以公有制为主体、多种所有制经济共同发展的基本经济制度，并把这种基本经济制度与市场运行机制相结合，搞社会主义市场经济。多种所有制经济有多种经济人，私营经济（中国的和外国的）要通过私人资本获取剩余价值；个体经济通过个人劳动自食其力谋生；劳动群众集体所有制以谋取集体利益为主要目的；国有经济则要把国家利益放在第一位。其中，公有经济要求的是把国家、集体利益放在第一位的经济人，而不是只懂得利己的自私的经济人，而公有制为主体、国有经济为主导还能引导和制约其他经济成分向兼顾国家、集体和个人利益的方向发展。这种社会主义市场的探索已经大大超越了人性自私"经济人假设"和理论只懂得资本主义市场经济的狭隘眼界。与这种基本经济制度相适应，在我国，公有制所要求的集体主义思想虽然还只能为一部分先进分子所接受，但已经开始成为社会的主导价值观；社会主义制度又创造了社会利益与个人利益根本一致起来的社会条件，因而使我们有可能倡导把国家和人民利益放在首位而又充分尊重个人合法利益的价值观，大多数人也能做到在实现社会利益中追求自己正当的个人利益，这种兼顾社会利益与个人利益的思想行为也已经超越了人性自私的境界。当然，由于现实的国情，我们还允许和鼓励私有和个体经济的存在和发展。由于几千年私有观念根深蒂固的影响。由于发达资本主义在世界上还占主导地位……在这种历史条件下自私的人性还有其存在、发展的社会条件和相当大的影响，我们应当正视这个现实，对人性自私的社会作用采取具体分析的态度。对人们出自自私的动机，如通过私人资本追求剩余价值，做出有利于经济发展和社会进步的行为要给以支持和保护；对由于只顾个人私利自发地导致干扰宏观经济秩序，造成两极分化的倾向要给以引导、制约；对损人利己、损公肥私、极端自私的思想行为要坚决反对；对非法牟取私利的行为还要依法给以打击，绝不能让自私的人性自发地蔓延，干扰甚至改变社会主义市场经济为广大人民服务的方向。

特别要指出的是，我们只能以社会主义集体主义思想，包括集体主义的个人利益观，而不能以人性自私的"经济人假设"的理论指导国有企业改革。现在，在国有企业改革中非常强调通过对管理者阶层的利益激励机制改善国有企业的经营管理，这是有道理的。过去的计划经济体制，在企业之间，在企业的所有者、管理者、劳动者之间搞平均主义，不能很好地调动人们的积极性，这种状况应当改变。但是国有企业管理者的私人利益是在以国家、人民利益为前提的社会关系中实现的，并不是抽象的孤立的个人利益，更不是像有些经济学家所宣扬的那样，是自私人性的利益。所以，国有企业的管理者，必须在完成国家赋予的经济责任中实现个人的利益，绝不能不顾、甚至损害国家、企业的利益，去牟取管理者的私利。如在公共服务领域的国有企业，要把满足人民衣食住行及精神生活需求的利益放在首位，有时在无利和注定亏损的状况下也要搞好；在军工等企业中要把国防安全放在首位；在金融等领域要把国家金融宏观秩序和经济安全放在首位；在战略资源领域（如土地、矿产、能源、水等）要把保护和有效开发国家资源放在首位；在竞争性行业中，国有企业要作为国家主导市场竞争有序进行的经济基础。改革开放30多年来，我国出现过多次物价波动和国际金融风暴的冲击，最后都能有效控制，一个重要原因就在于国有经济是国家宏观调控的主要支柱和经济后盾。另外，国有企业，特别是竞争领域的国有企业，作为自主经营、自负盈亏的法人实体，也要创造良好的企业经济效益。我们承认私人资本在追求利润最大化方面有很大的动力，但是这种动力的自发性又有很大的消极作用，而国有企业的国有性质使它有可能避免私人资本追求利润最大化所造成的消极社会后果，从而使它有可能创造更好的质量和信誉；有可能更好地处理企业生产与环境保护的关系；有可能更规范地执行国家财政税收政策；有可能在企业所有者、管理者和劳动者之间建立比较公平和合理的社会关系，既克服平均主义，又防止两极分化。在中国，国有大中型企业凭借国有资本的优势，还可以加大科技投入，创造较高的生产效率，从而提高市场的竞争力等等，这些都已经为新中国成立和改革开放以来的历史所证明。总之，国有企业是以满足国家和人民的利益为前提的，这使它能在社会主义市场经济中发挥主导作用，国有企业的管理者应当在满足国家和人民需要、完成国家赋予国有企业的经济责任的前提下实现个人的利益，这种"满足"和"完成"做得愈好，其管理者得到的个人激励就应当愈多，绝不能追求脱离，甚至损害国家和人民利益的"自私"的私人利益。

总的看，我国国有企业改革的方针是正确的，是在探索在市场经济中维护、发展国家和人民利益的国有制实现形式，是在维护、发展国有经济和劳动者根本利益的轨道上运行的。对管理者的激励机制，包括效益工资、期权制等，也是以上述要求为标准的。但是不可否认的是，由于人性自私"经济人假设"的理论对一些干部和改革实践的影响（绝不能低估这方面的影响），由于部分干部中本来就存在的以权谋私的倾向，也由于国企改革某些方面法律、法规的缺失和监管不到位，实际上在国有企业改革中存在着不少以改革为名损害国家、人民利益的现象，一段时间在实行"管理层收购"（MBO）过程中，这方面的问题更为突出。其表现如：

有的国有企业在股份制改革中低估国资股，如对土地、厂房等不动产不计价，或按原购入价评估，不计市场升值部分，对一部分专利、商标、品牌、知识产权等无形资产不予评估或低估。而对企业内部职工，主要是管理层，以低价或无偿形式大量设"内部职工股"。

有国有企业管理者充当"左肩国企厂长而右肩私企老板"的两面人，对国企实行"先搞死"，使之破产，再通过私企"后搞活"策略，使国企私有化。

在国企产权制度改革中，采取"自卖自买"的管理层收购方式（西方国家的私有化也不敢这样做），有的管理者以各种违规、违法的方式参与资产评估并竭力压低国有资产价值，然后以向银行和企业职工"借款"等方式收购，将大量国家资产无偿变为私人资本，人称这种国企管理者是"国企掘墓人"。

有的私人企业管理者在收购国有企业时，钻体制转换的漏洞，化公为私，如郎咸平披露的格林柯尔老总顾雏军收购科龙电器、美菱电器、亚星客车、ST襄轴四家上市公司号称动用41亿元收购资金，实际投入不过3亿元（另一说是用9亿元换回136亿元）。还造假账，为改制前的国企制造"虚假亏损"，为改制后的私企制造"虚假赢利"，以"空手套白狼"的手法制造私有化的"奇迹"。

以上情况说明，我国国有企业改革中大量出现的消极现象，是由于一些有管理权的强势群体钻法律和监管缺失的空子，以经营权侵蚀所有权所造成的自发的私有化浪潮，而人性自私的"经济人假设"的理论就是这种实践的理论支柱。他们宣扬人性自私是搞好企业的唯一动力，只有把国有资产私有化、把国有企业管理者变成私人资本的所有者或同路人，企业才能搞好，这是和我国现代企业治理结构的改革方向背道而驰的。

我们这样说，不是否定国有资产管理层激励机制的改革，而是要探索、建立和完善在完成国家和人民给予的经济责任，在维护和发展国有企业及其劳动者的合理利益中实现对管理者激励的机制。对于由计划经济体制向市场经济体制、由单一公有制向多种所有制过渡中，国有经济"有进有退"所必须付出的代价，包括对一些效益不好的中小企业依法折价出售，人们是可以理解的。我们反对的是利用体制转型过程中的漏洞，假借改革之名，侵吞国有资产牟取私利、把国有资产"卖光"的假改革，以及盲目崇拜西方人性自私"经济人假设"的理论，盲目照搬西方国家产权私有化的管理层收购（MBO）的做法。苏联就是通过管理层收购使国有企业私有化，从而造成十多年的经济倒退和社会严重分化的。前车之鉴，不能不引起我们的严重注意。

第五节　怎样正确理解和弘扬集体主义价值观

中华人民共和国成立60年来，我们党继承新民主主义革命时期的优良传统，一贯倡导集体主义思想，哺育了一代又一代把国家和人民利益放在首位，无私奉献的社会主义新人。改革开放以来，党中央反复强调，要把爱国主义、集体主义、社会主义作为时代精神的主要旋律。并把"社会主义道德建设"、"以为人民服务为核心，以集体主义为原则"、"反对和抵制拜金主义、享乐主义和个人主义"写进了《中共中央关于加强社会主义精神文明建设若干重要问题的决议》。《中共中央关于进一步加强和改进学校德育工作的若干意见》也指出："要对学生进行以集体主义为核心的价值观教育。要教育学生明确建立社会主义市场经济体制，仍需要倡导集体主义，正确处理个人、集体、国家之间的利益关系，发挥对国家和人民的奉献精神。……反对拜金主义、享乐主义和极端个人主义。"但是，多年来，有些人一直借反"左"根本否定集体主义思想，认为社会主义初级阶段发展社会主义市场经济条件下，不可能倡导集体主义。对这种错误思想，需要加以澄清。另外，新中国成立以来几十年的集体主义教育中，也确实有一些历史教训，需要加以科学的总结。

一 集体主义产生的历史条件及其科学内涵

自阶级产生以来，几千年的文明社会一直是私有制以及与之相适应的私有观念占统制地位。只是在近代社会化大生产和无产阶级产生和发展的基础上，才产生了"消灭私有制"和建立社会主义、共产主义社会的理想。同时，也产生了无产阶级集体主义或社会主义集体主义的思想。即马克思、恩格斯所说的："只有在共同体中，个人才能获得全面发展其才能的手段，也就是说，只有在共同体中才可能有个人自由"，"在真正的共同体的条件下，各个人在自己的联合中并通过这种联合获得自己的自由"。①这种个人的生存、解放、发展以社会、国家、阶级等利益共同体的生存、解放、发展为前提的思想是非常深刻的。我们理解，马克思这里所说的共同体，就是我们通常所理解的集体。

集体主义思想和利己主义等其他思想一样，也是一定历史条件和社会关系的产物，而不是人的某种与生俱来的自然本性。集体主义思想是以"真正的共同体"（原译为"真实的集体"）的存在、发展为前提的，真正的共同体是指众多根本利益一致的人们联合而形成的一种社会关系，它能形成更大的力量，更好地代表各个成员的根本利益（价值）。按照系统论

---

① 《马克思恩格斯选集》第 1 卷，人民出版社 1995 年版，第 119 页。

的观点，即在优化的系统中 $1+1>2$，系统的整体大于系统内各部分的简单相加。这种"真正的共同体"必然要求集体主义思想。它的内涵包括：（1）只有在"真正的共同体"中才能实现个人的发展和自由。有人总以为集体主义是扼杀个性、抑制个人发展的，其实恰恰相反，真正的共同体才能使集体内的个人真正得到发展。很明显，离开红色娘子军这个"真正的共同体"，吴琼花是无法改变其被奴役的命运的。同样，离开中国乒乓球队这个先进的集体，也不可能出现一代又一代的世界冠军。（2）集体利益高于个人利益的思想。"真正的共同体"不但代表着集体内众多个人的根本利益，而且通过联合，在质和量上都能形成超越众多个人利益简单集合的更高、更大的利益。如无产阶级的阶级利益，社会主义国家的国家利益，中华民族的民族利益等。（3）在上述思想的基础上，也就必然形成在必要时为了集体利益而牺牲个人利益的崇高精神。集体主义并不肯定任何牺牲，"'人固有一死，或重于泰山，或轻于鸿毛。'为人民利益而死，就比泰山还重；替法西斯卖力，替剥削人民和压迫人民的人去死，就比鸿毛还轻。"①

集体主义思想在历史上曾经以朴素的形式多次出现过。例如，在原始社会的"群体本位主义"中包含着"原始集体主义"的思想。说它是原始的，是因为它只在氏族部落狭窄的范围内体现某种集体主义精神，而且这时在集体中也没有独立的个人利益，因而也没有形成独立的个人概念。在被压迫阶级进行斗争的过程中（如奴隶起义、农民起义），在被压迫的民族的抗争中，特别是近代殖民地半殖民地民族独立和解放运动中，也有过某些集体主义思想的表现形式。但是，只有社会化大生产和无产阶级及其所代表的社会公有制的理想社会才能产生社会主义、共产主义的集体主义思想。它以无产阶级和全人类的解放为最高目标，代表着无产阶级和劳动人民的根本利益，代表着社会基本矛盾推动社会发展的必然方向。也只有在社会化大生产充分发展，社会公有制占绝对统治地位的社会中，社会主义集体主义思想才能真正取代自私观念，在思想上层建筑中成为占绝对统治地位的价值观。

---

① 《毛泽东选集》第 3 卷，人民出版社 1991 年版，第 1004 页。

社会主义集体主义思想不但和以个人利益、价值为中心或个人利益、价值高于一切的利己主义、个人主义思想根本对立，而且也和那种以"冒充的共同体"、"虚幻的共同体"，例如封建主义的国家、君主或法西斯主义所标榜的"整体主义"思想根本对立。正如马克思、恩格斯所说："在过去的种种冒充的共同体中，如在国家等等中，个人自由只是对那些在统治阶级范围内发展的个人来说是存在的，他们之所以有个人自由，只是因为他们是这一阶级的个人。从前各个人联合而成的虚假的共同体，总是相对于各个人而独立的；由于这种共同体是一个阶级反对另一个阶级的联合，因此对于被统治的阶级来说，它不仅是完全虚幻的共同体，而且是新的桎梏。"① 这种"冒充的"、"虚幻的"共同体，也讲整体利益高于个人利益，但对于共同体内众多被支配的阶级来说，只不过是要求他们用自己的牺牲维护统治阶级的利益。希特勒的法西斯主义国家对德国人民来说，封建社会的君主制、等级特权制及家长制对于他们的属民来说，就是这种"冒充的"、"虚幻的"共同体，它们所标榜的整体利益，只不过是剥削阶级维护一己私利的另一种表现形式。值得这样注意的是，西方某些宣传往往把社会主义、集体主义与封建的、法西斯的整体主义放在一起加以攻击，我们一定要同这种错误思潮划清界限。

二　集体主义是马克思主义的重要组成部分

从上面论述可以看出，社会主义集体主义思想是社会主义、共产主义思想的重要组成部分，但是有的人却说只有斯大林论述过集体主义，马克思、恩格斯的著作和毛泽东等我国领导人的著作从来不讲集体主义，这种看法是不符合历史事实的。

的确，斯大林在《和美国作家赫·乔·威尔斯的谈话》等文章中明确地论述了集体主义思想，他讲道："个人和集体之间、个人利益和集体利益之间没有而且也不应当有不可调和的对立。不应当有这种对立，是因为集体主义、社会主义并不否认个人利益，而是把个人利益和集体利益结合起来。社会主义是不能撇开个人利益的。只有社会主义社会才能给这种个

---

① 《马克思恩格斯选集》第 1 卷，人民出版社 1995 年版，第 119 页。

人利益以最充分的满足。此外，社会主义社会是保护个人利益的唯一可靠的保证。在这个意义下，'个人主义'和社会主义之间没有不可调和的对立。"① 这些论述今天看来也是完全正确的，它丰富了马克思主义而不是违反了马克思主义。

至于马克思和恩格斯，除了在《德意志意识形态》中明确地论述了前面所引用的"只有在共同体中才可能有个人自由"等集体主义思想原则外，在《共产党宣言》中，他们更明确地宣称"过去的一切运动都是少数人的或者为少数人谋利益的运动。无产阶级的运动是绝大多数人的、为绝大多数人谋利益的独立的运动。"② 这实际上是阐明了集体主义思想的根本原则。他们进一步指出"代替那存在着阶级和阶级对立的资产阶级旧社会的，将是这样一个联合体，在那里，每个人的自由发展是一切人的自由发展的条件。"③ 对未来共产主义社会"真正的共同体"的存在形式作了科学的阐述。在《资本论》中，马克思把未来共产主义的社会形式，也就是集体主义得以真正生根、充分发展的社会形式更明确地表述为"自由人联合体"。在《家庭、私有制、国家的起源》这篇著作的结尾，恩格斯还通过引用摩尔根的话："社会的利益绝对地高于个人的利益，必须使这两者处于一种公正而和谐的关系之中"，④ 辩证地阐述了集体主义思想的根本原则。

我们党和国家领导人也是一贯倡导集体主义的。毛泽东一贯倡导"全心全意为人民服务"、"毫不利己，专门利人"、"毫无自私自利之心"的精神，教育党员应以个人利益服从于民族的和人民群众的利益，以合乎最广大人民群众的最大利益为最高标准。难道这些不是对集体主义思想最好的阐述吗？毛泽东还明确地讲过"集体主义"这个词，他在《中国共产党第七次全国代表大会上的结论》中说："马克思讲的独立性和个性，也是有两种，有革命的独立性和个性，有反动的独立性和个性。而一致的行动，一致的意见，集体主义，就是党性。我们要使许多自觉的个性集中起

---

① 《斯大林选集》下卷，人民出版社 1979 年版，第 354—355 页。
② 《马克思恩格斯选集》第 1 卷，人民出版社 1995 年版，第 283 页。
③ 同上书，第 294 页。
④ 《马克思恩格斯选集》第 4 卷，人民出版社 1995 年版，第 179 页。

来，对一定的问题、一定的事情采取一致的行动、一致的意见，有统一的意志，这是我们的党性所要求的。"① 把"集体主义"提高到无产阶级党性的高度，可见毛泽东对集体主义的重视。作为我们党第二代领导集体核心的邓小平也讲过，要使青少年"将来走上工作岗位，成为有很高的政治责任心和集体主义精神，有坚定的革命思想和实事求是、群众路线的工作作风，严守纪律，专心致志地为人民积极工作的劳动者"。"我们从来主张，在社会主义社会中，国家、集体和个人的利益在根本上是一致的，如果有矛盾，个人的利益要服从国家和集体的利益。为了国家和集体的利益，为了人民大众的利益，一切有革命觉悟的先进分子必要时都应当牺牲自己的利益。我们要向全体人民、全体青少年努力宣传这种高尚的道德。"② 把集体主义原则提高到社会主义本质特征的高度进行论证。江泽民和党的第三代领导集体更把集体主义和爱国主义、社会主义教育"三位一体，相互促进"作为时代精神的"主旋律"，并在 1996 年通过的《中共中央关于加强社会主义精神文明建设若干重要问题的决议》中把"社会主义道德建设要以为人民服务为核心，以集体主义为原则"写进了党的决议。2006 年胡锦涛强调："要在全社会大力弘扬爱国主义、集体主义、社会主义思想，倡导社会主义基本道德规范，扶正祛邪，扬善惩恶，促进良好社会风气的形成和发展。要教育广大干部群众特别是广大的青少年树立社会主义荣辱观。"③

从马克思主义的创始人到斯大林，从毛泽东到邓小平和党中央历届领导人，都一贯倡导集体主义原则，并使用过集体主义一词，这是客观事实。但前几年有人竟当众批判集体主义，说"不知道谁造出集体主义来"，对这种奇谈怪论，我们必须从理论上和历史事实上给以澄清。

三　在社会主义初级阶段能不能和应怎样弘扬集体主义精神？

有人认为，现在我国处于社会主义初级阶段，非公有制企业和市场经

---

① 《毛泽东文集》第 3 卷，人民出版社 1996 年版，第 417 页。
② 《邓小平文选》第 2 卷，人民出版社 1994 年版，第 106、337 页。
③ 胡锦涛：《牢固树立社会主义荣辱观》，载《求是》2006 年第 9 期。

济还在发展，没有条件倡导集体主义。对此有必要给以科学的分析。

的确，我们清醒地看到，在社会主义初级阶段的意识形态领域，私有观念依然根深蒂固；伴随对外开放的逐步扩大，西方资产阶级的利己主义思想对我国的影响也会有所加大；非公有制经济和市场经济的发展，在推动生产力发展的同时，客观上也给利己主义思想的发展提供了空间；农村以家庭联产承包责任制为基本经营方式，导致家庭本位强化；地方、部门有了相对独立于中央的利益，使得地方、部门本位在强化；企业自主经营、自负盈亏，使得企业本位在发展……在这种历史条件下，要使社会主义集体主义思想为人们普遍接受，确实有一定的困难。

但是，我们更应该看到，新中国成立以来，经过几十年的经济建设，我国社会化大生产获得长足发展，工人阶级包括知识分子队伍不断壮大，社会主义国有制改革日益完善，农村规模经营集约化、集体化的经济形式逐步前进，这些都为弘扬集体主义精神奠定了经济基础。科学技术成为第一生产力，航天工程、信息工程、生命科学工程等现代科技的发展，都必须通过集体协作，组成优化系统，才能攻克难关。"两弹一星"、"神舟飞船"等英雄们奏响的正是一曲曲新时代集体主义的凯歌。社会主义民主制度的发展，社会主义精神文明建设的全面展开等等，都为弘扬集体主义创造了条件。

我们正在建立的社会主义市场经济体制是同社会主义基本制度相结合的。经济制度以公有制为主体，国有制为主导，以实现人民共同富裕为最终目标，相应地必然要求市场机制在为人民服务的轨道上运行。社会主义市场经济是在社会主义国家宏观调控下，以市场作为资源配置的主要方式，它所要形成的是社会主义国家的大市场。这个大市场要求有统一的法规、政策，协调有序的运行机制，以实现国家调控市场，市场引导企业，使经济发展活而不乱，管而不死。这种经济体制必然要求在意识形态上倡导国家、集体、个人利益相结合，国家、人民利益高于小集体和个人利益的社会主义集体主义思想，以克服地方部门保护主义、小团体主义和个人主义的干扰，保证国家法律、法规政策的落实，保证社会主义市场经济为人民服务的方向。

正是因此，《中共中央关于加强社会主义精神文明建设若干问题的决议》中明确地指出，"在发展社会主义市场经济条件下，更要在全体人民中提倡为人民服务和集体主义精神……反对和抵制拜金主义、享乐主义和个人主义。……引导人们对社会负责，对人民负责，正确处理国家、集体和个人的关系，反对小团体主义、本位主义，反对损公肥私、损人利己"，"形成把国家和人民利益放在首位而又充分尊重个人合法利益的社会主义义利观。"①

党中央强调要把爱国主义、集体主义、社会主义作为时代精神"主旋律"的提法是很科学的。强调主旋律，就必然承认有其他旋律的存在，但其他旋律只能以和谐的形式存在，衬托、突出而不能干扰、破坏主旋律。同样，强调集体主义价值观为主旋律，就必须承认其他价值观，包括个人主义价值观的存在。但其他价值观必须接受集体主义价值观的引导，如果干扰、破坏集体主义价值观的一元主导地位，就一定要给予抵制和反对。这说明，在社会主义初级阶段，发展社会主义市场经济，必须也只能要求集体主义思想在社会上占主导地位，不敢坚持集体主义教育的指导原则，或者要求所有人都具有集体主义觉悟，都是错误或不现实的。要区分对象，区分层次，引导人们各按步伐、共同前进。具体地说，首先，我们要求共产党员、国家的各级干部、各行各业的骨干（大学生未来属于这个层次）能比较自觉地建立集体主义价值观，依靠他们制定和贯彻社会主义的政策、法规，能够把广大群众对个人利益的追求引导到为人民服务、为国家利益服务的方向。对于广大人民群众来说，在现阶段，劳动还是谋生的手段，要尊重他们对个人正当利益的追求，只要遵纪守法，遵守社会公德和职业道德，就要给予肯定、支持，切不可把对正当个人利益的追求当作个人主义批判。在这个基础上，在正确处理国家、集体、个人利益矛盾的过程中，逐步引导人们提高觉悟。至于对违法违纪、损公肥私的极端利己主义的思想和行为则要坚决抵制和反对，对其中严重触犯刑律的人，则要绳之以法。

---

① 《中共中央关于加强社会主义精神文明建设若干问题的决议》，人民出版社 1996 年版，第13—14、6 页。

弘扬集体主义关键是搞好"真正的集体"，亦即马克思、恩格斯所说的"真正的共同体"的建设。社会主义初级阶段"集体"的状况是相当复杂的。许多国有企事业单位、党政机关和社会团体，能够把国家、人民利益放在首位，正确处理国家、集体、个人的关系，体现了"真正的集体"的性质。这种"真正的集体"随着社会主义现代化建设的前进，还会逐步发展壮大。同时，大量存在的是不完善的集体。这种集体有代表人民利益和集体内众多个人真实利益的一面，但他们在为国家和人民办了许多好事的过程中也掺杂着部门不尽合理的利益、地方保护主义和小团体主义，或多或少地损害了国家和人民的长远利益，损害了集体内众多个人的根本利益。正如改革是社会主义制度的自我完善与发展一样，改革公有制的实现形式，从根本上说，也是改革不完善的集体，使之向"真正的集体"的方向发展。

在社会主义初级阶段还有一些"虚幻"、"冒充"的集体存在。譬如1958年"人民公社"运动中的共产风，它盲目追求"一大二公"，超越了生产力的发展要求，不能代表集体内众多个人的真实利益，对于广大农民来说，确实可以说是一种"虚幻的"集体。另外，在我国，由于封建社会的长期影响，有的单位名为国家或集体所有，但一些领导者却目无群众，目无党纪国法，大搞家长制、一言堂，甚至假"集体"利益之名牟取私利；有的企业，不惜损害国家、人民的利益，违法经营。这样的单位就属于马克思、恩格斯所说的"冒充的共同体"。在这样的"集体"中，群众没有归属感，倡导集体主义精神也没有根基。

在现阶段，集体主义精神弘扬得如何，在很大程度上取决于"真正的集体"的建设状况。用历史的眼光来看，这是一个伴随着社会化大生产的发展、公有制改革的完善、人民民主制度的逐步健全而不断前进的历史过程。

四　大力倡导融入集体合力的丰富个性和创造精神

几十年来，我们对集体主义的宣传和导向，总的说是正确的，它哺育了一代又一代能够把国家和人民利益放在首位的社会主义新人，这是我国革命和建设能够取得胜利的思想保证之一。但面对改革开放和社会主义现代化建设的新形势，集体主义的宣传教育也需要与时俱进、不断创新。

革命战争年代，我们将集体主义教育的重点放在倡导为集体利益而牺牲个人利益的崇高精神上。这是完全正确的。没有李大钊、刘胡兰、董存瑞、邱少云等无数先烈的无私奉献和牺牲精神，革命和战争就不可能取得胜利。在进行社会主义改革和建设的今天，在抗洪抢险、守卫边疆、与邪恶势力的斗争中，仍然需要这种在必要时为国家、人民的利益牺牲个人利益乃至生命的崇高精神，事实上也确实涌现了像王进喜、焦裕禄、蒋筑英、孔繁森等许多先进人物。但是，和平建设时期，我们的主要任务已从破坏旧世界变为建设新世界，对人们的要求主要是做建设性的奉献，环境也没有革命战争时期那样险恶了。因此，如何在集体事业中更好地发挥每个人的个性、特长和创造性，关心每个人的正当利益，使人们能够在实现集体价值的同时实现个人的价值，应该成为我们关注的重点。在宣传工作中，我们也应在充分肯定个人利益服从国家和集体利益、局部利益服从整体利益的大前提下，适当多宣传那些将个人价值的实现与国家和人民的需要高度统一的典型。钱学森、袁隆平、王选、吴登云、李素丽、高建成等就是这样的典型。

在计划经济体制下，我们把服从集体需要放在集体主义教育的首位。那时，企业没有自主经营、自负盈亏的权利和义务，也没有多少独立的利益，所以好厂长的标准主要是超额完成国家计划，并不要求他们在企业经营方面发挥多少自主创造精神。教育方面对大学生强调共性要求多，毕业时要求服从分配，没有自主择业，对发挥他们的个性、特长和创造精神注意不够。这种状况一方面在一定程度上反映了把国家和人民利益放在首位的集体主义要求，但另一方面，也限制和削弱了人才的自主性和创造精神。当领导意见不能真正代表国家、人民利益时，这方面的问题就显得更为突出。现在，我们正在建设社会主义市场经济体制，企业要自主经营，自负盈亏，有了自己相对独立的利益，相应地就要求企业自身有更多的自主性和创造性。同时，增强人们的自立意识、竞争意识、效率意识、民主法制意识和开拓创新精神，这有利于社会主义优越性的进一步发挥，有利于推动科学技术的全面进步。针对过去教育工作的弱点，党中央和江泽民同志号召，教育要以提高民族素质和创新能力为重点，学校要成为知识创新、传播和应用的主要基地，成为培育创新精神和创新人才的摇篮。所有这些都要求在集体主义的宣传教育中，应该把倡导融入集体合力中的丰富个性和创造精神放在更突出的位置。

"文化大革命"期间，受"左"的失误的影响，某些宣传教育把任何对个人利益的追求，包括正当的、合法的、对集体无害的个人利益，都当作个人主义或自私自利，把任何对个人价值的追求都当作个人名利思想，把任何对个人的物质鼓励都说成修正主义，并加以批判，这就严重伤害了广大人民群众的积极性。社会主义的优越性之一，就在于它能够把社会利益和个人利益从根本上一致起来，真正做到"人人为我，我为人人"。只有剥削阶级的旧社会才把代表它们的所谓社会利益和广大人民群众的个人利益相对立，如封建整体主义，用"整体"否定个体，资本主义社会崇信"人人为自己，上帝为大家"等。毛泽东说："马克思列宁主义的基本原则，就是要使群众认识自己的利益，并且团结起来，为自己的利益而奋斗"。[①] 邓小平也说："不讲多劳多得，不重视物质利益，对少数先进分子可以，对广大群众不行，一段时间可以，长期不行。革命精神是非常宝贵的，没有革命精神就没有革命行动。但是，革命是在物质利益的基础上产生的，如果只讲牺牲精神，不讲物质利益，那就是唯心论。"[②]

在改革开放以前，也有好的范例。蒋南翔教育思想的一个可贵之处，就是善于把集体主义、又红又专的教育与因材施教、发挥大学生个性特长和创造精神相结合。他支持、肯定学生评选"先进班集体"对培养集体观念和学生全面发展的意义，同时又强调不能把学生培养成"都像从一个模子里铸出来的一样"，他还提出：要"抓好三支代表队（政治、业务、文体）以发挥人们不同的特长"。政治代表队：从高年级学生中挑选业务基础好、思想觉悟较高的共产党员当政治辅导员，一边学习、一边做学生思想管理工作，"双肩挑"。这不仅有利于学生思想管理工作与业务、与学生实际需要相结合，而且是培养党、政管理人才的有效途径。业务代表队：从每个年级几千名学生中，选拔学习最优秀、有特长的尖子生，制订单独

① 《毛泽东选集》第 4 卷，人民出版社 1991 年版，第 1318 页。

② 《邓小平文选》第 2 卷，人民出版社 1994 年版，第 146 页。

的教学计划，选最好的导师因材施教，培养"攀登科学高峰的登山队员"。文艺体育代表队：选有文艺、体育特长的优秀学生，集中食宿，由学校集中管理，以保证他们学习和文体两不误，更好地发挥文体特长。实践证明，这种教育思想和制度为国家培养了大批具有集体主义精神，德智体全面发展，又能发挥每个人个性、特长的丰富多彩的创造型人才。

1956年清华大学工程物理系从上海招收了一名女学生胡芝风，她从小就爱好京剧，受到多位京剧教师的指导，在唱、念、做、打方面都有一定基础，来校报到时就带来了练功的刀枪靶子，一面学业务，一面坚持学戏，但她更热爱京剧艺术，两年后，她向学校表达了自己的愿望。蒋南翔和校领导特准她休学一年到专业剧团发展。而且说，干得好，就在艺术上发展，有困难，还可以继续返校学习。后来，胡芝风师从梅兰芳，她主演的京剧《李慧娘》获大奖，成为国家一级演员，她导演的许多戏曲也获梅花奖，后来从事了艺术研究。她始终感谢学校因材施教给她个性、特长充分发展的机会。[①] 在20世纪50年代，当时对大学生就业，主要强调"服从分配"，还没有"自主择业"的政策，蒋南翔能这样尊重胡芝风的特长和志愿是非常难能可贵的，这对今天探讨如何培养创造性人才也有重要借鉴意义。

近年来，对集体和个人的利益关系，我们的认识和宣传比较全面了，但对于弘扬集体主义精神与发挥每个人的个性特长、自主创造精神之间的关系，我们还注意得不够。现在，随着经济、社会结构和利益关系的变化，人们的价值观日趋多样化，人们特别是青年普遍关心个人的发展，希望通过自己的努力实现个人的价值。这种变化有两重性，我们应当看到其中的积极因素，并给以正确的引导。

有两种个人发展观和自由观。一种是个人主义的发展观和自由观。它以个人为中心，认为个性发展和自主创造精神是不受社会条件制约的，强调集体利益会束缚、抑制个性和创造精神。这种发展观和自由观不符合现代科技和社会化大生产的要求，更不符合共产党员党性的要求，容易流于极端个人主义。另一种是集体主义的个人发展观和自由观。它要求把"真

---

① 《蒋南翔文集》，清华大学出版社2005年版，第183—186页。

正的集体"的利益放在首位，依靠融入集体之中的丰富个性和创造精神实现集体的目标。这种个性和创造精神只有在"真正的集体"中才能充分实现。如在集体竞技项目中，球星的个性、特长和创造精神是非常突出的，但他首先要融入集体之中，没有整体的配合，没有好的教练、陪练和其他服务，没有集体目标的成功，球星的个人价值不可能真正实现。随着高科技的发展，研究项目的规模越来越大、跨学科的合作越来越多，只有在不同学科、不同特长的专家和科技工作者组成的优化系统中，发挥每个人的特长和创造性，才有可能攻克难关。在现代社会化大生产中，优秀的企业管理者、工程师与工人群众在企业内各部分的优化组合、协同努力更是企业成功的基本条件。

可以说，融入于优化系统的丰富个性是集体合力创造性的源泉。在这方面，有两种误解：一是认为集体主义对人们只有共性要求，而不懂得"真正的集体"要由众多具有丰富个性、特长的人们组成。"和而不同"而不是"同而不和"才能形成"和谐"的、有创造力的真正的集体。二是认为创造性只来源于个人的个性、特长，而不懂得真正优化的系统，才能使丰富的个性、特长融合为有创造性的合力。钱学森非常重视创造性人才和创新精神的培养，并且提出了著名的"钱学森之问"，发表了许多深刻的见解。他曾讲："当今的科学技术都不是小科学技术，不是爱迪生时代，可以关起门来一个人在实验室里搞发明创造了"。为了凝聚大家的智慧干大事业，他特别重视科研组织管理创新所形成的创造性合力，并开创性地建立了总体设计部，负责航天工程多学科多部门的协调组织工作。他还批评"在我们国家，现在有不少人尚未摆脱经营自己二亩地的小农意识，把自己的工作说成一门学科，完全不顾现代科学技术的体系。这样他们就是什么专家，什么权威，外人不得侵犯。我认为这是可笑的"。他还讲："我原来提出要搞社会思维学的一个主要原因是：怎样使一个集体在讨论问题中能互相启发，互相激励，从而使集体远胜过一个个不接触别人的人的简单总和。我自己在学术生活中，对这一点是深有体会的：一个好的集体，人人畅所欲言，思维活跃，其创造力是伟大的"。① 钱学森在学术

---

① 《钱学森同志言论摘编》，《光明日报》2009 年 12 月 1 日。

生涯中形成的这些思想和我们党通过民主集中制，集体领导，更好地吸收人民群众智慧和创造性的思想是完全一致的，它体现了社会化大生产和现代科技发展对创新精神的要求，对新时期如何培养创新人才具有重要的意义。

许继集团董事长王纪年在北京大学作报告，强调计算机等新技术的引用特别需要团结、奉献、集体配合的精神时说："把个人才能凌驾于团队之上的情绪，在刚毕业的学生，尤其是稍微有一点成绩的人员中普遍存在"。"我们提出合力文化，反对鸡头文化，鸡头文化就是宁当鸡头不当凤尾的想法，要把这种思想摒弃"。"有才能的人，一定要在团队中发挥作用"；"当我们拳头攥在一起的时候，美国的公司、日本的公司、德国的公司都来找我们；如果你自己是一盘散沙，没人瞧得起你。"他还说："我希望，从北大这个精英的摇篮出去的人才，进入到社会实践当中后，首先考虑如何学习每个人的长处，融入先进的集体，并发挥你的作用，使集体发展更快。"① 这些话是对集体发展与个人创造作用关系的生动的阐述。

过去，在集体主义的宣传教育中，我们没有很好地宣传社会主义集体主义所要求的个人发展观和自由观，没有很好地倡导融入集体合力的丰富个性和创造精神，对个人主义的个人发展观和自由观也缺乏科学、具体的分析。有的宣传还或多或少地受封建整体主义，用"整体"否定"个体"，用"共性"淹没"个性"，用"服从"取代"创造"的思想影响，不同程度地损害了人们的个性发展和创造精神。总结历史经验，我们应当结合新的情况，重新学习、领会和宣传马克思、恩格斯关于"只有在共同体中，个人才能获得全面发展其才能的手段，也就是说，只有在共同体中才可能有个人自由"的思想，帮助人们从个人主义发展观、自由观以及封建整体主义等思想的束缚中解放出来，培养出更多的能够把国家和人民利益放在首位，而又有丰富个性、特长和创造精神的人才。

---

① 王纪年：《从传统到现代——在改革中发展国有企业》，《光明日报》2001 年 12 月 21 日。

第八章　人道主义和异化思潮再考察

第一节　人道主义、异化思潮的泛起和坚持
　　　　正确的舆论导向

　　20世纪80年代初我国意识形态领域的一场争论，主要以哲学理论语言的形式出现，这就是关于人道主义和异化问题的讨论。到1983年12月以前，这方面的文章至少已有七八百篇之多。

　　虽然从一开始就有一部分理论工作者对人道主义和异化思潮提出批评，但仍然不能够阻止它的蔓延，以至党中央不能不出来讲话。其主要标志，就是1983年10月邓小平在党的十二届二中全会上关于《党在组织战线和思想战线上的迫切任务》的重要讲话，以及胡乔木根据中央全会精神于1984年1月发表的《关于人道主义和异化问题》的文章。

　　一些年来，《炎黄春秋》等媒体接连发表文章，指责党中央反对精神污染的观点和对错误思潮的批评是所谓一场"新的寒流"；把这场思想争论的性质，曲解为是什么王若水代表的"真理"，同胡乔木代表的"权力"的"抗争"。称当时对错误思潮的批评"有悖于马克思主义，有违于时代潮流，有逆于历史前进的方向"，等等。这就涉及根本的政治立场和政治方向问题。

　　既然有人要谈什么"历史前进的方向"，那么，我们倒是可以从到底什么是"文化大革命"结束后中国历史前进的方向和要求说起。

一　"文化大革命"结束后中国历史前进的方向

"文化大革命"结束，拨乱反正，开启了社会主义建设新时期的航程。

正确总结建国 30 年特别是"文化大革命"十年历史的问题，提上重要议事日程。这时，历史遗留问题和新出现的种种社会矛盾交错复杂，解放思想、实事求是、拨乱反正的主流，同各种社会思潮互相激荡。有少数人乘党纠正"左"的错误、拨乱反正之机，散布否定共产党领导、否定社会主义制度、否定毛泽东和毛泽东思想的资产阶级自由化言论。人道主义和异化思潮，就是在这时涌现于我国思想舞台的。

　　能否正确总结"文化大革命"和建国以来的历史，直接关系到中国今后历史的走向。邓小平、陈云等老一辈无产阶级革命家代表的中国共产党人，以党的十一届三中全会为标志，开始认真地、慎重地来解决这个问题。1978 年 12 月举行的十一届三中全会，果断决定在工作指导方针上，从"以阶级斗争为纲"转向"以经济建设为中心"，实行改革开放政策。1979 年 3 月，邓小平作了《坚持四项基本原则》的重要讲话，强调坚持四项基本原则是"实现四个现代化的根本前提"，"决不允许在这个根本立场上有丝毫动摇"。1979 年 6 月，中央决定由叶剑英代表中共中央，全国人大常委会、国务院，在庆祝中华人民共和国成立 30 周年大会上发表讲话，对建国三十年来的历史特别是"文化大革命"十年的历史作出初步的基本的估价。不久，党中央又把起草《关于建国以来党的若干历史问题的决议》的工作提上议事日程。目的是要通过这个决议"对过去的事情做个基本的总结。……总结过去，是为了引导大家团结一致向前看。"① "决议"起草历时 20 个月，其间邓小平有十多次谈话，陈云有七次谈话。"决议"草案经中央政治局多次讨论，并在党内四千人范围内进行了讨论，终于在 1981 年 6 月党的十一届六中全会上正式通过了《决议》文本。这个《决议》，坚持运用马克思主义的辩证唯物论和历史唯物论，对建国以来党的重大事件特别是"文化大革命"作出了正确的总结，肯定了建国后我们在社会主义条件下取得了旧中国根本无法达到的巨大成就，分析了党指导思想上的正确和错误以及产生错误的主观因素和社会原因，科学地评价了毛泽东的历史地位，系统论述了毛泽东思想的基本内容和指导意义。这个《决议》的诞生，标志着中国共产党在指导思想上拨乱反正任务的胜利完

---

① 《邓小平文选》第 2 卷，人民出版社 1994 年版，第 292 页。

成。随后，1982 年 9 月的十二大，明确提出了"建设有中国特色的社会主义，这就是我们总结长期历史经验得出的基本结论。"① 其时，作为社会主义制度自我完善和发展的改革大潮已在我国蓬勃兴起。邓小平在领导和推动改革开放的过程中，从实际出发，多次强调建设有中国特色的社会主义要有政治保证，要坚持四项基本原则，反对资产阶级自由化，要坚持社会主义、共产主义的理想，在建设高度物质文明的同时建设高度的社会主义精神文明和高度的社会主义民主，等等，这就是 20 世纪 70 年代末 80 年代初中国历史前进的方向，也就是后来概括的党的基本路线指引的方向。显然，有些人并不认同党对历史的总结，并不认同党中央指明的前进方向，而要从别的方向去寻找答案。以王若水为代表的一些人，就从国外主要是西方思想界混淆以致颠倒马克思早期思想和成熟的马克思主义的区别的哲学流派中，引入了人道主义和异化的观点，作为总结历史、观察现实和进行论争的理论武器。

这种思潮的出现就国内背景说，是对"文化大革命"十年内乱的一种反动。在经历了"文化大革命"的严重曲折以至受到极"左"的一套的严重冲击和伤害之后，人们都会用自己的世界观来总结历史、看待现实，这是可以理解的。但问题在于，用人道主义和异化的观点来总结历史、观察现实，离开了马克思主义历史唯物主义的轨道。这种思潮蔓延、泛滥，必然会同这一时期中国历史前进的方向的相对立。这一点并不取决于某些论者个人的意愿，而是取决于这种思潮自身的逻辑和主导的理论观点所贯彻的导向。

二 人道主义和异化思潮把人们导向何方？

1. 关于宣传什么样的世界观、历史观

在历史上，抽象地讲人，用抽象的人性、人的本质来解释历史、观察社会，是一种典型的唯心主义历史观，即人道主义的世界观、历史观。青年马克思在世界观转变过程中，曾经历了从离开黑格尔走向费尔巴哈，又离开费尔巴哈走向历史和辩证唯物主义的过程。他们"清算"了自己过去

---

① 《邓小平文选》第 3 卷，人民出版社 1993 年版，第 3 页。

的"哲学信仰",突破了人道主义世界观的藩篱,才制定了科学的唯物史观和创立了马克思主义,实现了人类思想史上的伟大革命变革。

但在一段时期中,抽象地讲人和人道主义成为一种时尚。相当多的文章不是从一定的历史实践和社会关系出发来说明人、人性、人的本质等等,而是离开人的历史发展和人的社会性,从抽象的人、人性、人的本质等等来说明历史和社会。如有的说"所谓人性,就是人的肉体组织所决定的需要","自然属性是所有行为动机最深的基础、最基本的动因","在阶级社会里,个性受着阶级关系的制约,个人隶属于阶级,这是人性的不自由","而共产主义,就是'人的复归'"。有些文章则着重宣传一种抽象的人道主义,把人道主义说成是超乎所有阶级的"以类相传的人类的遗产","是可以贯通中外古今整个人类的",是"一种贯穿人类阶级社会始终的世代相继的进步社会思潮"。有的还说,"所谓人道主义原则,就是表现人与人之间具有合乎人性……关系的原则",甚至说,要"恢复马克思主义的真正人道主义本质",等等。

有的文章还提出了"人—非人—人"的历史公式,把人类历史归结为人性的"异化"和"复归"的历史。这种观点否认人类历史首先是生产方式发展的历史,把抽象的人性,人的本质当作历史发展的动力。它认为似乎存在着某种抽象的、固有的、完美的、真正的人性或人的本质,私有制社会在人类历史的某一阶段上出现,并不是社会的生产力和生产关系矛盾运动发展的结果,而是由于人性、人的本质发生了异化,从原来的"人"异化为"非人";同样,人类社会中私有制的最终消灭,也不首先是人类社会的物质生产和革命斗争对社会长期、艰苦改造的结果,而是由于人性、人的本质得到了"复归"。所谓"实现人的本质的复归,是人的本质发展的必然要求","共产主义就是人的复归"。这种观点,虽然在马克思《1844年经济学哲学手稿》和《神圣家族》中可以找到,但这时他的真实思想早已超过费尔巴哈,但在哲学信仰上还保留着费尔巴哈的痕迹,而这正是他在1845年的《关于费尔巴哈的提纲》和《德意志意识形态》中所要清算的从前的哲学信仰。现在还把人类社会的物质生产活动和革命活动,统统消融到抽象的人性的"异化"与"复归"中,把人类历史归结为人性的"异化"和"复归"的历史,显然是要回到马克思清算从前哲学信仰和制定唯物史观以前的历史唯心主义轨道上去。衡量历史进步的尺度只能是生产和生产方式的发展，以及与之相应的社会、政治、文化、科学、教育的发展，而不能是抽象的人性、人的本质。用抽象人性把以前人类社会的全部文明史看成是"非人"的历史而加以否定和抹杀，也是完全违背马克思主义的、非历史主义的。

当时思想争论中的一个热点问题，是王若水等坚持宣传的"人是马克思主义的出发点"的命题。这是一个典型的混淆历史唯物主义与历史唯心主义界限的命题。马克思、恩格斯从分析人们的物质生产活动和人们之间的物质生产关系出发，才创立了马克思主义的科学思想体系。如果离开人们的物质生产活动和人们的社会关系来谈"人"，就只能是抽象的人。把抽象的人作为出发点，这完全不是马克思主义。马克思、恩格斯对于他们的世界观、历史观的出发点曾作了非常明确的回答。在《德意志意识形态》中就说道：他们"这种历史观就在于：从直接生活的物质生产出发阐述现实的生产过程，把同这种生产方式相联系的、它所产生的交往形式即各个不同阶段上的市民社会理解为整个历史的基础……同时从市民社会出发阐明意识的所有各种不同理论的产物和形式，如宗教、哲学、道德等等，而且追溯它们产生的过程。"① 在《共产党宣言》中也说："每一历史时代主要的经济生产方式和交换方式以及必然由此产生的社会结构，是该时代政治的和精神的历史所赖以确立的基础，并且只有从这一基础出发，这一历史才能得到说明……"。② 马克思晚年在《评阿·互格纳的〈政治经济学教科书〉》中，还明确声明：我的分析方法"不是从人出发，而是从一定的社会经济时期出发"。③

当年宣传"人是马克思主义的出发点"和今天为之辩护的一些的论者一再声明，这个命题中的"人"并不是抽象的人，而是马克思所说的现实的人、从事实际活动的人。我们也许应当承认有的论者这种声明的真诚，但作为一种思潮，并不会因为有了这种声明，其立足点就不是抽象的人

① 《马克思恩格斯选集》第1卷，人民出版社1995年版，第92页。
② 《马克思恩格斯选集》第1卷，人民出版社1995年版，第257页。
③ 《马克思恩格斯全集》第19卷，人民出版社1963年版，第415页。

了，似乎就离开了抽象的人道主义，成了和马克思主义一样的东西了。因为要说明人是从事实际活动的现实的人，就必须从人在其中活动的一定社会物质生活条件和社会关系出发，而不能只从"人"出发。马克思主义谈到现实的人、从事实际活动的人的时候，明确指出："现实的个人，是他们的活动和他们的物质生活条件，包括他们已有的由他们自己的活动创造出来的物质生活条件。"① 舍弃了生产关系为基础的具体社会关系和社会发展状况来谈人，并由此来谈论人性、人的本质、人的价值、人的尊严、人的自由、人的需要等等，就只能是抽象人道主义的命题。

2. 关于怎样看待社会主义社会和用什么思想来指导改革

20 世纪 80 年代初，全盘否定建国以来的历史，这样那样地宣扬社会主义不如资本主义，新中国不如旧中国和否定党的领导的倾向比较突出。邓小平在《坚持四项基本原则》的讲话中对这种错误思潮进行了严肃批评。在 1980 年 12 月的中央工作会议上，他又指出："我们的宣传工作还存在严重缺点，主要是没有积极主动、理直气壮而又有说服力地宣传四项基本原则，对一些反对四项基本原则的严重错误思想没有进行有力的斗争。"②

这一时期泛起的人道主义和异化思潮，同其他各种错误思潮交织在一起，往往成为各种错误思潮的哲学武器。譬如，抽象地宣传人道主义的舆论，离开人的历史发展、离开个人同社会的关系，宣传抽象的"人的价值"，说："人的价值就在于人自身"，"人的价值是终极的、绝对的、无条件的，这完全是发自人之为人的根本特性"，要建立一种"合乎人性的社会制度"等。有些舆论则从这种抽象的"人的价值"观念出发，把社会主义事业同个人价值对立起来，热衷于批评社会主义制度下所谓"人的价值的异化"，甚至用马克思揭露旧社会的话来批评社会主义社会"蔑视人"，这等于是说，社会主义社会是不断"扼杀"人的价值的。这种倾向，在当时的一些文艺作品中也不少见。有些作品，依据抽象的人性和抽象的人的价值观念确定错误的思想主题，然后编造一些情节来图解主题，

---

① 《马克思恩格斯选集》第 1 卷，人民出版社 1995 年版，第 67 页。
② 《邓小平文选》第 2 卷，人民出版社 1994 年版，第 364 页。

以揭示所谓社会主义制度下"人的异化"。有的文艺刊物上的文章，还提出要把"对于社会主义条件下人的异化问题的严肃思考"，作为"文学创作的重大主题"。当年根据电影剧本《苦恋》拍摄的影片《太阳和人》，把"文化大革命"特殊环境中的阴暗面渲染为社会主义中国的本质，刻意描写一位著名教授以当小偷而自嘲，并进而借剧中人物之口表述"您爱祖国，但祖国不一定爱您"的"感悟"，就是这种思潮在文艺领域的表现。邓小平曾严肃地批评说："无论作者的动机如何，看过以后，只能使人得出这样的印象：共产党不好，社会主义制度不好。这样丑化社会主义制度，作者的党性到哪里去了呢？"①

在怎样看待社会主义社会和用什么思想来指导改革的问题上，突出的错误倾向是宣扬"社会主义异化"论。"异化"一词是马克思早年在创立他的学说的过程中，受德国古典哲学的影响而使用的一个概念。马克思提出了劳动异化的思想，用以描写资本主义制度下雇用劳动与资本的对抗关系，并曾把"异化"作为基本范畴，来说明历史，批判资本主义，论证资本主义灭亡和共产主义实现的必然性。但这不是成熟的马克思主义著作的分析，马克思在对他的经济分析作哲学论证的时候，还没有完全摆脱思辨哲学的方法。成熟时期的马克思认识到异化作为理论和方法是不能揭露事物本质的。他不再用异化理论说明历史，而是用历史唯物主义科学地说明历史；他也不再用异化理论说明资本主义和资本主义制度下的劳动，而是用剩余价值和雇佣劳动的学说来科学地说明它们。在《共产党宣言》中，马克思、恩格斯还批判了德国"真正的社会主义者"在法国社会主义文献下面写上"人的本质的外化"之类的"哲学胡说"，使它们变为"关于实现人的本质的无谓思辨"。成熟时期的马克思主义著作偶尔还有"异化"概念，但已不在原来的意义上使用，而且限制在阶级对抗的社会，特别是资本主义社会。

但是，许多宣扬"社会主义异化"论的舆论，却把"异化"作为理论和方法来看待社会主义社会，提出社会主义社会不断发生全面异化——思想上的异化、政治上的异化、经济上的异化，认为只有异化才是对社会

---

① 《邓小平文选》第 2 卷，人民出版社 1994 年版，第 391 页。

主义社会中各种弊端的唯一科学的说明；有的认为，社会主义社会存在异化根源在于社会主义制度本身；有的认为，我们进行各方面的改革就是为了克服异化、消灭人的异化。有的还认为，社会主义国家政权机构的存在，就意味着政治方面的异化，就必然要站立于社会之上，向它的公民发号施令。一些人一面把异化规定为主体在自身发展过程中产生出同自己相敌对的东西的异己化现象，一面又任意宽泛地解释异化的含义，把异化解释为矛盾、对立统一、对立面的转化，认为异化无所不在，把由各种复杂原因造成的各种社会问题都概括为异化。这显然混淆了矛盾的性质，违背了对问题的具体分析。按照这种"社会主义异化"论的观点，既然社会主义社会各个领域都不断地发生着异化、即社会主义在自己的发展中由于社会主体自身的活动，不断产生反过来敌视和支配主体的异己力量，那么，社会主义社会同剥削阶级旧社会又有什么区别呢？既然社会主义自身要异化，还能到什么共产主义呢？在第一阶段就自己否定自己了。这种社会主义制度本身必然不断产生异己力量的观点，必然导致严重曲解我们的社会主义现实，只会引导人们去批评、怀疑和否定社会主义，使人们对社会主义、共产主义的前途丧失信心。那种认为凡是有权力的地方就要发生权力异化、政治异化，只是无政府主义的观点，只会造成严重的思想混乱。

社会主义制度作为人类历史上崭新的社会制度，同任何新生事物一样，它的发展道路不可能是平坦的。我国在发展过程中发生过不少错误和曲折，在纠正了历史上的严重错误以后也仍然会存在不少的缺点和弊病。对于工作中的各种不同性质的问题和社会上的消极现象，我们必须十分重视并坚持通过改革和各方面的工作来加以克服和解决。但必须十分明确，我们进行改革的指导思想是历史唯物主义的科学，是马克思主义关于社会基本矛盾的理论，而不是什么"异化"的观点。

我国的改革是社会主义制度的自我完善和发展，即要在坚持社会主义基本制度的前提下自觉调整生产关系和上层建筑的各个环节和方面，扫除生产力发展和社会全面进步的障碍，建立有利于克服弊端、消极现象和实现科学发展的体制机制，以适应实现社会主义现代化的历史要求。这种改革要解决的问题同马克思曾用以描写资本主义社会中对抗性矛盾的异化现象不同，不能混为一谈。一是两者的根源不同。社会主义社会中矛盾的产生和存在有复杂的原因，包括如由旧社会脱胎而来不可避免地带来的痕迹，旧社会的传统和习惯势力的影响还会较长期地存在；新制度本身的逐步完善需要一个过程；在学习外国经验中搬用了某些不适当的体制和做法；由于缺乏经验和认识上的差错干了一些违背客观规律的蠢事；在实行对外开放政策的情况下西方资本主义腐朽思想的渗透和侵蚀，以及随着条件的变化有些适合过去情况的制度和办法会变成不适合或不完全适合，等等。很清楚，所有这些都不是社会主义制度自身"异化"出来的必然产物。而马克思分析的资本主义社会的异化现象，则是资本主义制度本身的必然产物。二是两者的性质和解决的根本途径不同。我国社会主义社会生产关系同生产力之间、上层建筑同经济基础之间的矛盾是非对抗性的，它的解决不需要改变社会主义制度本身，而是要在社会主义制度的基础上通过改革，推动社会主义制度的自我完善和发展。社会主义社会中的矛盾有时也会发展为对抗性的，对此决不可以掉以轻心，要及时妥善地解决。但这是在新旧社会过渡的历史条件下产生的一种现象，不是社会主义自身发展的必然规律。资本主义社会中的异化现象则不同，它是由资本主义制度阶级对抗的本质所决定的，是资本主义制度本身所无法克服的，只有最终变革资本主义生产方式才能使问题得到根本的解决。所以那种认为社会主义制度本身不断发生"异化"并用"异化"来解释改革的观点，是同马克思主义、同党指导改革和推进社会主义现代化建设的理论相对立的。

需要承认，有些论者谈论"异化"和克服"异化"是出于消除现存的弊端和消极现象的善意，我们也不一概反对谈论异化概念，只是反对把"异化"当作理论和方法、当作规律来分析社会主义社会。因为把"异化"当作理论和方法，特别是当作对抗性矛盾转化的规律来分析社会主义社会，就必然严重歪曲我们的社会主义现实，也不可能同那种借谈论"异化"把社会上一切消极现象都归罪于社会主义制度和社会主义的领导力量的倾向划清界限。如果从"异化"论出发要求取消一切权力，就会错误地把反对的目标集中于党和政府的领导。

3. 关于对人民和青年的影响

人道主义和异化思潮对人民尤其是青年大学生的影响，是特别值得重视的。因为这直接关系到国家、民族和社会的未来。大学生是一部分非常敏感的知识分子。他们中有些人密切地注视着各种社会思潮并思考着它的价值，但由于还缺乏科学的世界观和辨别能力，就可能把人道主义和"异化"等错误思潮中的某些理论观点，当作时髦的东西拿来作为自己的论据。在人道主义和异化思潮流传的氛围中，在有些文艺作品、书刊、讲演营造的这种文化环境中，一些青年学生也会受到潜移默化的侵蚀。

1980 年冬天，北京部分高校学生围绕选举区人民代表和学生会主席开展了一场竞选活动。一些竞选者及其支持者通过大字报、小字报、竞选宣言，与选民见面会和串联会等形式，纷纷发表"政见"。其中观点虽不尽一致，但社会上否定四项基本原则的政治倾向同人道主义和异化的观点交织在一起的错误思潮，在一些人的竞选宣言、答辩和大小字报中得到了明显体现，如把马克思主义人道主义化，曲解和否定马列主义、毛泽东思想的基本观点，用"异化"论的观点否定新中国的历史、抨击社会主义制度，以及用抽象人性论和"异化"论来解释改革的倾向等等，在许多学生中造成了思想混乱。

对青年学生在人生观、价值观方面的消极影响更为值得重视。由一个全国性刊物组织的、从 1980 年 5 月开始，历时约十个月的人生观的讨论，由于导向的偏差，使得"人的本质是自私的"、"自我是绝对的"、"主观为自我、客观为别人"等一些错误观点，在部分青年学生中一度相当流行。而抽象地谈人、人的价值、人道主义的思潮的泛起，正好为主张"人性自私"，以"自我为中心"的个人主义价值观提供了理论依据。既然"人的价值是终结的、绝对的、无条件的"，应当"把人自身当作人的最高价值"，那么，任何人都可以把自己任何的个人利益、个人自由的要求，置于至高无上的地位。在社会上许多宣扬抽象人道主义的文章和文艺作品的影响下，有些人进而认为社会主义集体主义原则和倡导毫无自私自利之心的精神是"扼杀"自我的，并由此贬斥、否定闪耀着共产主义人生观光辉的英雄模范的崇高人生，他们认为"自我是人的价值的基础，欧阳海、雷锋身上失去人了不应该失去的东西。他们心目中没有自我，是不真实的。"

1981 年一所大学报考硕士研究生的政治课考试中，有一道题要求学生运用历史唯物主义关于社会存在决定社会意识的原理，剖析"人都是自私的"观点。学校后来检查了 1100 份考卷，这道题的不及格率竟达 70%，其中有 5 名考生还系统"论证"了"人都是自私的"观点的"正确性"。

有一个大学生前后经过一个多月时间，在 1982 年 5 月写出了一篇近三千字的《自然人性论》（提纲）。他说这是看了报上许多文章后逐渐形成的。文中说："人的本性是人的自然性，这种自然性是人类一切社会性的总和和实质"。"自然性是唯一的人的本性"，"人的自然性的自觉开发是人的自由彻底实现的前提。人的社会性是人委屈于自然而给自己戴上的镣铐。""人类社会发展的根本动力是人的自然性在社会中的不断实现。"文章最后说："人性的解放是共产主义最深刻、最核心、最丰富、最诱人的内容"，而不知人的本质或人性不过是一定社会关系的产物。要是没有一定的社会关系，人就不称其为人了，还说什么人性呢？这种情况的出现，明显是受到了用"对抽象的人的崇拜"取代唯物史观、用"人性解放"的旗帜混同于共产主义的旗帜的思潮的影响和侵蚀。也可见人道主义和异化思潮对一些青年学生基本世界观的腐蚀之深。

三　开展批评自我批评，坚持正确舆论导向

1983 年 10 月举行的党的十二届二中全会上，邓小平作了《党在组织战线和思想战线上的迫切任务》的重要讲话，着重讲了思想战线不能搞精神污染的问题。他肯定了自真理标准讨论以来的几年中，理论和文艺战线取得了很大成绩。又着重指出，理论界、文艺界还有不少的问题，还存在相当严重的混乱，特别是还存在精神污染的现象。在剖析精神污染现象时，他明确指出，人道主义和异化论是目前比较突出的问题，解决思想战线混乱问题的主要方法仍然是开展批评和自我批评。他说："现在有些错误观点自称是马克思主义的，有的则公然向马克思主义挑战。对此，马克思主义者应当站出来讲话。思想战线的共产党员，特别是这方面担负领导责任和有影响的共产党员，必须站在斗争的前列。如果自己有错误，就要进行认真的自我批评，并且切实改正"，"所有共产党员都要增强党性，遵守党的章程和纪律。不管是什么专家、学者、作家、艺术家，只要是党员，都不允许自视特殊"，"解决这些问题，是这次整党对思想战线的党组

织和党员的最重要要求"。① 为什么把这个问题看得如此重要呢？

首先，因为这是关系到是否坚持马克思主义基本原理和正确认识社会主义实践的重大问题。由前面的分析已可见，宣传人道主义世界观、历史观和"社会主义异化"论的思潮，不是一般的学术理论问题，而是关系到是否坚持马克思主义世界观和能否正确认识社会主义实践的有重大现实政治意义的学术理论问题。在这个问题上带根本性质的错误观点，不仅会引起思想理论的混乱，而且会产生消极的政治后果。这种精神污染的危害就在于，"它在人民中混淆是非界限，造成消极涣散、离心离德的情绪，腐蚀人们的灵魂和意志，助长形形色色的个人主义思想泛滥，助长一部分人当中怀疑以至否定社会主义和党的领导的思潮。"② 同时，因为从长远看，这个问题关系到由什么样的一代人来接班，关系到党和国家的命运、前途。老一辈无产阶级革命家从党和人民的事业继往开来的高度，特别强调要重视错误思潮对青年的影响。邓小平还指出："不要以为有一点精神污染不算什么，值不得大惊小怪。有的现象可能短期内看不出多大坏处。但是如果我们不及时注意和采取坚定的措施加以制止而任其自由泛滥，就会影响更多的人走上邪路，后果就可能非常严重。从长远来看，这个问题关系到我们的事业将由什么样的一代人来接班，关系到党和国家的命运和前途。"③

我国广大青年是沿着党指引的方向前进的。他们与祖国共命运、同人民齐奋进、和时代同步伐。三十多年前的年轻人，今天大都已成为我国各条战线上的骨干。但也确有人在错误思潮的严重腐蚀和引领下走上了邪路，而且越走越远。前所述当年"竞选活动"中风云人物，有的后来成了美国中央情报局青睐的所谓"异见人士"。有个自称是当年抽象人道主义的文艺作品和舆论氛围帮他确立了价值观的人，不仅一直坚持资产阶级自由化的主张，而且公开叫嚷寄希望于美国总统来搞垮我们的社会主义国家。2006 年 5 月，此人在美国受到时任总统布什的接见，他称颂"里根总

---

① 《邓小平文选》第 3 卷，人民出版社 1993 年版，第 46 页。

② 同上书，第 44 页。

③ 同上书，第 45 页。

统因为埋葬了苏联和东欧的共产制度而成为美国历史上最伟大的总统之
一，帮助中国发生这种变化也许是上帝给总统先生的历史使命"。回国以
后，他竟在一个网站上撰文说："如同里根为苏联的棺材钉下第一根钉子
一样，布什也必将为中共的棺材钉下第一根钉子。"这些事例虽然是个别
的，但不能不使我们感到触目惊心。也使我们深切地认识到，如果当时不
起来批评和制止错误思潮，就会影响更多的人走上邪路，"后果就可能非
常严重"。

面对错误思潮及其造成的精神污染必须开展批评和自我批评，坚持正
确的舆论导向，这是坚持中国特色社会主义道路的必然要求。邓小平非常
重视开展批评说："我们应当承认，在理论界和文艺界对一些错误倾向是
进行了一些马克思主义的批评的，只是效果不够显著。一则批评本身的质
量和分量不够，二则抵抗批评的气势很盛。批评不多，却常被称为'围
攻'，被说成是'打棍子'。其实倒是批评者被围攻，而被批评者却往往
受到同情和保护。一定要彻底扭转这种不正常的局面，使马克思主义的和
社会主义、共产主义的宣传，特别是在一切重大理论性、原则性问题上的
正确观点，在思想界真正发挥主导作用。"①

对于贯彻"双百"方针同开展批评的关系，注意防止"左"的错误
和着重纠正右的倾向的问题，邓小平也作了有针对性的阐述。他说："党
的方针没有变，'双百'方针还是要。但是把开展批评同'双百'方针对
立起来，却是一种严重的误解或曲解"，"有些人把'双百'方针理解为
鸣放绝对自由，甚至只让错误的东西放，不让马克思主义争。这还叫什么
百家争鸣？这就把'双百'方针这个无产阶级的马克思主义的方针，歪曲
为资产阶级的自由主义的方针了"，并指出："我们在强调开展积极的思想
斗争的时候，仍然要注意防止'左'的错误"，"无论是开会发言、写文
章，都要进行充分的说理和实事求是的科学的分析"，"对于思想理论方面
'左'的错误观点，仍然需要继续进行批评和纠正。但是，应当明确指出，
当前思想战线首先要着重解决的问题，是纠正右的、软弱涣散的倾向。"②

---

① 《邓小平文选》第 3 卷，人民出版社 1993 年版，第 46 页。
② 同上书，第 46—47 页。

　　关于开展批评自我批评和这场思想争论的方针、政策、办法，党中央在一些文件、报刊评论和负责人的讲话中反复作了阐明。对于在实际过程中有的地方出现的不符合中央精神和政策的情况，如有的把生活穿着打扮同精神污染联系起来等，一经发现，即在理论界、新闻界的有关会议上作了通报，要求予以纠正。这些都是在有人渲染的所谓"清除精神污染扩大化"以前就已经做了的工作。有些人借口个别枝节问题否定"思想战线不能搞精神污染"的大方向，是根本错误的。

　　当时，为了深入贯彻十二届二中全会精神，澄清一些带根本性的思想理论混乱，引导正确的舆论方向，胡乔木于1984年1月3日在中央党校作了《关于人道主义和异化问题》的报告。这个报告从区分人道主义作为世界观、历史观和作为伦理原则、道德规范两种不同含义入手，环绕是马克思主义的历史唯物主义还是人道主义的历史唯心主义的实质，对争论中的一系列问题作了深入剖析。邓小平、陈云很快对报告稿做出批示，给予充分肯定。邓小平在1984年1月11日的批示说："乔木同志：这篇文章写得好，可在人民日报发表或转载。由教育部规定大专学生必读。文艺、理论界可组织自由参加性质的座谈，允许辩论，不打棍子。"一月下旬，文章即在报刊正式发表。教育部也根据邓小平批示的精神作出相应部署。这样，除思想理论界的讨论外，又在其他领域主要是大学生中，比较集中地进行了一次马克思主义唯物史观的学习和教育。有一批人后来逐步成长为青年马克思主义者，这对党和国家具有长远的意义。

　　多年来，党中央一再强调要巩固马克思主义指导地位，坚持社会主义先进文化前进方向，牢牢把握党对意识形态工作的领导权、主动权，着力壮大主流思想舆论。当年贯彻十二届二中全会关于"思想战线不能搞精神污染"的方针的实践，就是以邓小平为核心的党中央在这方面的一项重大举措。据《邓小平年谱》载，从1983年7月到1984年3月，邓小平直接谈论、分析人道主义和异化问题就有8次之多。其中连同在十二届二中全会上的讲话，有5次是在胡乔木的文章以前。1986年12月30日邓小平在就关于学生闹事问题同中央负责同志的谈话中，又重申："反对精神污染的观点，我至今没有放弃，我同意将我当时在二中全会上的讲话全文收入我的论文集。"① 这说明，邓小平十分重视关于"思想战线不能搞精神污染"的观点，这是邓小平理论中有关意识形态工作和精神文明建设思想的重要内容。有些人明明知道邓小平关于反对精神污染的明确态度，明明知道胡乔木文章完全符合十二届二中全会和邓小平一系列谈话的精神，可是却装出他们仅仅是反对胡乔木的文章，把指责和攻击的矛头直接指向胡乔木。这是掩耳盗铃，丝毫也不能掩盖他们根本否定十二届二中全会精神和邓小平一系列讲话精神的真实面目。

一些人坚持为人道主义和"异化"思潮翻案，其直接目的，是否定邓小平为核心的党中央领导下开展的反对精神污染的斗争和教育。同时，也是企图以此为突破口，进而整个否定党领导的坚持四项基本原则、反对资产阶级自由化的斗争和教育，为各种错误思潮的传播进一步打开闸门。因为人道主义和社会主义异化论，是资产阶级自由化思潮的重要哲学基础。从哲学基础上打开缺口，用抽象人性论和人道主义取代马克思主义的唯物史观，否定马克思主义的历史分析和阶级分析方法，就为资产阶级自由化思潮的传播打开了方便之门。有人公然指责、否定马克思主义关于人性和人的本质的理论，鼓吹什么为抽象人性论"平反"，其实质就在于此。为人道主义和异化思潮翻案的目的，还在于试图用人道主义世界观和社会主义异化论误导对新中国历史的总结，以改变中国历史前进的方向，对此我们必须保持高度的警惕。

在为清除精神污染翻案的舆论中，还有人抛出了所谓"王若水请出了正宗的马克思主义"的说法来混淆视听。对此，下一节将进一步展开分析。这里，不妨先用王若水自己及其颂扬者的话来作一个注脚。1995 年，于"八九风波"中跑到美国的王若水撰文说："我不是列宁主义者，也不是正统的马克思主义者。我认为马克思的经济学说基本过时了，他的共产主义仍然是乌托邦。"② 至于马克思的哲学，王若水说，并不是辩证唯物主义和历史唯物主义，而是"唯人主义"。这就是所谓"正宗的马克思主义"吗？这种从人道主义世界观、历史观出发来修正和反对马克思主义立

---

① 《邓小平文选》第 3 卷，人民出版社 1993 年版，第 196 页。
② 参见《李锐近作》，香港中国国际出版集团公司 2003 年版，第 5 页。

场，在李锐的文章中暴露得更加清楚。2002年王若水客死美国后，李锐一面著文颂扬王若水的人道主义和异化论，一面著文说："马克思主义的出发点是人、人道主义。但是，这又同要达到这个境界的手段，即其革命学说的阶级斗争、暴力革命，无产阶级专政，尤其经济学说的消灭私有制和执行计划经济等大相矛盾。"①李锐进而说，马克思的"理论体系的基本观点是有错误的，包括唯物史观和劳动价值论这两大马克思主义的基石，以及从而得出的无产阶级革命理论和策略等。"②我们看到，这里有的只是对马克思主义的强烈反对和对马克思主义的理论体系的根本否定，哪里有什么半点"正宗马克思主义"的影子？

第二节　人道主义思潮与唯物史观的对立

前已说明，当年这场思想争论的实质，是马克思主义的历史唯物主义与人道主义的历史唯心主义的对立。至于这股人道主义思潮是否与唯物史观相对立的问题，只要搞清楚马、恩制定唯物史观时是否与他们从前的哲学信仰相对立，这个问题也就不言自明了。而且，要分析所谓"为人道主义辩护"的观点，也就有了可靠的理论根据。

一　清算人道主义，制定唯物史观

马克思在1859年的《政治经济学批判》序言中回顾自己思想发展过程时说明：当1845年春恩格斯也住在布鲁塞尔时，"我们决定共同阐明我们的见解与德国哲学的意识形态的见解的对立，实际上是把我们从前的哲学信仰清算一下"，③结果就产生了《德意志意识形态》（简称《形态》）这部巨著。可惜，它当时没有公开发表，直到1932年才和《1844年经济学哲学手稿》（简称《手稿》）一起正式问世。但在当时就有一些人本主义学者把还保留着德国古典哲学痕迹的《手稿》奉为马克思的"中心著

---

① 参见《李锐近作》，香港中国国际出版集团公司2003年版，第102页。
② 同上书，第100页。
③《马克思恩格斯选集》第2卷，人民出版社1995年版，第34页。

作"和"思想发展的顶点",《形态》竟成了马克思创作能力的"衰退和削弱",因而无人问津。这也从反面表明《形态》和《手稿》在哲学信仰上的对立。

恩格斯晚年,在《费尔巴哈与德国古典哲学的终结》(简称《终结》)1888 年单行本序言中,开宗明义又原原本本地引用了马克思这个说明,并在他们的"见解"后面注明,"特别是由马克思所制定的唯物主义历史观",表明了这种清算是他们创立自己学说以来一贯坚持的立场。因此研究马克思思想发展过程的人,不应当再对这次"清算"有所怀疑了,否则就不能从源头上看清唯物史观与人道主义世界观的对立。

不过,恩格斯在写《终结》时,发现他们在写《形态》的前夕,马克思还有一个《关于费尔巴哈的提纲》(简称《提纲》),它是"包含着新世界观的天才萌芽的第一个文件"[1]。因此,马克思清算从前的哲学信仰,应当是从"第一个文件"开始。这也表明,他们清算的直接对象正是费尔巴哈的人本主义。他们在《形态》中第一章标题就用了"费尔巴哈——唯物主义观点和唯心主义观点的对立",并且说明"我们的这些意见正是针对着费尔巴哈的,因为只有他才多少向前迈进了几步,只有他的著作才可以 de bonne foi 认真地加以分析。"[2] 马克思在《提纲》中,第一次批判地总结了以费尔巴哈为代表的"从前的一切唯物主义"[3]。可见,他已经发现费尔巴哈的人本主义不过是从前唯物主义的不确切表述。因为费尔巴哈把人看作自然界的一部分,主张"存在是主体,思维是宾词。思维是从存在而来的,然而存在并不来自思维。存在是从自身、通过自身而来的。""作为存在的存在的本质,就是自然的本质。""新哲学将人和连同作为人的基础的自然当作哲学唯一的、普遍的、最高的对象——因而也将人类学连同生物学当作普遍的科学。"[4] 显然,这在自然观方面是唯物主义的,但是它却叫作"彻底的自然主义或人本主义"、"人性哲学"、"人类学"等名称。正如列宁在《费尔巴哈的〈宗教本质讲演录〉一书摘要》中所说,"无论

---

① 《马克思恩格斯选集》第 4 卷,人民出版社 1995 年版,第 213 页。

② 《马克思恩格斯全集》第 3 卷,人民出版社 1960 年版,第 20 页。

③ 《马克思恩格斯选集》第 1 卷,人民出版社 1995 年版,第 54 页。

④ 《费尔巴哈选集》上卷,三联书店 1959 年版,第 184 页。

是人本主义原理，无论是自然主义，都只是关于唯物主义的不确切的肤浅的表述。"① 马克思在还其本来面目之后说，"包括费尔巴哈的唯物主义"在内，从前的一切唯物主义的主要缺点："对对象、现实、感性，只是从客体的或直观的形式去理解，而不是把它们当作感性的人的活动，当作实践去理解，不是从主观方面去理解。"结果和唯物主义相反，"能动的方面却被唯心主义抽象地发展了。"因为，黑格尔的唯心主义，虽然从绝对观念出发，不了解人们的感性活动和真正现实，但他在《自然哲学》、《历史哲学》、《法哲学》和《逻辑学》等著作中却包含了自然、历史和思维及其规律在内的全部内容。费尔巴哈的唯物主义，虽然把宗教和绝对观念还原为"人的本质"，但是始终只讲光秃秃的"人自身"，至多还有人和人的统一；作为人们感性活动的生产实践以及由此而生的人类社会生活的全部历史，都不在他的眼里，也就看不见人们在物质生产过程中发展起来的全部历史能动性。

"费尔巴哈想要研究跟思想客体确实不同的感性客体，但是他没有把人的活动本身理解为对象性的活动。"他在《基督教的本质》中，"仅仅把理论的活动看作是真正人的活动，而对于实践则只是从它的卑污的犹太人的表现形式去理解和确定。"② 因而不了解人们进行物质生产的真正革命和实践批判的意义，也不了解人们作为感性客体，首先需要吃、穿、住，然后才能进行其他活动，包括理论活动，所以不能不跌入唯心主义的坑内。

只要把人的感性活动理解为客观的活动，便知人的理论活动或思维是否具有客观的真理性，不能只靠理论来证明，更要用人们的社会实践来检验。这不是一个理论的问题，而是一个实践的问题。人们应在实践中证明自己思维的真理性。离开实践去探讨理论或思维是否具有客观的真理性，只能像中世纪经院哲学那样，纯属繁琐哲学。

18 世纪的唯物主义学说，认为人是环境和教育的产物。它忘记了

---

① 《列宁全集》第 38 卷，人民出版社 1960 年版，第 78 页。
② 《马克思恩格斯选集》第 1 卷，人民出版社 1995 年版，第 54 页。

"环境是由人来改变的，而教育者本人一定是受教育的。"① 因此，这种学说必然要把社会分成两部分人，其中一部分高出于社会之上，像欧文那样的空想社会主义者。他的理性王国虽然与 18 世纪的唯物主义者有天壤之别，但都不是现实社会生活的反映，而是他们这些天生救世主根据 "人类本性" 对社会生活的安排，群众只要听从他们的吩咐，就能进入自由王国的天堂。他们不知道，"环境的改变和人的活动或自我改变的一致，只能被看作是并合理地理解为革命的实践。"② 因为人们只能在改造客观世界中同时改造人自身及其主观世界，不可能有别的办法。

费尔巴哈不了解这种道理，他致力于把宗教世界归结于它的世俗基础，但是他没有注意到在做完这一工作之后，主要的事情还没有做。因为，世俗基础之所以需要宗教世界，不能从 "人的本质" 中引申出来，"只能用这个世俗基础的自我分裂和自我矛盾来说明。因此，对于这个世俗基础本身应当在自身中、从它的矛盾中去理解，并在实践中使之革命化。"③ 只要世俗基础的矛盾还没有解决，就不可能完全消除人们对宗教世界的幻想。

他把宗教的本质归结为人的本质，却不知道："人的本质不是单个人所固有的抽象物，在其现实性上，它是一切社会关系的总和。"④ 因为个人不能离开一定社会关系而生存，所以人的本质要以全部社会关系的总和为基础，并随社会关系的变化而变化。"全部社会生活在本质上是实践的。凡是把理论引向神秘主义的神秘东西，都能在人的实践中以及对这个实践的理解中得到合理的解决。"⑤ 因为，人们不首先谋取自己的物质生活资料就不能生存，而在谋取生活资料的过程中，是否达到自己的目的就证明了自己的思想是否正确。"直观的唯物主义，即不是把感性理解为实践活动的唯物主义，至多也只能达到对单个人和市民社会（这里指资产阶级社会，一般指物质生活关系的总和——引者）的直观。"⑥ 旧唯物主义由于

---

① 《马克思恩格斯选集》第 1 卷，人民出版社 1995 年版，第 55 页。
② 同上。
③ 同上。
④ 同上书，第 56 页。
⑤ 同上。
⑥ 同上书，第 56—57 页。

不了解人的本质是社会关系的总和，不了解实践活动的意义，就不可能认识社会的本质。只有从人们的感性活动出发，才能了解人类社会发展的全部历史，发现其中包含着共产主义的必然性。"旧唯物主义的立脚点是市民社会，新唯物主义的立脚点则是人类社会或社会的人类。""哲学家们只是用不同的方式解释世界，问题在于改变世界。"①

马克思这个《提纲》，虽然是为了批判以费尔巴哈为代表的"旧唯物主义"，而且只有短短 11 条，但是每条都与从前的唯物主义针锋相对，并且形成一个完整的思想体系。它作为"包含着新世界观天才萌芽的第一个文件，是非常宝贵的"，当然也就清算了自己从前的哲学信仰。因为，他在《黑格尔法哲学批判》中已经转向费尔巴哈的人本主义，但他不像费尔巴哈那样，批判黑格尔的唯心主义体系也抛弃了他的辩证法。他在该书导言中说："对宗教的批判最后归结为人是人的最高本质这样一个学说，从而也归结为这样的绝对命令：必须推翻那些使人成为被侮辱、被奴役、被遗弃和被蔑视的东西的一切关系。"② 可见，他当时已经成为费尔巴哈派的激进民主派，而且发现了通向唯物史观的道路，他得出的结果是："法的关系正像国家的形式一样，既不能从它们本身来理解，也不能从所谓人类精神的一般发展来理解，相反，它们根源于物质的生活关系，这种物质生活关系的总和，黑格尔按照 18 世纪的英国和法国人的先例，概括为'市民社会'，而对'市民社会'的解剖应该到政治经济学中去寻求。"③ 马克思沿着自己思想发展的进程，在写作《提纲》前已开始研究政治经济学，结果是《1844 年经济学哲学手稿》。这个《手稿》是马克思思想发展过程中的重要著作，是马克思走向创立马克思主义的重要一步，书中有许多很有价值的见解，表明马克思的思想已经超越了费尔巴哈。但《手稿》中还对费尔巴哈称自己的哲学观点为自然主义和人道主义作了肯定和积极评价："彻底的自然主义或人道主义，既不同于唯物主义，也不同于唯心主义，同时又是把这二者结合起来的真理。……只有自然主义能够理解世界

---

① 《马克思恩格斯选集》第 1 卷，人民出版社 1995 年版，第 57 页。
② 同上书，第 9—10 页。
③ 《马克思恩格斯选集》第 2 卷，人民出版社 1995 年版，第 32 页。

历史的行动。"①

　　但是，在《关于费尔巴哈的提纲》中，马克思把这种"彻底的自然主义或人道主义"归入从前的一切唯物主义的范畴，表明他已经看出人道主义的二元论正是唯物主义不彻底的表现，不仅说明它的"主要缺点"，而且还用自己的"新唯物主义"去代替它。显然，这种转变不只是名称或个别观点的改变，而是要在人类历史领域中从人道主义的哲学信仰转到新唯物主义的世界观上去。只有实现了这种世界观上的转变，才能从人道主义作为唯心主义和唯物主义两者结合的二元论中摆脱出来，站到彻底（辩证）唯物主义一元论的立场上来，把人的感性活动理解为客观的活动，不再从人性出发，而是从客观的人们感性活动出发，首先从人们的物质生产出发，来考察人类活动的全部历史。

　　继 1845 年春的《提纲》之后，马、恩写于 1845 年到 1846 年 5 月的《德意志意识形态》（以下简称《形态》），完成了对以往主流意识形态，也即对"从前哲学信仰"的清算，在这篇以论战形式出现的著作中，同时系统地阐述了历史唯物主义的基本原理，成为唯物史观形成的标志。

　　《形态》的序言说："人们迄今总是为自己造出关于自己本身、关于自己是何物或应当成为何物的种种虚假观念。他们按照自己关于神、关于模范人等等观念来建立自己的关系。他们头脑的产物就统治他们……，我们要起来反抗这种思想的统治。"② 其批判的锋芒是针对从种种关于人的虚假的观念出发，来说明现实和历史的哲学流派的。既针对把人的本质归结为某种"观念人"的客观唯心主义和主观唯心主义，也针对把人的本质归结为"人自身"、归结为"类"的费尔巴哈人本主义。他们所说的"人"，都是非历史的、抽象的人。

　　人类历史是有前提的。任何人类历史的第一个前提无疑是有生命的个人的存在。但是这种人不是抽象的人，而是在一定条件下从事实际活动的人。《形态》指出，"唯物史观的这种观察方法并不是没有前提的。它从现实的前提出发，而且一刻也不离开这种前提，它的前提是人，但不是某种

---

　　① 马克思：《1844 年经济学哲学手稿》，人民出版社 1995 年版，第 124 页。
　　② 《马克思恩格斯全集》第 3 卷，人民出版社 1960 年版，第 15 页。

处在幻想的与世隔绝、离群索居状态的人，而是处在一定条件下进行的、现实的、可以通过经验观察到的发展过程中的人。"①

对于唯物史观的这个前提，马、恩进行了充分的论证。在此前的《提纲》中马克思曾批评费尔巴哈不懂得社会实践，因而"撇开历史的进程"，"假定有一种抽象的—孤立的—人的个体"，歪曲了人的本质。在《形态》中，马、恩对被"从前的一切唯物主义"撇开的历史进程进行了深入考察，分析了历史进程中从最初时期起就同时存在的历史活动的四个基本方面。第一个历史活动是满足人们生活需要的生活资料的生产，因为"人们为了能够'创造历史'，必须能够生活，但是为了生活，首先就需要衣、食、住以及其他东西。"② 第二个历史活动是为了满足新的需要而进行的生产。因为"已经得到满足的第一个需要本身、满足需要的活动和已经获得的为满足需要用的工具又引起新的需要。"③ 一开始就纳入历史进程的第三种关系是人口生产，即人的增殖。家庭关系起初是唯一的社会关系，随着生产和需要的发展产生了新的社会关系，家庭就成为从属关系了。历史进程中又一个基本方面是社会关系的生产。人们生活的生产立即表现为双重关系：自然关系和社会关系，而任何生产都是在一定的社会关系中发生的，只要进行生产，就必然会产生其人与人的社会关系。这样，"一开始就表明了人们之间是有物质联系的，这种联系是由需要和生产方式决定的，它的历史和人的历史一样长久；这种联系不断采取新的形式，因而就呈现出'历史'，它完全不需要似乎还把人们联合起来的任何政治的或宗教的呓语存在。"④

这告诉我们，作为唯物史观前提的"现实的人"，归根到底是"以一定方式进行生产活动的一定的个人"⑤。无论是费尔巴哈还是黑格尔虽曾谈到"现实的人"，但由于离开了人们的生产活动和物质生活条件来考察人，其所称的"人"只能是不存在于现实生活的"抽象的人"。马、恩通过对

---

① 《马克思恩格斯全集》第3卷，人民出版社1960年版，第30页。
② 同上书，第31页。
③ 同上书，第32页。
④ 同上书，第34页。
⑤ 同上书，第28—29页。

唯物史观这种前提的考察，从根上划清了在历史观前提问题上同历史唯心主义的界限，为阐明唯物史观的基本原理奠定了坚实的基础。

《形态》在马克思主义发展史上第一次阐述了社会存在决定社会意识的原理："当我们已经考察了最初的历史关系的四个因素、四个方面之后，我们才发现：人也具有'意识'"。意识、语言的产生是同人们的物质交往交织在一起的，"意识一开始就是社会的产物，而且只要人们存在着，它就仍然是这种产物。"[①] "我们的出发点是从事实际活动的人，而且从他们的现实生活过程中我们还可以揭示出这一生活过程在意识形态上的反射的回声和发展。甚至人们头脑中模糊的东西也是他们的可以通过经验来确定的、与物质前提相联系的物质生活过程的必然升华物。因此，道德、宗教、形而上学和其它意识形态，以及与它们相适应的意识形式便失去独立性的外观。……不是意识决定生活，而是生活决定意识。"[②] 历史唯物主义关于社会存在决定社会意识原理的确立，给了一切唯心主义，甚至最隐蔽的唯心主义当头一棒。

《形态》进一步论述了意识形态的现实基础，第一次阐述了生产力与生产关系辩证运动的规律。它指出："人们所达到的生产力的总和决定着社会状况"，随着生产力的发展，"已成为桎梏的旧的交往形式被适应于比较发达的生产力，因而也适应于更进步的个人自主活动类型的新的交往形式所代替；新的交往形式又会变成桎梏并为别的交往形式所代替。"强调"按照我们的观点，一切历史冲突都根源于生产力和交往形式之间的矛盾。"[③] 随着生产力和生产关系辩证关系的揭示，发现了国家、法和意识形态对于市民社会即生产关系的依赖性，进而阐述了经济基础和上层建筑关系的原理。这样也就初步创立了唯物主义历史观。《形态》对此概括说："这种历史观在于：从直接生活的物质生产出发来考察现实的生产过程，并把与该生产方式相联系的、它所产生的交换形式，即各个不同阶段上的市民社会，理解为整个历史的基础；然后必须在国家生活的范围内描述市

---

① 《马克思恩格斯全集》第3卷，人民出版社1960年版，第34页。
② 同上书，第34、36页。
③ 同上书，第33、81、83页。

民社会的活动，同时从市民社会出发来阐明各种不同的理论产物和意识形式，如宗教、哲学、道德等等，并在这个基础上追溯它们产生的过程。"①这是马克思在《〈政治经济学批判〉序言》中对唯物史观的经典概括之前最为完整的表述。这就是说，要把每一历史时代主要的经济生产方式和交换方式以及由此必然产生的社会结构确立为整个历史的基础，并从这一基础出发来说明政治和精神的历史，这样当然也就科学地回答了人的本质问题，个人是什么样的，取决于他们进行生产的物质条件，人的"本性"、"意识"、"理性"等等都是社会的产物、历史的产物。这显然就同把历史看作"绝对观念"的"外化"和"人的本质"的实现过程的历史唯心主义鲜明地对立起来了。

在考察人类历史进程中，《形态》论述了分工的发展和消灭，从生产力和生产关系矛盾的论述到阶级的产生、阶级斗争和无产阶级革命的必然性，以及这种革命将最终导致消灭私有制和阶级本身的问题，对共产主义进行了科学论证。在《手稿》中，对共产主义的论证还没有完全摆脱思辩哲学的色彩，人本主义的论证和经济学的分析相交织。但在《形态》中，这种论证已立足于唯物史观和经济分析之上，而且批判了人本主义的论证，并把共产主义的必然性与无产阶级改造世界的实践联系起来了。"共产主义对我们说来不是应当确立的状况，不是现实应当与之相适应的理想。我们所称为共产主义的是那种消灭现存状况的现实的运动。这个运动的前提是由现存的前提产生的。""革命之所以必需，不仅是因为没有任何其他的办法能推翻统治阶级，而且还因为推翻统治阶级的那个阶级，只有在革命中才能抛掉自己身上的一切陈旧的肮脏东西，才能建立社会的新基础。"② 而对于费尔巴哈来说，凡是遇到需要革命地改造世界的地方，便不得不诉诸所谓"最高的直观"和理想的"类平等化"。所以，"当费尔巴哈是一个唯物主义者的时候，历史在他的视野之外；当他去探讨历史的时候，他决不是一个唯物主义者。"③

---

① 《马克思恩格斯全集》第3卷，人民出版社1960年版，第42—43页。
② 同上书，第40、78页。
③ 同上书，第51页。

大致回顾马、恩清算"从前的哲学信仰",把握他们从黑格尔出发,经过费尔巴哈,从而创立唯物史观的线索,可以帮助我们更加懂得人本主义、即人道主义思潮与唯物史观的对立,从而更自觉地用历史唯物主义的观点和方法来分析研究改革开放过程中的人道主义思潮和意识形态领域的各种问题。

二　"为人道主义辩护"分析

所谓"为人道主义辩护",是当年的人道主义思潮在受到批评以后的一种余波。1983年10月党的十二届二中全会强调思想战线不能搞精神污染,对人道主义和异化思潮提出了批评。胡乔木根据邓小平在全会上的讲话中关于通过学习和研究马克思主义,开展批评与自我批评解决思想战线混乱问题的精神,发表了《关于人道主义和异化问题》的文章。他从区分人道主义作为世界观、历史观和作为伦理原则、道德规范两种含义入手,指出已经发表的宣传人道主义的文章大都是把人道主义当作世界观和历史观来理解和宣传的,进而深入揭露了人道主义思潮的历史唯心主义的实质及其消极影响。针对胡乔木的文章,王若水先是1984年5月在香港《镜报》发表《我对人道主义问题的看法》(以下简称《看法》)一文进行辩护。后来又经过进一步加工和更具反驳性的姿态,以《我对人道主义问题的看法——答复和商榷》为题,将此文收入三联书店1986年出版的《为人道主义辩护》一书。一些年来出现的鼓吹为对人道主义的批评翻案的言论,我们也把它归入"为人道主义辩护"一类。

但是,为之"辩护"的种种观点,在理论上并没有超出胡乔木的文章和理论界的论述所作的回答和澄清的范围,也没有超出我们在前面对错误倾向所作的分析和评论的理论逻辑。

区分人道主义的两种含义,是马克思主义的理论工作者对于在人道主义问题上纷繁复杂现象的一种科学概括。对于反对人道主义的唯心史观和在唯物史观指导下实行社会主义的人道主义,具有重要的现实意义。"为人道主义辩护"就先要在混淆这种区别上作文章,甚至不顾论点自相矛盾。《看法》一文中说:"人道主义基本上是一种价值观念","我赞成把价值观念,伦理道德问题和世界观的基本问题区别开来",意思是不承认存在人道主义的世界观和历史观。而《答复和商榷》一文中则说："我们需要对世界做出科学的解释，也需要对世界做出适当的价值判断"。这就承认了区分人道主义两种含义的必要性，肯定了唯物主义和人道主义"两者都是世界观"，否定了自己在《看法》中不承认存在着人道主义的世界观和历史观，那么为何还要为人道主义辩护？

其实也不奇怪：说人道主义不是世界观，是为了掩护人道主义的唯心史观；说人道主义是世界观，是为人道主义争世界观和历史观的地位，用以取代马克思主义的唯物史观。正因为如此，王若水在《答复和商榷》一文中公然向马克思主义挑战说："断言人道主义作为世界观和历史观是唯心主义的，这既缺乏逻辑根据，也缺乏事实根据。"这就接触到了问题的要害。原来所谓"为人道主义辩护"，不承认人性论把思想当作人的本质是唯心主义，就是否定对人本主义哲学抽象人性论的批判，从而为人道主义唯心史观翻案。我们在本节的第一部分中，已经用确凿的事实和逻辑说明了，马克思和恩格斯是怎样清算了以费尔巴哈为代表的人本主义哲学信仰，制定了他们自己发现的唯物史观，实现了人类思想史上的伟大变革。就像列宁所说：科学社会主义正是在抛弃了唯心史观，即"抛弃了关于合乎人的本性的社会条件的议论，而着手唯物主义地分析现代社会关系并说明现在剥削制度的必然性的时候取得成就的。"①

再如关于马克思主义的出发点问题，本章第一节中已根据理论界的成果对此进行了分析。由于"人是马克思主义的出发点"是人道主义思潮中的一个重要命题，"为人道主义辩护"也总要在这个问题上做文章。《看法》一文中说："我说'从人出发'根本没错"，并针对批评者引用马克思的分析方法"不是从人出发，而是从一定的社会经济时期出发"辩解说："那里谈的是他分析商品价值问题时使用的方法"，"而我说'人是马克思主义的出发点'，是把马克思主义作为一个整体来说的"。可是，马克思主义作为"整体"的世界观还包括对人类出现以前的全部自然史的看法，难道研究那时的自然史，人也是出发点吗？显然，其"人是马克思主义的出发点"，是对研究社会历史来说的；研究人类社会

---

① 《列宁选集》第 1 卷，人民出版社 1995 年版，第 52 页。

史从人出发，只能是费尔巴哈人本主义的观点。正如恩格斯所说："就形式讲，他是实在论的，他把人作为出发点；但是，关于这个人生活的世界却根本没有讲到，因而这个人始终是在宗教哲学中所说的那种抽象的人。这个人不是从娘胎里生出来的，他是从一神教的神羽化而来的，所以他也不是生活在现实的、历史地发生和历史地确定了的世界里面；虽然他同其他的人来往，但是任何一个其他的人也和他本人一样是抽象的。"① 与费尔巴哈相反，马克思在制定唯物史观时，就把人们"开始生产"自己所必需的生活资料，作为人从动物界走出来的出发点。马克思说，他开始研究政治经济学，"我所得到的，并且一经得到就用于指导我的研究工作的总的结果"就是从一定社会经济时期出发的唯物史观。说"人是马克思主义的出发点"，就是要从出发点上用人道主义取代马克思主义。马克思主义作为一个完整、严密的科学体系，怎么可能在这个问题上是从一定的社会经济时期出发，从一定的社会关系出发，在那个问题上又从人出发呢？

《看法》一文中还辩解说，从人出发和从社会关系出发"是不矛盾的"，"因为我说的是现实的人，是在一定的社会关系中"的人。我们知道，这是王若水还需要打着马克思主义招牌时的辩词。到了1988年资产阶级自由化思潮严重泛滥的时候，他就不再需要打着这样的招牌，而是直接曲解和抨击马克思关于人的本质"在其现实性上，它是一切社会关系的总和"的重要观点了。恰好一位王若水人道主义的信徒和辩护者为我们提供了这方面的材料，崔卫平在《炎黄春秋》2008年第2期上撰文说：王若水"先是采取了一个缓和的提法：'不能把从现实的人出发同社会关系出发对立起来'。稍后，他便将这个分歧及实质表述得更加清楚。1988年他专门为此写下《论人的本质和社会关系》一文，于其中他大胆提出——几十年来，人们对于对'人的本质是社会关系的总和'的理解是'错误'的"。此文并据此把"人的本质"看作是脱离任何社会关系的抽象的先在物，把社会关系曲解为"人的本质的实现"。这样，所谓从人出发和从社会关系出发"是不矛盾的"观点也就不攻自破了。本来，提出"人是马

---

① 《马克思恩格斯选集》第4卷，人民出版社1995年版，第236页。

克思主义的出发点"这样的命题，就是把马克思主义变成以前的以抽象人性论为基础的人道主义世界观和历史观，把社会关系当作"人的本质的实现"，而不是把一定社会关系作为人的本质的现实基础。

　　至于所谓王若水"请出了正宗的马克思主义"之类，前一节中已指出，王若水在"八九政治风波"中跑到美国以后，已经著文声明他"不是正统的马克思主义者"，因而这样的辩护正好违背王若水的本意，不过是为他辩护者自己的观点。除了张显扬在《炎黄春秋》2008 年第 5 期上作这样的辩护，借以抨击社会主义制度外，又有一位称做"著名戏剧家"的人在《炎黄春秋》2010 年第 1 期上大加颂扬王若水的"唯人主义"，说这"才是马克思的真谛所在"。并说"唯物主义与唯心主义的争论"是一种"永世"的"两难辩证"，唯有"呼唤人性归来"的"唯人主义"，"是一种极高明的主义。"简直和当年德国"真正的社会主义者"把一切名称之争都消融在人道主义中一样，现在也把一切的争论都消融在"唯人主义"之中了！殊不知马克思、恩格斯在《德意志意识形态》中曾针对当年德国"真正的社会主义"所谓"在人道主义中一切关于名称的争论都解决了，为什么要分什么共产主义者社会主义者呢？我们都是人"的观点，揭露和批判说，那么"为什么要分什么人、兽、植物、石头呢？我们都是物体！"① 如今"唯人主义"论调的荒谬性也是显而易见的：为什么要区分唯物主义和唯心主义、区分马克思主义和反马克思主义呢？只有"唯人主义"最"高明"嘛，我们都是人！该文东拉西扯，借题发挥，不遗余力地攻击毛泽东和党的十二届二中全会关于反对精神污染的方针，而其理论上的无知与混乱是令人吃惊的。

　　仅从以上简要分析，我们再次感到把握马克思、恩格斯在创立马克思主义学说中世界观的飞跃，对于掌握马克思主义的精神实质，分清基本理论是非的重要性。我们看到，混淆以致颠倒马克思早期思想同成熟的马克思主义的区别，是人道主义思潮传播中的一个重要特点，并因之具有一定欺骗性、蛊惑性。这种所谓"回到早期马克思"的倾向，是一种歪曲、篡改马克思主义的国际性的资产阶级思潮。其目的，就是要从唯物史观倒退

---

① 《马克思恩格斯全集》第 3 卷，人民出版社 1960 年版，第 551 页。

到人道主义唯心史观，从"关于现实的人及其历史发展的科学"倒退到"对抽象的人的崇拜"；就是要从根本上否定马克思主义的整个思想体系。我国20世纪80年代初泛起的人道主义和异化论，以及后来为之辩护的种种论据，从思想渊源上说，就是这种所谓"回到早期马克思"的错误思潮。马、恩说明自己在1845年制定唯物史观也清算了从前人道主义的哲学信仰，正好粉碎了这种"回归"的幻想。如果我们看不到马克思世界观转变中的辩证的飞跃，认为他们思想发展和世界观的转变，只有连续和渐进，没有渐进性的中断和飞跃，只有量变、没有质变，就容易人云亦云，上当受骗，就不可能分清真假马克思主义。因此，需要清楚地认识马克思在世界观上从人道主义到唯物史观的革命转变。只有这样，才能谈得到坚持和发展马克思主义。

第三节 实行社会主义人道主义,反对把马克思主义人道主义化

一 实行社会主义人道主义

我们反对人道主义的抽象宣传，反对人道主义的唯心史观，但是，我们并不是笼统地反对任何意义上的人道主义，我们要求对人道主义进行马克思主义的分析，批评资产阶级的人道主义，宣传和实行社会主义的人道主义。

什么是社会主义人道主义呢？社会主义的人道主义是社会主义意识形态中的伦理原则。就像胡乔木文章所说："社会主义的人道主义，是作为伦理原则和道德规范的人道主义，它立足在社会主义的经济基础之上，同社会主义的政治制度相适应；属于社会主义的伦理道德这种意识形态；作为一项伦理原则，它是以马克思主义世界观和历史观为基础的。"[①]

那么，在我们社会主义社会里，有了马克思主义的历史唯物主义，为什么还要有社会主义的人道主义呢？

在建立新的社会制度的过程中，要求新社会的建设者们在建立新的经

[①] 《胡乔木文集》第2卷，人民出版社1993年版，第611页。

济基础的同时，努力建设同它相应的伦理道德，如同建设上层建筑、意识
形态的其他部门一样。但是，从人类思想和意识形态的发展历史看，新社
会总是要批判地继承和改造、发展在历史上具有进步作用和积极意义的东
西，伦理道德也是这样。社会主义人道主义本质上不同于作为伦理原则的
资产阶级人道主义，又同它有一定的批判继承关系。

在历史上，资产阶级当年作为"第三等级"首领，它所提出的关于尊重
人的权利的伦理道德思想，既代表了本阶级的利益，也在某种程度上反映了劳
动阶级的利益。这种人道主义思潮，在反对神权统治和封建专制的斗争中，在
为资产阶级革命作思想准备的过程中，起了重要的历史进步作用。但这种人道
主义伦理，是以抽象地谈论人性和以全人类的普遍性形式出现为特征的，而就
其实际历史内容来说，它是资本主义发展的要求在人们思想上的反映，是新兴
资产阶级的思潮。它实质上追求的是资产阶级的私利。在资产阶级取得政权以
后，资产阶级人道主义的伪善性就随着资产阶级反动倾向的发展和无产阶级革
命斗争的兴起而日益增长。从根本上说，资产阶级的剥削制度使人道主义的伦
理原则在很大范围为内只能流于空谈。社会主义的人道主义则抛弃了抽象人性
论的理论基础，依据唯物史观关于人民群众是历史创造者的原理，把对待人的
伦理原则提升为首先是指关心绝大多数人即最广大的人民群众，也包括其中的
每一个人，这就是在唯物史观基础上的社会主义人道主义，是对于资产阶级人
道主义的批判继承和改造。

我们要实行社会主义的人道主义，同时是对革命年代提出和实行的革命
人道主义的直接继承和发展。

革命人道主义是中国共产党和毛泽东在革命年代提出的口号，并在党领
导的革命斗争过程中，把作为伦理原则的革命人道主义同革命斗争联系在一
起，而得到了很大的发展。拿我们的军队来说，人民军队的军民关系、官兵关
系亲如一家，团结友爱，世所仅见。在旧中国的反动军队里，官长不把士兵当
人，军队不把老百姓当人，更不把俘虏当人，而在人民军队里，则官兵平等是
同志关系；军民情深，是鱼水关系。所以官长不打骂士兵，同士兵共甘苦；军
队爱护老百姓，执行"三大纪律、八项注意"。对俘虏也不虐待，不搜腰包，
愿意留的欢迎，愿意回家的发放路费。这一切都是由党领导的人民军队的革命
本质决定的。同时，也体现了革命人道主义的伦理。这种人道主义精神，不仅

中国历史上从未有过，在世界历史上也是罕见的。再如，人民政权在为了保护人民群众坚决镇压、打击极少数反革命分子和严重罪犯的同时，只要有可能，对一切不需要判处死刑立即执行的罪犯，包括伪满洲国"皇帝"溥仪那样的人，我们都给予人道主义待遇，并给予改造自新、重新做人的机会，这也是革命人道主义的一种表现。

比起革命的人道主义，社会主义的人道主义在新的基础上又扩大了范围和丰富了内容。社会主义社会的建立和社会主义建设的发展，理所当然地要求社会主义的人道主义的发展，并为在全社会的广大范围内实行社会主义人道主义提供了制度基础和物质条件。这种社会主义的人道主义，从伦理方面体现出社会主义国家、社会主义社会对绝大多数人民的权利、利益、人格的尊重和友爱，体现出绝大多数人民对共同利益的共同关心以及人民之间的相互尊重和友爱。尤其是在一方人民遭到重大灾害的时候，社会主义祖国、人民军队和全国人民的关爱，会立即凝聚成为紧急救援的举国行动。在 2008 年汶川特大地震和 2010 年玉树大地震后的救灾斗争中，"一方有难，八方支援"、"大灾无情，人间有爱"。全国各级党组织和政府、人民军队和人民群众，视灾区群众为亲人，视支援灾区为己任，出现了规模空前的生命大营救，历经艰险的千里大驰援，处处涌动的爱心大奉献，共克时艰的社会主义大协作，汇聚成了全民族风雨同舟，生死与共的强大合力。这是社会主义制度巨大优越性的体现，是党和人民军队光荣传统、优良作风的体现和发展，是中华民族的民族精神在当代中国的体现和发展，也是社会主义人道主义精神的展现和发扬。

所以要宣传和实行社会主义的人道主义，也是现实的需要，具有重要和迫切的现实意义。

在看到社会主义制度为对绝大多数人民的尊重和关心创造了制度前提的同时，还必须看到，由于长期的封建思想的影响，由于资产阶级腐朽思想的侵蚀，由于社会生活中还存在着某些阴暗面，以及由于文化、经济的落后和公民道德建设的缺位等复杂原因，在我国的现实生活中违反社会主义人道主义要求的现象仍然不同程度地存在着。比如，在社会主义社会应该和能够真正建立起人们之间团结、互助、友爱的关系。但是对于普通劳动者缺乏尊重、关心和爱护的冷漠现象，忽视劳动者权益的违法现象并不少见。在一些地方和场合，旧社会那种损人利己、尔虞我诈的关系仍在毒化着我们的社会风气。还有一些触目惊心的事件引起了广大人民的严重关注，如相当一段时期中，一些地方矿难频发，多人遇难……这里既有黑心矿主不顾工人死活的超经济剥削，又有为暴利驱使的官煤勾结、忽视生产安全的违法违规生产。2009 年，郑州有关单位掩盖和否认工人在恶劣工作条件下得了"尘肺病"的事实，逼得受害者不得不愤然通过"开胸验肺"来证明自己的疾患。至 2010 年 5 月底，在深圳富士康集团园区，半年内竟发生了 10 多起工人跳楼自杀的骇人听闻事件。有些人把悲剧的发生归结为工人心理问题，完全是本末倒置，绝不能否认公司方面为追求利润最大化而把工人当作干活的机器，漠视工人需求和某些粗暴的管理，是导致悲剧发生的重要因素。这些情况的存在，显然是同人民利益相冲突的，是同社会主义的利益相冲突的。它既说明了根据社会主义的法制加以整顿，进行科学、严格的治理和监督以保护劳动者权益的重要性和迫切性，也凸显了宣传和实行社会主义人道主义的现实意义。

我们经常强调要发扬社会主义、共产主义道德，这里又说要提倡和实行社会主义的人道主义，两者是什么关系呢？社会主义的伦理道德是一个完整的体系，它与社会主义的经济制度、政治制度相适应，为社会主义制度的巩固、完善和发展服务。共产主义道德是社会主义伦理体系中最高层次，是现时代人类的最高道德。忠诚于共产主义事业，为共产主义的最终实现而奋斗，是共产主义道德的基础。这种以全心全意为人民和共产主义劳动态度为特征的共产主义道德，在现阶段只能是对少数先进分子的要求。社会主义人道主义则属于这个总体中的较低的社会公德层次，它以提倡理解人、尊重人、关心人和助人为乐、为人民为社会多做好事为特征，比起共产主义道德具有大得多的广泛性。在我国广大农村，连没有文化的家庭妇女也知道"要把人当人看"、"这个人不是人"之类的道德评价，说明社会主义人道主义的要求适合绝大多数人的心理习惯，能够也应该为绝大多数人所接受。这里说社会主义人道主义属于社会主义伦理体系中较低层次，并不是说它不重要。社会主义伦理体系中的各个层次，以及它们的许多方面，是相互联系和渗透的。就像胡乔木的文章所分析说"共产主义道德不能脱离开其他层次、其他方面的伦理道德要求，而应该同这些要求密切联系，在许多情况下还要通过这些要求而体现出来并赋予这些要求以更高的意义。例如，一个共产党员医务工作者的共产主义道德，就必须联系和通过模范地遵守医务工作者的职业道德（其中就包括对待病人的人道主义原则）来体现，而同共产主义的革命事业联系起来的医务道德就把传统的医务道德提到更高的境界。"①

二　反对把马克思主义人道主义化

马克思主义学说产生以来，就遭到整个资产阶级不遗余力的反对和攻击。马克思主义在理论上和实践上的巨大胜利又逼得它的反对者装扮成马克思主义，从内部来曲解和篡改马克思主义。用所谓"早期马克思"来"重新解释"马克思主义，把马克思主义人道主义化，就是二战以后资产阶级反对马克思主义所采取的一种新的策略。

这种情况可以追溯到德国右翼社会民主党人对马克思《1844年经济学哲学手稿》的"解读"。马克思的这个《手稿》于1932年首次全文发表，"它的德文版的最初出版者，德国右翼社会民主党人郎兹胡特和迈尔，他们在为《手稿》所加的'导言'中，提出要根据该手稿的观点，对马克思主义作新的'解释'，颂扬这个作品是马克思的'中心著作'，是'真正的马克思主义的启示录'和'新的福音书'。他们认为，这个手稿势必要更改马克思主义的'标准概念'，说它对论证'新的马克思主义观点'将显示出'决定性意义'。他们尤为称颂的'中心'思想，是所谓马克思把'人的本质的全面实现和发展'视为'历史的真正目的'。据此，他们声称自己'发现'有'两个马克思'。——一个是早期的'人道主义者马克思'；另一个是晚期的'唯物主义者马克思'"。一些人"一方面把该手稿说成是马克思'成就的顶点'；另一方面，他们又胡说马克思的晚期著作显示了创作能力'衰退和减弱'"。② 这大致就是鼓吹把马克思主义人道主义化，用所谓"早期马克思"反对成熟的马克思主义的最早由来。

但是，把"手稿"作为马克思思想发展的"顶点"的观点，完全不

---

① 《胡乔木文集》第2卷，人民出版社1993年版，第617页。
② 李征：《马克思主义世界观不能人本主义化》，载《人文杂志》1991年第4期。

符合马克思、恩格斯思想发展的实际，显然是站不住的。这一点前面已多次分析到了。至于所谓"两个"马克思的对立，本来，成熟的马克思主义是同马克思早期的哲学信仰对立的，所以才有清算"从前的哲学信仰"一说，才有哲学世界观上的大革命。而且，越是用"顶点"论的观点来否定成熟的马克思主义的著作，就越是暴露出"顶点"论的荒谬。马克思写作"手稿"时才26岁，刚刚涉足所研究的领域，他的思想怎么可能发展到了"顶点"呢？而建立在唯物史观基础上的马克思主义，却不以它的反对者的意志为转移地越来越显示出强大的生命力。在这种情况下，一些比较聪明的资产阶级学者又变换了策略。所以到了20世纪50年代以后，西方有些学者就转而鼓吹"两个马克思"的"统一论"，"主张马克思的早期人道主义和后来思想的一贯性。而到了20世纪70年代以后。又出现了晚年马克思的'人类学笔记热'。他们不再把'早期马克思'和后来的马克思对立起来了。而是把马克思说成前后一贯的人道主义者。"① 这样，随着20世纪五六十年代以来五花八门的西方"马克思学"的流派的兴起，把马克思主义人道主义化的思潮也就逐步传播开来了。这种思潮的实质，是要把马克思主义的唯物史观转到唯心史观上去，通过曲解马克思主义来否定和反对马克思主义。本章中剖析的对人道主义的抽象宣传（如"人是马克思主义的出发点"、"人—非人—人"的历史公式）、社会主义异化论，以及后来为人道主义辩护和翻案的"唯人主义"论等等，就是国内思想界某些人把马克思主义人道主义化倾向的突出表现。

　　值得注意的是，一些年来，这种倾向往往又打着"理论创新"的旗号和对过去的问题进行"纠偏"的借口出现。2004年7月5日某大报上刊登了一位哲学教授谈当代中国马克思主义哲学十大创新的长文。该文说，马克思主义哲学"创新"的"核心理念"，就是"从注重物质运动规律的无主体性哲学到注重'人的主体性'的哲学"。到底什么是他所指责的"无主体性哲学"呢？他说："传统马克思主义哲学教科书的哲学所贯彻的哲学基本理念，主要是'物质是世界万物的基石'。因为它强调：世界

---

　　① 徐亦让：《人道主义到唯物史观——马克思世界观的飞跃》，天津人民出版社1995年版，第222页。

是物质的；物质是运动的；运动是有规律的；认识是对物质存在的反映；社会历史是受物质生产方式支配的。这样的哲学虽然也讲'人'，但是主要把人理解为物质运动的一个环节，因而基本上可以把这种哲学理解为见物不见人和不大见人的无主体性的哲学。"① 不管论者的动机如何，稍有马克思主义哲学常识的人都可以看到：这里指责的所谓"无主体性哲学"，根本不是指的什么哲学教科书的问题；而是指的辩证唯物主义、历史唯物主义的基本原理，指的马克思主义哲学的基础！

马克思主义哲学之所以是唯物主义的，正是首先坚持了费尔巴哈把人当作自然界一部分的唯物主义，同时进而批判了他这种以自然为基础的"现实的人"不是"从人们直接生活的物质生产出发"，因而不知道这种"现实的人"要想活着，没有吃、穿、住等生活资料是绝对不行的。所以要想承认以自然为基础的"现实的人"，首先必须承认从人们生产自己生活所必需的物质生活资料开始，不仅生活在"人化自然界"中，而且生活在人与人之间的物质生产关系为基础的社会关系中，才能创造历史。试问：人和人类社会难道不是物质世界长期发展的产物，并在劳动生产实践中逐渐从自然界独立出来而形成了自己特殊的本质吗？现实的人之所以是现实的人，不正是因为是处于一定生产方式和社会关系中的人吗？只有唯物史观深入揭示了每一个历史时代物质资料的生产方式是该时代的基础，从这一基础出发，人类社会的历史包括政治和精神的历史，以及人和人的本性及其在历史中演变等，才得到了科学地说明，并科学地说明了每个时代人民群众都是生产方式的主体和历史的创造者。论者把"社会历史是受物质生产方式支配"的思想打成所谓"见物不见人"的典型观点，也就否定了唯物史观的基础，不管如何标榜"重视人"，其所谓的人就不可能是现实的人，只能是抽象的人了。一些年来，有些舆论从"对抽象的人的崇拜"出发，充斥着用抽象人性作为衡量标准的时髦和对抽象人性的呼唤，这是不能不引起注意的。

马克思主义需要在实践中创新和发展，但必须循着辩证唯物主义、历史唯物主义指引的方向前进，而不能搞把马克思主义人道主义化那一套。

---

① 韩庆祥：《谈当代中国马克思主义哲学的十大创新》，《北京日报》2004 年 7 月 5 日。

否则，就不仅不可能是创新和发展，反而是理论上的历史性大倒退。这一点，邓小平1983年在论述思想战线不能搞精神污染时就提出了告诫。他在剖析和批评了人道主义的抽象宣传及社会主义异化论后指出："马克思主义要发展，社会主义理论要发展"，"但是，上面这样的观点，不是向前发展，而是向后倒退，倒退到了马克思主义以前去了。"① 不能"倒退到马克思主义以前去"，也就是不能倒退到马克思主义以前的唯心史观上去。这是一条根本的理论原则，正如列宁所说："沿着马克思主义的理论的道路前进，我们将越来越接近客观真理（但决不会穷尽它）；而沿着任何其他的道路前进，除了混乱和谬误之外，我们什么也得不到。"②

　　如果"倒退到马克思主义以前去"，抛弃马克思主义，会产生什么样的政治后果呢？国际共产主义运动的历史已经为我们提供了严重的教训。当年在苏联，人道主义思潮也有一个发展过程。赫鲁晓夫时期虽然口头上不得不讲马列，但却提出了"全民党"、"全民国家"论和所谓"一切为了人"的口号，实际上是用人道主义世界观取代唯物史观，造成了思想混乱。到了20世纪80年代中期，苏联社会面临着长期积累的政治、经济和民族矛盾，此时上台的戈尔巴乔夫又以"改革"为名，用"人道的、民主的社会主义"理论来改造党、改造社会主义制度。所谓"人道的、民主的社会主义"，其哲学基础就是抽象人性论和人道主义的唯心史观。从这种哲学基础出发，必然严重搞乱人民的思想，必然要求最终抛弃马克思列宁主义和社会主义制度，致使党和国家的瓦解一发不可收拾，自取灭亡。如江泽民所剖析说："东欧剧变、苏联解体，最深刻教训是：放弃了社会主义道路，放弃了无产阶级专政，放弃了共产党的领导地位，放弃了马克思列宁主义，结果使得已经相当严重的经济、政治、社会、民族矛盾进一步激化，最终酿成了制度剧变、国家解体的历史悲剧。"③ 对中国来说，倒退到马克思主义以前的唯心史观，就必然要求否定四项基本原则。如果我们放弃了四项基本原则，社会主义的中国也就不能存在。1989年政治风波以

---

① 《邓小平文选》第3卷，人民出版社1993年版，第42页。
② 《列宁选集》第2卷，人民出版社1995年版，第103—104页。
③ 《江泽民文选》第3卷，人民出版社2006年版，第230页。

来，西方舆论、政治势力鼓噪支持所谓"民运分子"、"异见人士"，就是因为看准了他们是反对四项基本原则的。

第四节　坚持以人为本、执政为民，反对曲解以人为本的倾向

一　正确理解以人为本执政理念的内涵

十六大以来，党中央在推进马克思主义中国化的过程中，提出了以人为本的重要执政理念，并对发展中国特色社会主义事业产生了深刻影响。但是我们也看到，人们从不同的世界观出发，对这一执政理念作出了不同的解读。坚持唯物史观，把这一理念放到党的基本理论的体系中去理解，作出深入阐述者有之；见到一个"人"字，就用人道主义历史观加以曲解，把这一理念引导到背离马克思主义和社会主义方向者也有之。为了正确地认识问题，我们应当首先从党中央关于以人为本的一系列论述中来理解它的深刻内涵。

2003 年 10 月，党的十六届三中全会《关于完善社会主义市场经济体制若干问题的决定》首次提出了以人为本和科学发展的重大战略思想，阐述了"坚持以人为本，树立全面、协调、可持续的发展观，促进经济社会和人的全面发展"① 的指导原则。而后，在党的文件和中央领导人的讲话中，不断对以人为本的含义、要求作了阐明。

2004 年 3 月，胡锦涛在中央人口资源环境工作座谈会上的讲话中指出："坚持以人为本，就是要以实现人的全面发展为目标，从人民群众的根本利益出发谋发展、促发展，不断满足人民群众日益增长的物质文化需要，切实保障人民群众的经济、政治和文化权益，让发展的成果惠及全体人民。"②

2005 年 10 月，《中共中央关于制定国民经济和社会发展第十一个五年规划的建议》指出："要按照以人为本的要求，从解决关系人民群众切身

---

① 《十六大以来重要文献选编》（上），中央文献出版社 2005 年版，第 465 页。
② 同上书，第 850 页。

利益的现实问题入手，更加注重经济社会协调发展，加快发展社会事业，促进人的全面发展；更加注重社会公平，使全体人民共享改革发展成果；更加注重民主法制建设，正确处理改革发展稳定的关系，保持社会安定团结。"①

在党的十七大报告中，胡锦涛这样论述了以人为本的含义和要求："必须坚持以人为本。全心全意为人民服务是党的根本宗旨，党的一切奋斗和工作都是为了造福人民。要始终把实现好、维护好、发展好最广大人民的根本利益作为党和国家一切工作的出发点和落脚点，尊重人民主体地位，发挥人民首创精神，保障人民各项利益，走共同富裕道路，促进人的全面发展，做到发展为了人民、发展依靠人民、发展成果由人民共享。"②党的十七大结束后不久，胡锦涛又在新进中央委员会的委员、候补委员学习研讨班上阐述说："我们提出以人为本的根本含义，就是坚持全心全意为人民服务，立党为公、执政为民，始终把最广大人民的根本利益作为党和国家工作的根本出发点和落脚点，坚持尊重社会发展规律与尊重人民历史主体地位的一致性，坚持为崇高理想奋斗与为最广大人民谋利益的一致性，坚持完成党的各项工作与实现人民利益的一致性，坚持发展为了人民、发展依靠人民、发展成果由人民共享。以人为本，体现了马克思主义历史唯物论的基本原理，体现了我们党全心全意为人民服务的根本宗旨和我们推动经济发展的根本目的。"③党的十八大报告强调："坚持以人为本、执政为民，始终保持党同人民群众的血肉联系"，"为人民服务是党的根本宗旨，以人为本、执政为民是检验党一切执政活动的最高标准。任何时候都要把人民利益放在第一位，始终与人民心连心、同呼吸、共命运，始终依靠人民推动历史前进。"这一系列论述，从马克思主义世界观的理论高度，对以人为本的内涵作了透彻的阐述。

此外，党和国家领导人还结合不同的实际，如在抗击特大地震灾害和成功举办奥运会的经验总结中，在各个领域的改革、发展的部署中，对以

①《十六大以来重要文献选编》（中），中央文献出版社2006年版，第1064页。
②《十七大以来重要文献选编》（上），中央文献出版社2009年版，第12页。
③ 同上书，第90页。

人为本的特定含义和要求作了具体阐述。

根据上述一系列论述的精神，可以认为，应当从以下几方面来理解和把握以人为本的执政理念。

第一，以人为本的核心就是以人民群众为本，就是以最广大人民群众的根本利益为出发点和落脚点，立党为公，执政为民，全心全意为人民服务。这是以人为本的最基本的含义和要求，也是党的基本理论的体系在执政理念上的基本要求。它是科学发展观的核心。

"为什么人的问题，是一个根本的问题、原则的问题。"这是任何个人、任何政党都不能回避的问题。正如马克思、恩格斯所说："过去的一切运动都是少数人的或为少数人谋利益的运动，无产阶级运动是绝大多数人的、为绝大多数人谋利益的独立的运动。"[①] 为绝大多数人谋利益，还是为个人或少数人谋利益，是无产阶级及其政党的价值目标同剥削阶级及其政党的价值目标的本质区别。

在我们党的历史上，以毛泽东为核心的党的第一代领导集体，首先依据唯物史观人民群众是历史创造者的原理，把全心全意为人民服务确立为党和人民军队的根本宗旨；把处处为人民群众着想，置人民群众的利益于第一位，确立为共产党人的出发点和归宿；把合乎最广大人民群众的利益、为广大人民群众所拥护，确立为共产党人的最高价值标准。毛泽东在领导革命斗争和党的建设的实践中，还深入论述了为人民服务要有热爱人民的感情；要做到完全彻底、全心全意，而不能半心半意、三心二意；要有马克思主义的群众观点和群众路线的工作作风；要关心群众生活，注意工作方法，解决群众的切身利益问题；要把为人民群众的当前利益和为人民群众的长远利益结合起来；要懂得对人民群众负责和对党的领导机关负责的一致性；要代表中国人民的要求，就要解放和发展生产力，发展中国人民的新文化；以及要为了人民的利益坚持真理、修正错误等一系列重要原则问题，从而形成了中国共产党丰富的为人民服务的思想。

党的第二代、第三代领导集体和以胡锦涛、习近平为总书记的党中央，开启社会主义现代化建设新时期，坚持中国特色社会主义道路，全面

---

① 《马克思恩格斯选集》第 1 卷，人民出版社 1995 年版，第 283 页。

推进改革开放、现代化建设和实行科学发展，逐步更好满足广大人民群众不断增长的物质文化需要，实现人民对美好生活的向往，使中国共产党为人民服务的理论和实践得到了新的发展。在邓小平看来，中国解决所有问题的关键是要靠自己的发展。而发展的根本目的，是为了人民。他的名言是，要把"人民拥护不拥护"、"人民满意不满意"、"人民高兴不高兴"、"人民答应不答应"，作为制定政策的出发点和归宿。"三个代表"重要思想的本质，就是立党为公、执政为民，表明了实现最广大人民群众的根本利益是发展先进生产力和先进文化的目的和归宿。党的十七大后，胡锦涛在对以人为本的含义进行论述和界定的同时，还不断发挥了情为民所系、权为民所用、利为民所谋，为群众诚心诚意办实事、尽力竭力解难事、坚持不懈做好事，以及问政于民、问需于民、问计于民等一系列新鲜的重要观点。党的十八大后在以习近平为总书记的党中央领导下开展的群众路线教育实践活动，以为民务实清廉为主要内容。要求县以上领导班子和领导干部坚持全心全意为人民服务宗旨，对照形式主义、官僚主义、享乐主义和奢靡之风的表现，开展批评和自我批评，照镜子，正衣冠，洗洗澡，治治病，做到接地气，通民情，着力解决人民群众反映强烈的突出问题。成效显著，更是"以人为本、执政为民"理念在实践中的生动体现。

这告诉我们，应当从党基本理论的体系中，从党中央的大量论述和实践中，来理解以人为本的基本含义：以人为本就是以人民群众为本，就是以最广大人民群众的根本利益为出发点和落脚点，立党为公、执政为民，全心全意为人民服务。也就是说，以人为本中的"人"最基本的含义是指的最广大的人民群众。如果不是这样地认识问题，就曲解了以人为本的基本含义，也就背离了党的基本理论的科学体系。

第二，在人与自然关系的问题上和某些社会政策的层面上，以人为本的含义也包括以所有人为本、以"人人"为本，即这里所说的"人"，也包括了"所有人"、"一切人"、"人人"。这同以人民群众为本的基本含义并不是截然对立和排斥的。

如环境保护问题，就是涉及统筹人与自然和谐发展的问题。这个人与自然关系中的以人为本，可以说即是以人类为本。因为自然界是包括人类在内的生命的摇篮，是人类赖以生存和发展的基本条件。保护自然就是保护人类。科学地保护和建设环境，遏制和扭转生态环境恶化的趋势，将会惠及每一个人以至子孙后代。就某些社会政策而言，如在社会公共产品的生产目的上，应当是为了所有的消费者，为了现实生活中一切有需求的人。在抗击重大灾害、抢险救灾、救死扶伤的问题上，无疑要把救人放在第一位，救治每一个有生命的人类个体，等等。

所以，在上述意义上，以人为本也是包括了以所有人为本的含义的。这样地认识问题，是同以人为本的基本含义相一致的，并且将有助于更好维护人民群众的利益。因为人民群众占了全社会人口的绝大多数。无论是资源环境保护，还是生产目的、救死扶伤等，都是涉及人民群众切身利益的问题，处理这些问题，必须坚持全心全意为人民服务的宗旨，以最广大人民群众的根本利益为出发点和落脚点。这本身就是坚持以人民群众为本所要求的。而承认在上述这类情况下以人为本也包含着以所有人为本，可以使我们的认识和理解更为全面。

第三，在把以人为本的基本理念同各个领域改革、发展的实践相结合的过程中，以人为本在各个领域还有特殊的含义和要求。这是以人为本在不同领域的具体化和展开，也使得以人为本的含义更加丰富。

例如，在新闻宣传工作中，胡锦涛2008年在人民日报社考察工作时说："必须坚持以人为本，增强新闻报道的亲和力、吸引力、感染力。坚持以人为本，是做好新闻宣传工作的根本要求。要坚持把实现好、维护好、发展好最广大人民的根本利益作为新闻宣传工作的出发点和落脚点，坚持贴近实际、贴近生活、贴近群众，把坚持正确导向和通达社情民意统一起来，尊重人民主体地位，发挥人民首创精神，保证人民的知情权、参与权、表达权、监督权。要面向基层、服务群众、深入实际，多报道人民群众的工作生活，多反映人民群众的利益要求，多宣传人民群众中涌现的先进典型，激励全体人民信心百倍地创造美好生活。同时，要注重在报道新闻事实中体现正确导向，在同群众交流互动中形成社会共识，在加强信息服务中开展思想教育，用事实说话、用典型说话、用数字说话，化解矛盾，理顺情绪，引导各方面群众共同前进。"[1]

---

① 胡锦涛：《在人民日报社考察工作时的讲话》，《人民日报》2008年6月21日。

又如在教育工作中，坚持以人为本最根本的要求就是要以育人为本、德育为先，形成教书育人、管理育人、服务育人的良好氛围和工作格局。要以学生的全面发展为目标，培养社会主义事业的合格建设者和可靠接班人。包括要为社会主义现代化事业培养和造就数以亿计的高素质劳动者，数以千万计的专门人才和一大批拔尖创新人才，以确保我国在激烈的国际竞争中始终立于不败之地，确保实现全面建设小康社会和社会主义现代化建设第三步的宏伟战略目标，确保中国特色社会主义事业兴旺发达，后继有人。

还应看到，以人为本，全面协调可持续的科学发展观不是凭空提出来的，而是在总结改革开放二十多年实践的基础上，在战胜非典疫情给我们的重要启示的基础上提出来的。党和政府一直坚持着全心全意为人民服务的宗旨，大力推进改革和发展。但是，在实际过程中，有些地方和干部常常把发展仅仅理解为只要发展经济，又把发展经济理解为不惜一切地追求 GDP 的增长，出现了 GDP 至上的倾向，以致不少地方为了追求表面政绩而杀鸡取卵、竭泽而渔，浪费了能源，破坏了生态，并影响和忽视了各项社会事业的发展，助长了片面追求一时的眼前利益的不良风气。这归根到底是损害了人民群众的根本利益。与此同时，在建设、改革和发展的实际进程中，由于种种复杂的原因，地区发展不平衡，经济社会发展不平衡，贫富差距拉大等趋势也明显出现了。这显然不符合广大人民群众的利益。在这种情况下，党中央提出以人为本、全面协调可持续的科学发展观，有着很强的针对性和重大深远的意义。而以人为本，是科学发展观的核心。十七届五中全会以来，党和政府又进一步强调坚持以科学发展为主题，以加快转变经济发展方式为主线，努力解决发展中不平衡、不协调、不可持续的问题。强调要加快推进以保障和改善民生为重点的社会建设，把保障和改善民生作为转变经济发展方式的根本出发点和落脚点。这些重要思想和方针的贯彻落实，都同坚持以人为本、执政为民的理念密不可分。从这一角度来理解以人为本的原则，就可以更好地看到，以人为本的提出是在新形势下全面、深入贯彻党的全心全意为人民服务宗旨并把其落到实处的必然要求。

从以上的分析中也可以认识到，以人为本的理念是建立在唯物史观的基础之上的。它深深扎根于人民群众是历史创造者、是社会主体的理论沃土中，对以人为本执政理念中的"人"无论作何种意义的理解，其所说的"人"都是指现实的、具体的人，是处于一定社会关系和历史发展中的人，而不是孤立的、抽象的"人"。

二　反对曲解以人为本的倾向

曲解以人为本的倾向比较复杂，其中既有学术理论上的是非问题，也有政治方向上的是非问题，二者既有区别，又互相交织。

1. 把党中央以人为本原则的提出，曲解为是 20 世纪 70 年代末泛起的人道主义思潮发展的成果，借以否定十二届二中全会"思想战线不能搞精神污染"的方针。

以人为本的科学发展观提出后不久，有的文章说："20 世纪 70 年代末以后，出现了一股人道主义思潮"，"这股思潮经过曲折的发展逐渐深入人心，所以现在我们能够把以人为本作为指导思想写入党的文件。"[①] 有的文章则说："改革开放的 20 世纪 80 年代，一些有责任感的理论工作者开始重新提倡以人为本和人道主义的价值。但是可以想象，这些声音一经出现，便遭到了严重的政治压力"。[②]

这里，论者把以人为本原则的提出，同当年受到邓小平为核心的党中央批评的人道主义思潮直接挂钩，把当年人道主义思潮的泛滥同今天讲的以人为本画等号。其实质，是混淆马克思主义的唯物史观同人道主义唯心史观的本质区别，既为当年对人道主义抽象宣传的批评翻案，又肆意曲解党中央关于以人为本执政理念的精神实质。

上述曲解的出现，既有理论上的动摇，又有对历史的无知和虚无。将当年人道主义思潮的泛滥同今天倡导的以人为本画等号的论者说："1949年后，'以人为本'一直被当作是西方资产阶级人道主义和人本主义的主要原则遭到严厉的批判，人们在放弃人道主义和人本主义的同时，也放弃了'以人为本'的观念"[③]，就是这方面一个很典型的观点。

---

① 何祚庥、段若非：《关于"以人为本"的对话》，《当代思潮》2004 年第 2 期。
② 俞可平：《思想解放与政治进步》，《北京日报》2007 年 7 月 17 日。
③ 同上。

我们知道，以人为本的表述我国古代就有了，《管子·霸言》篇说："夫霸王之所始也，以人为本"。在学术界，以往也习惯用以人为本的表述来称谓以抽象的人为核心的西方人本主义哲学。今天，党中央依据马克思主义世界观，并结合当代中国实际，对以人为本的古语作了改造，赋予了新的含义。可见，古代民本思想中的以人为本、西方人本主义哲学意义上的以人为本，同我们今天讲的以人为本，其理论基础是根本不同的。诚如有学者指出："以人为本这句话谁都可以讲，事实上过去也有人讲过。但这个命题在不同的理论体系中含义是不同的。我们现在讲的以人为本不是随便一种理论体系中的命题，而是马克思主义的命题"。[①] 党中央提出的以人为本的基本含义，就是要以人民群众为本，以最广大人民群众的根本利益为出发点和落脚点，全心全意为人民服务。在这个意义上，党的宗旨从来是以人为本的。

诚然，在建国后的一段时期中，曾经不加区别人道主义的历史观和人道主义的伦理原则，而对西方的人道主义错误地全盘加以否定。在实际工作中，也出现过损害人民利益的失误以至严重失误。但在总体上，党和政府领导各族人民进行社会主义革命和建设、造福广大民众的巨大成就，是有目共睹的。这里不仅有维护了国家的安全和独立、建立了独立的比较完整的工业体系和国民经济体系这样为亿万人民和子孙后代奠定了福祉的历史性成就，而且在被某些人诅咒的"毛泽东时代"，还取得了我国人均寿命大幅度提高和文盲率大幅度下降这样世界上罕见的、对国家和民族具有深远意义的成就。

即使仅从人道主义伦理原则的角度而言，建国以后的许多情况也是可圈可点的。毛泽东在革命年代提出的革命人道主义原则即革命人道主义精神，在建国以后得到了进一步的发展。剿匪反霸，救济失业，消灭娼妓乞丐，禁止贩毒吸毒，保护了广大人民的利益，并使全国的社会面貌焕然一新。建国初期，在国家财政还非常困难的情况下，党和毛泽东提出实行劳动保护和公费医疗。对于旧中国几千年束手无策的水旱灾害和鼠疫、霍乱、血吸虫等病害，人民政府依靠人民进行了大规模的水利建设、抗灾斗

---

① 陶德麟：《人学研究应当坚持的两个原则》，载《高校理论战线》2007 年第 1 期。

争和除病灭害斗争。像这样解除人民群众疾苦的事情不胜枚举。这既是党和政府的职责，也生动地体现了革命人道主义和社会主义人道主义的伦理原则。邓小平曾多次高度评价"文化大革命"前 17 年我国的社会风尚和广大干部、群众的道德面貌。有些论者只字不提人道主义历史观的根本错误，而借被他们曲解了的"以人为本"来做文章，并采用把特殊历史条件下发生的现象夸大为历史整体的手法，抹黑和否定新中国的历史，说什么"1949 年后"，"放弃了以人为本的理念"，使传统优秀道德"被遗弃"，人间的真情"开始丧失"，正常的情理、心理"严重扭曲"，"1949 年后"竟是如此凄凄惨惨、阴冷黑暗，这不是对历史的无知与虚无，又是什么呢？

2. 把以人为本原则的提出，曲解为所谓"中共指导思想上一次非常重大的转变"，把以人为本同马克思主义的阶级观点和阶级分析、同坚持人民民主专政对立起来。

有的论者说，现在提出以人为本"作为指导思想写入党的文件"，"标志着从'以阶级斗争为纲'的阴影中最终完全走出来了"。因为"在中国讲'人民'，就意味着有一个对立面——敌人"。所以，"从'以阶级斗争为纲'到'以人为本'是思维模式的根本转变"。"'以阶级斗争为纲'，其思维模式就是要学习阶级分析的方法"，转变思维模式，就要"从阶级分析到生产力分析"。并说，这"具有划时代的意义，标志着一个新时期的开始"。①

这些论者大概确实想探讨十六届三中全会提出以人为本的科学发展观的意义。也由于理论上的动摇等复杂原因，表面上好似在抬高十六届三中全会的地位，实际上却贬低和曲解了十一届三中全会以来的历史，曲解了党的指导思想。试问，什么叫"划时代"？难道 2004 年十六届三中全会提出以人为本以前是另一个时代吗？所谓"新时期"，难道 2004 年以前是旧时期吗？这种言论只有在一种情况下才能自圆其说，即用抽象人性论和人道主义来曲解以人为本，并用抽象人性论、人道主义来杜撰党指导思想的"根本转变"。这就同党的基本理论、基本路线大相径庭而大错特错了。

① 何祚麻、段若非：《关于"以人为本"的对话》，《当代思潮》2004 年第 2 期。

　　把"以阶级斗争为纲"和马克思主义的阶级观点和阶级分析混同起来，借否定"以阶级斗争为纲"否定阶级观点和阶级分析，也是完全错误的。"以阶级斗争为纲"，是指基于对阶级斗争是主要矛盾的判断，而把阶级斗争作为整个工作的总纲；阶级观点和阶级分析是观察阶级社会中扑朔迷离的社会历史现象的指导性线索和基本方法。在我国社会主义现代化建设时期，阶级斗争已经不是主要矛盾。我们纠正过去一度发生的"以阶级斗争为纲"的错误是完全正确的，但这不等于阶级斗争已不存在了。只要阶级斗争还在一定范围内存在，我们就不能丢弃马克思主义的阶级和阶级分析的观点与方法。这种观点与方法，始终是我们观察社会主义同各种敌对势力斗争的复杂政治现象的一把钥匙。

　　作为严肃的、负责任的理论工作者，绝不应当借口以人为本来取笑和指责所谓"在中国讲人民就意味着还有一个敌人"。我们在纠正和防止混淆两类不同性质矛盾的同时，绝不能无视和否认敌对势力、敌对分子破坏活动的存在，绝不能把以人为本同坚持人民民主专政对立起来，我国宪法中明确规定："中国人民对敌视和破坏我国社会主义制度的国内外的敌对势力和敌对分子，必须进行斗争"，这是我国人民民主专政的重要职能。以任何借口否认这一点，都是完全错误和极其有害而危险的。而这种职能和我们所讲的以人为本的基本要求又是完全一致的。邓小平在谈到打击严重刑事犯罪活动时就指出，对此必须给予严厉的法律制裁，"不痛不痒，不得人心。我们说加强人民民主专政，这就是人民民主专政。要讲人道主义，我们保护最大多数人的安全，这就是最大的人道主义。"① 同样的道理，依法惩治敌对分子的严重犯罪活动，更好维护最广大根本人民群众的根本利益，也就是最大的以人为本。

　　3. 从抽象人性论出发，把以人为本曲解、归结为所谓"普世价值"，进而用被曲解了的"以人为本"来掩护"普世价值"思潮的宣扬，公然鼓吹要求根本改变我国发展道路、发展方向的改旗易帜的主张。

　　有人曲解说，"'以人为本'作为核心意识形态，人类普世价值中最重要的内涵被中国共产党所接受。"因此，要"瞄准由人类文明的普世价值

---

　　① 《邓小平年谱》（1975—1997）（下），中央文献出版社 2004 年版，第 922 页。

所确立的社会经济制度"，"坚决地将中华民族融入到世界文明的主流中去。"① 有的则说："以人为本是个纲，要贯彻这个纲，就需要民主、自由、人权等一整套普世价值，就是需要价值观的转变。普世价值不能确立起来，就不会是以人为本"，并称：这"是决定中国命运的一个基础性问题。"②

可见，一些人把以人为本歪曲、归结为"普世价值"，目的是十分清楚的。就是要以所谓的"普世价值"为纲，"无论是经济、政治还是社会、文化的理论创新，我们都必须以普世价值为尺度"。③ 那么，什么是他们所说的"普世价值"呢？有些宣扬者并不讳言其所谓"普世价值"就是美国和西方的价值观，只是披上"普世"、"全人类"的外衣罢了。有人明确说"现代民主是在英美地区发端"，但"一经产生，就具备了普世意义，从英国、美国推行民主以来，全世界2/3的地区都实现了民主，可见其普世程度"，并指责我国坚持党的领导、人民当家作主、依法治国有机统一的中国特色社会主义政治发展道路，是所谓"撇开普世民主，自己另搞一套"，"用'中国特殊论'抵制民主进中国"。④ 这表明，一些人宣扬的"普世价值"论的实质，就是把美国和西方的价值观及其社会制度普遍化、绝对化、神圣化为所谓"普世价值"，然后按照资本主义标准改变中国的发展方向，否定中国共产党的领导的中国特色社会主义道路。

---

① 《南方周末》2007年10月25日。
② 《南方周末》2008年3月27日。
③ 《南方周末》2008年3月27日。
④ 《南方都市报》2007年12月30日。

第九章 "普世价值"论评析

21世纪第一个10年的一段时期中，"普世价值"论的传播在一些舆论阵地上不断升温。从把西方的自由主义尊奉为"普世价值"，到称颂民主社会主义的"普世价值"；从宣扬解放思想、改革开放"必须以普世价值为尺度"，到鼓吹"要瞄准由普世价值确认的基本社会经济制度"，"融入人类主流文明"；从推出声称要用"普世价值谱系"对大学生进行"灵魂教育"的大学人文读本，到出版扬言要"在中国普及西方的普世价值观念"的观念读本等等，不一而足。

在这一章中，将就"普世价值"思潮泛起的原因和实质，"普世价值"论的理论谬误和怎样认识所谓"普世价值"，以及坚持马克思主义的历史分析和阶级分析等问题，进行评述和讨论。

第一节 "普世价值"思潮的泛起及其原因和实质

一 "普世价值"思潮的泛起

"普世价值"的概念最早出自何处？有的学者认为，可以追溯到公元395年罗马基督教两大教派互争"普世"称号的纷争；有的学者则追溯到美国神学家孔汉思1990年提出的建立"世界普遍伦理"的设想，以及随后学术界出现的"普世伦理"说。应当说，搞清某些概念的由来固然有好处，但对我们今天认识"普世价值"问题并不重要。"普世价值"论作为一种社会思潮，在我国能一度以强势的话语出现，得以在我国顽强地表现，是同特定的国际背景相联系的。重要的是要结合特定的国际背景和我国的实际，来考察这种思潮的由来和泛起。这样才能更好地把握"普世价值"思潮的思想脉络，揭示问题的本质。

20世纪80年代末90年代初，国际局势剧烈动荡，历史发展出现严重曲折，东欧剧变、苏联解体，社会主义运动跌入低谷。日裔美国学者弗朗西斯·福山在1989年夏发表了《历史的终结》的文章，几年后又在此基础上形成专著《历史的终结及最后之人》，福山因提出和阐述"历史终结"论而在西方世界名声大噪。他在《历史的终结》中写道："我们正在见证的不仅是冷战的结束，或者是二战后一个特别的历史时期的结束，而是下面这种历史的终结，即人类思想进化历史的终结，而且西方的自由民主政体将作为政府的最终形式得到普遍推广。"① 在《历史的终结及最后之人》这部专著中，福山重申了先前文章中的核心观点，他说："我还认为自由民主制度也许是'人类意识形态发展的终点'和'人类最后一种统治形式'，并因此构成'历史的终结'。"为了阐述这一思想，福山在其专著中用他推崇的黑格尔的"非唯物史观"来诠释世界历史主要是20世纪下半期的历史，一方面指责、批判社会主义和共产主义，声称："共产主义对自由构成的威胁是如此直接和明确，其学说如今这样的不得人心，以至于我们只能认为它已经被完全赶出发达世界"；一方面则力图通过其论述的"世界普遍史"得出结论，历史的进程将最终"走到资本主义的自由民主国家这一终点上来"，宣称"当历史走到尽头时，自由民主便不会有任何意识形态上的强劲对手。"他把西方的"自由民主"称为"普世的和有方向性的历史理念"②，称这种理念已作为社会进步的常识而为世人所普遍接受。如此说来，西方的自由民主理念及其社会制度，就无可争辩地被确立为"普世价值"了。这里，我们不仅看到了在特定背景下出现的美国话语霸权的颐指气使，也清楚地看到了我国"普世价值"思潮宣扬者所依据和

---

① 转引自《参考消息》2006年3月25日。
② 弗朗西斯·福山：《历史的终结及最后之人》，中国社会科学出版社2003年版，代序338、331、241—242、385页。

吸收的基本思想要素。

苏东剧变后不久，这种思潮就在我国有明显反映。20世纪90年代中后期，出现了以李慎之为领军人物的自由主义传播热。有人明确宣称："世界历史已经没有根本性的思想问题需要争论和解决，以美国为代表的西方文化和价值观念已为未来世界指明了方向。"把美国和西方的自由主义奉为必须遵循的"普世价值"。在国内媒体上较早直接用"普世价值"的说法来做文章的，是2002年出版的夏中义主编的大学人文读本的"总序"和袁伟时在《炎黄春秋》2005年第2期上的文章"中西文化论争终结的内涵和意义"。夏中义在其"总序"中，用所谓"满足大学生对普世价值通识的人文渴求"，否定新中国高等学校的思想道德教育，宣扬要"通过对人类共同的普世价值谱系的纵深勘探暨合理配方"，为大学生"精神成人"提供"优质思想营养"，使他们能够"用全人类而非狭隘族国的眼光"来看问题，成为"世界公民"。袁伟时的"中西文化论争终结"，不免使人感到有捡拾福山"历史终结"论的牙慧之嫌。他实际要说的是，西方的自由主义在中国同马克思主义和其他意识形态的斗争中已取得了最后的胜利，并歪曲说"以中国签署联合国两个人权公约和参加WTO为标志"，"中国政府承认现代文明的普世价值"。往后，就要在"各个层面全面输入和借鉴"这种"普世价值"，特别是西方的"制度文化"了。在2005年，还出现了国内外敌对分子和个别自由派知识分子以西方民主的所谓"普世价值"为思想武器，攻击、否定我国社会主义民主政治建设的舆论。

2007—2008年间，"普世价值"论的传播持续升温。以一些出版物和网站为载体，出现了一股异乎寻常的"普世价值"热。那么，"普世价值"论的张扬者到底有些什么样的说法和观点呢？

（一）把西方资产阶级以全人类普遍性的形式出现的价值观念颂扬为"普世价值"，要求中国必须遵循这种资本主义的价值标准。

以全人类普遍性的形式出现、宣扬反映资产阶级利益的价值观念，是资产阶级意识形态的重要特征。有些人迷信西方国家政要和资产阶级学者抽象地鼓吹的自由、民主、人权，把它吹捧为"普世价值"。如有人说："民主、法制、自由、人权、平等、博爱，是整个世界在漫长的历史过程中共同形成的文明成果，是人类社会共同追求的普世价值"①。有人则说：在自由、民主、人权等"普世价值"面前，"没有必要去区分是姓'资'还是姓'社'"②。有些人明确宣称"西方的观念就是全人类的观念"，并不讳言他们所讲的"普世价值"就是西方的价值观念。朱学勤在《南方都市报》2007 年 12 月 30 日的"访谈"中说：西方"民主一经产生，就具备了普世意义，从英国、美国推行民主以来，全世界 2/3 的地区都实现了民主，可见其普世程度。"他要求在中国照搬这种"民主制度"，并公然为"全盘西化论"翻案，指责中国特色社会主义。说什么："1980 年代以前，抵制普世民主的手法主要是所谓阶级论。后来又捏造出一个'全盘西化论'，现在进入第三阶段，要撇开普世民主，自己另搞一套，所谓'协商民主'。"指责发展中国特色社会主义民主政治，是所谓"用'中国特殊论'，抵制民主进中国。"

（二）把苏东剧变中起主导作用的价值观——民主社会主义宣扬为"普世价值"，要求中国也走民主社会主义道路。

2007 年第 2 期的《炎黄春秋》推出了谢韬的文章："民主社会主义模式与中国前途"。谢文宣扬与科学社会主义根本对立的民主社会主义道路和社会民主党的经验，具有"典范意义"和"普世价值"。为了鼓吹这种"普世价值"，谢文把前苏联的一些加盟共和国和一批东欧国家剧变后相继加入欧盟，称颂为"寄托着人类的希望"，说这使"全世界那些企图保留他们国家的社会主义前途的改革者们，都把眼光转移到民主社会主义运动上来"，甚至胡诌当年美国的克林顿和英国的布莱尔用民主社会主义改变了资本主义，说什么在各种社会制度的竞赛中"结果是"民主社会主义"既演变了资本主义，又演变了共产主义，民主社会主义正在改变世界。"

为使中国也走上苏东剧变的"普世价值"之路，谢韬等人毫不掩饰地鼓吹"只有民主社会主义才能救中国"。为此，他们力图在改变中国共产党的性质和否定党在国家政治生活中的领导地位上做文章。谢韬声言"要促使中国共产党向民主社会主义的转变"，在另一篇文章中又说"必须放

---

① 参见《改革内参》（决策版）2007 年第 19 期。
② 参见《老干部参考》2007 年第 20 期。

弃中国共产党是中国工人阶级先锋队的提法，使党转型为开放型的群众性组织的现代政党。"① 李锐 2007 年 7 月在为辛子陵全盘否定毛泽东和毛泽东思想的书所写的序言中则说："中国共产党应构建与世界民主潮流相和谐的意识形态，这一理论体系应名为民主社会主义理论，中国共产党应改名为社会民主党。"

在把民主社会主义奉为"普世价值"的一片声浪中，张博树先在香港《观察》发表，随后国内一些网站转帖的关于"宪政改革"的长文公然宣称："目标"就是要"解构"和"终结"中国共产党的领导地位，以走苏东剧变之路为"归宿"。该文说："现代宪政民主原则具有全球范围内的普适性"，指责"以中国共产党一党专政为核心的现行政治体制仍然是中国走向政治现代化、回归世界主流文明的最大障碍"，声称："中国宪政改革的目标就是解构以至终结中国共产党一党专制的体制，再造共和，建设真正的宪政民主国家。共产党的社会民主党化乃是前苏联和东欧国家许多执政党的归宿，这也应该是中国共产党未来的归宿。"

（三）直接用"普世价值"论否定中国特色社会主义道路，竭力歪曲、误导我国改革开放的性质和方向。

一些人把西方资本主义文明奉为终极式的"人类主流文明"，认为把科学社会主义基本原则同当代中国实际相结合、走中国特色社会主义道路，是"背离"了"主流文明"和"普世价值"，而改革开放就是要融入"主流文明"，实现向资本主义的"价值回归"。李锐在《炎黄春秋》2008年第 4 期的文章说："党执政以后，就离开甚至背离了人类近代文明主流。中国实行改革开放，必须承认人类文明主流，承认普世价值。"《改革内参》社长兼总编辑在该刊著文说："融入世界主流文明。经过 30 年的改革开放，中国已重新逐步融入世界文明，人权、法治、公平、正义、自由、平等、博爱等普世价值日渐成为我们文明中的核心价值。"《南方周末》2007 年 10 月 25 日刊登特约评论员的文章说，"人类文明的普世价值是永恒的"，"任何民族都将获得这样最终的制度进化归宿"，必须"抛弃那些与普世价值相背离的东西，瞄准由人类文明的普世价值所确认的基本社会

---

① 《领导者》2008 年第 2 期。

经济制度迈开前进步伐，坚决地将中华民族融入到世界文明的主流中去。"这些说法，显然是企图打着"普世价值"的旗号否定社会主义道路，要把我国的改革开放引导到资本主义轨道。

（四）鼓吹把确立"普世价值"作为思想领域的纲领，进行"意识形态的重建"，实行"价值观的转变"，用"普世价值"体系取代马克思主义指导的社会主义核心价值体系。

《南方周末》2008年3月27日在其"思想解放论坛"的报道中突出地体现了这方面的主张。如有人说："解放思想应该有核心目标，这个目标就是价值体系，解放思想就要确立普世价值。"他把党中央提出的"以人为本"歪曲为"普世价值"，进而鼓吹要以"普世价值"为纲。称："以人为本是个纲，要贯彻这个纲就需要民主、自由、人权等一整套普世价值，就是需要价值观的转变。普世价值不能确立起来，就不会是以人为本。所以价值观问题是决定中国命运的一个基础性问题。"他并指明，解放思想"要从公有制为主体的错误观念中解放出来。"有人则说："无论是经济、政治还是社会、文化的理论创新，我们都必须以普世价值为尺度"。并称："在所有制结构方面，现在仍然存在着思想大解放的问题"，因为"我们的基本经济制度、我们的宪法仍然规定公有制为主体。"经济改革迈不开大步伐，"就是因为这种理论束缚，因为基本经济制度没有创新。"《炎黄春秋》执行主编还提出："核心价值观的树立，意识形态的重建，这就是我们现在面临的思想解放的问题。"这样才"可跟国际上的民主、宪政等一系列的主流观念接轨。"

为了坚持和推行这样的主张，一些人不遗余力地在做着所谓普及"普世价值"的工作。2008年3月20日新浪读书报道，经过一些人的策划，推出了所谓《人类的普世价值，中国的观念读本》，声称："为了不再受错误观念的引导，为了分享人类共同精神遗产，为了让正确的观念产生力量，有必要对中国的读者就西方观念进行总体的回顾和普及"。还有人在这个问题上，走得更远，公然提出了要以"普世价值为本"的"公民教育"，取代马克思主义思想政治教育的主张。

这种错误思潮的传播，理所当然地引起了许多有识之士和马克思主义理论工作者的质疑、揭露和批评，中央有关领导人也明确指出了"普世价值”时髦说法的错误本质。人民日报、求是杂志、光明日报等中央报刊和《马克思主义研究》、《政治学研究》等学术期刊上相继发表评析“普世价值”论错误观点的文章。与此同时，一些传媒上仍继续宣扬“普世价值”论的错误观点。

二　“普世价值”论热传的原因及其实质

前面的评述已经涉及普世价值思潮泛起的原因及实质，下面我们对这一问题再作进一步分析。

（一）“普世价值”思潮的泛起和热传不是偶然的，是国际国内意识形态领域斗争在一个时期的突出表现。正如有些学者所指出的：一些人宣扬的“普世价值”论，就是把资本主义的核心价值观念中性化、普遍化、神圣化、绝对化为超阶级和超时代的所谓“普世价值”，就是打着“普世”的旗号推销美国的价值观，以之为凌驾于非西方文明之上的标尺和对其不喜欢的国家进行干涉、渗透、颠覆的借口与工具。苏东剧变后美国成为唯一的超级大国，以美国为首的西方国家加紧对我国实施“西化”、“分化”战略，力图使我国也发生苏联、东欧那样的和平演变。其重要手段就是通过国际传播向我国输出美国的价值观念，按照这种价值观念来改变我国的社会主义制度。力图借我国实行改革开放之机误导我国发展方向的资产阶级自由化势力，顺应西方垄断势力的要求，把美国和西方的文明看作是世界文明不可超越的终极存在，力图把我国的改革开放纳入资本主义的轨道。但是由于他们所散布的新自由主义、民主社会主义等错误思潮不断受到揭露和批评，于是就又找出了“普世价值”的新名词，来包装美国和西方的核心价值观念，把这种价值观念宣扬为“普世价值”，作为他们在意识形态斗争中的一个新的策略，企图干扰和瓦解人们在举什么旗、走什么路、朝什么目标前进这一重大问题上的价值共识，改变中国的发展方向和道路，用资本主义的标准来改造中国。从这样的背景中，我们才能够理解一些年来“普世价值”思潮活跃的深层原因。

“普世价值”思潮的传播所以会有一定的市场，还有其他多种原因。如有些人多年不学马列，必然曲解党的基本理论，受到错误思潮的严重侵蚀。他们不懂得邓小平批评的"一些人只讲四化，不讲社会主义。这就忘记了事物的本质，也就离开了中国的发展道路"；① "我们实行改革开放，这是怎样搞社会主义的问题。如果离开社会主义制度这个前提，改革开放就会走向资本主义。"② 他们错误地把改革开放曲解为就是要按照所谓的"普世价值"同西方"全面接轨"，甚至指责、批评"普世价值"论是所谓否定"改革开放"，从而走到了同邓小平理论相对立的立场上。

还有些人在人道主义的唯心史观影响下，迷恋抽象的"人性"、"人道主义"那一套，丢弃了马克思主义的阶级观点和阶级分析，对于以抽象人性论为思想基础、打着"全人类共同价值"旗号宣扬的"普世价值观念"，是非不辨、随波逐流。有些舆论甚至把汶川地震后的抗震救灾斗争中，在党的领导下发挥社会主义制度优越性，发扬社会主义、集体主义精神所取得的伟大胜利歪曲宣扬为是所谓兑现了对"普世价值"的承诺，"实施了'普世价值'的结果"。有一些人包括一些青年学生，由于受到"淡化意识形态"错误主张的影响，追求所谓"超越意识形态"，往往对错误倾向，采取高高挂起的态度，使得错误思潮的传播有了空间。

（二）"普世价值"论，宣扬者所说的"普世价值"实质上就是美国的价值观，目的是要求中国从经济到政治和文化都实行资本主义制度，即所谓"融入世界主流文明"。为此，他们总要极力歪曲、抹黑、否定中国革命和新中国的历史。《炎黄春秋》2009 年第 3 期的《普世价值：求同存异，同舟共济》一文，竟称新中国建立后"给人民和国家造成的创伤，罄竹难书……问题就出在恐惧和抵制绝大多数国家珍视的……普世价值观"。宣扬者们在经济上鼓吹要改变我国现阶段"坚持公有制为主体、实行多种所有制经济共同发展"的基本经济制度，使私有经济成为我国经济的主体。在政治上集中力量鼓吹否定党的领导和社会主义制度的所谓"宪政改革"。前面提到的张博树的文章，公然声言要通过"制宪"来"确定多党制基础上的宪政民主法律框架，在宪法中取消共产党领导地位的规定。"要实现这一切，他们又力图打着"普世"的旗号来消解马克思主义的指导地

---

① 《邓小平文选》第 3 卷，人民出版社 1993 年版，第 204 页。

② 《邓小平年谱（1975—1997）》（下），中央文献出版社 2004 年版，第 1317 页。

位。有学者指出："普世价值"论的宣扬者"想方设法用西方的'普世价值'取代马克思主义基本原理和中国共产党人的理论创新成果，以所谓人类文明中一切美好的东西就是'普世价值'为幌子，以学术自由的名义行使思想专制"，企图"获得一种至上性和主导性的姿态，目的无非是将马克思主义驱除出当代中国的话语语境，彻底改变中国社会制度的性质。"①

前些年国内出现"普世价值"传播热这个事实，突出地表明了有些人并不认同党中央多年来关于中国的发展道路的历史总结和重要论断，而要从别的方向去寻找出路。并且认为已经到了"决定中国命运的关键时刻"，于是就从美国和西方话语霸权的体系中捡起了关于"普世价值"的观点，作为鼓吹改旗易帜和进行论争的思想武器。这一点，宣扬者们其实是直言不讳的。他们指说新中国成立后就"背离了近代人类文明主流"，因此极力鼓吹必须"瞄准由人类普世价值确认的基本经济社会制度迈开前进步伐，坚决……融入到世界主流文明中去。"有人甚至还用"普世价值"论来干预我国的主权和国家的统一。2008 年，时任欧盟轮值主席的某西方大国总统不顾我国政府的强烈反对，高调会见了分裂势力的代表达赖，我国外交部门对此给以严词抨击。可是有的"普世价值"论的宣扬者，竟向国外媒体发表谈话说："其实西藏问题不是中国的内政，而是普世价值问题，人权、宗教问题"，公然用"普世价值"的话语为外国干涉势力损害我国主权和核心利益张目。

有学者从几个方面概括了"普世价值"论的实质："'普世价值'思潮的政治实质是企图改变我国发展民主政治和深化政治体制改革的指导思想和社会主义方向，按所谓'普世价值'即西方政治理念和制度模式改造中国的政治制度；其思想上的指向，是企图废除马克思主义的指导地位，以西方资产阶级价值观为圭臬，干扰社会主义核心价值体系建设，鼓吹指导思想的多元化；在经济制度方面，为全盘私有化制造舆论，企图釜底抽薪，搞垮以公有制为主体的社会主义初级阶段的经济基础；在国家统一问题上，迎合西方敌对势力，支持配合藏独、台独等分裂势力，站在了国家

---

① 钟平：《普世价值背后的动机》，载《中国社会科学院报》2009 年 1 月 13 日。

统一和中华民族整体利益的对立面上。"① 许多学者还指出，在新形势下，我国意识形态领域存在着尖锐的斗争，集中表现就是四项基本原则与资产阶级自由化的对立，"普世价值"论和新自由主义、民主社会主义等错误思潮，矛头都是指向四项基本原则的。这些年来意识形态领域斗争的严峻事实表明，各种错误思潮纷纷披上"普世价值"的外衣招摇撞骗，"普世价值"论已经成为某些人试图动摇党执政的思想理论基础，消解四项基本原则、颠覆社会主义制度的一面旗帜。

（三）为了深入认识"普世价值"论的实质，还有必要把"普世价值"论同"零八宪章"结合起来分析。

所谓"零八宪章"，是刘晓波等境内外民运分子炮制策划，先有少数人签名，后于2008年12月抛出来的一个比较系统的反党反社会主义的政治宣言书，集中了多年来资产阶级自由化的主张。它从"普世价值"论出发，全盘否定党领导中国人民进行的革命、建设和改革开放的历史进程，攻击我国进行社会主义民主政治建设实践和取得的成就，企图以修改宪法为突破口，颠覆我国的国体和政体，推翻中国共产党的领导和社会主义制度，建立所谓"中华联邦共和国"。我们在这里要关注的问题是，性质如此严重的"零八宪章"同"普世价值"论的关系。可以看到：一方面，前些年"普世价值"论的传播热是"零八宪章"出台的思想前奏和舆论气候的准备。"零八宪章"某签署者的网文中就把大学生和知识分子中有多少人赞同"普世价值"的观点，作为判断形势是否对他们有利的根据，欣喜于所谓"自由、平等、博爱、民主等理念作为普世价值，现在其在大学生以上的知识人中的传播已是几何级数的速度"。待到他们认为有了一定的气候，又要抢在2009年的一些敏感日期以前抛出来，"零八宪章"就出台了。另一方面，"普世价值"论又是"零八宪章"的思想纲领和理论支撑。"零八宪章"一开头就亮明了它的主题和思想总纲，即所谓："认同普世价值，融入主流文明"。这个反党反社会主义宣言书全部内容，就是环绕着所"认同普世价值，融入主流文明"的思想纲领展开的。

---

① 刘书林：《"普世价值"问题出现的过程、原因及实质》，载《政治学研究》2008年第6期。

　　首先，它从所谓"自由"、"平等"、"民主"、"人权"等"普世"理念出发，进一步鼓吹历史虚无主义，把党领导的整个革命、建设改革开放的历史因不符合其"普世价值"理念而通通加以否定。如诬称党领导的革命斗争"使中国的政治民主化进程被迫中断"，诬蔑人民解放战争的胜利和新中国的建立"使中国陷入了现代极权主义的深渊"、"1949年建立的'新中国'名义上是'人民共和国'，而实际上是'党天下'"，攻击社会主义改造"剥夺了农民、手工业者和工商业者的生产资料所有权"，指责我国的社会主义建设、改革和发展是所谓"抽离了普世价值基本架构的现代化"、是"摧残人的尊严的灾难过程"，是所谓"继续维系威权统治，拒绝政治改革。"扬言："21世纪的中国将走向何方，是继续这种威权统治下的'现代化'，还是认同普世价值、融入主流文明、建立民主政体？这是一个不容回避的抉择。"

　　"零八宪章"在整个否定中国革命和新中国历史的基础上，依据其"普世价值"理念，提出了一系列妄图颠覆我们社会主义国家、改变我国发展道路、发展方向的政治主张。它鼓吹"修改宪法"，"开放党禁"、"取消一党垄断执政"，实行美国式的三权分立；鼓吹共产党退出司法领域，"司法应超越党派"、"实行司法独立"、"所有公务员应保持政治中立"；鼓吹"推进土地私有化"和"私有化的经济改革"；要求取消马克思主义政治教育并"推进以普世价值和公民权利为本的公民教育"；要求"开放报禁"和"废除现行《刑法》中'煽动颠覆国家罪'条款"。甚至还公然狂妄地提出"政党应从军队中退出"，挑战我国人民民主专政的柱石；提出要把我国改为"联邦制"国家，妄图瓦解国家的统一。在它看来，这些都是其所谓"自由"、"平等"、"民主"、"人权"的"普世价值"理念的必然要求和政治结论。它并为此而煽动在全国开展"公民运动"，说什么中国公民要"积极参与到公民运动中来，共同推动中国社会的伟大变革，以期早日建成一个自由、民主、宪政的国家。"以上分析可见，这个旨在否定共产党领导和社会主义制度的"零八宪章"，就是以"普世价值"论为其思想纲领的。有学者尖锐指出："如果真按他们的主张办，那中国必定要来一次大折腾，折腾出一个政党林立、纷争四起、国无宁日、动乱不已的乱世，折腾成一个四分五裂、虚弱不堪的西方附庸国。① 我们在这个事关旗帜、道路的问题上必须头脑清醒，绝对不可以掉以轻心。

第二节 "普世价值"论的理论谬误和
怎样认识所谓"普世价值"

为了揭露"普世价值"论的实质，在认识方法上要牢牢把握住看问题的实质，而不能陷入某种概念之争。不应当把这些年来事关旗帜、道路问题的争论，归结为"有没有普世价值"之争。因为这样就掩盖了一些人宣扬"普世价值"论的真正目的。这里不妨再举一实例。本章开头提到的"大学人文读本"设有"普世价值"一章，专门选入了克林顿1998年在北大的演讲，其中大谈美国的"个人自由"和"人权"等"核心理想"。这又一次表明，国内一些人掀起的"普世价值"热，就是要鼓吹美国的价值观。而就在克林顿演讲的一年后，发生了以美国为首的北约用五枚美制导弹轰炸我驻南联盟大使馆的事件。这也又一次佐证了美国向世界输出其所谓普世"自由"和"人权"的价值，乃是美国维护其世界霸权的价值。

为了深入评析"普世价值"思潮，我们在剖析"普世价值"论的实质的同时，还有必要在理论上揭露一些人鼓吹的"普世价值"论的理论谬误，进而说明我们在所谓"普世价值"问题上的基本观点。

一 "普世价值"论的理论谬误

一些人宣扬的"普世价值"，把西方资本主义意识形态说成是超历史、超阶级、超越民族差别的"全人类共同价值"，宣扬一种全人类的"普世价值观"。声言要据此"推动价值观的转变"和"意识形态的重建"。那么，在社会历史和政治领域，有没有这种"普世价值"或"普世价值观"呢？我们试从关于价值和价值观的一些基础性问题说起。

所谓价值，学术界一般界定为客体对于主体的意义。有价值，就是事物对一定利益的主体是有意义的，是值得追求和为之奋斗的。由于实际生

---

① 文平：《普世价值辨析》，载《红旗文稿》2009年第10期。

活是很复杂的，意义也是多层次、多方面的，所以有没有价值、有怎样的价值，是一个比较复杂的问题。但总的来说，这既同客体事物的特性、功能有关，又取决于一定利益主体同客体之间的价值关系，价值的问题要从一定主体和客体的关系中来说明和解释。而一定的主体又根据由自身的经济关系决定的立场、价值观来对此进行价值判断。在实际生活中，事物对于主体的意义和有怎样的意义，总是由从一定利益出发的主体依据其价值立场、价值标准来判断的。

一些人鼓吹的"普世价值"和"普世价值观"的明显理论谬误，是把只是对于一部分人的价值宣扬为"普世价值"、"全人类共同价值"，用个别主体或某些主体的价值观抹杀、取代其他所有主体的价值观。

因为既然称之为"普世价值"或"普世价值观"，就理应符合世界上所有主体（至少是绝大多数主体）的利益和要求，为所有主体所认同、推崇、遵循和追求。但当今世界总体上还是处于阶级社会的历史条件之下，并不存在所有主体共同的"普世价值观"。虽然在对某些非意识形态性问题（如自然科学规律）的价值认同和价值评价上，也许可以说有某些"普世性"的因素，但在社会历史和政治领域中，这种"普世价值"或"普世价值观"根本上是不存在的。对于同一事物，不同历史条件下的主体，或同一历史条件下不同的主体，也会有不同的以至完全相反的评价。就拿被认为具有永恒和普遍意义的善恶问题来说，善恶观念的内容从一个民族到另一个民族，从一个时代到另一个时代，从一个阶级到另一个阶级变更得这样厉害，以致它们常常是直接互相矛盾的。再拿被认为具有永恒、普遍意义的对公平的价值追求来说，其实不同主体的公平观是具体的而不是抽象的。在不同的社会制度下，公平的标准是不同的，不同阶级的公平观也不相同。资产阶级要求的公平是要求废除封建特权，无产阶级要求的公平则是消灭阶级和阶级剥削，两者有本质区别。恩格斯曾针对小资产阶级思想家蒲鲁东谈论的"永恒公平"剖析说："公平则始终只是现存经济关系的或者反映其保守方面，或者反映其革命方面的观念化的神圣化的表现。希腊人和罗马人的公平认为奴隶制度是公平的；1789年资产者的公平要求废除封建制度，因为据说它不公平。在普鲁士的容克看来，甚至可怜的行政区域条例也是对永恒公平的破坏。所以，关于永恒公平的观念不仅因时因地而变，甚至也因人而异，这种东西正如米尔伯格正确说过的那样，'一个人有一个人的理解'"①。

为什么会把某些主体的价值观说成是所有主体的"普世价值观"呢？"普世价值"论的基本理论谬误就在于否认了价值观的历史性和阶级性。人们的价值观念因历史时代、历史条件的变化而变更，不存在超历史的，适用于一切时代的价值观念。在阶级产生以后，价值观又具有阶级性。因为"人们自觉地或不自觉地，归根到底总是从他们阶级地位所依据的实际关系中——从他们进行生产和交换的经济关系中，获得自己的伦理观念。"② 因此，不同的阶级有不同的价值观念和价值体系，不存在超阶级的一切阶级共同的核心价值和价值体系。"普世价值"论的宣扬者把特定主体（阶级、国家）的价值观说成是人类共同的"普世价值观"，就是否认价值观的历史性和阶级性这一基本理论错误的必然结果。

如果我们问凭什么把一部分人的价值观说成是全人类共同的"普世价值观"呢？宣扬者不可能说出什么像样的理由。如果不是求之于上帝的旨意，他们就说因为这是美国和西方的价值观念，所以是"普世"的。一些宣扬者所说的"西方的观念不仅是西方的，也是全人类的观念"、"英美民主一经产生，就具备了普世的意义"，就是这种逻辑。

诚然，不同主体（包括不同阶级、国家）间会有利益的交错，而呈现出某种共同利益，因而会有某种共同的价值追求。这在复杂的现实生活中是常见的，正确看待这种共同价值也是有意义的。但这种共同价值，依赖于特定的历史条件。如资产阶级和无产阶级之间在历史发展的特定时期就是如此。由于这种共同利益、共同价值是有条件的、暂时的，随着矛盾统一体的运动和发展，这种共同性也就会不复存在。事实上，资产阶级从它产生的时候起，同它自己对立物的矛盾冲突和不同的政治诉求就存在了。"虽然总的说来，资产阶级在同贵族斗争时有理由认为自己同时代表当时的各个劳动阶级的利益，但是在每一个大的资产阶级运动中，都爆发过作

① 《马克思恩格斯选集》第3卷，人民出版社1995年版，第212页。
② 同上书，第434页。

为现代无产阶级的发展程度不同的先驱者的那个阶级的独立运动。"① 所以，我们说的承认"共同价值"，同有些人宣扬的"普世价值"论完全不是一回事。承认在特定历史条件下不同阶级间的某种共同利益和共同价值，并不意味着超历史、超阶级的"普世价值"的存在。

我们还可以从不同利益主体的价值观，归根到底是有一定的经济关系决定的这一基本事实和观点，来指出"普世价值观"在理论上是不能成立的。

马克思主义的基本原理告诉我们，经济基础决定上层建筑。一定的价值观念体系作为社会思想上层建筑的重要组成部分，虽然总是包含着主体的能动创造，并受到各种思想文化互相激荡的深刻影响，但归根到底是由一定的经济基础、经济关系决定的。马克思指出："在不同的占有形式上，在社会生存条件上，耸立着由各种不同的、表现独特的情感、幻想、思想方式和人生观构成的整个上层建筑。整个阶级在它的物质条件和相应的社会关系的基础上创造和构成这一切。"② 既然一定的经济关系决定一定主体价值观的实际内容，那么在历史和政治问题上，要形成"普世价值观"的历史前提，就首先要所有的主体基本上都处于同样性质的经济关系当中，因为只有普天下的经济关系性质上基本一致了，即在不仅消灭了阶级对立，而且在实际生活中也忘却了这种对立的社会发展阶段上，才可能决定所有主体在重大问题上有共同的价值观。显然，这在今天世界总体上还处于阶级社会的历史条件下，也是根本不现实的。

二　怎样认识所谓"普世价值"

环绕着"普世价值"问题的争论是很激烈的。批评者一度被某些舆论指责为"否定思想解放的成果"，以致"反对改革开放"。这种论调，暴露了有些人讲的"解放思想"、"改革开放"，原来就是要同西方"全面接轨"，是同马克思主义和中国特色社会主义的要求背道而驰的。但"普世价值"问题涉及到价值和价值观方面一些比较深入的理论问题，要在理论

---

① 《马克思恩格斯选集》第 3 卷，人民出版社 1995 年版，第 356—357 页。
② 《马克思恩格斯选集》第 1 卷，人民出版社 1995 年版，第 611 页。

上给予透彻的剖析和澄清也不很容易。在批评"普世价值"论的学者中间，对有的问题也有不同的认识，还需要继续探讨。这里，试在本章以上所作分析的基础上，对怎样认识所谓"普世价值"问题的基本观点和基本方法进行概括和归纳。

（一）对于"普世价值"论，首先要认清和牢牢把握住它的政治实质。对此，前面已经根据大量材料进行了揭露和分析。一些人鼓吹"普世价值"，实际上是要借用这个名头，抹黑我们党、我国社会主义制度、我们的意识形态和我们的文化传统，企图给我们造成两难的境地：要么被冠以"反普世价值"的污名，使中国特色社会主义道路和制度的合法性流失；要么乖乖归顺西方，接受西方价值观念对中国的改造，放弃中国共产党的领导和社会主义制度，成为他们的附庸。所以"普世价值"论的实质，就是企图用美国和西方价值观来改变中国特色社会主义道路和制度、改造社会主义的中国。在这个问题上，我们只能站在马克思主义的立场上，站在党的、工人阶级的、人民大众的立场上，而绝不能站在别的立场上。"零八宪章"出台后，境外敌对势力表现了对"普世价值"论搅乱是非、蛊惑人心作用的热切期待，并不是偶然的。它从演变中国的目的出发，把环绕"普世价值"问题的争论不加掩饰地归结为争夺"中国向何处去"的"话语权"和"主导权"的斗争。有的网站说："话语权的争夺环绕普世价值这个关键词"，声称"体制内外要求走向普世价值的声音能否主导改革走向深入……还是被顽固派罗织为和平演变的口实，国际社会将拭目以待。"这种处心积虑要"西化"、"分化"中国，改变中国发展方向的声音，对我们的同志是一副很好的清醒剂。事实上，"普世价值"论已经成为反马克思主义思潮的一种新的理论包装。新自由主义、民主社会主义，要求彻底抛弃马克思主义的阶级和阶级斗争理论的观点，以至现代新儒家的那一套陈腐主张，一时间都以"普世价值"为包装和标榜而招摇过市。"

胡锦涛在纪念党的十一届三中全会召开30周年大会上的讲话，深刻阐述了改革开放以来取得的宝贵经验，指出："世界上没有放之四海而皆准的发展道路和发展模式，也没有一成不变的发展道路和发展模式"。"我们要始终坚持党的基本路线不动摇"，"决不走僵化封闭的老路，也决不走改旗易帜的邪路，而是坚定不移地走中国特色社会主义道路"。① 党的十八大又重申了这一重要观点。这是党和人民在中国"举什么旗"、"走什么路"问题上的又一次庄严宣示，为我们提供了识别、抵制、批判"普世价值"思潮和其它错误思潮的有力思想武器。

（二）在自有文字记载的历史上和当今世界总体上还是处于阶级社会的历史条件下，就社会历史和政治领域而言，根本上并不存在某些人宣扬的"普世价值"或"普世价值观"。这是承认价值观的历史性和阶级性的必然结论。价值问题要从主客体的相互关系中来说明，价值客体的功能固然具有客观性，但对此的态度是认同、遵行还是相反，是由特定的利益主体决定的，取决于特定利益主体的立场和价值观。在这个意义上，离开了一定的主体，就无法说清有没有价值和有怎样的价值。在历史和政治领域里并不存在所有主体共同的核心利益，因而就不存在为所有主体所认同和遵行的"普世价值"，不存在这种"普世价值观"。一些人所谓的"普世价值观"，实际上只是一部分人的价值观，并不是"普世"的。这一点连西方的某些有识之士也看到了。联邦德国前总理施密特就说："民主、人权等等西方的价值观完全是西方的东西，在亚洲并不行得通。"②

不同的利益主体之所以会有不同的价值观，是因为归根到底价值观的根源是社会存在决定社会意识。正如《共产党宣言》中所说："人们的观念、观点和概念，一句话，人们的意识，随着人们的生活条件、人们的社会关系、人们的社会存在的改变而改变，这难道需要经过深思才能了解吗？"③ 既然如此，把在一定的经济关系和社会存在之上产生出来的自由、民主、人权等观念普遍化、神圣化、绝对化为适用于一切社会所有主体的"普世价值观"，无疑在理论上是根本站不住的了。

（三）一些人热衷鼓吹的"普世价值观"在理论上的根本错误，就是否认价值观的历史性和阶级性。无论是把一部分主体的价值和价值观鼓吹成所有主体的价值和价值观，还是把一定经济关系和社会存在之上产生出

---

① 胡锦涛：《在纪念党的十一届三中全会召开 30 周年大会上的讲话》，载《人民日报》2008 年 12 月 19 日。

② 参见《参考消息》2009 年 1 月 11 日。

③ 《马克思恩格斯选集》第 1 卷，人民出版社 1995 年版，第 291 页。

来的价值观念宣扬成是一切社会所有主体的"普世价值观"，都是同否认价值观的历史性和阶级性密切相关的。既然拒绝对一定的价值观和价值体系进行历史的、阶级的分析，就不可避免地走到迷恋超历史、超阶级的所谓"全人类共同价值"的方面去。

我们也看到，还有些人往往用美好的愿望来诠释"普世价值"。他们把认为是好的、应该普遍遵行的东西看成是理所当然的"普世价值"，包括如前面提到的公平、和平，以及和谐、诚信等等。这是把理想状态和现阶段可能实现的状况混淆起来了，把善良的愿望同严峻的现实混淆起来了。就公平说，前已提到不同社会、不同阶级有不同的公平标准和公平观。至于和平，当然是很好的，持久和平是我们和各国人民为之而奋斗的。但和平的意义要看对什么人而言，世界上除了有爱好和平的力量，还有不喜欢和平和这样那样破坏和平的力量，当今世界霸权主义和强权政治仍然是威胁世界和平与稳定的主要根源。美国在二战后，已发动了 20 多次对外入侵，军事基地遍及全球各大洲。《参考消息》2010 年 10 月 5 日刊登的路透社发自华盛顿的专栏文章在分析美国迷信"武力哲学"时说："奥巴马总统也不例外，迄今尚无迹象表明他与第二次世界大战之后的历届美国总统有任何区别：他们都坚信美国必须在全球驻军、必须进行全球力量投射并且有权干预全球。"而且，当今世界上因民族、宗教、领土等因素而引发的局部冲突此起彼伏，局部动荡频繁发生。一些年来，霸权主义、强权政治和新干涉主义有所上升，世界仍很不安宁。尽管我国坚持走和平发展道路，美、日等国加紧构筑对华包围圈，我国维护国家主权、安全、发展权益的斗争面临严峻局面。日本安倍政权甚至打着推行"积极和平主义"的幌子，否认和美化日本在二战期间的侵略历史，力图借解禁集体自卫权，把军事活动扩展至全球。日本许多有识之士批评说，安倍追求的"不是积极的和平主义，而是积极的战争主义"。只要正视现实，还能侈谈和平是世界上所有国家和其他主体共同追求和遵行的"普世价值"吗？

就"和谐"说，社会和谐是我们党不懈奋斗的目标。党的十六届六中全会的决定指出："社会主义和谐社会，是在中国特色社会主义道路上中国共产党领导全体人民共同建设、共同享有的和谐社会。"这说明我们要建设的和谐社会具有鲜明的中国特色社会主义的本质属性。在现实生活中，还存在着危害、破坏社会和谐的各种各样的利益主体和影响社会和谐的诸多因素。只有坚持中国特色社会主义道路，坚持党的基本理论、基本路线，不断解决各种影响社会和谐的矛盾和问题，最大限度增加和谐因素，减少不和谐因素，才能实现促进社会和谐的要求。如果因为见到和谐二字很好，就认为和谐、建设和谐社会是"普世价值"，就未免太缺乏分析和肤浅了。至于就整个世界来说，在总体上还是以剥削制度为基础的现阶段，就更谈不到"普遍和谐"了。恩格斯在谈到马克思的两个伟大发现，特别是发现剩余价值学说的意义时曾深刻指出："这样一来，有产阶级胡说现代社会盛行公道、正义、权利平等、义务平等和利益普遍和谐一类虚伪的空话，就失去了最后的立足之地。"①

（四）既否定超历史、超阶级、超越民族差别的"普世价值"和"普世价值观"，又必须在实践中通过扬弃吸收历史上和外国有进步作用的价值观的有益内容，弘扬祖国传统文化精华和吸收外国文明优秀成果。这是我们党的一贯态度。

对历史文化遗产包括对伦理文化和价值体系的扬弃，是一个很复杂的问题。拿中国几千年的文化来说，它是封建时代的东西，但也不全是封建主义的东西，有人民的东西、反封建的东西，封建主义的东西也不全是坏的，也有它发生、发展和灭亡的时期。因此，我们应当善于进行分析，总的来说就是要看它对待人民的态度如何，和在历史上有无进步的意义，分别采取不同的态度。把批判、继承、创新有机地统一起来，实现对古代优秀传统文化的批判继承与超越，使之适合今天的历史发展和今天中国人民的实际需要。就拿对中国历史发生重要影响的孔子的以"仁"为核心的伦理观、价值观而言，孔子以"仁爱"释仁，表示了一种宽大的胸襟和道德境界。但他又把"仁"和"礼"相联系，提出"克己复礼为仁"。这表明"仁"的基本含义是要求通过约束个人与他人、个人与社会的关系，来维系旧有的社会秩序和社会制度。这种伦理观念是同中国封建社会发生、发展的一定时期相适应的，因而在历史上有过进步作用。但即使如此，在封建制度下，这种"仁爱"学说也不能同它的实践严重脱节。剥削者的

---

① 《马克思恩格斯选集》第3卷，人民出版社1995年版，第338页。

"己所不欲"，不可能不施于劳动人民。当社会阶级对抗激化，剥削制度走向灭亡时，这种学说就更显示出虚伪性和欺骗性。中国共产党人在革命实践中用马克思主义观点对它进行检查时，就发现孔子的"仁""是仁于统治者一阶级而不仁于大众的"，因而对于"孔子的这类道德范畴，应给以历史的唯物论的批判，将其放在恰当的位置。"①

"将其放在恰当的位置"，就是要尊重历史的辩证法的发展，既反对全盘抛弃的历史虚无主义，又反对全盘吸收的文化保守主义，努力在批判继承中实现创新。正是在中国革命的伟大实践中，在对古代文化传统的扬弃中，毛泽东对古代的伦理观念"仁"进行了改造，赋予了它新的内涵，并吸收了古代"民本"思想的有益内容，进而依据唯物史观关于人民群众是历史创造者的原理，提出了"为人民服务"的崭新的伦理观，在党的长期奋斗中形成了"以合乎最广大人民的最大利益，为最广大人民群众所拥护为最高标准"的优良传统。这是在扬弃中融批判、继承、创新于一体的光辉范例。

（五）实事求是地看待一定条件下不同主体的共同价值和一定的价值观念的普遍性。

在历史发展中，不同的主体（如阶级、国家）由于利益的交错而有某种共同的价值。这在前面已经说到了。在一定条件下形成的价值观念也会有某种普遍性。一种价值观有多大的普遍适用性，在不同领域、不同问题上情况是不一样的。就在社会历史领域而言，它受制于现实世界经济、政治关系中互相联结又互相矛盾的错综复杂的利益主体。即使在现今凸现的被视为关乎各国共同利益的全球性问题上，也因不同国家的利益矛盾或有的执意采取双重标准等原因，而态度各异以致对立。气候问题可说是当今的全球性问题之一。2009 年 12 月在哥本哈根举行了人们给予厚望的联合国气候变化会议。但发达国家与发展中国家在许多关键性问题上出现激烈交锋，分歧凸现。如关于在二氧化碳排放量的减排目标问题上，本来大气中的二氧化碳问题主要是发达国家一、二百年来工业化的进程中造成的，可是在减排目标上美国等发达国家却自己说多

---

① 《毛泽东书信选集》，人民出版社 1983 年版，第 148 页。

少就是多少，相反要求发展中国家承担更多责任。原先 2007 年巴厘岛的联合国气候会议制定的巴厘岛路线图，确定了发达国家到 2020 年相对于 1990 年的排放水平减 25%—40% 以上，可是在哥本哈根会议上，奥巴马承诺的减排目标是 17%，不仅低于巴厘岛路线图的要求，而且把基准年从 1990 年换成了 2005 年，这样美国承诺的减排目标实际上就只有 3% 了。我国本着共同而有区别的责任和原则决定 2020 年单位 GDP 二氧化碳排放量比 2005 年下降 40%—45%，已超出了巴厘岛路线图的要求。发达国家不仅不跟进减排，反而指责中国减排目标偏低。由于发展中国家和发达国家间的利益碰撞，一个矛盾解决了，又会产生新的矛盾；发展中国家在一个问题上妥协了，在另一个问题上却不能实现自己的要求。2010 年的气候大会因此无果而终。2011 年的德班气候大会虽经两周艰难谈判最后达成了一揽子协议，但各方反应差异明显。如美国《纽约时报》网站 2011 年 12 月 11 日的报道所说："此次气候大会闭幕时，有人精疲力尽，有人暴跳如雷，很多人倍感失望。"所以，在控制气候变化这样的全球性问题上也不能侈谈"普世价值"。我们必须从中国人民和世界人民的利益出发，实事求是，正确应对。把一定价值观的某种普遍性同"普世价值"混为一谈，无疑是不妥当的。

第三节　坚持马克思主义的历史分析和阶级分析

在以上对"普世价值"论的评析中，我们努力用马克思主义的历史分析和阶级分析的方法来剖析和说明问题。被一些人吹得玄玄乎乎的"普世价值"说，只要对它进行历史的、阶级的分析，就可以把它的实质和谬误暴露在大众之前。在这一节中，将进一步就学习和坚持马克思主义的历史分析、阶级分析方法的问题进行讨论。

一　何为历史分析、阶级分析

列宁指出："在分析任何一个社会问题时，马克思主义理论的绝对要求，就是要把问题提到一定的历史范围之内"，并指出，如果谈到某一国家，"那就要估计到在同一历史时代这个国家不同于其他各国的具体特点"①。这是关于马克思主义对社会问题分析方法的高度概括。这里用了"马克思主义理论的绝对要求"这样的提法，表明了列宁对于分析社会问题时"要把问题提到一定的历史范围之内"的根本原则的高度重视和强调。把问题提到一定的历史范围之内，就要考察和把握事物基本的基本历史联系，考察和把握事物所由以产生的历史条件和由此决定的具体特点，考察和把握事物怎样随着历史条件的改变而变化，以及怎样随着历史条件的根本变革而造成旧事物向新事物的转化，这样才能深入揭示事物的本质及其发展的规律性。

列宁1919年7月在斯维尔德洛夫大学的讲演即《论国家》一文中进一步阐明了这种历史分析的方法，并用以澄清、阐明了人类历史上充满混乱见解的一种复杂的社会历史现象——国家问题。在什么是国家的问题上，被资产阶级学者和政论家有意无意地弄得混乱不堪，如说国家是一种神奇的东西，是一种超自然的东西，是上天赋予的力量，等等。列宁在讲演中对大学生们说："要非常科学地分析这个问题，至少应该对国家的产生和发展作一个概括的历史的考察。在社会科学问题上有一种最可靠的方法，它是真正养成正确分析这个问题的本领而不致淹没在一大堆细节或大量争执意见之中所必需的，对于用科学眼光分析这个问题来说是最重要的，那就是不要忘记基本的历史联系，考察每个问题都要看某种现象在历史上怎样产生、在发展中经过了哪些主要阶段，并根据它的这种发展去考察这一事物现在是怎样的。"② 为此，列宁向大学生们推荐了恩格斯的著作《家庭、私有制和国家的起源》，并运用唯物史观大致考察了人类社会的历史和先后出现的奴隶占有制国家、封建制国家和资本主义国家几种国家形态，得出结论说："研究国家问题的时候，首先就要注意，国家不是从来就有的。曾经有过一个时候是没有国家的。国家是在社会划分为阶级的地方和时候、在剥削者和被剥削者出现的时候才出现的"③。"要强迫社会上

① 《列宁选集》第2卷，人民出版社1996年版，第375页。
② 《列宁选集》第4卷，人民出版社1996年版，第26页。
③ 同上书，第27页。

的绝大多数人经常替另一部分人做工，就非有一种经常性的强制机构不可。当没有阶级的时候，也就没有这种机构。在阶级出现以后，随着阶级划分的加强和巩固，随时随地就有一种特殊的机关即国家产生出来"①。列宁并进一步说："国家是一个阶级压迫另一个阶级的机器，是迫使一切从属的阶级服从于一个阶级的机器。这个机器有各种不同的形式。"② 列宁主义认为，待到在生产力高度发展基础上最终消灭了阶级和阶级斗争，待到再也没有进行剥削的可能的时候，那时就不会有国家了。列宁在他的名著《国家与革命》中曾专门论述了这个国家消亡的问题。

从以上我们对列宁《论国家》中的主要观点的叙述中，可以看到在分析重大的社会问题时，马克思主义的历史分析和阶级分析方法是统一而密不可分的。

关于阶级观点、阶级分析的问题，列宁也有许多著名的论述，他在阐述马克思主义的阶级和阶级斗争理论时论述说："马克思主义提供了一条指导性的线索，使我们能在这种看来扑朔迷离、一团混乱的状态中发现规律性。这条线索就是阶级斗争的理论。"③ 它告诉我们，由于原始社会解体以来一切社会的历史都是阶级斗争的历史，必须牢牢把握住这条指导性的线索，用阶级和阶级分析的观点与方法去考察社会历史，才能发现规律性而不致陷于扑朔迷离和一团混乱。也正如列宁所说："必须牢牢把握住社会划分为阶级的事实，阶级统治形式改变的事实，把它作为基本的指导线索，并用这个观点去分析一切社会问题，即经济、政治、精神和宗教等等问题"④。

这种阶级分析方法同历史分析方法在马克思主义理论中是内在统一、浑然一体的，它生动地体现在马克思主义经典作家对重大社会科学问题的分析之中。唯其如此，才实事求是地揭示了极为复杂的社会科学问题的本质和事物发展的规律性。只要认真读一下《共产党宣言》，我们可以看到马克思、恩格斯在这部划时代的科学著作中，就是运用历史分析和阶级分

---

① 《列宁选集》第 4 卷，人民出版社 1996 年版，第 32 页。
② 同上书，第 33 页。
③ 《列宁选集》第 2 卷，人民出版社 1996 年版，第 426 页。
④ 《列宁选集》第 4 卷，人民出版社 1996 年版，第 30 页。

析的方法，从历史运动的真实关系出发，来解剖人类社会特别是封建社会后期以来的历史，从而把由资本主义基本矛盾决定的"两个必然"的历史趋势展现在我们面前的。

二 牢牢把握评析"普世价值"论的思想武器

我们在前面对"普世价值"论的评析中，已经认识到必须坚持马克思主义的历史分析和阶级分析。在对什么是历史分析和阶级分析有了进一步了解之后，就可以更自觉地以此为认识的武器，来评析把美国和西方的价值观念宣扬为"普世价值"的错误思潮。

在谈论这个问题之前，还有必要再澄清一下今天还要不要讲阶级观点、阶级分析问题上的错误认识。有人认为，既然党的十一届三中全会以来已经否定了"以阶级斗争为纲"，今天就不应当再讲阶级观点和阶级分析了。这种看法是错误的。须知当今世界总体上还是处在阶级社会的历史阶段，还存在着阶级和阶级斗争。在我们所处的社会主义初级阶段，还远不具备消灭阶级和永远摆脱阶级斗争的条件。由于国际和国内的因素，意识形态领域的斗争更是长期的、复杂的，有时还是很尖锐的。十一届三中全会否定"以阶级斗争为纲"，是针对阶级斗争已不是国内主要矛盾而言，并不是说阶级斗争已经不存在了。十一届六中全会通过的党的历史问题决议明确指出："在剥削阶级作为阶级消灭以后，阶级斗争已经不是主要矛盾。由于国内的因素和国际的影响，阶级斗争还将在一定范围内长期存在，在某种条件下还有可能激化。既要反对把阶级斗争扩大化的观点，又要反对认为阶级斗争已经熄灭的观点。"[1] 在进入新世纪之时，江泽民针对一些干部、群众中的模糊认识指出："我们纠正过去一度发生的'以阶级斗争为纲'的错误是完全正确的，但是这不等于阶级斗争已不存在了，只要阶级斗争还在一定范围内存在，我们就不能丢弃马克思主义的阶级和阶级分析的观点和方法。这种观点与方法始终是我们观察社会主义同各种敌对势力斗争的复杂政治现象的一把钥匙。"[2] 因此，我们应当理直气壮地宣

① 《三中全会以来重要文献选编》（下），人民出版社1982年版，第841页。
② 《江泽民文选》第3卷，人民出版社2006年版，第83页。

传马克思主义关于阶级和阶级斗争的学说，坚持准确地理解和正确地运用马克思主义的阶级和阶级分析的观点与方法。如果丢弃了阶级观点和阶级分析，共产党人就是自我解除思想理论武装，不仅难以澄清思想理论混乱，而且还会导致不堪设想的严重后果。

就"普世价值"论来说，概而言之，这是一种以抽象人性论为思想基础，用"普世"名义包装西方的主流价值观，是一些人奉之为圭臬，以期"在中国改革的历史关键时期"使社会主义中国改旗易帜的一种社会思潮。我国舆论界一些年来很少讲或不讲阶级观点和阶级分析，甚至无形中把它当作宣传思想教育工作的禁区，所谓"去意识形态化"的倾向在一些舆论中成为时髦。这是导致许多人看不清"普世价值"论的政治实质、无法分清是非、引起许多思想混乱的一个重要原因。

下面，试运用历史分析和阶级分析的方法，再就"普世价值"思潮传播中的两个突出问题作进一步剖析。

一是所谓"普世民主"。"普世价值"思潮传播中的一个突出问题，是把美国和西方的民主尊奉为"普世价值"、"全人类的准则"，所谓西方"民主一经产生，就具备了普世意义"，要求中国也必须实行这种"普世民主"，否则就是"拒绝民主"。应该怎样看待这个问题呢？

民主属于上层建筑，是由经济基础决定并为经济基础服务的。经济基础的性质发生了变化，民主作为一种国家制度和阶级统治的形式，其性质、特征和作用也就发生变化。在人类文明史上有过不同性质和形式的民主，如古希腊雅典的奴隶主民主，欧洲中世纪后期贵族同王室进行政治斗争的民主，以及近代以来的资产阶级民主等等。同是资本主义国家，都是资产阶级的经济、政治统治，由于特定的社会历史条件不同，其民主政治的形式和模式也有所区别。人类政治文明发展的历史和现实情况表明，世界上并不存在唯一的、普遍适用的和绝对的民主模式，从来没有抽象的、超阶级的、超历史的、永恒的、普世的民主政治。所以，虽然世界各国间的民主模式在某些问题上（如具体的组织形式、运行机制、运作程序）可以互相借鉴，但根本上说必须由各国人民根据自身的利益和自己的历史、国情和文化特点，来确定自己的民主政治模式。中国人民既然有权选择了社会主义，就有权选择中国特色社会主义的民主政治发展道路，并使之不断完善。把某一国家的某种特定制度模式说成是必须遵循的"普世价值"，要求其他国家遵照实行，既违背了人类政治文明发展历史的逻辑，在理论上也是站不住脚的。

有些人对美国和西方以选举制为重要特征的"民主"盲目迷恋，也是不作历史分析和阶级分析的结果。西方关于人的权利的种种说法通常援引"天赋人权"说，认为各种权利是人人天生平等地拥有的。但事实并非如此。因为权利归根到底是由经济基础决定的，"权利绝不能超出社会的经济结构以及由经济结构制约的社会的文化发展。"① 民主的权利也是这样。所以，在资产阶级革命中形成、发展起来的资产阶级民主虽然有它历史的进步性，但其历史和阶级的局限性从一开始就十分明显。拿选举权来说，美国立国之初的一段时期中，曾规定只有成年白人男子才有选举权和被选举权，妇女和黑人并没有选举权。英国在历史上曾规定，年收入在40先令以上者才有选举权。法国也曾规定只有拥有一定财产和纳税的人即"积极公民"才享有选举权和被选举权。这种资产阶级民主标榜的"平等"，是在富人和穷人不平等的前提下的"平等"，实际上是把大多数人"平等"地排除在了政治权力之外。在西方民主制的历史上，还出现过由民主蜕变为专制独裁的事例。1851年路易·波拿巴以公民投票的方式登上法国皇帝的宝座，推翻资产阶级共和制，建立了法兰西第二帝国。20世纪30年代，希特勒也是靠选举上台当上了德国总理，随后建立了纳粹政权和元首独裁制。这样的事例虽然是个案性的，20世纪中叶以来各国的普选权也已不断扩大。但这种民主制实际上掌控在少数大资本家和政客的手中，受着资本主义的经济关系及其产权制度的制约。西方的民主选举已日渐蜕化为"钱袋政治"和政客们互相攻讦的"口水政治"。

在这种情况下，选民们对这种"民主选举"的冷漠和投票率的低迷，长期来已成为困扰西方各国的问题。据1995年第6期《真理的追求》所载学者文章援引外国资料，美国前总统里根1980年和1984年分别以26.7%和29.8%的票数当选。1988年在布什当选的选举中，有一半以上的选民未参加投票。2010年4月19日《北京日报》所载学者的文章指

---

① 《马克思恩格斯选集》第3卷，人民出版社1995年版，第305页。

出，美国总统选举这么多年来平均投票率大约是 55%，当选总统一般得到 50% 多一点的选票。奥巴马在 2008 年当选说是大胜，也只得到了 53% 左右的选票。这就是说，以大胜当选的奥巴马实际上也只获得了 27% 左右选民的支持。西方选举民主的局限由此可见一斑。至于美国民主的商业化、金钱化更不是一般人可以想象的。谁的资本雄厚，谁当选的几率就高。2004 年大选，小布什花了 3. 67 亿美元战胜了花费 3. 28 亿美元的约翰·克里。2008 年美国大选，奥巴马筹集了 7 亿多美元竞选，经费高出对手一倍多，赢得选举。至于整个大选的费用，数目之巨更是令人咋舌。《六个"为什么"》一书中说："据统计，2000 年美国大选所花费的金钱高达 30 亿美元，2004 年美国大选的费用接近 40 亿美元，2008 年更是高达 53 亿美元。"[1] 2012 年的大选费用又创下了 60 亿美元的新高。这种选举制度的核心，还在于当选者对支持他的资本集团和利益集团要有回报。连奥巴马在 2008 年当选前的《希望的勇气》一书中也不得不承认："竞选需要电子媒体和广告，这就需要钱。去弄钱的过程，就是一个产生腐败影响的过程。拿了钱就要照顾提供捐钱者的利益。"[2] 这种"金钱化"的选举制度的结果，还常常把腰缠万贯的百万富翁直接送入国家政治权力的中心。据美国《全球主义者》在线杂志 2010 年 11 月 1 日文章，美国国会这一年的中期选举，参众两院 535 名议员中，"共有 239 名议员（约占 46%）2008 年的净资产在 100 万美元以上。相比之下，只有略多于 0.8% 的美国人是百万富翁。"

　　还必须看到，美国的垄断势力及其政客们已经把向世界输出其"普世民主"，作为干涉别国内政和推行霸权主义的工具。在他们的词汇里，其"民主"、"自由"是上帝赋予他们的一面道德旗帜，是无与伦比的"普世价值"，他们有在全世界推行和实施这种"普世价值"的权利和义务。这种美国的民主制度输出，已成为美国基本的对外国策。历时 7 年的入侵伊拉克战争，就是美国向一个主权国家输出其"普世民主"，从而造成十多

---

　　① 中共中央宣传部理论局：《六个"为什么"——对几个重大问题的回答》，学习出版社 2009 年版，第 74 页。
　　② 参见《环球时报》2008 年 7 月 7 日。

万伊拉克人民死亡,使伊拉克民族和人民陷于腥风血雨的灾难和恐怖之中的一个纪录。一段时期中,美国对一些国家积极策动"颜色革命",支持反对派大搞"街头政治",或借以颠覆社会主义国家的政权,或借以使一些国家的非亲美政权改变为亲美政权,也是其推广"普世民主"计划的实践。对于中国来说,美国《时代周刊》网站2007年的一则报道透露:"美国希望中国将发展成民主国家的这个观点,一直是美国对华政策的基础,是美国与一个不以为然的独裁政权保持密切联系的主要原因。"这则报道把美国垄断势力的战略意图说得十分清楚了。

至于美式民主是否"普世价值",这里倒可以提一下一件很有意思的事情。提出"历史终结"论的美国新保守主义学者福山,认为西方的民主自由将普及为人类政府的最终形式。但是美国在伊拉克推广"普世民主"的严重恶果,使得福山的思想悄然变化。数年后,2011年1月17日,他又在英国《金融时报》网站以"美国民主没有什么可教给中国的"为题发表文章。文中承认:"21世纪头10年,人们对不同政治经济模式的看法发生了巨大逆转","伊拉克战争,以及军事侵略同推广民主之间的密切联系给民主抹了黑";"有民调显示认为自己国家走在正确道路上的中国人要比美国人多得多","中国政治体制最重要的优点是能够迅速做出众多复杂的决定,而且决策的结果还不错"。在谈到美国模式的时候,福山当然要肯定它的"个人自由",但不得不承认"美国模式存在一个远未解决的深层次的问题",正变得日趋"两极分化、思想僵化"。出自福山之口的这种反思和评说,有助于我们看到美国的民主价值观和民主模式确实不是什么"普世价值"。

可见,国内那些竭力要移植美式的"普世民主"的人,未免太落后于形势的发展和显得太可笑了。他们说,中国如不实施美国式的"普世民主",就是"拒绝民主"。只能认为,他们是顺应西方垄断势力"西化"、"分化"中国的要求,妄图使我国也走上苏东剧变的道路。这就很好警示我们,在努力推进我国的民主政治建设的过程中,一定要自觉划清中国特色社会主义民主同西方资本主义民主的界限。

"普世价值"思潮传播中的又一个比较突出的问题,是把抽象人性论作为它的思想基础和论据,宣扬"共同人性是普世价值的基础",试图用历史唯心主义的抽象人性论来支持"普世价值"思潮的传播。

有宣扬者说："普世价值的基础是人类共同的人性，是超越一切差别的共同性，就是通常所说的人性，也可以说是人的天性，是人类与生俱来的本性。"[①] 这里又是"共同人性"、"天性"、"本性"，又是"超越一切差别"、"与生俱来"，似乎只要多说上几遍这种抽象的人性，其所称的"普世价值"就得到了论证。这种论据是根本经不起追问的。

有没有"共同人性"这东西？人作为"类存在物"，当然不是没有人类的共性可言。如可以根据人具有自我意识等等，来区别人和动物。但这并不是人和动物最本质的区别，人和动物最本质的区别在于生产劳动，"人是唯一能够由于劳动而摆脱纯粹的动物状态的动物"[②]。一旦人们开始自己生产他们所必需的生活资料的时候，他们就开始把自己和动物区别开来了。而从人类生产物质生活本身的第一个历史活动起，人们之间就必然处于一定的社会关系中，因为生产总是社会的生产，只有在一定的社会关系中才会有生产。就在基于一定的生产方式和物质生产活动的社会历史发展中，人性发生了纷繁的演变和分化，也产生了阶级属性的分野。就像马克思、恩格斯所说："他们是什么样的，这同他们的生产是一致的——既和他们生产什么一致，又和他们怎样生产一致。因而，个人是什么样的，这取决于他们进行生产的物质条件。"[③] 所以人的本质、人性是历史的产物，只有具体的人性而没有抽象的人性，只有一定具体历史条件下和社会关系中的人性而没有脱离具体历史条件和社会关系的人性。具体的人性，因不同的历史条件和不同的阶级、社会集团，以及不同的生活环境、文化传统而不同。马克思曾说："共产党人的良心不同于保皇党人的良心，有产者的良心不同于无产者的良心"[④]。恩格斯在考察英国工人阶级状况后还说：就思想观念、习俗道德等而言，资产者和无产者是"两种完全不同的人"[⑤]。进而，马克思在批评人的本质"被理解为'类'，理解为一种内在

---

① 杜光：《普世价值：一个时代性的重大课题》，《炎黄春秋》2009 年第 1 期。
② 《马克思恩格斯全集》第 20 卷，人民出版社 1971 年版，第 535—536 页。
③ 《马克思恩格斯选集》第 1 卷，人民出版社 1995 年版，第 68 页。
④ 《马克思恩格斯全集》第 6 卷，人民出版社 1961 年版，第 152 页。
⑤ 《马克思恩格斯文集》第 1 卷，人民出版社 2009 年版，第 438 页。

的、无声的、把许多个人自然地联系起来的普遍性"的倾向时，提出了对于人的本质的经典性的科学概括："人的本质不是单个人所固有的抽象物，在其现实性上，它是一切社会关系的总和。"①

以上分析可知，人的本质并不是它的"类同性"，而是它的社会性。在人的自然属性和社会属性的统一中，社会属性才是其本质属性。人的社会属性包括人的阶级属性。事实上，在人类历史长期的社会实践中，人的自然属性的内容已深深注入了社会、文化的因素，受着社会属性的制约。社会属性是人的全部属性中最根本和具有决定作用的属性。很明显，不承认人性是历史的产物，不承认人性的演变和分化以及人性的具体性，用某种"类同性"抹杀人的社会性和阶级性，一味鼓吹"超越一切差别"的"共同人性"，其立足点就不是现实的人而是抽象的人了，就完全背离了马克思主义的唯物史观。

用这种"类同性"、"共同人性"至多只能说明在对一些非意识形态性东西的追求，有某种普世性的价值因素；但岂能用这种生物学意义上的"类同性"，来证明由特定的社会关系和阶级地位决定的政治诉求？岂能用这种"类同性"来证明西方资产阶级的价值观是"全人类共同的价值观"？当下，有些人用"共同人性"来证明"普世价值"，又用"普世价值"来诠释"共同人性"。这除了足显其理论的贫乏之外，其实什么也证明不了。有些人露骨地鼓吹脱离具体历史条件和社会关系的"共同人性"，其实是要在抽象人性的掩护下，把西方资本主义条件下形成的特殊人性说成是全人类永恒不变的普遍人性。他们以为这样就可以证明西方的主流价值观是"普世价值"了。

在结束本章的时候，我们愿提醒读者，如有可能不妨再读一读恩格斯在《反杜林论》中对杜林"永恒道德"论的分析和批判，我们可以从中获取怎样认识所谓"普世价值"的思想方法上的启迪。

杜林是一个先验主义者和形而上学者。他为了鼓吹人类历史领域也存在着"永恒真理"、"永恒道德"、"永恒正义"，先确定了他的道德观和正义观适用于一切世界，认为道德的原则凌驾于"历史之上和现今的民族特

---

① 《马克思恩格斯选集》第1卷，人民出版社1995年版，第60页。

性的差别之上"，而且不容许"对这些原则的绝对适用性表示失望"。他的道德论就是这种普遍适用的"永恒真理"。如果用今天有的人的语言，这些原则显然也就是"普世价值"了。

恩格斯在剖析的过程中，深入论述、阐明了道德的历史性和阶级性，从而对这种认为具有"绝对适用性"的"永恒道德"论，从理论上进行了深入的揭露和评析。他说："我们拒绝想把任何道德教条当作永恒的、终极的、从此不变的道德观念强加给我们的一切无理要求，这种要求的借口是，道德世界也有凌驾于历史和民族差别之上的不变的原则。相反地，我们断定，一切以往的道德论归根到底都是当时的社会经济状况的产物。而社会直到现在是在阶级对立中运动的，所以道德始终是阶级的道德"；他说，在历史发展中，道德方面"总的说是有过进步的。但是我们还没有越出阶级的道德。只有在不仅消灭了阶级对立，而且在实际生活中也忘却了这种对立的社会发展阶段上，超越阶级对立和超越对这种对立的回忆的、真正人的道德才成为可能。"① 只有在一劳永逸地消灭了阶级和阶级对立的发展阶段上，"超越阶级对立和超越对这种对立的回忆的、真正人的道德才成为可能"，那时，普世道德、普世价值观的形成和发展也才成为可能。这就是人类社会的共产主义时代了。

---

① 《马克思恩格斯选集》第 3 卷，人民出版社 1995 年版，第 435 页。

第十章 中国和平、迅速发展中的国际思潮

在当今世界，社会主义中国改革开放、和平发展的巨大成就已成为举世瞩目的事实。20多年前提出"历史终结论"、认为人类历史"终结"于资本主义的美国学者弗朗西斯·福山，2011年1月17日在英国《金融时报》网站的文章开头就说："21世纪头10年，人们对不同政治经济模式的看法产生了巨大逆转"，并承认中国的体制具有明显优点。福山思想的这种明显变化，不能不说从一个侧面折射出了中国和平崛起的因素及其重要分量。

中国的崛起既令人鼓舞，引人关注，又会因影响、改变地区和世界的格局而牵动世界上某些国家、某些利益集团的神经，引来种种直接针对中国的舆论。若干年来，面对中国崛起的国际思潮此伏彼起。主要有"中国威胁论"、"中国崩溃论"、"中国责任论"，以及从不同立场观点出发对中国迅速发展原因和中国道路的种种不同解读等等。

第一节 "中国威胁论"的出现及其谬误、成因和实质

一 新形势下的"中国威胁论"

"中国威胁论"的出现最早可以追溯到历史上的所谓"黄祸"论。1873年无政府主义的鼻祖巴枯宁在其《国家制度和无政府状态》一书中，

开了鼓噪"黄祸"论的先河。他把中国拥有众多的人口说成是"来自东方的巨大危险",诬蔑中国人"原始"、"野蛮"、"没有人道观念",称"考虑到中国的庞大人口不得不寻找一条出路,你就可以了解来自东方威胁着我们的危险是多么巨大!"19世纪末,"黄祸"论在西方甚为盛行。其中最具代表性的是德皇威廉二世创作的《黄祸图》,意指日本、中国以及东方的佛教文化正在危险地进逼欧洲,"黄祸"已经降临!威廉二世将此画赠给沙皇尼古拉二世,并在其上题词说:"欧洲各民族联合起来,保卫你们的信仰和家园!"《黄祸图》和"黄祸"论由此轰动一时。然而事实很清楚,19世纪末20世纪初的中国已是积贫积弱、任人宰割、遭受八国联军侵略和蹂躏之时,对强大的西方列强又何来什么威胁呢?所谓"黄祸"论,只是一些西方国家出于种族主义歧视和殖民主义侵略需要而制造出来的一种理论。

我们在这里要着重考察的是当代新形势下出现的"中国威胁论"。它的背景不同于前述历史上某些西方国家把中国说成是"黄祸"、"威胁"的论调,也不同于新中国诞生后在美苏冷战背景下,西方国家把社会主义中国宣扬为"威胁"的论调。这种"中国威胁论"是在苏东剧变后出现的,苏东剧变后,最早出现的是"中国崩溃论"或"中国失败论",认为中国走社会主义道路会像苏联一样失败、崩溃。但是中国却在自己选定的道路上破浪前进、迅速发展,在当今世界格局大变动、大调整、大发展中和平崛起,综合国力迅速增强。在这种历史背景下,"中国威胁论"登上历史舞台,而且随着我国综合国力进一步增强,近年来有加剧之势。

学者们分析归纳,自20世纪90年代初至今已出现了一波又一波的"中国威胁论"。第一波出现于1992年至1993年间。中国没有在苏东剧变的国际大气候中倒下,"八九风波"后不屈服于西方发达国家的"制裁",坚定不移地走中国特色社会主义道路。此时,西方出现了从意识形态、社会制度和"文明冲突"的角度,来论证"中国威胁"的舆论。其中有代表性的,如美国费城外交政策研究所亚洲项目主任芒罗发表的《正在觉醒的巨龙:亚洲的真正威胁来自中国》的文章。他在文中说:中国的崛起对于美国的安全利益和经济利益将造成的影响都是前所未有的。无论在经济方面还是在战略方面,中国将对美国至关重要的利益构成一种越来越大的威胁。1993 年夏，美国哈佛大学教授塞缪尔·亨廷顿发表了《文明的冲突》一文，提出了"文明冲突论"，后来他又在《文明的冲突与世界秩序的重建》一书中进一步系统阐述了他的这一理论。他认为今后世界冲突的根源是文化方面的差异，主宰全球的将是"文明的冲突"，而未来世界的冲突将是由中华文明与西方文明间的冲突以及伊斯兰文明与西方文明间的冲突引起。在亨廷顿看来，随着中国力量的增强，中国与西方在价值观念和利益方面的冲突将日益加剧。称中国的历史、文化、传统、规模、经济活力和自我形象，都驱使它在东亚寻求一种霸权地位。并提出，为了防止中西文明之间的大规模冲突，美国应该作为一个主要平衡者来防止中国的霸权。这种所谓"文明冲突论"，歪曲、转移、掩盖了帝国主义对外侵略、扩张的根源和实质，也明显带有把西方文明看作是"优质"文明而把其他文明看作是"劣质"文明的种族主义色彩。

此后，"中国威胁论"又在由台海危机引起的美国国内对华政策的大辩论中（1995—1996 年），在环绕美国中央情报局捏造的"李文和案"和"政治献金案"的鼓噪中（1998—1999 年），在美国五角大楼和"美中安全评估委员会"先后抛出的《中华人民共和国军事力量年度报告》和《美中安全报告》中（2002 年），在有意曲解我国发展太空航天技术的目的、渲染这对周边国家以至美国造成"威胁"的舆论中（2007 年），频频泛起，其内容和表现形式名目繁多。近年来，由于在世界金融危机、经济危机冲击下美国等西方国家实力衰落，而中国则表现了抵御危机的出色能力并跃居世界第二大经济体。国际上某些利益集团又再次热衷于炒作"中国威胁论"。各种各样的"威胁论"归结起来不外乎两类。一是"中国经济威胁论"，二是"中国军事威胁论"。

所谓"中国经济威胁论"，20 世纪 90 年代以来就已不断出现。2005 年，美国朝野为阻止中国海洋石油公司竞购尤尼科公司所造的舆论，就是"中国经济威胁论"。中海油公司按照国际通行商业规则出资竞购美国尤尼科公司。但在交易成功前，美方从著名经济学家到一些政客都力主阻止交易成功。两名共和党议员率先致信美国总统布什，要求政府审查此案，说美国应该明白中国政府正在寻求能源的野心。此后又有 41 名民主、共和两党议员联名致信布什，要求财政部对此案进行调查。从政界到各大媒体一片反对中国公司收购之声，"中国经济威胁论"达到一个高潮，导致了收购失败。随着中国经济总量超过日本，并在可以预见的将来会赶上、超过美国，"中国经济威胁论"的炒作又一次活跃起来。西方的一些舆论宣扬，中国的迅速发展和崛起，不仅意味着世界财富的大转移，而且意味着世界环境的大变化和地球承载能力的大挑战。声称中国不愿意履行作为一个全球经济大国本来应该履行的全球义务，是世界面临的一个挑战。这是拿所谓世界财富向中国转移，以及气候环境变化与地球资源占有说事。这种形式的"中国威胁论"具有很大的挑拨性，意在引起世界各国的不安和不满，毒化中国和平发展的国际环境。

所谓"中国军事威胁论"，常常与"中国经济威胁论"相伴而生。在我国经济发展的基础上，根据建设现代化国防的需要，军事力量必然有所增强。这本是很正常的事情。但美、日等国的特殊利益集团和右翼人士，却把这看作是渲染"中国威胁论"的大好机会。他们渲染中国经济的快速发展必然伴随对外军事扩张，或拿中国与西方大国相比并不算高的军费开支说事，或拿中国坚决捍卫国家主权和领土完整的决心说事，或拿中国武器装备的研发和更新说事，更拿我国合法、合理维护国家海洋主权和权益，而一些国家窃占我国海洋岛屿引起的争端说事，"中国军事威胁论"一波未平一波又起。

美国前国家安全事务助理布热津斯基就说，中国增强军事力量是危险的，中国的军事力量已超过了防卫能力，"开始具备侵略能力"。1999 年我国发射神舟飞船成功，美国和西方的各大媒体在评述中称"北京加速脚步，与美俄争霸太空"。称随着中国经济的蒸蒸日上和军事力量的增长，美国有必要在亚太地区对付中国的崛起，阻止中国人以"中华帝国自居的思想冒头"。

进入 21 世纪以来，美国国防部年复一年地发表所谓"中国军力评估报告"，对我完全出于自卫、保护国家安全的国防建设说三道四。如 2010 年的"评估报告"，一方面说对中国在国际维和、人道主义援助和反海盗行动的贡献，美国"表示欢迎"，另一方面"中国威胁论"的基调又贯穿全文，称中国军队其他方面能力的增长更加令人感到不安，指责中国正在投资发展迫使美国海军、空军更加远离中国海岸的反接近技术，并已部署大量短中程导弹和巡航导弹。这种论调，凸现了美国只许自己威胁人家、不许人家防御的霸权主义面目。以后几年的"评估报告"基本上是老调重弹，说什么中国的军事扩张将不断扩展至西太平洋，旨在阻止美国及其盟国进出该地区，中国军力迅速扩张可能会破坏亚太地区稳定。2015 年 7 月 1 日，五角大楼公布了《国家军事战略》，渲染中俄威胁，法新社对此报道说："美国最新的军事战略，点名指责中国和俄罗斯富有挑衅性，对美国的安全利益构成威胁"。日本《经济新闻》网站报道说："作为美国安全保障方面的威胁，该战略点名提到中国。战略明确表明了将与日本等同盟国及北约等多边框架一道应对中国的方针。"

歪曲东海和南海争端的实质，是近些年来借以宣扬"中国威胁论"的一个热点。本来，南海及其附属岛屿是中国的固有领土。中方明确指出，这系中国的核心利益，有关争端应通过直接当事方依据公认的国际法则和平协商来解决。但美国、日本及其支持下的一些国家，却把中国的立场视为谋求"霸权"和具有"野心"。2010 年 7 月在河内举行的东盟地区论坛上，美国国务卿希拉里高调涉足南海争端，借口所谓"航行自由"称南海有"美国利益"，为非法声称对南海岛屿拥有主权的一些国家撑腰。此后，美国并与有关国家多次进行联合军演，使得南海紧张局势急剧升温。2011 年 7 月我国解放军总参谋长陈炳德在为美国参谋长联席会议主席马伦举行的记者招待会上直言，南海问题美国说不介入，实际上已经介入了。随后马伦在访问日本时，又大谈美军"不离开南海"，并声称美国将支持越南、菲律宾等友好国家。在这种情况下，日本的右翼势力浑水摸鱼，公然鼓动一些国家联合对付中国的"威胁"。2011 年 7 月 9 日日本《读卖新闻》煽动说："中国试图投入航母掌握南海的制海和制空权。危机局势不仅限于南海，尖阁群岛（即我钓鱼岛）及其所属岛屿所在的东海也一样。中国还准备把扩大海洋权益的矛头指向自印度洋至西太平洋的全球范围"。为此，它竟然呼吁"美国要加强与东南亚国家的联防"。近年来，美、日作为域外国家，又从在幕后支持菲、越走到前台。我国在拥有主权并管辖的南沙永暑礁上扩大陆地面积，建设必要设施，本来完全是主权范围内的事情，外国无权干涉。可是美国却以此为借口，渲染"中国威胁"。2015 年 6 月 1 日，奥巴马还亲自出面挑拨南海纠纷，警告中国不要"用肘击别人的方式"声索主权。美国太平洋司令部司令竟放言要日本海上自卫队到南海"巡航"。在 6 月 7 日的 GT 峰会上，安倍在美国支持下蓄意把我国南海主权国际化，大谈"存在依靠实力改变现状等安保上的威胁"，7 月出台的日本 2015 版防卫白皮书又高调批评中国"企图改变（南海）现状。持续采取具有高压性的做法，可能引发不可测量的危险行动。"2016 年，日本利用 GT 峰会东道国的机会，加紧了对南海问题的炒作，无理指责中国"改变现状"的"挑衅性单边行动"，把所谓"反对为了达到本国主张采取压力和压力手段"内容塞进了 5 月 27 日通过的 GT 首脑宣言。

二 "中国威胁论"的荒谬性

"中国威胁论"是一种罔顾事实、混淆以致颠倒是非的舆论，经不起事实的诘问和反驳。

（一）"中国经济威胁论"辨谬

1. 随着中国经济的持续和快速发展，几亿人口摆脱了贫困，这不仅不是什么对世界的"威胁"，而是对人类的重大贡献。在广大发展中国家，大量贫困人口的存在和能否消除贫困，是关系到社会和地区稳定的重大问题，也是令各国政府十分头痛的问题。新中国成立后，一直努力消除贫困。1978 年，在 10 亿人口中还有绝对贫困人口 2.5 亿，主要生活在农村。随后又有一些新的贫困人口出现。经过农村改革发展和整个国家经济的发展，中国成为落实联合国千年发展目标、在全球唯一提前实现贫困人口减半的国家。这是世界脱贫史上最为成功的一幕，受到了联合国有关机构和广大发展中国家的一再赞扬。2015 年 7 月发布的联合国《千年发展目标 2015 年报告》再次指出："极端贫困人口的大幅减少主要归功于一个大国—中国取得的经济进步。"目前我国还有一些贫困地区和几千万贫困人口的脱贫问题亟待解决。确保到 2020 年全面建成小康社会目标的逐步实现，要求现行标准下农村贫困人口全部脱贫，贫困县全部摘帽，解决区域性整体贫困问题，使贫富差距缩小，社会保障全面覆盖，人人享有基本医疗卫生服务。在发展平衡性、协同性、可持续性明显增长的基础上，国内生产总值和城乡居民收入比 2010 年翻一番。一个 13 亿多的人口大国基本消除绝对贫困现象，人民群众满怀希望地建设自己更加美好的家园和生活，这对于地区和世界的和平与稳定绝对是一件大好的事情，不仅不是什么"威胁"，而是人类历史上一次伟大的社会经济变革和历史进步。

2. 中国经济持续快速发展对世界经济的影响不是消极的，更不是"威胁"，而是拉动世界经济增长的发动机。在 1979 年后的 30 年间，中国 GDP 以年均 9.8% 的速度增长，增加了 16.5 倍以上。中国的进出口贸易也已跃居世界首位。按联合国统计的 GDP 的增长倍数来看，世界 GDP 在前述 30 年间增加了 2.34 倍，而许多经济体的增长倍数则低于世界水平：美国（2.33），巴西（2.31），日本（2.02），西欧（1.85），德国（1.80），东欧（0.99），俄罗斯（与前苏联比较只有 0.71）。高于世界水平的是东亚地区（3.31），印度（5.48），中国（16.51）。如果拿 2009 年 20 国集团的宏观经济指标来看，在由美国引发的金融危机、经济危机造成的严重创伤中，20 国集团中的 13 国经济出现负增长，而中国的增长则是 9.2%，增速第二的印度是 6.5%。这些数据有力地说明，中国经济的迅速发展对世界经济起着积极的拉动作用。可以设想如果没有中国的迅速发展，世界经济将比今天更为糟糕，将更难走出危机的阴影。许多国际分析家把中国经济比作世界经济的一架重要的发动机，是很有道理的。2011 年 7 月时任外长的杨洁篪在东盟地区第 18 届外长会议上发言时指出，亚洲目前对于世界经济增长的贡献率是 50%，中国的贡献是 26%。这一数据也明显表明了中国对于世界经济增长的拉动作用。

当今经济全球化的发展使得各国、各经济体之间的联系更加紧密，中国在对外经济交往中始终坚持互利双赢的原则。事实上，中国经济的迅速发展给世界上大部分地区、大部分国家带来了实实在在的利益。譬如，中国自 2001 年加入世贸组织以来，年均进口 7500 亿美元商品，相当于为有关国家和地区创造了 1400 多万个就业岗位。再如，中国根据自身能力积极开展对外援助，截至 2009 年底中国累计向 161 个国家、30 多个国际和地区组织提供了 2563 亿元人民币的援助，减免 50 个重债国家和最不发达国家债务 380 笔。2011 年"非洲之角"发生严重灾荒，中国又提供了 4 亿元人民币的紧急粮食援助，等等。

3. 借粮食问题、能源问题和人民币汇率等问题做"中国经济威胁论"的文章，也是完全站不住脚的。

（1）关于"粮食"问题，"中国粮食威胁论"者认为，中国人口众多，在加快工业化进程中耕地将飞速减少，粮食自给能力将大大降低，中国的粮食短缺将在21世纪引发世界粮食恐慌。其逻辑是：中国缺粮——向国际市场抢购粮食——造成世界粮价上涨——出现全球粮食危机，世界处于不安和恐慌之中。这种论调之所以站不住，只需指出以下几点。

第一，它不符合基本的事实。中国以占世界7.9%的耕地养活了占世界近20%的人口，中国人吃粮基本自给，这是举世公认的。我国粮食自给率达到95%，进口主要用于品种调剂，数量很小。而且随着人民生活水平的普遍提高，粮食消耗量也是下降的。我国粮食总产量已连续十多年增长，供求平衡，供应充裕。中国政府始终把粮食生产作为头等大事来抓。事实上，中国不仅不是世界粮价暴涨的推动者，而是世界粮价重要的稳定因素。第二，这种指责也极不公平。拿粮食消耗来说，中国的各项消耗远不及西方发达国家。如据联合国粮农组织2009年1月的数据显示，中国2007年人均肉类消耗量为54公斤，其中牛肉仅占10%。而西欧这一数字为89公斤，加拿大则为100公斤，美国更为惊人的124公斤，且其中耗粮量多的牛肉为42.6公斤。在离不开粮食转化的牛奶的消耗方面，2005年发达国家人均年消费量为268公斤，而中国仅为21.7公斤。有资料说，欧美为了发展生物能源，就要夺走5亿人的口粮。显然，在粮食消耗问题上指责中国是很不公平的。

（2）关于能源问题，制造"中国能源威胁论"的人说，中国是国际能源的"掠夺者"，中国对能源资源的"胃口"是推动国际油价上涨的主要的原因。近年来，一些人又把中国原油对外依存度问题作为鼓吹"中国能源威胁论"的新口实。对此，作以下辨析。

第一，中国主要依靠自己的力量解决能源问题，并没有将来也不会对世界能源安全造成威胁。因为中国不仅是能源消费大国，也是能源生产大国。中国能源自给率长期在90%以上，比经合组织国家平均水平高20多个百分点，据国家统计局提供的我国能源生产总值和能源消费总量测算，1978—1991年我国能源自给率在100%以上，1992年降为98.2%，1993年起开始进口石油和天然气，自给率有所拉低，但2010年的自给率仍为91.4%。据国际能源署（IEA）2010年的数据，中国的自给率也接近

90%，排在意大利、西班牙、法国之前，日本、韩国自给率最低。

我国不仅目前占据能源消费结构主体的煤炭储量十分丰富，而且水电资源、海洋油气资源、非常规油气资源和可以再生能源（太阳能、核能、风能、海洋能、地热能……）发展前景也非常广阔。有些人无视中国的能源自给率远远高于其他大国，制造"中国能源威胁论"，是违背客观事实的。

第二，中国虽然是能源消费大国，但必须看到，发达国家在其一百多年工业化、现代化的进程中，已经消耗了全球过多的能源资源，如美国，在近年页岩气开发成功而改变其石油进口国地位之前，一直是全球能源资源的主要消费者。就人均消费水平而言，中国更是远低于一些发达国家。据英国石油公司数据，2010 年美国原油消耗为 850 万吨油当量，而中国为 428.6 万吨油当量。我国能源专家分析，2007 年美国原油对外依存度为 67%，2010 年为 62.7%。另有数据显示，2005 年，人均一次能源消费，世界平均为 1.65 吨油当量，日本、美国分别为 4.13 吨和 7.97 吨油当量，而中国仅为 1.18 吨油当量，约为世界平均水平的 3/4、日本的 1/4、美国的 1/7。拿石油和天然气消费来说，2005 年，中国人均石油消费量为 0.242 吨，约为世界平均水平的 1/2、美国的 1/13、日本的 1/8；天然气人均消费量仅为世界平均水平的 8.5%、美国的 1.6%、日本的 5.6%。2005 年，中国石油净进口 1.36 亿吨，而同期美国石油净进口 6.13 亿吨。日、德、韩等国家几乎不生产原油，年进口量合计达 4 亿吨以上。

根据以上两点分析，我们有理由问：为什么能源自给率低、消费水平和进口水平高的国家没有对世界能源安全造成威胁，而能源自给率高、消费水平和进口水平低的中国反倒给世界能源的安全造成了威胁呢？

第三，由于优化能源结构的要求，煤炭在我国能源结构中的比重日益下降，而经济发展对能源的需求又在增加，使得我国原油对外依存度不断走高，2011 年前 5 个月我国原油对外依存度达 55.2%，超过了美国的 53.5%。2013 年对外依存度为 57%，2014 年更上升到 59.2%。近年来，由于国际政治、经济格局的深刻震荡和国际原油市场供过于求，原油价格不断下挫，借中国石油对外依存度提高和"推高国际油价"鼓吹"中国威胁论"，也是完全站不住的。

重要的是，中国一方面向世界庄严承诺降低碳排放强度，二氧化碳排放量在 2030 年前后达到峰值，单位国内生产总值排放量比 2005 年下降 60% 到 65%；另一方面本着"以开源、节流、减排为重点，确保能源安全供应，转变能源发展方式，调整优化能源结构，创新能源体制机制，着力提高能源效率，严格控制能源消费过快增长，着力发展清洁能源，推进能源绿色发展，着力推动科技进步，切实提高能源产业核心竞争力，打造中国能源升级版"的指导原则，积极实施国务院制定的《能源发展战略行动计划》，并正逐步取得明显成效。目前，我国在太阳能、风能的开发利用方面已居世界领先地位，潮汐发电居世界第二，核电发电量逐年增加，已有 22 座核电站投入运行，另有 26 座正在建设中。瑞士《新苏黎世报》网站 2015 年 8 月 6 日的文章说："世界上没有一个国家对非化石能源的投入比中国还多。到 2030 年，中国的可再生能源在能源消费中的比重将达到 20%。中国领导人显然确立了雄心勃勃的目标。"中国将继续以本国能源的可持续发展促进世界能源的可持续发展，为维护世界能源安全作出积极贡献。

（3）所谓人民币汇率问题，是多年来美国、西方政界和经济界人士炒作"中国经济威胁"的热门话题。他们认为，人民币汇率被严重低估了，是导致美国经济失衡和全球经济不平衡的罪魁祸首。人民币必须大幅度升值，才能缓解全球经济不平衡。于是，掀起了一次又一次的压人民币升值的攻势。应当怎样看待这个问题呢？

第一，前面已经说明，多年来中国经济的迅速发展拉动了世界经济增长，给大部分地区和国家带来了实实在在的利益。无视中国为世界经济的复苏和增长做出的贡献和付出的巨大成本，反而把自身和全球经济发展中的问题归罪于中国，在人民币汇率问题上发难，不仅不符合客观事实，也明显反映了另有其深刻的政治、经济原因。

第二，美国的巨额贸易逆差不是中国造成的，人民币汇率也没有被低估。美国的巨额贸易逆差是美国经济失衡的突出表现，但这决不是如美国的一些人士所说是由中国政府压低人民币汇率造成的。事实上，汇率问题并不是美国出现巨额贸易逆差的主要原因。从某一角度讲，如果美国贸易伙伴国的货币对美元升值（相当于美元贬值），会有助于美国增加出口、减少进口，从而减少贸易逆差。但影响贸易平衡的因素是多方面的，其中汇率并不是影响贸易平衡的唯一因素，更不是决定性的因素（美国出现巨额贸易逆差，同它在产业链的布局里国内实体经济萎缩，工业空洞化现象等原因直接相关，这里不作讨论）。从历史上看，20世纪七八十年代以来美元对德国货币和日元多次贬值，结果使美国对德、日的贸易逆差反而增加了。就中美贸易来看，自2006年我国启动汇率改革以来，人民币对美元已升值了30%以上，但美中间的贸易逆差不仅没有缩小反而扩大了。美方不肯对我出口高科技产品，也是其贸易逆差增加的原因之一。至于中国的人民币汇率水平，据我国专家研究建立的模型测算，也没有被低估。所以，把美国的贸易逆差归罪于中国政府操纵人民币汇率，是毫无根据的。

第三，还必须指出，美国等西方国家对我施压，逼迫人民币升值，涉及必须维护我国货币主权的问题。所谓货币主权，就是通过货币实现的国家利益，其中也包括了汇率的要素。1985年，美国主导下通过的广场协议，胁迫日元大幅度升值，使日本出口锐减，失业率上升，素以贸易立国的日本从此进入了长期停滞衰退期。20世纪90年代，经济年均增长率仅为1.75%，被称为"失去的10年"，这是严重的国际教训。我国汇制改革的基本方向是，从社会主义市场经济的实际发展出发，在维护经济安全和国家核心利益的前提下，采取稳中渐进的战略，最终形成有监督和管理的、可调控的盯住一揽子货币（不仅是美元）的随市场行情变化的浮动汇率制。实践证明，我国正在推进的汇制改革是成功的，是既有利于中国经济发展也有利于世界经济稳定的。

在经过了对中国经济的评估后，国际货币基金组织（IMF）也改变了过去的看法，于2015年5月26日首次宣布人民币估值合理，币值"不再被低估"。但是，由于国际外汇市场波动，其他货币对美元贬值而人民币升值，造成了人民币对其他货币强势且偏离市场预期，即人民币汇率与市场与预期之间出现扭曲，积累了人民币贬值的压力。为了纠正这种扭曲和偏差，使人民币汇率更大程度上由市场走势来决定，我国央行自2015年8月17日起调整汇率，综合考虑前一天的收盘价、外汇供求关系和国外主要货币汇率变化来计算人民币兑美元的中间价。经过几天调低中间价，人民币贬值压力得到了一次性释放，汇率调整基本完成，反映强烈的世界金融市场回归平静。对于我国央行的这一举措，许多国际舆论积极评价，美国一些议员则横加指责，美参议院财经委员会的一成员还发表声明说："密切关注中国的欺骗行为，把该国列为货币操纵国。"然而，国际货币基金组织在 8 月 14 日发表的评估报告明确指出："人民币不再被低估，尽管北京本周让人民币对美元贬值"，IMF 代表团团长强调，虽然本周人民币下跌了近 3%，但"过去几天发生的情况不会改变我们的评估"，表示中国央行此举行动"是值得欢迎的，因为应该让市场在汇率决定过程中发挥更大作用。"

这里还要再简单分析一下把美国制造业的就业困境归咎于中国的问题。这种指责同关于"人民币汇率"的炒作常常是同时出现的。美国的一些政要和利益集团，一再渲染中美的贸易不平衡"威胁"了美国制造业的就业岗位。2012 年的美国总统选举年中，两党更争相示强。在其选战中，罗姆尼的竞选广告指责奥巴马未能制止"中国的欺骗行为"，使美国失去了 58.2 万个制造业就业岗位。奥巴马的竞选广告则反唇相讥，说罗姆尼的公司是把美国制造业工作岗位输送到国外的先驱，即使在今天，罗姆尼的部分财富也投资在中国。其实，美国制造业就业岗位的萎缩和美国的就业困境，一方面源于在资本主义主导的全球化背景下国际分工的变化。从 20 世纪 70 年代中期开始，西方强大的跨国公司为追求高额利润而在世界各地进行生产和投资活动，把大量工业外包给不发达国家劳动力价格低廉的地区，这就产生了制造业的转移和就业岗位的外包问题。另一方面，美国制造业就业岗位的萎缩也源于金融资本的迅速膨胀和实体经济的相对萎缩。在无限追求剩余价值的驱动下，美国在把劳动密集型产品向发展中国家转移的同时，又使资本向金融部门转移，通过虚拟资产的全球性经营获取高额利润，同时通过金融运作扩展债务经济，推动消费需求的虚假繁荣。这种金融资产的急剧扩张必然导致实体经济的相对萎缩和虚拟经济的过度繁荣，这也必然加剧制造业就业状况的恶化。而且从另一个角度来看，正是中国的对美出口，为美国相关行业的大量工作岗位提供了支撑。所以，对于美国制造业的就业困境不从美国自身方面找原因，而把问题归罪于中国，实际上是为搞贸易保护主义找借口，试图抑制中国的发展。在美国 2015—2016 年争夺人主白宫的选战中，所谓中国使美国"失去就要岗位"的问题又提了出来. 共和党的一位总统竞选人在 2015 年 8 月的一次竞选演说中，竟然指责中国"偷走"了美国数以百万计的就业机会，真是太可笑了。

（二）"中国军事威胁论"辨谬

"中国军事威胁论"，常常是一些人鼓吹"中国威胁论"的重头戏。其内容也是名目繁多。以下择要加以辨析。

1. "中国军事威胁论"鼓吹者的一个重要逻辑，就是认为随着中国经济发展、国力增强，必然会像历史上的英、美、法、德、俄、日等国的崛起一样，实行对外军事扩张政策。这种逻辑混淆了不同性质国家崛起中不同发展道路的本质区别。

列宁曾指出，帝国主义的特征之一，是资本主义列强为重新分割世界而进行的战争。中华民族和中国人民在新中国建立前的百余年间，就饱受资本帝国主义列强侵略掠夺的劫难。资本帝国主义列强在崛起中的对外侵略扩张和掠夺，是其发展道路的必然逻辑，是由帝国主义的本质所决定的。

而纵观世界大国崛起的历史，中国崛起的最大特点就是和平发展。这是因为，走和平发展道路是中国政府和人民继承中华文化的优秀传统、根据时代发展潮流和中国根本利益作出的战略抉择，是中国基本国情的要求和中国发展的内在需要。这也是由中国社会主义制度的本质所决定的。2011 年 9 月中国政府在《中国的和平发展》白皮书中说："在进入 21 世纪第二个十年和中国共产党成立 90 周年之际，中国再次向世界郑重宣告，和平发展是中国实现现代化和富民强国、为世界文明进步作出更大贡献的战略抉择。中国将坚定不移沿着和平发展道路走下去。"中国"把为国家营造和平稳定的国际环境作为对外工作的中心任务。同时，中国积极为世界和平与发展作出自己应有的贡献，绝不搞侵略扩张，永远不争霸、不称霸，始终是维护世界和地区和平稳定的坚定力量。"所谓中国随着国力增强、必然对外扩张的论调，是完全违背事实、毫无根据而根本不能成立的。

2. 美国和西方国家的一些人，常常拿中国的军费开支和军力说事，宣扬"中国军事威胁论"。这种论调只要拿中美间的有关情况作个比较，就不攻自破了。

从军费开支看，2003 年美国军费已占世界军费总额的 50% 以上，中国军费只是美国的 1/20。在经济危机后的 2010 年，美国军费仍占世界军费总额的 40% 以上。2015 年 2 月 12 日，我国外交部发言人在记者招待会上说："2014 年中国军费支出占国内生产总值的比重不到 1.5%，不仅低于世界主要国家，也低于 2.6% 的世界平均水平；中国人均国防费支出则更低，仅相当于美国的 1/22，英国的 1/9，日本的 1/5。"

从战略武器看，美国拥有核弹头 7 万多枚，中国不足百枚。从海洋军力看，美国拥有 11 个航母战斗群，中国还一个都没有。从海外驻军看，美国在 130 多个国家和地区有驻军，海外军事基地 700 多个，总兵力最高近 40 万人，中国则在海外无军事基地。

中国幅员辽阔，人口众多，海岸线绵延数万里。过去我国国防投入长期处于较低水平，整体军力还远不能适应国家应对传统和非传统威胁挑战的需要。随着经济的发展，我国军费开支有所增加和军力的增强是很自然、很正常的事情，这既是维护自身国家统一、领土完整的需要，也是维护国家和地区和平与安全的需要，不针对、不威胁任何国家。

而前面所说美国的军事力量和军事部署，无疑会对有关地区和国家构成直接威胁。就中国而言，美国和它传统盟国的军事基地明显具有包围中国的态势。它们的战略也并不隐讳把中国作为"假想敌"。我们还记得，1999 年美国用 5 枚精确制导导弹炸毁了我驻南联盟大使馆。至今，美国的无人机还在距我海岸线近 16 海里处不停地侦察。所以，"中国军事威胁论"是一种颠倒是非的舆论，不是来自中国的"威胁"，而是中国受到了威胁。

3. 对于中国研发现代化的军事技术装备，美国等国的逻辑是：只许我有不许你有，否则就构成了"军事威胁"。这种"只许州官放火，不许百姓点灯"的逻辑当然也是站不住的。

2011 年我国自主研发的具有隐形功能的歼 – 20 战机试飞，利用购进的瓦良格号废旧航母船体改建装备的航母试水，令国人振奋，"中国军事威胁论"的鼓吹者也由此掀起了又一阵鼓噪。事实上，世界上现有航母约 20 艘，其中美国拥有 11 艘，除俄、英、法具有航母外，印度早先曾从英国购进一艘航母，后向俄罗斯购买并改造的航母已于 2015 年交付使用，另一艘航母正在建造中。泰国也拥有一艘购进的航母，日本、韩国则分别拥有准航母 2 艘和 1 艘。中国刚拥有一艘航母，对于维护自己辽阔海疆的安全还是很不够的。我国国防部发言人在谈到这艘航母时指出：我国的防御性国防政策没有改变，海军的近海防御战略也没有改变。中国将以这首航母为平台，进行科学实验和训练。有些人无视满载最新式战机和导弹的美国航母在各大洋游弋，而唯独将中国开始拥有航母说成"威胁"，这是什么道理呢？

4. 在南海、东海争端问题上，所谓"中国威胁"，实际上是一些国家非法侵占了我国的岛屿和侵犯了我国正当的海洋权益。近年来美国的直接介入和对一些国家无理要求的支持，才使得这些国家在对付中国"威胁"的烟幕下，在对我海洋权利的侵夺中突然变得更加强硬起来，局势也变得更加紧张起来。

就南海问题来说，南海诸岛（包括东沙、中沙、西沙、南沙四大群岛）是中国领土，中国发现并命名诸岛已有几千年历史，中国在南海的主权、权利和相关主张，是在千百年的历史中形成的，一直为中国政府所坚持。二战后日本将非法侵占的南海岛屿归还给中国，此后长时期中也没有一个国家对中国在南海的主权提出过异议。20 世纪 70 年代后由于发现了南海海域具有丰富的石油资源，一些国家才声称在南海的所谓主权，并占据了其中的一些岛屿，甚至非法进行石油勘探和开采。南海争端才由此不断发展起来。但尽管如此，我国政府根据国际法和国际实践，坚持领土和海洋权益争议首先应当通过当事国之间的直接谈判来解决。2002 年，中国与东盟国家签署的"南海各方行为宣言"确认了这一原则，使得南海地区局势几年中保持了平静。为什么本来相对平静的南海局势会突起波澜？原因在于美国推出"亚太再平衡"战略后，成了南海局势紧张的主要推手，2009 年 2 月时任国务卿的希拉里首访亚洲后，东南亚一些国家对南海政策作了重大调整。菲律宾于 3 月通过领海基线法将我黄岩岛和南沙部分岛屿划入其领土，越南于 5 月向联合国提交了南海"外大陆架划界案"，声称对中国的西沙和南沙群岛享有主权。其后，菲律宾派出了护卫舰前往我南海海域移除了我三处礁滩上的标牌，有所谓议员登岛"宣示主权"，甚至把我国南海改名为所谓"西菲律宾海"。越南则一反常规，不断搞出一些小动作，包括在我南沙群岛毕生礁周边海域进行实弹演习。2011 年 7 月 21 日的中国东盟外长会议上，经过各方共同努力，一致通过了落实南海各方行为宣言的"指导方针"。这本来预示着南海紧张局势的缓和及共同促进南海和平与稳定的前景。但这一指导方针刚通过，希拉里就在外长会议后的东盟地区论坛会上声言，宣示主权必须拿出联合国海洋公约等国际法上的依据，企图否定我国自古以来所拥有的对南海及其附属岛屿的主权。（必须指出，我国对于南海诸岛在两汉时就有人员驻岛经营，明清时期就有了治权，而联合国海洋公约是 1982 年才通过的。我国宣示对南海诸岛屿的主权，完全符合国际通行准则。而且，联合国海洋公约是提供 200 海里专经济区划分的依据，并不解决岛屿主权的归属问题。企图借 1982 年的海洋公约否定我国在千百年历史中形成的主权，是没有道理的。）人们看到，在希拉里的上述表态后，时任菲律宾总统即随之扬言，要用武力"保卫"南海领土。日本右翼报纸也因希拉里的表态受到鼓舞，《产经新闻》以"日美应遏制中国在南海的专横"为题发表社论，说什么"要遏制中国这一专横的行为，日美两国必须联合起来。"

但是，有一位美国副教授当时客观地分析了问题，并告诫美国政府"没有必要过度插手南海"。这篇 2011 年 7 月 11 日刊载于美国《外交政策》双月刊网站的文章说："针对那些认为是中国的侵略导致紧张关系的人，我们应当和他们讲讲道理，为什么中国政府在斯普拉特利群岛（即我南沙群岛）仅有 6 个前哨（而越南占据了 29 个）？为什么在宣称对南中国海享有主权的国家中，中国目前是唯一没有从南中国海海域开采石油的国家？还有，为什么斯普拉特利群岛的最大岛屿目前实际上被台湾占据？"文章说："事实上，不论是在目前还是历史环境中，中国的南中国海政策在大体上一直是被动的，遇到事情才会做出反应。……中国和平解决了大多数该国的边界争端，目前，在南中国海主要依靠武装巡逻快艇来落实其主权要求——这显然表明，中国并不想让紧张局势升级至武装冲突。"

然而，美国近年来加紧推进"亚太再平衡"战略，不断推动南海局势的紧张化。2016 年 6 月新加坡香格里拉安全对话会上，我国中央军委联合参谋部副参谋长针对美国的行为指出："域外国家应……发挥建设性作用，而不是相反。当前南海问题升温，是由于个别国家为了一己私利蓄意挑动造成的。"事实正是如此，2015年10月以后，美国就以"航行自由"为名，派出军舰、军机到我南海岛屿"巡航"。2016年3月以来，美国国防部长就带头在国际上指责我国"将南中国海军事化"。很明显，美国的所谓"航行自由"就是要让其军舰、军机任意进入相关国家专属经济区、防空识别区，以至12海里领海的"横行自由"。美日等国将我国在自己领土上的岛礁建设指责为搞军事化，实际上南海沿岸一些国家的岛礁建设，包括在他们侵占中国岛礁上进行包括军事设施的各种建设，早就开始了。中国只是近年来才在自己的领土上进行一些必要的建设，其中包括一些对各国过往船只都有好处的灯塔、急救港口等公共产品，为什么要被指责为军事化呢？

多年来，中国为维护南海和平稳定，已保持了极大克制。中国实际上是南海问题的受害者。问题在于美国在南海问题上玩弄"双重标准"，一方面对中国合法、合理的岛礁建设横加指责，一方面无视越南、菲律宾等国非法占领中国几十个岛礁，从20世纪80年代至今持续推进岛礁建设的事实，用"中国威胁"的烟幕掩护这些国家非法侵占我国南海岛屿的行为。据《日本外交学者》网站2015年6月18日报道："1996年，越南在南中国海占领了24个岛礁。与此同时，中国占领了9个。而据美国政府称，到2015年，越南已经占领了南海48个岛礁，而中国仅占了8个。"该报道说，2015年5月13日，美国助理国防部长施大伟在参议院外交委员会作证时承认："越南（在南海）有48个前哨，菲律宾有8个，中国8个，马来西亚5个，台湾（地区）1个。"美方称，在过去的20年间，中国并没有实质性地占领更多岛礁。相比之下，越南的根据地却翻了一番，而其中很多都是近年来发生的。该报道还援引施大伟的话说："所有声索方在南海岛礁上均有不同范围程度的建设活动。虽然不同声索方前哨升级的形式不一，不过大体而言这些包括填海造地、修扩建基础设施以及装配防御设施。2009—2014年间，在前哨升级和填海造地方面，越南无疑是最积极的声索方。"① 事实就是这样明摆着的！

关于东海问题，是日本右翼势力为霸占我钓鱼岛，针对我东海油气开发、

① 《越南等国在南海疯狂填海建设　西方视而不见》，《参考消息》2015年6月20日。

挑战我国主权和权益挑起的争端。多年来安倍政权为配合"新安保法案"在国会获得通过，借东海油气问题渲染"中国威胁"之声更是甚嚣尘上。

2015年7月22日，日本政府突然公布了14张我国在东海开发油气的相关航拍照片和地图，指责我"单方面改变现状"，要求"中方停止相关生产活动和钻井平台的建设"，称"存在开发设施转作军事用途的可能性"，"可能发展成对日本安全的新威胁"。7月24日《日本经济新闻》还以"中国油气用设施恐转作军事用途"为题发出报导。针对日本当局在东海油气田问题上的纠缠，我外交部7月24日发表声明指出，中国东海油气开发活动是在无争议的中国管辖海域进行，是中国主权权利和管辖权范围内的事情，"完全正当、合法"。日方的做法是有意制造对立，对管控东海局势、推动两国关系改善不具有任何建设性意义。7月30日我国防部发言人也指出："中方的油气开发活动是在东海无争议的中国管辖海域进行的，完全正当、合理、合法，日方无权说三道四。""中方注意到，近期日方对此反复进行无理的纠缠，甚至公开指责中方油气开发活动'带有军事目的'，日方的目的是要制造和渲染'中国威胁论'，为其国内通过新安保法案制造借口。"日本政府这种借口和用心，日本的许多有识之士也看到了，并提出了质疑和批评。

东海油气纠缠背后的深层问题，是中日东海经济海域的划界之争。中日东海海域最宽处只有360海里，不可能按联合国海洋公约各划200海里为经济区。日方在20世纪80年代曾提出以"中间线"划界原则，中方一直未予理睬，因为所谓的"中间线"完全没有考虑东海大陆架延伸的情况和同纬度海岸线走向及长度比、人口状况等情况，显然不符合当今国际海洋划界的趋势。2000年日方又提出"日本领土沿岸200海里"方案，不仅大大超过了"中间线"，而且将中国领海以及福建等沿海地区的陆地也划入其内，这一主张被我方断然拒绝。我方主张根据《国际海洋法条约》第76和77条，遵循大陆架自然延伸理论，以海底地质构造为主要根据，中国东海大陆架自然延伸至冲绳海槽，以冲绳海槽作为划分两国专属经济区更符合国际法规定。但是，中方为了维护两国关系，一直没有在存在争议的海域进行资源开采活动，对争议一贯主张双方应该通过谈判加以解决。主张在争议区搁置争议，共同开发，问题是日本屡屡破坏双方对话的良好条件和气氛。

所以，无论是在南海还是在东海问题上，炒作所谓"中国威胁论"，是一种颠倒是非的谬论。

三　"中国威胁论"的成因和实质

"中国威胁论"的成因是复杂而深刻的，各种因素之间也互相交错。

（一）美国维护世界霸权、遏制中国的需要，是形成"中国威胁论"的主要原因。中国的崛起和西方在金融危机、经济危机中受到重创，宣扬"中国威胁"、鼓吹遏制中国的舆论，又进一步升温。

美国的霸权主义思想是根深蒂固的。在它看来，似乎上帝赋予了它领导和主宰世界的使命与义务。尤其是1991年苏联解体以后，美国成了唯一的超级大国，力图永久维持其在世界上的霸权地位，十分警惕和不能容许有任何动摇和威胁其霸权地位的情况出现。1992年美国国防部制定的防御计划中就说，"我们现在的战略必须集中于排除未来的全球竞争者的出现"。1995年美国蓝德公司的一个研究材料则明确说，"中国最有可能成为美国全球竞争对手的候选人"。中国今天的力量虽然还不足以动摇美国在全球的霸权，但时间显然对中国有利，随着中国的迅速发展、实力提升，美国统治集团出现了对能否在维持其霸权地位的"焦虑"，越来越感到中国是其全球性的竞争者和对手。霸权意识驱使它必须采取各种手段来遏制中国。事实上，从美国在亚洲的外交和军事布局，到发动人民币汇率攻势，到插足南海争端，都是牵制和遏制中国的一种手段。既然要遏制中国，所谓"中国威胁"就是一个极好的借口。这样，各种各样的"中国威胁论"就相继出台了。

（二）两种社会制度的对立和西方意识形态的偏见，是形成"中国威胁论"的重要原因。

科学社会主义刚刚诞生的时候，就被资产阶级世界看作是威胁自身的"幽灵"。二战刚结束，英国首相丘吉尔就飞赴美国发表所谓"铁幕演说"，称"在远离俄国边界遍布世界各地的许多国家里，共产党第五纵队已经建立。第五纵队到处构成对基督文明日益严重的挑衅和危险。"这可说是冷战的先声。美国驻苏联外交官、被称为"遏制之父"的凯南，接着提出了"在美国国境以外寻找一个罪恶的中心，以便把美国文明所有的麻烦都算在它身上"的理论，提出了一整套遏制苏联的冷战政策。70多年过去了，美苏冷战时期也已结束。但美国和西方某些人的冷战思维依然根深蒂固。他们把美国和西方的价值观及其制度模式推崇为"普世价值"，习惯于从"西方中心论"出发，用西方的价值观和制度模式为标准评判非西方文明。中国的发展不是像日本、德国那样是在西方模式下，而是在中国特色社会主义制度下取得的。在美国和西方国家一些坚持冷战思维的人看来，这就构成了对西方模式的挑战。美国《外交杂志》主编就撰文称中国的崛起"是非自由民主的崛起"，是对西方自由民主制度的挑战。从这种意识形态偏见出发，就必然编造出一个又一个的"中国威胁论"来。就拿更新军事装备来说，印度是当前最大的军火买家。英国《独立报》网站2011年7月20日的报道说："印度是各大国中为数不多的疯狂增加军事开支的国家，这个以圣雄甘地和非暴力抵抗闻名的印度是当今世界最大的武器进口国，印度至少将在未来五年内保持这一称号。"可是，为什么西方舆论没有人说印度构成军事威胁，而指责中国的"军事威胁"呢？其奥秘就在于，中国是马克思主义意识形态居主导地位的社会主义国家，在根本上是为西方的意识形态和社会制度不相容的。

（三）在国家间的利益矛盾中，一些国家狭隘民族主义抬头，尤其是一些国家的领导人，试图利用狭隘民族主义达到其政治目的，是"中国威胁论"泛起的又一重要原因。

民族主义在不同的历史条件下有不同的内容、性质和作用。从一般道理来说，每个民族都有自己的利益与尊严，应当得到其他国家、民族的尊重。但这种利益与尊严应当同尊重其他国家、民族的利益与尊严统一起来，求得共同进步与发展。如果有了矛盾和纷争，就要通过和平协商来解决。所谓狭隘民族主义，是民族主义的非理性的、极端化的发展，它实际上是用违背本民族根本、长远利益的一时的眼前利益，来否认和损害其他国家民族的正当利益，甚至鼓动民族对立情绪，在处理与其他国家民族的矛盾时采取非理性的和非法的行为。在南海争端中有的国家就是这样。香港《亚洲时报》2011年7月13日的报道说："菲律宾人反华情绪日益高涨，可能会加速两国关系的恶化，危及菲律宾与中国的贸易与投资关系。环绕南中国海有争议领土长达二个月的外交斗争，煽动了反华浪潮，包括呼吁抵制中国货。菲律宾官员的迎合民族主义的表态，进一步助长了要求抵制中国货的叫嚣……一些颇有威望的天主教徒也公开赞成反华抵制行动。"

为什么有的国家要鼓动和纵容狭隘民族主义情绪呢？奉行西方模式的政府国内治理无方，腐败和社会分化严重，失业率很高，群众对政府颇为不满。煽动起狭隘民族主义情绪，可以转移国内的视线，减轻对政府的压力；同时在一部分支持者面前显出强硬的姿态，获取未来的选票。另一个重要因素，是想充当美国亚太棋局中的一枚棋子，以进一步获取美国的援助。事实上，从南海地区局势发展的脉络中，也可以看到美国和一些小国互相利用的情况。一方面是一些声索国从美国的"亚太再平衡"战略中产生了幻觉，误以为有了美国撑腰，就可以实现其侵害我国权益的非法要求；另一方面是美国利用这些国家来牵制中国。

然而，国际局势的发展是由多方面的因素决定的。有的国家试图利用狭隘民族主义挟美自重，最终会损害自己的国家利益，在一定条件下情况还可能向相反的方向发展。我们必须看到当前南海局势的复杂国际背景：既有美国维护其霸权的所谓"重返亚洲"战略，又有本与南海无关的日本为牵制中国而插手南海争端，企图拉拢美、印、澳和东盟国家来对付中国，而菲、越等国在力图把一些大国拉入南海争端的同时，又对我国采取不顾信义的两面态度。因此，南海争端在一个长时期中仍将存在，我们必须冷静地、正确地应对各种复杂局面。

（四）有的国家如日本热衷宣扬"中国威胁论"，有其历史方面的和地缘政治方面的特殊原因。

日本右翼势力炮制"中国威胁论"，有其特殊、深刻的历史根源。在近代历史上，日本军国主义对邻国进行了野蛮的侵略，尤其是"九·一八"事变后对中国的侵略，对中国人民和亚洲人民犯下的暴行罄竹难书。但是在我国抗战和世界反法西斯战争胜利后，由于种种原因，日本军国主义未能得到彻底清算。日本右翼势力至今拒不承认战争罪责，否认侵略历史，否认南京大屠杀和慰安妇问题，不断在历史教科书和参拜靖国神社问题上做文章，甚至美化宣扬武士道精神的神风特攻队、抛出"侵略定义未定论"等等。这说明，怀念军国主义历史的情结，对于日本右翼势力是有深刻的历史根源的。渲染"中国威胁",就是极少数右翼势力为自己军国主义阴魂不散的行径找来的借口和挡箭牌。

　　一些年来,日本政府公然霸占我国领土钓鱼岛,就是否定我国抗战胜利成果的突出表现。钓鱼岛及其附属岛屿自古以来就是中国的神圣领土,有史为凭,有法为据。早在明朝,钓鱼岛等岛屿就已纳入中国海防管辖范围,比日本所谓"发现"钓鱼岛早了500多年。日本在1895年利用发动甲午战争窃取钓鱼岛等岛屿。第二次世界大战后,根据《开罗宣言》、《波茨坦公告》等国际法律文件,钓鱼岛等岛屿在国际法上业已回归中国。1951年美国等国在排除中国的情况下,与日本签订了"旧金山和约",将琉球群岛(即现在的冲绳)交由美国管理,但该条约所确定的交由美国托管岛屿中并不包括钓鱼岛。后美国擅自非法将钓鱼岛纳入其托管范围。1971年美、日两国在归还冲绳协定中又擅自将钓鱼岛的"施政权""归还"给日本。中国政府对美、日这种私相授受中国领土的行为一开始就坚决反对,不予承认。后来中日邦交正常化和缔结和平友好条约,两国老一代领导人着眼大局,就"钓鱼岛问题放一放、留待以后解决"达成谅解和共识,中日关系才有了后来的重大发展,东亚地区才有了40年的稳定与安宁。可是,近些年来日本当局矢口否认当年的重要共识,声称"钓鱼岛是日本的固有领土"、"不存在争议"。特别是2012年以来,日本政府先姑息、纵容右翼势力兴起"购岛"风波,以为自己"购岛"铺路搭桥。同年9月10日,日本政府不顾中方一再严正交涉,宣布"购买"钓鱼岛及其附属岛屿南小岛和北小岛,实施"国有化"。这是对中国领土主权的严重侵犯,对国际法理的严重践踏。中国政府已经严正声明,日本政府所谓的"购岛"、"国有化"是完全非法的、无效的,丝毫改变不了日本侵占中国领土的历史事实,丝毫改变不了中国对钓鱼岛及其附属岛屿的领土主权。日本政府的错误立场,也是对世界反法西斯战争胜利成果的公然否定,是对战后国际秩序的严重挑战。

　　所谓地缘政治,讲的是国家间的地理位置,地理和资源状况对国与国之间政治关系的重要影响。这里说的日本泛起"中国威胁论"的地缘政治方面的原因,实质上是日本右翼势力用冷战思维观察日本的地缘政治关系的产物。譬如,中日是一水之隔的近邻,在近代史上日本一直强于中国,中国则在一个长时期中沦为日本殖民掠夺的对象。二战后日本虽是战败国，但在美国扶持下很快重振经济，以致崛起为世界第二大经济体。可是曾几何时，在日本经济长期低迷的同时，一向被日本视为贫穷落后的近邻中国却在它的身边迅速崛起，取代了日本世界第二大经济体的地位。这对日本那些历来看不起中国的势力来说是不甘心的，其不愿接受的心情不会亚于美国。

又如，在地理位置上中日隔海相望，其间缺少地缘战略空间的缓冲。中国国防力量的每一增强，日本持冷战思维和意识形态偏见的人就神经过敏，无端怀疑中国会对日本进行军事报复，并由此制造出"中国军事威胁论"。再如，日本资源贫乏，大量资源需从海外进口，包括石油需要量的90％，核材料需要量的100％，等等。而台湾海峡是日本同世界主要国家海运贸易的必经之路。日本有舆论认为，如果台湾周围被日本以外的国家控制，就等于给日本人的头上套了一条可以随时勒紧的绳索。在日本看来，如果中国实现了最终统一，台湾和台湾海峡处于中国的控制之下，中国就可以随时把套在日本脖子上的绳索勒紧了。日本右翼势力对此视为致命威胁。这就是用冷战思维观察日本的地缘政治关系得出的"中国威胁论"。

第二节　"中国责任论"与"中国模式论"辨析

一　随着中国国力的迅速增强，"中国责任论"逐渐兴起

在"中国威胁论"、"中国崩溃论"交替出现并以各种形式盛行的同时，期待中国承担美国所期望的国际责任的观点也一直存在。早在1994年10月，时任克林顿政府国防部长的佩里在国防大学演讲时就指出，"冷战的结束为亚太地区敞开了大门……当今美中两国面临的挑战是确保这一地区未来几代人享有充分的稳定与繁荣。在这一方面，美中两国负有共同的特殊的责任"。[1] 1997年美国《国家安全战略报告》和美国国防部出台的《四年防务评估报告》，都曾提到对中国成为"国际社会负责任成员"

---

① 参见刘连第《中美关系重要文献资料选编》，时事出版社1996年版，第391—392页。

的期待及其意义。前国务卿凯利 2001 年 5 月在向国会对外关系委员会提交的证词中也说：我们要看中国怎样对我们做出回应，我们鼓励中国做出能够反映其社会地位和国际社会责任的选择。但由于克林顿政府期间对华战略一直没有明确的战略方向，加之小布什上台后曾经一度把中国视为战略对手并采取预防性遏制的对华战略，所以，"中国责任论"的呼声常常被"中国威胁论"压倒。

美国对华认识的根本性调整出现在 2005 年。美国国内经过半年多的激烈论战，各方最终产生两大共识：一是中国的崛起无法阻挡，二是中国崛起后的前景难以预测。2005 年，布什提出："要以建设性和坦诚的方式与中国接触"；国务卿赖斯提出，"希望中国成为全球伙伴，能够并愿意承担与其能力相称的国际责任"；常务副国务卿佐利克则在"中国向何处去—从正式成员到承担责任"的著名演讲中呼吁：中国应成为国际社会中"负责任的利益相关者"。佐利克在其阐述中表示："今天的中国不寻求传播激进的反美意识；中国虽未实行民主，但也不认为自己正与全球民主制度进行最后搏斗；中国虽然有时实行重商主义，但并不认为自己正与资本主义进行殊死斗争；最重要的是，中国认为自己的前途并不取决于废除现行国际体系的基本秩序。"因此他建议"不要把它排除到国际体系之外，而要在其内部提高影响力；不要把它孤立到全球化之外，而要制定战略把它与全球连接起来；不要促进共产主义革命和意识形态斗争，而要在经济增长、政治军事实力和国内关系中追求利益。……如果中国与美国的步调一致，（世界将会看到）未来的问题是更容易还是更难解决。"[①] 试图将中国纳入到美国建立的现有国际体系中，借助接触、鼓励、引导等积极手段而不是遏制、对抗等消极手段来促使中国扮演美国所期待的角色。此后，"负责任的利益相关者"又被写入了美国 2006 年《国家安全战略报告》，正式成为美国官方的对华新定位。此外，2006 年 9 月 27 日发表的对美国国家安全战略产生深远影响的《普林斯顿项目报告》声称，"美国的目标不应当是阻止或者遏制中国，而应当帮助它在目前的国际秩序范围内实现其合理的抱负，成为亚洲和国际政治生活中的一个负责任的利益相关者"。

---

① 刘卫东：《G2、"中美国"与中美关系的现实定位》，载《红旗文稿》2009 年第 13 期。

此后，美国所带动的"负责任的利益相关者"成为国际社会谈论中国时的一个时髦用语。一时间，"中国责任论"构成了中国所面临的主要国际舆论环境。

2008 年全球金融海啸，中国受到的冲击相对较小，国际地位进一步上升，其集中体现就是关于 G2 和"中美国"的说法。"G2"是中美"两国集团论"的简称，由美国彼得堡国际经济研究所所长弗雷德·伯格斯滕在 2008 年夏季《外交》杂志"平等的伙伴关系"一文中首先提出。林毅夫和佐利克在《华盛顿邮报》上联名写的"经济复苏取决于 G2"一文，也指出世界经济要想复苏，中美这两个经济发展的发动机必须合作，并成为 20 国集团的引擎。没有 G2 的强劲发展，20 国集团就将会令人失望。"中美国"的概念是由哈佛大学商学院教授尼尔·弗格森于 2001 年 3 月在洛杉矶时报上首先提出的，他把 China 和 America 合成一个新词"Chinamerica"（中美国），并称"中美国"这个概念是指中美已经走入"共生时代"，作为全球最大消费国的美国与世界最大储蓄国的中国构成的利益共同体，美国负责消费、中国负责生产。这两个词都是经济学家基于经济发展的事实提出来的，主要是分析中美两国的经济地位，以及对世界经济发展的责任。中美两国对世界经济增长的影响力超过了 50%，对世界经济的复苏具有至关重要的作用。但是，美国少数学者和战略家将"G2"、"中美国"上升到一种全球中美共治的制度性领导结构。这在政治上是非常错误的，在实践中也行不通。温家宝在一次出席中欧峰会的记者招待会上明确阐述了中国政府的立场：中国支持建立多极世界，中美共治格局的说法是"毫无根据的"、"错误的"。

对中国的崛起，西方大国一直抱着复杂、矛盾的心态。它们一度期待中国会像苏联、东欧那样发生剧变。随着中国崛起，"中国威胁论"开始取代"中国崩溃论"。某些政治势力担心，一个崛起的中国会冲击现存国际秩序，挑战它们在世界上的主导乃至霸权地位，千方百计要遏制中国的发展。然而，中国以经济持续快速发展、综合国力不断提升以及"和平发展"的理念和外交实践有力地回应了"中国威胁论"。于是，"中国责任论"应运而生。面对中国崛起这个不可阻挡的现实，西方大国提出了"中国责任论"，试图重构同中国的关系，将中国拉进它们所主导的国际体系之内，让中国成为"负责任的利害攸关方"，与它们共同维护现存国际秩序。

美国提出"中国责任论"的含义可以概括为一句话：中国正在崛起，但还不是一个充分负责任的国家，中国应该承担与其实力相称的责任，从而成为国际社会负责任的一员。这句话包含了三层含义。第一，认可中国实力上升的事实，并把中国列为大国。但是，对未来的道路是融入美国主导的国际体系还是相反，中国还没有做出明确的选择。正是在这一意义上，美国认为，中国还是处于"战略十字路口"的国家。第二，认可中国已经表现出一定的合作迹象。2007年美国对外关系理事会提交的研究报告认为，中国在与世界接轨的过程中越来越遵守国际规则、机制和准则，尤其在国际贸易和安全领域，并成为国际社会中不可分割的一部分。第三，中国"还不是一个充分负责任的国家"，"中国的过渡还不完全"，还没有真正融入国际社会。中国还必须努力"像负责任的利益攸关方那样行事，履行其承诺并与美国和其他国家共同努力，促进为其成功提供条件的国际体系"。

从美国看，它对中国的责任期待内容很多。具体说，经济上开放市场，增加内需，改变中美贸易逆差关系；政治上加速推进政治改革，实现政治自由化和民主化；军事上增加军事透明度；外交上帮助解决地区安全问题及热点问题，如朝鲜、伊朗和苏丹达尔富尔问题；环境上减少废气排放量使之符合一些发达国家的期望等等。就其本质而言，美国的"中国责任论"就是要以美国模式来塑造中国，并要求中国与美国合作来共同维护美国领导的国际体系。尽管这表现出美国的傲慢，但是，与"中国威胁论"相比，中国责任论表现出美国的合作意愿和姿态。这既是一种机遇也是一种挑战，把握得好则可以乘势加强中国责任大国的形象，从而促进中国的和平发展，把握不好则可能陷入人家设计好的陷阱，损害自身的发展和形象。

面对"中国责任论"，对中国的国际地位也有着另一种解读，即"中国机遇论"。这一观点是中国总理朱镕基1999年4月在美国首都华盛顿演讲时提出的。伴随着中国和平发展的现实及其外交政策的深入贯彻，越来越多的国家认识到中国是一个成熟、崛起、负责任的大国。他们认为中国经济的高速发展和对外贸易的开展，对世界经济和其他国家而言是一种机遇，许多国家在与中国的贸易中获利，并推进了本国的经济发展，这对中国和本国而言都是互惠互利的事情。中国作为一个负责任的大国，在国际舞台上能够"言出必行"，妥善应对和正确处理各种各样的危机，在处理国际事务中公平公正的态度受到了其他国家的认可和肯定，中国在国际事务中发挥作用，有利于世界的和平和发展，中国的国际形象进一步得到提升。"中国机遇论"在世界上得到越来越多的人们所赞同。

"中国责任论"对中国而言有其两面性。一方面，"中国责任论"出台，是对改革开放以来，中国经济、政治成就和综合国力大幅上升及国际影响大幅提高的肯定，也是对中国和平发展和国际地位、作用的某种承认。因此，国际社会希望中国在世界上承担应有的"大国责任"，有积极的意义。但是，另一方面也要看到，西方某些政治势力鼓吹"中国责任论"背后包藏的霸权主义的政治图谋。其一，就中国承担"国际责任"的真实能力而言，尽管中国正在加速发展，但从根本上说，中国仍然是个发展中国家，中国只能在国力允许的条件下承担有限的"国际责任"，美国及西方开列的中国"国际责任"清单，有些大大超过了中国的能力，也不符合中国的国家利益。其二，就中国承担"国际责任"的道义而言，尽管美国及西方对中国的"国际责任"诉求中有一些方面与中国的立场并不矛盾，如反恐、反核扩散、保护环境、支持朝鲜弃核、发展世界经济贸易等。但美国及西方对中国"国际责任"诉求的不少内容有违中国的道义原则以及国家利益，由此必然出现"道不同不相与谋"的困局。如，中国反对对我国国家主权和统一的国际干涉，反对以保护人权的名义干涉发展中国家内政，反对以反核扩散等名义对一个主权国家行使武力等。

二　随着中国国力的不断增强，"中国模式论"日益成为国际上热议的问题

"中国模式论"大致从 2004 年兴起，这一年西方媒体频频发表关于"中国模式"的报道。很快，国内学界的一些学者积极响应，关于中国模式的讨论日益热烈。学界认为，"中国模式论"提出于 2004 年，当时美国《时代》周刊高级编辑、美国著名投资银行高盛公司资深顾问乔舒亚·库珀在英国伦敦外交政策中心发表了一篇调查论文，指出中国通过艰苦努力、主动创新和大胆实践，摸索出一个适合本国国情的发展模式。他把这一模式称之为"北京共识"。乔舒亚·库珀指出，"北京共识"具有艰苦努力、主动创新和大胆实验（如设立经济特区），坚决捍卫国家主权和利益（如处理台湾问题）以及循序渐进（如"摸着石头过河"）、积聚能量和具有不对称力量的工具（如积累 4000 亿美元外汇储备）等特点。它不仅关注经济发展，同样注重社会变化，也涉及政治、生活质量和全球力量平衡等诸多方面，体现了一种寻求公正与高质量增长的发展思路。在乔舒亚·库珀看来，建立在"北京共识"基础上的中国经验具有普世价值，不少可供其他发展中国家参考，可算是一些落后国家如何寻求经济增长和改善人民生活的一种模式。

也在 2004 年，雷默在《北京共识：提供新模式》中提出"中国模式"是一种适合中国国情和社会需要、寻求公正与高质增长的发展途径。他把这种发展途径定义为：艰苦努力、主动创新和大胆实验；坚决捍卫国家主权和利益；循序渐进，积聚能量。创新和实验是其灵魂；既务实，又理想，解决问题灵活应对，因事而异，不强求划一是其准则。它不仅关注经济发展，也同样注重社会变化，通过发展经济与完善管理改善社会。雷默说，中国的崛起正在通过向世界展示新的发展和力量原理重塑国际秩序。中国正处在建立全世界从未有过的"最伟大的不对称超级大国"的过程之中，它比历史上任何国家都更少依赖传统的武力投放工具，相反，而是以其震撼的榜样力量和幅员的宏大影响走在各国前头。中国发生的事情正在改变国际发展、经济、社会，以及政治的整个图景。虽然美国在追求旨在保护其利益的单边政策，但中国在组合各种资源，在国际事务的许多关键领域使美国黯然失色，并创造一种使美国更难从事称霸行径的环境。

秦宣认为，乔舒亚·库珀、雷默都不是提出"中国模式"的首创者，而只能算"北京共识"的首创者。"中国模式"并不是进入 21 世纪才提出来的概念，它从 20 世纪 80 年代初就开始出现在国际主流媒体上，但需要承认的是，乔舒亚·库珀、雷默对"中国模式"进行了比较系统的研究，这也许是国内学者认为乔舒亚·库珀、雷默是"中国模式"的发明者的重要原因。

他认为，近几年来，"中国模式"之所以被国际社会热炒，主要原因在于：中国经过 30 多年的改革开放，经济发展取得的成就有目共睹，在国际事务中的影响力逐步扩大，而西方发展模式正遭受前所未有的挑战，"中国模式"正好显示出比较优势，西方发达国家日益担心欧美发展模式被超越，从而失去主导地位。另外，广大发展中国家也希望从"中国模式"中找到可资借鉴的经验，以便推进本国的现代化进程。

2009 年英国资深媒体人、专栏作家、伦敦经济政治学院亚洲研究中心教授马丁·雅克所著《当中国统治世界时：中国的崛起与西方世界的终结》的出版引起了世界各国学者、政要和媒体的热议。从这部书的书名就可以看出他的论点：西方（先是欧洲然后是美国）占据了很久的世界主导地位终将被中国主导世界的时代所代替。他的书就是以对"西方普世主义"价值进行批驳作为开头："西方仍然有这种普遍的看法，那就是中国将最终通过自然和不可避免的发展顺从西方模式。这只是一厢情愿的看法。"他断定，中国将被越来越多地作为一个替代发展模式的范例，这可能导致西方在每个领域主导的终结：经济、政治和文化。他认为"中国……最终在今后的 50 年里，甚至在许多方面用不了这么长时间，就将成为在世界上处于领先地位的大国，那时中国不会变得更西化，世界将变得更中国化。"他描述了一个中国主导下的世界秩序："人民币将取代美元成为全球储备的货币；上海将取代纽约和伦敦成为世界金融中心；欧洲国家将像雅典和罗马那样，成为辉煌过去的历史遗留，普通话将和英语一样广泛使用，或许比英语更为流行；孔子的儒家学说将和柏拉图一样为人熟知，如此等等。"① 马丁·雅克的论点，有人赞其理论新颖，有人批其哗众取宠，有人防其恶意捧杀……在各种的争议声中，马丁·雅克看好中国的观点被广泛传播。

近年来，国内外就"中国模式"进行了很大的争论，但由于人们立场和价值观的不同，争论并没有给人们带来共识。总体看，在西方乃至全世界，围绕"中国模式"有三种不同但又互相关联的观点。

第一种是中国模式"赞扬论"或"捧杀论"。许多发展中国家的学者和政要，他们曾经信奉甚至照搬过西方经济政治的发展模式，但都遭到挫

① 《外媒体热议马丁·雅克著作〈当中国统治世界时〉》，载《参考消息》2009 年 8 月 25 日。

折和失败，这些人往往对西方模式已经失去了信心，希望从中国的发展模式中找到借鉴。在西方，也有一些有识之士，面对中国经济社会发展的现实，真心赞扬中国取得的成就，马丁·雅克1993年后几十次到中国考察、思考才得出了赞扬中国的观点。这些人对中国是非常友好的，但是在这些赞扬声中，难免有一些不当的"捧杀"观点。中国仍是一个发展中国家，人均GDP刚刚提升到世界80位左右，经济社会发展的问题很多，军事实力至少比美国落后二十年，科技创新、现代传媒等软实力和美国等西方国家还有很大差距。另外，受"强国必霸"等传统思维的影响，一些人认为中国强大起来也将会统治世界，而我们所追求的"世界各国共享和平、共同发展的和谐世界"的目标，并不谋求霸权；中国文化发展了，也不是取代西方文化，而是谋求东西方文化相互融合、取长补短的共同发展。我们应该清醒地认识目前我国所处的发展阶段和追求的目标，不要让过分的"捧杀"冲昏了头脑。

第二种是中国模式"威胁论"，信奉这种观点的大多是西方普世主义价值论的信奉者和受益者。这种观点在美国部分政要和学者中有更大的市场，他们认为中国的发展危及他们的根本利益，千方百计要遏制中国的发展。出于同样的价值观，还有一种是中国模式"不定论"或"怀疑论"。他们更多地看到中国发展中的种种问题和制约因素，进一步认为中国不可能根本解决这些问题，不相信中国的发展模式可以持续，其中一些人更认为"中国模式"终将解体和崩溃，或者根本不认为中国有一种可成为"模式"的东西。

对于这两种观点：马丁·雅克有一段值得思考的论述："在中国问题上，西方评论家一般分为两大流派。一派被称为中国怀疑论者，他们坚决否认中国能够成为世界霸主。另外一派则是中国威胁论者，他们将中国的崛起视为对现存西方为主导的全球实力系统的主要威胁。而目前，尤其在美国，后者的影响力和声势更加浩大。虽然两种观点互相冲突，但还是有不少人同时抱有这两种观点。中国怀疑论者往往刻意忽视与他们世界观相悖的事实证据。即便承认中国30年来取得的成功源于一条与众不同的道路，他们还是全然不顾已经破灭的是新自由主义而非中国资本主义这一事实，坚称中国终将被西化。因为如果不这样，他们就必须承认，即便采取一条完全不同的道路，中国也能够继续发展，甚至有一天超越西方。后一种情形是骇人的，因为这意味着，西化并不能保证一个国家在经济上取得成功，甚至还可能阻碍其成功。换言之，中国之所以成功，可能正是因为它与西方有所不同。这么一来，第一种观点便会转化为第二种，于是关于中国威胁的歇斯底里的警告声便不绝于耳。可以说，在每一个中国怀疑论者心中，都深藏一个中国威胁论者。"①

中国国力的迅速增强和"中国模式论"的兴起，在美国引起了强烈反响。奥巴马政府迅速调整国际战略，将重心从欧洲转向亚洲，实行亚太再平衡战略，以制约中国，奥巴马在众参两院演讲说："美国决不当世界老二"，众参议员全体起立鼓掌，反映了一些美国政要内心的焦虑。基辛格2014年与中国全国人大外事委员会主任委员傅莹对话时说："19世纪以来世界秩序的中心在欧美，21世纪世界秩序的中心在亚太。亚洲最大的变量是中国在未来20年的持续增长，中国的选择将影响和改变世界。美国必须考虑还有多少时间、多少空间可以维持现存秩序，并需要构思未来的世界秩序。"反映了上述心理变化的原因，他们担心若干年后中国实力超过美国，美国不能再称霸世界。

正是在这样的国际背景下，从2014年下半年开始，美国国内对华政策展开了激烈的辩论，特别是2015年3月美国外交学会发表了《修改美国对华大战略》报告，使辩论进入高潮，美国政界、学界、军界、媒体、商界和一些国外著名人士都卷入其中。无论是参与辩论者的广泛性，还是辩论的深度，在美国历史上均属前所未有。

《修改美国对华大战略》报告质疑自尼克松以来美国八任总统一直基本遵循的对华"接触加遏制"的政策。他们认为原先为"接触"政策设定的两个主要目标都没有达到：一是原先认为通过接触政策可以促使中国走向"政治自由化"，演变成一个美国希望的"民主国家"。但30多年后的中国不但没有实现美国期望的自由化，而且意识形态更浓厚了；二是原先认为这个政策可以促使中国帮助维护由美国主导的现行国际秩序，而不是挑战它。"但我们却看到中国正在建设一系列替代制度，这明显说明中国

---

① 《外媒体热议马丁·雅克著作〈当中国统治世界时〉》，载《参考消息》2009年8月25日。

不满美国领导的战后秩序。毫无疑问，中国正在寻求建立另一个国际秩序。"他们把中国近年来为维护国家主权和核心利益所采取的正当、合法措施，如设立东海防空识别区、南海争端特别是在若干岛礁进行基本建设、"一带一路"倡议和亚投行的建立以及中国军事实力的快速增强等，均视为对美国霸权地位的"挑战"或"威胁"，由此而质疑过去30多年执行的接触政策。

该报告和一些人提出的建议，将"以接触为主，遏制为辅"的对华政策调整为"以遏制为主，接触为辅"，认为美国应该接受，甚至支持一种以对抗为主、合作为辅的中美关系，建议制定一项针对中国取代美国称霸亚洲的大战略。这项新战略的重点"是抗衡中国力量的崛起，而不是继续帮助其占上风。"这种政策建议遭到不少人的批评，奥巴马第一任期内担任国家安全委员会总统特别助理的杰弗里·贝德指出："如果我们遵循这些专家的建议——将中美关系定义为一种不加约束的对抗关系，那么我们终将招致冲突。"他主张基本上继续执行"接触加遏制"政策，但要加强防范和遏制力度。在辩论中持这种观点者居多。

这次辩论对中美关系产生的负面影响可能要大于中美建交以来任何一次辩论。一是美国对华战略猜疑将加深，从而将影响中美关系的健康、顺利发展，也会影响美国民众对中国的好感度和信任。二是下届美国政府不管哪个党派和何人执政都会对对华政策做某种程度的修改或调整，总体上将趋硬。综合判断，现在美国政府还不会根本颠覆过去30多年来"接触加遏制"、"两手政策"的对华基本战略，但将不断加强遏制的力度。[①] 对此，我们要有足够的思想准备并加强相应的对策研究及部署。

关于中国模式的内涵和特点，也存在许多不同的概括。20世纪末，开始议论"中国模式"时，对这个概念的使用比较随意，同时还使用了"中国经验"，"中国发展道路"等概念，有时甚至指改革开放以后的具体方针政策。后来讨论渐渐集中到中国改革开放以后经济改革的模式，很少涉及政治文化方面的内容。进入21世纪后，人们对"中国模式"的讨论已经涉及中国经济社会发展的方方面面及其总体特征。但由于人们的立场

①　钱文荣：《美国内激辩对华政策的背后》，《瞭望》2015年第33期。

和视角不同，仍然会做出不同的概括：第一种观点把"中国模式"概括为
"经济私有化、自由化＋政治专制"，他们认为中国经济体制改革是按新自
由主义的方向进行的，而政治体制改革则是保守的、停滞的，应当向西方
多党制的方向演变，这些人大多是"西方中心论"或"西方普世价值论"
的信奉者。第二种则是把"中国模式"概括为"国家资本主义＋威权主
义统治"（或者还加上和谐稳定），他们看到中国国家对市场调节的有效
作用，甚至认为这在消除贫困和帮助弱者方面比美国模式更有效。[①] 但他
们大都刻意回避或者、不承认"中国模式"中社会主义公有制和社会主义
国家的作用。他们认为中国的政治体制代表着集中与高效，日裔美国学者
福山认为，这与代表分散与拖沓的印度模式相比，表明一个负责任的威权
体制对于发展中国变得十分重要，甚至认为随着中国的崛起，他过去所说
的"历史终结"于自由民主制的观点有待于进一步推敲和完善。但是他们
都刻意回避或不承认中国共产党领导的人民民主制度是集中高效的根本原
因，并认为中国是一个不民主的国家。即便是像马丁·雅克这种对中国十
分友好的人士，也难超越这种西方思维方式的束缚，把中国视为现时不需
要民主的国家。

　　在国外学者热炒"中国模式"时，中国的媒体和学者对这一概念的使
用则显得比较谨慎。有些学者不同意"中国模式"的提法，主张用"中
国道路"、"中国经验"或"中国特色"乃至"中国案例"。比如，全国政
协常委、中央党校前副校长李君如在《慎提"中国模式"》中提出，现在
就讲"模式"，既不符合事实，也很危险。虽然改革开放成就斐然，但中
国的体制还没有完全定型，提升到"模式"就有定型之嫌。而"危险"
在于，一会"自我满足，盲目乐观"，一会转移改革的方向，在旧体制还
没有完全变革、新体制还没有完善定型的情况下，说我们已经形成了"中
国模式"，以后就有可能把这个"模式"视为改革的对象。所以，现在讲
"中国特色"更好，因为"特色"包含了不断探索的含义和要求。全国政
协外事委主任、原国新办主任赵启正在《中国无意输出"模式"》中写
道，"模式"一词含有示范、样本的含义，但是中国并无此示范之意。这

---

　　① 《中国模式的魅力》，载《国际先驱论坛报》2006 年 11 月 2 日。

个模式或案例处于现在进行时，它还在发展中。北京师范大学政治学与国际关系学院教授施雪华的文章题为《提"中国模式"为时尚早》认为，"中国模式"如被其他国家成功模仿、形成了某类概念时，再提"中国模式"可能更显科学合理，等等。

但也有学者认为，我们完全没有必要回避"中国模式"这个概念，完全可以使用"中国模式"来概括中国的发展道路和发展经验。比如，程恩富认为，中国模式作为一种社会发展模式，是一种社会主义的发展模式，是当代中国的社会主义发展模式。其成功是中国特色社会主义的成功，其经验即党的十七大所总结概括并被胡锦涛总书记反复强调的"十个结合"等。西方金融经济危机后中国的优秀表现，使中国模式及其导致的中国崛起在世界范围内引起热议，使用"中国模式"概念不仅不会冲淡中国特色和中国道路，而且会给中国特色添彩增色。因此，继续深入研究中国模式及其国际比较，对于丰富中国道路与经验，推进马克思主义中国化、时代化、大众化，进而推进中国特色社会主义事业，提升中国在国际上的话语权和软实力，均具有十分重要的意义。

党的十八大为我们观察这一问题提供了明晰的指导思想。党的十八大政治报告讲："在改革开放三十多年一以贯之的接力探索中，我们坚定不移高举中国特色社会主义伟大旗帜，既不走封闭僵化的老路、也不走改旗易帜的邪路。中国特色社会主义道路，中国特色社会主义理论体系，中国特色社会主义制度，是党和人民九十多年奋斗、创造、积累的根本成就，必须倍加珍惜、始终坚持、不断发展。"并对这一道路、理论体系和制度的内涵做出了具体科学的概括，指出："中国特色社会主义道路是实现途径，中国特色社会主义理论体系是行动指南，中国特色社会主义制度是根本保障，三者统一于中国特色社会主义伟大实践，这是党领导人民在建设社会主义长期实践中形成的最鲜明特色。"我们认为，如果把中国特色社会主义道路、理论体系、制度表述为"中国模式"，没有什么不妥，回避使用"中国模式"没有道理。即使这个概念是外国人使用的，而且其内涵并不确切，但这并不妨碍我们科学地使用这个概念。如果认为，"中国模式"还处于变动之中，就不能使用"中国模式"，那么只能得出这样的结论：当今世界没有任何模式，因为各种模式均处在变动、发展之中，都面临着挑战。如果只有完全定型的才能称之为"模式",那等于说"模式"必定是僵化的,这显然是不对的。有人认为,讲"中国模式"有示范、推广之嫌,这种思维方式还没有跳出"西方模式普世论"的思维方式。任何模式都是自己的国情、历史和文化的产物。十六大报告指出:"我们主张维护世界多样性,提倡国际关系民主化和发展模式多样化。",而不是把任何一种模式"普世"化。

所以,问题不在于要不要回避"中国模式",而是要科学地阐发"中国模式"。习近平指出:"党的十八大精神,说一千道一万,归结为一点,就是坚持和发展中国特色社会主义。"[①]"坚持"说明它已形成为一种模式,而"发展"说明它还需要进一步"拓展"、"丰富"、"完善"。"中国模式"的国际意义在于各国都要从实际出发,创造符合自己国情和历史、文化传统的模式,而不是把某一种模式作为普世价值强加于其他国家。

第三节　坚定不移地走和平发展道路

在世界大发展、大变革、大调整的历史时期,面对复杂多变的国际环境以及"中国崩溃论"、"中国威胁论"、"中国责任论"、"中国模式论"等各种国际思潮,如何与时俱进、丰富发展中国的国家战略,清晰准确地宣传中国的国家战略,成为我国党和政府的迫切任务。

2003年1月30日,胡锦涛总书记在中央党校的一份内部报告批示:"就中国的和平崛起道路问题开展研究"。2003年11月2日,温家宝总理在博鳌亚洲论坛发表演讲,提出了"亚洲崛起"的概念。他说:"一个充满活力、繁荣富强,致力于世界和平与发展、永不称霸的中国,将为亚洲的崛起和振兴做出新的贡献!"2003年11月3日,原中共中央党校常务副校长、中国改革开放论坛理事长郑必坚也在博鳌亚洲论坛发表了《中国和平崛起新道路和亚洲的未来》的演讲,认为,中国实行改革开放,走出了一条既同经济全球化相联系,又独立自主地建设有中国特色社会主义的发展道路,这是一条和平崛起新道路,"中国和平崛起新道路"这一概念首

---

① 《习近平谈治国理政》,外文出版社2014年版,第22页。

次公开。① 此后胡锦涛和温家宝在多次讲话中表示，中国要坚持和平崛起的发展道路和独立自主的和平外交政策。中国的崛起应把基点主要放在自己的力量上，它不会妨碍、威胁任何人，中国现在不称霸，将来即使强大了也永远不称霸。② 中国和平崛起道路的提出，引起世界广泛关注和议论，有关评论文章铺天盖地，成为国际舆论和学术界的中心话题之一。

在认真听取各方面反应和意见的基础上，中国领导人提出了"中国和平发展道路"。2004 年 8 月 22 日，胡锦涛总书记在邓小平同志诞辰 100 周年纪念大会上的讲话指出，"坚持走和平发展的道路"。③ 2005 年 11 月 9 日，胡锦涛主席在访问英国的讲演中，全面系统地阐述了中国和平发展道路的内涵和意义。他说，"中国选择和坚持的是和平发展道路，中国的发展是和平的发展、开放的发展、合作的发展"，"中国坚持走和平发展道路，是基于中国国情的必然选择。……是基于中国历史文化传统的必然选择。……是基于当今世界发展潮流的必然选择。"④ 2005 年 12 月，中国国务院新闻办发表《中国的和平发展道路》白皮书，从和平发展是中国现代化建设的必由之路、以自身的发展促进世界的和平与发展、依靠自身力量和改革创新实现发展、实现与各国的互利共赢和共同发展、建设持久和平与共同繁荣的和谐世界等四个方面全面论述了中国和平发展道路。

和平崛起与和平发展的含义和实质是一致的，和平崛起的提法，形象地表明中国在改革开放之后的一段时期内迅速摆脱贫穷落后状态的道路；和平发展的观点，表明中国的发展不仅是自己一国的自主发展，而是开放的发展，和平的发展，合作的发展，共同的发展，是不同于历史上大国崛起的一条新路。2011 年 9 月国务院新闻办又发表了《中国的和平发展》白皮书，从中国和平发展道路的开辟、中国和平发展的总体目标、中国和平发展的对外方针政策、中国和平发展是历史的必然选择、中国和平发展的世界意义等五个方面全面、深入地阐明了中国的和平发展战略。《白皮书》明确宣示，"从更宽广的世界历史视野看，和平发展道路归结起来就

---

① 《学习时报》2003 年 11 月 17 日。
② 《人民日报》2004 年 3 月 15 日。
③ 《人民日报》2004 年 8 月 23 日。
④ 《人民日报》2005 年 11 月 10 日。

是：既通过维护世界和平发展自己，又通过自身发展维护世界和平；在强调依靠自身力量和改革创新实现发展的同时，坚持对外开放，学习借鉴别国长处；顺应经济全球化发展潮流，寻求与各国互利共赢和共同发展；同国际社会一道努力，推动建设持久和平、共同繁荣的和谐世界。这条道路最鲜明的特征是科学发展，自主发展，开放发展，和平发展，合作发展，共同发展。"

党的十八大后，以习近平为总书记的党中央，高举和平、发展、合作、共赢的旗帜。习近平主席和奥巴马总统达成共同努力构建不冲突、不抵抗、相互尊重，合作共赢的中美新型大国关系的重要共识，决心打破大国冲突对抗的传统规律，开创大国关系发展新模式；坚定奉行亲、诚、惠、容的周边外交理念，积极发展同邻国友善互利关系；提出"一带一路"战略构想，发展同世界相关国家互利共赢的关系。有力地回击了"中国威胁论"，和平、发展、合作、共赢已成为中国领导人和中国人民对世界的庄严承诺，成为 21 世纪的中国在国际上的新定位。

一　坚持走和平发展道路，是中国基于历史文化传统、现实国情和世界发展潮流的必然选择

和平发展道路，是中国历史文化的传承。中国文化自古就认为世界是一个和谐整体，"天人合一"、"和而不同"、"以和为贵"等理念深深影响着中华民族的思想和行为，成为中国人处理人与自然、人与社会，乃至人与家庭、邻里、他人关系的重要价值观。中华民族就是 56 个民族经过长期融合而形成的"和而不同、多元一体"的大家庭；中华文化自古以来就善于吸收一切有益的外来文化，张骞通西域、郑和下西洋等谱写了中外文化交流的史篇；儒释道在中国"和而不同"、共生共存等均说明，中外文化的融合是中华这一古老的文明生生不息的重要原因。

1840 年鸦片战争后的 100 多年里，中国屡遭外来势力入侵和奴役，长期处于任人欺凌宰割的地位。苦难的历史经历使中国人民深知和平、平等、公正之珍贵。"己所不欲，勿施于人"，中国人民绝不会以损害别国利益的方式实现自己的发展。

和平发展是中国基本国情的要求。中国是一个发展中的社会主义大

国。虽然改革开放30多年来，中国已成为全球第二大经济体，中国依然是一个发展中的国家。中国人口多、底子薄，用世界7.9%的耕地和6.5%的淡水资源养活着世界近20%的人口，经济社会发展成就要由13亿多人共享，不断满足众多人口生存和发展需求是巨大难题。2010年，中国人均国内生产总值约为4400美元，居世界100位左右。中国城乡、区域发展很不平衡，经济社会发展结构性矛盾突出，资源环境等发展的瓶颈制约突出，经济增长过于依赖物质资源投入，转变经济发展方式任务艰巨。中国自主创新能力较弱，在国际产业体系和贸易分工中仍处于产业链低端。中国人民生活水平还不高，社会保障体系还很不完善，与发达国家相比还有很大差距。

中国现代化是世界五分之一人口的现代化，这是一个很长的历史过程。这一过程中的困难和问题，无论规模还是难度，在当今世界都是绝无仅有的，在人类历史上也是罕见的。在相当长历史时期内，中国仍将是一个发展中国家，这就决定了中国必须集中力量推进现代化，集中精力解决发展和民生问题；始终需要和平稳定的国际环境，开展对外交流合作。即使中国将来强大起来，和平依然是发展的基本前提，没有理由偏离和平发展道路。基本国情、文化传统和国家根本利益、长远利益是中国和平发展的决定因素和内生动力，[①] 和平发展是中国谋求民族伟大复兴的唯一可行的战略选择。

和平发展是顺应世界潮流的选择。和平与发展是当今时代的两大主题，和平、发展、合作是不可阻挡的世界潮流。当前，世界多极化、经济全球化深入发展，国际体系变革的要求突出，国际社会正面临越来越多新的历史课题。共同用好发展机遇，共同应对各种风险，成为各国人民的愿望。

经济全球化成为影响国际关系的重要趋势。不同制度、不同类型、不同发展阶段的国家相互依存、利益交融，"你中有我、我中有你"。人类再也承受不起世界大战，大国全面冲突对抗只会造成两败俱伤。

全球性挑战成为世界主要威胁。人类共同安全问题日益突出，恐怖主

---

① 中华人民共和国国务院新闻办公室：《中国的和平发展》2011年9月。

义、大规模杀伤性武器扩散、金融危机、严重自然灾害、气候变化、能源资源安全、粮食安全、公共卫生安全等攸关人类生存和经济社会可持续发展的全球性问题日益增多。任何国家都不可能单独解决这些问题，国际社会必须携手应对。如果不能通过全面持续的国际合作抑制各种负面因素，世界和平与发展将面临重大障碍，甚至可能遭受更大灾难。

世界潮流浩浩荡荡，顺之则昌，逆之则亡。国际社会应该超越国际关系中陈旧的"零和博弈"，超越危险的冷战、热战思维，超越曾把人类一次次拖入对抗和战乱的老路。要以命运共同体的新视角，以同舟共济、合作共赢的新理念，寻求多元文明交流互鉴的新局面，寻求人类共同利益和共同价值的新内涵，寻求各国合作应对多样化挑战和实现包容性发展的新道路。要和平，不要战争；要发展，不要停滞；要对话，不要对抗；要理解，不要隔阂，乃大势所趋、人心所向。中国走和平发展道路，正是在这一时代大背景下的必然选择。[①]

二　实行和平发展道路战略，必须对有关社会思潮进行科学的引领

（一）如何看待"韬光养晦"和"有所作为"

20 世纪 80 年代末至 90 年代初国际政治形势发生巨大变化，"东欧剧变"、"苏联解体"，社会主义事业受到严重挫折。二战后统治世界近半个世纪的两极格局宣告解体，世界进入一个一超多强、并朝着多极化方向发展的新时期。这一变化深刻影响到了每一个国家和地区，中国的社会主义制度、改革开放和现代化建设事业、中国的主权和安全更是面临着严峻的挑战，以美国为首的西方国家借 1989 年北京政治风波对中国进行"制裁"，企图借苏东变化造成的巨大冲击波，实现颠覆中国社会主义制度的目的。中国能否顶住霸权主义和强权政治的压力，抓住和利用世界经济全球化发展的机遇，把改革开放和社会主义现代化建设搞下去？在这关键时刻，邓小平纵观全局坚定地指出：中国的社会主义是变不了的，中国肯定要沿着自己选定的社会主义道路走下去，谁也压不垮我们；党的十一届三中全会以来制定的基本路线、方针和政策，包括我们对国际形势的判断和

---

① 中华人民共和国国务院新闻办公室：《中国的和平发展》2011 年 9 月。

我们的对外政策都是对的，要坚定不移地干下去。同时，他在客观分析了国际形势和力量对比，充分考虑了我国处于社会主义初级阶段这一基本国情及面临的根本任务之后，及时调整并采取了更加务实灵活的外交策略，明确提出了处理冷战关系后国际关系的方针：冷静观察，稳住阵脚，沉着应付，韬光养晦，善于守拙，决不当头，抓住机遇，有所作为。

中国人民外交学会会长杨文昌对"韬光养晦"作了比较深刻详尽的论述。[①]"韬光养晦"由"韬光"和"养晦"两个词语组成。"韬光"的字面意思是收敛光芒，引申意义为避免抛头露面。最早出现在南朝梁国太子萧统所写的《靖节先生集序》，其序中有"圣人韬光，贤人遁世"一句。《晋书·皇甫谧传》中又有"韬光逐薮，含章未曜"之说。"养晦"的字面意思是隐形遁迹，修身养性，其意为隐退待时，养晦以待用。作为一个成语，"韬光养晦"是一种低调做人的行为模式。低调做人以利于冷静观察，缜密思考，进而统揽全局，谋划未来，是一种战略行为模式。其思想的深刻内涵在于埋头苦干，积蓄力量，着眼长远。

历史已经证明：邓小平把"韬光养晦"作为中国外交政策的指导思想是完全正确的。在这一战略方针指导下，西方制裁中国的图谋一个接一个被打破，我国改革开放进入快车道。从建立社会主义市场经济体制，到加入 WTO，中国不断融入世界，中国的经济社会发展成就令世界注目。

过去 20 年来，国内外对"韬光养晦"战略思想出现了一些并不全面的解读。国外有人把"韬光养晦"解释为隐瞒自己的真实意图，为将来称霸世界暗做准备，这是对我国和平发展战略方针的严重曲解。还有人把"韬光"简单解释为把宝剑的光芒隐藏起来，错误地将其与"卧薪尝胆"、"君子报仇，十年不晚"相混淆。美国前国务卿基辛格在私下就不止一次地向杨文昌发问："你们把剑光暂时藏在桌子底下，准备何时才向美国亮剑？"杨费了很多口舌，仍无法使他完全消除对"韬光养晦"的疑虑。所以迫切需要我们对"韬光养晦"的真正含义向国际社会进行科学、全面的解读。

在国内，有些人把"韬光养晦"看作逆境中的短期的权宜之计。他们

---

① 杨文昌：《"韬光养晦"：博大精深》，载《光明日报》2011 年 11 月 07 日。

认为：经过 20 多年奋斗，现在中国已经强大了，"韬光养晦"已经过时，现在应当强调"积极有所作为"了，坚持"韬光养晦"就无法"积极有所作为"，这种认识是片面的。胡锦涛在 2009 年 7 月第 11 次驻外使节会议上提出了"坚持韬光养晦，积极有所作为"的指导方针是完全正确的。的确，同邓小平提出"韬光养晦……有所作为"方针时相比，中国日益接近世界舞台的中心，国际环境、地位已经有了极大的变化，在重大国际问题上，中国站在历史的潮头，日益积极有所作为，这是符合中华民族伟大复兴的历史要求和各国人民的愿望的。但是，"积极有所作为"和"坚持韬光养晦"不是非此即彼的关系，"韬光养晦"不等于销声匿迹、无所作为，相反是要求低调的、实在的发展。另外，"韬光养晦"也不仅适用于逆境，同样适用于顺境，"圣人韬光"体现了"大智若愚"、"上善若水""大音稀声"、"大象稀形"的非凡境界，绝非仅逆境所为，更何况今天我们还有大量的不顺之处呢？所以中国的外交工作在发展"积极有所作为"的同时，还要长期坚持"韬光养晦"。中国的外交战略是和平发展、合作共赢，不谋求世界和地区霸权。实现这一远大目标，不仅需要强大的综合国力，同时需要世界多数人对这一战略的理解和支持。坚持"韬光养晦，有所作为"有利于澄清霸权主义势力对我国和平发展的曲解，在道义上占领制高点。其次，尽管中国的 GDP 已经位居世界第二，但我们国家人口多、底子薄，人民的平均生活水平还远远赶不上发达国家，甚至还不如一些发展中国家。我们把全面建成小康社会定位为近期的发展目标，把自己的国家定位为发展中国家，这不是故意"谦虚"，而是实际情况。在今后相当长的历史时期内，我们必须坚持谦虚谨慎、埋头苦干的作风，才能把我们的国家建设成富强的世界大国。另外，当前国际形势极其复杂多变。准确判断形势走向，正确处理重大国际矛盾和冲突需要我们坚持"韬光养晦，有所作为"。只有长期坚持"韬光以冷观，养晦以待用"，才能看清、看透国际形势的发展趋势，只有看清、看透国际形势走向，才能着眼长远，科学地有所为或有所不为。

（二）对日益兴起的民族主义思潮进行科学的引导

1996 年，随着一本名为《中国可以说不》的图书的诞生，"说不"风靡国内，当时的青年学子几乎人手一本。这是一本在政治、经济、外交等多方面评述中美关系、中日关系和台湾问题的谈话录。张小波等 5 位青年作者，也因此成了西方媒体眼中中国民族主义的"领军人物"。2009 年 3 月，《中国不高兴——大时代、大目标及我们的内忧外患》一书出版，又立刻吸引了国外媒体的关注。美国时代周刊认为这是"1996 年《中国可以说不》后又一部民族主义畅销作品"。打开其目录，类似的观点颇具冲击力：

持剑经商，崛起大国的制胜之道

该由西方正视"中国不高兴"了

中国对西方："有条件的决裂"……

王小东是《中国不高兴》的作者之一，在他看来，《中国不高兴》的核心观点是，中国和西方在综合国力对比上有了根本的变化，中国仍然要寻求西方的理解和接纳，但不再是一面的讨好、逢迎、跟西方接轨，西方国家也要理解中国的观点和情绪，不能动辄教训、打击或围堵中国。此外《中国不高兴》还提出内修人权、外争族权、制裁西方、肃清内贼；中国的发展不能把大多数民众排除在外；持剑经商，不玩金融战争，才是未来中国应走的路。利用西方经济危机，实现中国的产业升级，中国要有重排世界秩序、领导世界的雄心，明确"惩罚外交"概念，大国心态不仅是宽容，也有较真。作为该书策划人的张小波解释道：两本书在某种程度上是一致的，比如说中西关系是不是一直在摊牌？而其中的作者之一，宋强则认为：《中国可以说不》要表达的是中国只想领导自己，而《中国不高兴》要表达的是中国有能力领导世界。

这两本书反映了一个长期饱受侵略、欺凌的民族终于站起来了、强起来了以后自强、自信的精神，有积极的一面，但是中国的对外关系，包括对西方发达国家的关系，决不是"说不"或"不高兴"可以概括的。中国外交政策的宗旨是"维护世界和平，促进共同发展"，实现互利互赢。在政治上要相互尊重，平等协调；经济上要互相合作，优势互补；文化上要互相借鉴、求同存异；安全上相互信任，加强合作；环保上相互帮助，协力合作。中国无意于"领导"世界，只求同世界各国一道推动建设持久和平、共同繁荣的和谐世界。即使同发达国家的关系，也要"加强战略对话，增进战略互信，深化互利合作，妥善处理分歧，探索建立和发展新型大国关系，推动相互关系的长期稳定和健康发展"，以创造和平的国际环境和有利的外部条件。所以，要用和平发展的战略方针，积极引导民族主义朝着面向世界、面向未来、面向现代化的方向发展，树立一种自主自强、和平友善的大国民族心态，克服狭隘民族主义情绪的影响。

（三）克服"唯和平主义"思绪对和平发展战略思想的曲解

我国实行和平发展战略，它不威胁任何人和任何国家。但是世界上总会有人不高兴，这些人往往是霸权主义的既得利益者或信奉者，他们总是把中国的和平发展视为威胁，并千方百计地进行遏制。他们或明或暗地支持"台独"分裂活动，为中国的和平统一制造障碍；或明或暗地支持"藏独"、"疆独"分裂势力，挑拨中国的民族关系，损害中国的主权；利用中国南海上与邻国的领土争议，挑拨中国和邻国的关系；妄图在中国复制"颜色革命"、制造社会动乱、颠覆中国的社会主义制度；把中国与发展中国家的互利合作诬蔑为"新殖民主义"；对中国单方面地实行不公正的贸易制裁；等等。对这股政治势力，我们要保持清醒的头脑，既不能过高也不能过低估计他们的能量和影响。这种霸权主义势力，逆历史潮流而动，是得不到世界大多数人响应的，即使是发达国家政要和学者中的有识之士也对这种冷战思维模式持否定态度。但是，对这种势力及影响，也要有足够的思想警惕和对策，《中国的和平发展》白皮书明确表示，"中国坚决维护国家核心利益"，并第一次把中国的核心利益概括为"国家主权、国家安全、领土完整、国家统一、中国宪法确立的国家政治制度和社会大局稳定，经济社会可持续发展的基本保障"。明确向世界宣示：中国"在积极实现本国发展的同时，充分顾及他国正当利益，绝不做损人利己，以邻为壑的事情"。但是在涉及中国国家核心利益的问题上，中国绝不会做无原则的妥协，麻烦制造者最终只能自食其果。面对复杂多变的国际环境及中国所面临的机遇和挑战，我们要确立这样一种思维定势，力争实现最好的可能，但对最坏的可能要有足够的思想准备和对策。正如台湾问题上，我们坚持和平统一的方针不动摇，但对一旦出现的"台独"势力猖獗的状况也有足够的警惕和对策，并把它写进了《反分裂国家法》。在处理复杂多变的国际问题时，也要运用这种思维定势，凡事预则立、不预则废，只有对最坏的情况有足够的思想和对策准备，才有可能争取实现最好的可能。要牢记第二次世界大战前"绥靖主义"对法西斯势力、苏联解体前戈尔巴乔夫"新思维"对和平演变的颠覆势力一味妥协、忍让和纵容的历史教训。要牢记帝国主义是战争的根源，某些大国的霸权主义势力为争夺和控制其他国家的战略资源和主权是不惜铤而走险、发动侵略和战争的，两次世界大战和当今世界各种局部战乱反复证明了这一点。我们绝不能把和平发展的战略方针曲解为对霸权主义心存幻想、一味迁就、不敢坚持原则和进行必要斗争的"唯和平主义"。

中国和平发展打破了"国强必霸"的大国崛起传统模式。建立殖民体系、争夺势力范围、对外武力扩张，是近代历史上一些大国崛起的老路。特别是在 20 世纪，追逐霸权、实力对抗、兵戎相见，使人类惨遭两次世界大战的浩劫。中国选择走和平发展道路，这是人类发展史上新的伟大探索和实践。但这条新路并不是笔直的、平坦的，它充满了各种可以预见和难以完全预见的机遇和挑战。一方面，中国和平发展的理念、中国和平发展促进其他国家共同发展的实践，顺应了世界和平发展的历史潮流，获得越来越多国家、人民的理解和支持，这条路将越走越宽广。另一方面，要看到，现行国际体系是在"西方中心"的历史条件下建立起来的，它的许多游戏规则不利于后发展国家的发展；"苏东剧变"、冷战结束后，一个超级大国主导世界的格局，又固化或强化了其某些游戏规则不公正的方面；国际上某些政治势力把中国的和平发展视为对不公正秩序的挑战，千方百计要遏制中国的发展。中国发展面临的国际环境是极其复杂的。如何善于把握有利于中国和平发展道路的历史机遇，化解面临的风险和挑战，是对中国共产党和政府的一个严峻考验。中国共产党十七届四中全会把"国际环境考验"，作为共产党执政面临的四项考验之一单独提出来，胡锦涛《在纪念中国共产党成立 90 周年的讲话》中又重申了这一理念，说明我们党对中国和平发展面临的复杂的国际环境有清醒的认识。在中国共产党领导下，中国政府和人民有能力有智慧冷静沉着地应对复杂的国际环境，坚持走和平发展道路。回顾历史，展望未来，我们坚信，不管道路有多么曲折、艰辛，一个繁荣发展的中国，一个民主法治的中国，一个和谐稳定的中国，必将为世界和平发展作出更大贡献。

第三编

引领社会思潮与思想政治教育

第一章 以社会主义核心价值体系引领社会思潮

　　核心价值体系是一个社会意识形态的主体和灵魂，在所有社会价值观念体系中处于统筹和支配地位，具有引领、主导和整合该社会价值观念、价值评价和价值取向的强大功能。

　　党的十六届六中全会《中共中央关于构建社会主义和谐社会若干重大问题的决定》中明确提出建设社会主义核心价值体系，并把社会主义核心价值体系的建设作为社会主义和谐文化建设的一项重大战略任务。

　　社会主义核心价值体系是当代中国文化的"魂"，是中国特色社会主义精神价值的集中体现，它决定中国特色社会主义的发展方向，是全党全国人民团结奋斗的共同理想、道德基础。马克思主义的指导思想是凝聚人心、推动中国特色社会主义前进的根本保证；中国特色社会主义是我们的共同理想，是当代中国发展改革的根本方向；以爱国主义为核心的民族精神和以改革创新为核心的时代精神是我们强大的精神支柱，激励全体人民团结奋进，锐意进取，为中华民族的伟大复兴努力奋斗；社会主义荣辱观是我们的基本道德规范，为中国特色社会主义事业提供强大的思想道德支撑。

　　以社会主义核心价值体系引领社会思潮是社会主义核心价值体系建设的重要内容。引领社会思潮，就是要围绕社会主义核心价值体系建设，排除各种错误思潮的干扰，坚持社会主义主流意识形态。马克思主义的指导地位，中国特色社会主义的共同理想，以爱国主义为核心的民族精神和改革创新为核心的时代精神，以"八荣八耻"为主要内容的社会主义荣辱观，都是在各种社会思潮的比较鉴别、排除干扰中前进的。如果不能有效地引领社会思潮，践行社会主义核心价值体系就会落空。加强对社会思潮的引领，就能丰富思想政治教育内容，把握好社会主义核心价值体系建设的方向。

第一节　引领社会思潮与坚持马克思主义的指导地位

社会主义核心价值体系的首要内容就是坚持马克思主义思想的指导地位。

马克思主义是科学。是否坚持马克思主义的指导地位，决定着社会主义事业的成败。苏联、东欧国家之所以发生剧变，造成 20 世纪人类的巨大灾难，其中一个决定性的原因就是因为在思想上放弃了马克思主义的指导地位，由抽象人道主义泛滥发展到公开打出"民主的、人道的社会主义"的旗帜，然后公开宣布以新自由主义为指导进行所谓的改革。与此相反，中国的改革开放之所以不断取得进展，遇到困难和曲折也能克服，就是因为牢牢掌握了马克思主义的指导地位，并善于与中国的国情、时代的特征相结合。历史经验证明：一个社会主义国家如果长期背离马克思主义的指导，或者以教条主义态度对待马克思主义，就必然失败。

马克思主义自从诞生之日起就是在与复杂的其他思潮相比较而存在、相斗争而发展的。在各种现实思潮中，"多元化"的思潮构成了对马克思主义最突出的挑战。任何社会的统治思想都是占统治地位阶级的思想。资本主义社会中虽然标榜思潮"多元化"，实际上也是严格坚持维护资产阶级利益的底线，决不允许其他思想对它搞"多元化"。西方发达国家常常打着"多元化"思潮的幌子，欺骗发展中国家的民众，借此取消马克思主义和无产阶级意识形态主导地位，为发动"颜色革命"制造舆论。在当今世界多种思想、多元文化倾向互相激荡交错的新形势下，更应旗帜鲜明地坚持马克思主义的指导地位，摒弃指导思想的"多元化"，确保意识形态发展的正确方向。

一　引领社会思潮与学习马克思主义基本原理

改革开放时期社会思潮纷纭激荡，要在本质上识别和分析这些社会思潮，就需要运用当代最先进的思想武器——马克思列宁主义、毛泽东思想和中国特色社会主义理论体系作为思想武器。这就要求我们首先学习和研究马克思主义基本理论，学习党的历代领导核心在新的实践中运用和发展马克思列宁主义、毛泽东思想的新经验和新成果。一些党的干部只顾抓GDP指标，抓经济事务工作，忽视了马克思列宁主义基本理论的学习，这是很危险的。

毛泽东曾提出："一般地说，一切有相当研究能力的共产党员，都要研究马克思、恩格斯、列宁、斯大林的理论，都要研究我们民族的历史，都要研究当前运动的情况和趋势；并经过他们去教育那些文化水准较低的党员"。① 江泽民2001年1月10日在全国宣传部长会议上的讲话中说："我们坚持马克思主义，关键是要坚持马克思主义的基本原理，并坚持运用它来分析和研究今天的实践。马克思主义关于生产力与生产关系、经济基础和上层建筑的相互关系的理论，关于社会发展规律的理论，关于辩证唯物主义的学说等等，都是基本原理。"② 研究马克思主义基本原理，必须认真学习马克思主义经典著作，把基本原理放到当时历史环境来认识，并紧密结合今天的实践来领会，防止生搬硬套，防止断章取义，防止片面理解。

有的错误思潮打着马克思主义的旗子歪曲马克思主义。如一些鼓吹只有民主社会主义才能救中国的人，歪曲恩格斯《法兰西阶级斗争导言》的论述，引用了其中的600字，把恩格斯晚年打扮成一个反对一切革命斗争、只讲合法斗争的改良主义者，第二国际修正主义理论的倡导者，而且说这是恩格斯的"最后遗言"。实际上，只要读过恩格斯原著，就可以弄清，恩格斯原文有20页，14000字，他们引用的600字，是从恩格斯原文

---

① 《毛泽东选集》第2卷，人民出版社1991年版，第532—533页。
② 江泽民：《论"三个代表"》，中央文献出版社2001年版，第126页。

中八个地方摘引出八段话拼凑而成的，根本不是恩格斯原文，也不是恩格斯的原意，更谈不上是恩格斯的"最后遗言"。在德国社会民主党发出上述《导言》后，恩格斯给费舍回信说："我尽可能考虑到你们的严重担忧……然而我不能容忍你们立誓忠于守法，任何情况下都守法，甚至对那些已被其制定者违犯的法律面前也要守法，简言之，即忠于右脸挨了耳光再把左脸送过去的政策。"① "我认为，如果你们宣扬绝对放弃暴力行为，是绝捞不到好处的。没有人会相信这一点，也没有一个国家的任何一个政党会走得这么远，竟然放弃拿起武器对抗不法行为这一权利。……守法的义务是法律上的，而不是道义上的……如果掌权者违犯法律，上述义务就完全解除。"② 1895 年 4 月 1 日，恩格斯在给考茨基的答复信中，又批评了李卜克内西，说"事先不通知我就发表了我的《导言》的摘录，在这篇经过修饰整理的摘录中，我是以一个爱好和平的、无论如何都守法的崇拜者出现的。"③ 可以说，恩格斯生前的"最后遗言"，恰恰是对德国社会民主党和第二国际改良主义、修正主义错误倾向的严厉批评。

再譬如，我们党提出构建社会主义和谐社会理论，这是社会主义理论的一个创新，其本质是正确处理人民内部矛盾，是社会主义社会与阶级对抗的旧社会的一个本质区别。但是有的人却把和谐社会理论歪曲成和马克思主义辩证法相对立的思维方式，甚至直接批评毛泽东《矛盾论》中的有关对立统一规律的论述。只要我们认真读一读毛泽东的《矛盾论》、《关于正确处理人民内部问题》等著作，就可以知道对立统一是世界一切事物发展的永恒动力，构建社会主义和谐社会只能理解为正确处理非对抗性矛盾的一种形式，而不是无矛盾的调和，在充满对抗和非对抗矛盾的世界，提出构建和谐世界的主张，只能理解为揭露霸权主义破坏社会和谐的本质，只有反对霸权主义的强权政治，才能促进世界的和平与发展。绝不能幻想消除现实中各种矛盾的尖锐对立。所以，共产党的干部都应该结合现实学一点马克思主义的原著。

---

① 《马克思恩格斯全集》第 39 卷，人民出版社 1974 年版，第 401 页。
② 同上书，第 401—402 页。
③ 同上书，第 432 页。

以习近平为总书记的党中央非常重视马克思主义基本理论的学习。十八届中共中央政治局第十一次集体学习安排了历史唯物主义基本原理和方法论，第二十次集体学习安排了辩证唯物主义基本原理和方法论。习近平要求：“党的各级领导干部特别是高级干部，要原原本本学习和研读经典著作，努力把马克思主义哲学作为自己的看家本领，坚定理想信念，坚持正确政治方向，提高战略思维能力、综合决策能力、驾驭全局能力，团结带领人民不断书写改革开放历史新篇章。”① 第二十八次集体学习内容是马克思主义政治经济学基本原理和方法论，习近平说：“马克思主义政治经济学是马克思主义的重要组成部分，也是我们坚持和发展马克思主义的必修课。”“学习马克思主义政治经济学基本原理和方法论，有利于我们掌握科学的经济分析方法，认识经济运动过程，把握社会经济发展规律，提高驾驭社会主义市场经济能力，更好回答我国经济发展的理论和实践问题，提高领导我国经济发展能力和水平。”② 习近平反复强调“实践是理论的源泉”，“要根据时代变化和实践发展，不断深化认识，不断总结经验，不断实现理论创新和实践创新良性互动，在这种统一和互动中发展 21 世纪中国的马克思主义。”③

二 引领社会思潮，促进中国特色社会主义理论的大众化

党的十七大报告提出：“大力推进理论创新，不断赋予当代中国马克思主义鲜明的实践特色、民族特色、时代特色。开展中国特色社会主义理论体系宣传普及活动，推动当代中国马克思主义大众化。”④

中国特色社会主义理论大众化的实质是全民树立共同理想的实践活动。树立建设中国特色社会主义的共同理想，是涉及培养社会主义事业的接班人，保住我们的社会主义事业千秋万代永不变质的大事。社会主义祖

---

① 《习近平在中共中央政治局第十一次集体学习时强调：推动全党学习和掌握历史唯物主义 更好认识规律更加能动地推进工作》，《人民日报》2013 年 12 月 5 日。

② 《习近平在中共中央政治局第二十八次集体学习时强调：立足我国国情和发展实践 发展当代中国马克思主义政治经济学》，《人民日报》2015 年 11 月 25 日。

③ 《习近平在中共中央第二十次集体学习时强调：坚持运用辩证唯物主义世界观和方法论 提高解决我国改革发展基本问题本领》，《人民日报》2015 年 1 月 25 日。

④ 《中国共产党第十七次全国代表大会文件汇编》，人民出版社 2007 年版，第 33 页。

国的命运，不能仅仅寄托在少数素质较高的领导人身上，而要着眼于广大人民群众社会主义觉悟的培养。一方面，只有在一个广大民众普遍树立中国特色主义共同理想的社会环境中，才能保证选拔出来的接班人，特别是掌握党和国家最高权力的领导人，确实是马克思主义者。在一个信仰危机、科学社会主义理想缺失的社会环境里，很难保证党和国家的最高权力掌握在马克思主义者手里。另一方面，只有在坚定的马克思主义者占据了党和国家最高权力的情况下，才能对群众进行普遍、深入的马列主义、毛泽东思想、中国特色社会主义的教育，树立建设中国特色社会主义的共同理想。邓小平指出："光靠物质条件，我们的革命和建设都不可能胜利。过去我们党无论怎样弱小，无论遇到什么困难，一直有强大的战斗力，因为我们有马克思主义和共产主义信念。有了共同的理想也就有了铁的纪律。无论过去、现在和将来，这都是我们的真正的优势。"① 正是基于此，胡锦涛在党的十七大报告中提出，要实现当代马克思主义的大众化，在全党和人民群众中进行中国特色社会主义共同理想教育。

研究和引领社会思潮是中国特色社会主义理论大众化的重要途径。

社会思潮之所以称为"思潮"，是因为这些思想对人民群众有广泛的思想影响。纷纭激荡的社会思潮促进了人民群众对改革开放历史走向的深入的思考，也提出了一些人们感到困惑的问题。如果我们能针对这些困惑，有的放矢地进行中国特色社会主义共同理想教育，把传播理论与满足人民群众理论需要相结合，马克思主义理论大众化就能成为人民群众自觉的理论学习活动。邓小平强调，"我们说的做的究竟能不能解决问题，问题解决得是不是正确，关键在于我们是否能理论联系实际。"② 推动中国特色社会主义理论大众化必须坚持理论联系实际，从当代中国改革开放和现代化客观存在的现实出发，不回避现实社会矛盾，直面社会思潮的热点、难点、疑点来学习、研究中国特色社会主义理论。人们才会觉得中国特色社会主义理论是能满足自身需要的科学理论，中国特色社会主义大众化的目标才能真正实现。中宣部理论局主编的《六个"为什么"》和一系列

---

① 《邓小平文选》第 3 卷，人民出版社 1993 年版，第 144 页。
② 《邓小平文选》第 2 卷，人民出版社 1994 年版，第 113 页。

《理论热点面对面》的通俗理论读本，用人民群众熟悉的语言、事实和方式，针对群众最关心的思想困惑，进行中国特色社会主义理论的普及，受到广大人民群众欢迎，促进了中国特色社会主义理论大众化，就是明证。

第二节　引领社会思潮与坚持中国特色社会主义共同理想

中国特色社会主义体现着当代中国发展进步的根本方向，集中体现着中国人民群众的根本利益和愿望。要实现长治久安，必须坚定不移地在广大干部和群众中进行中国特色社会主义共同理想的教育，这样才能做到党和国家永不变质，不走斜路。

在改革开放的伟大实践中，我们开辟了中国特色社会主义道路，形成了中国特色社会主义理论体系，确立了中国特色社会主义制度，回答了党和国家举什么旗、走什么路、坚持发展什么制度的问题。道路、理论体系和制度，三者有机地统一于中国特色社会主义伟大实践中，推动社会主义中国不断前行。与此相反，苏联、东欧国家的执政党之所以垮台，就是因为那里的执政党在举什么旗、走什么路、坚持发展什么制度问题上犯了方向错误。使得错误思潮泛滥，许多上层干部成了新自由主义、民主社会主义的代理人，广大干部群众在思想上发生了信仰的危机，对社会主义理想失望、人心涣散、社会动乱。

所以，树立中国特色社会主义共同理想，必须与各种错误思潮划清界限。

中国特色社会主义道路的核心是"一个中心，两个基本点"。"一个中心"就是以经济建设为中心，这是由我国社会主义初级阶段的基本国情决定的。"两个基本点"，即坚持四项基本原则，坚持改革开放，确立了改革开放的正确方向。改革开放30多年的历史证明中国特色社会主义道路是在不断排除各种"左"和"右"的思潮中向前推进的。

中国特色社会主义理论体系包括邓小平理论，"三个代表"重要思想和科学发展观等不断发展的马克思主义中国化理论成果。邓小平理论开辟了中国特色社会主义道路，提出并推进了中国特色社会主义理论的发展，它的核心是回答什么是社会主义、怎样建设社会主义的问题，这就要求人们的思想从各种社会主义的错误模式的理解和束缚中解放出来，包括超越历史条件，对马克思主义个别论断作教条式理解的僵化的社会主义；脱离社会生产力和生产关系的基本情况，把社会主义理解为正义、人道等美好的愿望化身的空想社会主义；"文化大革命"中以阶级斗争为纲，对广大干部和群众进行迫害，用封建专制歪曲的"社会主义"以及实质是改良资本主义的民主社会主义等。要从这些错误思想和思潮的影响中解放出来，走科学社会主义与中国国情和时代特征相结合的中国特色社会主义道路。

　　"三个代表"重要思想在总结苏共亡党和中国社会主义改革建设历史经验的基础上，提出了建设什么样的执政党、怎样建设执政党的问题。并且结合现实提出了我国执政党建设面临的执政考验、改革开放考验、市场经济考验、外部环境考验；化解精神懈怠的危险、能力不足的危险、脱离群众的危险、消极腐败的危险，突出强调全面推进党的执政能力建设和先进性建设的伟大工程，不断提高党的建设科学化水平。所以，"四个考验"和"四种危险"的核心是理想信念问题，是中国共产党广大党员能否凝聚在中国特色社会主义奋斗纲领上，一个执政党的力量不在于他现在掌握了多少权力，而在于他能否以理想信仰的力量成为团结全国人民的政治核心，如果一个政党成了各种社会思潮五味杂陈的俱乐部，那就不可能经受住"四种考验"、战胜"四种危险"。

　　科学发展观是在新世纪、新阶段，是在改革开放取得巨大成就，但又面临一系列深层次矛盾的改革开放攻坚阶段提出来的。正如胡锦涛指出的，这些矛盾"艰巨性和繁重性世所罕见""规模和复杂性世所罕见"，"困难和风险也世所罕见"①。科学发展观第一要义是发展，核心是以人为本，基本要求是全面协调可持续，根本方法是统筹兼顾。它要求为了人民的根本利益，全面推进经济、政治、文化、社会和生态文明建设，进一步回答了什么是社会主义、怎样建设社会主义，建设什么样的党，怎样建设

---

　　① 胡锦涛：《在纪念党的十一届三中全会召开 30 周年大会上的讲话》，《人民日报》2008 年 12 月 19 日。

党的问题；创造性回答了实现什么样的发展，怎样发展的问题，使我们党对中国特色社会主义的认识达到了新的高度。

科学发展观和引领社会思潮是什么关系呢？正确引领社会思潮需要从两个方面着手，一是对各种错误的社会思潮进行旗帜鲜明的、科学的分析批判；二是沿着正确方向推进改革开放，用中国特色社会主义实践的成就，回答错误思潮的挑战。这两方面相辅相成，敌对势力宣扬的"中国崩溃论"、"社会主义失败论"就会失掉存在的依据。譬如，对于新自由主义思潮，一方面要从理论上进行批判；另一方面，2008年以来资本主义金融、债务危机的发展，中国风景这边独好的历史事实，也是对新自由主义的批判，理论上的批判也要利用实践得出的有力佐证，对新自由主义反映资本主义社会基本矛盾的本质给以揭露，对中国特色社会主义本质的优越性给以科学的分析，这两方面相辅相成，人们对新自由主义的幻想才能真正克服。

第三节　引领社会思潮与弘扬民族精神和时代精神

以爱国主义为核心的民族精神和以改革创新为核心的时代精神是以社会主义核心价值体系引领社会思潮的重要内容。

爱国主义是中华民族精神的核心。"天下兴亡、匹夫有责"、"精忠报国"、"位卑未敢忘忧国"、"苟利国家生死以，岂因祸福避趋之"……这些爱国主义的名言警句，已经深深地根植于我们的民族意识、民族风格和民族气质之中，成为中华民族的精神基因。近代中国，在反对帝国主义侵略、救亡图存、争取民族独立和解放的斗争中，"起来，不愿做奴隶的人们"把爱国主义的民族精神推向了新的历史高度，杨靖宇、赵一曼、刘胡兰、董存瑞、黄继光、邱少云等烈士奏响了一曲又一曲爱国主义的凯歌。当代中国，把爱国主义与社会主义结合在一起，与实现国家统一和民族团结结合在一起，与立足民族与面向世界结合在一起，与承传中华民族优秀文化结合在一起，赋予爱国主义新的时代内涵。"振兴中华，实现中华民族的伟大复兴"的中国梦，已经成为所有中华儿女团结奋进、撼天动地的伟大精神力量。中国正在以"面向世界、面向未来、面向现代化"的宽广视野和民族精神屹立于世界民族之林。

弘扬以爱国主义为核心的民族精神必须排除民族虚无主义和狭隘民族主义思潮的干扰。那种否定中华民族历史和文化的"全盘西化"的思潮，那种"中国应当殖民300年"，甘为西方列强当孙子的殖民地意识，在改革开放过程中反复出现，严重干扰了民族精神的发展，只有深刻揭示这种思潮的本质，才能增强民族自信心和自豪感，提高对爱国主义和民族精神的理解，才能把爱国主义和社会主义结合起来，信心百倍地从事中国特色社会主义事业。

中国实行和平发展的战略方针，以自身的发展推动各国、各民族的共同发展，维护世界和平，反对霸权主义的强权政治，赢得了发展中国家人民的普遍赞誉，但是，某些敌对势力却把这些攻击为"新殖民主义"，用"国强必霸"的旧思维挑拨中国与其他发展中国家的关系，把中国和平发展的方针，歪曲为狭隘自私的民族主义。必须揭露这种思潮的霸权主义本质，引导中国人民树立和平发展的大国心态，才能在复杂多变的国际环境中立于不败之地。

中国的革命和建设从来需要创新精神，毛泽东思想和中国特色社会主义就是马克思主义中国化理论两次创造性的伟大飞跃。

改革开放时代特别需要创新精神。改革开放是社会主义制度的自我完善，需要在实践基础上体制创新和理论创新的引导和支撑。邓小平理论，包括社会主义初级阶段理论，社会主义市场经济理论等开辟了中国特色社会主义理论创新和体制创新的道路，改革开放以来，在开创和推进中国特色社会主义事业的历史进程中，我们党将马克思主义普遍原理同当代中国实际和时代特征紧密结合，创立了包括邓小平理论、"三个代表"重要思想和科学发展观在内的中国特色社会主义理论体系。它创造性地回答了在中国这样一个十几亿人口的发展中大国建设什么样的社会主义、怎样建设社会主义，建设什么样的党、怎样建设党，实现什么样的发展、怎样发展等基本问题，使我们党对共产党执政的规律、社会主义建设的规律、人类社会发展规律的认识达到了新的高度。丰富的中国特色社会主义实践呼唤着理论的创新，中国特色社会主义理论体系必将在实践的基础上，日益获得新的理论升华，形成更多理论创新成果。

　　科学发展观是中国特色社会主义理论创造的最新成果。科学发展观在发展目的上，坚持以实现最广大人民的根本利益为最高价值标准，强调一切发展都是为了人民，发展成果由人民共享，探索一条历史上前所未有的共同富裕的发展道路。其基本要求是全面协调可持续，强调在搞好经济建设的基础上，努力实现经济、政治、文化、社会建设和生态文明建设整体推进、全面进步，经济效益、社会效益、生态效益、人文效益统一，努力探索一条生产发展、生活富裕、生态良好的新型发展道路。在发展模式上坚持以科学发展为主题，转变经济发展方式为主线，依靠科技创新和自主创新，不断提高发展水平和质量。在发展战略上，坚持以统筹兼顾的根本方法，统筹城乡发展、区域发展、经济社会发展、人与自然和谐发展、国内发展与对外开放等。在发展动力上，强调要弘扬与时俱进的创新精神，全面推进和深化改革，以制度创新不断为发展注入新的生机与活力，等等，这一系列理论观点和决策部署，进一步丰富和发展了中国特色社会主义理论体系。

　　改革开放的目的是解放和发展生产力，它在理论与体制创新的同时，还需要科技创新及与科技创新相关的体制创新。改革开放30多年来，我国的生产力得到了巨大的解放和发展，但是，如何从"中国制造"的大国发展为"中国智造"、"中国创造"的大国，迫切需要科技创新相应的体制创新。中国走农业国转变为工业国的道路，走工业化和信息化相结合的现代化发展道路，走后发展国家迎头赶上的发展道路等，都需要科技创新和相应的体制创新，需要千千万万像钱学森、袁隆平这样的创新性人才。正像胡锦涛指出的，"我们要推进改革开放和社会主义现代化，实现全面建成小康社会宏伟目标，不断提高人民生活水平，实现中华民族伟大复兴，必须从国家发展全局的高度，集中力量推进科技创新。"① 在这方面，我们已经制定了明确规划，启动了多项重大人才工程，实施了许多有效政策和措施，取得了明显的进步。但是，关于培养创新性人才的"钱学森之问"说明，我们的教育体制，人才培养、使用、观察、激励的体制，仍然需要多方面进一步的改革，才能更好地向建设创新型国家和世界科技强国

---

① 胡锦涛：《在全国科技创新大会上的讲话》，《人民日报》2012 年 7 月 8 日。

的目标前进。

总之，创新精神是改革开放时代精神的必然要求和重要特征。创新精神的本质是实事求是、讲究科学，弘扬创新精神就是使人们从一切违反科学、违反实事求是的思想束缚中解放出来。因循守旧阻碍创新，违反科学、脱离实践、追求时髦和新奇是曲解创新，只有一切从实际出发，进行艰苦的科学探索才可能有真正的创新。

理论创新和体制创新的实质是马克思主义中国化，是马克思主义基本理论与中国国情、民情的具体实际相结合。要正确处理"老祖宗不能丢"与"讲新话"的关系，既要克服对马克思主义个别原理凝固化和绝对化的"僵化"教条主义，又要克服对某些西方思想理论流派盲目崇拜、食洋不化的"西化"教条主义，还要克服企图用儒家学说取代当代中国主流意识形态的"儒化"教条主义。这样，才能把理论创新和体制创新引向正确的方向。

要在广大干部和人民群众中大力倡导科学的创新精神，使之成为引领社会思潮的主流，这样，建设创新型国家的目标才能真正实现。

第四节 引领社会思潮与践行社会主义荣辱观

社会主义荣辱观的教育，要求引导人民群众分析、鉴别各种相关的社会思潮，增强道德判断力，形成全社会的良好道德风尚。

改革开放以来，在思想道德建设方面出现了极为矛盾的现象。一方面，爱国主义、社会主义、集体主义的主旋律不断唱响，雷锋精神不断弘扬，最美妈妈、最美教师、最美护士、最美司机、最美"托举哥"等感人事迹和高尚思想不断涌现，思想道德建设愈来愈为人们重视；另一方面，受资本主义腐朽文化和市场经济负面因素影响，个人主义、拜金主义、享乐主义等思潮一度泛滥，自私自利、唯利是图、不讲诚信等思想行为和奢靡腐朽的生活方式也在腐蚀社会风气；一些封建主义思想文化也"沉渣泛起"，封建迷信和宿命世界观在一部分地区干部和群众中蔓延；某些涉及历史观的文学、影视作品戏说、编造历史，诋毁革命历史人物，消解高尚民族精神；一些旅游景点，关于历史古迹、历史名人、历史事件的解说渗透着令人啼笑皆非的唯心主义编造。在我国经济市场化，利益主体多元化的背景下，不同社会阶层和利益集团道德立场、道德观念的分化乃至对立，高尚精神的弘扬和低俗精神蔓延的并存，已是不争的现实。

因此，我们必须大力推进包括"八荣八耻"在内的社会主义核心价值体系建设，加强社会主流舆论对有关思想道德的引导。要科学分析、正确对待中华传统文化和当代资本主义文化。对封建社会和半封建半殖民社会遗传下来的中华传统文化，既不能全盘否定，搞历史虚无主义，也不能全盘肯定，搞文化复古主义；在全方位对外开放背景下，对来势汹汹的资本主义文化绝不能"兼收并蓄"，要有力抵制其错误的核心价值观念和一切消极腐败的因素；有效防范和应对国外敌对势力对我国实施的思想文化渗透战略，克服只抓 GDP、不抓思想文化的"意识形态幼稚病"。要积极推进以"八荣八耻"为主要内容的以社会主义核心价值体系为根本的，民族的、科学的、大众的社会主义文化建设，有效挤压腐败低俗文化的空间。要进一步加大党政干部思想道德建设，充分认识少数干部理想信仰缺失，道德精神滑坡是精神懈怠、能力不足、脱离群众、消极腐败"四大危险"的思想根源，是某些领导干部走向违法犯罪的思想根源，官德不修、民德难立，只有党的干部，特别是领导干部率先践行"八荣八耻"、社会风气才能根本好转。

第五节 积极培育和践行社会主义核心价值观

一 社会主义核心价值观的形成与内涵

党的十八大报告第六部分第一条"加强社会主义核心价值体系建设"一节，列出了若干项加强社会主义核心价值体系建设的任务，其中一项是"倡导富强、民主、文明、和谐，倡导自由、平等、公正、法治，倡导爱国、敬业、诚信、友善，积极培育和践行社会主义核心价值观"。[①] 这是"三个倡导"、24 个字的社会主义核心价值观第一次写入中央文件。

社会主义核心价值观的概括是在不断探索、实践中完成的。2001 年 9

---

① 《中国共产党第十八次全国代表大会文件汇编》，人民出版社 2012 年版，第 29 页。

月，中共中央通知印发《公民道德建设实施纲要》，提出："在全民族牢固树立建设有中国特色社会主义的共同理想和正确的世界观、人生观、价值观，在全社会大力倡导'爱国守法、明礼诚信、团结友爱、勤俭自强、敬业奉献'的基本道德规范"。① 基本上包括了社会主义核心价值观个人层面的"爱国、敬业、诚信、友善"的全部内容。

2006 年 6 月，中共中央宣传部组织编写的《科学发展观学习读本》面世。其中强调："要大力弘扬以爱国主义为核心的民族精神和以改革创新为核心的时代精神，大力倡导一切有利于发扬爱国主义、集体主义、社会主义的思想和精神"。"要把树立以'八荣八耻'为主要内容的社会主义荣辱观，作为建设社会主义先进文化的主要任务。""倡导爱国守法、明礼诚信、团结友爱、勤俭自强、敬业奉献的社会主义基本道德规范。"② 还提出："社会主义和谐社会，是民主法治、公平正义、诚信友爱、充满活力、安定有序人与自然和谐相处的社会。"③ 这些阐述已涉及社会主义核心价值观中国家、社会与个人层面的很多内容。

2006 年 10 月，党的十六届六中全会通过了《关于构建社会主义和谐社会若干重大问题的决定》。其中，提出了"倡导爱国、敬业、诚信、友善等道德规范"，为社会主义核心价值观的个人层面的目标提供了明确的表述。

2007 年 10 月召开的党的十七大，不仅系统地论述了社会主义核心价值体系的地位和四个方面的内容，还提出了："加强公民意识教育，树立社会主义民主法治、自由平等、公平正义理念。"④ 这一表述，基本上提供了社会主义核心价值观在社会层面上的内容。十七大修改通过的党章，把"和谐"作为一个重要目标，加在了社会主义现代化国家的定语之中，成为："为把我国建设成为富强、民主、文明、和谐的社会主义现代化国家而奋斗"。⑤ 这四个定语表述的目标，比较准确地提出了社会主义核心价值

---

① 《公民道德建设实施纲要学习问答》，中国言实出版社 2001 年版，第 4—5 页。
② 中共中央宣传部理论局：《科学发展观学习读本》，学习出版社 2006 年版，第 78—79 页。
③ 同上书，第 83 页。
④ 《中国共产党第十七次全国代表大会文件汇编》，人民出版社 2007 年版，第 29 页。
⑤ 同上书，第 61 页。

观国家层面的目标。

2008 年 2 月，中共中央宣传部颁发的《社会主义核心价值体系读本》，阐述了社会主义核心价值体系的重大意义、科学内涵和实践要求，展开论述了马克思主义的指导，共同理想，民族精神和时代精神，社会主义荣辱观，其中"富强、民主、文明、和谐，是对中国特色社会主义共同理想的高度概括，是我国社会主义经济建设、政治建设、文化建设和社会建设的奋斗目标"① 的论述，实际上已经表述了社会主义核心价值观国家层面的内容。读本对于社会主义核心价值观个人层面的内容，以倡导道德规范的形式，确定为"积极倡导爱国、敬业、诚信、友善等道德规范"。② 读本在论述时代精神的内容时，也以"民主法治、自由平等、公平正义的理念深入人心"③ 的表述，把核心价值观社会层面的目标表达出来了。可以说，这个读本已为社会主义核心价值观提供了基本的内容。

党的十八大"三个倡导"、24 个字的社会主义核心价值观就是在上述不断探索的基础上逐步凝炼、升华的。社会主义核心价值观和社会主义核心价值体系的理念是一个统一体。它贯穿于社会主义核心价值体系的各个方面，是社会主义核心价值体系精神本质的精炼表述。党的十八大关于社会主义核心价值观的表述是重要的理论创新成果。

"富强、民主、文明、和谐"，是我国社会主义现代化国家的建设目标，也是从价值目标层面对社会主义核心价值观基本理念的凝练，在社会主义核心价值观中居于最高层次。富强即民富国强，是中华民族梦寐以求的美好夙愿，是国家繁荣昌盛、人民幸福安康的物质基础，是只有"中国特色社会主义才能发展中国"的必然结果。民主是人类社会的美好追求，我们追求的民主是人民民主，即人民当家作主，它是社会主义的生命和人民权利的政治保障。文明是社会进步的重要标志，也是社会主义现代化国家的重要特征。面向现代化、面向世界、面向未来的，民族的、科学的、大众的社会主义文化建设，是实现中华民族伟大复兴的重要支撑。和谐是

---

① 中共中央宣传部：《社会主义核心价值体系学习读本》，学习出版社 2009 年版，第 32 页。
② 同上书，第 71 页。
③ 同上书，第 46 页。

中国传统文化的基本理念之一，也是非对抗矛盾为主的社会主义国家的基本特征。经济上有计划、按比例的发展，用民主的方法正确处理人民内部矛盾，科学、文化实行"百家争鸣，百花齐放"的方针，人民对共同富裕的美好追求，环境、资源的保护与合理开发……必将创造出"和而不同"的多样性辩证统一的和谐局面。

"自由、平等、公正、法治"，是对美好社会的生动表述，也是从社会层面对社会主义核心价值观基本理念的凝练。自由是指人的意志自由、存在和发展的自由，社会主义法治保护和制约下的自由，最终通向马克思主义追求的"自由人联合体"社会和"人的自由而全面发展"的价值目标。平等是指公民在法律面前一律平等，人人依法享有平等参与、平等发展的权利，其价值取向是从机会均等向实质平等的不断前进。公正即社会公平正义，它也是以法律保护和制约的权力。法治是治国理政的基本方式，是社会主义民主政治的基本要求，它通过法制建设维护和保障国家的权力和公民的权利。而自由、平等、公正都要靠法治来保证。

"爱国、敬业、诚信、友善"是公民基本道德规范，是从个人行为层面对社会主义核心价值观基本理念的凝练。爱国是基于个人对祖国权利义务关系的认知和深厚情感、调节个人与祖国关系的行为准则。把自己和社会主义祖国紧密结合在一起，以振兴中华为己任，促进民族团结、维护国家统一、自觉报效祖国。敬业要求公民忠于职守，克己奉公，服务人民，服务社会，充分体现了社会主义的职业精神。诚信即诚实守信，是中华民族和人类社会的传统美德，也是社会主义道德建设的重点内容，它强调诚实劳动、诚恳待人、信守承诺。友善强调公民之间应互相尊重、互相关心、互相帮助，和睦友好，努力形成社会主义人道主义的新型人际关系。

社会主义核心价值观国家、社会、个人三个层面是既互相分工又互相渗透的统一体。三个层面，每个层面的内容都是互相关联、不可分割的，但它们又是互相渗透的，我们说"和谐"是国家建设层面的价值目标，但同时它也是社会层面的价值追求，我们说法治是社会层面的价值追求，但它也是治国理政的基本方式。

社会主义核心价值观是社会主义核心价值体系精神内核最简约的表述，是培育、践行社会主义核心价值体系的着力点，对于用社会主义核心价值体系引领社会思潮凝聚共识，具有重要的理论意义和实际意义。

二　人类"共同价值"与社会主义核心价值观

2015 年 9 月 28 日，习近平在纽约联合国总部发表了《携手构建合作共赢新伙伴　同心打造人类命运共同体》的讲话，指出："和平、发展、公平、正义、民主、自由，是全人类的共同价值，也是联合国的崇高目标。目标远未完成，我们仍需努力。"其中，公平、正义、民主、自由，都是社会主义核心价值观的重要内容。这就提出了一个问题，如何科学对待社会主义核心价值观与全人类"共同价值"的关系。

社会主义核心价值观不是离开、而是沿着人类社会文明发展大道，吸纳反映历史进步和人民群众共同价值追求中形成发展的。马克思、恩格斯正是在批判地吸取当时人类社会发展所取得的共同的优秀文明成果，特别是 18 世纪中叶和 19 世纪上半叶欧洲所取得的重大自然科学成果和社会科学成果，并把它同当时的工人运动相结合，才创立了马克思主义。1992 年邓小平视察南方谈话也指出："社会主义要赢得与资本主义相比较的优势，就必须大胆吸收和借鉴人类社会创造的一切文明成果，吸收和借鉴当今世界各国包括资本主义发达国家的一切反映现代社会化生产规律的先进经营方式、管理方法。"改革开放以来，我国逐步吸纳了和平、发展、公平、正义、民主、自由、平等、法治、人权、生态、信息化、全球治理等人类"共同价值"的文明成果，"三个倡导"的社会主义核心价值观正是这种价值传承过程中的一次新的飞跃。

但是，社会主义核心价值观不仅是对全人类社会"共同价值"的一种传承、延续，更是一种体现社会主义本质要求的创新和超越。譬如民主，我们所追求的民主，从内容到形式都批判地继承了从古希腊民主到现代资产阶级民主中一切进步的代表"共同价值"的民主因素，但是我们所追求的"人民当家作主"却达到了以前一切民主所没有达到的历史高度。再如法治，我们继承了中国和西方、古代和现代法治中一切进步的"共同价值"因素，但是《中华人民共和国宪法》中坚持四项基本原则及其在各种法律形式中的具体体现，却是社会主义法治所独有的。所以，人类"共同价值"和"社会主义核心价值"是一种普遍性和特殊性的关系，普遍性寓于特殊性质之中。人类"共同价值"寓于社会主义核心价值观之中。对这一点，只要我们把社会主义核心价值体系和社会主义核心价值观看作一个整体，在马克思主义指导、中国特色社会主义共同理想、爱国主义为核心的民族精神和改革创新为核心的时代精神等视域下进行观察，人类"共同价值"的表述中就会鲜明地体现出社会主义核心价值观的追求。

2014 年 5 月 4 日，习近平总书记在与北大师生的座谈中提出："我们提出的社会主义核心价值观，把涉及国家、社会、公民的价值要求融为一体，既体现了社会主义本质要求，继承了中华优秀传统文化，也吸收了世界文明有益成果，体现了时代精神。"[①] 我们要全面领会习近平讲话精神。一方面要看到，社会主义核心价值观源于五千年中华文明的历史发展，离不开中华优秀传统文化的滋养；另一方面，又要把世界文明中代表历史进步的人类共同价值作为社会主义核心价值观的来源和有益补充；更重要的是要结合时代发展和中国特色社会主义事业前进的要求，对上述两方面进行创造性转化和创新性发展，使之与社会主义核心价值观的要求融为一体，为坚持和发展中国特色社会主义，为实现"两个一百年"奋斗目标和中华民族的伟大复兴提供强有力的精神动力。[②]

第六节　引领社会思潮与马克思主义理论队伍和思想理论阵地建设

在研究社会思潮过程中推进马克思主义理论研究的骨干队伍和思想理论阵地建设，是一项基础工程、生命工程。毛泽东一再强调要形成一支宏大的马克思主义理论队伍。他说："无产阶级没有自己的庞大的技术队伍和理论队伍，社会主义是不能建成的。"[③] 要做到以社会主义核心价值体系

---

① 习近平：《青年要自觉践行社会主义核心价值观——在北京大学师生座谈会上的讲话》，《人民日报》，2014 年 5 月 5 日。

② 此节写作参考了 2013 年 5 月 23 日《人民日报》文章《深刻理解社会主义核心价值观的内涵和意义》（作者：教育部中国特色社会主义理论体系研究中心）和 2015 年 10 月 28 日《光明日报》文章《全人类"共同价值"与社会主义核心价值观》（作者：戴木才）

③ 《毛泽东文集》第 7 卷，人民出版社 1999 年版，第 309 页。

引领社会思潮，必须在引领思潮的过程中建设一支坚强的马克思主义理论队伍，形成思想理论工作的阵地，才能教育引导广大干部群众增强抵制各种非马克思主义和反马克思主义思潮的能力，巩固马克思主义在我国意识形态领域的指导地位。

胡锦涛指出："培养理论队伍，要坚持党性和科学性相统一、理论与实际相一致、学习与研究相结合……鼓励他们精通专业，力求博学，切实提高从实际出发进行理论思维、理论概括和理论创造的能力。"[1] 为我们加强马克思主义理论研究队伍建设指明了方向。中国特色社会主义的伟大实践为马克思主义理论发展提供了强大的动力，现实的社会矛盾和社会思潮提出了一系列重大的理论和实际问题，迫切需要做出马克思主义的理论回答，时代和实践召唤着马克思主义理论的发展，迫切需要一支马克思主义理论研究队伍运用马克思中国化理论分析研究现实社会矛盾、社会思潮提出的种种问题，提出新的理论认识和对策，为党的理论创新提供新的理论营养。

在意识形态领域，要在研究和引导社会思潮的过程中，建设一支结构合理、有战斗力的马克思主义理论研究队伍，保证理论研究、思想政治教育后继有人。要组织整合高校和社科院所理论教学和研究的力量协同作战，改变目前研究力量分散、重叠的状况，形成团队优势；高校思想政治理论课教师既是马克思理论教学的主力，也是社会思潮研究的骨干力量。各高校要按照《中共中央宣传部教育部关于进一步加强高等学校思想政治理论课教师队伍建设的意见》的要求"建立独立的、直属学校领导的思想政治理论课教学科研二级机构。该机构是思想政治理论课教学部门和马克思主义理论研究机构，又是马克思主义理论学科点的依托单位。"把理论教学与理论研究结合起来，把管理工作和学科建设和队伍建设结合起来。党的十七大指出："推进马克思主义理论研究和建设工程，深入回答重大理论和实际问题，培养造就一批马克思主义理论家，特别是中青年理论家。"要解决高校马克思主义理论课教师断层的问题，发挥中老年教师在培养青年教师中的示范、导向作用，要吸引、组织中青年教师参加现实问题，包括现实社会思潮的理论研究和讨论，培养、扶持中青年理论骨干沿

---

[1] 《十四大以来重要文献选编》（上），人民出版社 1996 年版，第 703 页。

着正确方向尽快成长。

培养一支高水平的马克思主义理论研究队伍离不开思想理论阵地的支撑。要把思想理论阵地，特别是报纸、刊物、广播、电视、网络等舆论阵地牢牢掌握在马克思主义者手里。这些阵地影响大、覆盖广、传播快，生动直观，对于巩固和发展社会主义意识形态具有突出作用。这些阵地是党和人民的喉舌、联系党和人民群众的桥梁，是引领社会思潮的重要手段，抓好这些阵地，社会导向和思想政治教育才能赢得主动，取得实效。当前，我国思想理论阵地总的状况是好的，但是个别很有影响的刊物和网站，已经成为传播错误思潮的阵地，对此，我们绝不能听之任之，要有领导地组织马克思主义的研究力量，对其散布的错误思潮给以科学的分析和有力的反击，维护社会主义核心价值体系的主导方向。

第七节　在研究社会思潮过程中振兴社会主义意识形态

一　马克思主义是在批判社会思潮中产生发展起来的

以社会主义核心价值体系引领社会的思潮的实质是要在与各种错误思潮的斗争中坚持和发展马克思主义，振兴社会主义意识形态。追溯马克思主义产生、传播和发展的历史，我们可以清晰地看到，马克思主义之所以能够经受过种种责难和攻击之后仍然展现出顽强的生命力，之所以能无论在西方还是东方，都有着独特的理论魅力而不得不深受关注，其中一个很重要的原因就在于马克思主义是在同各种错误思潮的较量、批判、分析和鉴别的过程延续发展的。也正是经历了多重的挑战，马克思主义才能在其诞生160多年后的今天，依旧具有强劲的感召力和影响力。而别具讽刺意味的是，当年曾对马克思、恩格斯以及列宁等马克思主义者进行种种批评、诬蔑、刁难且"盛极一时"的思想理念如今却早已"灰飞烟灭"、"盖棺定论"。列宁在回顾马克思主义发展的几个斗争阶段时指出："就是在那些同工人阶级的斗争有联系而且主要在无产阶级中间流传的学说中，马克思主义也远远不是一下子就巩固了自己的地位的。马克思主义在它存在的头半个世纪中（从19世纪40年代起）一直在同那些与它根本敌对的理论进行斗争。在19世纪40年代前5年，马克思和恩格斯清算了站在哲学唯心主义立场上的激进青年黑格尔派，40年代末，在经济学说方面进行了反对蒲鲁东主义的斗争。50年代完成了这个斗争，批判了在狂风暴雨的1848年显露过头角的党派和学说。60年代，斗争从一般的理论方面转移到更接近于直接工人运动的方面：从国际中清除巴枯宁主义。70年代初在德国名噪一时的是蒲鲁东主义者米尔柏格，70年代末则是实证论者杜林。"① 我们可以确信地说，马克思主义作为社会主义的指导思想，正是在对各种社会思潮的研究和甄别、引领中确立并巩固、发展起来的。

马克思主义同任何思想理论的建设发展一样，归根到底来源于实践及其发展，来源于实践经验的积累。但是，同样的实践往往经过不同阶级、阶层、利益群体不同立场的思考，就会有不同的思想理论总结。同样的实践被人为错误歪曲之后就会产生出错误的思想认识，这些错误的思想认识在社会上得以传播和蔓延就成为了错误的社会思潮。相反，站在无产阶级和人民群众的立场上，就可以得出正确的思考与认识，形成积极进取的社会思潮。所以，马克思主义理论的创新过程，社会主义意识形态的巩固振兴，是一个在社会实践基础上不断地与错误思潮作斗争的过程。正如毛泽东指出的："马克思主义必须在斗争中才能发展，不但过去是这样，现在是这样，将来也必然还是这样。正确的东西总是在同错误的东西作斗争的过程中发展起来的。真的、善的、美的东西总是在同假的、恶的、丑的东西相比较而存在，相斗争而发展的。当着某一种错误的东西被人类普遍地抛弃，某一种真理被人类普遍地接受的时候，更加新的真理又在同新的错误意见作斗争。这种斗争永远不会完结。这是真理发展的规律，当然也是马克思主义发展的规律。"② 列宁指出："马克思的学说直接为教育和组织现代社会的先进阶级服务，指出这一阶级的任务，并且证明现代制度由于经济的发展必然要被新的制度所代替，因此这一学说在其生命的途程中每走一步都得经过战斗，也就不足为奇了。"列宁还指出："无论是借驳斥社会主义来猎取名利的青年学者，或者是死抱住各种陈腐'体系'的遗教不放的龙钟老朽，都同样卖力地攻击马克思。马克思主义的发展、马克思主

---

① 《列宁选集》第2卷，人民出版社1995年版，第1—2页。
② 《毛泽东文集》第7卷，人民出版社1999年版，第230页。

义思想在工人阶级中的传播和扎根，必然使资产阶级对马克思主义的这种攻击更加频繁，更加剧烈，而马克思主义每次被官方的科学'消灭'之后，却愈加巩固，愈加坚强，愈加生气勃勃了。"①

可以这样说，在人类思想史上，没有哪一种社会思潮，像马克思主义那样具有巨大的认识世界和改造世界的威力，那样广泛而深远的影响着亿万人民群众的思想和行动，那样经久不衰地焕发着革命的、批判的伟大精神和创造性的理论活力；也没有哪一个社会思潮，像马克思主义遭受那么多方面的、长时间的猛烈攻击，粗暴或精巧的、露骨或隐蔽的歪曲和诋毁，具有那样曲折、艰辛和微妙的战斗经历。

当然，正像文化有先进文化、落后文化、腐朽文化一样，社会思潮也有各种不同性质。对进步思潮当中合理的有价值的成分加以吸收，可以更进一步丰富马克思主义的内容；对于错误思潮进行批判，无疑能够使马克思主义理论的论证更加深入，更能体现与时俱进的理论品质。可见，研究、引领社会思潮与加强马克思主义的发展是相辅相成的。

二 引领社会思潮，振兴社会主义意识形态

凡是要推翻一个政权、改变一种制度，总要先造成不利于这个政权和制度的舆论。东欧剧变和苏联解体，原因很多，但一个重要的原因是意识形态防线的崩溃，马克思主义一元化指导地位被多元化社会思潮逐步蚕食，马克思主义的指导思想最终被西方主流价值的社会思潮所取代，于是失去理论和舆论支持的苏联大厦轰然倒塌了。这是令全世界为之震惊的前车之鉴。

胡锦涛指出，我们党要团结带领人民实现既定的奋斗目标，在复杂多变的国际形势中站稳脚跟，就必须高度重视和切实做好意识形态工作。当前，在改革开放的历史条件下，各种社会思潮相互激荡，使社会主义意识形态建设面临着新的挑战，因此，强化对各种社会思潮的科学研究，并对社会舆论的传播进行正确引导，显得十分重要。

要按照社会思潮形成发展的规律来研究和引领社会思潮。具体来说，

---

① 《列宁选集》第2卷，人民出版社1995年版，第1页。

首先，要加强对社会思潮演变的预测。要认真分析当前我国国际环境和国内社会矛盾的变化，揭示社会思潮形成和流传的社会基础，善于根据某种潜在的思潮苗头来觉察其未来的变化，最大限度地防止错误思潮的泛滥。其次，要重点研究社会思潮的基本特点、本质内容、表现形式、演变规律及其社会作用等。当前，还应加强对当代西方社会思潮的研究和辨析，吸收其合理成分，纠正其偏颇，批判其错误，在各种思想文化相互激荡中坚持与发展马克思主义。再次，要对"以社会主义核心价值体系引领社会思潮的有效途径"进行研究和落实。要正确认识"社会主义核心价值体系是社会主义意识形态的本质体现"这一科学论断。党的十七大报告明确提出，建设社会主义核心价值体系，增强社会主义意识形态的吸引力和凝聚力。社会主义核心价值体系从指导思想、理想信仰、民族精神和时代精神以及道德要求等多方面体现出社会主义意识形态的基本要求，从而为社会思潮的辨别提供根本性的标准，用以辨别种种思想意识潮流中哪些是正确的，哪些是错误的。进一步还要积极探索以社会主义核心价值体系引领社会思潮有效形式和方法，这样就能在人们思想观念深刻变化、空前活跃的情况下积极引领社会思潮、增进社会共识，最大限度地把全党全国各族人民团结和凝聚在中国特色社会主义伟大旗帜之下。

第二章 引领社会思潮与高校思想政治教育

第一节 研究与引领社会思潮是高校一项重要的历史使命

一 高校是引领社会思潮的前沿阵地

知识分子是社会思潮形成、传播的主要载体，社会思潮一般总是沿着部分知识分子群体到青年大学生群体再到社会民众的渠道向社会扩展。高校知识分子集中，可以说是社会思潮的集散地和论辩、斗争的前沿阵地。大学生是社会思潮最敏感的阶层，是社会思潮发酵、扩散的肥厚土壤，各种思想文化势力都企图影响大学生，从而影响整个社会和国家的未来，可以说，大学生是社会思潮的寒暑表和主要争夺对象。高校思想政治教育应当高度关注社会思潮对知识分子和大学生的影响，紧密结合大学生思想的热点、难点和疑点问题，科学有效地进行工作。对大学生中积极进步的社会思潮影响，要进行引导和鼓励，帮助他们从心理层面或不完整理论层面提升到科学、完整的理论层面来认识；对于错误、片面社会思潮的影响，要引导和教育，向积极、科学的方向发展；对于西方敌对势力散布的反动的社会思潮，则需要摆事实，讲道理，开展旗帜鲜明的、科学的思想斗争，揭穿其西化、分化中国的本质。可以说，高校是意识形态领域工作的前沿阵地，高校思想政治工作能否以社会主义核心价值体系引领社会思潮，关乎国家的长治久安、改革的得失成败，关乎中国特色社会主义事业可靠接班人的培养。

二　吸取历史教训，加强引领社会思潮

1989 年发生的那次政治风波，以及邓小平"十年最大的失误是教育，这里我主要是讲思想政治教育"① 的教导，我们永远不该忘记。只有总结这次沉重的教训，才能防止重蹈覆辙。

20 世纪 80 年代，在改革深入进行，社会利益格局发生深刻调整，社会面貌令人眼花缭乱，各种思潮此起彼伏的时候，部分青年大学生对于社会发展的本质缺少认识，受错误思潮影响，理想信念发生动摇，这正是发挥思想政治教育作用的大好时机。但是，由于一些人当时思想方法的片面性，一心抓经济工作，结果出现了"最大的失误是教育"，"思想政治教育薄弱"的现象，造成了极大的思想混乱，导致学潮频繁出现。由于方励之等"全盘西化"思潮呼风唤雨，把一场学潮演变成全国性的动乱，使我国的改革和现代化事业遭到极大的干扰，付出了极大的代价。

反思 20 世纪 80 年代政治风波的历史经验，可以得出对未来工作的指导。80 年代并非对资产阶级自由化没有处理，而是没有在思想上进行深刻的批判，1983 年的短暂的批判，还被当时的领导人制止，只搞了 28 天。80 年代并非没有讲坚持四项基本原则，反对资产阶级自由化，而是受当时个别党的领导人的影响，没有始终如一地开展这方面的斗争。80 年代并非没有强调"两手抓，两手都要硬"，只是我们一些干部把邓小平理论歪曲成实用主义的"猫论"，没有正确处理经济工作与意识形态的关系。邓小平 1983 年 10 月 12 日《党在组织战线和思想战线上的迫切任务》的讲话讲得多么深刻、多么具有针对性、多么痛心疾首啊！如果当时按照这个讲话的精神认真去做，怎么会有 1989 年的政治风波？

胡锦涛在党的十六届六中全会的讲话中强调："意识形态工作是党的一项十分重要的工作，经验告诉我们，经济工作搞不好要出大问题，意识形态工作搞不好也要出大问题。""大量事实说明，在集中力量进行经济建

---

① 《邓小平文选》第 3 卷，人民出版社 1993 年版，第 306 页。

设的同时，一刻也不能放松意识形态工作。"①就是对改革开放以来历史经验的深刻总结。这对我们贯彻落实"以社会主义核心价值体系引领社会思潮"，加强和改善思想政治工作有重要意义。

三 引领社会思潮，培养社会主义建设者和接班人

社会主义大学的根本任务是培养社会主义事业的建设者和接班人。为此，高校不仅要向大学生传播科学知识和先进文化，更要培养其科学的世界观、人生观和价值观，树立中国特色社会主义的理想信仰。这样，他们才能真正成为国家各行各业的骨干人才，乃至承担起治国的历史重任。高校立德、树人工作的好坏，将极大地影响中国未来的历史命运，涉及党和国家由什么人来接班的大问题。戈尔巴乔夫、叶利钦就是由当时苏联高校培养的、代表苏共20大错误路线和错误思潮的"接班人"，而他们所推行的反社会主义的错误路线和错误思潮，则埋葬了苏联的社会主义制度，造成了苏共亡党的历史悲剧。早在1983年，针对当时对资产阶级自由化思潮软弱无力的状况，邓小平尖锐地指出："不要以为有一点精神污染不算什么，值不得大惊小怪。有的现象可能短期内看不出多大坏处。但是如果我们不及时注意和采取坚定的措施加以制止，而任其自由泛滥，就会影响更多的人走上邪路，后果就可能非常严重。从长远来看，这个问题关系到我们的事业将由什么样的一代人来接班，关系到党和国家的命运和前途。"②苏东剧变后邓小平又讲："中国要出问题，还是出在共产党内部，对这个问题要清醒，要注意培养人，要按照"革命化、年轻化、知识化、专业化，的标准，选拔德才兼备的人进班子。""十一届三中全会确立的这条中国的发展路线，是否能够坚持得住，要靠大家努力，特别是要教育后代。"③高校在正确引领社会思潮、教育后代、培养社会主义接班人方面负有特别重要的历史使命，所以高校的思想政治教育工作要坚持围绕培养中国特色社会主义事业合格建设者和可靠接班人这一根本来推进。并在各种

---

① 《十六大以来重要文献选编》（下），中央文献出版社2008年版，第684页。
② 《邓小平文选》第3卷，人民出版社1993年版，第45页。
③ 同上书，第380—381页。

思潮的比较鉴别中，培养一批真正能够经得起各种风浪考验的、坚定而有科学创新能力的马克思主义者，这是中国未来的希望。

第二节　高校党委应该成为正确引领
社会思潮的战斗堡垒

由于高校在引领社会思潮、培养社会主义事业建设者和接班人方面负有特殊的历史使命，所以高校党委必须把坚持坚定正确的政治方向作为自己的第一要务，改革开放后一段时间，随着经济建设作为党和国家的中心任务，在一些高校党的领导思想上产生了一种淡化意识形态的偏向。有些党委领导不注意政治方向问题，片面地把坚持社会主义意识形态与办学质量和学术研究水平对立起来，有的甚至把自己打扮成"超脱意识形态的形象"。个别的高校党委，甚至纵容资产阶级自由化思潮，做出了许多在政治上出格的事情。邓小平指出："在工作重心转到经济建设以后，全党要研究如何适应新的条件，加强党的思想工作，防止埋头经济工作、忽视思想工作的倾向。"[①] "从中央到地方，各级党委的主要负责人一定要重视理论界文艺界以及整个思想战线的情况、问题和工作。首先要认识目前问题的严重性，认识改变思想战线的领导软弱涣散状况的迫切必要性。"[②] 1989年江泽民也指出："一个时期以来，资产阶级自由化思潮的泛滥，资产阶级'民主'、'自由'、'人权'口号的蛊惑，利己主义、拜金主义、民族虚无主义和历史虚无主义的滋长，严重侵蚀党的肌体，把党内一些人的思想搞得相当混乱。……有些党员在大是大非面前分不清是非，迷失方向，跟着错误思潮跑。"[③] 1999年9月，在《中共中央关于加强和改进思想政治工作的若干意见》中指出，"对各种错误思潮掉以轻心，任其泛滥，我们就会犯历史性的错误。"总结历史经验，现在各高校党委已经基本上克服了不重视意识形态和思想政治工作的倾向，但是仍有一些单位党委对抓

---

① 《邓小平文选》第3卷，人民出版社1993年版，第48页。

② 同上书，第45页。

③ 《江泽民文选》第1卷，人民出版社2006年版，第94页。

意识形态采取消极应付的态度，对中央领导有关意识形态方面的重要指示不传达、不研究、工作上不主动，只求所谓的"不出事儿"，维持表面的平静。个别院校的党委主要领导，竟然纵容一些顽固坚持资产阶级自由化的人长期领导某些学科，极力为他们申报"长江工程学者"等奖励。正如刘国光教授所说："一段时间以来，在理论经济学教学与研究中，西方经济学的影响上升，马克思主义经济学的指导地位被削弱和被边缘化，这种状况已经很明显了。"并且尖锐地提出："领导权很关键。高校的校长、院长，系、研究室、研究所的主任，校长助理等，还有主要部委研究机构的领导，到底是不是马克思主义者？我相信他们大多是马克思主义者，但是有的领导权被篡夺了。"①刘国光讲的是经济学方面的问题，实际上在许多人文社会科学领域都是存在的。高校党委要自觉加强和改进对意识形态工作的领导，提高做好新形势下意识形态工作的能力，牢牢掌握意识形态工作的领导权和主动权。高校党委要坚持和健全党委中心组学习制度，定期地研究和讨论意识形态动态和社会思潮问题。党委要有研究意识形态动态的参谋机构，及时和相对稳定地反映社会思潮动态，自觉、科学地引导干部和教师关心和正确对待各种思潮、科学地分析各种思潮。党委要有效地加强意识形态工作，引领社会思潮，首先必须加强自身的学习和提高。要根据近期习近平代表党中央对党的干部的读书要求，认真地学习马克思主义基本理论，切实读几本马列的书，毛主席的书，同时研究新时期几代领导人的著作和讲话。党委带头读书，带头联系实际，带头树立科学社会主义和共产主义的理想信念，才能把握正确的政治上方向，引领群众前进。

高校党的建设要坚持围绕贯彻好党委领导下的校长负责制来加强，长期坚持并不断完善。要正确认识和处理党委工作与教学工作的关系，既要发挥党委总揽全局协调各方面的领导核心作用，坚持党管干部、党管人才、党管思想政治工作的原则，又要支持和保证高校校长按照《高等教育法》的规定积极主动、独立负责地开展工作，保证教学、科研、行政管理事务的完成，高校的书记和校长作为高校的主要负责人，都要按照社会主义政治家、教育家的标准严格要求自己。

---

① 刘国光：《经济学教学和研究中的一些问题》，载《高校理论战线》2005 年第 9 期。

高校各级党组织和党政领导干部应该理直气壮地向全校师生员工，尤其是全体大学生，进行爱国主义、集体主义、社会主义的思想教育，进行做"有理想、有道德、有文化、有纪律"的"四有"新人的教育，进行马克思主义理论教育，同时进行一切有益于中国特色社会主义事业的中外历史文化中进步的思想教育。高校应该成为研究、传播、宣传马克思主义理论的重要阵地。高校党组织应当建设成认真学习中国特色社会主义理论体系、坚定中国特色社会主义理想、坚持以社会主义核心体系引领社会思潮影响的学习型党组织。

高校是高层次人才的培养基地和"蓄水池"，按照党章规定的党员标准做好高校党员，特别是学生党员的发展工作，这对确保中国特色社会主义事业后继有人具有重大而深远的意义。目前大学生入党积极性很高，近八成学生有入党愿望。这是一个好现象。当然，有入党愿望的大学生思想素质还参差不齐，个别同学甚至存在为找工作、为考公务员而要求入党的问题。另外，高校青年教师和学术骨干中，要求入党的积极性相对于大学生要低一些。这些都需要认真研究解决。高校党委要继续按照坚持标准、保证质量、改善结构、慎重发展的方针和有关规定做好党员发展工作。要切实把政治标准作为发展学生党员的重要考察内容把社会实践情况作为发展学生党员的重要依据，防止简单地把学习成绩作为发展学生党员的唯一条件，防止和避免重数量轻质量等错误做法。还应当高度重视对学生党员和申请入党积极分子的教育和培训。多年来，清华大学学生业余党校把党的基本知识和以社会主义核心价值体系引领社会思潮相结合，在各种社会思潮的比较鉴别中，学习中国特色社会主义理论，树立坚定理想信仰，努力做到在思想上真正入党，收到了很好的效果。

第三节　在引领社会思潮中增强高校思想政治理论课的实效性

高校思想政治理论课承担对大学生进行系统的马克思主义理论教育的任务，它的目标是帮助大学生树立科学的世界观、人生观、价值观和中国特色社会主义理想信仰。改革开放以来，在党中央直接领导下，高校思想政治理论课经过不断改革，体系越来越科学化，内容越来越规范化，运行越来越制度化，已经成为高校思想政治教育的主渠道。它的教学内容涵盖了马克思主义基本理论的体系和中国特色社会主义的理论体系，全面完整地体现了社会主义核心价值体系。《马克思主义基本原理概论》帮助大学生了解马克思主义基本的观点和方法，划清马克思主义和非马克思主义界限，从而科学地理解马克思主义指导思想的内涵。《毛泽东思想和中国特色社会主义理论体系概论》帮助大学生初步了解马克思主义中国化两次理论飞跃的主要内容，特别是中国特色社会主义理论体系、道路、制度的基本内容，为大学生树立中国特色社会主义理想信仰奠定科学认知的基础。《中国近现代史纲要》通过历史和理论相统一的阐述，帮助同学了解为什么"只有社会主义能救中国"、"只有中国特色社会主义能发展中国"和"没有共产党就没有新中国"的道理。《思想道德修养与法律基础》全面地涵盖了社会主义核心价值体系和核心价值观，涵盖了爱国主义、集体主义、社会主义主旋律，"八荣八耻"道德观和中国特色社会主义法律体系，为培养"有理想、有道德、有文化、有纪律"的"四有"新人奠定思想认知的基础。所有几门课都贯穿着以爱国主义为核心的民族精神和以改革创新为核心的时代精神。全面、科学地理解和把握思想政治理论课的内容体系，就可以知道，如果这些方面教育搞得好，将对大学生整个人生、理想、道路的走向，对培养符合改革发展需要的思想政治素质，从而成为中国特色社会主义事业合格建设者和可靠接班人。将起到奠定思想基础的作用。

一　结合社会思潮的热点、难点、疑点教学，是理论联系实际的关键

我们党在理论学习、研究中有理论联系实际的优良传统。毛泽东在《改造我们的学习》、《整顿党的作风》、《反对党八股》等文献中对此有系统、全面的论述，问题是在新的历史时期如何更好地贯彻理论联系实际的方针，提高思想政治理论课的有效性？改革开放时期，围绕社会变革的走向和途径，各种社会思潮纷纭激荡，有时尖锐对立。大学生是社会思潮的寒暑表，社会思潮中的热点、难点和疑点往往就是他们思考上的热点、难点和疑点。抓住这些思想上的热点、难点和疑点，有的放矢地进行科学分析，就抓住了理论联系实际的关键。

青年人正处在思想发展逐步走向成熟的阶段，他们对新事物充满热情，但是对纷繁复杂的社会还缺少辨别分析的能力；他们对未来充满期待，但对奋斗途中的困难往往缺乏足够的估计；他们愿意积极地参与到社会生活实践中去，但又缺乏处理问题的经验。这样，一旦遇到眼花缭乱、复杂的社会矛盾、社会思潮往往会感到困惑，不知所从。改革开放以来，对青年影响比较大的思潮，主要表现在两方面：一是改革的方向、道路问题。青年大学生对改革开放充满热情，积极肯定，但对社会主义市场经济体制改革中出现的国企改制的争论，贫富差距不断扩大、腐败现象屡禁不止等问题，又容易受一些负面思潮，如社会主义"早产论"、资本主义"补课论"、两种制度"趋同论"等的影响，走上偏离中国特色社会主义理想的道路。另一个是人生道路和人生价值问题，青年人急于实现自我价值，但在复杂多变的社会中又容易迷失方向，在新的历史环境下，他们对集体和个人、奉献与索取、积极消费与艰苦朴素等问题存在着种种矛盾的思考。而西方的个人主义、拜金主义、实用主义等思潮都会乘虚而入，侵蚀青年心灵的健康成长，使一些人抛弃集体主义思想，走向极端个人主义，造成理想淡化、中华民族优秀传统美德认同弱化等问题。这时正是需要对青年进行思想引领的时候，我们要帮助青年在对立的思辨中提高鉴别社会思潮的能力，科学地、批判地分析错误思潮的本质，引导他们的思想走向积极、正确的方向。使社会转型对青年思想提出的新问题、新挑战转化为形成科学的世界观、人生观、价值观的动力。多年的实践证明，思想政治理论课密切联系社会变革中的社会矛盾和社会思潮的热点、难点、疑点进行科学分析，是提高思想政治理论课实效的有效途径，是新时期贯彻理论联系实际方针的重要表现。凡是这样做了的老师，他们的课一定会受到学生的欢迎。

二　培养一支党性与科学性相结合的马克思主义理论建设队伍

要做到密切联系社会变革、发展中社会矛盾、社会思潮的热点、难点和疑点进行马克思主义理论教学，就需要建设一支党性与科学性相结合的高水平的马克思主义理论教师队伍。这支队伍不仅需要掌握马克思主义基本原理，还要掌握中国化的马克思主义理论，特别是其最新成果——中国特色社会主义理论；不仅要对马克思主义理论有全面的了解，而且还要善于捕捉社会矛盾、社会思潮和青年大学生思想的热点、难点和疑点，并给以科学的、有说服力的分析。这种素质的形成不是一蹴而就的，需要理论教师经常关注、深入体察社会变革和社会思潮的脉动及其在青年中的反应，并善于和坚持围绕现实中提出的理论热点、难点和疑点进行科学研究，在各种思潮的比较鉴别中提高政治鉴别力和科学分析水平。

　　多年来，在人文与社会科学领域存在一种"淡化"意识形态、远离"现实性、政治性"，只愿作"纯科学"研究的学术倾向。邓小平1983年就批评过："有相当一部分理论工作者，对于社会主义现代化建设实践中提出的种种重大的理论问题缺乏兴趣，不愿意对现实问题进行调查和研究，表示要同现实保持距离，免得犯错误，或者认为没有学术价值。在对现实问题的研究中，也确实产生一些离开马克思主义方向的情况。"① 这种学术倾向的存在有深刻的社会历史原因：建国后意识形态领域某些"泛政治化"的大批判使一些人至今心有余悸；"苏东"剧变是从意识形态领域的失误与混乱开始的；而改革开放以来成就巨大，但主要失误仍然在意识形态领域。这使一些人把现实性的意识形态领域看作难以把握的"风险是非之地"，"要同现实保持距离，免得犯错误"。另外，这种学术倾向也受到了西方学术研究的思想影响，把意识形态性、价值性和科学性截然对立，认为意识形态领域没有科学性，"没有学术价值"。鼓吹"非意识形态化"和"意识形态多元化"。马克思、恩格斯创立历史唯物主义科学，根据社会存在决定社会意识和社会意识相对独立性的原理探索社会意识形成发展的规律，从而使意识形态成为科学研究的对象。而且明确工人阶级及其政党，由于其价值追求与社会发展规律相一致，能够把意识形态性、党性与科学性相统一，从而根本否定了资产阶级宣扬的把意识形态排斥在科学之外的观念。但是历史经验告诉我们，这种统一仍然是对立的统一、有条件的统一，不是仅凭朴素的工人阶级和劳动人民的感情，或是对马克思主义经典著作的简单套用，就能自发地实现的。科学的社会主义意识形

---

① 《邓小平文选》第 3 卷，人民出版社 1993 年版，第 40 页。

态的确立仍然需要排除教条主义和狭隘功利的影响，排除资产阶级意识形态的干扰，经过反复的实践和艰苦的科学探索才能实现。

所以，直面现实性、政治性很强的社会矛盾和社会思潮，党性与科学性相统一地进行教学、研究，求真、析理、育人，是对思想政治理论课教师标准很高、难度很大的要求。总体上看，改革开放以来，我们已经初步形成了中国特色社会主义的科学理论体系以及与之相结合的中国特色社会主义道路和基本制度，这是党性、意识形态性和科学性能够做到相统一的根本保证。同时，中国特色社会主义理论体系"又是需要从各方面进一步丰富发展的科学体系"。江泽民讲："我们对发展社会主义市场经济条件下执政的规律还知之不多，知之不深，还需要全党同志在实践中继续探索。"① 胡锦涛也讲："我国社会主义的自我完善和发展还有许多重大课题需要进一步探索和回答，还有大量工作需要去做"。② 并且提出了 14 个"如何认识"的问题，要求全党深入探索。所以党性与科学性相统一地回答中国特色社会主义实践提出的现实问题和理论问题，深入分析改革开放以来社会矛盾和社会思潮的热点、难点、疑点问题，仍然需要全党，特别是思想理论工作者在反复的实践中进行艰苦的科学探索才能实现。在研究中，既要弄清社会主义和资本主义的本质区别，又要弄清科学社会主义与中国特色社会主义相结合的道路和社会主义僵化模式的界限；既要敢于正视、正确剖析社会主义原有体制中的弊端，坚持改革，又要旗帜鲜明地反对资产阶级自由化、坚持四项基本原则；既要大胆吸收和借鉴人类社会创造的一切文明成果，包括西方思想理论流派和体制中一切科学的成分或者对我国有益的经验，又要抵制其错误的核心价值理念和一切不适合中国国情的主张；既要坚定不移地推进对外开放、发展社会主义市场经济，又要十分重视、正确分析、不断克服改革开放进程中产生的各种消极因素；既要反对对马克思主义"僵化"的教条主义，又要反对盲目崇拜西方，食洋不化的教条主义……这是难度很大、非常严肃的科学研究工作。需要研究工作者具有不唯书、不唯上、不唯洋、只唯实的科学探索精神。应当承

---

① 江泽民：《论党的建设》，人民出版社 2001 年版，第 547 页。
② 《十六大以来重要文献选编》（上），中央文献出版社 2005 年版，第 376 页。

认，这种研究工作，相比非现实性、非政治性的研究要求更高，难度更大，但这是搞好思想政治理论课必须鼓励和坚持的方向。为此，中央有关部门和高校领导应对他们的理论研究和社会实践给以指导和帮助，创设更为宽松的学术环境，对他们的劳动给以更多的尊重与鼓励。思政理论教师也要认识自己在培养中国特色社会主义建设者和接班人中的历史责任，愿意迎难而上，树立一生为之奋斗的理想。

三 在社会思潮的比较鉴别中推动教学方法的创新

高校思想政治理论课的教育过程本质是灌输，是把马克思主义的科学理论由外向里灌输的过程。但是对"灌输"原理，不能简单从方法层面理解为强迫硬灌，而是要通过启发、示范的方法，使学生自愿学习、自觉认同。教学方法革新最根本的仍然是贯彻理论联系实际的方针，以马克思主义之矢射中国改革、建设之的，射大学生思想困惑之的。这话看似老生常谈，实际上对不同历史时期、不同教学内容有着极为不同的丰富内涵。在新的历史时期，能够抓住改革开放过程中社会矛盾和社会思潮的热点、难点，以及大学生对这些问题思想上的疑点，就抓住了大学生的心，因为你讲的正是他极关心和困惑的问题，他能不听吗？现在，上思政理论课，常常见到一些人带其他功课进去，边听课边做其他作业，但是，当有些讲得好的教师讲的问题说到学生心坎上时，许多同学都会停下手中的其他功课，竖起耳朵听，而且老师边问，同学边答，甚至抢着答，非常生动。当然在提出问题后，更重要的是能够以马克思主义理论科学地分析问题，才能有说服力。如果只提出问题而不能科学分析，那就等于在为错误思潮助力；如果只是简单化的"大批判"，那也会适得其反。清华大学在思想政治理论课中倡导"研究型"教学，就是力求通过科学研究对马克思主义和中国特色社会主义基本理论教学中存在的重点、难点、疑点问题，给以科学的、有说服力的分析。要坚信，"理论只要说服人，就能掌握群众，而理论只要彻底，就能说服人。所谓彻底，就是抓住事物的根本。"[1] 教学中引领社会思潮和学生思想的具体形式可以做各种探讨，主题阅读、小组讨

---

[1] 《马克思恩格斯选集》第 1 卷，人民出版社 1995 年版，第 9 页。

论、小论文、辩论等都可以发挥大学生的主观能动性，帮助他们在对立的思辨中加深思考。前提是问题的设定能抓住改革开放中的社会矛盾和社会思潮的热点、难点、疑点，而且是可以得出正确结论的。形式要为内容服务，问题选得好，分析得科学，形式就可以发挥作用。

信息时代，互联网成为社会思潮传播最重要的渠道，也是大学生受社会思潮影响的最主要的渠道。思想政治理论课的教学内容要结合互联网上的有关信息，教学形式也要利用电子信息手段使形式和内容更为生动、课堂效率更高，教师还可以利用电子信箱、微博等形式指导学生学习，交流思想。这些也是新时期教学形式创新的重要方面。

第四节　全员育人、全过程育人，组建高校思想政治教育合力的有效机制

全员育人，全过程育人，组建高校思想政治教育合力的有效机制是高校思想政治工作改革的重要方向，也是正确引领社会思潮的重要保障。这方面的建设需要注意以下几点。

一　强调思想政治理论课教师与辅导员教师的联动机制

《中共中央国务院关于进一步加强和改进大学生思想政治教育的意见》（简称"中央16号文件"）明确指出："思想政治教育工作队伍是加强和改进大学生思想政治教育的组织保证。大学生思想政治教育工作队伍主体是学校党政干部和共青团干部，思想政治理论课和哲学社会科学课教师，辅导员和班主任。"思想政治理论课教师队伍与辅导员队伍是高校思想政治教育的专门力量与主力军，必须加强合作，形成联动机制。

高校思想政治教育合力的形成，需要在党委领导下拧成一股绳，共同参与，互相配合，齐抓共管。党委要统筹马克思主义学院、学工部（处）、团委、教务处等机构；思想理论教学课堂、教书育人全过程、社团、社会调查、社会实践等教育载体；网络、音像、影像等各方面的要素。只有这样才能增强思想政治教育合力的力量。

思想政治教育合力有效机制的目的就是要使思想政治工作部门及其人

员，在一定决策机构指导下，在一定目标指引下，在一定动力驱动下，在一定体制、条件保障下，齐心协力，实现高校思想政治教育工作整体目标和功能，提高高校思想政治教育水平。只有各要素各负其责、合理配置、相互促进才能汇聚形成强大的教育合力，保证思想教育目标的实现。引领社会思潮的工作也可以起到一根红线的作用，把各个要素贯穿起来，以促进高校思想政治教育合力的建构。

辅导员是高校离大学生最近的人，他们年龄相近，思想相通，能及时准确、深入地把握学生的思想脉搏并给以指导，是大学生的"人生导师"。他们对社会思潮对大学生的影响及其热点、难点、疑点了解最清楚，但往往又难以从理论上给以科学的、有说服力的分析。必须充分借助思想政治理论课教师的力量，发挥他们在理论教育方面的优势，帮助辅导员提高思想理论水平和思想政治工作的能力。但辅导员可以发挥与学生联系密切，能及时了解学生思想动态的优势，将现实社会矛盾、社会思潮提出的思想理论问题与大学生的困惑以及大学生对思想政治理论课的要求和意见，提供给思想政治理论课教师。帮助思想政治理论课更好地理论联系实际，提高教学的针对性和有效性。有的学校、院系建立了思政理论教师参加辅导员理论学习，辅导员旁听思政理论课题的固定联系制度，互相促进，共同提高，是很好的办法。另外，要加强辅导员与班主任、导师的联系和合作。班主任、导师具有专业方面的良好背景与优势，往往还兼教专业课，更多地侧重教书育人。涉及学生学习、专业发展等方面的问题，辅导员需要更多地主动与班主任、导师联系。高校思想政治教育合力机制的构建是一个系统工程，思想政治教育的有效性是多种机制共同作用的结果。

二 做好辅导员的理论培训工作，提高辅导员思想理论水平

思想政治理论课教师担当学校的思想政治教育的主渠道作用，在实践中具有较好的思想政治理论功底。在引领学生的社会思潮和解决学生的思想政治理论问题方面具有一定的优势。

近年来，教育部和各地各高校高度重视辅导员队伍建设，在使这支队伍"工作有条件、干事有平台、待遇有保障、发展有空间"上取得一定成效。要深入总结经验，进一步建立健全辅导员选拔、激励、保障机制，切

实解决职称、职务晋升等方面的实际问题，加强业务培训，着力推动辅导员队伍专业化、职业化建设，努力打造一支高素质的辅导员队伍。要明确，设置辅导员岗位，不仅是为了高校当前的思想政治工作，而且还是培养政治、业务综合素质优秀人才的重要途径，是高校培育人才的政治代表队和蓄水池。高校政治辅导员中，一部分人会留校，终生从事高校思想政治教育或管理工作。但是，相当一部分辅导员会走上与自己专业有关的岗位。担任辅导员，从事思想政治教育和管理这段经历，使他们具有思想政治、理论、管理等综合素质的优势，往往更容易成为各行各业的骨干，更多地承担起管理和领导的责任，有的甚至循着这条路，担当起治国的重任，这已经为辅导员发展几十年的历史所证明。所以，对辅导员队伍的建设不能重使用、轻培养，要有政治与业务、理论与实践全面的单独培养计划，对他们的就业方向也要尽早做出规划。

特别要注意的是，不要让他们整天忙于事务工作，而忽视了思想理论素质的提高。这关系到辅导员队伍建设的成败。高校党委要利用本校思政理论课教师的优势，制定提高辅导员马克思主义基本理论素质的计划，把马克思主义理论研究计划的最新成果、意识形态领域中各种思潮的对立冲突，结合学生思想政治教育的实际介绍给他们。做到辅导员队伍建设管理和教育并重、理论和实际结合，这样才能提高辅导工作的魅力。思想政治理论教师参加对辅导员的培训和力量辅导，也是促进自身教学与研究的宝贵机会，通过互动交流，加深对学生思想状况的了解，提高课堂理论联系实际的水平。

三　加强教师思想工作，使各类教师在"教书育人"方面形成合力

高校党委要切实把加强教师，特别是青年教师队伍的思想政治建设作为一个重大而紧迫的问题来抓。教师是人类灵魂的工程师，传道者首先要明道、信道，高校教师要坚持教育者先受教育，努力做到教书和育人相统一。要认真研究和掌握当前知识群体和青年教师的思想政治状况，采取符合他们特点的培养、教育措施。要引导他们认真学习中国特色社会主义理论体系，掌握马克思主义的世界观和方法论，坚定中国特色社会主义共同理想，坚持社会主义核心价值体系，自觉抵制各种错误思潮的影响。这是

各类教师"教书育人"形成合力的基本保障。要关心青年教师，及时掌握青年教师的思想动态，深入细致地做好思想引导工作，帮助青年教师在思想政治素质和业务素质上全面进步。还要特别关心留学归国的青年教师，帮助他们进一步了解国情，了解党和国家的重大方针、政策，了解中国特色社会主义理论、道路和制度，把思想引导与帮助解决学习、研究、生活中的困难结合起来，为他们的工作和成长创造良好条件。要以教学科研骨干、学术带头人、优秀留学人员等为重点，积极帮助青年教师骨干提高思想政治素质，及时将他们中的优秀分子发展入党，激励他们忠诚地为祖国、为人民、为中国特色社会主义事业贡献聪明才智。

高校党委对人文社会科学学科的教师要提出特殊的要求，人文社会科学学科作为观念上层建筑的一部分具有普遍的很强的意识形态性质。无论是历史学、文学、哲学还是法学、政治学、经济学、社会学、心理学等社会科学学科都存在一个是否坚持正确的政治方向问题。从事这些学科的教师，在教学和研究中是否坚持党的四项基本原则，是否具有正确的思想政治导向，对各种社会思潮采取什么样的态度，关系到整个学校的教书育人氛围。人文社会科学课的思想导向要与思想政治理论课同向而行，形成协同效应。如果在事关社会主义核心价值的导向上，你唱这个调，他又唱那个反调，就不可能形成"教书育人"的有效合力。

改革开放以来，有些从事人文社会科学学科的教师自觉或不自觉地滋长了一种离心情绪，似乎越远离意识形态的要求就显得越具有学术性，一段时间甚至出现了一些教师从思想政治理论课向其他非思想政治理论课学科流失的现象。现在，由于思想政治理论课的改革和加强，由于马克思主义理论学科的建立，这种势头基本上刹住了。但是，从事人文社会科学学科的教师意识形态的导向性的建设，还要花较大的功夫才能大见成效。

值得注意的是，新时期新恢复起来的若干社会科学的学科，诸如社会学、法学、经济学、政治学、心理学，至今还没有形成人们公认的中国特色的社会主义的教材和教学体系，教学内容往往还是照搬西方的教材体系，基本不适应社会主义建设的现实要求，在教学和研究中存在着大量的需要引导的问题。毫无疑问，对西方大学的教材，可以而且应该积极引进，但是对于西方大学使用的人文社会科学方面的教材，应该有选择地在课堂上讲，学生可以阅读，但对于这些教材要加以辨别和分析，不能不加分析地全盘照学、照抄、照搬。绝不能让反对社会主义核心价值观的内容主导学生的培养。

第五节 在引领社会思潮过程中培养青年马克思主义者

胡锦涛指出："一个有远见的民族，总是把关注的目光指向青年；一个有远见的政党，总是把青年看作推动历史发展和社会前进的重要力量，我们的民族就是这样的民族，我们的党就是这样的党。"① 高校是教育青年、培养社会主义建设者和接班人的重要阵地，要把一部分青年骨干培养成真学、真信、真用的青年马克思主义者，是高校义不容辞的历史责任。

培养青年马克思主义者的途径主要是理论联系实际地学习马克思主义理论，一是理论和现实结合，扎根基层、真正懂得中国的国情和广大人民群众的思想感情和需要。二是要在社会思潮的比较、鉴别、斗争中学习马克思主义理论，经得起各种风浪的考验。

一 青年成长与社会思潮密切相关

青年的成长与其社会实践的环境紧密相关，社会思潮是社会环境的重要方面。青年作为社会思潮的"晴雨表"，是最开放、最活跃、最少保守思想的群体，是各种社会思潮积极的参与者、追随者、传播者和实践者。从青年身上能够较准确、较全面地映射出整个社会思想潮流的走向。

青年成长与社会思潮的相关性直接地体现在青年和社会思潮之间的作用与反作用的关系。事实上，社会思潮恰巧"偏好"青年，特别是有文化的青年。一方面青年年龄阶段所表现出来的思想心理、认知水平、行为方式等特征决定了社会思潮衍生发展必须依靠青年群体作为主要力量。而大

---

① 胡锦涛：《迈向新世纪创造新业绩——在共青团第十四次全国代表大会上的祝词》，《人民日报》1998 年 6 月 20 日。

学生文化水平较高，接受信息快、敢于表达自我和批判社会现实而又缺乏理性分析能力的特点，决定了他们容易接受各类思潮的影响。另一方面，社会思潮也在青年生活开放、自由追求新事物的文化环境中找到了衍生、传播的"巢穴"。一旦青年的热情被激起，他们就会率先把理论变成实践，变成批判的武器，做社会思潮的"弄潮儿"。

在社会思潮的演进过程中，青年既有主动地承担又有被动的接受。一方面，青年最能接受新思想，从而对社会发挥其承前启后、开拓创新的功能，促进社会的变革和前进。同时，由于青年正处于世界观形成阶段，可塑性很强，加上情感、意志、自我意识发展的不平衡，极易受各种思潮的影响，不管是先进的还是落后的社会思潮，总能在青年中最先赢得"市场"。社会经验的缺乏、政治上的不成熟、生活态度上的率真性，又使青年容易被错误社会思潮所左右。这些都使青年成为思想政治教育的重要对象，并面临着复杂多样的挑战。

二　在引领社会思潮过程中培养青年马克思主义者

针对青年、大学生上述特点，我们必须十分重视在引领社会思潮的过程中进行思想政治教育，因为这样的思想教育能为他们所关心的问题提供可解的答案。还要看到一些青年之所以以非主动、判别性的态度来接受思想教育，就是因为他们生活中所经历的各种社会矛盾、思潮，已经在他们心里构建起一道自己独特的心理"评判尺度"和"认知方式"。思想政治教育正是要纠正他们这道尺度中的错误部分，进一步巩固这道尺度中的正确部分。

从当今社会大格局来看，我国在全球化的背景下实行对外开放，在取得巨大成就的同时，面临复杂的外部环境。一些敌对势力力图遏制中国的发展，为中国制造种种矛盾和困难；它们加紧实施"西化"、"分化"中国的战略，主动输出各种错误思潮，把"颜色革命"的希望寄托在今后几代青年身上。在国内，"黄金发展期"的成就使人振奋，"矛盾凸显期、改革攻坚期"的许多问题，又使人们思想困惑。这种历史条件造成了青年大学生价值标准的多样化和思想上的分化，中国特色社会主义事业的发展也面临着严峻的挑战。

　　我们清醒地看到青年、大学生价值观分化的现实，但我们坚信绝大多数青年、大学生是爱国的，是愿意跟着共产党走振兴中华的中国特色社会主义道路的。爱国主义者不一定是马克思主义者，我们的马克思主义教育不可能追求100%为人们接受的效果，但是，在爱国主义的基础上，一定能培养造就一批年轻的马克思主义者。这些人是青年的骨干力量，他们能够在复杂的社会矛盾、社会思潮面前清楚地识别中国改革发展的正确方向，成为未来中国特色社会主义事业不断前进和发展的坚强核心。这些人也许只占青年的20%—30%，但是依靠他们成为各行各业的骨干，并从他们当中锻炼担当治国重任的领导人才，中国就不会出现苏联亡党亡国的历史悲剧，中国特色社会主义事业的长治久安，中华民族的伟大复兴就大有希望。大学生在青年中综合素质最高，又有良好的教育环境和条件，高校理应成为培养青年马克思主义者和社会主义接班人的一个主要渠道。高校党委应义不容辞承担起这一历史重任，帮助一部分青年骨干在深入了解国情、民情的实践中，在社会思潮的比较、鉴别中，在大学思想政治教育的实践中，深入学习马克思主义理论，成为真正懂得中国特色社会主义理论、道路、制度的青年马克思主义者，为他们将来成为治国的栋梁之才奠定坚实的基础。

　　今后几十年，是我国从建设全面小康社会走向基本实现社会主义现代化，进而走向中华民族伟大复兴的战略机遇期，也是国外敌对势力实行和平演变和我们争夺青年的关键时期。培养青年马克思主义者这一事业搞得好不好，将关系到中国未来改革发展的历史走向，关系到中国特色社会主义的兴衰成败。历史证明，我们能培养这样的青年马克思主义者，他们已经成为治国的栋梁之材。历史也必将证明，我们能继续培养一代又一代的青年马克思主义者，依靠他们带领中国特色社会主义事业走向最终胜利。我们高校的思想理论者也应为能参加这项伟大的战略工程而感到自豪。

第三章 引领社会思潮相关的理论是非辩析

第一节 "不争论"的内涵与"百家争鸣"的方针

一 "百家争鸣"和"不争论"的来源

"百家争鸣"这个提法最早是 1953 年毛泽东对历史学研究而言。1953 年 8 月 5 日,毛泽东对于中国历史研究委员会的工作讲了四个字:"百家争鸣"。① 1956 年 2 月在毛泽东主持的一次会议上,提出在科学工作中实行"百家争鸣"的方针。② 1956 年 4 月 28 日,毛泽东在中央政治局扩大会议上提出:"艺术问题上的百花齐放,学术问题上的百家争鸣,我看应该成为我们的方针。"③ 1956 年 5 月 2 日,毛泽东在最高国务会议上再次讲"十大关系"时,正式宣布了"百花齐放,百家争鸣"的方针,并阐明了"百家争鸣"的来源:"百家争鸣,是说春秋战国时代,二千年以前那个时候,有许多学派,诸子百家,大家自由争论。现在我们也需要

---

① 《毛泽东传》(1949—1976)上册,中央文献出版社 2003 年版,第 486 页。
② 同上书,第 487 页。
③ 《毛泽东文集》第 7 卷,人民出版社 1999 年版,第 54 页。

这个。"① "百家争鸣"此后成为指导社会科学和整个科学文化发展的重要的方针。这一方针得到科学文化界的高度赞扬，极大地调动了广大知识分子的积极性。在这一方针提出四十多年之后，著名的生物学家谈家桢回忆说："'双百'方针的提出……无论对中国遗传学事业，还是对我本人而言，都如久旱逢甘露，是一种莫大的支持。这是我一辈子都不能忘记的。"② 在《关于正确处理人民内部矛盾的问题》、《在中国共产党全国宣传工作会议上的讲话》等文献中，毛泽东又对"百家争鸣"的方针作了进一步全面阐述。"百家争鸣"的方针是在承认社会存在矛盾的基础上提出的繁荣和发展科学的必由之路，其目的是让真理越辩越明。

"不争论"是新时期邓小平把握改革举措的一项原则。"不争论"是指在不涉及基本制度的问题上不作无谓的争论，并不是在大是大非、基本方针方面不争论。1992 年邓小平在《在武昌、深圳、珠海、上海等地的谈话要点》一文中对此作过解释，他说："不搞争论，是我的一个发明。不争论，是为了争取时间干。一争论就复杂了，把时间都争掉了，什么也干不成。不争论，大胆地试，大胆地闯。农村改革是如此，城市改革也应如此。"③ 邓小平的话清楚地说明了"不争论"这一提法的特定的含义。"不争论"是在一种特定的情况下，为了使改革赢得时间和机遇采取的一种举措，而不是说在社会科学的理论探讨中不能"百家争鸣"，更不意味着在大是大非面前不争论。

1983 年 10 月，邓小平在《党在组织战线和思想战线上的迫切任务》的讲话中指出："首先要认识目前问题的严重性，认识改变思想战线的领导软弱涣散状况的迫切必要性。有些同志对精神污染不闻不问，采取自由主义的态度，甚至认为是生动活泼，是'双百'方针的体现。""党的方针没有变，'双百'方针还是要。但是把开展批评同'双百'方针对立起来，却是一种严重的误解或曲解。……有些人把'双百'方针理解为鸣放绝对自由，甚至只让错误的东西放，不让马克思主义争。这还叫什么百家

---

①　《毛泽东传》（1949—1976）上册，中央文献出版社 2003 年版，第 491 页。
②　谈家桢：《我期盼这中国的腾飞》，载《文汇报》1998 年 9 月 22 日。
③　《邓小平文选》第 3 卷，人民出版社 1993 年版，第 374 页。

争鸣？这就把'双百'方针这个无产阶级的马克思主义的方针，歪曲为资产阶级的自由主义的方针了。毛泽东同志的《反对自由主义》，是一篇马克思主义的好文章。建议各级领导同志，特别是思想战线的同志认真学习一下，并且按照文章的精神办事。"① 邓小平这段论述充分说明，实行党的"双百"方针，决不意味着"只让错误的东西放，不让马克思主义争"。所以，在社会科学研究中，我们要坚持"百家争鸣"这一正确的基本方针，这和邓小平说的"不争论"并不矛盾。在大是大非的问题上，绝对不能取消争论，也不能取消批评。

二　坚持四项基本原则与"百家争鸣"

改革开放以来，百家争鸣是在坚持四项基本原则的前提下，有利于安定团结而实行的方针。1980 年邓小平在《目前的形势和任务》一文中谈到："要求安定团结，是不是会妨碍百花齐放呢？不会。我们要永远坚持百花齐放、百家争鸣的方针。但是，这不是说百花齐放、百家争鸣可以不利于安定团结的大局。如果说百花齐放、百家争鸣可以不顾安定团结，那就是对于这个方针的误解和滥用。"② 我们在社会科学的理论探讨上始终坚持不同观点和学派的自由讨论，但是在争鸣和讨论过程中应当正确处理学术问题和政治原则的关系，既不能把学术问题政治化，扣帽子、打棍子，也要警惕借"学术"之名攻击社会主义制度、反对党的领导。要在坚持四项基本原则，维护社会主义安定团结大局的前提下进行理性的探索。在新时期，邓小平一贯坚持批判那些危害安定团结的错误思潮，早在 1979 年 3 月的全国理论务虚会上，邓小平就提出坚持党的四项基本原则，讲清了这个大是大非的问题。之后，又领导开展"清除精神污染"的斗争，旗帜鲜明地坚持反对资产阶级自由化。针对 1989 年政治风波中资产阶级自由化的猖狂进攻，邓小平指出："某些人所谓的改革，应该换个名字，叫作自由化，即资本主义化。他们'改革'的中心是资本主义化。我们讲的改革

---

① 《邓小平文选》第 3 卷，人民出版社 1993 年版，第 45、46、47 页。
② 《邓小平文选》第 2 卷，人民出版社 1993 年版，第 256 页。

与他们不同，这个问题还要继续争论的。"①

三　"不争论"和"百家争鸣"在对象和范围方面的差别

从社会主义革命和建设的实践来看，我们需要始终坚持百家争鸣的方针，以开放的胸襟和求实的精神应对理论上和实践上复杂困难的问题。真理越辩越明。真理往往不会一开始就被人们看清楚，需要通过反复的实践和争辩才能展示其真面目。尤其是改革进入攻坚阶段以后，社会矛盾凸显，各种观点泥沙俱下，造成理论上的混乱。在这种情况下，要发现真理、坚持真理，需要以科学的态度、说理的方式，争鸣探讨，以理服人，使得真理越辩越明。毛泽东认为："实行百花齐放、百家争鸣的方针，并不会削弱马克思主义在思想界的领导地位，相反地正是会加强它的这种地位"。② 邓小平提出"无论如何，思想理论问题的研究和讨论，一定要坚决执行百花齐放、百家争鸣的方针，一定要坚决执行不抓辫子、不戴帽子、不打棍子的'三不主义'的方针，一定要坚决执行解放思想、破除迷信、一切从实际出发的方针。"③ 从这个意义说，百家争鸣的方针是追求真理、繁荣文艺、发展科学的必由之路，也是鼓励积极探索、增强理论活力、避免思想僵化的利器，需要我们始终坚持。

"不争论"的提出有其特殊的语境和适用范围。改革没有现成的经验和固定的模式可循，需要在实践中摸索，许多具体政策的推行带有试验性。因此邓小平在改革的具体做法、具体措施上鼓励人们勇敢地试，勇敢地闯，也允许看，对了就坚持，错了就纠正。但由于一些同志担心社会发展出现贫富"两极分化"等重大失误，或者受了一些"左"的思维的影响，对于设立特区、开放资本市场等赋予意识形态的含义，发出姓"资"还是姓"社"的诘难。对于这种一时认识不清就发出姓"资"姓"社"的争论，对此邓小平提出"不争论"，就是希望不要让无谓的争论贻误了改革的时机和阻碍改革的进程。改革需要不断尝试，勇敢创新，用实践来

---

① 《邓小平文选》第 3 卷，人民出版社 1993 年版，第 297 页。
② 《毛泽东文集》第 7 卷，人民出版社 1999 年版，第 232 页。
③ 《邓小平文选》第 2 卷，人民出版社 1993 年版，第 183 页。

检验。"不争论"有利于营造出一种政治和舆论氛围，鼓励敢试敢闯，为改革赢得时间和机遇。从这个意义上说，"不争论"是为了争取时间，保护改革者积极性的重要举措，体现了执政党的一种战略思考。

但是"不争论"不应当泛化，也不能取代社会科学领域中"百家争鸣"的方针。同时，"不争论"也不等于对任何事情都不能问姓社、姓资。有些人借口"不争论"公开鼓吹，思想解放就是不问姓社姓资、不问姓公姓私，甚至鼓吹私有化。对于这样的大是大非问题，不能不争论。在这些问题上"不争论"，就等于不讲党的四项基本原则。在哲学社会科学的繁荣等方面，我们仍然需要百家争鸣。在面对复杂的社会思潮情况下，面对思想政治上的大是大非问题上，如果以"不争论"的口号排斥必要的争论，回避斗争、不讲是非，只会使错误思潮泛滥、矛盾激化，甚至酿成政治动乱，危害社会主义事业。

第二节　引领社会思潮与反对"左"、右错误倾向

中国革命与建设进程中，"左"、右错误倾向不断交替出现，给革命与建设造成干扰。"左"、右错误倾向的形成有其社会历史原因和人们的认识偏差等原因，反映了一定时期激进或保守的倾向。引领社会思潮需要正确辨别政治上的"左"、右错误倾向，坚持正确的导向。尤其在改革开放进入攻坚阶段，社会矛盾深化的时期，"左"和右的错误倾向都有可能占据一定市场，形成严重危害，就更加需要及时辨别和引导，才能维护我国社会主义改革发展的正确方向。

一　"左"和右的错误的不同特点

从中国革命的历史经验看，"左"的错误对革命事业曾造成巨大的危害。"左"的本质是主观愿望超越客观条件，犯了"急性病"。"左"的错误表现主要是机械僵化地、教条式地理解马克思主义，从主观愿望出发，脱离现实；在政策方面，往往倾向残酷斗争和无情打击，甚至不惜打倒一切，结果是严重损害了革命队伍和人民内部的团结，挫伤人民的积极性。新时期之初的拨乱反正，主要是纠正"左"的倾向。党的十一届三中全会

以后，邓小平多次强调要特别注意纠正"左"的错误。不彻底纠正"左"的错误，就不会有改革开放的好形势。

　　但是，邓小平强调纠正"左"的错误，是以坚持党的四项基本原则为前提的，纠正"左"的错误并不意味着放松对右的错误的警惕。1983年邓小平在《党的组织战线和思想战线上的迫切任务》一文中就指出了注意处理反"左"与反右的关系。他指出："三中全会以来，我们花了很大气力纠正'文化大革命'及其以前的一些政治运动和思想斗争中的'左'的错误，是完全正确的。这类'左'的错误决不允许重犯。但是，不少同志片面地总结历史教训，认为一讲思想斗争和严肃处理就是'左'，只提反'左'不提反右，这就走到软弱涣散的另一个极端。"[①] 1985年9月邓小平在党的全国代表会议上再次强调："不彻底纠正'左'的错误，坚决转移工作重点，就不会有今天的好形势。同样，不认真坚持四项基本原则，就不能保持安定团结的局面，还会把纠'左'变成'纠正'社会主义和马列主义，也不会有今天的好形势。"这就是邓小平在防"左"反右问题上的基本态度。[②]

　　右的错误主要表现为一定程度的背离或者背叛科学社会主义的基本原则，害怕与敌人斗争的退让或者投降主义倾向，结果只能是将革命的果实拱手送人或者走上邪路。改革开放以来，右的错误主要表现为资产阶级自由化，以及各种打着拥护和认同改革开放，而实际上反对党的四项基本原则，要把改革开放引向资本主义的错误倾向。改革以来伴随着对"文化大革命"的反思和否定，一些人的思想方法走向了极端，一股否定共产党领导、否定毛泽东思想的指导地位、否定毛泽东的崇高历史地位、否定社会主义道路的右的思潮不断抬头甚至泛滥。最初出现了"西单民主墙"，这些怀疑甚至反对党的领导和社会主义道路的思潮与平反冤假错案等现实问题纠缠在一起不断激荡。接着出现以方励之为代表的"全盘西化"思潮及影视作品中反映民族虚无主义的"河殇"热等。由于党在20世纪80年代改革中"最大的失误是教育"，各种错误思潮最后汇聚为1989年的动乱。

---

① 《邓小平文选》第3卷，人民出版社1993年版，第37—38页。

② 同上书，第141页。

邓小平一针见血地指出右的错误就是资产阶级自由化，就是要在中国走资本主义道路。在多篇文章中他都提到全面看待 1957 年反右的问题。在 1980 年 1 月《目前的形势和任务》一文中，邓小平指出："一九五七年的反右是必要的，没有错。……这个时候出来一股思潮，它的核心是反对社会主义，反对党的领导。有些人是杀气腾腾的啊！当时不反击这种思潮是不行的。问题出在哪里呢？问题是随着运动的发展，扩大化了，打击面宽了，打击的分量也太重。"①

邓小平在防"左"的同时始终没有放松反右，对资产阶级自由化思潮保持足够的警惕。1987 年邓小平指出："如果说我们过去对'左'的干扰注意的多，对右的干扰注意不够，那末这次学生闹事提醒了我们，要加强注意右的干扰。"②"对青年人来说，右的东西值得警惕，特别是他们不知道什么是资本主义，什么是社会主义，因此要对他们进行教育。"③表现了实事求是地注意右或"左"的干扰。

二　反"左"与反右的辩证法

"左"和右的错误倾向都可能葬送社会主义事业，既防"左"又反右才能确保党不变质，国家不变色。"左"右两种错误倾向常常是交替出现的，在反对"左"的错误的时候，要避免走向右的错误的极端。邓小平在 1983 年 10 月就指出："对于思想理论方面'左'的错误观点，仍然需要继续进行批评和纠正。但是，应当明确指出，当前思想战线首先要着重解决的问题，是纠正右的、软弱涣散的倾向。"④

1992 年，邓小平提出主要防止"左"，这不能脱离他当时面对的情况。当时邓小平要提出要实行市场经济的改革，这在实行上遇到了很大阻力。而且，"左"的错误往往来自革命队伍内部，代表着许多干部的看法，而且有些人动机是好的，因此克服和纠正的难度也大，所以邓小平当时提出防"左"为主的主张。右的错误主要来自内部和外部涉及党的领导和社

---

① 《邓小平文选》第 2 卷，人民出版社 1993 年版，第 243 页。
② 《邓小平文选》第 3 卷，人民出版社 1993 年版，第 199 页。
③ 同上书，第 229 页。
④ 同上书，第 47 页。

会主义制度发生动摇的问题，由于这种右的思潮往往打着拥护改革和反"左"的旗号，在新时期很不容易识别其本质，因此，对这种思潮的萌生和发展要保持足够的警惕。邓小平在"左"和右的错误倾向问题上始终坚持实事求是的态度，有"左"反"左"，有右反右。

在防"左"反右的过程中需要处理好几个问题。

第一，要正确区分坚持原则和"左"的错误。不能把坚持马列主义、毛泽东思想、坚持党的四项基本原则、坚持思想政治教育的正确方向，当作"左"的错误，说成是"左"。否则，就会走到邪路上去了。

第二，对中央使用的防"左"反右的口号不能片面理解。对右的思潮，中央往往采取直接针对某种错误思潮的斗争方式，如邓小平领导的历次反对资产阶级自由化的斗争，1983年开展的反对精神污染的斗争等。反右并不是始终处于次要的位置，有时候它会成为需要解决的主要问题，需要旗帜鲜明的斗争。

第三，对"左"和右的错误倾向的判断要具体情况具体分析。"左"、右错误倾向经常相伴而生，交替出现，要辩证分析。要警惕一种错误倾向掩盖另一种错误倾向，当前有反对改革开放的"左"的思想，但是坚持资产阶级自由化倾向的右的势力不断壮大、蔓延，其矛头直指共产党的领导。如果我们掉以轻心，错误判断当前的主要倾向就会犯大错误。要避免从一个极端走向另一个极端，打破"反'左'出右，反右出'左'"的恶性循环。在反对极"左"思潮时，有正确的力量，也有极右的力量。同样，在反对右的错误倾向的时候，有科学的力量，也有极"左"的倾向。因此，引领社会思潮，反对"左"、右错误倾向要求党的领导人具有唯物辩证的思想方法，保持清醒的头脑，准确判断主要倾向。

第三节　吸收西方文化积极成果与
抵制"西化"、"分化"

从人类社会发展的历史进程来看，社会主义与资本主义是一种取代关系；但在当今世界上，二者又是同时并存。在两种社会制度和文明类型长期共存、激烈竞争的条件下，一方面，社会主义文明的优越性及其建设成就对资本主义文明产生了重要影响。另一方面，新生的社会主义制度处于不成熟的初级阶段，面临资本主义西化、分化的巨大压力和被颠覆的危险，同时社会主义建设面临如何在与资本主义的竞争中吸取其中现代化的积极因素而实现自我改革和自我完善的问题。毛泽东关于有分析地利用古代文化、外国文化的"古为今用"、"洋为中用"的方针，体现了科学世界观方法论，是长久指导我们正确对待古今中外文化问题的正确的方针。在新的历史时期，需要我们联系实际，进一步坚持、发展和充实这一方针的内容。这就要求我们既要运用辩证唯物主义和历史唯物主义对资本主义的东西进行科学的分析批判，扬弃其糟粕，吸收其积极成果，为建设中国特色社会主义服务，同时又要高度警惕资本主义方面敌对势力"分化"和"西化"我国的图谋。

一　关于吸收一切积极的文明成果

毛泽东一贯坚持对外国的东西坚持科学分析的态度。早在 1945 年，他就在《论联合政府》的报告中提出："对于外国文化，排外主义的方针是错误的，应当尽量吸收进步的外国文化，以为发展中国新文化的借镜；盲目搬用的方针也是错误的，应当以中国人民的实际需要为基础，批判地吸收外国文化。"① 解放后，毛泽东一贯坚持这一正确的方针。1953 年他在全国政协大会上指出："我们这个民族，从来就是接受外国的先进经验和优秀文化的。……我们这个民族，从来不拒绝接受别的民族的优良传统。"② 这就是我们党的积极吸收外国一切文化积极成果的基本态度。

在我国刚刚进入社会主义建设时期的时候，毛泽东就在《论十大关系》一文中，提出了学习外国先进经验的问题。他指出："我们提出向外国学习的口号，我想是提得对的。……每个民族都有它的长处，不然它为什么能存在？为什么能发展？同时，每个民族也都有它的短处。……我们的方针是，一切民族、一切国家的长处都要学，政治、经济、科学、技术、文学、艺术的一切真正好的东西都要学。但是，必须有分析有批判地

① 《毛泽东选集》第 3 卷，人民出版社 1991 年版，第 1083 页。
② 《毛泽东文集》第 6 卷，人民出版社 1999 年版，第 264 页。

学，不能盲目地学，不能一切照抄，机械搬运。它们的短处、缺点，当然不要学。"① 他还说："外国资产阶级的一切腐败制度和思想作风，我们要坚决抵制和批判。但是，这并不妨碍我们去学习资本主义国家的先进的科学技术和企业管理方法中合乎科学的方面。工业发达国家的企业，用人少，效率高，会做生意，这些都应当有原则地好好学过来，以利于改进我们的工作。"② 在新时期，邓小平讲："社会主义要赢得与资本主义相比较的优势，就必须大胆吸收和借鉴人类社会创造的一切文明成果，吸收和借鉴当今世界各国包括资本主义发达国家的一切反映现代社会化生产规律的先进经营方式、管理方法。"③ 社会主义在发展进程中，不仅需要总结自身的实践经验和理论成果，而且需要借鉴人类文明的积极成果。没有吸收和借鉴，就谈不上积累和创新，发展和完善就失去了基础。社会主义要实现对资本主义的全面超越，就必须站在人类已有文明成果的基础之上。

二 关于抵制"西化"和"分化"

自西方与社会主义国家实行正常交往以来，就启用了"和平演变"的手段。西方对社会主义国家实行"和平演变"的手段颇多。例如，境外各种基金会、非政府组织、政府组织以各种名义资助所谓"公共知识分子"；利用新闻媒介对社会主义国家搞"攻心战"；利用"人员往来"和书报影视向社会主义国家进行思想渗透；以经济援助为名，实施所谓"鼓励改革"的策略；大力扶持亲西方的下一代，力图颠覆社会主义国家，将社会主义国家纳入资本主义世界经济体系。西方还利用所谓"非政府组织"（NGO）对社会主义国家开展活动。据民政部有关研究表明：美国在中国的近1000家NGO，仅有3%的身份合法，97%的NGO组织身份不合法。美国每年向这些大部分非法组织注入2.95亿美元的资金，其作用不可低估。④

随着对外开放的实行和扩大，西方的物质产品和精神产品大量进入中

---

① 《毛泽东文集》第7卷，人民出版社1999年版，第41—42页。
② 同上书，第43页。
③ 《邓小平文选》第3卷，人民出版社1993年版，第373页。
④ 转引自《环球视野》（www.globalview.cn）第451期。

国，这总体上对我国经济、文化的发展是有利的，但某些科技产品的示范效应也会使得一些人产生"还是西方好"的想法，进而产生对西方政治制度的迷信和盲目追求。西方文化产品、产品营销、广告活动等，常常包含着一些西方的思想意识，常常夹带着进行价值观的渗透。

所谓"西化"，就是在思想文化上用资本主义意识形态取代社会主义意识形态，进而企图在政治上用西方的多党制和三权分立制度取代共产党的领导地位和人民民主专政的国家制度，在经济上用资本主义私有制取代社会主义公有制，使得中国全盘照搬西方的政治经济制度，成为西方国家的附庸。

所谓"分化"，就是利用一切手段和各种机会，腐蚀我们队伍中的意志薄弱者，培育国家上层领导人和知识分子中的"持不同政见者"，分化瓦解党的队伍，分裂我们的民族和国家，妄图使我国重新陷入旧中国那种四分五裂、一盘散沙的状态。

江泽民曾经指出，"西方国家一直没有放松在思想、政治、文化、宗教等方面对我们施加影响和进行渗透。……国际敌对势力……加紧对中国实施西化、分化的政治战略。"[①] 我们不可忽视西方推行文化霸权，以文化"软实力"西化、分化中国的图谋。总之，它们的目的就是要把社会主义的中国变成"完全西化附庸化的资产阶级共和国"。面对敌对势力的这种图谋，我们在社会主义现代化建设的整个过程中，要始终注意防止和反对西方敌对势力的"西化"、"分化"图谋，一刻也不能丧失警觉。

西方对中国的"西化"、"分化"的图谋，非常重视文化和意识形态领域的工作，把这种所谓"软实力"作为重要手段。美国的布热津斯基在《大失控和大混乱》一书中表露：削弱民族国家的主权，增强美国文化作为世界各国仿效的文化和意识形态力量，是美国维持其霸权地位所必须实施的战略。美国利用经济全球化，向世界尤其是发展中国家推行文化霸权主义，推行全球文化美国化。美国的价值观、生活方式侵蚀了发展中国家的人民，美国资产阶级文化严重冲击和破坏了社会主义的民族文化。尤其是对青年的人生观、价值观和生活方式等方面有着重要的影响。邓小平曾

---

① 《江泽民文选》第1卷，人民出版社2006年版，第573页。

经严肃地批评："现在有些同志对于西方各种哲学的、经济学的、社会政治的和文学艺术的思潮，不分析、不鉴别、不批判，而是一窝蜂地盲目推崇。……这种用西方资产阶级没落文化来腐蚀青年的状况，再也不能容忍了。"① 西方意识形态方面的渗透十分明显。在一些新时期恢复的人文社会科学领域中，一些新时期恢复起来的学科的教材体系及其观点、方法都是照搬西方国家的。其中有的不仅是学术上的偏向，而是公开排斥马克思主义的指导地位。近年来，国内出现的新自由主义、民主社会主义、借"普世价值论"推行西方经济政治制度等思潮，就是西方意识形态浸染的表现。美国推行文化霸权，企图以美国文化主宰世界，按照美国的价值观改造世界，对此，我们要有清醒的认识和高度的警惕。

总之，吸收西方文化成果要有选择，要以我为主，为我所用，不能盲目地，不分精华与糟粕，无选择地照搬、照抄。在政治上更是如此。党中央明确指出，发展社会主义民主政治，建设社会主义政治文明，"要坚持从我国国情出发，总结自己的实践经验，同时借鉴人类政治文明的有益成果，绝不照搬西方政治制度的模式"。在纪念中共十一届三中全会召开三十周年大会上，胡锦涛指出，"我们需要借鉴人类政治文明有益成果，但绝不照搬西方政治制度模式"。借鉴西方积极文化成果的前提是对其中的精华和糟粕作出实事求是的鉴别、评价，有批判地消化吸收。只有这样，才能在吸收西方文化积极成果的同时，防止西方对我国"西化"、"分化"的图谋。

第四节　"以经济建设为中心"与"共产党人必须讲政治"

在新时期，党的基本路线确定了以经济建设为中心的核心内容，这对于为社会主义制度的巩固和完善提供物质基础具有十分重要的意义。同时在改革开放的实践中，在复杂的思想政治战线上，我们党又提出了共产党人必须讲政治的要求，强调思想政治工作在经济工作和其他一切工作当中

---

① 《邓小平文选》第 3 卷，人民出版社 1993 年版，第 44 页。

的"生命线"作用。政治与经济以及其他方面相比,不能不占首位。但是如果在和平的环境下,不能坚持经济建设为中心,也会使讲政治走偏方向。我们必须把握二者之间的辩证关系。

一 处理好政治工作与经济建设的关系是党的一贯传统

在革命和建设时期,我们党一贯注重处理政治工作与经济建设工作的辩证关系。毛泽东关于政治与经济关系的一系列论述,为我们指明了方向,奠定了理论基础。《中国共产党中央委员会关于建国以来党的若干历史问题的决议》认为,毛泽东关于"经济是基础,政治则是经济的集中表现"的观点及据此提出的"关于思想政治工作是经济工作和其他一切工作的生命线,要实行政治和经济的统一、政治和技术的统一、又红又专的方针"等都是"有长远意义的指导思想"。① 从某种意义上说,毛泽东《论十大关系》就是一部正确探索政治与经济工作关系的经典之作。党的十一届三中全会公报认为:"毛泽东同志一九五六年总结我国经济建设经验的《论十大关系》报告中提出的基本方针,既是经济规律的客观反映,也是社会政治安定的重要保证,仍然保持着重要的指导意义。"②

在新时期,在党的中心工作转移到经济建设上来的情况下,邓小平也及时注意到经济工作与思想政治工作的密切关系,强调加强党的思想政治工作。他在 1983 年 10 月的讲话中指出:"在工作重心转移到经济建设以后,全党要研究如何适应新的条件,加强党的思想工作,防止埋头经济工作、忽视思想工作的倾向。"③ 陈云在 1985 年 6 月 29 日全国端正党风工作经验交流会上,也指出:"在党中央领导下,我们国家现在进行的经济建设,是社会主义的经济建设,经济体制改革也是社会主义的经济体制改革。任何一个共产党员,每时每刻都必须牢记,我们是搞社会主义的四个现代化,不是搞别的现代化;我们进行的事业,是社会主义事业。在进行社会主义物质文明建设的时候,如果不同时进行社会主义精神文明建设,

---

① 《三中全会以来重要文献选编读》(下册),人民出版社 1982 年版,第 831 页。
② 《三中全会以来重要文献选编读》(上册),人民出版社 1982 年版,第 5 页。
③ 《邓小平文选》第 3 卷,人民出版社 1993 年版,第 48 页。

物质文明建设就可能偏离正确的方向。任何单位，任何领导干部，如果忘记或放松抓社会主义精神文明建设，物质文明建设也不可能搞好。严重的甚至会脱离社会主义和共产主义的理想，这是很危险的。"① 思想政治工作，精神文明建设工作，是经济工作和一切其他工作的保证。只有抓好了思想政治工作，经济工作和物质文明建设工作才能沿着正确的轨道不断前进。

二 新时期提出"党的干部一定要讲政治"的缘由

新时期，我们党提出了"共产党人必须讲政治"的要求，这是有特定的历史背景的。早在 20 世纪 80 年代，邓小平就明确要求"到什么时候都得讲政治"。② 20 世纪 90 年代，江泽民指出："讲政治，对共产党人来说任何时候都要坚持。……有的同志产生了一种误解，以为坚持以经济建设为中心，就可以不注意政治了。这完全不符合邓小平同志的思想和中央的要求。……对于邓小平同志所说的什么时候都得讲政治，大家一定要加深理解、自觉遵循。"③

怎样始终坚持"讲政治"呢？江泽民提出要"大力加强干部队伍建设，提高广大干部特别是领导干部的素质"。④ 其中关键的一环就是要加强对领导干部的思想政治教育，大力提高他们的政治素养。

讲政治是马克思主义政党的必然要求。讲政治，是由党的性质、任务和执政地位所决定的。一个政党，就是围绕自己的政治纲领、按自己的政治路线、为实现自己的政治目标而组织起来的政治集团。不讲政治，离开了自己的政治纲领、政治路线和政治目标，也就不成其为政党了。我们只有讲政治，才能保证把党的基本理论、基本路线、基本方针和各项政策，把国家的法律、法规，贯彻到经济建设和各项工作中去，防止和排除各种错误思想、错误倾向的干扰，保持正确的发展方向；只有讲政治，才能动员、鼓舞和团结全国各族人民，为实现党和国家确定的经济建设和社会发

---

① 《陈云文选》第 3 卷，人民出版社 1995 年版，第 347 页。
② 《邓小平文选》第 3 卷，人民出版社 1993 年版，第 166 页。
③ 《江泽民文选》第 1 卷，人民出版社 2006 年版，第 484—485 页。
④ 江泽民：《论党的建设》，人民出版社 2001 年版，第 220 页。

展的宏伟目标而共同努力奋斗；只有讲政治，才能正确认识和处理两类不同性质的社会矛盾，有力地打击国内外敌对势力的破坏活动和各种形式的犯罪活动，为经济的发展创造良好的社会政治环境；只有讲政治，才能妥善处理各种利益关系，最大限度地调动各方面的积极性，并把各方面的积极性引导好、保护好、发挥好；只有讲政治，才能提高广大干部特别是各级领导干部的思想政治素质，增强总揽和驾驭全局的能力，从而提高领导经济建设和现代化建设的水平；只有讲政治，才能坚持党的全心全意为人民服务的宗旨，保证党的坚强团结、党同人民群众坚强团结，保持党同人民群众的血肉联系。

三　政治工作与经济工作的辩证关系

政治产生于一定的经济基础，又为经济基础服务，给予经济的发展以巨大的影响，是实现经济目的的保证。社会在发展变化中，经济状况也在不断地发生变化，政治作为经济的集中表现，其具体内涵也在不断地发展变化。在无产阶级未夺取政权以前，共产党人讲政治，就是讲阶级斗争，讲革命，讲夺取政权，求人民解放。当无产阶级夺取政权并得到巩固以后，经济建设成为党的根本任务，共产党人讲政治，一方面，要坚持以经济建设为中心，其他各项工作都要服从、服务于经济建设这个中心，并保证这个中心任务的完成；另一方面，要为经济建设提供强有力的政治保证。没有离开政治的经济，也没有离开经济的政治。没有强有力的政治保证和坚定正确的政治方向，经济建设就会走到邪路上去。

第五节　解放思想与坚持四项基本原则

邓小平在新时期大力强调解放思想，开动脑筋，实事求是。他指出："只有解放思想，坚持实事求是，一切从实际出发，理论联系实际，我们的社会主义现代化建设才能顺利进行，我们党的马列主义、毛泽东思想的理论也才能顺利发展。"[①] 解放思想就是恢复党的实事求是的思想路线，按

---

① 《邓小平文选》第 2 卷，人民出版社 1994 年版，第 143 页。

照马克思主义科学世界观方法论办事。解放思想的本质就是提高干部群众的马克思主义科学世界观的水平。

坚持四项基本原则，即坚持社会主义道路、坚持人民民主专政、坚持中国共产党的领导、坚持马列主义、毛泽东思想。这是新时期一开始邓小平就提出的党的四项基本政治原则，后来写入了新时期党的基本路线，是立国之本。

一　解放思想与坚持四项基本原则的关系

解放思想与坚持四项基本原则两者关系如何？邓小平认为两者是不可分割的，是互相促进的。由于坚持了解放思想，坚持实事求是，一切从实际出发，理论联系实际，我们才有可能在继承前人的基础上突破前人，进行理论创新和实践创新，做到以科学的态度对社会主义道路、人民民主专政、共产党的领导和马列主义、毛泽东思想的正确认识和准确把握。另一方面，也正是由于坚持了四项基本原则这一立国之本，思想解放才可能在正确的轨道上进行，才能有效地抵制和克服各种错误思潮的干扰，才不至于"改旗易帜"，才可能坚持和发展中国特色的社会主义。邓小平指出："解放思想决不能够偏离四项基本原则的轨道，不能损害安定团结、生动活泼的政治局面。全党对这个问题要有一个统一的认识。如果像'西单墙'的一些人那样，离开四项基本原则去'解放思想'，实际上是把自己放到党和人民的对立面去了。"① 后来，邓小平还指出，如果不强调坚持四项基本原则，纠正"极左"就会变成纠正马克思主义和纠正社会主义。

中国特色的社会主义事业之所以能够取得伟大成就，就是因为始终将两者结合起来，而苏联和东欧社会主义国家由改革变为"改向"，其失败的原因就是它们在改革中放弃了马列主义的这些基本原则。当前，在国内，也有一部分人打着"解放思想"的幌子，鼓吹违背党的四项基本原则的思潮，对此我们应保持应有的警惕。

党的十七大报告把解放思想称做"一大法宝"，充分说明我们党对解放思想的高度重视，充分说明当前继续解放思想的重要性和紧迫性。2012

---

① 《邓小平文选》第 2 卷，人民出版社 1994 年版，第 279 页。

年5月16日习近平在中央党校讲话，指明了解放思想与实事求是的辩证关系，同时也论述了解放思想的准确含义："解放思想与实事求是是辩证统一的，就是要求我们的思想认识符合客观实际，冲破落后的传统观念和主观偏见的束缚，改变因循守旧、不接受新事物的精神状态，与时俱进地把我们的事业和各项工作不断推向前进。只有解放思想，才能真正做到实事求是；只有实事求是，才是真正解放思想。改革开放30多年来的伟大实践充分证明，只有把二者有机统一起来，不唯书、不唯上、只唯实，才能冲破教条主义和经验主义的禁锢，才能纠正僵化的形而上学的思维方式，正确认识和把握客观事物的内在联系、本质和规律，也才能制定正确的政策，作出正确的决策。客观实际是不断发展变化的，我们对客观事物及其规律的认识是不断深化的，实事求是永无止境，解放思想也永无止境。"①

二 坚持四项基本原则的重要意义

在强调改革开放的同时，必须牢牢坚持四项基本原则，这是30多年来我国经济社会发展取得辉煌成就并保持社会主义旗帜高高飘扬的重要原因。

社会主义改革的根本目的是实现社会主义制度的巩固、完善和发展。当前我们要求继续解放思想、深化改革，就是要保证我国能够继续沿着社会主义方向前进。30多年的历史进程证明：坚持四项基本原则是搞好改革开放的根本保证。这种保证作用体现在：

第一，只有坚持四项基本原则才能保证改革开放沿着社会主义方向发展。解放思想和改革开放，都要在党的领导下和坚持社会主义根本制度的前提下进行。一切都是为了完善和发展社会主义制度，而不是削弱或取消党的领导，改变社会主义制度的"颜色"。无论是引进外资还是引进国外的先进技术和管理经验，都是为了发展社会主义社会生产力，都是为了社会主义制度的完善和发展，而不是离开社会主义道路。离开科学社会主义道路，中国就没有前途。

① 参见《学习时报》2012年5月28日。

第二，只有牢牢坚持四项基本原则，才能保证和发展安定团结稳定的政治局面。安定团结的政治局面是我国社会主义现代化建设成败的前提条件之一，也是继续深化改革的最重要的保证。安定团结的政治局面需要四项基本原则来保持和发展，这是全国各族人民团结前进的共同的政治基础，也是社会主义社会判别是非的最高准则。我国现阶段要坚持人民民主专政国家的专政职能，以维持我国安定团结的政治局面。

第三，只有坚持四项基本原则，才能为继续深化改革，建设有中国特色社会主义提供精神动力。建设中国特色的社会主义，把我国建设成为富强、民主、文明、和谐的社会主义现代化国家，是现阶段我国各族人民的共同理想。一部中国现代史说明，"只有社会主义能救中国，只有中国特色社会主义才能发展中国"，只有在共产党领导下，坚持中国特色社会主义共同理想，人民群众才会焕发出振兴中华、实现中华民族伟大复兴的强大精神动力。

第六节　尊重知识分子与知识分子的思想改造

一　知识分子问题和党的知识分子政策

关于知识分子的概念，《现代汉语词典》中解释为"具有较高文化水平、从事脑力劳动的人。如科学工作者、教师、医生、记者、工程师等"。国外对知识分子的主流看法是："受过专门训练、掌握专门知识，以知识为谋生手段，以脑力劳动为职业，具有强烈社会责任感的群体"。在现实政策中，我国长期以来是把具有中专以上学历并从事脑力劳动的人划定为知识分子。

在中国，现代意义上的知识分子主要是 20 世纪以后涌现的。新中国建立以前，知识分子的来源有三个方面：一是国内公立和私立大中学校；二是教会学校；三是国外留学者。[①] 在革命战争年代，毛泽东为代表的中国共产党人制定和执行了一系列正确的知识分子政策。包括毛泽东在 1939 年发表的《大量吸收知识分子》的政策，以及在《五四运动》、《青年运

---

①　杨凤城：《中国共产党的知识分子理论与政策研究》，中共党史出版社 2005 年版，第 33 页。

动的方向》、《整顿党的作风》和《在延安文艺座谈会上的讲话》等一系列著作的相关论述。毛泽东对于旧社会过来的知识分子，注重引导他们学习科学理论，改造世界观，与群众结合，为人民服务。

从1949年建国到1956年初知识分子问题会议召开，党对知识分子的政策可以用"团结、改造、使用"来概括。1956年，新中国迈入全面建设社会主义阶段，这一时期，党的知识分子政策表述为"团结、教育、改造"。改造主要是适应社会主义现代化建设的需要，改造世界观。毛泽东提出："在建设社会主义社会的过程中，人人需要改造，剥削者要改造，劳动者也要改造，谁说工人阶级不要改造？当然，剥削者的改造与劳动者的改造是两种不同性质的改造，不能混为一谈。"接着，毛泽东谈了自己世界观改造的经验："我在书本上学了一点马克思主义，初步地改造了自己的思想，但是主要的还是在长期阶级斗争中改造过来的。而且今后还要继续学习，才能再有一些进步，否则就要落后了。"[①] 显然，毛泽东在社会主义阶段所讲的对知识分子的团结，是对党的工作在政治上的要求；对知识分子的教育和改造，是指思想上、世界观方面的学习和改造，是促进广大知识分子适应社会主义发展的需要而提出的要求。后来，在"文化大革命"中，知识分子问题上出现了严重的曲折和偏差。

新时期以来，知识分子政策进一步落实，知识分子的政治地位发生了新的变化。邓小平于1977年5月指出：实现现代化必须有知识，有人才。一定要在党内造成一种空气：尊重知识，尊重人才。要反对不尊重知识分子的错误思想。只有有了成批的杰出人才，才能带动我们整个中华民族科学文化水平的提高。

1977年推倒"两个估计"、恢复高考，1978年召开全国科学大会、全国教育工作会议，1979年召开中国文学美术工作者第四次代表大会，实现了这几条战线的"拨乱反正"，知识分子总体上被称为"工人阶级的一部分"。对知识分子的政策由过去的"团结、教育、改造"，变为以"政治上一视同仁，工作上放手使用，生活上关心照顾"为主要内容。同时，提倡和鼓励知识分子学习马克思主义，把书本知识同社会实践相结合，同工

---

① 《毛泽东邓小平江泽民论党的建设》，中央文献出版社1998年版，第196页。

人农民相结合，在改造客观世界的同时，改造主观世界。

二　警惕"公共知识分子"思潮

值得注意的是，源自西方、出现于 19 世纪末、流行于 20 世纪 80 年代的"公共知识分子"思潮，在 20 世纪 90 年代传入我国。其所谓的"公共知识分子"，一般是指"超阶级的，以知识为依托，代表社会公共利益良知的，公共事务的介入者（发言人，守望人）。首先，他们将"公共知识分子"定义为超脱于本专业范围，面向社会发言的角色。法国哲学家萨特说："一位原子能科学家在研究原子物理时不是（公共）知识分子，但是当他在反对核武器的抗议信上签名时就是个（公共）知识分子。"更重要的是他们强调："公共知识分子"应是超越本阶级的局限，不依附于任何阶级利益的漂浮群体，是知识上自主的、独立于宗教、政治、经济或其他势力的群体。美国作家威廉·詹姆斯还提出美国知识分子应保持自身独立性，保持独立于体制之外的品格。这一思潮的传入有明显的政治倾向，对此应当有清醒的认识。

其一，知识分子不可能成为任何阶级、利益群体及其意识形态之外的漂浮群体，就像人不能拔着自己的头发离开地球一样，现实社会、经济、政治、文化等矛盾都不可避免地反映在他们的脑海中，知识分子中的任何人，都不可能独立于民族、国家、阶级、阶层利益之外。他们自觉不自觉地必然从属于某一种立场、群体利益和目标。

其二，中外历史上，在评价对当时社会体制抗衡的"体制外"知识分子时，必须首先对当时社会作一个基本的判断，是推动历史进步的还是逆历史而动的？对前者，总体上应从体制内给以支持；对后者，则应从体制外加以抗衡。当前，我国正在进行着的改革开放和中国特色社会主义建设，这是中华民族的伟大复兴，是中国历史上最光辉的一页。一切真正有社会良知的知识分子都应该站在体制内，推动中国特色社会主义事业的不断前进。当然，现行体制中存在这样那样的矛盾和问题，也需要批评和监督，但这种批评和监督是为了通过改革，使中国特色社会主义制度不断完善，而不是从体制外抗衡、颠覆这个制度。如果有人依据西方"公共知识分子"的理论，强调体制外的独立性与批判性，主张根本反对现行制度，那实际上是以标榜知识分子的所谓"自主性"挑拨广大知识分子和党的关系，同我们党争夺"话语权"，是有害于国家的改革、发展和稳定的。

一些年来"公共知识分子"概念已被西方反华势力包装为政治工具，我国境内一些人也别有目的地加以宣扬。这种思潮在我国产生了一定影响，一些"持不同政见"的知识分子，借助在各自领域的影响，以"公共知识分子"自诩，经常在互联网上发表各种反对共产党领导和中国特色社会主义道路的错误言论，有的甚至公然吹捧刘晓波煽动颠覆中国特色社会主义的"零八宪章"。国内少数媒体把这些"公共知识分子"吹捧为"社会的良知"，个别媒体更在西方某些政治势力操纵下，按照"西化"、"分化"中国的要求评选所谓国内百名"公共知识分子"，极少数青年学生也以认同这种思潮为时尚，成了这些所谓"公共知识分子"的"粉丝"，跟随他们散布一些错误的观点。因此，对这种"公共知识分子"思潮，必须引起足够的警惕。

三　尊重知识分子与提倡知识分子改造世界观

尊重知识分子与强调知识分子世界观的改造，无论是在理论逻辑上，还是现实生活中，都是辩证统一的关系。在政治上信任和重视知识分子，在工作中尊重知识分子，不等于说知识分子现在都具有了科学世界观，不需要改造了。实际上，知识分子世界观的改造，是一个十分重要的任务。正如毛泽东所讲的："如果我们的知识分子读了一些马克思主义的书，又在同工农群众的接近中，在自己的工作实践中有所了解，那么，我们大家就有了共同的语言，不仅有爱国主义方面的共同语言、社会主义制度方面的共同语言，而且还可以有共产主义世界观方面的共同语言。如果这样，大家的工作就一定会做得好得多。"[1] 但是，在实践中，由于我们一些人多年以来不重视知识分子改造世界观的方针，实际上知识分子掌握马克思主义科学世界观的情况不可高估。极个别人把知识分子世界观的改造说成"政治迫害"更是极端错误的。一般说来，知识分子自身的工作特点往往容易脱离群众，与工农民众相结合，才能更好地为人民服务、为社会主

---

[1]　《毛泽东文集》第7卷，人民出版社1999年版，第273页。

服务。毛泽东早在革命战争年代提出的青年运动的方向，至今也不过时，这也是知识分子终生应该注意的问题。

社会主义事业是前无古人的事业。为了适应社会主义事业的发展，人人都要改造世界观。知识分子的工作特点尤其需要改造世界观，学习马克思主义，走与工农相结合、与实践相结合的道路，才能在社会主义事业中做出更大的贡献。现在，极少数知识分子以所谓"公共知识分子"自居，实质上充当西方敌对势力的代言人，不以为耻，反以为荣，这样的知识分子是没有前途的。我们要更好地贯彻党的知识分子政策，营造宽松的政治环境，在学习和改造世界观的过程中实现最广泛的团结，自觉运用马克思主义的立场、观点和方法分析各种思潮和言论；对于违背人民意愿，企图颠覆社会主义的极少数的"公共知识分子"，要开展积极的思想斗争，这也是一种主观世界改造的内容。

结 束 语

社会思潮是社会变革时代社会矛盾在思想领域的集中反映。春秋战国时期，中国由奴隶社会向封建社会、由诸侯割据向国家统一转变，儒、道、墨、法、玄、杂、合纵连横、孙子兵法……诸子百家，开启了百家争鸣的历史时代。近代中国，鸦片战争、甲午战争、八国联军，中国逐步沦为半封建半殖民地社会，"数千年未有之大变局"，"中国向何处去"？从而有"师夷之长技以制夷"、"洋务运动"、"戊戌变法"、"辛亥革命"、"五四及新文化运动"与马克思主义在中国的传播、国共不同"中国之命运"的对立、毛泽东思想的形成发展与中国革命的胜利。各种社会思潮汹涌澎湃，始终围绕中华民族的救亡、独立与现代化之路而进行，构成中国近代史波澜壮阔的思想画卷。

改革是中国的第二次革命，是社会主义制度自我完善和发展的伟大社会变革。经济、政治、文化、社会体制的全面改革和全方位的对外开放，极大地解放和发展了生产力，推动经济社会全面进步，谱写了人类历史上光辉的一页。在社会结构和人们利益关系深刻变化的基础上，伴随改革开放的全过程，围绕改革开放的道路问题，各种社会思潮纷纷登上历史舞台，斗争起伏不断，极大地影响了改革开放的历史进程。能否科学、有效地引领社会思潮，使改革开放沿着正确方向行进，是关乎国家前途，民族命运的大事。

党的十六届六中全会提出了"坚持以社会主义核心价值体系引领社会

思潮"的历史任务。在这一思想启迪下，我们一些长期从事社会思潮与青年教育的思想理论工作者主动承担了教育部清华大学高校德育研究中心重大研究项目"改革开放以来的社会思潮与青年思想政治教育研究"的课题。笔者系统梳理、总结了改革开放以来社会思潮斗争的历史，探讨了社会思潮形成发展的一般规律和特点，希望让历史告诉未来，帮助人们对社会思潮斗争的长期性、复杂性有清醒的认识，对如何科学、有效地引领社会思潮提供有价值的思考。笔者还对改革开放中反复出现，今后仍然会继续出现的，对人们特别是青年大学生有较大影响的若干社会思潮进行专章分析。分析中力求党性与科学性相结合，希望为人们提供经得起历史检验的、科学的、引人深思的思想成果。知识分子是社会思潮形成、传播的主要载体，高校是社会思潮的集散地和论辩、斗争的前沿阵地，青年大学生是社会思潮的寒暑表和主要争夺对象，高校能否科学、有效地引领社会思潮，关乎国家的长治久安、改革的得失成败，关乎社会主义可靠接班人的培养。笔者对高校在社会思潮斗争中的历史使命和整个社会和高校引领社会思潮的有效途径进行了初步的探讨，希望对人们有所助益。

书稿写成了，书名叫什么，在多种方案的比较中，最终笔者选了《问道》，而把"改革开放以来的社会思潮和青年思想教育研究"作为副标题，以求简明地表达写作的主题思想。"道"，《辞海》解释为：（1）道路；（2）指法则、规律，与具体事物的器相对，又于事物特殊规律的德相对；……（4）一定的人生观、世界观、政治主张或思想体系；毛泽东《矛盾论》的注释："道"是中国古代哲学的通用语，它的意义是"道路"或"道理"，可作"法则"或"规律"解释。纷纭复杂的社会思潮所体现的就是对于社会变革道路的各种不同追求，研究改革开放以来的社会思潮就是要探索符合中国社会主义初级阶段国情及发展规律的人生观、世界观、政治主张或思想体系，即笔者所讲的问道。问道还有社会思潮论辩的含义，表明在不同的道的主张的比较、论辩中，才能使科学的、正确的社会思潮真正成为社会的主流价值观。问道还有探索、争鸣的含义，可以更好地体现本书学术研究的性质。在问道的基础上还要传道，"师者，所以传道授业释惑也，"古代育人把传道放在第一位，今天青年思想政治教育更要把中国特色社会主义的大道教育放在第一位，才能实现培养社会主合格建设者和可靠接班人的历史重任。

这本书立项于党的十七大之后，完稿于党的十八大前夕。党的十八大的召开给我们以极大的鼓舞。胡锦涛关于"道路关乎党的命脉，关乎国家前途、民族命运、人民幸福"，"在改革开放 30 多年一以贯之的接力探索中，我们坚定不移高举中国特色社会主义伟大旗帜，既不走封闭僵化的老路，也不走改旗易帜的邪路"① 的论述，一语道出我们写《问道》这本书的指导思想和全部目的。党的十八大后，新一届中央政治局常委会第一次公开活动，习近平总书记又强调："改革开放以来，我们总结历史经验，不断艰辛探索，终于找到了实现中华民族伟大复兴的正确道路，取得举世瞩目的成果。这条道路就是中国特色社会主义"，"全党同志必须牢记，道路决定命运，找到一条正确的道路多么不容易，我们必须坚定不移走下去"，并且把我们党"两个一百年"的奋斗目标和实现中华民族的伟大复兴的"中国梦"联系在一起，勾画了这条道路的蓝图。强调"要把蓝图变为现实，还有很长的路要走，需要我们付出长期艰苦的努力"。② 这些话像一股暖流，给了我们巨大的信心和力量。

多年社会思潮研究，使我们深深感到党的思想建设、党对意识形态领导的重要性。可以说，过去我们取得的各项胜利，首先来源于党在道路、思想上的凝聚力。现在，我们党八千多万党员了，这方面状况究竟如何？一方面，我们庆幸我们党有了中国特色社会主义道路、理论体系和制度，愈来愈多的共产党员和爱国人士凝聚在中国特色社会主义的旗帜下，因而对党和国家的未来充满希望；另一方面，极个别很有影响的老共产党员和舆论阵地又不断地散发与中国特色社会主义相悖的声音，而身边包括一些党员在内的人们的政治信仰，从白发老人到青年学子，受现实社会问题和各种社会思潮的影响，困惑很多、差异很大，有时观点甚至根本对立，每每发生激烈的思想论辩。我们不得不想，今后十几年、几十年我们党的思想建设是什么样子。可以预料，我们的事业越前进、越发展，新情况和新

---

① 胡锦涛：《坚定不移沿着中国特色社会主义道路前进为全面建成小康社会而奋斗》，人民出版社 2012 年版，第 10、12 页。

② 《习近平谈治国理政》，外文出版社 2014 年版，第 35—36 页。

问题就会越多，面临的风险与挑战就会越多，面对的不可预料的事情就会越多，因而，今后十几年、几十年，关于改革开放的道路，各种社会思潮的论辩可能比现在更为激烈，那将是党的思想建设的关键时期。我们迫切希望进一步加强党对意识形态的领导，提高正确引领社会思潮的力度，切实加强以理想信念为核心的党的思想建设，培养一代又一代的马克思主义者、中国特色社会主义事业的可靠接班人。

1992 年，总结苏共亡党、苏联解体的历史经验教训，邓小平语重心长地指出："中国要出问题，还是出在共产党内部。对这个问题要清醒，要注意培养人，要按照'革命化、年轻化、知识化、专业化'的标准，选拔德才兼备的人进班子。我们说党的基本路线要管一百年，要长治久安，就要靠这一条。""要选人，人选好了，帮助培养，让更多的年轻人成长起来。他们成长起来，我们就放心了。现在还不放心啊！说到底，关键是我们共产党内部要搞好，不出事，就可以放心睡大觉。十一届三中全会确立的这条中国的发展路线，能不能够坚持得住，要靠大家努力，特别是要教育后代"。① 总之，中国今后几十年的历史走向，关键在党，希望在青年。20 多年来，我们党就是按邓小平讲话精神做的。最近，在新进中央委员会的委员、候补委员学习贯彻党的十八大精神研讨班上，习近平再一次强调，"道路问题是关系党的事业兴衰成败第一位的问题，道路就是党的生命"，"中国特色社会主义是社会主义而不是其他什么主义，科学社会主义的原则不能丢，丢了就不是社会主义"，要求大家毫不动摇坚持和发展中国特色社会主义，在实践中有所发现、有所创造、有所前进，真正做到"千磨万击还坚劲，任尔东西南北风"。② 我们有充分的理由相信，在中国共产党正确领导下，中国特色社会主义事业一定能一代又一代地薪火相传，到中国共产党成立 100 年时全面建成小康社会的目标一定能实现，到新中国成立 100 年时建成富强、民主、文明和谐的社会主义现代化国家的目标一定能实现，中华民族的伟大复兴的梦想一定能实现。

---

① 《邓小平文选》第 3 卷，人民出版社 1993 年版，第 380、381 页
② 《习近平谈治国理政》，外文出版社 2014 年版，第 21—22 页。

附录

深入学习和贯彻落实习近平
意识形态工作思想

中国共产党具有重视意识形态工作的优良传统。党的十八大以来，以习近平同志为核心的党中央立足世界百年未有之大变局、统揽中华民族伟大复兴全局，针对新形势下意识形态领域的复杂情况，果断作出加强党对意识形态工作领导的战略部署。习近平总书记就一系列方向性、根本性、全局性问题阐明立场，作出论述，在实践中形成了习近平意识形态工作思想，丰富发展了党的意识形态工作理论，是新时代党的意识形态工作的指导纲领。

一 习近平意识形态工作思想的若干基本内容

习近平意识形态工作思想的内容深邃而丰富，是习近平新时代中国特色社会主义思想的有机组成部分。这里仅就其中若干基本内容进行学习和讨论。

——**坚持马克思主义在意识形态领域指导地位的根本制度，牢牢掌握意识形态工作领导权、管理权、话语权，是加强意识形态工作的总题目。**在就任党的总书记不久的全国宣传思想工作会议上，习近平就提出"经济建设是党的中心工作，意识形态工作是党的一项极端重要的工作"。[1]把意识形态工作作为党的一项极端重要的工作，是依据马克思主义社会存在和社会意识、经济基础和上层建筑辩证关系的原理，紧密结合我国正反面

---

① 《习近平谈治国理政》，外文出版社责任有限公司 2014 年版，第 153 页。

经验和国际共产主义运动历史经验所作的新概括。他在同一讲话中还进一步作出了必须牢牢把握意识形态工作领导权、管理权、话语权和这"三权"任何时候都不能旁落、否则就要犯历史性错误的重要论述："一个政权的瓦解往往是从思想领域开始的，政治动荡、政权更迭可能在一夜之间发生，但思想演化是个长期过程。思想防线被攻破了，其他防线就很难守得住。我们必须把意识形态工作的领导权、管理权、话语权牢牢掌握在手中，任何时候都不能旁落，否则就要犯无可挽回的历史性错误。"①

这一切，都集中到要求在任何时候、任何情况下都坚持马克思主义指导地位不动摇。在庆祝中国共产党建党 95 周年大会上的讲话中，习近平总结说："指导思想是一个政党的精神旗帜。95 年来，中国共产党之所以能够完成近代以来各种政治力量不可能完成的艰巨任务，就在于始终把马克思主义这一科学理论作为自己的行动指南，并坚持在实践中不断丰富和发展马克思主义"，"马克思主义是我们立党立国的根本指导思想。背离或放弃马克思主义，我们党就会失去灵魂、迷失方向。在坚持马克思主义指导地位这一根本问题上，我们必须坚定不移，任何时候任何情况下都不能有丝毫动摇。"②

本着这样的思想和理论逻辑，党的十九届四中全会作出的《中共中央关于坚持和完善中国特色社会主义制度、推进国家治理体系和治理能力现代化若干重大问题的决定》，把坚持马克思主义在意识形态领域的指导地位确立为国家的一项根本制度。这是事关为国家立心、为民族铸魂，保证各项事业沿着正确轨道发展的重大制度创新；是坚持党对意识形态工作领导权的根本制度保证；集中体现了以习近平同志为核心的党中央对社会主义建设规律特别是文化建设规律的认识进到了一个新的境界。牢牢把握这一根本制度的实践要求，牢牢掌握意识形态工作的领导权、管理权、话语权，以此为总题目统领整个思想文化、意识形态工作，必将对全面贯彻落实习近平新时代中国特色社会主义思想，构建具有强大吸引力和凝聚力的社会主义意识形态，引领党和人民的伟大斗争，产生重大和深远影响。

---

① 《习近平关于社会主义文化建设论述摘编》，中央文献出版社 2017 年版，第 21 页。
② 《习近平谈治国理政》第 2 卷，外文出版社责任有限公司 2017 年版，第 33 页。

——宣传思想工作的根本任务是巩固马克思主义在意识形态领域的指导地位，巩固全党全国人民团结奋斗的共同思想基础，关键是坚定正确的理想信念。实现中华民族伟大复兴是近代以来中华民族最伟大的梦想。为实现这一伟大梦想，必须筑牢全党全国人民团结奋斗的共同思想基础。这一共同思想基础源自马克思主义。马克思主义阐明了共产党人的最高理想，要求把远大理想同当前阶段的实际任务结合起来。"我们共产党人的最高理想是实现共产主义，在不同历史阶段又有代表那个阶段最广大人民利益的奋斗纲领"①。当前阶段代表最广大人民利益的奋斗纲领，就是实现中华民族的伟大复兴和社会主义现代化。筑牢了这种共同的思想基础，实现中国梦必须走中国道路，弘扬中国精神，凝聚中国力量，就有了重要的思想保证。

筑牢这种共同思想基础，关键是要把理想信念教育作为思想建设的战略任务，坚定正确的理想信念。

习近平关于理想信念问题的论述，是他关于党的思想建设和社会主义文化建设论述中的极为重要的篇章。比如，他论述了要在对马克思主义的深刻理解之上，对历史规律的深刻把握之上，在为广大人民谋利益的崇高价值追求之上建立起坚定的理想信念；论述了共产主义远大理想和中国特色社会主义共同理想，是中国共产党人的政治灵魂、精神支柱、精神脊梁，不忘初心、继续前进，就要发扬革命理想高于天的光荣传统，保持全党在理想追求上的政治定力；论述了信念是本，作风是形，本正而形聚，本不正则形必散，保持和发扬党的优良作风，坚定理想信念是根本；论述了理想信念坚定是好干部的第一位的标准，理想信念坚定才能在大是大非面前旗帜鲜明，在重大考验面前无所畏惧，在各种诱惑面前立场坚定。共产党人如果理想信念不坚定，精神上就会缺钙，就会得软骨病，就必然导致政治上变质、经济上贪婪、道德上堕落、生活上腐化；论述了人民有信仰、民族有希望、国家有力量，理想信念教育不仅要在党员干部中开展，而且要在全社会开展，把全国各族人民团结和凝聚在中国特色社会主义的伟大旗帜之下，使全体人民在理想信念、价值理念、道德观念上紧紧团结

---

① 《邓小平文选》第 3 卷，人民出版社 1993 年版，第 190 页。

在一起，等等。

——宣传思想工作要坚持团结、稳定、鼓劲，以正面宣传为主的方针；又要敢抓敢管，敢于亮剑，有理有利有节开展舆论斗争。坚持正面宣传为主的方针，是与社会生活的主流相适应，集中反映社会健康向上的本质，使之与我国发展蓬勃向上的态势相协调的要求；是为我们正在进行的具有许多新的特点的伟大斗争提供舆论支持，充分发挥正面舆论鼓舞人、教育人作用的要求；也是从理论和实践的结合上阐明一些深层次的问题，加强理论武装，帮助群众解惑释疑，坚定信念的需要。

比如，"要把坚定'四个自信'作为建设社会主义意识形态的关键"[①]，就必须加强马克思主义及其中国化成果的理论武装，阐明中国特色社会主义是科学社会主义理论逻辑和中国社会发展历史逻辑的辩证统一，使人们深刻认识中国特色社会主义是党和人民 90 多年奋斗、创造、积累的根本成就和近代以来中国社会的必然选择。就必须从理论和实践的结合上，从历史和现实、国际和国内的比较中，运用丰富的材料讲好中国故事，使人们深刻懂得马克思主义为什么"能"，共产党为什么"行"，中国特色社会主义为什么"好"，牢固确立坚定"四个自信"的客观依据。

"坚持正面宣传为主，绝不意味着放弃舆论斗争。"[②] 西方敌对势力绝不会让我们顺顺利利实现中华民族伟大复兴，一直企图把我们纳入他们的价值体系。他们就是要把我们党和国家说得一塌糊涂、一无是处，诱使人们跟着他们的魔笛起舞。国内也有人跟着与之遥相呼应，经常变换手法，散布错误舆论，制造思想混乱，其"目的就是要同我们争夺阵地、争夺人心、争夺群众，最终推翻中国共产党领导和中国社会主义制度。如果听任这些舆论大行其道，指鹿为马，三人成虎，势必搞乱党心民心，危及党的领导和社会主义国家政权安全。在事关坚持还是否定四项基本原则的大是大非和政治原则问题上，我们必须增强主动性，掌握主动权，打好主动杖"。[③]

---

①　《习近平在全国宣传思想工作会议上发表重要讲话》，《人民日报》2018 年 8 月 23 日。
②　《习近平关于社会主义文化建设论述摘编》，中央文献出版社 2017 年版，第 27 页。
③　《习近平关于社会主义文化建设论述摘编》，中央文献出版社 2017 年版，第 27 页。

正面宣传和舆论斗争许多情况下是相辅相成的。理论结合实际的正面阐发同对错误思潮鞭辟入里的评析相结合，建设性和批判性相统一、直面错误观点和思潮，可以更好彰显马克思主义真理的威力，深入揭露错误思潮的本质，帮助人们澄清是非界限，也加强了正面宣传的深度和力度。如在坚定"四个自信"问题上，人们会遇到多重纷扰。当今条件下国内外泛起的各种错误思潮和倾向，如历史虚无主义、新自由主义、民主社会主义、西方宪政民主、"公民社会"论、"普世价值"论以及质疑中国特色社会主义的社会主义性质等，其政治指向都是消解、冲击、颠覆"四个自信"的。对于这类错误思潮和相关错误舆论，无疑必须给予深入剖析和揭露，旗帜鲜明坚持真理，理直气壮批驳谬误。加强马克思主义及其中国化最新成果的理论武装、正确进行历史比较和国际比较，同加强思潮辨析、开展必要的舆论斗争相结合，是坚定和提升"四个自信"的基本途径和必要条件。

——舆论导向是事关党和人民之祸福、安邦定国之大事，党校姓党，党和政府主管的各类媒体必须姓党，各类媒体和各类报道都必须坚持正确导向。舆论导向直接影响着人们的价值取向，对人们的思想和社会生活产生重大影响。"好的舆论可以成为发展的'推进器'、民意的'晴雨表'、社会的'黏合剂'、道德的'风向标'，不好的舆论可以成为民众的'迷魂汤'、社会的'分离器'、杀人的'软刀子'、动乱的'催化剂'。"①引导好社会舆论，营造良好舆论环境，是聚民心、治国理政、安邦定国的大事。

为此，习近平紧紧抓住了所有宣传思想阵地上的党员干部、所有媒体，都要坚持党性原则，坚持党性和人民性的统一。他说："归结起来，坚持党性和人民性的统一，就是要坚持讲政治，把握正确导向，把体现党的主张和反映人民心声统一起来，只有坚持党性，站在党的立场上，才能更好更全面反应人民愿望。无论是理论研究、宣传报道还是文艺创作、思想教育，都要把坚持正确导向摆在首位，始终绷紧导向这根弦，讲导向不

---

① 《习近平关于社会主义文化建设论述摘编》，中央文献出版社 2017 年版，第 38 页。

含糊、抓导向不放松。"①

　　习近平首先提出和阐明了党校姓党的原则。党校姓党是一个形象的说法，其要义是党校因党而立，要以党的旗帜为旗帜，以党的意志为意志，以党的使命为使命，严守党的政治纪律和党的规矩，在思想上、政治上、行动上自觉和党中央保持高度一致；坚持党校姓党，首先要坚持姓"马"、姓"共"，国内外各种敌对势力总是想让我们党改旗易帜、改名换姓，其要害就是要我们丢掉马克思主义的信仰，丢掉对共产主义和社会主义的信念。马克思主义是我们共产党人的"真经"，"真经"没念好，总想着"西天取经"，就要贻误大事；党校姓党，就是坚持一切教学、科研、办学活动都要坚持党性原则，遵循党的政治路线，要把党性教育作为共产党人修身养性的必修课；要加强对各种社会思潮的辨析和引导，不当旁观者，敢于发声亮剑，善于解疑释惑，守护这一马克思主义、中国特色社会主义的坚强前沿阵地；对党校教师来说，首先要坚持党校姓党，党校教师姓党……这些要求，虽然是在全国党校工作会议上就党校地位、党校任务、党校工作和党校教师队伍建设而言的，但其精神实质，其巨大的警示、激励、规范和引领作用，对于全党，尤其是整个宣传思想舆论工作坚持正确政治方向和舆论导向，具有普遍的指导意义。

　　在党的新闻舆论工作座谈会上，习近平对坚持正确政治方向和舆论导向问题作了进一步阐述，指明了在新的时代条件下，党的新闻舆论工作的职责和使命是："高举旗帜、引领导向，围绕中心、服务大局，团结人民、鼓舞士气，成风化人、凝心聚力，澄清谬误、明辨是非，联接中外、沟通世界"，指出："要承担起这个职责和使命，坚持正确政治方向是第一位的。"② 为此就要做到牢牢坚持党性原则，牢牢坚持马克思主义新闻观，牢牢坚持正确舆论导向，牢牢坚持正面宣传为主。就是说，要旗帜鲜明讲政治，坚持政治家办报、办刊、办台、办网的原则。

　　他说："党性原则是党的新闻工作的根本原则。党管宣传、党管意识

　　① 《习近平关于社会主义文化建设论述摘编》，中央文献出版社 2017 年版，第 26 页。
　　② 《习近平总书记重要讲话文章选编》，党建读物出版社、中央文献出版社 2016 年版，第419 页。

形态、党管媒体，是坚持党的领导的重要方面。党性原则不仅要讲，而且要理直气壮讲，不能躲躲闪闪，扭扭捏捏"，"党和政府主办的媒体是党和政府的宣传阵地，必须姓党"①。指出要把坚持正确舆论导向贯穿到新闻舆论工作各个环节，贯穿到各级党报党刊、电台电视台，贯穿到各类报刊、各类媒体、各类节目。

在 2018 年的全国宣传思想工作会议上，习近平进一步指出："做好新形势下宣传思想工作，必须自觉承担起举旗帜、聚民心、育新人、兴文化、展形象的使命任务"②，并作了具体阐述。这同前述新闻舆论工作的职责和使命结合为一个整体，为整个宣传思想、新闻舆论和文化工作指明了根本的遵循。他要求新闻舆论战线上的同志自觉抵制西方新闻观等错误观点的影响，牢记社会责任，遵循新闻传播规律，创新新闻传播手段，履行好自己的神圣职责和光荣使命，以战斗的姿态、战士的担当，投身宣传思想领域斗争一线。他要求"引导文艺工作者树立正确的历史观、民族观、国家观、文化观，自觉讲品位、讲格调、讲责任，自觉遵守国家法律法规，加强道德品质修养，坚决抵制低俗庸俗媚俗"③，勉励大家用优秀的文艺作品书写伟大时代。

——思想舆论领域存在红色、黑色、灰色三个地带，要高度重视网上舆论工作，推动融合发展，打造风清气正的网络环境。互联网在我国的发展迅速催生了新媒体、自媒体的兴起。这种新技术的双刃剑作用是：一方面可以造福社会、造福人民，另一方面也可以被一些人用来损害社会公共利益、民众利益。从人们学习、工作和获取信息的角度看，它可以是人们学习、工作的新空间，获取公共服务的新平台；也可以被利用来成为制造和传播噪音杂音的舆论场。在一些年轻人中其负面作用曾十分突出，有西方政要声称"有了互联网，对付中国就有了办法"，"社会主义国家投入西方怀抱，将从互联网开始"。有些人也企图使互联网成为法外之地。党的十八大后，习近平就指出"互联网已经成为舆论斗争的主战场"，"要

---

① 《习近平总书记重要讲话文章选编》，党建读物出版社、中央文献出版社 2016 年版，第 419、420 页。
② 《人民日报》2018 年 8 月 23 日。
③ 《人民日报》2018 年 8 月 23 日。

把网上舆论工作作为宣传思想工作的重中之重来抓"。①

习近平结合网上舆论工作作出了思想舆论领域存在三个地带及相应对策的论述。他说："思想舆论领域大致有三个地带。第一个是红色地带，主要是主流媒体和网上正面力量构成的，这是我们的主阵地，一定要守住，决不能丢了。第二个是黑色地带，主要是网上和社会上一些负面言论构成的，还包括各种敌对势力制造的舆论，这不是主流，但其影响不可低估。第三个是灰色地带，处于红色地带和黑色地带之间。对不同地带，要采取不同策略。对红色地带，要巩固和拓展，不断扩大其社会影响。对黑色地带，要勇于进入，钻进铁扇公主肚子里斗，逐步推动其改变颜色。对灰色地带，要大规模开展工作，加快使其转化为红色地带，防止其向黑色地带蜕变。这些工作，要抓紧做起来，坚持下去，必然会取得成效。"②这一关于思想舆论领域存在三个地带及相应对策的论述，高屋建瓴，全局在胸，精准施策。既针对互联网工作，又针对整个宣传舆论工作；既指明了落实坚持马克思主义指导地位根本制度的现实出发点，又阐明了落实这一根本制度、坚持正确舆论导向的实践方略。

在谈到坚持改革创新、推动融合发展、提高党的新闻舆论工作能力和水平时，习近平分析了网络化条件下大舆论场的特点。指出："随着新媒体快速发展，国际与国内、线上与线下、虚拟与现实、体制外与体制内等界限愈益模糊，构成了越来越复杂的大舆论场，更具有自发性、突发性、公开性、多元性、冲突性、匿名性、无界性、难控性等特点。任何事物都有两面性，新媒体发展也为做好党的新闻舆论工作提供了机遇，要主动借助新媒体传播优势，完善运用体制机制，打通并用好信息交流的新渠道"，强调"必须科学认识网络传播规律，提高用网治网水平，使互联网这个最大变量变成事业发展的最大增量"。③

——文化是一个国家和民族的灵魂，坚定文化自信，牢牢把握社会主义先进文化前进方向，弘扬中华优秀传统文化、革命文化、社会主义先进

① 《习近平关于社会主义文化建设论述摘编》，中央文献出版社 2017 年版，第 28、29 页。
② 《习近平关于社会主义文化建设论述摘编》，中央文献出版社 2017 年版，第 30—31 页。
③ 《习近平在全国宣传思想工作会议上发表重要讲话》，《人民日报》2018 年 8 月 23 日。

文化。一个国家、民族的生存发展必须有其物质基础，同时必须有其精神支撑。这种精神支撑集中体现为一个国家、民族的文化自信。中华民族生生不息，绵延发展，饱受挫折又不断浴火重生，都离不开中华文化的有力支撑。中华优秀文化中丰富的哲学思想、人文精神、教化思想、道德理念，对于我们今天认识世界、改造世界、治国理政、道德建设仍有重要启迪。中华传统美德是中华文化的精髓，在坚守道德底线、重视社会责任、追求道德理想等方面，蕴含着丰富的思想道德资源，为社会主义核心价值观建设，为以文化人、以文育人，提供了宝贵资源。"我们要坚持马克思主义道德观、坚持社会主义道德观，在去粗取精、去伪存真的基础上，坚持古为今用、推陈出新、努力实现中华传统美德创造性转化、创新性发展，教育引导人们向往和追求讲道德、尊道德、守道德的生活，形成向上的力量、向善的力量。"①

习近平指出："文化自信，是更基础、更广泛、更深厚的自信。在5000 多年文明发展中孕育的中华优秀传统文化，在党和人民伟大斗争中孕育的革命文化和社会主义先进文化，积淀着中华民族最深层的精神追求，代表着中华民族独特的精神标识。"②这一论述告诉我们，对于文化自信所指文化的内涵要有全面、正确的理解。这里提到的中华优秀传统文化、革命文化、社会主义先进文化三种形态的文化，它们之间并不是彼此割裂而是辨证连结的。优秀传统文化是中华文化发展的母体，革命文化和社会主义先进文化是在党和人民伟大斗争中对优秀传统文化的批判继承、改造发展。在马克思主义同中国实际相结合（包括对中华优秀传统文化的扬弃）、党和人民的伟大斗争中产生的革命文化，是我们的红色文化基因，社会主义先进文化的直接源头。今天代表中华民族独特精神标识的内涵，应当理解为是在马克思主义指导下融优秀传统文化、革命文化、社会主义先进文化于一炉的这种独特品格的文化，即中国特色社会主义文化。习近平在纪念红军长征胜利 80 周年大会上的讲话中说："中国特色社会主义文化积淀着中华民族最深层的精神追求，代表着中华民族独特的精神标识，是中国

---

① 《习近平关于社会主义文化建设论述摘编》，中央文献出版社 2017 年版，第 138 页。
② 《习近平谈治国理政》第 2 卷，外文出版社责任有限公司 2017 年版，第 36 页。

人民胜利前行的强大精神力量"，又指出"伟大长征精神，作为中国共产党人红色基因和红色族谱的重要组成部分，已经深深融入中华民族的血脉和灵魂，成为社会主义核心价值观的丰富营养，成为鼓舞和激励中国人民不断攻坚克难、从胜利走向胜利的强大精神动力。"①

因此，要懂得坚定文化自信内在地包含了要求坚持正确的文化方向，坚持党的以马克思主义为指导的文化立场，从而更好做到十九届四中全会决定所要求："坚定文化自信，牢牢把握社会主义先进文化前进方向"，"坚持创造性转化、创新性发展，激发全民族文化创造活力，更好构筑中国精神、中国价值、中国力量。"

——**没有自己的哲学社会科学体系就没有话语权，必须加强话语体系建设，构建中国特色哲学社会科学体系**。习近平意味深长地说："落后就要挨打，贫穷就要挨饿，失语就要挨骂。形象地讲，长期以来，我们党带领人民就是要不断解决'挨打'、'挨饿'、'挨骂'这三大问题。经过几代人不懈奋斗，前两个问题得到了基本解决，但'挨骂'问题还没有得到根本解决。争取国际话语权是我们必须解决好的一个重大问题"，同时指出："支撑话语体系的基础是哲学社会科学体系。没有自己的哲学社会科学体系，就没有话语权。"②

国际话语权的取得，是同国际秩序之争的长期性联系在一起的，其进展也是同中国特色大国外交卓有成效的展开密切相关的。十八大以来，以习近平为核心的党中央在保持外交政策的连续性和稳定性的基础上，中国特色大国外交取得显著成就。习近平亲自在一系列重大外事活动中，用外国人听得懂、易于接受的话语体系和表达方式，深入阐述中国理念、中国主张、中国方案，引领我的国际传播能力显著增强。我国推动构建人类命运共同体的主张和"一带一路"倡议和实践，为解决当今世界面临的发展赤字、公平赤字、治理赤字提供了方向和途径，受到普遍赞誉。

要从根本上解决话语权问题，破除西方长期把持的"文化霸权"，最终还有赖于构建中国特色哲学社会科学体系，发展21世纪马克思主义。

---

① 《习近平谈治国理政》第2卷，外文出版社责任有限公司2017年版，第51、48页。
② 《习近平关于社会主义文化建设论述摘编》，中央文献出版社2017年版，第211、69页。

这是一项极为繁重而光荣的任务。当年邓小平在提出必须坚持四项基本原则和对思想理论界的要求时说："这些都需要根据新的丰富的事实作出新的有充分说服力的论证"，"这绝不是改头换面地抄袭旧书本所能完成的工作，而是要费尽革命思想家心血的崇高的创造性的科学工作。"①今天构建中国特色哲学社会科学体系，更是一项崇高的创造性的科学工作。因为"当代中国的伟大社会变革，不是简单延续我国历史文化的母版，不是简单套用马克思主义经典作家设想的模板，不是其他国家社会主义实践的再版，也不是国外现代化发展的翻版，不可能找到现成的教科书。我国哲学社会科学应该以我们正在做的事情为中心，从我国改革发展的实践中挖掘新材料、发现新问题、提出新观点、构建新理论……"②

习近平强调："坚持以马克思主义为指导是当代中国哲学社会科学区别于其他社会科学的根本标志，必须旗帜鲜明加以坚持。"他在肯定思想理论界绝大部分同志坚持以马克思主义为指导的同时，指出了必须引起高度重视的问题："实际工作中，在有的领域中马克思主义被边缘化、空泛化、标签化，在一些学科中'失语'、教材中'失踪'、论坛上'失声'，这种情况必须引起我们高度重视。"③

——高校是意识形态工作前沿阵地，要把立德树人作为根本任务，培养堪当民族复兴大任的新时代的奋斗者。高校无疑是重要的教育阵地，同时又把高校定位为意识形态工作的前沿阵地，这在中国共产党领导高等教育的历史上尚属首次。这一定位画龙点睛地指明了高校在党和国家整个意识形态工作中的地位、使命和作用。这是深入总结正反两方面经验，培养堪当民族复兴大任的时代新人的需要，并基于高校知识分子包括大学生群体在社会生活中的重要地位及其思想特点作出的重要概括。

苏联解体前的部长会主席雷日科夫在其《大国悲剧——苏联解体的前因后果》一书中，揭露了二战结束前夕担任美国中央情报局长的艾伦·杜勒斯提出的瓦解、颠覆社会主义国家的策略："把人们塑造成我们需要的

---

① 《邓小平文选》第 2 卷，人民出版社 1983 年版，第 180 页。
② 《习近平关于社会主义文化建设论述摘编》，中央文献出版社 2017 年版，第 88 页。
③ 《习近平关于社会主义文化建设论述摘编》，中央文献出版社 2017 年版，第 73、76 页。

样子，让他们听我们的。人的脑子，人的意识，是会变的。只要把脑子弄乱，我们就能不知不觉改变人们的价值观念，并迫使他们相信一种经过偷换的价值观念。用什么办法来做？我们一定要在俄罗斯内部找到同意我们思想意识的人，找到我们的同盟军。……要从青少年抓起，要把主要的赌注压在青年身上"。历史的教训无比沉痛与深刻。40 年后，一切果然这样发生了。最终埋葬苏联制度的戈尔巴乔夫、叶利钦等人，就是被艾伦·杜勒斯的赌注压中的当年苏联社会的青年人和大学生。

1959 年，毛泽东针对美国国务卿约翰·杜勒斯的言论，第一次明确提出了防止和平演变的问题。1964 年，他又郑重提出了为保证党和国家不改变颜色，就要培养和造就千百万无产阶级革命事业接班人的问题。1992 年，邓小平在南方谈话中说："帝国主义搞和平演变，把希望寄托在我们以后的几代人身上"，"中国要出问题，还是要出在共产党内部，对这个问题要清醒，要注意培养人"，"党的基本路线要管一百年，要长治久安，就要靠这一条"，"特别是要教育后代"①。防止和平演变，保证党和国家长治久安，归根到底都落实到要教育好后代，培养社会主义事业接班人。从这样大的视野来看问题，才能从战略高度深刻理解把高校定位为意识形态工作前沿阵地的重要意义。

改革开放以来的实践表明，高校是社会思潮的集散地，而首当其冲的是青年学生。大学生是一部分最敏感的知识分子，他们会有意识地注视着各种社会思潮并思考着它对自身和社会的价值。处于舆论漩涡中心、尚在困惑中探索人生的大学生，迫切需要体现党的阳光和温暖，旗帜鲜明而又循循善诱的引导，明确高校是意识形态工作前沿阵地，完全符合高校这种实际状况的需要。

在指明高校是意识形态工作前沿阵地的同时，习近平强调要把立德树人作为根本任务，"高校立身之本在于立德树人"，"要坚持把立德树人作为中心环节"②，肩负起培养德智体美劳全面发展的社会主义建设者和接班人的重大任务，而不是培养旁观者和反对派。

① 《邓小平文选》第 3 卷，人民出版社 1993 年版，第 380、381 页。
② 《人民日报》2016 年 12 月 9 日。

为此，习近平就一系列相关问题作了论述。他指出高校党委要对高校工作实现全面领导，承担管党治党、办学治校主体责任；指出我们的大学是党领导的高校，是中国特色社会主义高校。马克思主义是我们立党立国的根本指导思想，也是我国大学最鲜亮的底色；指出高校党组织要把做好党建工作和思想政治工作作为办学治校的基本功，掌握高校思想政治工作主导权，把思想政治工作贯穿到教育教学全过程，实行全程育人、全方位育人；强调对鱼龙混杂的思想观点要辨析、甄别，不能当传声筒、扩音器，对错误思潮要有效防范，防止其以各种形式在高校抢滩登陆，争夺阵地、争夺师生、争夺人心；指出思想政治理论课是落实立德树人根本任务的关键课程，要着重联系学生的思想实际，回答一些综合性的、深层次的理论和认识问题；他还提出了在高校人才培养体系中，思想政治工作体系建设的重要地位问题。

习近平作为党和国家领袖，对青年一代的成长寄予殷切期望，他关于引领青年成长的论述，内容极为丰富，需要另作专题研究。

——各级党委和领导干部要增强阵地意识，增强政治敏锐性和政治鉴别力，切实把宣传思想政治工作抓起来，认真落实意识形态工作责任制。 方针原则、政策确定之后，干部就是决定的因素。落实坚持马克思主义在意识形态领域指导地位根本制度，关键在各级党委、领导干部牢牢坚持党性原则，增强阵地意识，担负起政治责任和领导责任，把宣传思想工作切实抓起来。党委主要负责同志要带头抓意识形态工作，树立大宣传的工作理念，全党动手，把宣传思想工作同各个不同领域的工作紧密结合起来。

习近平针对少数领导干部中对意识形态工作不想抓、不会抓、不敢抓的问题进行了深入分析，对少数干部用"不争论""不炒热""让说话"为自己不作为开脱的情况进行了分析和批评。指出：在宣传思想领域，我们不搞无谓争论，但牵扯到大是大非问题，牵扯到政治原则问题，绝不能含糊其辞，更不能退避三舍，"千呼万唤始出来，犹抱琵琶半遮面"是不行的！领导干部要敢于站在风口浪尖上进行斗争，在大是大非问题上没有开明绅士，绝不能搞"爱惜羽毛"那一套。这些尖锐的批评所针对的情况虽然已有了很大改变，但这涉及一个干部是否真正坚持党性原则的问题，具有长远的警示意义。

多年来党中央强调领导干部要增强阵地意识，落实意识形态工作责任制，做到守土有责、守土负责、守土尽责。而切实落实意识形态工作责任制的重要前提，是必须增强政治敏锐性和政治鉴别力。如果没有这一条，就会失去辨别重大是非的能力，即使重大的是非问题提到了面前，也会视而不见、麻木不仁，甚至采取自由主义的态度。习近平尖锐指出："一些单位和党政干部政治敏感性、责任感不强，在重大意识形态问题上含含糊糊、遮遮掩掩，助长了错误思潮的扩散。"①

干部的政治敏锐性和政治鉴别力，需要在不断的学习和实践中锤炼、历练。要努力学习掌握马克思主义的思想武器，努力学习掌握习近平分析意识形态领域重大问题中贯穿的立场观点方法，还要善于从改革开放以来意识形态领域斗争的历史经验中学习。

我国改革大业是从冲破长期"左"的错误的严重束缚中起步的，改革开放是党的历史性决策。但我们的改革是有方向、有立场、有原则的，必须始终坚持党的基本路线不动摇，绝不走僵化封闭的老路，也绝不走改旗易帜的邪路。这里试从一个侧面作一点回顾，也许对于从历史经验中学习会有所帮助。1985 年 7 月底、8 月初，中国高等教育学会和理事会先后召开全会，已从教育部部长岗位退下几年仍兼任中国高教学会会长的蒋南翔，依据他对于当时思想战线和高校思想状况的体察，在会上大声疾呼高等教育要认真解决两个根本问题，一个是方向问题，一个是质量问题。以政治方向和教学质量的统一来评价教育固然是他的一贯思想，但在当时全面改革的高潮中旗帜鲜明地提出高等学校要注意解决政治方向问题，是要有马克思主义的政治敏感性和实事求是的勇气的。蒋南翔分析了当时资产阶级自由化代表人物的典型言论："没有任何思想可以作为正统思想不能突破。这就是一个大学讲台所必须有的特征"，"大学就不应该受某种思想的约束"，而应当成为"自由讲话"的地方。蒋南翔分析说，不难看出，"他们所要的不受约束的自由就是任凭违背甚至反对马克思主义、违背甚至反对四项基本原则的思潮在我们大学讲台上自由泛滥。我们可以想一想，这样一来，我们的大学会变成什么样子？我们的高等教育同资本主义

① 《习近平关于社会主义文化建设论述摘编》，中央文献出版社 2017 年版，第 35 页。

高等教育还有什么本质的区别?"①他还分析说:"现在有一些高等学校,
对于要不要党的领导已经成为一个争论的问题。一叶知秋,在大学生中这
种思想混乱不可不引起我们高度注意",还告诫说,目前我国大学生中滋
蔓着的这种不健康的思想状况如果得不到纠正,"要闹事,很可能要从大
学生闹起"。②这一时期中,他对邓小平、陈云有关要教育青年树立共产主
义远大理想,反对资产阶级自由化和精神污染的谈话精神十分重视,在各
种场合呼吁要坚持和改善党的领导,加强对青年的思想教育。由于当时主
持中央日常工作的领导人在反对资产阶级自由化的问题上栽了跟头,邓小
平的有关指示精神没有得到贯彻,致使已经泛起的错误思潮得不到遏制,
导致了1986年底全国许多主要城市发生了较大规模的学潮。回顾这段历
史,我们不能不佩服马克思主义教育家蒋南翔见微知著的政治敏锐性和政
治鉴别力,也可以为今天的年轻干部在学习和实践的锤炼中增强政治敏锐
性和政治鉴别力提供有益的启示。

二　更好更深入全面贯彻习近平意识形态工作思想要明确的几个重要认识问题

(一)在世界百年未有之大变局背景下,意识形态安全问题更加突出地提到了我们面前

　　当今世界正经历百年未有之大变局。这一大变局是在新一轮科技革
命、产业革命方兴未艾,世界经济新旧动能转换的背景下发生的。这一大
变局的核心内容是国际格局和力量对比的加速演变,以中国为代表的新兴
市场国家和发展中国家整体性崛起势不可挡,而以2008年发端于美国的
国际金融危机为标志,美国单极世界的统治趋向瓦解,危机后整个西方世
界复苏艰难。这种力量对比的加速演变被一些学者称之为"东升西降",
其核心要素和明显趋势又是"中升美降"。这一大变局正在和必将导致全
球治理体系的深刻重塑。随着世界多极化进程的推进,国际格局主导力量

---

① 《蒋南翔文集》下卷,清华大学出版社1998年版,第1130—1131页。
② 《蒋南翔文集》下卷,清华大学出版社1998年版,第1141—1143页。

正向着非西方国家，向着以中国为代表的广大发展中国家转移。这是一种历史性的变化。而中国是伟大的社会主义国家，是在中国特色社会主义道路上迅速崛起的，其伟大成就和构建人类命运共同体的理念正影响和吸引越来越多的国家采取非美国和西方的发展模式和道路。这种情况是全球垄断资本主义中心的美国统治集团所绝对不愿意看到的。它产生了严重的战略焦虑。出于其霸权战略和冷战思维，要竭力遏制这种历史性的变化，就必然把矛头指向中国。

2017年底、2018年初，白宫和五角大楼先后出台的战略报告重置了美国的对华政策，公开把我国定位为它的主要战略竞争对手，在国际上掀起了新一轮的"中国威胁论"。美国的一些政要和智囊认为，今后五到十年是中美战略竞争的关键时期，如果不能有效遏制中国，中国超过美国就只是时间问题了。2018年10月、2019年10月，美国副总统彭斯、国务卿蓬佩奥先后在美国智库发表长篇反华演说，不仅把美国衰落的原因归之于中国的发展，而且直接攻击中国的社会制度和意识形态，进行挑拨和煽动。2020年5月，白宫又出台了对我国的《战略指针》，使其对华战略的调整进一步成型和系统化。一些年来，它一方面对我国实行全面遏制和围堵，一方面对我国加强了渗透和西化、分化的力度。从发起贸易战到打压我高科技企业，到插手反中乱港，通过涉港、涉疆、涉藏、涉台法案，频繁到我南海寻衅，对我堵遏颠覆之心不死。虽然美国对我遏制中还会有接触、双方激烈博弈中还会有妥协，但这个问题本质上是两种制度、两条道路、两种价值体系的较量和斗争。

可见，世界大变局背景下的国际斗争复杂而严峻，也把意识形态安全问题更加突出地提到了我们面前。意识形态领域是政治安全的前沿阵地。如果意识形态阵地受到严重冲击和侵蚀，政治安全和其他方面的安全就失去了重要保障。所以要深刻理解如习近平所指出的："历史和现实都警示我们，思想舆论阵地一旦被突破，其他防线就很难守得住。在意识形态领域斗争上，我们没有任何妥协、退让的余地，必须取得全胜。"①

---

① 《习近平关于社会主义文化建设论述摘编》，中央文献出版社2017年版，第37页。

（二）十八大以来意识形态领域形势出现了焕然一新、难能可贵的崭新局面，但绝不能满足和停步，新形势下意识形态领域斗争依然复杂

这种崭新局面的形成首先是加强了党对意识形态工作的全面领导，扭转了党的领导一度忽视、淡化、削弱的状况，从而带来了一系列重要而深刻的变化。如各级干部阵地意识明显提升，舆论阵地主旋律更加响亮、正能量更加强劲，有力扭转了主流思想的主导地位遭受侵蚀的情况；思想舆论领域三个地带中黑色地带的改造、改变和灰色地带的转化取得明显成效，错误思想观点、噪音杂音的传播空间大大压缩；网络空间也日趋清明，有力扭转了把关不严、网上乱象丛生的环境；国际传播的战略态势正在形成，有力扭转了有理说不出，说了传不开的情况，等等。

为什么说意识形态领域斗争依然复杂呢？一是国际斗争和国内斗争是密不可分的，西方敌对势力一直想尽一切办法，采用各种手段，对我进行渗透、破坏和颠覆活动，妄图在我国制造颜色革命。这种斗争必然会反映到国内来。二是一度猖獗的错误思潮余毒犹在，尚有一定市场，毒化人们心灵；而一些坚持错误立场的人，在传播空间压缩后，思想深处仍然保留着错误倾向的"王国"，一有机会就要顽强表现自己。三是我国经济社会发展的深刻变化、新的社会经济环境，在增强社会创造力和经济发展活力的同时，催生了复杂的利益格局。社会存在的这种剧烈变化对人们的思想观念、意识形态产生深刻影响，人们的价值观念日趋多元、多样、多变，随着对外开放日益扩大，西方的价值观念也会趁虚而入。在一个相当长的时期内，错误思潮存在的社会基础不会自行消失。四是实现中华民族伟大复兴的道路不是平坦的，充满了困难和考验、风险和挑战，这些风险和挑战有的来自国际，有的来自国内，有的来自社会经济领域，有的来自自然界，有的来自难以预料的领域。当重大风险考验到来时，国内外别有用心的势力和个人就会想方设法借机把矛头指向我国党、政府和社会制度。

2020 年初，我国面临新中国成立以来在中国发生的传播速度最快、感染范围最广、防控难度最大的一次公共卫生事件的考验，党和国家本着把人民群众生命安全和身体健康放在第一位的要求，采取最全面、最彻底、最严格的防控措施，打赢了防控疫情的人民战争、总体战、狙击战，也为世界公共卫生事业做出了重要贡献。然而，与世卫组织和绝大多数国家对我国抗疫斗争的赞誉和支持相反，美国某些政客和舆论却借新冠肺炎或把中国和武汉污名化，或污蔑我国的对疫情的防控是所谓"限制自由""侵犯人权"，或借疫情宣扬中国威胁和煽动针对中国人、华人的种族主义情绪，妄想借疫情拖垮中国的"疫情版中国崩溃论"也随之出炉，甚至还把自己防控严重不力、致使疫情在美国蔓延的责任归咎于中国，疯狂地对中国进行攻击抹黑。国际分析人士认为，这是美方对中国"意识形态战争的一部分"。国内也有人怀着阴暗的心里、不良的动机，肆意诋毁感天动地的抗疫人民战争。

习近平指出："中华民族伟大复兴，绝不是轻轻松松、敲锣打鼓就能实现的，实现伟大梦想必须进行伟大斗争。在前进道路上我们面临的风险考验只会越来越复杂，甚至会遇到难以想象的惊涛骇浪。我们面临的各种斗争不是短期的而是长期的，至少要伴随我们实现第二个百年目标全过程。"[1]我们面临的风险考验只会越来越复杂，意味着实现伟大梦想必须进行的伟大斗争也会越来越复杂，而其中包含了并且贯穿着意识形态领域的斗争。认识了这一点，才能具有高度的政治责任感和清醒的忧患意识，自觉为深入贯彻落实习近平意识形态工作思想而不懈奋斗。

（三）不忘坚持和运用马克思主义的阶级观，拿起阶级观点和阶级分析的武器

在纪念马克思诞辰 200 周年大会上的讲话中，习近平在谈到马克思主义阐述的一般原理整个来说仍然是完全正确的时候，指出要坚持和运用辩证唯物主义和历史唯物主义的世界观和方法论，"坚持和运用马克思主义的实践观、群众观、阶级观、发展观、矛盾观，真正把马克思主义这个看家本领学深悟透用好。"[2]这"五个观"作为统一整体集中体现了辩证唯物主义、历史唯主义的基本原理，如果缺少了某一方面的内容，就会影响马克思主义哲学的严整性和科学性。

马克思主义的阶级观即马克思主义的阶级理论，阶级分析就是把马克

---

① 《人民日报》2019 年 9 月 4 日。
② 《人民日报》2018 年 5 月 5 日。

思主义阶级理论运用于观察阶级社会历史和社会现象的基本方法。列宁指出：人类历史上出现过各种各样政治形式、政治学说、政治见解和政治革命，"要弄清这一切光怪陆离、异常繁杂的情况，特别是与资产阶级的学者和政治家的政治、哲学等等学说有关的情况，就必须牢牢把握住社会划分为阶级的事实，阶级统治形式改变的事实，把它作为基本的指导线索，并用这个观点去分析一切社会问题，即经济、政治、精神和宗教等等问题"①。

我国建立社会主义制度、进入阶级和阶级斗争逐步趋向消灭的社会主义社会，阶级斗争已不是社会主要矛盾，为什么还要讲阶级观点、阶级分析呢？

首先，我们现在所处的历史大时代仍然是马克思所说的"资产阶级的时代"，这是由资本主义社会形态在人类历史上占据统治地位直到其最终灭亡的整个历史进程所决定的。马克思、恩格斯指明了原始社会解体以来人类社会的历史都是阶级斗争的历史，特别是深入考察了资本主义制度下的社会基本矛盾和阶级矛盾、阶级斗争，从而揭示了资本主义必然灭亡和社会主义共产主义必然胜利的历史规律。如果丢弃了马克思主义的阶级观点、阶级分析，就不可能理解马克思主义关于人类社会发展规律的思想，尤其是我们的社会主义、共产主义理想信念的确立就会失去科学依据，导致理想信念的严重动摇和滑坡。其次，从我国的现状来看，社会主义初级阶段还远不具备消灭阶级和永远摆脱阶级划分、阶级斗争的条件，"由于国内的因素和国际的影响，阶级斗争还在一定范围内长期存在，在某种条件下还有可能激化"。习近平指出："当前，各种敌对势力一直企图在我国制造'颜色革命'，妄图颠覆中国共产党领导和我国社会主义制度，这是我国政权安全面临的现实危险。"② 这就是运用马克思主义的阶级、阶级分析的观点与方法观察社会主义与各种敌对势力的斗争作出的重要论述。如果丢弃了马克思主义的阶级观点和阶级分析，就会对敌对势力制造"颜色革命"的图谋失去警觉，犯历史性错误。再从一些年来泛起的突出的错误

---

① 《列宁选集》第 4 卷，人民出版社 1995 年版，第 30 页。
② 《习近平关于社会主义文化建设论述摘编》，中央文献出版社 2017 年版，第 37 页。

倾向和思潮来看，都有鲜明的政治指向性，包括肆无忌惮地抹黑社会主义制度、放肆地污蔑、诋毁、攻击党的领袖和英雄人物等等，本质上就是国际斗争和国内一定范围的阶级斗争在意识形态领域的反映。

要拿起阶级观点、阶级分析的武器，当然不是说要用阶级分析去所谓"分析一切"，而要坚持具体问题具体分析。在事关危害中国共产党领导和我国社会主义制度的根本问题上，在事关社会主义和资本主义两种制度、两条道路、两种价值体系斗争的大是大非问题上，要有科学的分析和判断，做到立场坚定，在各种斗争风浪考验面前不畏浮云遮望眼，就必须坚持和运用马克思主义的阶级观点和阶级分析。这是坚持马克思主义立场观点方法的题中应有之义。

深入学习和贯彻落实习近平
"坚持和加强党的全面领导"的思想

　　党的建设是习近平新时代中国特色社会主义思想"八个明确"和"十四个坚持"的重要内容，也是党的十九大报告贯穿通篇的主旋律、主基调，有许多新思想、新概括需要深入学习和研究。

一　中国特色社会主义最本质的特征和最大优势

　　"中国特色社会主义最本质的特征是中国共产党领导"，这句话是习近平新时代中国特色社会主义思想"八个明确"最后一个"明确"中表述的，它体现了科学社会主义、中国特色社会主义的本质要求，体现了中国共产党执政方式与西方多党制执政方式的根本区别。

　　在现代政党政治中，执政党对国家权力都起着核心作用。其一是，执政党要提出自己的施政纲领和重大决策，按法定程序审议通过，使之成为国家法律和决定；其二是推荐自己最优秀的人才，通过依法民主审议，使之掌握立法、司法、行政等国家权力，这是世界上任何执政党都不会放弃的权力。但是，西方国家执政党的执政方式与共产党领导国家的执政方式有着根本的区别。西方国家的执政方式是"以党辅政"，他们实行"多党竞争，轮流执政"，政党的主要任务是提出施政纲领，组织竞选。一旦成为执政党，就依靠当选的总统、内阁、议会实行执政权力，党在执政方面只起辅助作用。马英九当选"总统"为台湾地区领导人后，就标榜"以党辅政"，照搬西方议会民主的作法。苏联戈尔巴乔夫照搬西方多党制，通过竞选当选总统后，立即建立总统委员会，取代苏共中央政治局对执政权力的政治领导。其结果是苏联解体，苏共丧失执政地位，社会主义被颠覆，他本人也成为苏联第一位也是最后一位总统。

共产党的执政方式是"**以党领政**"，党对政府工作中的重大原则、重大方向、重大决策进行领导，协调立法、司法、行政，但不包办国家事务的具体工作，体现了"**党是最高政治领导力量**"。不仅如此，共产党还要统领整个社会，使党、政、军、民、学各方，企业、文化、社会团体各界，政府、市场、社会各种力量协调动作，运行在同一轨道上，形成巨大的向心力和战斗力。"党政军民学，东西南北中，**党是领导一切的**"，[①] 西方的执政党是不可能做到这一点的。此外，党还要管党，**全面从严治党**，以加强党的长期执政能力建设、先进性和纯洁性建设，这些和西方政党松散的要求是根本不同的。

列宁说过："对于从封建制度中生长起来的资产阶级革命来说，还在旧制度内部，新的经济组织就逐步形成起来，它逐渐改变着封建社会的一切方面。资产阶级革命面前只有一个任务，就是扫除、摈弃并破坏旧社会的一切桎梏。任何资产阶级革命完成了这个任务，也就完成了它所应做的一切。"因此，通常资产阶级革命以夺取政权宣告结束。而"社会主义革命却处在完全另外一种情况中，由于历史进程的曲折而不得不开始社会主义革命的那个国家愈落后，它由旧的资本主义关系过渡到社会主义关系就愈困难。这里除破坏任务以外，还加上一些空前困难的新任务，即组织任务。"[②] 也就是说，在旧制度内，社会主义的经济基础、上层建筑不可能自发地形成、发展、壮大，社会主义革命，除了摧毁旧政权、建立新政权外，还要在新政权下，在共产党领导下，在发展和解放生产力的基础上，社会主义的经济基础和上层建筑才能逐步形成、巩固、发展、完善和壮大起来。开始社会主义革命的国家越落后，这方面的任务就越重。正如毛泽东所说："夺取全国胜利，这只是万里长征走完了第一步。如果这一步也

---

① 习近平：《决胜全面建成小康社会　夺取新时代中国特色社会主义伟大胜利》，人民出版社2017年版，第20页。

② 《列宁全集》第34卷，人民出版社1985年版，第3—4页。

值得骄傲，那是比较渺小的，更值得骄傲的还在后头。在过了几十年之后来看中国人民民主革命的胜利，就会使人们感觉那好像只是一出长剧的一个短小的序幕。剧是必须从序幕开始的，但序幕还不是高潮。中国的革命是伟大的，但革命以后的路程更长，工作更伟大，更艰苦。这一点现在就必须向党内讲明白，务必使同志们继续地保持谦虚、谨慎、不骄、不躁的作风，务必使同志们继续地保持艰苦奋斗的作风。""我们不但善于破坏一个旧世界，我们还将善于建设一个新世界。"①

中国共产党经过长期的革命斗争，1949 年建立了新政权。其后，在共产党领导下，1956 年初步建立了社会主义制度，坚持建设独立自主的工业体系和大规模的农田基本建设。1978 年，又在共产党领导下实行了改革开放，经过 40 多年艰苦奋斗，形成了中国特色社会主义的道路、理论、制度和文化，成为世界第二大经济体。今后 30 年，中国共产党还要在复杂的国内外环境中领导中国人民建成富强民主文明和谐美丽的社会主义现代化强国，实现中华民族的伟大复兴。这个目标实现后，还要领导中国人民向更高、更成熟的社会主义方向前进，完全实现解放生产力，发展生产力，消灭剥削，消除两极分化，最终实现共同富裕。在这之后，还要领导中国人民向着"代替那存在着阶级和阶级对立的资产阶级旧社会的，将是这样一个联合体，在那里，每个人的自由发展是一切人的自由发展的条件"② 的共产主义社会前进。总之，只有深刻理解科学社会主义的奋斗目标及其过程的长期性和艰巨性，才能"明确中国特色社会主义最本质的特征是中国共产党的领导……"的科学内涵。

在党的十九大报告中，"中国特色社会主义制度的最大优势是中国共产党领导"和"中国特色社会主义最本质的特征是中国共产党领导"相衔接，写进"八个明确"最后一个"明确"，一句话两个方面的内容共同体现了习近平新时代中国特色社会主义思想新的科学理论概括。

在理论界，近年来已经有一些学者探讨中国共产党领导的政治体制的优势。新加坡《联合早报》2010 年就发表了宋鲁郑《中国一党制何以优

---

① 《毛泽东选集》第 4 卷，人民出版社 1991 年版，第 1438—1439 页。
② 《马克思恩格斯选集》第 1 卷，人民出版社 1995 年版，第 294 页。

于西方多党制》的文章，从六个方面探讨中国政治制度的比较优势。2013年在《问道》第一版中也设专节探讨了中国政治制度的比较优势。这些探讨都认为中国的政治制度：可以制定国家长远规划并保持政策的连续性稳定性，不受政党对立、轮替的影响；决策效率高，能够集中力量办大事，避免过度分权的弊端；更好地代表人民的根本利益，不为金钱政治左右等。2019年党的十九届四中全会决议又从政治、经济、文化、社会、生态、外交、军事、"一国两制"等13个方面阐明了中国特色社会主义制度的"显著优势"。不论从哪些方面概括中国特色社会主义的比较优势，所有这些优势都是由党的十九大所概括的"中国特色社会主义制度的最大优势是中国共产党领导"这个本质特征派生出来的。美国某些霸权主义者炮制新的"中国威胁论"，集中力量攻击中国共产党领导是"一党专政"、"不民主的威权体制"，从反面说明中国共产党领导是中国特色社会主义的命根子。2020年防控新冠疫情的战役中，中国举全国之力抗"疫"，社会井然有序地战胜疫情，则从正面进一步阐明了"中国特色社会主义制度的最大优势是中国共产党领导"这一理论概括的真理性。我们要十分珍视这一制度优势，并进一步把制度优势转化为治理体系和治理能力的优势，使中国特色社会主义制度不断发展完善。

二　关于"坚持和加强党的全面领导"

党的十九大报告关于新时代党的建设总要求，第一句就是"坚持和加强党的全面领导……"这是个新提法。过去我们讲"坚持和完善党的领导"，这次十九大报告也用了这个提法，"必须毫不动摇坚持和完善党的领导，毫不动摇地把党建设得更加坚强有力。"应当理解这样讲的内涵是指完善共产党领导的重点是加强党的全面领导。

这样的理解，其实已蕴含在第一节的论述之中。《光明日报》2019年7月7日发表的《以坚持和加强党的全面领导为统领——深入学习贯彻习近平总书记在深化党和国家机构改革总结会议上的重要讲话系列评论》中指出："办好中国的事，关键在党。中国共产党，是中国特色社会主义事业坚强的领导核心。党的领导，是中国特色社会主义最本质的特征，是中国特色社会主义制度的最大优势。充分发挥我国社会主义制度优越性，就要加强党的全面领导，只有实现党对各领域各方面工作的领导，实现党的领导全覆盖，才能确保党的领导坚强有力。也只有提高党把方向、谋大局、定政策、促改革的能力和定力，把党作为最高政治领导力量的地位和作用进一步制度化，才能为实现伟大复兴梦想提供强有力的保障。"充分体现了新时代对坚持和加强党的全面领导提出了更高的要求。

　　我们现在已经进入"两个一百年"奋斗目标的历史交汇期，迎来实现社会主义现代化和中华民族伟大复兴的新时代。行百里者半九十，愈接近实现社会主义现代化和中华民族伟大复兴的目标，我们面临的风险和挑战愈多。党的十九大报告对党要实现的伟大斗争、伟大工程、伟大事业、伟大梦想及其面临的风险、挑战作了全面深入的论述，并提出"我们党要团结带领人民有效应对重大挑战、抵御重大风险、克服重大阻力、解决重大矛盾，必须进行具有许多新的历史特点的伟大斗争，任何贪图享受、消极懈怠、回避矛盾的思想和行为都是错误的"，重申"要深刻认识党面临的执政考验、改革开放考验、市场经济考验、外部环境考验的长期性复杂性，深刻认识党面临的精神懈怠危险、能力不足危险、脱离群众危险、消极腐败危险的尖锐性和严峻性"，并提出"四个自觉"应对风险挑战的要求，以"确保党在世界形势深刻变化的历史进程中始终走在时代前列，在应对国内外各种风险和考验的历史进程中始终成为全国人民的主心骨，在坚持和发展中国特色社会主义的历史进程中始终成为坚强领导核心"①。

　　改革开放40年，成就举世瞩目。但改革进入深水区，比较容易做的改革已经做了，将进行的改革多是难啃的硬骨头；中国日益接近世界舞台的中心，某些国家的霸权主义者不舒服了，千方百计要扼制中国的发展。适应新时代要求，共产党必须进一步坚持和加强党的全面领导。扶贫是实现全面小康的关键任务，也是世界性难题，只有在共产党大力扶贫、造血式扶贫、精准扶贫等方针的指引下，才可能创造近八亿人脱贫的历史奇迹。搞市场经济，权钱结合的腐败高发，也只有在共产党领导下，对腐败

---

　　① 习近平：《决胜全面建成小康社会　夺取新时代中国特色社会主义伟大胜利》，人民出版社2017年版，第15、60、17页。

零容忍，老虎苍蝇一起打，受贿行贿一起抓，教育干部、查大案要案和制度建设三管齐下，才能大见成效。蒋经国也曾经反腐败，但一逢宋孔家族的抵抗，就折戟沉沙，而中国共产党坚持"以人民为中心"是反腐败能够成功进行的根本保证。另外像环境保护问题，一些发展中国家往往为了GDP，不惜损害资源环境，只有在共产党领导下，坚持人民长远利益和根本利益，不走"先污染、后治理"老路，才能使绿水青山真正成为金山银山。最近，特朗普对中国发动贸易战，企图扼制中国的发展，乌云压城，但是我们国家在党的领导下，有理、有利、有节地反对单边主义和贸易保护主义，必能顶住压力，维护好国家的核心利益。总之，愈接近实现"两个一百年"奋斗目标和中华民族伟大复兴，风险挑战愈多，迫切需要坚持和加强共产党的全面领导，在把方向、定决策、促改革，统筹全局、协调各方等方面更好地发挥领导作用。

　　1986年邓小平讲坚持和完善共产党领导时，强调政治体制改革的内容"首先是党政要分开"①，1987年党的十三次代表会的报告讲政治体制改革，专门有一节讲党政分开，"政治体制改革的关键首先是党政分开，党政分开即党政职能分开。"对这个问题怎么看？应当承认，上述论述与当时所处的历史条件是分不开的。譬如，党的十三大报告规定，"今后，各级党委不再设立不在政府任职但又分管政府工作的专职书记、常委。……与政府机构重叠对口的部门应当撤销"，是符合当时的实际情况的。但也应当承认，当时对如何坚持和改善共产党的领导，认识上是有历史局限性的。譬如，党的十三大报告规定："政府各部门现有的党组各自向批准它成立的党委负责，不利于政府工作的统一和效能，要逐步撤销。"实践了一段时间后，证明它不利于加强党对政府工作的领导，又恢复了政府各部门党组设置。党组的设置有利于党的总书记及政治局常委会对改革开放现代化建设中的重大原则、重大方向、重大全局问题进行深入调研、决策、部署，有利于加强党的政治领导。习近平担任总书记之后，又反复强调：坚持党的领导，首先是坚持党中央权威和集中统一领导，这是党的领导的最高原则。并进一步设置了全面深化改革领导小组、全面依法治国领导小组等，进一步加强了党的全面领导。

---

①　《邓小平文选》第3卷，人民出版社1993年版，第177页。

党的十九大以后，又把这些领导小组升格为全面领导的委员会，这些都是坚持和加强党的全面领导的重大举措。

三　破解"其兴也悖焉，其亡也忽焉"的政权兴亡周期率，构建党和国家全方位的监督体系

（一）全面从严治党，不断提高党的执政能力和领导水平

党的十九大报告对从严治党进行了全面的总结。其中专门论述了"健全党和国家监督体系"，强调"增强党自我净化能力，根本靠强化党的自我监督和群众监督。要加强对权力运行的制约和监督，让人民监督权力，让权力在阳光下运行，把权力关进制度的笼子"，把任何公权力都要受到监督这一重要原则确立起来。毛泽东在延安窑洞回答黄炎培提问，强调让人民来监督政府，才不会人亡政息的思想是正确的。但为什么建国后一段时间没能真正落实？其根本原因就是没有建设好依法监督执政权力的制度保障。习近平指出："只要公权力存在，就必须有制约和监督。不关进笼子，公权力就会被滥用。"① 他在治国理政过程中十分重视制度建设，特别是监督制度的建设，在全面从严治党中，始终把制度建设贯穿于党的政治、思想、组织、作风、纪律建设的全过程中。譬如，党委（党组）落实全面从严治党主体责任制度；坚定维护党中央权威和集中统一领导，突出政治监督，严格政治责任担当的制度；在意识形态领域中责任担当以及加强新老媒体融合、网络媒体监督制度；坚持和完善党要管党，实践中锻炼、推选忠诚、干净、担当的优秀人才的制度；围绕整治"四风"，落实中央"八项规定"和监督执纪的"四种形态"制度；构建不敢腐、不能腐、不想腐，"打虎""拍蝇""猎狐"一体推进的制度；深化政治巡视巡察制度，实现一届任期巡视全覆盖；向党和国家机关和一些中管国企、金融单位派驻纪检组，强化日常监督的制度；防止"灯下黑"制度；建立国家、省、市、县监察委员会，整合行政监察部门、预防腐败机构和检查机关反腐败职责，优化党内监督和国家监督，依规治党与依法治国有机统

---

① 习近平：《在新的起点上深化国家监察体制改革》，《求是》2019 年第 5 期。

一，健全党和国家监督体系等一系列制度等，对执政权力的监督建立了切实可行的制度保障。

习近平指出："党内监督在党和国家各种监督形式中是最基本的、第一位的，但如果不同有关国家机关监督、民主党派监督、群众监督、舆论监督等结合起来，就不能形成合力。"① 下面对如何形成公权力的监督合力做出探讨。

（二）健全人民当家作主制度体系，发展社会主义民主政治

党的十九大报告指出："坚持党的领导、人民当家作主、依法治国有机统一。党的领导是人民当家作主和依法治国的根本保证，人民当家作主是社会主义民主政治的本质特征，依法治国是党领导人民治理国家的基本方式，三者统一于我国社会主义民主政治伟大实践。"改革开放以前，由于人治传统思想的影响，法治建设成了以上三方面结合的短板。改革开放后，法治建设有了长足进步，特别是以习进平同志为核心的党中央于2014年10月在十八届四中全会上通过的《中共中央关于全面推进依法治国若干重大问题的决定》，第一次以党的决议的形式全面阐述了我们党关于依法执政、依法治国的基本思想。习近平还把全面依法治国列入其治国理政的"四个全面"战略布局中，推动了党的领导、人民当家作主、依法治国有机统一的重大发展。

加强对执政权力的监督是全面推进依法治国的重要思想内容。如在立法方面加强宪法实施和监督，推进合宪性审查工作，维护宪法权威性；推进科学立法、民主立法、依法立法，以良法促进发展，保障善治。在建设法治政府、推进依法行政方面，规定行政机关要坚持法定职责必须为，法无授权不可为，不得法外设立权力；推进政府权力清单制度，精简行政审批，全面推进政务公开，消除权力设租寻租空间；建立重大决策终身责任追究制度及责任倒查机制，强化对行政权的制约和监督等。在深化司法体制改革方面，强调要建立独立、公正行使审判权和检查权制度；完善确保依法建立领导干部干预司法活动，插手具体案件处理的记录通报和责任追究制度；健全行政机

---

① 习近平：《在党的十八届六中全会第二次全体会议上的讲话》，《求是》2017 年第 1 期。

关依法出庭应诉，支持法院受理行政案件，尊重并执行法院生效裁判制度；健全公安机关、检察机关、审判机关、司法行政机关各司其职，侦查权、检查权、审判权、执行权相互配合、相互制约的体制；建立超越地区行政权限的巡回法庭或专项法庭制度等。这些，对克服个别领导人的话高于法律，行政权力高于司法的弊端起到了制度性的保障作用。

"人民代表大会制度是坚持党的领导、人民当家作主、依法治国有机统一的根本政治制度安排，必须长期坚持、不断完善。"① 人民代表大会是国家最高权力机关，在共产党领导下，行使立法权、决定权、任免权、监督权，这种民意机关高于行政、司法的制度体现了社会主义国家人民当家作主的本质，也可以使决策更有效率。改革开放以来，人民代表大会在行使立法权、决定权、任命权方面，已逐步规范化并不断完善，但比较薄弱的是监督权还没有真正落实。经过多年的讨论思考，全国人大2006年终于通过《监督法》，对人大加强对行政、司法的监督提出了明确的要求。2020年5月第十三届全国人大三次会议上，栗战书作《全国人民代表大会常务委员会工作报告》，专设一节"依照法定职责围绕重大改革发展任务推进监督工作"，对依法开展计划和预算监督工作，推进人大预算审查监督重点向支出预算和政策拓展；加强国有资产管理监督；扎实做好专项工作监督；加强司法工作监督；遵照法律规定开展执法检查等方面作了全面汇报，并对今后健全监督制度机制，依法做好监督工作做了具体部署。人大依法行使监督权取得了长足的进展。党的十九大以后，党中央要求在中央、省、市、县组建监察委员会，实现对所有行使公权力的公职人员监察全覆盖，这也是健全党和国家监督体系的最新探索。

（三）完善共产党领导下的多党合作和政治协商制度

中国共产党领导的多党合作和政治协商制度，是中国的一项基本政治制度。中国共产党和其他民主党派的关系是执政党与参政党的关系，实行"长期共存，互相监督"的方针，这是符合中国国情的一种新型政党制度。

---

① 习近平：《决胜全面建成小康社会 夺取新时代中国特色社会主义伟大胜利》，人民出版社2017年版，第36页。

由于共产党是长期执政的大党，"长期共存，互相监督"主要是请各民主党派对共产党执政进行监督。改革开放以来特别是党的十八大以来，在这方面逐渐形成了许多有效的制度。2014年12月29日，中央政治局会议审议通过了《关于加强社会主义协商民主建设的意见》，勾勒了中国特色社会主义协商民主是一个"6＋1"的体系。2015年5月18日，中共中央颁布了《中国共产党统一战线工作条例（试行）》，首次以党内法规形式明确规定了政党协商的总体要求、基本形式及主要内容。2015年至2017年，中共中央办公厅相继印发《关于加强政党协商的实施意见》《关于加强人民政协协商民主建设的实施意见》《关于加强和改进人民政协民主监督工作的意见》。2019年，在中央政协工作会议暨庆祝中国人民政治协商会议成立70周年大会上，习近平总书记发表重要讲话，为新时代人民政协事业发展指明了前进方向，政协工作在建言资政和凝聚共识上双向发力，取得了新进展。

政协工作不断丰富协商形式，提高建言质量。由中共中央负责人邀请各民主党负责人与无党派人士，以协商座谈会形式，对关于党和国家重大决策征求意见，改革开放以来，在中央层面已召开100余次，在省市层面也已多次运用。通过双周政治协商座谈会、专题议政性常委会、专题协商会议、远程协商会议等方式，委员们就国家中长期科技发展规划、国民经济和社会发展"十四五"规划、乡村发展战略以及各种专题问题，向国家机关提出政策性建议，其中很多建议被国家采纳。党的十七大提出"要选拔和推荐更多的非党干部来担当领导职务"，现在已经有80%以上的省、市、县有非共产党人担任领导副职，个别还担任正职。各民主党派还设立了政策调研机构，围绕党和国家工作重心，结合自己所联系的社会阶层和人才优势，有计划地进行建言资政的调查研究等。

（四）舆论监督

舆论监督是非常重要的，自改革开放以来这方面有了很大进展，例如中央电视台的《焦点访谈》节目，主要进行舆论监督，现已扩展到省、直辖市、自治区一级都开设了类似"焦点访谈"的节目。

网络上的新媒体，21世纪以来发展迅速，在党的领导下，新老媒体融合已经形成制度，各大报刊均已设置独立的网络宣传阵地。网络是一把双刃剑。我们实行"阳光民主"建设，要求政府各部门，除国家机密、安全的要求外，全部实行政务公开，使人民有知情权，便于老百姓对政府工作进行监督。这个制度已初步建立，对揭露腐败线索、克服官僚主义等有一定积极作用，但也有的流于形式，亟待完善。另外，我们对在网络上散布政治谣言、发表错误政治言论、传播黄色淫秽内容等，也开始建立了监管、屏蔽等制度，代表社会主旋律的网络平台和作家、编辑队伍建设也在逐步加强。

（五）人民群众直接监督与基层民主制度建设

要健全人民群众来信来访制度，这是直接民主的一种重要形式。2005年修订后的《信访条例》加强和完善了人民群众信访制度，在各种环节规定了明确的责任，走向了法治化、规范化，但还有一些问题需要进一步探索、完善。

党的十七大把基层民主自治制度列入中国特色社会主义的政治发展道路。几亿农民靠自己投票选出自己的村委会治理农村，这是改革开放后一个重要的制度创新，并在不断完善之中。

如何在共产党领导下，更好地发挥工会、共青团、学生会、妇联等群众团体的作用，也是需要探讨的问题。从党和政府来讲，不能执政前依靠群众，执政后只相信和依靠行政权力，不重视群众组织，甚至害怕提出不同意见。各群众组织也要克服行政化、官僚化的倾向，更好地成为党联系特定群体的纽带。

党的十九大报告提出，要"构建党统一指挥、全面覆盖、权威高效的监督体系，把党内监督同国家机关监督、民主监督、司法监督、群众监督、舆论监督贯通起来，增强监督合力"。这是深化政治体制改革的关键，也是执政党建设的关键。或者，从更根本上来说，它是回答毛泽东与黄炎培政权兴亡周期率之问的关键。

我们欣慰地看到，在以习近平同志为核心的党中央领导下，这种监督体系及其合力已经初步建立起来，初显成效，正在进一步完善之中。

新加坡东亚研究所所长郑永年在《中国崛起开启新的世界历史》一文中说："在政治领域，西方的'三权分立'体系为党争提供了无限的空间，造就了今天无能政府的局面。相反，中国在十八大以来，以制度建设为核心，通过改革而融合了新中国成立以来的基本制度和传统制度因素，形成了'以党领政'之下的'三权分工合作'制度，即决策权、执行权和监察权，为建设稳定、高效、清廉的治理制度奠定了基础"。当然他也承认，这种三权分工合作体系"仍然有很大的改进空间，但它们已经构成了中国最根本的制度"。

坚持和加强共产党的领导，构建党统一领导下的全面覆盖的权力监督体系是一项长期、艰巨、系统的改革创新工程，需要几代人贯穿整个新时代的努力。如果说我们的经济建设需要经过建设全面小康社会到基本实现社会主义现代化，再向富强民主文明和谐美丽的社会主义现代化强国前进；我们全面从严治党，构建党统一指挥、全面覆盖、权威、高效的监督合力体系，也需要经历从初步建立、到比较完善、到根本实现的长期过程。值得欣慰的是，在以习近平同志为核心的党中央领导下，这个监督合力体系已经初步建立起来，并在逐步完善之中，这是习进平新时代中国特色社会主义思想对破解"其兴也悖焉，其亡也忽焉"的政权兴亡周期率的历史性贡献。

四　中国梦的实现，关键在党，在培养接班人

我们正处在实现"两个一百年"奋斗目标的历史交汇期，已经进入全面建设社会主义现代化强国、实现中华民族伟大复兴的新时代。我们能不能坚持和加强党的全面领导，坚持和发展中国特色社会主义，成功实现新时代的奋斗目标呢？能不能培养一代又一代中国特色社会主义事业可靠接班人，就成了一个最重要的历史课题。

我们党的领导人，非常重视培养无产阶级事业的可靠接班人问题。1964 年毛泽东就曾经说过："帝国主义说，和平演变对于我们的第一代、第二代没有希望，第三代、第四代怎么样？有希望。帝国主义的讲话灵不灵？我不希望它灵，但也可能灵。"[①] 没想到毛主席"可能灵"的谶语，最

---

① 逄先知：《回顾毛泽东关于防止和平演变的论述》，转引自《中共党史研究优秀论文选》，中共党史出版社 1992 年版，第 12 页。

后竟落在第一个社会主义国家苏联头上。如果按 20—25 年算一代，1991
年苏联解体、苏共丧失执政地位，就发生在俄国十月革命 70 多年之后第
三、四代人的时候。1992 年邓小平视察南方讲话中讲到："中国要出问
题，还是出在共产党内部。"这是对苏联的问题出在共产党内部的总结，
也是对中国共产党的警示。"要按照'革命化、年轻化、专业化、知识
化'的标准，选拔德才兼备的人进班子。我们说党的基本路线要管 100
年。要长治久安，就要靠这一条。"他还说："要选人，人选好了，培养帮
助，让更多的年轻人成长起来。他们成长起来，我们就放心了。现在还不
放心啊。说到底，关键是我们共产党内部要搞好，不出事，就可以放心睡
大觉。十一届三中全会确立的这条中国的发展路线，是否能够坚持得住，
要靠大家努力，特别是要教育后代。"①在这里，邓小平用"放心"与
"不放心"，表达了对培养接班人的高度关切和重视。"不放心"，一是苏
联刚出问题，要以苏为鉴，二是中国改革开放以来，受到资产阶级自由化
等错误思潮的严重干扰，甚至导致了 1989 年的社会动乱。讲"放心"，是
对共产党解决这个问题充满希望。习近平总书记在党的十八大后也反复多
次讲到对青年的期望。如"青年兴则国家兴，青年强则国家强。青年一代
有理想、有本领、有担当，国家就有前途，民族就有希望。中国梦是历史
的、现实的，也是未来的；是我们这一代的，更是青年一代的。中华民族
伟大复兴的中国梦终将在一代代青年的接力奋斗中变为现实。"②谈到接班
人时，他说："我们中国共产党人能不能打仗，新中国的成立已经说明了；
我们中国共产党人能不能搞建设、搞发展，改革开放的推进也已经说明
了；但是，我们中国共产党人能不能在日益复杂的国际、国内环境下坚持
住党的领导，坚持和发展中国特色社会主义，这个还需要我们一代又一代
共产党人继续作出回答。"③习近平没有讲"不放心"，也没有说已经解决
了，而是寄希望于一代又一代共产党人今后的实践。

　　培养中国特色社会主义接班人是千百万人的事业。苏联解体、苏共丧

---

　　①　《邓小平文选》第 3 卷，人民出版社 1993 年版，第 380、381 页。
　　②　习近平：《决胜全面建成小康社会　夺取新时代中国特色社会主义伟大胜利》，人民出版社
2017 年版，第 69 页。
　　③　《习近平关于社会主义文化建设论述摘编》，中央文献出版社 2017 年版，第 31—32 页。

失执政地位是戈尔巴乔夫、叶利钦等少数人背叛社会主义事业造成的，但是苏共党内为什么没有强有力的反抗？为什么大多数老百姓会跟着他们走？戈尔巴乔夫、叶利钦不是孤立几个人的现象，而是代表一种社会思潮、一种社会势力。说起来让人吃惊，不到 20 万人苏联共产党把十月革命搞成功了；几百万人的苏联共产党依靠人民就打赢了希特勒的法西斯战争。但这么一个伟大的党，在共产党员达到近 2000 万时却自毁长城。为什么？是这个党的思想搞乱了。习近平曾语重心长地指出："苏联为什么解体，苏共为什么垮台。一个重要原因就是意识形态领域的斗争十分激烈，全面否定苏联历史、苏共历史，否定列宁，否定斯大林，搞历史虚无主义，思想搞乱了，各级党组织几乎没任何作用了，军队都不在党的领导之下了。最后苏联共产党偌大一个党就作鸟兽散了，苏联偌大一个社会主义国家就分崩离析了，这是前车之鉴啊！"[①]

中国共产党和当时苏共情况根本不同，改革开放 40 年来，我们一以贯之地高举中国特色社会主义伟大旗帜，既不走封闭僵化的老路，也不走改旗易帜的邪路，形成了中国特色社会主义道路、理论、制度、文化，这是我们取得伟大成就的根本原因，也为培养中国特色社会主义事业接班人创造了良好的社会环境。但是中国特色社会主义事业的可靠接班人是不能自发地成长的，要看到中国特色社会主义每前进一步都存在着国内外各种风险挑战，都伴随着对"左"或右的错误思潮的斗争，而且越接近实现我们的目标，这种风险挑战越多。习近平在庆祝改革开放 40 周年大会的讲话中是这样描述当前我们党所处的历史环境："我们现在所处的，是一个船到中流浪更急、人到半山路更陡的时候，是一个愈进愈难、愈进愈险而又不进则退、非进不可的时候。"甚至说，"改革开放每一步都不是轻而易举的，未来必定会面临这样那样的风险挑战，甚至会遇到难以想象的惊涛骇浪。"[②] 中国特色社会主义的可靠接班人正是要在这种风险挑战、惊涛骇浪中锻炼、考验、选拔出来，成为党和国家各行各业的骨干，乃至能为国家把方向、谋大局的领导人，才能从根本上杜绝戈尔巴乔夫、叶利钦之流

---

① 《十八大以来重要文献选编》（上），中央文献出版社 2014 年版，第 113 页。

② 习近平：《在庆祝改革开放四十周年大会上的讲话》，《人民日报》2018 年 12 月 19 日。

篡夺党和国家最高领导的可能性。

　　高校在培养中国特色社会主义接班人上有着重要的责任，习近平在有关教育工作的讲话中反复强调，要把培养中国特色社会主义事业的建设者和接班人作为根本任务，就是从党和国家大局的高度提出来的。我相信中国绝大多数的大学生都能做到热爱祖国，拥护中国共产党，愿意跟着中国共产党走中国特色社会主义道路，这符合习近平"教育就是要培养中国特色社会主义事业的建设者和接班人，而不是旁观者和反对派"①的基本要求。但这是普遍的、基本的要求，更重要的还要把大学生中的共产党员、积极分子培养成为能正确行使执政权力的骨干人才。要帮助他们更好地学习马克思主义理论，懂得什么是共产主义，什么是科学社会主义，什么是中国特色社会主义，什么是党的最高纲领和近期纲领；懂得什么是中国特色社会主义，什么是僵化封闭的教条主义，什么是改旗易帜的资产阶级自由化。要帮助他们到最基层、最艰苦的地方、改革开放最前沿的地方去锻炼，了解中国的国情、民情，真正懂得"以人民为中心"的内涵；还要给他们一定的思想政治工作和管理工作的锻炼，培养科学的思想方法和工作方法。高校是为培养人做基础性工作的地方，如果我们能培养出一部分大学生不仅有较高的科技文化素质，而且有较高的思想政治素质，毕业后走向社会，再经历改革开放各种风险挑战的考验，就有可能成为中国特色社会主义可靠接班人，有了一代一代的年轻人接班，中国共产党"两个一百年"的奋斗目标和中华民族伟大复兴必将胜利实现。

---

　　①　《习近平会见清华大学经济管理学院顾问委员会海外委员和中方企业家委员》，《人民日报》2017年10月31日。

参考文献

1. 《马克思恩格斯选集》第1—4卷，人民出版社1995年版。

2. 《列宁选集》第1—4卷，人民出版社1995年版。

3. 《毛泽东选集》第1—4卷，人民出版社1991年版。

4. 《毛泽东文集》第6—8卷，人民出版社1999年版。

5. 《邓小平文选》第2卷，人民出版社1994年版。

6. 《邓小平文选》第3卷，人民出版社1993年版。

7. 《邓小平年谱》［1975—1997］（上、下），中央文献出版社2004年版。

8. 《江泽民文选》第1—3卷，人民出版社2006年版。

9. 《三中全会以来重要文献选编》（上、下），人民出版社1982年版。

10. 《十二大以来重要文献选编》（上、中、下），人民出版社1986年版。

11. 《十三大以来重要文献选编》（上、中），人民出版社1991年版。

12. 《十三大以来重要文献选编》（下），人民出版社1993年版。

13. 《十四大以来重要文献选编》（上），人民出版社1996年版。

14. 《十四大以来重要文献选编》（中），人民出版社1997年版。

15. 《十四大以来重要文献选编》（下），人民出版社1999年版。

16. 《十五大以来重要文献选编》（上），人民出版社2000年版。

17. 《十五大以来重要文献选编》（中），人民出版社2001年版。

18. 《十五大以来重要文献选编》（下），人民出版社2003年版。

19. 《十六大以来重要文献选编》（上），中央文献出版社2005年版。

20. 《十六大以来重要文献选编》（中），中央文献出版社 2006 年版。

21. 《十六大以来重要文献选编》（下），中央文献出版社 2008 年版。

22. 《十七大以来重要文献选编》（上），中央文献出版社 2009 年版。

23. 《十七大以来重要文献选编》（中），中央文献出版社 2011 年版。

24. 《十八大以来重要文献选编》（上），中央文献出版社 2014 年版。

25. 《十八大以来重要文献选编》（中），中央文献出版社 2016 年版。

26. 《胡乔木文集》第 2 卷，人民出版社 1993 年版。

27. 《胡乔木谈中共党史》，人民出版社 1999 年版。

28. 中共中央宣传部理论局：《六个"为什么"——对几个重大问题的回答》，学习出版社 2009 年版。

29. 中共中央党史研究室：《中国共产党历史》第二卷（1949—1978），中共党史出版社 2011 年版。

30. 《社会党国际文件集 1951—1987》，黑龙江人民出版社 1989 年版。

31. 林泰：《社会思潮理论前沿求索》，清华大学出版社 2006 年版。

32. 冯虞章：《理论·思潮·价值观》，南海出版社 2005 年版。

33. 刘书林：《民主社会主义思潮》，高等教育出版社 2004 年版。

34. 王峰明、蒋耘中：《时代变迁与思潮激荡：改革开放新时期重大理论和现实问题研究文集》，清华大学出版社 2010 年版。

35. 梅荣政：《用马克思主义引领社会思潮》，武汉大学出版社 2008 年版

36. 曹长盛、张捷、樊建新：《苏联演变进程中的意识形态研究》，人民出版社 2004 年版。

37. 何秉孟：《新自由主义评析》，社会科学文献出版社 2003 年版。

38. 吴江：《社会主义资本主义沟通论》，中国社会科学出版社 2003 年版

39. 沙健孙、龚书铎：《走什么路——关于中国近现代史上的若干重大是非问题》，山东人民出版社 1997 年版。

40. 梁柱、龚书铎：《警惕历史虚无主义思潮》，人民教育出版社 2006 年版。

41. 方克立：《现代新儒学与中国现代化》，天津人民出版社 1997 年版。

42. 艾恺：《世界范围内的反现代化思潮——论文化守成主义》，贵州人民出版社 1991 年版。

43. 夏伟东、李颖、杨宗元：《个人主义思潮》，高等教育出版社 2006 年版。

44. 曹兼善：《郎咸平旋风始末》，凤凰出版传媒集团 2005 年版。

45. 陈立思：《社会思潮与青年教育》，北京大学出版社 2011 年版。

46. 李泽厚、刘再复：《告别革命——回望 20 世纪中国》，香港天地图书有限公司 1995 年版

47. 大卫·科茨等：《来自上层的革命》，中国人民大学出版社 2003 年版。

学术索引

后　记

　　经过近五年的努力，这本关于引领当代社会思潮的研究著作终于交付给出版社了。这本书，三编十五章，每章都经过三四遍，乃更多的研究和修改。本书编委的分工是：林泰提出研究、实施方案；蒋耘中负责第一编写作，林泰、冯虞章、王传利组织第二编写作，刘书林负责第三编写作；最后，由林泰、冯虞章统稿，对内容、观点进行了推敲，对有些章节的结构进行了调整。各章的执笔人分别是：卷首语林泰；第一编：第一章林泰、蒋耘中，第二章蒋耘中、林泰、冯虞章；第二编：第一章王传利、冯虞章、林泰，第二章刘书林，第三章朱安东、蔡万焕，第四章林泰，第五章龚云撰写初稿，后根据出版社意见，以梁柱教授的《历史虚无主义评析》为基础进行了修改整合，第六章蒋旭东，特邀方克立教授作了精心的指导，第七章冯虞章、林泰分工合写，第八章冯虞章、徐亦让，第九章冯虞章，第十章戴立兴、冯虞章、林泰；第三编：第一、二章刘书林、林泰，第三章刘书林。诸位作者在当代社会思潮研究的重大理论现实问题上，观点基本一致，但在个别问题上，也有一些差异，修改时作了适当的保留。如"普世价值"论，对于把西方经济、政治制度及其价值观，作为"普世价值"，企图用以指导我国改革的错误思潮，大家看法是一致的，但对于有没有普世价值，在理论上有不同看法，涉及对矛盾的普遍性与特殊性、价值的客观性与主体性、价值与价值观等问题的不同理解，则保留了各自的看法，作为学术问题今后可以继续研究讨论。

教育部人文社会科学重点研究基地，清华大学高校德育研究中心原主任张再兴、现主任艾四林、副主任王雯姝、原马克思主义研究中心副主任赵甲明等对本研究课题的立项、研究方案和经费一贯给予指导和支持。2012 年 4 月 13 日又约请梁柱、杨瑞森、田心铭、周新城、李崇富、张再兴、吴潜涛等马克思主义理论与思想政治教育学科的著名学者，对本书初稿进行评审，给予了较高的评价并提出了修改意见。之后，我们又花了半年多时间进行了悉心的修改，并增加了"当代中国文化保守主义评析"一章，专家的评审对本书质量的提高起了很大的促进作用。

校党委宣传部对于本书写作给予了大力支持，于丽作为课题的学术秘书为本书的编务、组织协调等作了大量的工作。书稿初成，左鹏教授为全书的引文、参考资料、学术索引作了精心的编写和审阅。没有他们的辛勤劳动，这本书不可能有现在这个样子。

北京市社会科学理论著作出版基金、教育部人文社会科学重点研究基地清华大学高校德育研究中心和清华大学马克思主义学院对本书的出版资金给予了很大的支持，社会科学出版社资深编审冯斌对本书出版编辑工作进行了精心的指导、周到的安排，我们一并表示衷心的感谢。

这项研究课题在党的十七大的感召下立项，完成于十八大召开前夕，希望我们的研究能为党的思想建设尽微薄之力。

2013 年 1 月